大学入試シリーズ

398

法政大学

**情報科学部・デザイン工学部
理工学部・生命科学部-A方式**

教学社

法政大学

はしがき

　入力した質問に対して，まるで人間が答えているかのような自然な文章で，しかも人間よりもはるかに速いスピードで回答することができるという，自然言語による対話型のAI（人工知能）の登場は，社会に大きな衝撃を与えました。回答の内容の信憑性については依然として課題があると言われるものの，AI技術の目覚ましい進歩に驚かされ，人間の活動を助けるさまざまな可能性が期待される一方で，悪用される危険性や，将来人間を脅かす存在になるのではないかという危惧を覚える人もいるのではないでしょうか。

　大学教育においても，本来は学生本人が作成すべきレポートや論文などが，AIのみに頼って作成されることが懸念されており，AIの使用についての注意点などを発表している大学もあります。たとえば東京大学では，「回答を批判的に確認し，適宜修正することが必要」，「人間自身が勉強や研究を怠ることはできない」といったことが述べられています。

　16～17世紀のイギリスの哲学者フランシス・ベーコンは，『随筆集』の中で，「悪賢い人は勉強を軽蔑し，単純な人は勉強を称賛し，賢い人は勉強を利用する」と記しています。これは勉強や学問に取り組む姿勢について述べたものですが，このような新たな技術に対しても，侮ったり，反対に盲信したりするのではなく，その利点と欠点を十分に検討し，特性をよく理解した上で賢く利用していくことが必要といえるでしょう。

　受験勉強においても，単にテクニックを覚えるのではなく，基礎的な知識を習得することを目指して正攻法で取り組み，大学で教養や専門知識を学ぶための確固とした土台を作り，こうした大きな変革の時代にあっても自分を見失わず，揺るぎない力を身につけてほしいと願っています。

＊　　＊　　＊

　本書刊行に際しまして，入試問題や資料をご提供いただいた大学関係者各位，掲載許可をいただいた著作権者の皆様，各科目の解答や対策の執筆にあたられた先生方に，心より御礼を申し上げます。

編者しるす

赤本の使い方

そもそも 赤本とは…

受験生のための大学入試の過去問題集！

60年以上の歴史を誇る赤本は，600点を超える刊行点数で全都道府県の370大学以上を網羅しており，過去問の代名詞として受験生の必須アイテムとなっています。

Q. なぜ受験に過去問が必要なの？

A. 大学入試は大学によって問題形式や頻出分野が大きく異なるからです。

マーク式か記述式か，試験時間に対する問題量はどうか，基本問題中心か応用問題中心か，論述問題や計算問題は出るのか——これらの出題形式や頻出分野などの傾向は大学によって違うので，とるべき対策も大学によって違ってきます。
出題傾向をつかみ，その大学にあわせた対策をとるために過去問が必要なのです。

赤本で志望校を研究しよう！

赤本の掲載内容

傾向と対策

これまでの出題内容から、問題の **「傾向」** を分析し、来年度の入試にむけて具体的な **「対策」** の方法を紹介しています。

問題編・解答編

年度ごとに問題とその解答を掲載しています。
「問題編」 ではその年度の試験概要を確認したうえで、実際に出題された過去問に取り組むことができます。
「解答編」 には高校・予備校の先生方による解答が載っています。

ページの見方

ページの上部に年度や日程、科目などを示しています。見たいコンテンツを探すときは、この部分に注目してください。

日程・方式などの試験区分

試験時間は各科目の冒頭に示しています。

各学部・学科で課された試験科目や配点が確認できます。

問題編冒頭　　**各科目の問題**

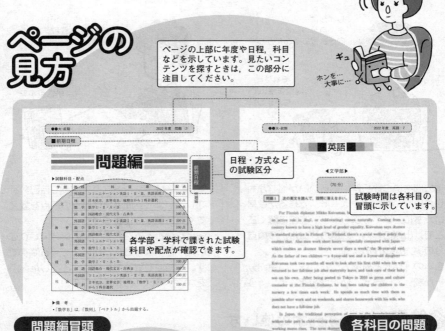

他にも赤本によって、大学の基本情報や、先輩受験生の合格体験記、在学生からのメッセージなどが載っています。

● 掲載内容について ●

著作権上の理由やその他編集上の都合により問題や解答の一部を割愛している場合があります。なお、指定校推薦入試、社会人入試、編入学試験、帰国生入試などの特別入試、英語以外の外国語科目、商業・工業科目は、原則として掲載しておりません。また試験科目は変更される場合がありますので、あらかじめご了承ください。

赤本の使い方

受験勉強は過去問に始まり, 過去問に終わる。

STEP 1 （なにはともあれ） まずは解いてみる ≫

STEP 2 （じっくり具体的に） 弱点を分析する ≫

過去問をいつから解いたらいいか悩むかもしれませんが, まずは一度, **できるだけ早いうちに解いてみましょう。実際に解くことで, 出題の傾向, 問題のレベル, 今の自分の実力がつかめます。**
赤本の「傾向と対策」にも, 詳しい傾向分析が載っています。必ず目を通しましょう。

解いた後は, ノートなどを使って自己分析をしましょう。**間違いは自分の弱点を教えてくれる貴重な情報源です。**
弱点を分析することで, 今の自分に足りない力や苦手な分野などが見えてくるはずです。合格点を取るためには, こうした弱点をなくしていくのが近道です。

合格者があかす赤本の使い方

傾向と対策を熟読
（Fさん／国立大合格）

大学の出題傾向を調べることが大事だと思ったので, 赤本に載っている「傾向と対策」を熟読しました。解答・解説もすべて目を通し, 自分と違う解き方を学びました。

目標点を決める
（Yさん／私立大合格）

赤本によっては合格者最低点が載っているものもあるので, まずその点数を超えられるように目標を決めるのもいいかもしれません。

時間配分を確認
（Kさん／公立大合格）

過去問を本番の試験と同様の時間内に解くことで, どのような時間配分にするか, どの設問から解くかを決めました。

過去問を解いてみて、まずは自分のレベルとのギャップを知りましょう。
それを克服できるように学習計画を立て、苦手分野の対策をします。
そして、また過去問を解いてみる、というサイクルを繰り返すことで効果的に学習ができます。

STEP 3 志望校にあわせて 重点対策をする

STEP 1▶2▶3… サイクルが大事！ 実践を繰り返す

分析した結果をもとに、参考書や問題集を活用して**苦手な分野の重点対策**をしていきます。赤本を指針にして、何をどんな方法で強化すればよいかを考え、**具体的な学習計画を立てましょう**。
「傾向と対策」のアドバイスも参考にしてください。

ステップ1〜3を繰り返し、足りない知識の補強や、よりよい解き方を研究して、実力アップにつなげましょう。
繰り返し解いて**出題形式に慣れること**や、試験時間に合わせて**実戦演習を行うこと**も大切です。

添削してもらう
(Sさん／国立大合格)

記述式の問題は自分で採点しにくいので、先生に添削してもらうとよいです。人に見てもらうことで自分の弱点に気づきやすくなると思います。

繰り返し解く
(Tさん／国立大合格)

1周目は問題のレベル確認程度に使い、2周目は復習兼頻出事項の見極めとして、3周目はしっかり得点できる状態を目指して使いました。

他学部の過去問も活用
(Kさん／私立大合格)

自分の志望学部の問題はもちろん、同じ大学の他の学部の過去問も解くようにしました。同じ大学であれば、傾向が似ていることが多いので、これはオススメです。

法政大-情報科・デザイン工・理工・生命科A ◀目次▶

目　次

大 学 情 報 ……………………………………………………………… 1
　◆ 在学生メッセージ　　27
　◆ 合格体験記　　33
傾向と対策 …………………………………………………………… 37

2023年度 問題と解答

■ 2月11日実施分
　英　　語 …………………………… 5 ／ 解答 72
　数　　学 …………………………… 28 ／ 解答 91
　物　　理 …………………………… 45 ／ 解答 107
　化　　学 …………………………… 51 ／ 解答 116
　生　　物 …………………………… 59 ／ 解答 125

■ 2月14日実施分
　英　　語 …………………………… 136 ／ 解答 204
　数　　学 …………………………… 159 ／ 解答 221
　物　　理 …………………………… 176 ／ 解答 236
　化　　学 …………………………… 183 ／ 解答 245
　生　　物 …………………………… 192 ／ 解答 253

2022年度 問題と解答

■ 2月11日実施分
　英　　語 …………………………… 5 ／ 解答 72
　数　　学 …………………………… 28 ／ 解答 93
　物　　理 …………………………… 45 ／ 解答 110
　化　　学 …………………………… 54 ／ 解答 118
　生　　物 …………………………… 62 ／ 解答 126

法政大-情報科・デザイン工・理工・生命科A ◀目次▶

■ 2月14日実施分
英　語 ………………………………… 136 ／ 解答 199
数　学 ………………………………… 157 ／ 解答 216
物　理 ………………………………… 171 ／ 解答 230
化　学 ………………………………… 179 ／ 解答 239
生　物 ………………………………… 187 ／ 解答 247

2021年度 問題と解答

■ 2月11日実施分
英　語 …………………………………   5 ／ 解答 68
数　学 ………………………………… 31 ／ 解答 90
物　理 ………………………………… 43 ／ 解答 105
化　学 ………………………………… 50 ／ 解答 113
生　物 ………………………………… 56 ／ 解答 121

■ 2月14日実施分
英　語 ………………………………… 130 ／ 解答 190
数　学 ………………………………… 149 ／ 解答 208
物　理 ………………………………… 162 ／ 解答 220
化　学 ………………………………… 170 ／ 解答 232
生　物 ………………………………… 179 ／ 解答 240

掲載内容についてのお断り

- 理工学部機械工学科の航空操縦学専修は掲載していません。
- 著作権の都合上，下記の英文および全訳を省略しています。
　2021年度：2月11日実施分「英語」大問〔Ⅲ〕問1の(2)

University Guide

大学情報

大学の基本情報

沿革

1880 (明治13)	在野の法律家である金丸鉄,伊藤修,薩埵正邦らが東京法学社を東京駿河台に設立
1881 (明治14)	東京法学社の講法局を独立させ,東京法学校となる
1886 (明治19)	仏学会(日仏協会の前身)によって東京仏学校設立
1889 (明治22)	東京法学校と東京仏学校が合併して和仏法律学校と改称
1903 (明治36)	専門学校令により財団法人和仏法律学校法政大学と改称
1920 (大正 9)	大学令により財団法人法政大学となる。法学部・経済学部を設置
1922 (大正11)	法学部に文学科・哲学科を新設して法文学部となる
1947 (昭和22)	法文学部が法学部・文学部に改編
1949 (昭和24)	新制大学として発足
1950 (昭和25)	工学部を設置
1951 (昭和26)	私立学校法により学校法人法政大学となる
1952 (昭和27)	社会学部を設置
1959 (昭和34)	経営学部を設置
1999 (平成11)	国際文化学部・人間環境学部を設置
2000 (平成12)	現代福祉学部・情報科学部を設置
2003 (平成15)	キャリアデザイン学部を設置
2007 (平成19)	工学部の3学科(建築・都市環境デザイン工・システムデザイン)を改組しデザイン工学部を設置
2008 (平成20)	理工学部(工学部を改組)・生命科学部・GISを設置
2009 (平成21)	スポーツ健康学部を設置
2016 (平成28)	市ケ谷キャンパスに「富士見ゲート」が完成「法政大学憲章(自由を生き抜く実践知)」を制定
2019 (平成31)	市ケ谷キャンパスに「大内山校舎」が完成
2020 (令和 2)	創立140周年。市ケ谷キャンパスにHOSEIミュージアム開設

校章

法政大学の最初の校章は,「大学」の文字の左右に「法政」の文字を記したものでした。その後,1921(大正10)年頃には「大」と「学」との間に法政の欧文イニシャル「H」を挿入したものが用いられました。

現在の校章は,1930(昭和5)年に予科の山崎静太郎教授(楽堂と号して能楽の研究家・批評家でもあった)の考案で制定されたものです。大学の二字を亀の子型に図案したもので,長い伝統と永遠の真理を表しています。

学部・学科の構成

大　学

法学部　市ケ谷キャンパス
　　法律学科
　　政治学科
　　国際政治学科

文学部　市ケ谷キャンパス
　　哲学科
　　日本文学科［昼夜開講制］
　　英文学科
　　史学科
　　地理学科
　　心理学科

経済学部　多摩キャンパス
　　経済学科
　　国際経済学科
　　現代ビジネス学科

社会学部　多摩キャンパス
　　社会政策科学科
　　社会学科
　　メディア社会学科

経営学部　市ケ谷キャンパス
　　経営学科
　　経営戦略学科
　　市場経営学科

国際文化学部　市ケ谷キャンパス
　　国際文化学科

人間環境学部　市ケ谷キャンパス
　　人間環境学科

現代福祉学部 多摩キャンパス
　福祉コミュニティ学科
　臨床心理学科

キャリアデザイン学部 市ケ谷キャンパス
　キャリアデザイン学科

GIS（グローバル教養学部） 市ケ谷キャンパス
　グローバル教養学科

スポーツ健康学部 多摩キャンパス
　スポーツ健康学科

情報科学部 小金井キャンパス
　コンピュータ科学科
　ディジタルメディア学科

デザイン工学部 市ケ谷キャンパス
　建築学科
　都市環境デザイン工学科
　システムデザイン学科

理工学部 小金井キャンパス
　機械工学科（機械工学専修，航空操縦学専修）
　電気電子工学科
　応用情報工学科
　経営システム工学科
　創生科学科

生命科学部 小金井キャンパス
　生命機能学科
　環境応用化学科
　応用植物科学科

大学院

■■**大学院** 人文科学研究科／国際文化研究科／経済学研究科／法学研究科／政治学研究科／社会学研究科／経営学研究科／人間社会研究科／政策創造研究科／公共政策研究科／キャリアデザイン学研究科／スポーツ健康学研究科／情報科学研究科／デザイン工学研究科／理工学研究科
■■**専門職大学院** 法務研究科（法科大学院）／イノベーション・マネジメント研究科（経営大学院）

大学所在地

市ケ谷キャンパス

多摩キャンパス

小金井キャンパス

市ケ谷キャンパス　〒102-8160　東京都千代田区富士見2-17-1
多摩キャンパス　〒194-0298　東京都町田市相原町4342
小金井キャンパス　〒184-8584　東京都小金井市梶野町3-7-2

入試データ

 入試状況（志願者数・競争率など）

- 競争率は受験者数÷合格者数で算出。
- 合格者数・合格最低点には追加合格者を含む。
- 個別学力試験を課さない大学入学共通テスト利用入試は1カ年分のみ掲載。
- GIS＝グローバル教養学部。

2023年度 入試状況・合格最低点

■■一般選抜

学部・学科等			募集人員	志願者数	受験者数	合格者数	競争率	合格最低点/満点
法	T日程	法律	45	952	911	147	6.2	158.0/250
		政治	20	246	235	55	4.3	145.2/250
		国際政治	14	248	240	50	4.8	195.3/300
	英語外部	法律	5	102	97	30	3.2	68.0/100
		政治	5	48	47	17	2.8	62.9/100
		国際政治	3	73	71	14	5.1	64.6/100
	A方式	法律	198	2,795	2,448	622*	3.9	224.9/350
		政治	54	847	746	178*	4.2	226.2/350
		国際政治	66	748	714	230	3.1	253.8/400
文	T日程	哲	10	205	195	28	7.0	164.1/250
		日本文	25	221	212	36	5.9	145.0/200
		英文	12	447	436	60	7.3	168.3/250
		史	8	233	222	30	7.4	152.0/250
		地理	10	132	126	27	4.7	150.1/250
		心理	8	344	334	26	12.8	172.6/250

（表つづく）

学部・学科等			募集人員	志願者数	受験者数	合格者数	競争率	合格最低点/満点
文	英語外部	英文	2	94	93	10	9.3	72.6/100
	A方式	哲	40	415	382	116	3.3	186.2/300
		日本文	75	1,074	1,050	252	4.2	187.3/300
		英文	65	942	920	285*	3.2	213.3/350
		史	53	828	794	254*	3.1	184.8/300
		地理	44	506	488	136*	3.6	212.1/350
		心理	31	744	714	111*	6.4	231.4/350
経済	T日程	経済	33	910	887	167	5.3	151.1/250
		国際経済	25	631	599	125	4.8	147.4/250
		現代ビジネス	14	269	255	48	5.3	149.1/250
	英語外部	国際経済	5	122	119	32	3.7	62.8/100
	A方式	経済	227	3,790	3,593	990*	3.6	216.9/350
		国際経済	116	1,140	1,090	431*	2.5	207.2/350
		現代ビジネス	58	485	470	159*	3.0	205.1/350
社会	T日程	社会政策科	15	703	677	110	6.2	150.6/250
		社会	20	733	694	130	5.3	151.7/250
		メディア社会	15	365	361	60	6.0	153.0/250
	英語外部	社会政策科	5	198	196	31	6.3	67.6/100
		社会	7	502	493	32	15.4	75.3/100
		メディア社会	5	238	236	29	8.1	68.9/100
	A方式	社会政策科	88	1,661	1,579	410	3.9	220.3/350
		社会	152	2,656	2,506	569*	4.4	223.9/350
		メディア社会	93	986	949	260	3.7	219.8/350

(表つづく)

法政大／大学情報　9

学部・学科等		募集人員	志願者数	受験者数	合格者数	競争率	合格最低点/満点
経営	T日程 経営	30	1,002	965	122	7.9	159.0/250
	T日程 経営戦略	25	576	561	102	5.5	153.2/250
	T日程 市場経営	20	452	439	66	6.7	158.1/250
	英語外部 経営	8	717	705	29	24.3	77.1/100
	英語外部 経営戦略	5	244	242	11	22.0	77.1/100
	英語外部 市場経営	5	300	297	14	21.2	77.1/100
	A方式 経営	152	4,114	3,984	831	4.8	219.5/350
	A方式 経営戦略	106	1,534	1,469	364	4.0	217.6/350
	A方式 市場経営	98	1,741	1,684	379*	4.4	223.3/350
国際文化	T日程 国際文化	22	780	763	113	6.8	169.0/250
	英語外部 国際文化	5	226	221	31	7.1	71.8/100
	A方式 国際文化	112	1,827	1,618	395	4.1	227.2/350
人間環境	T日程 人間環境	30	912	887	150	5.9	155.9/250
	英語外部 人間環境	5	520	512	45	11.4	73.5/100
	A方式 人間環境	135	2,108	2,059	488	4.2	211.3/350
現代福祉	T日程 福祉コミュニティ	14	359	347	65	5.3	142.9/250
	T日程 臨床心理	10	256	241	47	5.1	152.3/250
	英語外部 福祉コミュニティ	2	69	68	5	13.6	77.8/100
	英語外部 臨床心理	2	54	52	6	8.7	76.3/100
	A方式 福祉コミュニティ	60	631	601	171*	3.5	209.9/350
	A方式 臨床心理	40	377	357	91	3.9	223.5/350
キャリアデザイン	T日程 キャリアデザイン	25	829	814	121	6.7	155.1/250
	英語外部 キャリアデザイン	5	442	433	21	20.6	77.3/100
	A方式 キャリアデザイン	115	2,103	1,909	368*	5.2	227.2/350
GIS	英語外部 グローバル教養	12	79	76	68	1.1	168.8/250
	A方式 グローバル教養	13	190	184	121*	1.5	276.7/400

（表つづく）

学部・学科等			募集人員	志願者数	受験者数	合格者数	競争率	合格最低点/満点
スポーツ健康	T日程	スポーツ健康	22	566	550	91	6.0	142.9/250
	英語外部	スポーツ健康	5	280	277	24	11.5	73.7/100
	A方式	スポーツ健康	73	1,005	958	274*	3.5	207.9/350
情報科学	T日程	コンピュータ科	5	245	234	28	8.4	197.0/300
		ディジタルメディア	5	285	272	25	10.9	197.0/300
	英語外部	コンピュータ科	2	101	99	9	11.0	123.0/150
		ディジタルメディア	2	113	109	12	9.1	123.0/150
	A方式	コンピュータ科	35	1,043	948	195*	4.9	244.1/400
		ディジタルメディア	35	885	841	201*	4.2	256.3/400
デザイン工	T日程	建築	15	406	389	50	7.8	200.8/300
		都市環境デザイン工	8	278	271	46	5.9	190.6/300
		システムデザイン	8	333	322	31	10.4	205.0/300
	英語外部	建築	2	126	124	13	9.5	123.8/150
		都市環境デザイン工	2	93	92	10	9.2	123.8/150
		システムデザイン	2	118	118	9	13.1	123.0/150
	A方式	建築	63	1,520	1,380	324*	4.3	280.2/450
		都市環境デザイン工	40	782	742	255*	2.9	287.2/450
		システムデザイン	40	959	908	127	7.1	225.3/300
理工	T日程	機械工(機械工学専修)	14	286	269	64	4.2	179.0/300
		電気電子工	14	254	245	54	4.5	171.0/300
		応用情報工	14	294	284	50	5.7	189.0/300
		経営システム工	12	194	186	28	6.6	204.0/300
		創生科	14	243	230	55	4.2	179.0/300

(表つづく)

学部・学科等			募集人員	志願者数	受験者数	合格者数	競争率	合格最低点／満点
理工	英語外部	機械工（機械工学専修）	2	117	115	16	7.2	116.0/150
		電気電子工	2	91	90	11	8.2	112.0/150
		応用情報工	2	115	114	16	7.1	121.0/150
		経営システム工	2	56	52	9	5.8	113.0/150
		創生科	2	55	54	12	4.5	105.0/150
	A方式	機械工（機械工学専修）	40	1,130	1,057	430*	2.5	270.0/450
		電気電子工	50	1,225	1,090	273*	4.0	273.7/450
		応用情報工	50	1,015	965	191	5.1	305.7/450
		経営システム工	26	575	524	98	5.3	294.1/450
		創生科	50	727	659	232*	2.8	253.3/450
	機械工（航空操縦学専修）		25	94	92	26	3.5	※／※
生命科学	T日程	生命機能	5	118	115	27	4.3	182.0/300
		環境応用化	8	144	137	35	3.9	164.0/300
		応用植物科	5	127	122	32	3.8	169.0/300
	英語外部	生命機能	1	51	50	8	6.3	122.0/150
		環境応用化	1	39	37	6	6.2	118.0/150
		応用植物科	2	77	73	9	8.1	109.0/150
	A方式	生命機能	36	1,217	1,147	301	3.8	291.5/450
		環境応用化	40	897	802	284*	2.8	265.7/450
		応用植物科	40	702	613	196*	3.1	262.7/450
合計			3,548	69,054	65,423	14,708	—	—

- ※理工学部機械工学科航空操縦学専修は第二次選考を含めての合否判定となるため，合格最低点・満点は記載していない。
- 合格者数に＊印が付いている場合は，追加合格者を含む。

■大学入学共通テスト利用入試

学部・学科等				募集人員	志願者数	受験者数	合格者数	競争率	合格最低点/満点
法	B方式	法　　律		35	1,083	1,083	331	3.3	273.0/350
		政　　治		20	233	232	72	3.2	273.8/350
		国 際 政 治		10	303	303	100	3.0	318.0/400
	C方式	法　　律		10	779	776	389	2.0	582.6/800
		政　　治		5	168	166	97	1.7	559.4/800
		国 際 政 治		3	117	116	58	2.0	590.6/800
文	B方式	哲		8	198	197	63	3.1	234.6/300
		日 本 文		10	298	296	77	3.8	230.5/300
		英　　文		10	345	342	87	3.9	237.0/300
		史		5	333	324	93	3.5	230.2/300
		地　　理		10	150	135	32	4.2	280.5/350
		心　　理		5	266	264	32	8.3	247.8/300
	C方式	哲		3	110	108	39	2.8	603.6/800
		日 本 文		5	268	264	77	3.4	588.4/800
		英　　文		3	93	92	52	1.8	551.0/800
		史		3	203	199	70	2.8	598.8/800
		地　　理		3	121	121	53	2.3	575.4/800
		心　　理		2	142	142	30	4.7	636.2/800
経済	B方式	経　　済		27	1,438	1,430	320	4.5	268.5/350
		国 際 経 済		15	967	963	210	4.6	265.6/350
		現代ビジネス		9	235	234	67	3.5	263.2/350
	C方式	経　　済		8	673	666	350	1.9	563.2/800
		国 際 経 済		5	537	533	225	2.4	549.0/800
		現代ビジネス		5	73	72	36	2.0	542.6/800

（表つづく）

学部・学科等			募集人員	志願者数	受験者数	合格者数	競争率	合格最低点／満点
社会	B方式	社会政策科	15	1,093	1,088	240	4.5	270.4/350
		社会	20	628	623	188	3.3	266.8/350
		メディア社会	15	507	506	152	3.3	265.8/350
	C方式	社会政策科	5	179	172	86	2.0	548.2/800
		社会	5	226	223	110	2.0	578.6/800
		メディア社会	5	167	164	80	2.1	553.8/800
経営	B方式	経営	20	1,486	1,480	292	5.1	278.0/350
		経営戦略	15	329	328	100	3.3	265.1/350
		市場経営	15	431	431	145	3.0	267.0/350
	C方式	経営	8	991	983	313	3.1	597.0/800
		経営戦略	5	98	95	48	2.0	559.0/800
		市場経営	5	190	187	86	2.2	557.6/800
国際文化	B方式	国際文化	5	586	583	94	6.2	291.8/350
人間環境	B方式	人間環境	15	911	907	230	3.9	230.2/300
	C方式	人間環境	3	209	205	65	3.2	593.2/800
現代福祉	B方式	福祉コミュニティ	7	323	320	76	4.2	224.6/300
		臨床心理	7	195	192	61	3.1	228.0/300
	C方式	福祉コミュニティ	2	30	29	20	1.5	532.6/800
		臨床心理	3	91	90	58	1.6	544.6/800
キャリアデザイン	B方式	キャリアデザイン	15	540	538	119	4.5	228.5/300
	C方式	キャリアデザイン	5	119	117	60	2.0	528.8/800
GIS	B方式	グローバル教養	5	175	175	85	2.1	152.0/200
スポーツ健康	B方式	スポーツ健康	15	499	489	99	4.9	229.0/300
	C方式	スポーツ健康	5	98	97	46	2.1	540.6/800
情報科学	B方式	コンピュータ科	10	461	419	119	3.5	385.8/500
		ディジタルメディア	10	402	375	112	3.3	383.0/500

(表つづく)

学部・学科等		募集人員	志願者数	受験者数	合格者数	競争率	合格最低点/満点
情報科学 C方式	コンピュータ科	5	244	242	82	3.0	596.6/800
	ディジタルメディア	5	199	198	63	3.1	596.2/800
デザイン工 B方式	建築	17	820	820	191	4.3	395.0/500
	都市環境デザイン工	13	509	509	139	3.7	458.0/600
	システムデザイン	13	590	588	82	7.2	252.0/300
デザイン工 C方式	建築	3	285	282	88	3.2	606.8/800
	都市環境デザイン工	3	217	215	75	2.9	578.4/800
	システムデザイン	3	208	208	72	2.9	577.2/800
理工 B方式	機械工（機械工学専修）	17	779	775	299	2.6	296.3/400
	電気電子工	15	1,075	1,068	297	3.6	296.5/400
	応用情報工	15	642	637	205	3.1	307.5/400
	経営システム工	15	513	512	153	3.3	304.0/400
	創生科	15	419	412	176	2.3	279.8/400
理工 C方式	機械工（機械工学専修）	5	320	318	132	2.4	579.2/800
	電気電子工	5	272	267	116	2.3	570.6/800
	応用情報工	5	253	250	100	2.5	591.2/800
	経営システム工	5	150	148	70	2.1	550.0/800
	創生科	5	198	196	90	2.2	558.8/800
生命科学 B方式	生命機能	7	452	451	154	2.9	436.0/600
	環境応用化	12	464	463	180	2.6	415.8/600
	応用植物科	12	504	503	160	3.1	406.0/600
生命科学 C方式	生命機能	3	307	306	143	2.1	560.2/800
	環境応用化	3	220	215	127	1.7	540.0/800
	応用植物科	3	258	257	120	2.1	540.0/800
合計		663	29,997	29,714	9,358	—	—

2022年度 入試状況・合格最低点

■一般選抜

学部・学科等			募集人員	志願者数	受験者数	合格者数	競争率	合格最低点/満点
法	T日程	法律	45	1,240	1,193	164	7.3	164.8/250
法	T日程	政治	20	495	477	59	8.1	167.0/250
法	T日程	国際政治	14	324	308	50	6.2	205.7/300
法	英語外部	法律	5	184	182	28	6.5	67.4/100
法	英語外部	政治	5	52	51	11	4.6	62.3/100
法	英語外部	国際政治	3	73	70	10	7.0	64.4/100
法	A方式	法律	198	3,955	3,528	623	5.7	222.7/350
法	A方式	政治	54	868	768	191	4.0	217.1/350
法	A方式	国際政治	71	1,015	980	307	3.2	255.0/400
文	T日程	哲	10	214	209	32	6.5	169.1/250
文	T日程	日本文	25	295	281	35	8.0	144.0/200
文	T日程	英文	12	360	348	55	6.3	169.4/250
文	T日程	史	8	188	180	27	6.7	160.6/250
文	T日程	地理	10	122	117	24	4.9	158.1/250
文	T日程	心理	8	439	425	25	17.0	178.8/250
文	英語外部	英文	2	99	94	9	10.4	71.8/100
文	A方式	哲	40	446	423	112	3.8	193.0/300
文	A方式	日本文	75	1,078	1,038	261	4.0	193.0/300
文	A方式	英文	65	624	592	192	3.1	215.1/350
文	A方式	史	53	1,035	1,001	202	5.0	204.4/300
文	A方式	地理	44	458	431	141	3.1	207.2/350
文	A方式	心理	31	809	771	121	6.4	235.1/350

(表つづく)

学部・学科等			募集人員	志願者数	受験者数	合格者数	競争率	合格最低点/満点
経済	T日程	経済	33	1,328	1,273	190	6.7	160.9/250
		国際経済	25	498	482	117	4.1	153.7/250
		現代ビジネス	14	469	455	61	7.5	161.0/250
	英語外部	国際経済	5	166	162	36	4.5	63.9/100
	A方式	経済	227	4,659	4,394	876	5.0	227.3/350
		国際経済	116	2,100	1,992	491	4.1	214.4/350
		現代ビジネス	58	1,014	951	170	5.6	219.3/350
社会	T日程	社会政策科	15	690	677	113	6.0	155.9/250
		社会	20	576	556	117	4.8	159.1/250
		メディア社会	15	572	556	59	9.4	168.0/250
	英語外部	社会政策科	5	378	370	14	26.4	73.6/100
		社会	7	507	498	22	22.6	72.5/100
		メディア社会	5	468	462	14	33.0	74.6/100
	A方式	社会政策科	88	1,678	1,611	463	3.5	212.0/350
		社会	152	2,281	2,152	536	4.0	226.2/350
		メディア社会	93	1,284	1,234	338	3.7	214.2/350
経営	T日程	経営	30	1,048	1,010	105	9.6	169.7/250
		経営戦略	25	772	753	103	7.3	163.1/250
		市場経営	20	744	720	68	10.6	168.8/250
	A方式	経営	160	4,186	4,036	934	4.3	223.1/350
		経営戦略	111	2,313	2,225	499	4.5	220.6/350
		市場経営	103	2,095	2,028	474	4.3	218.1/350
国際文化	T日程	国際文化	22	842	823	85	9.7	180.2/250
	英語外部	国際文化	5	334	330	24	13.8	71.1/100
	A方式	国際文化	118	2,650	2,357	424	5.6	231.5/350

(表つづく)

学部・学科等			募集人員	志願者数	受験者数	合格者数	競争率	合格最低点／満点
人間環境	T日程	人間環境	30	1,120	1,086	136	8.0	165.2/250
	英語外部	人間環境	5	814	802	17	47.2	79.2/100
	A方式	人間環境	135	2,350	2,276	591	3.9	215.1/350
現代福祉	T日程	福祉コミュニティ	14	366	359	59	6.1	153.0/250
		臨床心理	10	302	294	50	5.9	164.0/250
	英語外部	福祉コミュニティ	2	64	63	6	10.5	69.3/100
		臨床心理	2	68	67	7	9.6	72.4/100
	A方式	福祉コミュニティ	60	641	613	189	3.2	204.0/350
		臨床心理	40	535	514	119	4.3	220.3/350
キャリアデザイン	T日程	キャリアデザイン	25	833	815	100	8.2	163.5/250
	英語外部	キャリアデザイン	5	586	577	10	57.7	77.6/100
	A方式	キャリアデザイン	115	2,257	2,042	323	6.3	220.8/350
GIS	英語外部	グローバル教養	12	70	67	46	1.5	180.8/250
	A方式	グローバル教養	15	152	142	87	1.6	287.1/400
スポーツ健康	T日程	スポーツ健康	22	619	595	85	7.0	157.6/250
	英語外部	スポーツ健康	5	388	383	19	20.2	69.6/100
	A方式	スポーツ健康	78	1,291	1,237	240	5.2	221.7/350
情報科学	T日程	コンピュータ科	5	279	268	29	9.2	212.2/300
		ディジタルメディア	5	306	296	28	10.6	209.3/300
	英語外部	コンピュータ科	2	145	142	11	12.9	126.5/150
		ディジタルメディア	2	131	130	13	10.0	124.4/150
	A方式	コンピュータ科	35	1,269	1,146	201	5.7	276.5/400
		ディジタルメディア	35	911	863	185	4.7	276.3/400

(表つづく)

学部・学科等			募集人員	志願者数	受験者数	合格者数	競争率	合格最低点/満点
デザイン工	T日程	建築	15	406	385	54	7.1	204.7/300
		都市環境デザイン工	8	325	316	53	6.0	200.6/300
		システムデザイン	8	366	353	31	11.4	216.8/300
	英語外部	建築	2	138	133	11	12.1	123.7/150
		都市環境デザイン工	2	112	110	10	11.0	127.9/150
		システムデザイン	2	139	135	10	13.5	126.6/150
	A方式	建築	63	1,698	1,542	262	5.9	316.2/450
		都市環境デザイン工	40	969	918	217	4.2	307.8/450
		システムデザイン	40	995	945	182	5.2	227.2/300
理工	T日程	機械工(機械工学専修)	14	356	335	68	4.9	196.2/300
		電気電子工	14	242	235	61	3.9	190.1/300
		応用情報工	14	285	267	55	4.9	197.8/300
		経営システム工	10	183	180	27	6.7	210.6/300
		創生科	14	271	268	53	5.1	191.2/300
	英語外部	機械工(機械工学専修)	2	98	93	15	6.2	114.7/150
		電気電子工	2	104	104	15	6.9	114.7/150
		応用情報工	2	111	106	14	7.6	122.0/150
		経営システム工	2	72	72	8	9.0	127.2/150
		創生科	2	111	110	17	6.5	122.0/150
	A方式	機械工(機械工学専修)	40	1,470	1,397	400	3.5	293.7/450
		電気電子工	50	1,264	1,150	290	4.0	294.0/450
		応用情報工	50	1,019	954	258	3.7	301.9/450
		経営システム工	30	590	528	76	6.9	327.3/450
		創生科	50	949	852	218	3.9	289.5/450
		機械工(航空操縦学専修)	25	94	94	31	3.0	※

(表つづく)

学部・学科等			募集人員	志願者数	受験者数	合格者数	競争率	合格最低点/満点
生命科学	T日程	生命機能	5	127	119	22	5.4	199.4/300
		環境応用化	8	173	167	32	5.2	194.3/300
		応用植物科	5	201	197	30	6.6	194.2/300
	英語外部	生命機能	1	79	76	7	10.9	123.8/150
		環境応用化	1	78	73	8	9.1	126.9/150
		応用植物科	2	84	82	9	9.1	114.3/150
	A方式	生命機能	36	1,191	1,123	329	3.4	297.5/450
		環境応用化	40	1,056	963	289	3.3	290.3/450
		応用植物科	40	753	657	192	3.4	291.4/450
合計			3,568	79,631	75,390	14,917	—	—

※理工学部機械工学科航空操縦学専修は第二次選考を含めての合否判定となるため，合格最低点・満点は記載していない。

2021 年度 入試状況・合格最低点

■一般選抜

学部・学科等			募集人員	志願者数	受験者数	合格者数	競争率	合格最低点/満点
法	T日程	法律	45	992	953	145	6.6	165.9/250
		政治	20	344	336	50	6.7	163.6/250
		国際政治	14	241	229	37	6.2	209.8/300
	英語外部	法律	5	119	115	20	5.8	66.0/100
		政治	5	36	36	6	6.0	71.4/100
		国際政治	3	55	55	6	9.2	73.9/100
	A方式	法律	198	3,168	2,859	576	5.0	193.3/350
		政治	54	875	797	141	5.7	201.3/350
		国際政治	71	937	902	284	3.2	248.1/400
文	T日程	哲	10	242	231	25	9.2	172.6/250
		日本文	25	245	236	34	6.9	151.9/200
		英文	12	365	352	34	10.4	177.3/250
		史	8	169	162	18	9.0	171.8/250
		地理	10	132	126	27	4.7	157.8/250
		心理	8	378	355	20	17.8	176.7/250
	英語外部	英文	2	96	94	8	11.8	75.0/100
	A方式	哲	40	536	516	122	4.2	194.8/300
		日本文	75	972	944	255	3.7	190.1/300
		英文	65	676	659	155	4.3	220.9/350
		史	53	843	815	235	3.5	195.9/300
		地理	44	541	526	140	3.8	204.9/350
		心理	31	722	691	110	6.3	228.4/350

(表つづく)

学部・学科等			募集人員	志願者数	受験者数	合格者数	競争率	合格最低点/満点
経済	T日程	経済	33	808	778	144	5.4	158.7/250
		国際経済	25	499	487	93	5.2	159.1/250
		現代ビジネス	14	232	225	40	5.6	154.7/250
	英語外部	国際経済	5	137	134	26	5.2	67.4/100
	A方式	経済	227	3,090	2,911	738	3.9	234.5/350
		国際経済	116	1,530	1,470	470	3.1	215.3/350
		現代ビジネス	58	715	674	164	4.1	215.1/350
社会	T日程	社会政策科	15	545	529	72	7.3	160.1/250
		社会	20	649	628	95	6.6	166.1/250
		メディア社会	15	521	509	73	7.0	162.1/250
	A方式	社会政策科	93	1,544	1,484	401	3.7	215.5/350
		社会	159	2,357	2,246	473	4.7	240.3/350
		メディア社会	98	1,337	1,284	282	4.6	223.3/350
経営	T日程	経営	30	901	875	107	8.2	167.8/250
		経営戦略	25	609	595	95	6.3	165.8/250
		市場経営	20	410	399	63	6.3	161.1/250
	A方式	経営	160	3,170	3,076	757	4.1	234.3/350
		経営戦略	111	1,485	1,415	357	4.0	213.5/350
		市場経営	103	1,333	1,302	316	4.1	212.2/350
国際文化	T日程	国際文化	22	812	795	69	11.5	182.3/250
	A方式	国際文化	123	2,138	1,917	406	4.7	206.8/350
人間環境	T日程	人間環境	30	943	923	138	6.7	163.3/250
	英語外部	人間環境	5	605	590	17	34.7	80.0/100
	A方式	人間環境	135	1,847	1,801	493	3.7	226.7/350

(表つづく)

学部・学科等			募集人員	志願者数	受験者数	合格者数	競争率	合格最低点／満点
現代福祉	T日程	福祉コミュニティ	14	467	455	57	8.0	159.6/250
		臨床心理	10	264	248	27	9.2	168.0/250
	英語外部	福祉コミュニティ	2	97	96	6	16.0	73.6/100
		臨床心理	2	71	68	6	11.3	74.8/100
	A方式	福祉コミュニティ	60	1,046	994	157	6.3	220.0/350
		臨床心理	40	398	370	94	3.9	220.1/350
キャリアデザイン	T日程	キャリアデザイン	25	970	947	91	10.4	168.0/250
	英語外部	キャリアデザイン	5	897	882	13	67.8	81.7/100
	A方式	キャリアデザイン	115	2,114	1,915	313	6.1	196.7/350
GIS	英語外部	グローバル教養	12	294	291	42	6.9	199.8/250
	A方式	グローバル教養	15	328	316	40	7.9	228.1/300
スポーツ健康	T日程	スポーツ健康	22	577	564	71	7.9	159.9/250
	英語外部	スポーツ健康	5	293	289	18	16.1	74.1/100
	A方式	スポーツ健康	78	982	944	246	3.8	229.6/350
情報科学	T日程	コンピュータ科	5	296	284	27	10.5	210.0/300
		ディジタルメディア	5	242	229	21	10.9	207.0/300
	英語外部	コンピュータ科	2	87	85	8	10.6	121.0/150
		ディジタルメディア	2	89	87	12	7.3	120.0/150
	A方式	コンピュータ科	35	961	875	182	4.8	265.3/400
		ディジタルメディア	35	720	688	174	4.0	247.2/400
デザイン工	T日程	建築	15	402	380	45	8.4	209.0/300
		都市環境デザイン工	8	256	252	43	5.9	195.0/300
		システムデザイン	8	318	301	35	8.6	200.0/300
	英語外部	建築	2	134	129	10	12.9	125.0/150
		都市環境デザイン工	2	107	104	9	11.6	121.0/150
		システムデザイン	2	110	108	8	13.5	120.0/150

(表つづく)

学部・学科等			募集人員	志願者数	受験者数	合格者数	競争率	合格最低点/満点
デザイン工	A方式	建築	63	1,381	1,280	290	4.4	307.4/450
		都市環境デザイン工	40	769	744	242	3.1	285.4/450
		システムデザイン	40	928	885	159	5.6	221.3/300
理工	T日程	機械工（機械工学専修）	14	274	262	56	4.7	191.0/300
		電気電子工	14	348	333	62	5.4	194.0/300
		応用情報工	14	291	280	37	7.6	201.0/300
		経営システム工	10	223	215	26	8.3	207.0/300
		創生科	14	159	153	37	4.1	181.0/300
	英語外部	機械工（機械工学専修）	2	99	97	10	9.7	121.0/150
		電気電子工	2	64	62	13	4.8	110.0/150
		応用情報工	2	85	80	10	8.0	120.0/150
		経営システム工	2	72	69	9	7.7	124.0/150
		創生科	2	70	68	14	4.9	110.0/150
	A方式	機械工（機械工学専修）	50	1,092	1,026	354	2.9	274.9/450
		電気電子工	50	1,171	1,067	289	3.7	286.6/450
		応用情報工	50	995	949	202	4.7	298.8/450
		経営システム工	30	652	603	134	4.5	310.6/450
		創生科	50	700	651	184	3.5	283.2/450
		機械工（航空操縦学専修）	15	88	87	28	3.1	※
生命科学	T日程	生命機能	5	165	155	22	7.0	201.0/300
		環境応用化	8	171	165	30	5.5	194.0/300
		応用植物科	5	108	105	29	3.6	173.0/300
	英語外部	生命機能	1	51	50	7	7.1	107.0/150
		環境応用化	1	62	59	8	7.4	114.0/150
		応用植物科	2	56	55	8	6.9	103.0/150

(表つづく)

学部・学科等			募集人員	志願者数	受験者数	合格者数	競争率	合格最低点/満点
生命科学	A方式	生命機能	36	1,121	1,052	312	3.4	285.0/450
		環境応用化	40	670	618	213	2.9	292.7/450
		応用植物科	40	558	495	176	2.8	270.1/450
合 計			3,568	65,844	62,602	13,053	—	—

※理工学部機械工学科航空操縦学専修は第二次選考を含めての合否判定となるため、合格最低点・満点は記載していない。

募集要項(出願書類)の入手方法

　一般選抜の要項については，11月頃に法政大学ホームページにて公表される予定です。

問い合わせ先
　　法政大学　入学センター
　　TEL　03-3264-9300（[月〜金] 9:00〜17:00
　　　　　　　　　　　　　[土]　　 10:00〜12:00)
　　E-mail　NKadm@ml.hosei.ac.jp
　　ホームページ　https://nyushi.hosei.ac.jp/

 法政大学のテレメールによる資料請求方法

　スマートフォンから　QRコードからアクセスしガイダンスに従ってご請求ください。
　パソコンから　　　　教学社 赤本ウェブサイト(akahon.net)から請求できます。

合格体験記 募集

　2024年春に入学される方を対象に，本大学の「合格体験記」を募集します。お寄せいただいた合格体験記は，編集部で選考の上，小社刊行物やウェブサイト等に掲載いたします。お寄せいただいた方には小社規定の謝礼を進呈いたしますので，ふるってご応募ください。

応募方法

下記 URL または QR コードより応募サイトにアクセスできます。
ウェブフォームに必要事項をご記入の上，ご応募ください。
折り返し執筆要領をメールにてお送りします。
（※入学が決まっている一大学のみ応募できます）

⇨ **http://akahon.net/exp/**

応募の締め切り

総合型選抜・学校推薦型選抜	2024 年 2 月 23 日
私立大学の一般選抜	2024 年 3 月 10 日
国公立大学の一般選抜	2024 年 3 月 24 日

受験川柳 募集

受験にまつわる川柳を募集します。
入選者には賞品を進呈！　ふるってご応募ください。

応募方法

http://akahon.net/senryu/ にアクセス！

在学生メッセージ

大学ってどんなところ？　大学生活ってどんな感じ？ちょっと気になることを，在学生に聞いてみました。

(注) 以下の内容は 2022 年度入学生のアンケート回答に基づくものです。ここで触れられている内容は今後変更となる場合もありますのでご注意ください。

 大学生になったと実感！

　時間割を自由に組めるところが特徴的です。自分の興味に沿って時間割を組むため，モチベーションを高く保つことができていると感じます。また，高校までは毎日クラスメイトと一緒に授業を受けていましたが，大学では人それぞれ受ける授業が異なるため，週に一度しか会わない友達のほうが多いです。その分色々な人と知り合うことができます。(M. S. さん)

　自分のことは自分でやらなければならないということです。自分に必要な情報を判断したり，責任を伴うことが増えたりしました。また，大学で他県や外国の人と関われるから色々な考えや見方に出合いました。さらに，自由な時間が多いのでできることが増え，より充実した日々が送れています。(K. M. さん)

　今までずっと制服で登校していたので，私服で行くのが不思議な感覚でした。また，アルバイトを始めたことで自分で使えるお金が大幅に増えて，買い物や遊びの幅が広がったのは大学生ならではだと思います。(M. O. さん)

──── メッセージを書いてくれた先輩方 ────
《法学部》M. S. さん　《経済学部》K. M. さん　《社会学部》M. O. さん

大学生活に必要なもの

　パソコンとスケジュール管理です。パソコンは，オンライン授業以外にも，課題提出のためにワードやパワーポイント，エクセルを使用したり，授業中に先生の画面を共有したりするときに使用します。また，タイピングの練習をするべきです。なぜなら，課題にかかる時間の短縮になるからです。スケジュール管理については，授業が選択制なので自分でしっかり管理しないと，課題提出が遅れて単位をもらえないなんて可能性もあります。(K. M. さん)

　とてもおしゃれである必要はないですが，私服なので相手を不快にさせないような身だしなみは意識したほうがよいと思います。高校生の時は制服とパジャマばかり着ていましたが，大学生になって服をたくさん買いました。見た目の印象を良くするために眉毛を整えにも行きました。(M. O. さん)

この授業がおもしろい！

　夏休み中に約1週間開講された授業がおもしろかったです。期間の前半は教授の講義を聞き，後半はグループごとに話し合ってプレゼンテーションを準備しました。最終日にはすべてのグループが発表を行いました。様々なテーマでの発表を聞いて視野を広げることができました。一緒にプレゼンを準備したメンバーと親交を深められた点も良かったです。大学ではこのようなプレゼンを行う授業が多くあります。最初は戸惑うかもしれませんが，すぐに慣れるので楽しみにしていてくださいね。(M. S. さん)

　入門ゼミです。入門ゼミとは，2年次から始まるゼミの基礎の基礎をやるイメージです。私の入門ゼミは，同じ班の人と協力して，興味のあることまたは決められたテーマの理解を深めました。そこで，人と協力して何か成果を挙げる楽しさを知ることができました。学習というより研究寄りで，受け身ではなく自発的に参加する点も好きな理由です。(K. M. さん)

　「社会学への招待」という入門科目です。この授業は社会学部の教授の方々がオムニバス形式で行うオンデマンドの授業です。大学で学ぶとはどういうことか，社会学を学ぶとはどういうことか，教授が何を研究しているのかを学ぶことができます。社会学と一口に言っても様々な分野があるので，自分の興味ある分野以外に視野を広げる良い機会になっています。(M. O. さん)

大学の学びで困ったこと＆対処法

　レポートをどのように書けばいいかわからず困りました。高校では本格的な論文を書く機会がなかったので，書き出しはどうすればいいか，文字数の数え方のルール，書式のマナーなど，わからないことがたくさんありました。特に期末試験では複数のレポートを同時期に書かなければならず，時間との闘いでもありました。相談できる先輩もいなかった私が最終的に頼った先はインターネットでした。もちろん剽窃は厳禁ですが，レポートの基本的な書き方について解説しているサイトや動画が非常に役立ちました。（M. S. さん）

　高校での学習内容を授業で用いなければならないことです。例えば，統計学は数学の知識を応用して学ぶので，数学Ⅰ・Ⅱ・A・Bを理解している前提で進みます。また，英語も受験の時に覚えた単語や文法を忘れていたため，ついていくのに必死な時がありました。対処法としては，受験が終わったからといって，勉強時間が0分にならないようにすることです。（K. M. さん）

　大学での勉強は高校までと全く違うので，取り組み方がわからなかったです。高校までは一問一答であったり，公式を当てはめて問題を解いたりしていると思います。しかし，大学では答えが一つではなかったり，自分の意見を述べる機会が増えたりします。まだ1年生であることもあり勉強法は確立できていませんが，高校までの勉強とは違うものと割り切って，ただむしゃらに向き合っていたら，思ったよりも良い成績が取れたので，頑張り続けようと思いました。（M. O. さん）

部活・サークル活動

　スポーツ系のサークルに入っています。週2日活動がありますが参加は自由なので，毎週行くときもあれば，1カ月に1回くらいしか行かないときもあります。初めは友達を作るために入り，男女問わず仲良くなりました。サークルがない日でも集まったり，同じ学部の先輩からオススメの授業の情報を得たりと，スポーツする以外にもメリットがたくさんあります。（K. M. さん）

　オープンキャンパスの実行委員をやっています。オープンキャンパス当日に向けて，高校生が楽しめたり不安を解消できたりするように，学生が主体となって活動しています。人数が多い団体のため企画ごとに分かれていますが，どの企画も高頻度で集まって会議やイベントをしています。（M. O. さん）

交友関係は？

　初めての授業で隣の席に座った人に話しかけました。大人数授業ではみんなで仲良くなることはあまりありませんが，少人数制の授業ではお互いの名前を覚えやすいためクラス全体で仲良くなりやすいです。LINE グループがある授業もあります。入りそびれないように注意しました。高校とは異なり上京してくる人も多いですし，住んでいるところもバラバラです。住んでいる町や出身地の話，高校時代の部活の話をして交友を深めました。（M. S. さん）

　初日から色々な人に話しかけて友人を作りました。お互い知らないことが多かったので，許容範囲で質問や共有をしました。先輩は，サークルでできました。優しい人ばかりで，たくさん話しかけてくださったのが嬉しかった記憶があります。とにかく，顔を出してみることに意味があると思います。（K. M. さん）

　同学年の人とは，週に2回ある第二外国語の授業や，チームを組むことが多い体育の授業で仲良くなることが多いです。先輩方とは，サークルを通して連絡を取り合い一緒に活動をして仲良くしていただくようになりました。大学は1人でいようと思えば1人でいられる場所です。しかし，自分から積極的にサークルなどのコミュニティに入ることで思い出が豊かになると思います。（M. O. さん）

いま「これ」を頑張っています

　頑張っていることは TOEIC の対策です。英検とは異なり合否という概念がないので，スコアアップのためにゲーム感覚で勉強しています。英検や受験英語と比べてビジネス英語の要素が強く，問題集を解いているとまるで海外の会社で働いているような気分になれます。また，受験後の自分のスコアを見るともっと高いスコアを取りたいという気持ちが湧いてきます。楽しく英語の勉強ができるのでつい熱中してしまいます。卒業までに満点を目指したいです。（M. S. さん）

　簿記3級・2級に合格するための勉強です。就職活動に使うためでもあり，自由な時間を有意義に使うためでもあります。きっかけは，自分が英語が苦手だったので，TOEIC や TOEFL の勉強をするよりは向いているかなと思ったからです。実際に，勉強するとできることが増えてどんどん楽しくなりました。（K. M. さん）

　今はオープンキャンパスの実行委員の仕事を特に頑張っています。スケジュールが空いているときは積極的に参加して，高校生にオープンキャンパスやキャン

パスツアーに来てよかったと思ってもらえるように活動に向き合っています。（M. O. さん）

普段の生活で気をつけていることや心掛けていること

　十分な睡眠を取るように気をつけています。課題を溜め込んでいたり，やりたいことがたくさんあったりすると睡眠時間を削りたくなりますが，健康のために早く寝ることを大事にしています。また，登校する時間が一定ではないので起きる時間も不規則になりがちです。できるだけ同じ時間に起きて生活リズムを整えるよう心掛けています。さらに，一つひとつの課題に時間がかかるので計画的に課題に取り組み，間に合わないことがないように気をつけています。（M. S. さん）

　食生活です。一人暮らしなので，食べる時間も食べる物も自由です。そのため，食事が不規則になりがちになり，その結果，短期間で体重が増えてしまいました。体重を戻すのが大変だったので反省し，今は自分に甘くならないよう食生活を意識しています。（K. M. さん）

　アルバイトを始めてたくさんの人と関わるようになったこともあり，今までより丁寧な言葉遣いや，いつ誰に見られてもよいような態度を心掛けるようになりました。また，グループで活動をするときには積極的に発言や行動をするように常に意識しています。（M. O. さん）

おススメ・お気に入りスポット

　大学内の自習室が静かで好きです。集中できる環境が整っているので，主に空きコマで自習をしたいときに利用しています。また，市ヶ谷キャンパス周辺には3つの駅があり7つの路線にアクセスすることができます。遊びに行くときは便利です。個人的には近くの某有名カフェが広くてお気に入りです。他にも遊園地や公園など遊べるスポットが徒歩圏内にあります。都心なのに自然豊かな点もよいです。想像よりも緑がたくさんあります。（M. S. さん）

　多摩キャンパス。周辺は山だけれど，空気が綺麗なことや広いキャンパスがお気に入りです。スポーツをしたり，ピクニックみたいにご飯を食べたりすることも可能です。文化祭では花火が打ち上がったり動物に触れられたりと，周辺が山だからこそできることがたくさんあることも気に入っています。（K. M. さん）

大学の図書館は自習の際によく活用しています。パソコンやスマホが充電可能な席もあって，集中して勉強や課題をすることができています。正直，多摩キャンパス周辺には特に遊んだりご飯を食べたりできるところはないですが，大学内の施設で完結できたり，皆でバスや電車に乗って遊びに行ったりしています。
（M. O. さん）

 入学してよかった！

まず，学びたいことが学べることです。大学と学部・学科を選ぶ際には自分の興味を一番に考えたかったので，所属教授の専門分野や開講科目を確認し，興味が湧くかどうかを基準に選びました。今は学びたいことをほぼ支障なく学べる環境に身を置いているので楽しいです。また，キャンパスがきれいなのも良いポイントです。図書館や自習室，学食といった施設も充実していて，大学の中では今のところストレスの少ない日々を過ごしています。そして，色々なところへ遊びに行きやすいのもよいです。勉強も遊びも楽しめるので入学してよかったと思います。（M. S. さん）

周りの人に恵まれていることです。努力をして入学した人が集まっているので，何かしら先のことを見据えて目標や努力していることがある人が多いです。そのおかげで，自分も頑張らなくてはと活を入れられ，毎日が充実しています。
（K. M. さん）

 高校生のときに「これ」をやっておけばよかった

高校生にしかできないことをもっと楽しんでおけばよかったと思います。大学生だからこそできることがある一方で，部活に一生懸命に取り組む，学校帰りに友達と遊ぶ，行事の準備を全力でやる，休み時間に友達と話す，といった活動については高校生のほうが機会が多くあります。私は部活や学校行事はどちらかというと面倒なことだと思っていたので適当に流していました。でもその機会をほぼ失った今，懐かしく思うのです。大変だと思うこと，わずらわしいと思うことでも，高校生のときにしかできないことを楽しめばよかったなと思います。
（M. S. さん）

合格体験記

　みごと合格を手にした先輩に，入試突破のためのカギを伺いました。入試までの限られた時間を有効に活用するために，ぜひ役立ててください。
（注）ここでの内容は，先輩が受験された当時のものです。2024年度入試では当てはまらないこともありますのでご注意ください。

アドバイスをお寄せいただいた先輩

● Y.Y.さん　生命科学部（環境応用化学科）
　A方式 2017 年度合格，埼玉県出身

　勉強も大切だとは思いますが，息抜きも大切です。私は息抜きに学校の休み時間に運動したり，休憩中に音楽を聴いたりしてリフレッシュし，勉強していました。

その他の合格大学　成蹊大（理工〈センター利用〉），東京電機大（工〈センター利用〉）

入試なんでもQ＆A

　受験生のみなさんからよく寄せられる，入試に関する疑問・質問に答えていただきました。

Q　赤本の効果的な使い方を教えてください。

　A　私は実際の試験時間よりも10分少ない時間で赤本を解くことを心がけていました。そのおかげで，実際の試験ではマークシートの見直しなどの時間を確保することができ，落ち着いて受験できました。また，間違えたところは赤本をコピーして間違いノートを作り，どこが間違いの原因だったのか，何に気づけば正確な答えが求められるのかを書き留めておいて，次へ生かすようにしていました。

Q　1年間の学習スケジュールはどのようなものでしたか？

　A　私は高校2年生の秋から受験勉強を始めたのですが，まずはじめに取りかかったのは英文法です。2年のうちに英文法をマスターしておくと，3年になって英語以外の科目に時間を割くことができます。また，苦手科目だった物理も，高2のころからずっとやっていました。3年の夏で基礎を固め，そこからは問題演習に取りかかりました。赤本演習を始めたのは11月ごろからです。過去問演習は10月には始めることをおすすめします。私は過去問演習を始めるのが遅く，私立大学の赤本はそれぞれ2年分くらいしか解くことができませんでした。

Q どのように学習計画を立て，受験勉強を進めていましたか？

A 私は先を長く見据えるのが苦手だったので，毎日，「その日にやることリスト」を作って勉強していました。苦手科目を避けがちになってしまわないように，自分が一番苦手だった物理は毎日やるようにリストを作っていました。また，その日に達成できなかったものは，次の日に必ずやるように心がけました。週末を調整日にすると忘れてしまいそうなので，早め早めにやっていました。そして毎日，過去3，4日分のリストを見て，科目にばらつきがないように気をつけていました。この方法は，達成感が生まれてとてもよかったです。

Q 失敗談や後悔していることを教えてください。

A 私が後悔していることは，数Ⅲの演習をもっと積めばよかったということと，無機化学・有機化学・高分子にもっと早くから手をつければよかったということです。理系において数Ⅲは数学のなかでも出題率が高く，なかでも微・積分はほとんどの大学で出題されます。高校の授業で数Ⅲが終わったのは2学期のはじめのほうで，演習を始めたのは秋からでした。数学は演習量と定義の理解がものを言うと思います。微・積分はある程度演習を積めたのですが，複素数平面や2次曲線がなおざりになってしまったことを後悔しています。また，化学に関しては，無機から先は暗記であると言われるのですが，暗記すればいいだけ，と後に残しておいたらなかなか量が多くて暗記しきれなかった部分もあり，得点を失うことにもなって後悔しています。

科目別攻略アドバイス

みごと入試を突破された先輩に、独自の攻略法を、科目ごとに紹介していただきました。

■■数学

> 誘導に従って落ち着いて取り組めば、答えは導けると思います。

■■化学

> 法政大学の化学は理論が中心です。起こる現象の根っこの理解が必要になるので、ただ暗記するだけでは対応できません。

Trend & Steps
傾向と対策

傾向と対策を読む前に

　科目ごとに問題の「傾向」を分析し，具体的にどのような「対策」をすればよいか紹介しています。まずは出題内容をまとめた分析表を見て，試験の概要を把握しましょう。

■注意

　「傾向と対策」で示している，出題科目・出題範囲・試験時間等については，2023年度までに実施された入試の内容に基づいています。2024年度入試の選抜方法については，各大学が発表する学生募集要項を必ずご確認ください。
　また，新型コロナウイルスの感染拡大の状況によっては，募集期間や選抜方法が変更される可能性もあります。各大学のホームページで最新の情報をご確認ください。

■掲載日程・方式・学部について

2月11日実施分〔Ⅰ日程〕	情報科（ディジタルメディア）学部 デザイン工（都市環境デザイン工・システムデザイン）学部 理工（機械工（機械工学専修）・応用情報工）学部 生命科（生命機能）学部
2月14日実施分〔Ⅱ日程〕	情報科（コンピュータ科）学部 デザイン工（建築）学部 理工（電気電子工・経営システム工・創生科）学部 生命科（環境応用化・応用植物科）学部

分析表の記号について
　☆印は全問マークシート法採用であることを表す。

英　語

年度	区分	番号	項目	内容
☆2023	2月11日	〔1〕	文法・語彙	空所補充
		〔2〕	会話文	空所補充
		〔3〕	読解	不要な文の選択，空所補充
		〔4〕	読解	内容説明，資料読解
		〔5〕	読解	内容説明
		〔6〕	読解	同意表現，内容説明，内容真偽，主題
		〔7〕	読解	同意表現，内容説明，主題
	2月14日	〔1〕	発音，文法・語彙，会話文	アクセント，発音，空所補充，語句整序
		〔2〕	読解	空所補充
		〔3〕	読解	内容説明，同一用法，内容真偽
		〔4〕	読解	同意表現，内容説明，内容真偽
		〔5〕	読解	内容説明，空所補充，資料読解，主題
☆2022	2月11日	〔1〕	発音	アクセント，発音
		〔2〕	文法・語彙	空所補充
		〔3〕	会話文	空所補充
		〔4〕	読解	不要な文の選択，空所補充
		〔5〕	読解	同意表現，空所補充，内容説明，内容真偽
		〔6〕	読解	空所補充，内容真偽，内容説明，主題
		〔7〕	読解	同意表現，内容真偽，内容説明，主題
	2月14日	〔1〕	発音，文法・語彙，会話文	アクセント，発音，空所補充，語句整序
		〔2〕	読解	資料読解，空所補充
		〔3〕	読解	内容真偽，資料読解，内容説明，空所補充
		〔4〕	読解	空所補充，同意表現，内容説明，内容真偽
		〔5〕	読解	同意表現，同一用法，内容説明，主題

年度		番号	区分	内容
☆ 2021	2月11日	〔1〕	文法・語彙	空所補充
		〔2〕	会話文	空所補充
		〔3〕	読解	不要な文の選択，空所補充
		〔4〕	読解	資料読解
		〔5〕	読解	資料読解，空所補充
		〔6〕	読解	同意表現，内容説明，主題
		〔7〕	読解	同意表現，内容説明，主題
	2月14日	〔1〕	発音，文法・語彙，会話文	アクセント，発音，空所補充，語句整序
		〔2〕	読解	空所補充，資料読解
		〔3〕	読解	資料読解，空所補充，内容説明，内容真偽
		〔4〕	読解	空所補充，内容説明，内容真偽，同意表現
		〔5〕	読解	内容説明，同意表現，主題

▶読解英文の主題

年度	区分	番号	主題
2023	2月11日	〔3〕	1．(1)ジグソーパズルの始まり　(2)油による水質汚染を髪で救う　(3)火星の音を調べる　2．(1)エサを食べる際，猫は怠惰である　(2)スマホの正しい清掃法
		〔4〕	国際洗濯マークについて
		〔5〕	日本のスキー場に関するレビュー
		〔6〕	AIは掃除の助けとなる
		〔7〕	言語と思考とはいかに関連しあっているか
	2月14日	〔2〕	1．真に知的な機械を作る試み　2．ボートの作図手順
		〔3〕	恐竜に関するインタビュー
		〔4〕	人が犯しがちな間違いについて
		〔5〕	図は読み手に努力することを求める
2022	2月11日	〔4〕	1．(1)ネコが自分の名前を認識できること　(2)人間のDNAと他の動植物のDNAとの類似性　2．(1)周りを見ない歩行者が人流に与える悪影響　(2)ウルトラホワイトの塗料による地球温暖化対策
		〔5〕	海藻を代替肉に利用する試み
		〔6〕	長期間の宇宙飛行と持久水泳が心臓を縮小させる可能性がある
		〔7〕	製造業の未来を高校に取り入れる
	2月14日	〔2〕	1．シンボルの種類　2．プリンターインクの取り替え方
		〔3〕	労働時間と生産性
		〔4〕	食品ロスと食品廃棄の違いを知り食料資源を守る
		〔5〕	犬の本当の年齢の見つけ方

2021	2月11日	〔3〕	1.(1)バイカル湖の特徴について (2)クロスラミネート木材の将来 (3)地球上の水の量が変化しない理由 2.(1)折り紙から着想を得た宇宙船の脚部素材 (2)1万歩が健康の第一歩とみなされた由来
		〔4〕	各ホテルのレビュー
		〔5〕	日本人がするジェスチャーの解説
		〔6〕	どうやって人々を活動に仕向けるか
		〔7〕	バッタと森林火災とのあいだのつながり
	2月14日	〔2〕	1.メスのアフリカライオンが持つ敵の群れの識別能力 2.コーヒーメーカー用浄水器の使い方
		〔3〕	インターネットの世界的普及の歴史
		〔4〕	カエルの幹細胞から作られたロボット
		〔5〕	だまされる前にもう一度考え直せ

傾向

**読解総合問題が中心
科学関連の英文が頻出**

1 出題形式は？

いずれの日程も試験時間は 90 分。全問マークシート法で，読解問題が中心であるが，発音問題，文法・語彙問題，会話文問題なども出題されている。

2 出題内容はどうか？

読解総合問題中心で，空所補充，内容説明，内容真偽，主題といった内容の理解に加えて，同意表現などの語彙力を問う設問も多く含まれており，幅広く英語力をみようとする問題である。読解のテキストとなる英文は，エッセーや評論が中心であり，テーマは多岐にわたっているが，環境問題や科学的なものがよく出題されている。また，図表やグラフを利用した問題が出題されていることも特徴の一つである。なお，文法・語彙問題は，空所補充による短文の完成や語句整序などの形式が多い。

3 難易度は？

読解英文の語彙にはやや難しい専門用語も含まれているが，英文の内容そのものは標準的である。しかし，全体として問題の種類と数が多く，特に読解問題では内容の理解を問う設問が多い。マークシート法とはいえ，試験時間は決して余裕があるとはいえない。

対策

❶ 文法・語彙

短文の空所補充や語句整序がよく出題されている。空所補充では簡単な計算を含む問題が出題されることもあるので，過去問をよく研究する必要がある。文法に関しては，特に，時制・仮定法，準動詞，関係詞，代名詞，比較などを重点的にマスターしておきたい。受験生が間違いやすいポイントを完全網羅した総合英文法書『大学入試 すぐわかる英文法』(教学社) などを手元に置いて，調べながら学習すると効果アップにつながるだろう。また，読解問題の中で語彙や熟語の知識が問われる場合も多い。単語や熟語を別の英語で言い換える訓練が必要である。会話文ともあわせて文法・語彙の対策を仕上げるには『英文法ファイナル問題集 標準編』(桐原書店) などを使って学習するとよい。

❷ 会話文

短い会話を完成させる問題がよく出題されている。会話に固有の表現を覚えるよりも，会話の流れをつかむ練習に力を入れることが大切である。問われる内容は基本的な熟語表現や省略表現などである。話の流れに沿った発言を選ぶ問題では，前後の発言内容を確認して，内容的にも文法的にも矛盾しないものを選ぼう。

❸ 読解

ロボットやAIなど科学技術に関する英文がよく出題されている。コンピュータ技術や生命工学など，科学関連の英文に慣れておく必要がある。ただし，言語や哲学に関する英文も出題されているので，偏りのないように学習することを心がけたい。『大学入試 ぐんぐん読める英語長文』(教学社) など，入試頻出の英文が掲載された問題集を活用するとよいだろう。図表を含む英文に関しては，量をこなすことが大切である。英文にわからないところがあっても，図表がヒントになる場合もある。共通テスト用の問題集なども活用して，さまざまなタイプの問題に慣れておこう。

❹ 既出問題の検討

科学的な内容の設問や図表を利用した設問など，独特の出題傾向がある。例年，その出題傾向は大きく変わっていないので，本シリーズや

『法政大の英語』(教学社)を利用して過去の問題には必ず当たっておこう。きちんと時間を計って，時間配分を考えながら解いてみること。大問ごとに難易度に差がある場合もあるので，どの問題から取り組むかを検討してみるのもよいだろう。

法政大「英語」対策に必須の参考書

→ 『大学入試 すぐわかる英文法』(教学社)
→ 『英文法ファイナル問題集 標準編』(桐原書店)
→ 『大学入試 ぐんぐん読める英語長文』(教学社)
→ 『法政大の英語』(教学社)

数　学

年度	区分	番号	項目	内容
☆2023	2月11日	〔1〕	小問2問	(1)格子点の総数　(2)1次不定方程式と格子点
		〔2〕	ベクトル	円周上の3点
		〔3〕	指数・対数関数	対数とガウス記号
		〔4〕	微・積分法,数列	3次方程式の解,定積分
		〔5〕	数列	3項間漸化式
		〔6〕	小問2問	(1)定積分の計算　(2)関数の増減
		〔7〕	微・積分法	関数の増減と凹凸
	2月14日	〔1〕	確率	反復試行の確率
		〔2〕	ベクトル	三角形や円周上の点
		〔3〕	三角関数	三角関数を含む関数の最大・最小
		〔4〕	整数の性質,数列	数列の和と不定方程式
		〔5〕	2次関数,微・積分法,図形と方程式	放物線,通過領域,面積
		〔6〕	三角関数,微・積分法,図形と方程式	2円に接する円の中心の軌跡,回転体の体積
		〔7〕	数列,極限,微・積分法	数列の和や極限,区分求積法,関数の増減と凹凸
☆2022	2月11日	〔1〕	小問2問	(1)玉を箱に入れる場合の数　(2)絶対値を含む対数関数
		〔2〕	ベクトル	平面ベクトルの三角形への応用
		〔3〕	数列	分数の形で定義される漸化式
		〔4〕	図形と方程式,微・積分法	絶対値を含む関数のグラフと定積分で定義される関数
		〔5〕	三角関数,微分法	三角関数で定義される関数の最大・最小
		〔6〕	微・積分法	媒介変数で表された曲線で囲まれた部分の面積
		〔7〕	微・積分法	分数関数の増減とそのグラフで囲まれた部分の面積
	2月14日	〔1〕	集合と論理,整数の性質	共通集合の要素の個数,連立不等式の整数解
		〔2〕	ベクトル	空間ベクトルの四面体への応用
		〔3〕	確率	袋から取り出したカードに書かれた整数の確率
		〔4〕	微・積分法	3次関数の増減と曲線で囲まれた部分の面積
		〔5〕	数列	階差数列による漸化式の一般項の決定
		〔6〕	微・積分法	指数関数を分母に含む関数の微分・積分
		〔7〕	微・積分法	三角関数の積の増減と媒介変数で表される曲線による面積

法政大-情報科・デザイン工・理工・生命科A／傾向と対策　45

<table>
<tr><td rowspan="6">☆
2021</td><td rowspan="6">2
月
11
日</td><td>〔1〕</td><td>小問2問</td><td>(1)自然数の累乗の余り　(2)領域における点の座標の和の最大値</td></tr>
<tr><td>〔2〕</td><td>ベクトル,
三角関数</td><td>平面ベクトルの三角形への応用</td></tr>
<tr><td>〔3〕</td><td>確　　率</td><td>袋から玉を取り出す確率</td></tr>
<tr><td>〔4〕</td><td>微・積分法</td><td>4次関数のグラフの接線と囲まれた部分の面積</td></tr>
<tr><td>〔5〕</td><td>数列, 指数
・対数関数,
整数の性質</td><td>漸化式の2進法への応用</td></tr>
<tr><td>〔6〕</td><td>微・積分法</td><td>三角関数を含む関数の増減と極限, 定積分の値</td></tr>
<tr><td></td><td rowspan="6">2
月
14
日</td><td>〔1〕</td><td>数　　列</td><td>等差数列と等比数列の積で表される数列の和</td></tr>
<tr><td>〔2〕</td><td>場合の数</td><td>数字と桁数を決めたときの整数の個数</td></tr>
<tr><td>〔3〕</td><td>ベクトル,
三角関数</td><td>平面ベクトルの三角形への応用</td></tr>
<tr><td>〔4〕</td><td>微・積分法</td><td>3次関数の増減と絶対値を含む2次関数の定積分</td></tr>
<tr><td>〔5〕</td><td>図形と方程式</td><td>座標平面における二等辺三角形とその外接円</td></tr>
<tr><td>〔6〕</td><td>微・積分法</td><td>単位円上の点で定まる直角三角形の面積の増減と定積分</td></tr>
</table>

(注)　2022・2023年度：デザイン工（システムデザイン），生命科（生命機能，応用植物科）学部は〔1〕～〔5〕を，その他の学部・学科は〔1〕～〔3〕，〔6〕〔7〕を解答。
　2021年度：デザイン工（システムデザイン），生命科（生命機能，応用植物科）学部は〔1〕～〔5〕を，その他の学部・学科は〔1〕～〔4〕，〔6〕を解答。

傾向　基本・標準問題中心　幅広い学習と計算力の強化を

1　出題形式は？

　いずれの日程も試験時間は90分で，大問5題を解答することになっている。全問マークシート法で，数値そのものをマークする方法が基本であるが，一部，選択肢の番号をマークする設問が含まれている。

2　出題内容はどうか？

　出題範囲は，デザイン工（システムデザイン）・生命科（生命機能，応用植物科）学部が「数学Ⅰ・Ⅱ・A・B（数列，ベクトル）」，その他の学部・学科が「数学Ⅰ・Ⅱ・Ⅲ・A・B（数列，ベクトル）」である。

　出題範囲から幅広く出題されており，融合問題も多い。その中で，理系としては当然のことながら，微・積分法は毎年出題されており，微分法では最大・最小を求める問題が，積分法では定積分の計算，面積を求める問題が多く出題されている。また，他の分野では，場合の数と確率，

数列,三角関数,ベクトルがよく出題されている。

③ 難易度は?

教科書の基本問題から章末問題程度の出題である。しかし,複数分野の融合問題など思考力を必要とするものも含まれ,しっかりとした基礎学力と計算力が要求される。特に,数列や微・積分法については,複雑な計算をこなす力が求められる。まずは問題全体を一通り見て,できる問題から取り組もう。時間配分に気をつけて,見直す時間も確保したい。

対 策

1 基礎学力の徹底

教科書の標準レベルの問題が中心なので,まず教科書の例題や練習問題を徹底的に学習し,章末問題まで解けるようにしておこう。そして,教科書傍用問題集で標準問題に対する演習を十分に積み,基礎学力を徹底して身につけるようにしたい。問題を解いたあとは,単に解答を見て答え合わせをするだけでなく,解法の流れや,別解などにも注意したい。

2 計算力をつける

マークシート法では,わずかな計算ミスも大きな失点となる。簡単な計算でも手を抜かず,日頃から迅速かつ正確な計算力を身につけることを意識しておこう。特に,文字式の複雑な計算が正確に処理できるようにしておくこと。検算をする習慣もつけておきたい。

3 幅広い学習を

例年,出題範囲から偏ることなく幅広く出題されており,さらに,2次曲線の焦点,二項定理,整数問題,重複組合せなど,比較的手薄になりがちな分野の出題もある。したがって,教科書の隅々まで学習し,参考書などの基本例題については一つ残らず押さえておくことが大切である。

4 頻出項目を重点的に

出題範囲から幅広く出題されているので,どの分野もおろそかにできないが,頻出項目についてはさらに十分な補強が望まれる。微・積分法は特に力を入れて学習しよう。次いで,場合の数と確率,数列,三角関数,ベクトルなどである。整数問題や二項定理については,教科書や傍

用問題集ではきわめて基本的なものしか扱われていないので，受験問題集を利用して意識的に学習量を増やす必要がある。

物　理

年度	区分	番号	項目	内容
2023	2月11日	〔1〕	力　　学	摩擦のある斜面上の運動，斜方投射，鉛直ばね振り子
		〔2〕	電　磁　気	電界と電位，等電位線
		〔3〕	熱　力　学	気体の状態変化，ばねがついたピストン
		〔4〕	波　　動	気柱の共鳴
	2月14日	〔1〕	力　　学	斜面上の小物体の放物運動，円運動
		〔2〕	電　磁　気	自己誘導と相互誘導，交流と変圧器
		〔3〕	熱　力　学	内部エネルギーの保存
		〔4〕	波　　動	回折格子，光のドップラー効果，恒星の運動
2022	2月11日	〔1〕	力　　学	斜面をもつ台と小物体の運動
		〔2〕	電　磁　気	導線に流れる誘導電流，キルヒホッフの法則
		〔3〕	熱　力　学	液体中の容器がもつピストンの移動
		〔4〕	力　　学	円筒中の球のつり合い
		〔5〕	波　　動	くさび型空気層の干渉
	2月14日	〔1〕	力　　学	斜面との衝突，斜面への水平投射
		〔2〕	電　磁　気	ローレンツ力，ホール効果
		〔3〕	熱　力　学	球形容器内の気体分子
		〔4〕	力　　学	2つの小物体のばね振り子
		〔5〕	波　　動	光のドップラー効果
2021	2月11日	〔1〕	力　　学	運動量の変化と力積の関係，合体とエネルギー
		〔2〕	電　磁　気	球対称な電荷分布と電気力線
		〔3〕	熱　力　学	仕切られた円筒容器
		〔4〕	力　　学	摩擦のある斜面上で連結された物体の運動
		〔5〕	波　　動	波の式，波の重ね合わせ
	2月14日	〔1〕	力　　学	ばねの両端につけられた物体の運動，ばねと衝突
		〔2〕	電　磁　気	ホイートストンブリッジ，メートルブリッジ
		〔3〕	熱　力　学	気体の状態変化と熱機関，断熱変化
		〔4〕	力　　学	斜方投射と自由落下，平面上での衝突
		〔5〕	波　　動	カメラの凸レンズ

傾向　年度・分野によってはやや難の出題も 誘導の流れをつかむことが求められる

1　出題形式は？

2月11日および2月14日実施分は，いずれも試験時間75分である。2021・2022年度は大問5題，2023年度は大問4題で，小問30問の出題は変わらない。記述式で文中の空所を埋める誘導形式と，小問の解答を求める設問形式がある。

2　出題内容はどうか？

出題範囲は，「物理基礎・物理（様々な運動，波，電気と磁気）」である。

2021・2022年度は，力学が2題，電磁気，熱力学，波動が各1題で，計5題という構成である。2023年度は，力学，電磁気，熱力学，波動が各1題で，計4題という構成である。出題範囲から満遍なく出題されているので，偏りのない学習が必要である。

3　難易度は？

例年，分野による難易度の差はみられず，いずれも標準的な問題であるが，年度によってはやや難度の高い問題や，計算量の多い問題がみられることもある。誘導形式も多いので，問題文をよく読んで誘導の流れをつかめば完答可能な問題も多い。ただし，試験時間75分では余裕はないと思われる。できる問題は取りこぼさないようにし，また出題形式や問題量などに慣れるためにも，過去問演習を重ね，時間配分の感覚や仕方を身につけておこう。

対策

1　教科書の内容を把握しよう

誘導形式の流れをつかむには，物理的な思考力が必要である。そのためには教科書の内容を確実に理解しておくこと。物理の基本的な概念をしっかりとつかんでおこう。また，見慣れない問題が出題されることもあるが，教科書の隅々までよく読み，物理の広い知識をもつことで対応できるだろう。

2　教科書傍用問題集を完全に仕上げる

　教科書の内容をしっかりと理解する努力をしながら，教科書傍用の問題集を確実に理解し，最後まで仕上げよう。その後，標準的な入試問題集を1冊やるとよい。その際，ただ答えを出すだけでなく，問題内容の理解にも努めよう。

3　計算力をつけよう

　計算力が問われる問題も多く出題される。問題を解くとき，式を整理しながら，速く，正確に計算できるように日頃から心がけよう。

4　過去問をじっくりと

　誘導形式や見慣れない問題も過去には多く出題されているので，慣れるためにも過去問をじっくり解いてみよう。問題文をよく読み，文中からヒントを得る練習をしておこう。

化　学

▶デザイン工・理工・生命科学部

年度	区分	番号	項目	内容
2023	2月11日	〔1〕	無機・理論	いろいろな合金　⇨計算
		〔2〕	理論	化学反応のしくみと反応速度，結合エネルギー，化学平衡　⇨計算
		〔3〕	無機・理論	いろいろな酸化物の性質と反応　⇨計算
		〔4〕	有機	分子量106.0の芳香族炭化水素の構造決定，合成樹脂
	2月14日	〔1〕	理論	コロイド，溶解度積（50字）　⇨論述・計算
		〔2〕	無機・理論	窒素酸化物の性質と反応，化学平衡　⇨計算
		〔3〕	理論	鉄の精錬，アセチレンの製法　⇨計算
		〔4〕	有機・理論	α-アミノ酸の構造と反応，等電点，食品の窒素含有量（30字）　⇨論述・計算
2022	2月11日	〔1〕	無機・理論	Sの単体と化合物の性質，硫酸の工業的製法（30字）　⇨計算・論述
		〔2〕	理論	電池の構造と反応，$CuSO_4$水溶液の電気分解　⇨計算
		〔3〕	理論	気体の法則，混合気体の圧力　⇨計算
		〔4〕	有機・理論	分子式C_3H_8Oの化合物の構造決定　⇨計算
	2月14日	〔1〕	理論	物質の状態変化とエネルギー，H_2OとCO_2の状態図，沸点上昇，気体の性質　⇨計算
		〔2〕	無機・理論	Caの化合物の反応，CaF_2の結晶格子　⇨計算
		〔3〕	理論	陽イオン交換膜法，NaOH水溶液の電気分解，水溶液のpH，結合エネルギー（30字）　⇨論述・計算
		〔4〕	有機・理論	油脂の構造決定　⇨計算
2021	2月11日	〔1〕	理論	イオン生成のエネルギー，イオン半径（55字）　⇨論述
		〔2〕	理論	水銀柱と圧力，蒸気圧　⇨計算
		〔3〕	無機・理論	Siの単体とその化合物の構造，シリカゲルの製法　⇨計算
		〔4〕	有機・理論	アルカンの性質，燃焼熱と生成熱，化学反応式の量的関係　⇨計算
	2月14日	〔1〕	理論・無機	H_2Sの性質と電離平衡，ZnSの結晶格子　⇨計算
		〔2〕	理論	反応速度と触媒，化学平衡，気体の法則　⇨計算
		〔3〕	理論	酸化還元滴定，H_2O_2の分解の反応速度（25字）　⇨計算・論述
		〔4〕	有機・理論	C_3H_8Oの異性体，トリアセチルセルロースの加水分解，ジアゾ化とカップリング　⇨計算

傾向　全分野における標準〜やや難の問題 化学の基礎原理の徹底理解を

1 出題形式は？

例年、両日程とも大問4題である。計算問題と空所補充問題が多く、計算問題では計算過程も求められている。理由や根拠を説明させる論述問題も出題されており、2021・2022年度は両日程で、2023年度は2月14日実施分で出題された。試験時間は75分。

2 出題内容はどうか？

出題範囲は両日程ともに「化学基礎・化学」である。

年度や日程により出題分野が偏ることもあるが、数年を通してみると、有機・無機・理論の幅広い分野から出題されており、特に理論の占める割合が大きい。気体や熱化学、中和、酸化還元、電気分解の問題、化学反応式を書く問題が頻出である。有機については、高分子化合物を含めて、反応性、構造式などが複数の化合物について問われている。元素分析や高分子の重合度など、有機分野における計算問題も計算過程とともに問われる。無機については、難問はあまりないが、空所補充問題で細かい知識が問われることも多く、綿密な学習が必要である。

3 難易度は？

理論分野ではやや難しい問題が出されることもあるが、全体としては標準的である。ただし、確実な知識がないと答えられない問題も含まれている。計算問題は標準的ではあるが、細かい数値計算を要するものもあり、注意したい。

また、過去問演習の際に時間を計って解いてみることで、自分に合った時間配分をつかんでおこう。

対策

1 基礎知識の充実

教科書の太字語句をノートやカードにまとめるなどして、自分で定義や説明ができるようにしておこう。教科書や参考書などをよく読み、つねにグラフなどに関心をもちながら学習し、理解しておきたい。特に、無機に関しては、教科書に出てくる化学反応式を書けるようにしておく

こと。有機化合物の構造と性質・製法などは、その構造式、特性、反応式と反応時の必要な条件などをまとめて覚えること。

❷ 計算力の充実

標準的ではあるが問題量が多く、要領よく計算し、その過程を簡潔にまとめる力が要求されている。面倒な計算が含まれることもあるので、普段からきちんと計算過程を書いて計算力をつけることが大切である。問題集の標準レベルの計算問題を繰り返し練習しておくこと。

❸ 論述対策

30〜50字程度の論述に慣れておきたい。用語そのものの定義も大切であるが、なぜそうなるのか、といった理由を問われることが多いので、つねに現象や反応の理由、理論の根本的なところに着目しながら学習しておこう。

❹ 環境問題・新素材分野の問題対策

自動車燃料としての水素や天然ガス、燃料電池、リチウムイオン電池や銅の排水基準など、環境問題との関連性を意識した出題がみられる。短期間ではなかなか対策が難しいので、身近な物質や環境問題に興味をもち、日頃から新聞などでチェックし、新しい知識を増やしておこう。教科書や図説資料集の参考扱いの部分などにも目を通しておきたい。

生物

▶生命科学部

年度	区分	番号	項目	内容
2023	2月11日	〔1〕	細　　胞	タンパク質の構造と酵素（20字，60字2問）　⇨描図・論述
		〔2〕	代　　謝	植物の窒素同化と窒素固定　⇨論述・計算
		〔3〕	遺伝情報	PCR法，電気泳動法，サンガー法（60字）　⇨論述・計算
		〔4〕	生殖・発生	ウニの受精，減数分裂による遺伝的多様性（40字2問）　⇨論述・計算
	2月14日	〔1〕	植物の反応	エチレンのはたらき，遺伝子組換え植物（60・80字他）　⇨論述
		〔2〕	動物の反応	ヒトの眼の構造としくみ，太陽コンパスによる定位（20・40・80・100字）　⇨論述
		〔3〕	生　　態	個体群密度と個体群の成長（80・90字）　⇨計算・論述
		〔4〕	体内環境	生体防御（50字2問）　⇨論述
2022	2月11日	〔1〕	遺伝情報	DNAの構造，ゲノム，遺伝子組換え技術（60字）　⇨計算・論述
		〔2〕	代　　謝	呼吸におけるATP合成のしくみ（30字）　⇨論述
		〔3〕	動物の反応	ニューロンの興奮とその伝導・伝達（10字，30字2問）　⇨論述・計算
		〔4〕	進化・系統	初期の光合成生物の進化　⇨論述
	2月14日	〔1〕	体内環境	体液とそのはたらき（120字）　⇨論述
		〔2〕	遺伝情報	遺伝子の発現調節（20・30・60・70字）　⇨論述
		〔3〕	植物の反応	種子の発芽調節とジベレリン（60字，80字2問，100・120字）　⇨論述
		〔4〕	生　　態	生態系の成り立ちと物質循環（25字3問，35字）　⇨論述
2021	2月11日	〔1〕	細　　胞	細胞，顕微鏡の使い方（20・80字）　⇨計算・論述
		〔2〕	細　　胞	細胞骨格とモータータンパク質（40・50字）　⇨論述
		〔3〕	体内環境	免疫（80字他）　⇨論述
		〔4〕	進化・系統	生物の分類，ハーディ・ワインベルグの法則　⇨計算
	2月14日	〔1〕	遺伝情報，進化・系統	突然変異，分子時計　⇨論述・計算
		〔2〕	生殖・発生	植物の配偶子形成と発生　⇨描図・計算・論述
		〔3〕	植物の反応	植物の環境応答（30字，40字2問，60字他）　⇨論述
		〔4〕	生　　態	生物多様性（10字2問，25・30字，50字2問他）　⇨論述

傾向　知識・理解・思考・論述をバランスよく問う標準レベルの良問

1　出題形式は？

大問数は4題，試験時間は75分である。空所補充，用語問題，正誤選択，計算問題，論述問題などが例年出題され，2023年度は描図問題も出題された。論述は字数制限のあるものが多いが，字数制限のないものも出題される。論述量は日程によってやや異なり，2月14日実施分の方がやや多めである。

2　出題内容はどうか？

出題範囲は両日程ともに「生物基礎・生物」である。

全分野からバランスよく出題されているが，遺伝情報，代謝，生殖・発生からは特に出題が多い。また，日程によって出題分野の傾向がやや異なり，2月14日実施分では植物の反応，生態からの出題が続いている。2月11日実施分では進化・系統，動物の反応，代謝からの出題も多い。

3　難易度は？

用語などの知識問題，現象やしくみの理解を問う正誤問題，定番的な計算問題，しくみや理由を説明する論述問題がバランスよく出題され，教科書レベルの標準的な力がどれだけ身についているかが測られる。計算問題や論述問題で苦手意識をもたないよう，十分な訓練をしておくことが大切である。

大問1題を18分程度で解くことになるので，時間配分もしっかり意識して取り組む必要がある。

対策

1　教科書を確実に

ほとんどの問題は教科書レベルの学習で対応できる。教科書を十分に理解し，基礎事項を把握し正確な知識を身につけておくことが必要である。学習では，①用語などの基礎知識，②現象の過程・しくみ・理由などの理解，③代表的な図やグラフの見方，④代表的な実験の結果と考察の仕方，などを意識して取り組むとよい。一部に難しい問題があるが，

教科書の図や欄外の注，資料集などが助けになるので，しっかり目を通しておきたい。

❷ 標準問題集で演習を

用語の記憶定着や，計算問題対策のために，問題集を使って演習を重ねておきたい。その際，むやみに難度の高いものに手を出す必要はない。計算問題の多くは定番的・代表的なものなので，標準レベルの問題集を1冊，繰り返し解いて完全に理解して考え方を身につけておきたい。

❸ 論述対策

論述問題は，日頃から練習しておかないといきなり書くことは難しく，特に制限字数に合わせて書くには訓練が必要である。出題されている論述問題の傾向やレベルを分析した上で，論述対策を確実にしておきたい。教科書の重要概念を簡潔に説明する出題については，用語の内容を正確に理解し，文で表現する練習を習慣にしておこう。教科書の記述や問題集の解答にある解説文を参考にして，それぞれ何字程度で説明できるかも把握しておくとよい。また，字数の多いものや字数指定のない解答欄に記述するときは，何を書くべきか項目を整理した上で，筋道を立てて記述をする練習が必要になる。代表的な現象の過程・しくみ・理由については，教科書などを参考に書くべきポイントを，①・②・③…と整理しておくと，長めの論述でも書きやすくなる。学習が一通り終了したら，各単元の全体像や構成をつかむとともに，ほかの単元の知識とのつながりを整理し，用語説明の練習をしておきたい。

❹ 重要項目に要注意

幅広い分野から出題されており，ここ数年で出題されていない分野はないので，まず全分野かたよりなく学習しておくことが大前提である。その上で，遺伝情報，代謝，生殖・発生，生態などの頻出分野は論述対策や問題演習を増やすなど重点的な準備を心がけておきたい。

2023年度 問題と解答

■2月11日実施分
　情報科学部A方式Ⅰ日程（ディジタルメディア学科）
　デザイン工学部A方式Ⅰ日程（都市環境デザイン工・システムデザイン学科）
　理工学部A方式Ⅰ日程（機械工〈機械工学専修〉・応用情報工学科）
　生命科学部A方式Ⅰ日程（生命機能学科）

問題編

▶試験科目・配点

学部・学科		教　科	科　　　目	配　点
情　報　科		外国語	コミュニケーション英語Ⅰ・Ⅱ・Ⅲ，英語表現Ⅰ・Ⅱ	150点
		数　学	数学Ⅰ・Ⅱ・Ⅲ・A・B	150点
		理　科	物理基礎・物理	100点
デザイン工	都市環境デザイン工	外国語	コミュニケーション英語Ⅰ・Ⅱ・Ⅲ，英語表現Ⅰ・Ⅱ	150点
		数　学	数学Ⅰ・Ⅱ・Ⅲ・A・B	150点
		理　科	「物理基礎・物理」，「化学基礎・化学」から1科目選択	150点
	システムデザイン	外国語	コミュニケーション英語Ⅰ・Ⅱ・Ⅲ，英語表現Ⅰ・Ⅱ	150点
		数　学	数学Ⅰ・Ⅱ・A・B	150点
		理　科	「物理基礎・物理」，「化学基礎・化学」から1科目選択	150点
理　　工※		外国語	コミュニケーション英語Ⅰ・Ⅱ・Ⅲ，英語表現Ⅰ・Ⅱ	150点
		数　学	数学Ⅰ・Ⅱ・Ⅲ・A・B	150点
		理　科	「物理基礎・物理」，「化学基礎・化学」から1科目選択	150点
生　命　科		外国語	コミュニケーション英語Ⅰ・Ⅱ・Ⅲ，英語表現Ⅰ・Ⅱ	150点
		数　学	数学Ⅰ・Ⅱ・A・B	150点
		理　科	「物理基礎・物理」，「化学基礎・化学」，「生物基礎・生物」から1科目選択	150点

▶備　考

※機械工学科航空操縦学専修は，独自の入試が行われる（大学入学共通テストおよび書類審査，面接，操縦適性検査，航空身体検査）。
- デザイン工学部システムデザイン学科については，3教科すべて受験したうえで，得点の高い2教科を合否判定に使用する。
- 「数学B」は「数列」「ベクトル」を出題範囲とする。
- 「物理」は「様々な運動」「波」「電気と磁気」を出題範囲とする。

英語

(90 分)

〔Ⅰ〕 つぎの(1)～(10)の英文中に入る最も適切な語(句)をイ～ニの中からそれぞれ一つを選び，その記号を解答用紙にマークせよ。

(1) Global issues ☐ environmental damage, violations of human rights, and ethnic conflicts.
　　イ contain 　　ロ revolve 　　ハ resolve 　　ニ include

(2) Mike ☐ twenty next year.
　　イ turns 　　ロ appears 　　ハ arrives 　　ニ comes

(3) If athletes really want to be champions, they will only be successful if they ☐ have the right combination of talent, training, and hard work.
　　イ would 　　ロ themselves 　　ハ may 　　ニ might

(4) He's spending too much time on games, ☐ is not good for his school work.
　　イ which 　　ロ that 　　ハ where 　　ニ what

(5) We returned home much ☐ by the results.
　　イ to relieve 　　ロ relief 　　ハ relieved 　　ニ to be relieved

(6) The house wants ☐ .
　　イ paints 　　ロ painting 　　ハ to paint 　　ニ painted

(7) Room service is _____ throughout the night at the hotel.
　イ　enable　　　ロ　capable　　　ハ　allowable　　　ニ　available

(8) _____, we took a taxi.
　イ　With the rain beginning to fall　　ロ　As the rain beginning to fall
　ハ　With the rain falls　　　　　　　　ニ　As the rain falling

(9) All things _____, he is a fairly good student.
　イ　equaled　　　　　　　　　ロ　having considered
　ハ　considered　　　　　　　　ニ　equally

(10) The conditions _____ the team played were very difficult.
　イ　of which　　　　　　　　　ロ　under which
　ハ　to which　　　　　　　　　ニ　with which

〔Ⅱ〕 つぎの(1)〜(5)の対話の _____ に入る最も適切なものをそれぞれイ〜ニの中から一つ選び，その記号を解答用紙にマークせよ。

(1) Jared:　I've been thinking about buying a cool pair of jeans from a used clothing website.
　　Hina:　More and more people are buying used clothes online nowadays. I just bought a sweater last week.
　　Jared:　_____
　　Hina:　Don't worry. You can always send it back.

　イ　What about shipping costs?
　ロ　How do you know whether something will fit?
　ハ　How long does it take for an order to arrive?

ニ　What kinds of unknown problems have you had?

(2) Luis:　I'm going to the convenience store to get my lunch.　Can I get something for you?

　　Misaki:　That's really nice of you, but I brought my lunch.

　　Luis:　☐

　　Misaki:　I think I'll be okay.　But thanks anyway.

　イ　Then, would you get something for me?
　ロ　Gee, could I have a bite of your lunch?
　ハ　Well, how about a snack to eat later this afternoon?
　ニ　Okay, but shouldn't you have eaten earlier?

(3) Kento:　I can't find my new sweater.　Have you seen it recently?

　　Ayumi:　What about those clothes you asked Mom to take to the dry cleaners yesterday?

　　Kento:　☐

　　Ayumi:　Why don't you check with Mom and see if she took it?

　イ　You're right!　I bet that's where it is.
　ロ　Oh, no!　I forgot to ask Mom to take it.
　ハ　Of course!　I should have taken it myself.
　ニ　No way!　I've never taken anything to the dry cleaners.

(4) Ren:　Are you going to participate in the marathon next week?

　　Kiara:　No, I injured my leg in training yesterday.　How about you?

　　Ren:　I'm not confident that I can finish.

　　Kiara:　☐ , you still should try.　I'm sure you'll enjoy it.

　イ　Even so　　　ロ　Besides　　　ハ　Because　　　ニ　Moreover

(5) Anna:　Could you return my library book for me on your way to the gym tonight?

　　Hiroto:　Sorry, but I'm not going past the library tonight. I'm going to a gym off campus.

　　Anna:　How about tomorrow morning on your way to class?

　　Hiroto:　☐

イ　Great! Keep in touch.
ロ　Of course, go right ahead.
ハ　Here you are.
ニ　I can manage that.

〔Ⅲ〕 パラグラフ(段落)に関する設問に答えよ。

問1　つぎの(1)〜(3)のパラグラフ(段落)には，まとまりをよくするために取り除いた方がよい文が一つずつある。取り除く文として最も適切なものをそれぞれ下線部イ〜ニの中から一つ選び，その記号を解答用紙にマークせよ。

(1) Two hundred years ago John Spilsbury, a British teacher, tried a new learning aid in his classroom. Many of his students had difficulty remembering names and places on maps, so Spilsbury invented a device to help them. He pasted a map of England and Wales on a thin piece of wood. <u>Then he cut the wood along county borders.</u>(イ) <u>By putting together the pieces, his students learned geography quickly.</u>(ロ) Spilsbury thought his invention would be useful only in classrooms, but others saw possibilities he didn't. <u>So Spilslbury invented a math learning aid.</u>(ハ) <u>Colorful pictures were substituted for the maps.</u>(ニ) These were pasted onto wood and then cut into odd-shaped pieces. People had fun fitting

the pieces together to make up the complete picture. From this educational invention came the jigsaw puzzle we still enjoy today.

出典：Verstraete, Larry. *Accidental Discoveries: From Laughing Gas to Dynamite*. FriesenPress, 2016, p. 127. （一部改変）

(2) Phil McCrory was watching a television program about pollution from oil spills. One scene showed an animal swimming through the polluted water. McCrory was surprised to see how much oil collected on the animal. Would human hair do the same thing? As a hairdresser, McCrory had plenty of human hair on hand to test. Thus, he collected as many animals as possible. His experiment showed that oil stuck to hair rather well, so he invented "hair pillows" to fight pollution. When thrown into oil floating on water, basically the oil sticks to the hair. When the pillows are pulled out of the oil and water, they bring the oil along with them. Moreover, they can be reused to clean up more of the mess.

出典：Verstraete, Larry. *Accidental Discoveries: From Laughing Gas to Dynamite*. FriesenPress, 2016, pp. 25-26. （一部改変）

(3) For 50 years, space missions have returned thousands of amazing images of the surface of the planet Mars, but never a single sound. Now, NASA's Perseverance mission has put an end to this silence by recording the first ever Martian sounds. Perseverance first recorded sounds from Mars on February 19, 2021, the day after its arrival. The next day, Perseverance collected rock samples. These sounds fall within the human hearing range, between 20 Hz and 20 kHz. They also reveal that Mars is mostly quiet, in fact so quiet that on several

occasions the scientists thought the microphone was no longer working.

出典："Perseverance Records the First Ever Sounds from Mars." *CNRS News*, 01 April, 2022, https://www.cnrs.fr/index.php/en/perseverancemars. （一部改変）

問2　つぎの(1)と(2)のパラグラフ（段落）を完成させるために，□□□に入る文として最もふさわしいものをそれぞれイ～ニの中から一つ選び，その記号を解答用紙にマークせよ。

(1) When given the choice between a free meal and performing a task for a meal, cats prefer the meal that doesn't demand much effort. While that might not come as a surprise to some cat lovers, it does to researchers of cat behavior. Most animals prefer to work for their food. However, a new study found that cats would rather eat from a tray of easily available food rather than work out a simple puzzle to get their food. There is much research that shows that most species including birds, mice, wolves, and gorillas prefer to work for their food. In contrast, □□□.

出典：Quinton, Amy. *University of California Davis News*, 09 August 2021, https://www.ucdavis.edu/news/cats-prefer. （一部改変）

　　イ　cats are lazier than many other animals
　　ロ　cats tend to perform more tasks before their meals
　　ハ　cats prefer to eat freely at night rather than during the day
　　ニ　cat behavior is more likely to be influenced by food

(2) 　　　　　　It sounds shocking, but it makes sense: while public toilets are cleaned every day, when was the last time you really cleaned your smartphone? Your first tendency might be to use a wipe or "wet tissue," which promises to kill 99.99 percent of household bacteria. But that's not the best option. This kind of wipe could actually damage the surface on your phone. If you want to truly clean your smartphone, use a soft cloth. You can add warm water with soap to the cloth to wipe down and clean your phone's surfaces, but just make sure you take out all cables, turn off the device, and keep water from entering any openings.

出典：Linder, Courtney. *Popular Mechanics*, 25 April 2022, https://www.popularmechanics.com/science/health/a31224352/. （一部改変）

　イ　Smart phone use in public toilets is not healthy.
　ロ　Your smartphone is ten times dirtier than a toilet seat.
　ハ　Be careful not to drop your smartphone in the toilet.
　ニ　A wipe can easily clean your smartphone.

〔Ⅳ〕 国際洗濯マークに関するつぎの英文と図を読み，設問に答えよ。

[1] All clothing must be cleaned after use. But the process of cleaning or doing laundry depends on the nature of the material. Some tough clothing materials can be bleached (the process of whitening), wrung (to remove excess water by twisting the clothing), and machine dried even at high temperatures. Others are so delicate that they require special care, such as washing by hand using cold or warm water, flat drying in the shade (that is, out of direct sunlight), and no ironing. For this reason, a laundry label with the appropriate cleaning instructions represented by a series of these symbols is attached in some place where it is not easily noticed—usually, on the reverse side of the clothing.

[2] Laundry instructions are given as a series of symbols that are read from left to right. As shown in the figure below, the usual laundry procedures involve: 1) washing (A1–A7), 2) bleaching (B1–B3), 3) drying (C1–C11), and 4) ironing (D1–D5). Dry cleaning is represented by a circle, but usually this is not done at home.

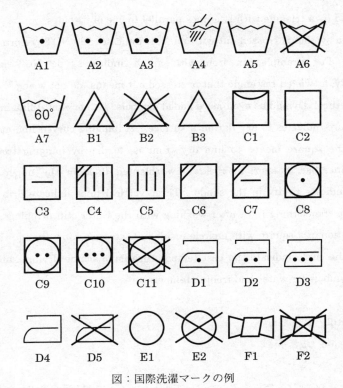

図：国際洗濯マークの例

出典：Blockley, Helen. "Laundry Symbols Explained: Ultimate Guide to Care Labels." *Ihateironing Blog*, 7 November 2020, https://www.ihateironing.com/blog/laundry-symbols-explained/. （一部改変）

[3] To indicate more detailed instructions, additional symbols (such as dots, numbers, lines, or a combination of them) are added. For instance, a symbol of an iron with one dot, two dots, or three dots, indicates ironing at low, medium, or high temperature, respectively. Similarly, the water temperature for washing is also indicated this way. Sometimes a number corresponding to the temperature in degrees Celsius is also used. A hand inside the washtub* means hand washing using warm water. Bleaching instructions for the use of bleach that does not contain chlorine** is

indicated by a triangle with two lines parallel to one of its sides.

[4] If a symbol is crossed out with an X, it indicates "do NOT perform the action." For example, an iron with an X indicates "do NOT iron." Similarly, a twisted rectangle that is crossed out means "do not wring."

[5] Natural drying has even more added symbols. A horizontal line inside the square indicates to dry flat on a surface. A hanging curved line at the top of the square means to line dry (that is, to dry by hanging from a clothesline, bar, hanger, or rack). Two slanted lines in the upper left corner indicate to dry in the shade. Three vertical lines indicate drip dry (hanging the clothing right after washing with the water still dripping). A combination of a square with a circle inside indicates machine drying. Dots within the circle indicate the best temperature for machine drying, similar to the symbols for water and ironing temperatures.

*washtub　洗濯たらい

**chlorine　塩素系

問1　(1)〜(3)の英文を完成するために，空所 ◻ に入る最も適切な洗濯マークをイ〜ニから一つ選び，その記号を解答用紙にマークせよ。

(1) According to paragraph [2], the basic laundry symbols are A5, B3, ◻ , and D4.

　イ　C1　　　　ロ　C2　　　　ハ　E1　　　　ニ　F1

※問1(1)については，問題文に不備があり，解答を導き出すことができない内容となっていたため，全員正解とする措置がとられたことが大学から公表されている。

(2) ◻ is the symbol for bleaching without chlorine.

　イ　B1　　　　ロ　B2　　　　ハ　B3　　　　ニ　E2

(3) ◻ is the symbol that recommends drip drying in the shade.

　イ　C2　　　　ロ　C4　　　　ハ　C5　　　　ニ　C6

問 2 (1)と(2)が説明する衣類(It)につける洗濯マークの組み合わせとして正しいものをそれぞれイ～ニから一つ選び，その記号を解答用紙にマークせよ．

(1) It can be washed in cold water, but cannot be wrung; it should be drip dried, and can be ironed at high temperature; however, it cannot be dry-cleaned.

　　イ　A1, F2, C5, D3, E2　　　　ロ　A1, F2, C1, D1, E2
　　ハ　A4, F1, C3, D5, B2　　　　ニ　A3, F1, C3, D5, B2

(2) It can be washed in water and machine dried, both at medium temperatures; it cannot be bleached; ironing is not necessary.

　　イ　A5, B2, C8, D5　　　　　　ロ　A5, B2, C9, D5
　　ハ　A2, B1, C9　　　　　　　　ニ　A2, B2, C9

〔V〕 つぎの［イ］～［ニ］は *Japan Ski Resorts* というスキー場検索サイトに掲載された，Ryo さんのレビュー(実際に行ってみた感想)の一部である．これらを読んで設問に答えよ．

[イ] **Kanko Resort: February 2021**

　Kanko Resort is a good fit for average or high-level skiers because it offers both moderate and challenging slopes. The quality of the snow is not too bad, even in late February. My recommendation for lunch is the restaurant Echo, just a little way down from the top of the mountain. Here, you can enjoy a nice view over a good meal. Above all, easy access from the highway—only 10 minutes—is the strongest point of this resort. However, when I was there, the gondola was not in operation in order to save on running costs. I wouldn't have minded if the suspension was for bad weather such as strong winds or a blizzard. Every skier there expected the gondola to be in operation in order to reach the top of the mountain without using the lifts. Very disappointing!

[ロ] **Sun Meadows: January 2022**

Sun Meadows is one of the most remote ski resorts in the northern part of Japan. I love this ski resort. Although small and equipped with only three or four lifts, the quality of snow is fantastic, the slopes are exciting, the atmosphere is peaceful, and the lift prices are reasonable. I joined a 2-hour private ski lesson which turned out to be helpful in improving my skiing skills. The instructor was very logical and convincing. I realized again that skiing is a cognitive skill as well as a physical sport. You can boost your skills by thinking critically. My only concern about Sun Meadows is the extreme cold. Since there are no gondolas or lifts with hoods, you have to put up with the cold during the lift ride, which is sometimes beyond my tolerance in late January. Afterwards, however, a trip to a hot spring, a 3-minute ride from the resort, warms you to the core. Note that no public transportation is available here.

[ハ] **Lake Resort: January 2022**

Of all the strengths that make Lake Resort appealing, the friendliness of the staff is what really recommends this place. You can feel the friendliness almost everywhere: at the rental shop, the cafeteria, and the lift entrances. I suppose this is because the staff are proud of and cherish their ski resort. On top of that, the quality of the snow is amazing and the slopes are never boring. I believe you will feel most welcome and find your stay different from what you might experience at other ski resorts. A 30-minute ride on a local bus after skiing brings you to a first-rate, outdoor hot spring where you can relax, watching the snow falling silently around you.

[ニ] **Five Tops: March 2022**

Although not easily accessible from a highway interchange, Five Tops has all the important characteristics that a ski resort needs—challenging courses, high-quality snow, and good views. Each course is sufficiently long and wide, which allows skiers to enjoy a series of long turns on the slopes. The high snow quality means that you can enjoy powder snow at the top of the mountain even in April. If you are not happy with the snow here, you won't be happy anywhere else. Needless to say, the view from the top of the mountain is breathtaking. However, I was disappointed that the restaurant Mont Blanc had higher prices and fewer choices than before. I'd just like to eat curry for less than a thousand yen. Lower prices and more variety would help attract more guests and maintain the popularity of the resort in the long run.

問1　(1)〜(4)にあてはまるスキー場を[イ]〜[ニ]の中からそれぞれ一つ選び，その記号を解答用紙にマークせよ。同一の選択肢を二度以上使用してもよい。
(1)　Ryo さんがスキーがうまくなったと実感できたスキー場はどこか。
(2)　スキーの後，露天の温泉を楽しめるスキー場はどこか。
(3)　Ryo さんが食事に満足できなかったスキー場はどこか。
(4)　公共交通機関では訪れることのできないスキー場はどこか。

問2　スキー場を選択する際に，Ryo さんが最も重視していると思われる条件は以下のどれか。イ〜ニの中から一つ選び，その記号を解答用紙にマークせよ。
　　イ　雪質　　　　　　　　　ロ　宿泊施設の充実
　　ハ　ゴンドラの有無　　　　ニ　リフト代の安さ

〔Ⅵ〕 お掃除ロボットとペットのフン（poop）に関するつぎの英文を読み，設問に答えよ．

　　In November 2014, Chantelle Darby awoke to a poop-filled nightmare. Her Roomba robot vacuum was set to run in the middle of the night, while she, her husband, and their dogs were asleep. But one of the three dogs named Mac pooped in the house at around the same time. When Darby got up in the morning, there was poop spread throughout most of her home. "I remember walking out of my bedroom and it looked like a murder scene, but with poop," Darby said. The Roomba ran over a power cord, then kept moving in circles, leaving tracks that looked like crop circles. They threw out a rug, power cords, and—after her husband tried and failed to clean it—the Roomba. Darby said that she and her husband bought another Roomba and began using it during the day, but the same sort of thing <u>eventually</u>(1) happened again after Mac had another accident indoors.

　　The company iRobot that makes the Roomba is trying to <u>eliminate</u>(2) this kind of incident with the use of artificial intelligence. Recently, iRobot announced a new Roomba robot vacuum cleaner called the j7 Plus that uses AI to spot and stay away from pet poop and power cords. The vacuum is available through iRobot's website. It costs $850 with a base that the vacuum can automatically empty dirt into, or $650 without the base.

　　The cofounder and CEO of iRobot, Colin Angle, said that while a power cord is the most common obstacle for a Roomba to get caught on, pet poop is "the most spectacularly bad" obstacle. To solve this problem, the company has spent more than five years investigating different technologies for detecting waste, ranging from capacitive sensors which can detect electric charges, to olfactory sensors which detect odor, he said.

　　Over time, it became more realistic to <u>stuff</u>(3) the necessary computing power into the Roomba itself in order to use machine vision to recognize pet waste. But in order to make this possible, the company first had to create a diverse dataset of poop. (And it's not the only company that has spent time working on poop recognition.)

Angle said iRobot spent years building a dataset of pictures of both real and fake poop. First, the company began by buying all the toy poop you can buy on the internet. It then started making hundreds of poop models, which it painted brown and photographed in different lighting and from different angles. Moreover, all iRobot employees with pets have had their animals' waste photographed from multiple angles.

The vacuum has a camera to spot obstacles, and image-recognition algorithms trained on iRobot's dataset which can determine whether that obstacle appears to be poop. An accompanying smartphone app can then alert the vacuum's owner and send a picture of the mess or power cord. Moreover, any time an obstacle is detected, users can decide if they want to contribute the image to iRobot's training data using the app.

Angle said the company is so confident in the vacuum's ability to avoid pet waste that it will replace any j7 Plus vacuums if they get deep in doo-doo. "This shows our conviction(4) that we have this problem under control," he added. Darby is thinking of buying the j7 Plus. She said that her family, which has since gone through several more Roombas, could use a new one.

出典：Metz, Rachel. "The New Roomba Uses AI to Avoid Smearing Dog Poop All over Your House." *CNN Business*, 10 September 2021, https://edition.cnn.com. （一部改変）

問1　Which of the following is the closest in meaning to underlined (1) to (4).

　　(1)　eventually

　　　　イ　permanently　　　　　ロ　immediately

　　　　ハ　continuously　　　　　ニ　finally

(2) eliminate
  イ remove   ロ reduce
  ハ decrease   ニ release

(3) stuff
  イ turn   ロ load
  ハ pull   ニ induce

(4) conviction
  イ strong policy   ロ weak belief
  ハ strong belief   ニ weak policy

問2　本文の内容に関する(1)〜(7)の問いの答えとして最も適切なものをそれぞれイ〜ニから一つ選び，その記号を解答用紙にマークせよ。

(1) What best fits the nightmare scene Chantelle Darby came across?
  イ There was a murder in the home.
  ロ Dogs were barking loudly in the home.
  ハ The floors were covered with poop.
  ニ A rug and power cords were gone.

(2) According to the passage, which of the following does NOT refer to poop?
  イ mess   ロ doo-doo   ハ waste   ニ vacuum

(3) Which of the following is NOT true about iRobot's j7 Plus?
  イ It can get rid of pet poop.
  ロ It costs $850 with a base.
  ハ It will be exchanged for free if it bumps into pet poop.
  ニ It can detect and avoid the power cords.

(4) Which of the features has iRobot tested to identify poop?

　イ　pressure　　　　　　　　ロ　smell

　ハ　sound　　　　　　　　　ニ　humidity

(5) Which of the following is NOT mentioned in the text?

　イ　iRobot employees provided photos of pet poop.

　ロ　iRobot bought realistic gag poop on the internet and took photos.

　ハ　iRobot gathers the image data of poop voluntarily provided by users.

　ニ　iRobot purchased image datasets from other companies.

(6) What is the purpose of this passage?

　イ　to explain the on-going development of a device

　ロ　to argue that a theory is true

　ハ　to explore the productivity of a company

　ニ　to analyze consumer psychology

(7) Which of the following would be the best title for this passage?

　イ　Make Your Room Neat and Tidy

　ロ　Roomba and Its Limitations

　ハ　Roomba Opens the Door to AI

　ニ　AI Helps with Cleaning

〔Ⅶ〕 言葉に関するつぎの英文を読み，設問に答えよ。

A surprising number of the things people say about thinking are actually expressed as claims about language. People say, 'We didn't even speak the same language' when they really mean that our thoughts were totally different; 'I was speechless' nearly always means that I was astonished rather than that my voice stopped working; and so on.

Without doubt, language and thought are quite closely related. Language permits thoughts to be represented clearly in our minds, helping us reason, plan, remember, and communicate. But could it be that the language we use causes us to think in certain ways?

Different languages do put(1) things differently. But does that mean some thoughts can only be expressed in one language and can't be translated into another? Most of the people who think the answer to these questions is yes turn out to have nothing in mind other than word meanings.

It is very easy to find words in one language that don't have exact equivalents in another. The Japanese word *mottainai* is a typical example. It refers to a sense of guilt, regret, or unhappiness felt about wasteful behavior. But does the lack of a one-word, exact English equivalent mean that English speakers aren't able to experience that feeling themselves or recognize it in others? Surely not, and I believe I just explained in English what it means.

Another familiar example concerns color. Some languages have far fewer words than English for naming basic colors. Quite a few use the same word for both 'green' and 'blue'. Some have only four, or three, or two color-name words. Does this mean their speakers can't physically distinguish multiple colors? It seems not. The language of a New Guinea tribe of the Dani peoples has only two colors. However, an experiment in the 1960s found that members of this tribe were just as good at matching a full range of colors as English speakers.

　The most famous claim is that Inuit and Yupik peoples of arctic Siberia, Alaska, Canada, and Greenland see the world differently because they have some huge number of words for different varieties of snow. You may be disappointed to learn that there's hardly any truth to this. The eight languages of the Inuit and Yupik family have only a modest number of snow terms. Four were mentioned in a 1911 description of a Canadian Inuit language by the great social scientist Franz Boas: a general word for snow lying on the ground, a word for 'snowflake', one for 'blizzard', one for 'drift', and that was it. His point had nothing to do with numbers of words or their influence on thinking, but just with the way different languages draw(2) slightly different distinctions when naming things.

　But after years of exaggeration of Boas's remarks, an attractive myth(3) has arisen. People with no knowledge of Inuit and Yupik languages have repeated over and over in magazines, newspapers, and lectures that these peoples have between dozens and thousands of words for snow. They offer no evidence, and they ignore the fact that English, too, has plenty of words for snow—words like 'slush', 'sleet', 'avalanche', 'blizzard', and 'flurry'.

　Do the vocabularies of Inuit and Yupik languages really give their speakers a unique way of perceiving, unshared by English speakers? Perhaps it's true in some subtle way, but people overstate the possibility too much. Some go as far as claiming that your language creates your world for you, and thus that speakers of different languages live in different worlds. This is relativism taken to an extreme.(x)

　Take as an example the Hindi word *kal*. It's a word that picks out a particular span of time: if today is the 8th of the month, *kal* refers to either the 9th or the 7th, whichever is appropriate. Time is seen as spreading outward in both directions, and *kal* is one day away from now in either direction. Does this give Hindi speakers a unique and special sense of time that you can never share?

　The idea that our language inevitably shapes or determines how we think is pure speculation, and it's hard to imagine what could possibly support that speculation even in principle. For instance, there is surely some thought that occurs without the aid of language, in the minds of animals. If there was a thought unfamiliar to you as an English speaker, you'd only need to have that thought explained to you.

　Certainly, it is not impossible that your view of the world may be influenced in some subtle ways by the way your native language leads you to classify concepts. However, that doesn't mean that your language defines a shell within which your thought is kept. Nor does it mean that there are thoughts which cannot be translated or understood by speakers of other languages. If you find yourself trying to think an unthinkable thought, don't give up and blame your language; just think a little harder.

出典：Rickerson, E. M., and Barry Hilton, eds. *The Five-Minute Linguist*. Equinox, 2006, pp. 70-74. （一部改変）

問1　Which of the following is the closest in meaning to underlined (1) to (5).

(1)　put

　　イ　understand　　　　　　　ロ　translate
　　ハ　make　　　　　　　　　　ニ　express

(2)　draw

　　イ　make　　　　　　　　　　ロ　take
　　ハ　pull　　　　　　　　　　ニ　bring

(3)　myth

　　イ　godly story　　　　　　ロ　folk tale
　　ハ　false idea　　　　　　　ニ　supernatural event

(4) speculation

　イ　guess　　　　　　　　　ロ　surprise

　ハ　summary　　　　　　　　ニ　adventure

(5) shell

　イ　implication　　　　　　ロ　framework

　ハ　meaning　　　　　　　　ニ　length

問2　本文の内容に関する(1)〜(8)の問いの答えとして最も適切なものをそれぞれイ〜ニから一つ選び，その記号を解答用紙にマークせよ。

(1) From which languages other than English are word examples given in the text?

　イ　the Inuit and Yupik language family

　ロ　Japanese and Hindi

　ハ　the Dani languages

　ニ　Hindi and the Dani languages

(2) According to the passage, which of the following is true about color words?

　イ　Japanese traditionally use the word 'blue' for the color green.

　ロ　English has more color words than any other language.

　ハ　Some peoples cannot see color differences well because of their limited vocabulary.

　ニ　Having many color terms doesn't increase the ability to recognize actual colors.

(3) How do the Inuit and Yupik peoples express snow in their languages?

　イ　using numerous words

ロ　in the same way as English speakers

ハ　slightly differently from other peoples

ニ　using borrowed words from foreign languages

(4) Why is the scientist Franz Boas mentioned?

イ　to show how he exaggerated his discovery

ロ　to point out his disappointment at his discovery

ハ　to show how much his discovery improved language theories

ニ　to correct misunderstandings of his findings

(5) Choose the best sentence to paraphrase the underlined part 'relativism taken to an extreme'.
(x)

イ　the belief that some languages are superior to others

ロ　the belief that people's thought is shaped by their language

ハ　the belief that one language principle covers all languages

ニ　the belief that a language is defined in comparison to others

(6) Why does the author mention the word *kal*?

イ　to give more evidence to support his point

ロ　to show how unfamiliar the word *kal* is to English speakers

ハ　to introduce an opposite example

ニ　to provide background information about his point

(7) Which of the following is close to the phrase 'just think a little harder'?
(y)

イ　trust your language ability

ロ　explain the thought to the people around you

ハ　interpret the thought in your own words

ニ　provide a reason for your use of language

(8) Which of the following would be the best title for the passage?

　イ　How Are Language and Thought Related?
　ロ　The Way People Speak Their Languages
　ハ　How Language Is Perceived by Non-Native English Speakers
　ニ　How Can Some Words Be Explained in Another Language?

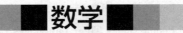

(90 分)

解答上の注意

問題文中の ア, イ, ウ, … のそれぞれには, 特に指示がないかぎり, −（マイナスの符号), または 0〜9 までの数が 1 つずつ入ります. 当てはまるものを選び, マークシートの解答用紙の対応する欄にマークして解答しなさい.

ただし, 分数の形で解答が求められているときには, 符号は分子に付け, 分母・分子をできる限り約分して解答しなさい.

また, 根号を含む形で解答が求められているときには, 根号の中に現れる自然数が最小となる形で解答しなさい.

〔例〕

$\dfrac{\boxed{ア}\sqrt{\boxed{イ}}}{\boxed{ウエ}}$ に $\dfrac{-\sqrt{3}}{14}$ と答えたいときには, 以下のようにマークしなさい.

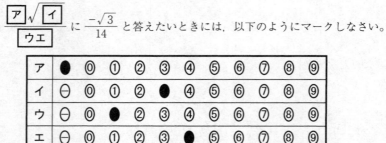

デザイン工学部システムデザイン学科, 生命科学部生命機能学科のいずれかを志望する受験生は, 〔Ⅰ〕〔Ⅱ〕〔Ⅲ〕〔Ⅳ〕〔Ⅴ〕を解答せよ.

情報科学部ディジタルメディア学科, デザイン工学部都市環境デザイン工学科, 理工学部機械工学科機械工学専修・応用情報工学科のいずれかを志望する受験生は, 〔Ⅰ〕〔Ⅱ〕〔Ⅲ〕〔Ⅵ〕〔Ⅶ〕を解答せよ.

〔I〕

xy 平面上の点で，x 座標と y 座標がともに整数である点を格子点という．

(1) 連立不等式

$$\begin{cases} 1 \leq x \leq 4 \\ 1 \leq y \leq 4 \end{cases}$$

の表す xy 平面上の領域を D とする．

 (i) D に含まれる格子点の総数は アイ である．

 (ii) D に含まれる格子点の中から，異なる 3 つの格子点を選ぶ選び方の総数は ウエオ である．

 (iii) D に含まれる格子点の中から，異なる 3 つの格子点を選ぶ．

・選んだ 3 点が一直線上にあり，その直線が，x 軸に平行である選び方の総数は カキ である．

・選んだ 3 点が一直線上にあり，その直線の傾きが 1 である選び方の総数は ク である．

・選んだ 3 点が一直線上にある選び方の総数は ケコ である．

(2) 直線 $3x + 5y = 68$ を ℓ とする．ℓ 上にある格子点全体の集合を L とする．

点 $\left(1,\ \boxed{サシ}\right)$ は L の要素である．

x および y を整数とする．

点 $(x,\ y)$ が L の要素であるのは，$x - 1$ が ス の倍数のときである．

t を整数として，$x - 1 = \boxed{ス} t$ とすると，

$$y = \boxed{セソ} - \boxed{タ} t$$

である．

点 $(x,\ y)$ が L の要素であるとき，$x^2 + y^2$ の最小値は チツテ である．

連立不等式

$$\begin{cases} x \leq 20 \\ y \leq 20 \end{cases}$$

の表す xy 平面上の領域を E とする。

集合 $L \cap E$ の要素の個数は ト である。

点 (x, y) が $L \cap E$ の要素であるとき，$x + y$ の最小値は ナニ である。

〔Ⅱ〕

平面上の点 O を中心とする半径 4 の円を C とする。

P，Q，R を，C 上の異なる 3 点とし，

$$\overrightarrow{OP} = \vec{p}, \quad \overrightarrow{OQ} = \vec{q}, \quad \overrightarrow{OR} = \vec{r}$$

とおく。

$$|\vec{p}| = \boxed{ア}$$

である。

(1) 三角形 PQR の重心を G とし，S を，$\overrightarrow{OS} = \vec{p} + \vec{q} + \vec{r}$ を満たす点とする。

$$\overrightarrow{OS} = \boxed{イ} \overrightarrow{OG}$$

であり，ベクトル $\overrightarrow{PS}$ と $\overrightarrow{QR}$ の内積は

$$\overrightarrow{PS} \cdot \overrightarrow{QR} = \boxed{ウ}$$

である。

(2) $\overrightarrow{PQ} \cdot \overrightarrow{PR} = 0$ とする。

三角形 PQR の内角 $\angle$QPR の大きさは エ である。

ただし，エ については，以下のA群の⓪〜⑨から1つを選べ。

A群

⓪ $\dfrac{\pi}{12}$ ① $\dfrac{\pi}{8}$ ② $\dfrac{\pi}{6}$ ③ $\dfrac{\pi}{4}$ ④ $\dfrac{\pi}{3}$

⑤ $\dfrac{\pi}{2}$ ⑥ $\dfrac{2}{3}\pi$ ⑦ $\dfrac{3}{4}\pi$ ⑧ $\dfrac{5}{6}\pi$ ⑨ $\dfrac{7}{8}\pi$

$\vec{q} \cdot \vec{r} =$ オカキ である。

(3) $\vec{q} = -\vec{p}$ とし，QR $= 2\sqrt{2}$ とする。

Pを通り直線OPに垂直な直線を ℓ とし，T を，ℓ 上の点とする。

$$\vec{OT} \cdot \vec{p} = \boxed{クケ}$$

である。

直線QRと ℓ の交点をUとする。

t を実数とし，$\vec{QU} = t\vec{QR}$ とする。

$\vec{q}$ と $\vec{r}$ のなす角を θ とする。

$$\cos\theta = \dfrac{\boxed{コ}}{\boxed{サ}}$$

である。

$$\vec{OU} = \boxed{シス}\vec{q} + \boxed{セ}\vec{r}$$

である。

直線OUとPRの交点をVとすると，

$$\vec{OV} = \dfrac{\boxed{ソタ}}{\boxed{チツ}}\vec{q} + \dfrac{\boxed{テ}}{\boxed{チツ}}\vec{r}$$

である。

〔Ⅲ〕

実数 x に対して，x を超えない最大の整数を $[x]$ で表す。
たとえば，$[\sqrt{3}] = 1$，$[\pi] = 3$ である。

(1) $a = \log_{\frac{1}{2}}(\sqrt{10} - 2)$，$b = \log_{\frac{1}{2}}\{7(\sqrt{10} - 3)\}$ とする。

$$a - b = \log_{\frac{1}{2}} \frac{\sqrt{10} + \boxed{ア}}{\boxed{イ}}$$

である。

$$\frac{\sqrt{10} + \boxed{ア}}{\boxed{イ}} = t \text{ とおく。}$$

$[\sqrt{10}] = \boxed{ウ}$ だから，$[t] = \boxed{エ}$ である。

$x > 0$ で定義された関数 $f(x) = \log_{\frac{1}{2}} x$ は，$x > 0$ において $\boxed{オ}$ する。
ただし，$\boxed{オ}$ については，以下の A 群の ①，② から 1 つを選べ。

A 群
① 増加　　　　　② 減少

t は，$\boxed{カ}$ を満たすから，$a \boxed{キ} b$ である。
ただし，$\boxed{カ}$ については以下の B 群の ①，② から，$\boxed{キ}$ については以下の C 群の ①〜③ から，それぞれ 1 つを選べ。

B 群
① $0 < t < 1$　　　② $1 < t$

C 群
① $<$　　　　　　② $=$　　　　　　③ $>$

底の変換公式を用いると

$$a = \log_2 \frac{\sqrt{10} + \boxed{ク}}{\boxed{ケ}}$$

であり，

$$4^a = \frac{\boxed{コ}\sqrt{10} + \boxed{サ}}{\boxed{シス}}$$

である．

(2) m を正の整数とする．

A を，$[\log_3 A] = m$ となる整数とし，B を，$[\log_3 B] = m + 2$ となる整数とする．

A と B，それぞれの最大値および最小値を考えると，$B - A$ の最小値が $\boxed{セ}$ であり，最大値が $\boxed{ソ}$ であることがわかる．

ただし，$\boxed{セ}$，$\boxed{ソ}$ については，以下の D 群の ㊀〜⑨ からそれぞれ1つを選べ．ここで，同じものを何回選んでもよい．

D 群

㊀ 6×3^m ⓪ $6 \times 3^m + 1$ ① $8 \times 3^m - 1$

② 8×3^m ③ $8 \times 3^m + 1$ ④ $24 \times 3^m - 1$

⑤ 24×3^m ⑥ $24 \times 3^m + 1$ ⑦ $26 \times 3^m - 1$

⑧ 26×3^m ⑨ $26 \times 3^m + 1$

(3) $[\log_3(n + 150)] = [\log_3(n + 8)] + 2$ を満たす正の整数 n の個数について考える．

正の整数 n に対して，$[\log_3(n + 150)] = [\log_3(n + 8)] + 2$ が成り立つとし，$[\log_3(n + 8)] = m$ とおく．

(2)における A, B を，それぞれ $A = n + 8$, $B = n + 150$ とする．

$$\boxed{セ} \leq B - A \leq \boxed{ソ}$$

だから，$m = \boxed{タ}$ となる．

集合 S を

$$S = \left\{ n \mid [\log_3(n+8)] = \boxed{タ},\ n \text{ は正の整数} \right\}$$

で定めると,

$$S = \left\{ n \mid \boxed{チ} \leq n \leq \boxed{ツテ},\ n \text{ は正の整数} \right\}$$

である。

$[\log_3(n+150)] = [\log_3(n+8)] + 2$ を満たす正の整数 n の個数は $\boxed{トナ}$ である。

次の問題〔Ⅳ〕は,デザイン工学部システムデザイン学科,生命科学部生命機能学科のいずれかを志望する受験生のみ解答せよ。

〔Ⅳ〕

関数 $f(x)$ を,

$$f(x) = x(x-3)^2$$

とする。

$f(x)$ の導関数を $f'(x)$ とすると,

$$f'(x) = \boxed{ア}\left(x^2 - \boxed{イ}x + \boxed{ウ}\right)$$

である。

(1) k を実数とする。

方程式 $x(x-3)^2 = k$ が異なる 3 個の実数解をもつ k の範囲は

$$\boxed{エ} < k < \boxed{オ}$$

である。

k を, ボックスエ $< k <$ ボックスオ を満たす実数とし, α, β, γ を, $f(x) = k$ の異なる実数解 ($\alpha < \beta < \gamma$) とする。

$$\alpha + \beta + \gamma = \boxed{カ}, \quad \alpha\beta + \beta\gamma + \gamma\alpha = \boxed{キ}$$

である。

α, β, γ が等差数列をなすとすると, $\beta = \boxed{ク}$ であり, α は

$$\alpha^2 - \boxed{ケ}\alpha + \boxed{コ} = 0 \quad \cdots\cdots\cdots\cdots\cdots\cdots ①$$

を満たす。また, $k = \boxed{サ}$ である。

(2) $f(x) - \boxed{サ} = 0$ を満たす実数 x のうち最小のものを a とする。

u を, 実数とする。

定積分 $\displaystyle\int_u^{\boxed{ク}} \left\{ f(x) - \boxed{サ} \right\} dx$ の値を u の式で表すと,

$$\int_u^{\boxed{ク}} \left\{ f(x) - \boxed{サ} \right\} dx = \boxed{シ} u^4 + \boxed{ス} u^3 + \boxed{セ} u^2 + \boxed{ソ} u + \boxed{タ}$$

である。

ただし, シ ～ タ については, 以下の A 群の ①～⑧ からそれぞれ 1 つを選べ。ここで, 同じものを何回選んでもよい。

A 群

① 1 ② 2 ③ $\dfrac{1}{4}$ ④ $\dfrac{9}{2}$

⑤ $\dfrac{1}{3}$ ⑥ $\left(\dfrac{-1}{4}\right)$ ⑦ $\left(\dfrac{-9}{2}\right)$ ⑧ $\left(\dfrac{-1}{3}\right)$

① より, $\displaystyle\int_a^{\boxed{ク}} \left\{ f(x) - \boxed{サ} \right\} dx = \dfrac{\boxed{チ}}{\boxed{ツ}}$ である。

[V]

数列 $\{a_n\}$ は，漸化式

$$a_{n+2} = -\frac{1}{2}a_{n+1} + 3a_n \quad (n = 1, 2, \cdots)$$

を満たし，$a_1 = \dfrac{7}{2}$，$a_2 = 5$ とする。

$a_3 = \boxed{\text{ア}}$ である。

数列 $\{b_n\}$ を，$b_n = a_{n+1} + 2a_n$ $(n = 1, 2, \cdots)$ で定めると，$\{b_n\}$ は等比数列である。

$b_1 = \boxed{\text{イウ}}$ である。

$\{b_n\}$ の公比は，互いに素な正の整数 s，t を用いて，$\dfrac{s}{t}$ と表すことができる。

$s = \boxed{\text{エ}}$，$t = \boxed{\text{オ}}$ で，

$$b_{n+1} = \frac{s}{t}b_n$$

である。

$\{b_n\}$ の一般項は，

$$b_n = a_{n+1} + 2a_n = \frac{s^{\boxed{\text{カ}}}}{t^{\boxed{\text{キ}}}} \quad \cdots\cdots\text{①}$$

である。

ただし，$\boxed{\text{カ}}$，$\boxed{\text{キ}}$ については，以下の A 群の ⓪～⑨ からそれぞれ 1 つを選べ。ここで，同じものを何回選んでもよい。

A 群

⓪ $n-5$　　① $n-4$　　② $n-3$　　③ $n-2$　　④ $n-1$

⑤ n　　⑥ $n+1$　　⑦ $n+2$　　⑧ $n+3$　　⑨ $n+4$

数列 $\{c_n\}$ を，$c_n = a_{n+1} - \dfrac{s}{t} a_n$ （$n = 1, 2, \cdots$）で定めると，$\{c_n\}$ も等比数列である。

$\{c_n\}$ の公比を r とすると，$r = -\boxed{ク}$ で，

$$c_{n+1} = r c_n$$

である。

$\{c_n\}$ の一般項は，

$$c_n = a_{n+1} - \dfrac{s}{t} a_n = -r^{\boxed{ケ}} \quad \cdots\cdots\cdots\text{ⅱ}$$

である。

ただし，$\boxed{ケ}$ については，上の A 群の ⓪〜⑨ から 1 つを選べ。

ⅰと ⅱから，

$$a_n = \dfrac{1}{\boxed{コ}} \times \left(s \dfrac{\boxed{サ}}{t^{\boxed{シ}}} - r^{\boxed{ス}} \right)$$

である。

ただし，$\boxed{サ} \sim \boxed{ス}$ については，上の A 群の ⓪〜⑨ からそれぞれ 1 つを選べ。ここで，同じものを何回選んでもよい。

$a_n < 0$ となる最小の正の整数 n は，$\boxed{セソ}$ である。

ここで，必要ならば，$1.58 < \log_2 3 < 1.59$ であることを用いてもよい。

$S_n = \displaystyle\sum_{k=1}^{n} b_k$ とする。

$$3 b_n - S_n = \boxed{タチ}$$

である。

次の問題〔Ⅵ〕は，情報科学部ディジタルメディア学科，デザイン工学部都市環境デザイン工学科，理工学部機械工学科機械工学専修・応用情報工学科のいずれかを志望する受験生のみ解答せよ。

〔Ⅵ〕

e を自然対数の底とし，対数は自然対数とする。

(1) 定積分

$$\int_0^{\frac{\pi}{6}} \frac{1}{\cos x} dx$$

の値を I とおく。

$t = \sin x$ とおいて置換積分を行うと，

$$I = \int_0^{\boxed{ア}} \frac{1}{\boxed{イ}} dt$$

となる。

ただし，$\boxed{ア}$ については以下のA群の⓪〜⑧から，$\boxed{イ}$ については以下のB群の⓪〜⑧から，それぞれ1つを選べ。

A群

⓪ $\dfrac{1}{6}$ ① 1 ② 2 ③ $\dfrac{1}{3}$ ④ $\dfrac{1}{2}$
⑤ $\dfrac{2}{3}$ ⑥ $\dfrac{3}{2}$ ⑦ $\dfrac{\sqrt{2}}{2}$ ⑧ $\dfrac{\sqrt{3}}{2}$

B群

⓪ t ① $t+1$ ② $t-1$ ③ $1-t$ ④ t^2
⑤ t^2+1 ⑥ t^2-1 ⑦ $1-t^2$ ⑧ t^3

$\dfrac{1}{\boxed{イ}}$ を部分分数に分解すると

$$\frac{1}{\boxed{イ}} = \frac{1}{\boxed{ウ}}\left(\frac{1}{\boxed{エ}} - \frac{1}{\boxed{オ}}\right)$$

となる。

ただし，$\boxed{エ}$，$\boxed{オ}$ については，前ページの B 群の ⓪〜⑧ からそれぞれ 1 つを選べ。

$$I = \frac{\log \boxed{カ}}{\boxed{ウ}}$$

である。

(2) 関数 $f(x)$ を，

$$f(x) = \frac{e^{-x}}{\sin x} \quad (0 < x < 2\pi,\ x \neq \pi)$$

とする。

$f(x)$ の導関数を $f'(x)$ とする。$0 < x < 2\pi$，かつ $x \neq \pi$ を満たす x に対して，

$$f'(x) = \frac{e^{-x}\left(\boxed{キ}\right)}{\boxed{ク}}$$

である。

ただし，$\boxed{キ}$，$\boxed{ク}$ については，以下の C 群の ⓪〜⑧ からそれぞれ 1 つを選べ。

C 群

⓪ $\sin^2 x$　　　　① $\cos^2 x$　　　　② $\sin x$

③ $\cos x$　　　　④ $\sin x + \cos x$　　⑤ $\sin x - \cos x$

⑥ $-\sin x + \cos x$　⑦ $-\sin x - \cos x$　⑧ $2\sin^2 x$

三角関数の合成を用いると，

$$\boxed{キ} = \sqrt{\boxed{ケ}} \sin\left(x + \boxed{コ}\right)$$

である。

ただし，$\boxed{コ}$については，以下のD群の⊖〜⑨から1つを選べ。

D群

⊖ $\dfrac{\pi}{6}$　　⓪ $\dfrac{\pi}{4}$　　① $\dfrac{\pi}{3}$　　② $\dfrac{2}{3}\pi$

③ $\dfrac{3}{4}\pi$　　④ $\dfrac{5}{6}\pi$　　⑤ $\dfrac{7}{6}\pi$　　⑥ $\dfrac{5}{4}\pi$

⑦ $\dfrac{4}{3}\pi$　　⑧ $\dfrac{5}{3}\pi$　　⑨ $\dfrac{7}{4}\pi$

$f'(x) = 0$ となる x の値は，$x = \boxed{サ}$，$\boxed{シ}$ である。

ただし，$\boxed{サ} < \boxed{シ}$ とし，$\boxed{サ}$，$\boxed{シ}$ については，上のD群の⊖〜⑨からそれぞれ1つを選べ。

$0 < x < \pi$ において，$f(x)$ は $\boxed{ス}$。

$\pi < x < 2\pi$ において，$f(x)$ は $\boxed{セ}$。

ただし，$\boxed{ス}$，$\boxed{セ}$ については，以下のE群の①〜④からそれぞれ1つを選べ。ここで，同じものを何回選んでもよい。

E群

① つねに減少する　　② つねに増加する

③ 増加したのち減少する　　④ 減少したのち増加する

k を実数とする。

方程式 $f(x) = k$ の，実数解の個数が0であるのは，

$$\boxed{ソ} < k < \boxed{タ}$$

のときである。

ただし，$\boxed{ソ}$，$\boxed{タ}$ については，以下のF群の⊖〜⑨からそれぞれ1つを選べ。

F群

㊀ -1　　　⓪ 0　　　① 1　　　② $\sqrt{2}\,e^{-\frac{\pi}{4}}$

③ $-\sqrt{2}\,e^{-\frac{\pi}{4}}$　　④ $\sqrt{2}\,e^{-\frac{3}{4}\pi}$　　⑤ $-\sqrt{2}\,e^{-\frac{3}{4}\pi}$　　⑥ $\sqrt{2}\,e^{-\frac{5}{4}\pi}$

⑦ $-\sqrt{2}\,e^{-\frac{5}{4}\pi}$　　⑧ $\sqrt{2}\,e^{-\frac{7}{4}\pi}$　　⑨ $-\sqrt{2}\,e^{-\frac{7}{4}\pi}$

次の問題〔Ⅶ〕は，情報科学部ディジタルメディア学科，デザイン工学部都市環境デザイン工学科，理工学部機械工学科機械工学専修・応用情報工学科のいずれかを志望する受験生のみ解答せよ。

〔Ⅶ〕

e を自然対数の底とし，対数は自然対数とする。

k を負の実数とする。

関数 $f(x)$ を

$$f(x) = x^k \log x \quad (x > 0)$$

とし，座標平面上の曲線 $y = f(x)$ を C とする。

$f(x)$ の導関数を $f'(x)$ とすると，$x > 0$ において，

$$f'(x) = x^{\boxed{ア}}\left(\boxed{イ}\log x + \boxed{ウ}\right)$$

である。

ただし，$\boxed{ア}$，$\boxed{イ}$ については，以下のA群の㊀～⑨からそれぞれ1つを選べ。ここで，同じものを何回選んでもよい。

A群

㊀ $(k-2)$　　　⓪ $(k-1)$　　　① k　　　② $(k+1)$

③ $(k+2)$　　　④ $(-k-2)$　　　⑤ $(-k-1)$　　　⑥ $-k$

⑦ $(-k+1)$　　⑧ $(-k+2)$　　⑨ $(-k+3)$

$f'(x) = 0$ となる x の値を a とする。$a = \boxed{エ}$ である。

ただし，$\boxed{エ}$ については，以下のB群の㋐〜⑨から1つを選べ。

B群

㋐ $-k$ ⓪ $-\dfrac{1}{k}$ ① 1 ② $\dfrac{1}{k}$

③ k ④ e^{-k} ⑤ $e^{-\frac{1}{k}}$ ⑥ e^{-1}

⑦ e ⑧ $e^{\frac{1}{k}}$ ⑨ e^{k}

$k < 0$ であるから，$x = a$ において，$f(x)$ は $\boxed{オ}$ 。

ただし，$\boxed{オ}$ については，以下のC群の①〜⑤から1つを選べ。

C群

① 極大値であり，最大値でもある
② 極大値であるが，最大値ではない
③ 極小値であり，最小値でもある
④ 極小値であるが，最小値ではない
⑤ 極値ではない

$f(x)$ の第2次導関数を $f''(x)$ とすると，$x > 0$ において，

$$f''(x) = x^{\boxed{カ}} \left(\boxed{キ} \log x + \boxed{ク} k - \boxed{ケ} \right)$$

である。

ただし，$\boxed{カ}$，$\boxed{キ}$ については，以下のD群の㋐〜⑨からそれぞれ1つを選べ。ここで，同じものを何回選んでもよい。

D群

㋐ $(k-2)$ ⓪ $(k-1)$ ① k ② $(k+1)$

③ (k^2-1) ④ k^2 ⑤ (k^2+1) ⑥ $k(k-1)$

⑦ $k(k+1)$ ⑧ $(k-1)^2$ ⑨ $(k+1)^2$

$f''(x) = 0$ となる x の値を b とする。

a と b を比較すると，$\boxed{コ} < \boxed{サ}$ である。

ただし，$\boxed{コ}$，$\boxed{サ}$ については，以下の E 群の ①，② からそれぞれ 1 つを選べ。

E 群
  ① a ② b

$0 < x < \boxed{コ}$ において，$f(x)$ は $\boxed{シ}$ である。
$\boxed{コ} < x < \boxed{サ}$ において，$f(x)$ は $\boxed{ス}$ である。
$\boxed{サ} < x$ において，$f(x)$ は $\boxed{セ}$ である。

ただし，$\boxed{シ} \sim \boxed{セ}$ については，以下の F 群の ①～④ からそれぞれ 1 つを選べ。ここで，同じものを何回選んでもよい。また，必要ならば，$k < 0$ のとき，

$$\lim_{x \to +0} x^k \log x = -\infty \quad および \quad \lim_{x \to \infty} x^k \log x = 0$$

であることを用いてもよい。

F 群
  ① つねに減少し，C は上に凸
  ② つねに減少し，C は下に凸
  ③ つねに増加し，C は上に凸
  ④ つねに増加し，C は下に凸

$k = -\dfrac{3}{2}$ のとき，C と 2 直線 $x = 1$，$x = e$ および x 軸で囲まれた部分の面積を S とする。

$$S = \boxed{ソ} - \boxed{タ} e^{\boxed{チ}}$$

である。

ただし，$\boxed{チ}$ については，次ページの G 群の ①～⑨ から 1 つを選べ。

G 群

① -3　　② -2　　③ $-\dfrac{3}{2}$　　④ -1　　⑤ $-\dfrac{1}{2}$

⑥ $\dfrac{1}{2}$　　⑦ $\dfrac{3}{2}$　　⑧ 2　　⑨ 3

物理

(75 分)

注意 解答はすべて解答用紙の指定された解答欄に記入すること。
解答用紙の余白は計算に使用してもよいが，採点の対象とはしない。
すべての問題について，必要な場合は重力加速度の大きさを g，円周率を π とする。

〔Ⅰ〕 図1に示すように水平な床面に粗い斜面を持つ三角台が固定され，三角台からある距離だけ離れた位置の天井に質量の無視できるばね定数が k のばねが設置されている。そのばねに質量 m の小物体Aを静かにつるした。また三角台斜面の下端に質量 m の小物体Bが静止した状態で置かれている。この状態を初期状態とする。以下の問いに答えよ。ただし，小物体Bと斜面との間の動摩擦係数を $\frac{1}{\sqrt{3}}$ とする。

小物体Bを三角台の斜面下端から斜面上方向に速さ v_0 で発射したところ，小物体Bは三角台から離れることなく斜面を上方にすべり上がり，速さ V で三角台を飛び出した後，小物体Aに対して水平に衝突した。

1. 斜面と小物体Bとの間に働く動摩擦力が小物体Bにした仕事を L, m, g を用いて表せ。
2. 小物体Bが斜面をすべり上がり，斜面から飛び出すための v_0 の条件を L, v_0, g を用いた式で表せ。
3. 小物体Bが三角台上をすべっている時間を v_0, V, g を用いて表せ。
4. 小物体Bが三角台から離れてから小物体Aに衝突するまでの時間を V, g を用いて表せ。
5. 衝突位置の床面からの高さを L, V, g を用いて表せ。

初期状態に戻した後，小物体Aを床面に向かってまっすぐaだけ引っ張り静かに離したところ，小物体Aは単振動をはじめた。つぎに，小物体Aの速さが最大となる瞬間，小物体Bを三角台の斜面下端から斜面上方向に速さv_0で発射したところ，小物体Bは三角台から離れることなく斜面を上方にすべり上がり，速さVで三角台を飛び出した。その後，小物体Aの速さが最大となる瞬間に小物体Bは小物体Aに衝突した。

6. 衝突前における小物体Aの最大加速度の大きさをa, k, mを用いて表せ。
7. 小物体Aと小物体Bが衝突する瞬間の小物体Aの速さをa, k, mを用いて表せ。
8. 床面を位置エネルギーの基準とした場合，衝突前の単振動している小物体Aの力学的エネルギーをa, k, L, m, V, gを用いて表せ。
9. 小物体Bを発射した瞬間から数えて小物体Aがちょうど2周期振動した瞬間に衝突した場合，天井に設置されているばねのばね定数kをm, v_0, V, g, πを用いて表せ。

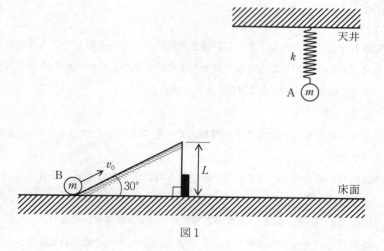

図1

〔II〕 電気現象の基礎となる電荷, 電界, および電位の性質について記述された以下の文の □ に入れるべき数式, または数値を解答欄に記入せよ。ただし, クーロンの法則の比例定数を k, 電位の基準を無限遠とし, 重力の影響は考えなくてよい。

図2－1に示すように, 真空中の xy 平面上に電気量 $2Q(Q>0)$ の点電荷を点A$(1, 0)$に, 電気量 $-2\sqrt{3}Q$ の点電荷を点B$(-1, 0)$に固定した。このとき点C$(0, 1)$における電界の大きさは (a) , 電界の向きは x 軸から反時計回りに (b) 度となる。ただし, 電界の向きは x 軸の正の方向を0度とし角度を記入すること。

つぎに, 図2－2に示すように, 真空中の xy 平面上に電気量 $2Q(Q>0)$ の点電荷を点A$(1, 0)$に, 電気量 $-3Q$ の点電荷を点B$(-1, 0)$に固定した。点Aと点Bの点電荷によって生じる点C$(0, 1)$の電位は (c) と表され, 電気量 $q(q>0)$ の点電荷を点Cから点D$(0, 2)$までゆっくり動かすのに必要な仕事量は, (d) となる。また, 点E(x, y)の電位は (e) と表されるので, xy 平面上の電位0の等電位線は, 中心座標((f) , 0), 半径 (g) の円となる。

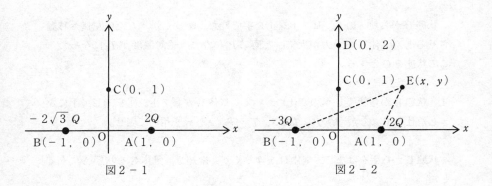

図2－1　　　　　　図2－2

〔Ⅲ〕 図3のように，シリンダーの中に，ピストン①，ピストン②，ばね，加熱・冷却装置がある。加熱・冷却装置はピストン①に取り付けられており，ばね定数 k の軽いばねはピストン②およびシリンダー端部に繋がっている。シリンダーおよびピストン①，ピストン②は断熱材でできており，ピストン①，ピストン②の面積は S でシリンダー内をなめらかに動くことができる。

ピストン①とピストン②の間には，1モルの単原子分子理想気体Gが入れてあり，はじめの状態では，その圧力は P_0（大気の圧力と同じ），絶対温度は T_0 である。ピストン②の右側の空間は真空になっている。気体定数を R とするとき，以下の問いに答えよ。

(1) はじめの状態をAとする。このとき，ばねの自然長からの縮み x_0 を k, P_0, S を用いて表せ。

つぎに，ピストン①を手で押さえて固定してから，気体Gをゆっくりと加熱すると，気体Gの絶対温度は T_1 になり，ばねの自然長からの縮みは x_1 になった。この状態をBとする。

(2) 状態Aから状態Bへの変化において，気体Gの内部エネルギーの増加量を R, T_0, T_1 を用いて表せ。

(3) (2)において，気体Gに与えた熱量 Q_1 を k, R, T_0, T_1, x_0, x_1 を用いて表せ。

状態Bから熱を断ち，ピストン①を手で持ち，ゆっくりと L だけ左側へ移動させると，気体Gの圧力が大気圧と同じ P_0 になり，絶対温度が T_2 になった。この状態をCとする。

(4) 状態Bから状態Cへの変化において，気体Gがピストン①を通じて手にした仕事 W_{2h} を k, L, P_0, R, S, T_1, T_2, x_0, x_1 を用いて表せ。

状態Cから手をはなし，気体Gをゆっくりと冷却し，気体Gを状態Aにもどした。

(5) 状態Cから状態Aへの変化において，気体Gから取り去った熱量 Q_3 を L, P_0, R, S, T_0, T_2 を用いて表せ。

(6) この体系を熱機関とみなしたとき，1サイクルの間に気体Gがばねになした仕事はいくらか。下記の記号(ア)〜(オ)から選びなさい。

(ア) $-Q_1$　(イ) 0　(ウ) W_{2h}　(エ) Q_1　(オ) Q_3

(7) このサイクルを，Pを気体Gの圧力，Vを理想気体の体積として$P-V$線図に表したものはどれか。下記の記号(ア)〜(オ)から選びなさい。

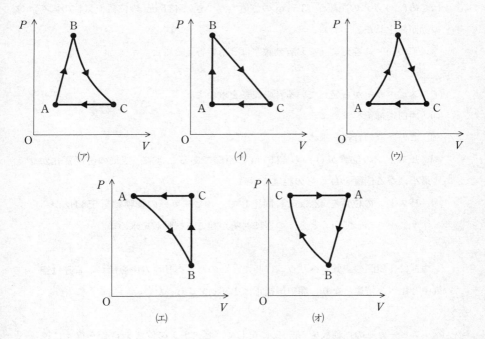

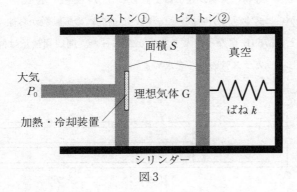

図3

〔Ⅳ〕 長さ1m程度のガラス管を用いて以下の実験を行った。

ガラス管の一端である管口Oの付近にスピーカーを置き，振動数が555 Hzの音を出し続けた。図4のように管の中にピストンを置いた。ピストンの位置はOからの距離 x で表わすこととする。ピストンをOから徐々に遠ざけていくと，はじめにOからの距離が13.5 cmの位置で，つぎに43.5 cmの位置で気柱の固有振動が発生した。

以下の問いに答えよ。なお有効数字は3桁で答えること。

(イ) スピーカーから発している音の波長を求めよ。
(ロ) 開口端補正を求めよ。
(ハ) このときの音速を求めよ。
(ニ) ピストンの位置がOから43.5 cmの距離であるときに，空気の密度変化が最小になる位置をOからの距離で示せ。
(ホ) ピストンの位置を43.5 cmに固定して，スピーカーの振動数を555 Hzから徐々に小さくしていくとき，つぎに共鳴が起こる振動数を求めよ。

つぎに，周囲の空気をヘリウムにした。このときヘリウム中を伝わる音速は空気中と比べ3倍速くなり，開口端補正は1.30 cmであった。

(ヘ) スピーカーの振動数を555 Hzに戻して，ピストンの位置をOから徐々に遠ざけていくとき，最初に共鳴が起こる位置をOからの距離で示せ。
(ト) ガラス管からピストンを引き抜いた。続いて前問(ヘ)の振動数から徐々に大きくしていくと，576 Hzになったとき共鳴が起こった。開口端補正は両端で同じであるとして，ガラス管の長さを求めよ。

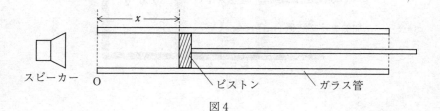

図4

化学

(75分)

注意 1. 情報科学部ディジタルメディア学科を志望する受験生は選択できない。
   2. 解答は，すべて解答用紙の指定された解答欄に記入せよ。
   3. 計算問題では，必要な式や計算，説明も解答欄に記入せよ。
   4. 記述問題では，化学式を示す場合はマス目を自由に使ってよい。
   5. 特に文中で指定がない場合は，気体をすべて理想気体として扱うこと。
   6. 必要であれば，原子量は下記の値を用いよ。

元素	H	C	N	O	Na	S	I
原子量	1.00	12.0	14.0	16.0	23.0	32.0	127

   7. 必要であれば，下記の値を用いよ。
      アボガドロ定数　$N_A = 6.02 \times 10^{23}$/mol
      ファラデー定数　$F = 9.65 \times 10^4$ C/mol
      気体定数　$R = 8.31 \times 10^3$ Pa·L/(mol·K)
      $\log_{10} 2 = 0.301$, $\log_{10} 3 = 0.477$, $\log_{10} 5 = 0.699$, $\log_{10} 7 = 0.845$

〔Ⅰ〕つぎの文章を読んで，以下の設問に答えよ。

　金属に，ほかの金属や非金属を溶かしあわせてつくられた金属を　(ア)　という。　(ア)　は，もとの金属とは異なる性質を示し，さまざまな分野で利用されている。たとえば，亜鉛と水酸化ナトリウム水溶液を加熱して混合する中に銅片を浸し，これを取り出して水洗したのち，ガスバーナーの炎にかざすことで得られる　(ア)　を　(i)　といい，現在わが国では　(A)　硬貨の原材料に用いられている。　(i)　はまた，　(イ)　とも呼ばれる。
　鉄（または鋼）に　(ウ)　とニッケルを加えて得られた　(ア)　を

(エ) という。(エ) の表面には (ウ) の酸化物の被膜が生じ，内部が保護されるためさびにくく，包丁や流し台に使用されている。

(オ) は単独でメガネフレームなどに用いられているが，(オ) とニッケルの (ア) は，常温で変形させても，ある温度になると，もとの形にもどる性質を持つ。このような (ア) を (カ) という。

(オ) とマンガンの (ア) は，冷却すると，体積にくらべ多量の水素を蓄えることができる。このような (ア) は (キ) と呼ばれ，(ク) 電池などに実用化されている。

軽くて強い特性があり航空機の構造材料として用いられている (ケ) は，アルミニウムを主成分とするが，そのほかの成分は (B) である。

銅像や釣り鐘の主な材料として用いられている (ii) の成分は (C) である。(iii) はさびにくい特性をいかして，わが国では (A) 硬貨とは別の硬貨に用いられており，その組成は (D) である。

1．空欄(ア)～(ケ)に入る適切な語を記せ。
2．空欄(i)～(iii)に入る語を，次の①～⑥の中から選び，番号で記せ。
　① 黄鉄鉱　　　　② 白銅　　　　　③ 青銅
　④ 黄銅　　　　　⑤ 黒銅鉱　　　　⑥ 赤銅鉱
3．空欄(A)に入る金額を記せ。
4．密度 7.00 g/cm^3 の (キ) である X は，0 ℃，1.013×10^5 Pa で X の体積の 1120 倍の気体の水素を蓄えることができる。0 ℃，1.013×10^5 Pa で 210 g の X は，何 g の気体の水素を蓄えることができるか。有効数字 2 桁で求めよ。
5．空欄(B)～(D)に入る最も適切な物質の組み合わせを，つぎの①～⑥の中から選び，記号で記せ。
　① 銅，マグネシウム，マンガン　　② 銅，クロム
　③ 銅，ニッケル　　　　　　　　　④ 鉄，コバルト，マンガン
　⑤ 鉄，マンガン，炭素　　　　　　⑥ スズ，銅

〔Ⅱ〕 つぎの文章を読んで，以下の設問に答えよ。

気体の爆発反応が非常に短い時間に起こるのに対し，鉄がさびる反応は長い年月をかけて進んで行く。このような化学反応が進む速さを反応速度といい，単位時間あたりの反応物もしくは生成物の濃度の変化量で表される。

たとえば H_2 と I_2 から HI が生成する反応における HI に着目した反応速度は H_2 のモル濃度 $[H_2]$ と I_2 のモル濃度 $[I_2]$ の積に比例することが知られており，次式のように表される。

$$\frac{\Delta[HI]}{\Delta t} = k[H_2][I_2] \quad (1)$$

ただし，$\Delta[HI]$ は HI のモル濃度の変化量，Δt は反応時間である。また，比例定数 k は反応速度定数と呼ばれる。

反応速度は $[H_2]$ や $[I_2]$ を （ア） させると大きくなる。これは HI が生成する化学反応が起こるためには反応物である H_2 分子と I_2 分子が互いに衝突する必要があるためである。(a) また，触媒を加えたり，温度を上げると反応速度は （イ） する。これは HI の生成反応の進行とエネルギーの関係を表す図Ⅱ-1 に示されるように，反応物から生成物が生じるには，E_3 や E_4 よりも高いエネルギーを持つ活性化状態を経由する必要があるためである。しかし，$E_1 > E_2$ であることから，必ずしもすべての H_2 や I_2 がバラバラの原子の状態になってから HI が生成するわけではない。また，H_2 分子と I_2 分子が互いに衝突しても相対的な運動エネルギーの和が活性化エネルギーより小さいときは活性化状態になれず H_2 分子や I_2 分子に戻る。触媒は活性化エネルギーを （ウ） させる働きをもつため，触媒を加えると反応速度が （エ） する。一方，温度を上げると熱運動が激しくなるため反応物の衝突回数が増えるだけでなく，大きな運動エネルギーを持つ粒子の割合も急激に大きくなるため，反応速度は急激に （オ） する。

H_2 と I_2 から HI が生成する反応では，生成物から反応物の向きに進む逆反応も起こり，正反応が （カ） 反応，逆反応は （キ） 反応となる。(b) このように正反応と逆反応の両方が起こる反応を （ク） 反応という。これに対して，一方向だけに進行する反応を （ケ） 反応という。

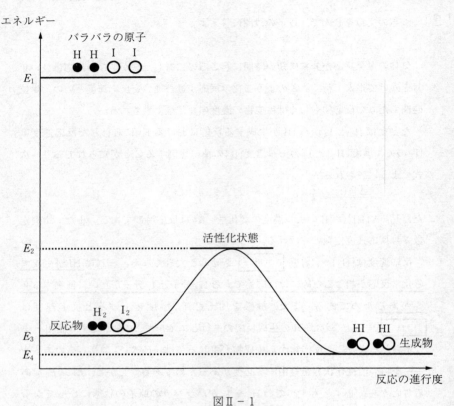

図Ⅱ－1

1. 空欄(ア)〜(オ)に入る語の組み合わせとして最も適切なものをつぎの①〜⑥の中から1つ選び，番号で記せ。

① (ア) 減少　(イ) 増加　(ウ) 増加　(エ) 増加　(オ) 増加
② (ア) 増加　(イ) 増加　(ウ) 増加　(エ) 増加　(オ) 増加
③ (ア) 増加　(イ) 減少　(ウ) 減少　(エ) 減少　(オ) 減少
④ (ア) 減少　(イ) 増加　(ウ) 減少　(エ) 増加　(オ) 増加
⑤ (ア) 増加　(イ) 増加　(ウ) 減少　(エ) 増加　(オ) 増加
⑥ (ア) 増加　(イ) 減少　(ウ) 増加　(エ) 減少　(オ) 減少

2. 化学反応において触媒を加えた結果，変化するものをつぎの①〜⑤の中からすべて選び，番号で記せ。

① 反応熱　　　　　　　　② 反応経路
③ 反応速度定数　　　　　④ 生成物の生成熱の総和
⑤ 反応物の結合エネルギーの総和

3．下線部(a)に関して，H_2とI_2から HI が生成する反応において[H_2]を3.50倍，[I_2]を2.00倍にするとH_2とI_2の単位時間あたりの衝突回数は何倍になるか。有効数字2桁で求めよ。ただし，[H_2]，[I_2]以外の条件は変わらないものとする。

4．空欄(カ)〜(ケ)に入る最も適切な語をつぎの①〜⑤の中から選び，番号で記せ。ただし，同じ番号を複数回選んでもよい。

① 可逆　　② 不可逆　　③ 連鎖　　④ 発熱　　⑤ 吸熱

5．H_2とI_2から HI が生成する反応の活性化エネルギーE_Aおよび反応熱QをE_1〜E_4を適宜用いて数式で表せ。

6．1.00 mol ずつのH_2とI_2から HI が生成する反応に関して，図Ⅱ-1におけるE_1とE_3の差($= E_1 - E_3$)の値を測定したところ588 kJであった。このとき HI 分子中の H–I 結合エネルギーは何 kJ/mol か。有効数字2桁で求めよ。ただし，HI の生成熱は 9.00 kJ/mol とする。

7．(1)式に関して，温度を一定に保った条件で20.0 Lの容器に2.00 molのH_2と1.60 molのI_2を入れたところ，2500秒後には1.90 molのH_2が残っていた。このとき反応開始後から2500秒までの間の HI の濃度に着目した平均の反応速度は何 mol/(L·s) か。有効数字2桁で求めよ。

8．下線部(b)に関して，H_2とI_2から HI が生成する反応も　(ケ)　反応である。設問7において反応開始後，十分に時間が経過したときに存在するH_2の物質量について最も適切なものを①〜③の中から選び番号で記せ。

① 0 mol になる
② 0 mol 以外の一定の値になる
③ 増減を繰り返す

〔Ⅲ〕 つぎの文章を読んで，以下の設問に答えよ。

　　酸性酸化物は，水と反応して酸を生じ，塩基と反応して塩を生じる。酸性酸化物の二酸化硫黄は水酸化ナトリウムと反応すると，亜硫酸ナトリウムと水を生じる。亜硫酸ナトリウムに希硫酸を加えると二酸化硫黄が発生する。
　　塩基性酸化物は，水と反応して塩基を生じ，酸と反応して塩を生じる。塩基性酸化物の　(ア)　に水を加えると，水酸化ナトリウム水溶液を生じる。水酸化ナトリウム水溶液は二酸化炭素を吸収して炭酸塩の水溶液となり，さらにこの炭酸塩の水溶液に二酸化炭素を通じると水溶液Aになる。
　　両性酸化物は，酸とも強塩基とも反応する。両性酸化物の　(イ)　は，乾電池の負極やトタンに用いられる12族の金属を燃焼させることによって得られる。　(イ)　を塩酸に溶かして得られた水溶液Bに，少量のアンモニア水を加えるとゲル状の白色沈殿Cが生じ，さらにアンモニア水を過剰に加えると白色沈殿Cが溶けて無色の水溶液Dになる。この水溶液D中では，金属イオンに非共有電子対をもつ分子が　(ウ)　結合し，　(エ)　を形成している。一方，両性酸化物の　(オ)　は，ボーキサイトを精製して得られる酸化物であり，サファイアやルビーの主成分である。　(オ)　を塩酸に溶かして得られた水溶液に，少量のアンモニア水を加えるとゲル状の白色沈殿Eが生じる。しかし，白色沈殿Eはアンモニア水を過剰に加えても溶けない。

1．空欄(ア)，(イ)，(オ)に入る適切な物質を化学式で記せ。
2．空欄(ウ)，(エ)に入る適切な語を記せ。
3．下線部(a)の反応を化学反応式で記せ。
4．下線部(b)に関して，亜硫酸ナトリウム 2.52 g に希硫酸を加えたときに発生する二酸化硫黄の体積は，温度27℃，圧力 1.013×10^5 Pa で何Lか。有効数字2桁で求めよ。ただし，加えた希硫酸は十分に多く，亜硫酸ナトリウムはすべて二酸化硫黄を生じる反応に使われたものとする。
5．下線部(c)に関して，1.86×10^{-2} g の塩基性酸化物　(ア)　に水を加えて，300 mL の水溶液を得た。この水溶液のpHを小数第1位まで求めよ。た

だし，水のイオン積は $1.00 \times 10^{-14} (\text{mol/L})^2$ とする。

6．下線部(d)，(e)に関して，水溶液中で起こっている反応を化学反応式でそれぞれ記せ。

7．白色沈殿Eを化学式で記せ。

〔Ⅳ〕 つぎの文章を読んで，以下の設問に答えよ。

化合物A，B，Cはいずれも分子量106.0の芳香族炭化水素であり，互いに構造異性体の関係にある。

化合物A，B，Cをそれぞれ過マンガン酸カリウム水溶液と反応させた後，硫酸で処理したところ，化合物Aからは化合物Dが，化合物Bからは化合物Eが，化合物Cからは化合物Fが得られた。化合物D，Eは同じ分子量であったが，化合物Fは化合物D，Eよりも分子量が44.0だけ小さかった。

化合物Dを加熱すると，分子量が18.0だけ小さい化合物Gが生成した。化合物Gはグリセリンと　(ア)　させると　(イ)　樹脂であるアルキド樹脂となる。また，化合物Gは酸化バナジウム(V)を用いて　(ウ)　を高温で酸化しても得られる。化合物Eとエチレングリコールとを　(エ)　させると　(オ)　樹脂であるPETが得られる。

化合物Bに濃硝酸と濃硫酸の混合物を反応させると，化合物Hが生成した。化合物Hにスズと濃塩酸を作用させたのち水酸化ナトリウム水溶液で処理すると，分子量121.0の化合物Iが得られた。

1．化合物D，E，Fの名称をそれぞれ記せ。
2．化合物Fの性質として適切なものをつぎの①〜④の中からすべて選び，番号で記せ。
　① 水酸化ナトリウム水溶液と反応して二酸化炭素を発生する。
　② 炭酸水素ナトリウム水溶液と反応して二酸化炭素を発生する。
　③ メタノールと反応してエステルを生成する。
　④ 無水酢酸と反応してエステルを生成する。

3. 空欄(ア)および(エ)に入る最も適切な語句をつぎの①～③の中から選び，番号で記せ。ただし，同じ番号を複数回用いてもよい。

　① 開環重合　　　　② 付加重合　　　　③ 縮合重合

4. 空欄(イ)および(オ)に入る最も適切な語句をつぎの①～④の中から選び，番号で記せ。ただし，同じ番号を複数回用いてもよい。

　① 熱可塑性　　② 熱硬化性　　③ 熱収縮性　　④ 生分解性

5. 空欄(ウ)に入る化合物の名称を記せ。

6. 化合物A，C，Iの構造式を例にならって記せ。

(例)

$$\text{CH}_3\text{CH}_2-\underset{\text{}}{\text{C}_6\text{H}_4}-\text{CH}_2-\text{CH}(\text{CH}_3)-\text{CH}_3$$

生物

（75分）

注意：生命科学部生命機能学科を志望する受験生のみ選択できる。
解答はすべて解答用紙の指定された解答欄に記入せよ。

〔Ⅰ〕 つぎの文章を読んで，以下の問いに答えよ。

　タンパク質を構成するアミノ酸は20種類存在する。アミノ酸は側鎖の違いで性質が異なり，水になじみにくい性質である　ア　を示すものや水になじみやすい性質である　イ　を示すものがある。2つのアミノ酸が結合するときは，一方のアミノ酸のアミノ基と別のアミノ酸のカルボキシ基から　ウ　が外れる。この結合によりアミノ酸が多数つながった分子は　エ　とよばれる。タンパク質においては，　エ　が複雑な立体構造をとり，タンパク質としての機能をもつようになる。

　生体内にはさまざまな機能をもつタンパク質があり，そのひとつが酵素である。酵素の作用の中心となる　オ　はそれぞれの酵素に特有の立体構造をもっており，この部位の構造に適合した基質だけが結合して反応が進む。このように特定の基質のみに作用する酵素の性質を　カ　という。基質は酵素に結合し，その作用を受けて生成物となる。
(i)

1．空欄　ア　～　カ　に入る最も適切な語句を記せ。
2．下線部(i)について，つぎの文章を読んで，以下の問い1）～6）に答えよ。
　　細胞の破砕液（溶液A）を準備した。溶液Aには基質Sを加えると生成物Pを生成する酵素Eが含まれる。酵素Eよりも基質Sの濃度が十分に高くなる
(ii)
ように溶液Aと基質Sを混合し，生成物Pの濃度を室温で5分ごとに計測したところ図1のようになった。つぎに，溶液Aを半透膜であるセロハンの袋

に入れ，水の入ったビーカーに浮かべて透析した。透析後のセロハンの中の溶液を溶液B，ビーカー内の溶液を溶液Cとする。溶液Bまたは溶液Cに基質Sを加えても生成物Pは生じなかったが，溶液Bと溶液Cの混合液に基質Sを加えると生成物Pが生じた。

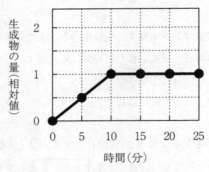

図1．生成物Pの時間変化

1）下線部(ii)の実験を，溶液Aを2倍に濃縮し，その他の条件は変えずに行うと生成物Pの濃度の時間変化はどのようになるか。図1のグラフを参考に折れ線グラフで示せ。

〔解答欄〕
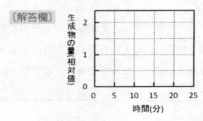

2）下線部(ii)の実験を，基質Sの濃度のみを半分にして行うと，生成物Pの濃度の時間変化はどのようになるか。図1のグラフを参考に折れ線グラフで示せ。ただし，初期の反応速度に変化はなかったとする。

〔解答欄〕

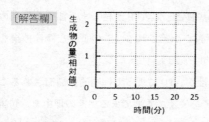

3）下線部(iii)の実験結果から推測される酵素Eの特徴を，推測した根拠とともに句読点を含めて60字以内で述べよ。ただし，英数字や記号などもすべて1文字として数えることとする。

4）溶液Aを煮沸処理してから室温に戻した溶液と基質Sを混合したところ，生成物Pは生じなかった。その理由を，句読点を含めて20字以内で述べよ。ただし，英数字や記号などもすべて1文字として数えることとする。

5）4）の混合液に下記の(a)〜(f)の操作を行った。これらの操作のうち，生成物Pの濃度が上昇するものをすべて選び，記号で答えよ。

(a) 基質Sを添加した。
(b) 基質Sを煮沸処理した後に室温に戻して添加した。
(c) 溶液Bを添加した。
(d) 溶液Bを煮沸処理した後に室温に戻して添加した。
(e) 溶液Cを添加した。
(f) 溶液Cを煮沸処理した後に室温に戻して添加した。

6）溶液Bと基質Sの混合液に(a)〜(c)の操作を行った。これらの操作のうち，生成物Pの濃度が上昇するものをすべて選び，記号で答えよ。

(a) 溶液Aを煮沸処理した後に室温に戻して添加した。
(b) 溶液Bを煮沸処理した後に室温に戻して添加した。
(c) 溶液Cを煮沸処理した後に室温に戻して添加した。

3．解糖系の酵素のひとつであるホスホフルクトキナーゼは，ATPとフルクトース6-リン酸という2つの基質からフルクトース1,6-ビスリン酸とADPを生成する。この反応について，以下の問い1）〜3）に答えよ。

1）ホスホフルクトキナーゼはフルクトース6-リン酸にリン酸基を結合させる。このような反応を何とよぶか。適切な語句を記せ。

2）ホスホフルクトキナーゼは，基質として ATP が結合する部位とは別の部位にも ATP が結合して，その活性が調節される。このような調節機構をもつ酵素を何とよぶか。適切な語句を記せ。

3）ホスホフルクトキナーゼの活性が ATP によって抑制的に調節されることは，細胞内で解糖系が適切にはたらく上で重要である。その理由を，句読点を含めて 60 字以内で述べよ。ただし，英数字や記号などもすべて 1 文字として数えることとする。

〔II〕 つぎの文章を読んで，以下の問いに答えよ。

陸上植物は，体外から取り入れた無機窒素化合物を利用して，窒素同化とよばれる反応により<u>有機窒素化合物</u>を合成する。生物の遺骸や排出物などに含まれる
(i)
有機窒素化合物を分解して生じたアンモニウムイオンが，窒素同化の主な出発物質となる。<u>土壌中で，アンモニウムイオンは，硝化菌により最終的に硝酸イオン</u>
(ii)
<u>に変換される</u>。硝酸イオンは植物の根から吸収され，　ア　管を通じて，炭素同化が最も活発に行われる器官である　イ　の細胞に輸送される。硝酸イオンは　ウ　と　エ　という 2 つの酵素のはたらきで，亜硝酸イオンを経てアンモニウムイオンになる。このアンモニウムイオンとグルタミン酸から，<u>グルタミン合成酵素</u>によって<u>グルタミン</u>がつくられる。次に，グルタミンとケト
(iii)　　　　　　　　　　　　(iv)
グルタル酸から，グルタミン酸合成酵素によって 2 分子のグルタミン酸がつくられる。さらに，　オ　とよばれる酵素のはたらきによって，グルタミン酸のアミノ基がさまざまな有機酸に転移して，多様なアミノ酸が生じる。これらのアミノ酸はさまざまな有機窒素化合物の合成に利用される。

大気中には窒素が体積にして約 80 ％含まれているが，多くの生物はこれを直接は利用できない。一部のシアノバクテリアや，<u>マメ科植物</u>の根の根粒に存在す
(v)
る根粒菌など，限られた生物のみが大気中の窒素を固定することができる。生物による窒素固定の過程では，ニトロゲナーゼとよばれる酵素が，大気中の窒素をアンモニウムイオンに変換する。しかし，ニトロゲナーゼには酸素の存在下で容

易に失活するという性質がある。ある種のシアノバクテリアは光合成と窒素固定の両方を行うことを可能にするしくみをもっている。

　生物の反応に依存せずに工業的に固定された窒素は、その大部分が化学肥料の生産に使われている。農耕地への化学肥料の過剰な投入は、河川や海洋の富栄養化を引き起こす原因のひとつとなっている。

1. 空欄　ア　～　オ　に入る最も適切な語句を記せ。
2. 下線部(i)の例として正しいものを以下の(a)〜(g)からすべて選び、それらの記号をアルファベット順に記せ。

   (a) ATP　　　　　(b) RNA　　　　　(c) ピルビン酸
   (d) クロロフィル a
   (e) リブロース-1,5-二リン酸カルボキシラーゼ/オキシゲナーゼ（ルビスコ）
   (f) アミロース　　(g) 脂肪

3. 下線部(ii)の反応は硝化菌の化学合成の過程でおこる。硝化菌の化学合成について、以下の語群にある語句をすべて用いて3行以内で述べよ。

   語群：二酸化炭素　　エネルギー　　酸化　　還元　　アンモニウムイオン

   〔解答欄〕1行：14.8 cm

4. 下線部(iii)の酵素を特異的に阻害するグルホシネートという化合物を主成分とする除草剤がある。この除草剤を作用させると植物は枯死する。その理由を述べた以下の文章について、空欄　カ　と　キ　に入る最も適切な語句を記せ。また、空欄　ク　には「要因1」または「要因2」のいずれかを記せ。

   文章：
   　グルホシネート処理で植物が枯死することについて、2つの要因が考えられる。
   　（要因1）植物内のアンモニウムイオンが　カ　するため。
   　（要因2）植物内の窒素同化産物が　キ　するため。
   　陸上植物はおもに無機窒素化合物を根から吸収するが、有機窒素化合物も直接根から吸収することができることが知られている。ある植物をグルホシネート処理した際に、グルタミンを根から吸収させることで成長が回復した。この

結果から、グルホシネートによる枯死の主要因は ク であると推測される。

5. 下線部(iv)のグルタミンに関する記述として、正しいものを以下の(a)～(h)よりすべて選び、それらの記号をアルファベット順に記せ。
   (a) 窒素原子を含まない。
   (b) 1分子中に窒素原子をひとつ含む。
   (c) 1分子中に窒素原子を複数含む。
   (d) 硫黄原子を含む。
   (e) グリシンより分子量が小さい。
   (f) 遺伝暗号の AUG が指定する。
   (g) 遺伝暗号の UAG が指定する。
   (h) タンパク質を構成する20種類のアミノ酸に含まれる。

6. ある植物を土壌で生育させたところ、根から吸収された硝酸イオンを利用して、植物体内でタンパク質が21.0 g 合成された。硝酸イオンに含まれる窒素の 74.4 % がタンパク質の合成に用いられ、合成されたタンパク質の窒素含有率を 16.0 % とすると、根から吸収された硝酸イオンの質量は何 g か。計算してその数値を求めよ。必要であれば小数点第2位を四捨五入して、小数点第1位まで記せ。原子量は、N = 14、O = 16 とする。

7. 下線部(v)について、根粒をもつマメ科植物の一種であるゲンゲはやせた土地でも生育することができる。その理由を、「窒素」と「共生」の両方の語句を用いて、3行以内で述べよ。　〔解答欄〕1行：14.8 cm

8. 下線部(vi)のしくみについて。このシアノバクテリアは、群体を構成する細胞の一部を特殊化し、ヘテロシストという窒素固定を専門に行う細胞をつくる。すなわち、通常の細胞では光合成、ヘテロシストでは窒素固定、という分業を行う。この分業を可能にするために、ヘテロシストに必要であると考えられる特性・構造を以下の(a)～(d)からすべて選び、それらの記号をアルファベット順に記せ。
   (a) 光化学系Ⅱの活性を失っている。
   (b) 光化学系Ⅱの活性を上昇させている。

(c)　酸素の流入を防ぐため厚い細胞壁をもつ。

　(d)　酸素の流入を増やすため薄い細胞壁をもつ。

9．下線部(vii)をきっかけに引き起こされる現象に赤潮がある。赤潮の被害の一例に魚の大量死がある。赤潮が魚の大量死を引き起こすしくみについて，「酸素」と「遺骸」の両方の語句を用いて，3行以内で述べよ。〔解答欄〕1行：14.8 cm

〔Ⅲ〕　つぎの文章を読んで，以下の問いに答えよ。

　　DNAはヌクレオチドが重合して形成される生体高分子である。ヌクレオチドには，塩基，糖，およびリン酸が含まれる。DNAに含まれる糖は，デオキシリボースである。デオキシリボースを構成する5個の炭素には，酸素を頂点として右回りに1番，2番，3番…とそれぞれ番号がつけられている。このうち3番と5番の炭素にリン酸が結合している。
　　　　　　　　　　　　　　(i)
　　細胞のゲノムDNAの複製は，複製起点とよばれる特定の場所から開始する。
　　　　　　　　　　　　　　　　　(ii)
複製起点から　ア　とよばれる酵素によって相補的塩基対の水素結合が切れて，部分的に1本ずつのヌクレオチド鎖に分かれる。1本鎖となったヌクレオチド鎖は，それぞれが鋳型となり，DNAポリメラーゼとよばれる酵素のはたらきにより複製が進行する。

　　PCR法はDNAの任意の領域を増幅させる方法である。鋳型となるDNA，2
　　(iii)
つのプライマー，ヌクレオチド，耐熱性のDNAポリメラーゼなどを混合し，温度を上下させるサイクルを繰り返すことによってDNAが増幅される。増幅したDNA断片は，アガロースゲル電気泳動法などによりその長さを見積もることが
　　　　　　(iv)
できる。

　　PCR法で増幅したDNA断片などを用いて，その塩基配列を決定する方法は複数あるが，最もよく用いられるのが　イ　法である。この方法では，DNAを伸長させる反応溶液の中に，基質となるヌクレオチドに加え，ジデオキ
(v)
シリボースを持つヌクレオチドを添加する。伸長中のDNA鎖にジデオキシリボ

ースを持つヌクレオチドが取り込まれると，DNAポリメラーゼによる伸長が停止する。取り込みはランダムにおこるので，1ヌクレオチドずつ大きさの異なるDNAが合成される。これらのDNAを分離能が高い電気泳動法で分析することにより塩基配列を決定することができる。

　塩基配列情報が得られると，そのDNA断片内に存在する制限酵素認識部位がわかる。制限酵素は特定の配列を認識して2本鎖DNAを切断する酵素である。DNA断片とベクターDNAを同一の制限酵素で切断した後，　ウ　とよばれる酵素を用いてこれらをつなぎ合わせることができる。
(vi)

1．空欄　ア　～　ウ　に入る最も適切な語句を記せ。
2．DNAポリメラーゼの基質となるヌクレオチドには，3つのリン酸基が含まれている。これらのリン酸基を糖に近いものから順にα, β, γとよぶ。下線部(i)のDNA中のデオキシリボースと結合するリン酸基は，基質のどの位置のリン酸基か，最も適切なものを以下の(a)〜(g)から1つ選び，記号で答えよ。

(a)　α　　　　(b)　β　　　　(c)　γ　　　　(d)　αとβ
(e)　βとγ　　(f)　αとγ　　(g)　αとβとγ

3．下線部(ii)の複製起点について，以下の(a)〜(f)から適切なものをすべて選び，記号で答えよ。
(a)　酵母のDNAには複製起点が多数存在する。
(b)　酵母のDNAには複製起点が1ヶ所存在する。
(c)　大腸菌のDNAには複製起点が多数存在する。
(d)　大腸菌のDNAには複製起点が1ヶ所存在する。
(e)　複製起点から一方向に複製が進む。
(f)　複製起点から両方向に複製が進む。

4．下線部(iii)について，以下の問い1）〜3）に答えよ。
　1）PCR法を開発した人物を，以下の(a)〜(f)から1つ選び，記号で答えよ。
　　(a)　ワトソン　　　(b)　マリス　　　(c)　レーベン
　　(d)　チェイス　　　(e)　テミン　　　(f)　ベンター
　2）10分子の2本鎖DNAを鋳型にして，PCR法でDNAを増幅した。5サイ

クル後の反応溶液中の2本鎖DNAは何分子になるか。最も適切なものを以下の(a)〜(f)より1つ選び，記号で答えよ。なお，サイクルごとに確実にDNAの増幅がおこるものとする。

 (a) 16 (b) 32 (c) 50 (d) 160 (e) 320 (f) 500

3）PCR法に用いる基質として最も適切なものを以下の(a)〜(f)から1つ選び記号で答えよ。

 (a) リボヌクレオシド
 (b) デオキシリボヌクレオシド
 (c) ジデオキシリボヌクレオシド
 (d) リボヌクレオシド三リン酸
 (e) デオキシリボヌクレオシド三リン酸
 (f) ジデオキシリボヌクレオシド三リン酸

5．下線部(iv)のアガロースゲル電気泳動では，アガロースゲルの特性によって，長いDNAほど移動距離が短くなる。この理由を，句読点を含め60字以内で述べよ。

6．下線部(v)のジデオキシリボースを構成する5個の炭素にも，デオキシリボースと同様にそれぞれ番号がつけられている。ジデオキシリボースの化学構造について記された(a)〜(h)のうち**誤っているもの**をすべて選び記号で答えよ。

 (a) 2番の炭素にメチル基が結合していない。
 (b) 2番の炭素にメチル基が結合している。
 (c) 2番の炭素にヒドロキシ基が結合していない。
 (d) 2番の炭素にヒドロキシ基が結合している。
 (e) 3番の炭素にメチル基が結合していない。
 (f) 3番の炭素にメチル基が結合している。
 (g) 3番の炭素にヒドロキシ基が結合していない。
 (h) 3番の炭素にヒドロキシ基が結合している。

7．下線部(vi)の制限酵素EcoRIはDNAの6塩基対の配列を認識して切断する。4種類のヌクレオチドが偏りなくランダムに並んだ，充分に長いDNAについて，EcoRI認識配列は，平均的に何塩基対に1回出現すると計算されるか。塩

基対の数を求めよ。

8．PCR 法で増幅したある DNA の塩基配列を決定したところ，下図の配列が得られた（図1）。この DNA 断片を EcoRI で切断したところ3つの DNA 断片が生じた。以下の問い1）と2）に答えよ。

```
1                                                  50
5'-GGATGCGGAGCCGAGACCGACCTTTGAATTCTTTAGCATGTACGATTTCA

51                                                 100
GACGATTACCAGTATTAAGTGAATTCAGCACCCCAGTAGACAGAAGGGAT-3'
```

図1．DNA 断片の塩基配列
2本鎖 DNA のうち1本の鎖の配列のみを記す。

1）EcoRI は，回文配列とよばれる塩基配列を認識する。回文配列とは2本鎖の一方を読んだときと，その相補鎖を逆から読んだときに同一の塩基配列となる配列である。EcoRI の認識配列を記せ。なお，配列は2本鎖 DNA のうち1本の鎖のみを記し，認識配列の前後に 5' と 3' も記すこと。

2）EcoRI で切断して生じた3つの DNA 断片のうち，一番長い DNA 断片を熱処理し，1本鎖 DNA としたときのヌクレオチドの数を記せ。

〔Ⅳ〕 つぎの文章を読んで，以下の問いに答えよ。

　ヒトを含む多くの動物は生殖細胞という特別に分化した細胞をつくり，遺伝情報を次世代へ伝える。生殖細胞のうち，接合して新しい個体をつくるための細胞を配偶子という。一般に，動物の配偶子は精子と卵とよばれる。多くの種において，精子は尾部に　ア　をもち，これを動かして泳ぐ。また中片部には細胞小器官である　イ　が集まっている。ウニの受精では，精子が卵の表面にあるゼリー層に到達すると，精子の頭部にある　ウ　が壊れ，タンパク質分解酵素などが放出される。これとともに頭部にあるアクチン繊維が伸長し，　ウ　突起を形成する。精子がゼリー層を貫通すると，その下にある　エ　を通過して卵の細胞膜と融合する。このとき，ほかの精子が進入できないようにする多精拒否というしくみがはたらく。

　多くの動物種の体細胞には，大きさと形が同じ染色体が2本ずつある。このような対をなす染色体を相同染色体という。相同染色体の対応する遺伝子座には対立遺伝子が存在する。対をなす対立遺伝子のそれぞれは，減数分裂を経て別の配偶子へ分配される。減数分裂の過程では，相同染色体の間で染色体の一部が交換される乗換えによって，組換えが生じる。配偶子形成の過程でおこるこれらの現象によって，配偶子は互いに異なる遺伝情報をもち，ここから接合子の遺伝的多様性が生まれる。

1. 空欄　ア　～　エ　に入る最も適切な語句を記せ。
2. 下線部(i)について，以下の問い1）～2）に答えよ。
   1）脊椎動物の配偶子形成において，1個の一次精母細胞から形成される精子の数と，1個の一次卵母細胞から形成される卵の数を，それぞれ記せ。
   2）脊椎動物の卵形成過程で生じる，配偶子としてはたらかない小さな細胞の名称を記せ。
3. 下線部(ii)について。ウニの受精卵の多精拒否には異なる2種類のしくみがはたらいている。ひとつは精子と卵の細胞膜が融合した直後から1分程度持続する「早いしくみ」で，もうひとつは「早いしくみ」の後にはたらく「遅いしくみ」で

ある。これらのしくみについて、それぞれ句読点を含め40字以内で述べよ。ただし、数字や英字、記号などもすべて1文字と数えることとする。なお、下記の語群にあるすべての語句を、「早いしくみ」もしくは「遅いしくみ」のいずれかの説明で必ず1回は用いること。

語群：ナトリウムイオン　　表層反応

4．下線部(iii)について、以下の問い1）〜2）に答えよ。

1）二価染色体にできる、乗換えがおこる部位の構造を何とよぶか。その名称を記せ。

2）一般的な乗換えは二価染色体の相同な位置でおこるが、二価染色体の形成異常などにより、相同ではない位置で乗換えがおこることがある。これを不等交差という。不等交差の結果おこる現象として適切なものを、以下の(a)〜(f)からすべて選び、記号で答えよ。

(a)　スプライシング
(b)　環境変異
(c)　遺伝子の重複
(d)　染色体の対合
(e)　核相交代
(f)　遺伝子の欠損

5．下線部(iv)および(v)について。キイロショウジョウバエの体の色を決める遺伝子座(B：灰色・優性、b：黒色・劣性)と、翅の形を決める遺伝子座(V：正常翅・優性、v：痕跡翅・劣性)に着目して交雑を行った。灰色・正常翅をもつ野生型(BBVV)と黒色・痕跡翅をもつ変異体(bbvv)を交雑させたところ、灰色・正常翅の表現型を示すヘテロ接合体(BbVv)(F1)が得られた。以下の1）〜3）の問いに答えよ。

1）この2つの遺伝子が独立しているとき、F1の個体同士を交配させて得られるF2の表現型の比率(灰色・正常翅：黒色・正常翅：灰色・痕跡翅：黒色・痕跡翅)を求め、最も簡単な整数比で記せ。

2）この2つの遺伝子が連鎖しているとき、F1(BbVv)の個体同士を交配させて得られるF2の表現型の比率(灰色・正常翅：黒色・正常翅：灰色・痕跡

翅：黒色・痕跡翅）を求め，最も簡単な整数比で記せ。ただし，組換えは起こらないものとする。

3）F1（BbVv）の個体と黒色・痕跡翅をもつ変異体（bbvv）を交雑させたところ，灰色・正常翅の個体が413匹，黒色・正常翅の個体が96匹，灰色・痕跡翅の個体が88匹，黒色・痕跡翅の個体が425匹得られた。この2つの遺伝子の間の組換え価を％（パーセント）で求めよ。必要であれば，小数点第2位を四捨五入して小数点第1位まで記せ。

解答編

英語

I 解答
(1)—ニ　(2)—イ　(3)—ロ　(4)—イ　(5)—ハ　(6)—ロ
(7)—ニ　(8)—イ　(9)—ハ　(10)—ロ

◀解　説▶

(1) 「国際問題には環境破壊や人権侵害，民族間対立が含まれる」となるように，ニの include「～を含む」を選ぶ。contain は「入れ物などの中に入っている」というイメージで「(全体に)～を含む」の意味。include は「(構成要素の一部として) 含まれている」という意味。環境問題などは国際問題の一部なので include が適切。「国際問題には環境破壊や…民族間対立がある」と訳すこともできる。

(2) 「マイクは来年，二十歳になる」「(～歳に) なる」は turn で表す。

(3) 「もしアスリートが本当にチャンピオンになりたいなら，彼ら自分自身が才能とトレーニングと努力の正しい組み合わせを持っている場合のみ成功するだろう」 may と might はニュアンスの差はあるものの時制と意味は同じなので，どちらかを選ぶことはあり得ない。if 節の would は主語の意志を表すが talent「才能」は意志で持てるものではないため不適切。したがって，ロの themselves が正解となる。これは主語を強調する語。

(4) 「彼はゲームに時間をかけすぎているが，それは学業にとってよいことではない」 前の節全体を先行詞とする関係詞が入る。イの which が正解。

(5) 「私たちはその結果に大いに安心して帰宅した」「その結果に大いに安心して」という意味で動詞 returned にかかる分詞構文を作る。ハの relieved が正解。これは being 省略の分詞構文。

(6) 「その家は塗装される必要がある」 want doing「～される必要がある」

(7) 「ルームサービスはホテル内で夜を通して利用可能です」となるよう

に，ニの available「利用可能な」を選ぶ。

(8)「雨が降り出したので，私たちはタクシーに乗った」主節を修飾する付帯状況の構文が入る。with を使った付帯状況の構文は with O C で作られ，ここでは the rain が O，beginning to fall が C で「雨が降り始めたので」という意味になる。ハの falls は動詞で C になれない。

(9)「全てのことを考慮に入れると，彼はかなり良い生徒だ」 all things considered「全てのことを考慮に入れると」

(10)「そのチームがプレーした状況は非常に難しいものだった」 前置詞＋関係代名詞の形。もとの文は The team played under the conditions. で，the conditions が先行詞になり which で説明したのが The conditions which the team played under. である。後に残った under が関係詞 which の前に出た形で，この節が主語になっている。under the conditions「その状況下で」という表現に気づくことがポイント。

II 解答 (1)—ロ (2)—ハ (3)—イ (4)—イ (5)—ニ

◀解説▶

(1) 会話の流れは以下の通り。

ジャレッド：ネットの古着屋でかっこいいジーンズを買おうと思ってるんだ。

ヒナ：今はネットで古着を買う人が増えてるね。私は先週セーターを買ったばかりだよ。

ジャレッド：サイズが合うかどうかはどうやってわかるんだい？

ヒナ：心配ないよ。いつでも返品できるから。

いつでも返品できるから心配いらないというヒナの返答に合うのはロ。

(2) 会話の流れは以下の通り。

ルイス：お昼ご飯を買いにコンビニに行くけど，何か買ってこようか？

ミサキ：どうもありがとう，でもお弁当を持ってきた。

ルイス：じゃあ，あとで午後に食べる軽食はどう？

ミサキ：大丈夫だと思う。どうもありがとう。

ミサキは最後に感謝の意を表しているのでルイスから何かありがたい提案をされたはず。この流れに沿う発言はハである。

(3) 会話の流れは以下の通り。
ケント：新しいセーターが見つからない。最近見た？
アユミ：昨日お母さんにドライクリーニングに出すよう頼んでた服はどう？
ケント：それだ！ きっとその中にある。
アユミ：お母さんに聞いて，それを出しちゃったか確認したらどう？

　ケントは新しいセーターのありかを知りたがっている。それに対してアユミは母親にクリーニングに出すよう頼んだ服の中にあるのではないかと言い，それをクリーニングに出したか確認することを提案する。これに沿った発言はイである。

(4) 会話の流れは以下の通り。
レン：来週のマラソンには参加する？
キアラ：いいえ，昨日練習中に脚を怪我したんだ。あなたは？
レン：完走できるか自信がないよ。
キアラ：それでも，やっぱりやってみるべきだよ。きっと楽しいよ。

　2番目のキアラの発言中 still は「それでも」の意味。完走できるか自信がないと言うレンに対して「それでも」と返すキアラの発言としてはイが合う。

(5) 会話の流れは以下の通り。
アンナ：今夜ジムに行く途中で私が借りた図書館の本を返してもらえますか？
ヒロト：申し訳ないけど，今夜は図書館のところを通らないんだ。キャンパスから離れたジムに行くので。
アンナ：明日の朝，授業に行く途中はどう？
ヒロト：それなら都合をつけられるよ。

　ニの manage は「～の都合をつける」の意味。翌朝授業に向かう途中で図書館に立ち寄れるか尋ねるアンナへの返答としてはニが合う。

問１．(1)—(ハ) (2)—(ロ) (3)—(ハ)
問２．(1)—イ (2)—ロ

◆全　訳◆

問1．(1) ≪ジグソーパズルの始まり≫

　200年前，英国の教師ジョン＝スピルズベリーは自身の教室で新しい学習補助教材を試した。彼の生徒の多くは地図上の名称や場所を覚えるのに苦労していたので，スピルズベリーは彼らを助けるための仕掛けを発明した。彼は薄い木片にイングランドとウェールズの地図を貼った。それから彼は州境に沿ってその木を切った。木片を合わせることによって彼の生徒たちは地理を早く覚えた。スピルズベリーは自身の発明は教室の中でしか役立たないだろうと思ったが，他の人々は彼には見えない可能性を見た。色とりどりの絵が地図の代わりに使われた。これらは木に貼り付けられ，それから奇妙な形に切り分けられた。人々は完全な絵を作り上げるために木片を合わせて楽しんだ。この教育的発明から，我々が今日でも楽しむジグソーパズルが生まれた。

(2) ≪油による水質汚染を髪で救う≫

　フィル＝マックローリーは油の流出による汚染に関するテレビ番組を見ていた。ある場面では汚染された水の上を泳ぐ一匹の動物が映った。マックローリーはなんとたくさんの油がその動物に集まるかを見て驚いた。人間の髪でも同じことができるだろうか？　美容師としてマックローリーはテストするための人間の髪を手近にたくさん持っていた。彼の実験は油が髪にかなりよくくっつくことを示した。そこで彼は汚染と戦うための「髪まくら」を発明した。水面に浮かぶ油に投げ込まれたとき，基本的にその油は髪にくっつく。まくらが油と水から引き上げられたとき，まくらは油を一緒に持ってくる。さらに，まくらはもっと多くの汚物を掃除するために再利用することができるのだ。

(3) ≪火星の音を調べる≫

　50年の間，宇宙探査ミッションは何千枚という火星表面の驚くべき画像を送り返してきたが，音については一つもなかった。今，NASAのパーシヴィアランスミッションは初の火星の音を録音することによってこの沈黙に終止符を打った。パーシヴィアランスは到着した翌日の2021年2月19日に初めて火星からの音を録音した。これらの音は人間の聞き取れる範囲，すなわち20ヘルツから20キロヘルツの範囲内にある。それらはまた火星がほとんど静寂であることも示す。実際，あまりにも静かなので，

時々科学者たちはマイクがもはや作動していないと思うほどだった。

問2．(1) ≪エサを食べる際，猫は怠惰である≫

　自由に食べられるエサとエサを食べるために仕事をすることの選択を迫られたとき，猫はあまり努力を要しないエサの方を好む。それは一部の猫好きには驚くべきことではないかもしれないが，猫の行動を研究する研究者たちには驚きである。ほとんどの動物たちはエサのために働く方を好む。しかし，新しい研究によれば，猫はエサにありつくために単純なパズルを解くよりもむしろ簡単に手に入るエサの皿から食べる方を好むことがわかった。鳥，ハツカネズミ，オオカミ，ゴリラを含むほとんどの種はエサのために働く方を好むことを示す多くの研究がある。対照的に猫は他の多くの動物たちよりも怠惰である。

(2) ≪スマホの正しい清掃法≫

　あなたのスマホは便座の10倍不潔である。それはショッキングに聞こえるが，道理にはかなっている。公衆トイレは毎日掃除されるが，この前あなたのスマホを本当に掃除したのはいつだったか。あなたがまずやりそうなのは，濡れティッシュ，すなわち「ウェットティッシュ」を使うことかもしれない。それは家庭内にいる細菌の99.99パーセントを殺すと約束されている。しかし，それは最良の選択肢ではない。この種の濡れティッシュは実際にはあなたのスマホの表面を傷つけるかもしれない。もしあなたが本当にあなたのスマホを綺麗にしたいなら，柔らかい布を使いなさい。綺麗に拭くためにその布へお湯と石鹸を付け，あなたの電話の表面を掃除するとよい。しかし必ず全てのケーブルを抜き，電源を落とし，全ての開口部に水が入らないようにしなさい。

◀解　説▶

問1．(1)　スピルズベリーは地理の補助教材を発明し，その地図が絵に置き換えられてジグソーパズルが生まれたという文章である。数学は無関係なので(ハ)「だからスピルズベリーは数学の補助教材を発明した」を取り除く。

(2)　マックローリーは動物の毛に油が付くのを見て人間の髪でも同じことができるかを試した。(ロ)「したがって，彼はできる限り多くの動物を集めた」は無関係なので取り除く。

(3)　文章全体のテーマは火星の音を調べることである。(ハ)「その翌日，パ

―シヴィアランスは岩のサンプルを集めた」は音と無関係なので取り除く。

問2．(1)イ．「猫は他の多くの動物たちよりも怠惰である」
ロ．「猫はエサを食べる前により多くの仕事をする傾向がある」
ハ．「猫は昼間よりも夜間に自由にエサを食べたがる」
ニ．「猫の行動はエサによってより影響を受ける可能性がある」
「鳥，ハツカネズミ，オオカミ，ゴリラを含むほとんどの種はエサのために働く方を好む」のと「対照的に」とあるので，猫はエサのために働きたがらないという文章が入るはずである。したがって，イが正解となる。
(2)イ．「公衆トイレでスマホを使うのは健康的ではない」
ロ．「あなたのスマホは便座の10倍不潔である」
ハ．「あなたのスマホを便器に落とさないよう注意しなさい」
ニ．「ひと拭きであなたのスマホは簡単に掃除できる」
空所の直後に「それはショッキングに聞こえる」とあり，「公衆トイレは毎日掃除されるが，この前あなたのスマホを本当に掃除したのはいつだったか」と続く。スマホはトイレより汚いという意味の文章が入るはずなので，ロが正解となる。

IV 解答

問1．(1)―※　(2)―イ　(3)―ロ
問2．(1)―イ　(2)―ニ

※問1(1)については，問題文に不備があり，解答を導き出すことができない内容となっていたため，全員正解とする措置がとられたことが大学から公表されている。

◆全　訳◆

≪国際洗濯マークについて≫

［1］　全ての服は使用後にきれいにしなければならない。しかし洗濯の過程は素材の性質による。いくつかの丈夫な服の素材は漂白（白くする過程）され，絞られ（服をねじることによって余分な水分を取り除くこと），そして高温でも機械乾燥されることができる。他の素材は非常にデリケートなので，冷水かお湯を使って手洗いしたり，日陰（すなわち直射日光の当たらないところ）で平干ししたり，アイロンがけは禁止など特別な注意が必要である。このために，一連のこれらの記号によって表される適切なクリーニングの指示が付いた洗濯ラベルが簡単には見つからないところ――たいていは服の裏側――のどこかに付けられる。

〔2〕 洗濯表示は左から右へと読まれる一連の記号として与えられる。下図に示されるように，たいていの洗濯手順は次のものを含む。1）洗濯（A1-A7），2）漂白（B1-B3），3）乾燥（C1-C11），4）アイロンがけ（D1-D5）である。ドライクリーニングは円によって表されるが，これは通常，家庭では行われない。

〔3〕 さらに詳細な指示を示すために，付属の記号（たとえば点，数，線，もしくはそれらの組み合わせのような）が加えられる。たとえば，1つの点，2つの点，3つの点が付いたアイロンの記号は，それぞれ低い，中くらいの，高い温度でアイロンがけすることを示す。同様に，洗濯のための水温もまたこのように示される。時には摂氏温度に対応する数字もまた使われる。洗濯たらいの中の手はお湯を使った手洗いを意味する。塩素系を含まない漂白剤を使うための漂白表示は，その辺の1つに平行な2本の線が付いた三角形で示される。

〔4〕 もしある記号が×印によって十字の線を引かれているならば，それは「その行動は行わないように」を示す。たとえば，×印の付いたアイロンは「アイロンがけはするな」を示す。同様に，十字線を引かれたねじれた長方形は「絞るな」を意味する。

〔5〕 自然乾燥にはより一層多くの付属記号がある。四角形の中の水平線は平らに伸ばして乾かすことを示す。四角形の上の辺のぶら下がった曲線はラインドライ（すなわち物干しロープや棒，ハンガー，ラックからぶら下げて乾かすこと）を意味する。上の左角の斜めの2本線は陰干しすることを示す。3本の垂直な線はドリップドライ（洗濯直後に水がまだしたたっている状態で服をつるすこと）を示す。内側の円と四角形の組み合わせは機械乾燥を示す。円の中の点は，水温やアイロンがけの温度を表す記号と同様に，機械乾燥のための最適な温度を示す。

◀解 説▶

問1．(2)「 ◯◯◯ は塩素系なしの漂白を表す記号である」
第3段第6文（Bleaching instructions for …）に「塩素系を含まない漂白剤を使うための漂白指示は，その辺に平行な2本の線が付いた三角形で示される」とあるため，イが正解となる。
(3)「 ◯◯◯ は日陰でのドリップドライをすすめる記号である」
第5段第4文（Two slanted lines …）に「上の左角の斜めの2本線は陰

干しすることを示す」とあり，さらに同段第 5 文（Three vertical lines …）に「3 本の垂直な線はドリップドライ…を示す」とあるため，ロが正解となる。

問 2．(1)「それは冷水で洗えるが，絞ってはいけない。ドリップドライをする必要がある。高温でアイロンがけしてよい。しかしドライクリーニングしてはならない」

冷水で洗うのは A1，絞ってはならないのは F2，ドリップドライするのは C5，高温でアイロンがけするのは D3，ドライクリーニング禁止は E2 が表す。全てが入っているのはイである。

(2)「それはともに中程度の温度で水洗いし機械乾燥できる。漂白はしてはならない。アイロンがけは不要である」

中程度の温度で水洗いし機械乾燥するのはそれぞれ A2 と C9 が表す。漂白禁止は B2 が表す。全てが入っているのはニである。ニにはアイロンがけの指示が含まれないが，アイロンがけは不要とされているだけで禁止ではないため問題ない。

V 解答

問 1．(1)—［ロ］　(2)—［ハ］　(3)—［ニ］　(4)—［ロ］
問 2．イ

◆全　訳◆

≪日本のスキー場に関するレビュー≫

［イ］　カンコーリゾート：2021 年 2 月

　カンコーリゾートにはほどよい斜面ときつい斜面の両方があるので平均的あるいは上級のスキーヤー向けです。雪質は 2 月末でも悪くありません。おすすめのランチは山頂からほんの少し下ったところにあるレストランエコー。ここではおいしい食事をしながら素晴らしい景色を楽しめます。とりわけ，ハイウェイからの簡単なアクセス——わずか 10 分——はこのリゾートの最大の長所です。ですが私がそこにいたとき，運営費用節約のためゴンドラが動いていませんでした。もし停止の理由が強風やブリザードのような悪天候によるものだったなら気にはしなかったでしょう。現地にいるスキーヤーはみんなリフトを使わずに山頂へ登るのにゴンドラが動いていることを期待していました。非常に残念。

［ロ］　サンメドウズ：2022 年 1 月

サンメドウズは北日本にある最も離れたスキーリゾートの１つ。私はこのスキーリゾートが大好きです。小さくて，ほんの３つか４つのリフトしかありませんが，雪質は素晴らしく，斜面は最高で，雰囲気は穏やかな上，リフトの料金はリーズナブルです。私は２時間の個人スキーレッスンに参加しましたが，これは私のスキーの技術を高めるのに役立ちました。インストラクターはとても論理的で説明に説得力がありました。私はスキーというものは肉体的なスポーツであるとともに認知的技能でもあると改めて痛感しました。注意深く考えることであなたの技術は高められます。私がサンメドウズに関して唯一気になっているのは，その極端な寒さです。ゴンドラやフード付きリフトがないため，リフトに乗っている間，寒さに耐えねばならないのですが，１月末には我慢できないこともあります。しかし後でリゾートから車で３分のところにある温泉へ行くと芯まで温まります。ここでは公共交通機関は使えないことに注意してください。

［ハ］　レイクリゾート：2022 年１月

　レイクリゾートを魅力的なものにしている全てのものの中で，スタッフの親切さがこの場所を本当にお薦めできる理由です。その親切さはレンタルショップやカフェテリア，リフト乗り場など，ほとんどあらゆる場所で感じることができます。私が思うにこれはスタッフが自分たちのスキーリゾートに誇りを持ち，大切にしているからです。それに加えて，雪質は素晴らしく，斜面は決して飽きさせません。あなたはとても歓迎されていると感じるでしょうし，他のスキーリゾートで経験するものとは違った滞在を経験できると信じます。スキーの後で地元のバスに 30 分乗れば，周りで静かに雪が降るのを見ながらリラックスできる第一級の露天風呂に行けます。

［ニ］　ファイブトップス：2022 年３月

　ハイウェイのインターチェンジから簡単には行けませんが，ファイブトップスには難しいコースや高品質な雪，よい景色といったスキーリゾートに必要なあらゆる重要な特徴が揃っています。それぞれのコースは十分に長く広くて，スキーヤーは斜面で長いターンの繰り返しを楽しめます。雪質が良いということは４月でも山頂でパウダースノーを楽しめるということです。もしここの雪が気に入らないならば，他のどこに行っても気に入らないことでしょう。言うまでもなく，山頂からの眺めは息を呑むほどで

す。しかし，レストランモンブランは以前より値段が高く品数も減ってしまっていたのはがっかりでした。千円以下でカレーが食べたいものです。値段がもっと安く品数がもっとあれば，長い目で見ればもっとお客を呼べるでしょうし，リゾートの人気を維持するのに役立つでしょう。

◀解　説▶

問1．(1) [ロ]段第4文（I joined a …）に，個人スキーレッスンに参加した結果，スキーの技術が向上したとあるので，[ロ]が正解。
(2) [ハ]段最終文（A 30-minute ride …）に露天風呂への言及があるので，[ハ]が正解。
(3) [ニ]段第6文（However, I was …）にレストランが以前より高く，品数も減っていて落胆した旨が書かれているので，[ニ]が正解。
(4) [ロ]段最終文（Note that no …）に公共交通機関が使えないことに注意せよとあるので，[ロ]が正解。
問2．雪質については全てのレビューで触れられているので，イの雪質が正解。

VI　解答

問1．(1)—ニ　(2)—イ　(3)—ロ　(4)—ハ
問2．(1)—ハ　(2)—ニ　(3)—イ　(4)—ロ　(5)—ニ
(6)—イ　(7)—ニ

◆全　訳◆

≪AIは掃除の助けとなる≫

　2014年11月，シャンテル=ダービーはフンのあふれた悪夢の中で目覚めた。彼女のロボット電気掃除機ルンバは，彼女と夫と愛犬たちが眠っている夜中に動くようセットしてあった。しかし3匹いるうちの1匹，マックという名の犬がほぼ同時刻に家の中でフンをした。朝ダービーが起きたとき，家の大部分にフンが広がっていた。「私はベッドから歩み出て，それが殺人現場のようだったのを覚えています。ただし，フンまみれのです」とダービーは言った。ルンバは電源コードの上に乗り，それから円を描いて動き続け，ミステリーサークルのように見える跡を残した。彼女らは絨毯と電源コード，そして彼女の夫がそれを綺麗にしようとして失敗した後でルンバを捨てた。ダービーは自分と夫は別のルンバを買い，それを昼間に使い始めたが，マックが屋内でまたおもらしをした後，結局は再び

同じようなことが起きたと言った。

　ルンバを作る iRobot 社は人工知能を使ってこの種の事件を取り除こうとしている。最近 iRobot はペットのフンと電源コードを見つけ，そこに近づかないように AI を使う j7 Plus という新しいロボット電気掃除機ルンバを発表した。その電気掃除機は iRobot のウェブサイトで入手できる。それは電気掃除機が自動でゴミを捨てられる台付きで 850 ドル，台なしで 650 ドルする。

　iRobot の共同創業者で CEO のコリン=アングルは，電源コードはルンバが巻き込まれる最も一般的な障害物だが，ペットのフンは「最もはなはだしく悪い」障害物だと言った。この問題を解決するために同社は電荷を検知できる容量性のセンサーから臭いを検知する嗅覚センサーに至るまで，排泄物を検知するための様々な技術を調査するのに 5 年以上費やしてきたと彼は言った。

　やがて，機械の視覚をペットの排泄物を認識するのに使うためルンバ自体に必要な計算能力を搭載することがより現実的となった。しかし，これを可能にするためには，同社はまず多様なフンのデータセットを作り出さねばならなかった。(そして同社はフンの認識に取り組んできた唯一の会社ではない。)

　アングルは，iRobot は本物と偽物両方のフンの写真のデータセットを作り上げるのに何年も費やしたと言った。まず同社はネットで買える全てのおもちゃのフンを買うことから始めた。それから同社は何百ものフンの模型を作り始め，それらを茶色に塗って様々な光の当たり具合や様々な角度から写真を撮った。さらに，ペットを飼っている全ての iRobot の従業員たちに自分たちの飼う動物たちの排泄物を様々な角度から撮影してもらった。

　その電気掃除機は障害物を見つけるカメラと，その障害物がフンに見えるかどうかを決定できる iRobot のデータセットに向けられた画像認識アルゴリズムを持っている。付属のスマホアプリは，それから，電気掃除機の持ち主に警告を発し，フンや電源コードの写真を送ることができる。さらに，障害物が検知されたときはいつでも，ユーザーはアプリを使ってその画像を iRobot の訓練データに加えるかどうか決められる。

　同社はペットの排泄物を避けるその電気掃除機の能力に大変自信がある

ので，もしそれらがフンに突っ込んだ場合にはどんな j7 Plus 電気掃除機も交換するだろうとアングルは言った。「これは我々がこの問題を解決したという確信を示しています」と彼は付け加えた。ダービーは j7 Plus を買おうと思っている。彼女は，自分たち家族はあれ以来，何台かのルンバを試してきたが，新しいものを使うかもしれないと言った。

━━━━━━━━◀解　説▶━━━━━━━━

問１．「次のどれが下線部(1)から(4)に最も近い意味か」
(1) イ．「永久に」　ロ．「ただちに」　ハ．「連続的に」　ニ．「結局」　eventually はニの意味で使われている。
(2) イ．「～を取り除く」　ロ．「～を減らす」　ハ．「～を減らす」　ニ．「～を発表する」　eliminate はイの意味で使われている。
(3) イ．「～を回す」　ロ．「～を載せる」　ハ．「～を引く」　ニ．「～を誘引する」　stuff はロの意味で使われている。
(4) イ．「強い政策」　ロ．「弱い信念」　ハ．「強い信念」　ニ．「弱い政策」　conviction はハの意味で使われている。

問２．(1)「シャンテル=ダービーが遭遇した悪夢の場面にはどれが最も合うか」
イ．「家の中で殺人が起きた」
ロ．「家の中で犬たちが大声で吠えていた」
ハ．「床がフンで覆われていた」
ニ．「絨毯と電源コードがなくなっていた」
第１段第５文（"I remember walking …"）に「それが殺人現場のようだったのを覚えています。ただし，フンまみれのです」というダービーの発言があるので，ハが正解。
(2)「本文によれば次のどれがフンのことを言っていないか」
イ，ロ，ハは全て排泄物を表すが，ニは「電気掃除機」の意味なのでニが正解。
(3)「次のどれが iRobot の j7 Plus に関して正しくないか」
イ．「それはペットのフンを取り除ける」
ロ．「それは台付きで 850 ドルする」
ハ．「もしペットのフンに当たったら，それは無料で交換されるだろう」
ニ．「それは電源コードを検知し避けられる」

j7 Plus は電源コードやペットのフンをよけて掃除できるよう開発されたものであり，ペットのフンを除去する機能はないので，イが正解となる。ロに関しては第2段最終文（It costs $850 …）に言及がある。

(4)「フンを特定するために iRobot はどの特徴をテストしたか」
イ．「圧力」　ロ．「臭い」　ハ．「音」　ニ．「湿度」
第3段最終文（To solve this …）に「臭いを検知する嗅覚センサー」を含む技術を調査したとあるので，ロが正解となる。

(5)「次のどれが本文の中で言及されていないか」
イ．「iRobot の従業員たちはペットのフンの写真を提供した」
ロ．「iRobot はネットで本物のような偽物のフンを買い写真を撮った」
ハ．「iRobot はユーザーから自主的に与えられたフンの画像データを集めた」
ニ．「iRobot は他社から画像データセットを購入した」
イ，ロに関しては第5段（Angle said iRobot …）に，ハに関しては第6段第3文（Moreover, any time …）に記されているが，ニについては言及がない。

(6)「本文の目的は何か」
イ．「ある機器の現在進行している開発について説明すること」
ロ．「ある理論が正しいと主張すること」
ハ．「ある企業の生産性について説明すること」
ニ．「消費者心理を分析すること」
本文はペットのフンを避けて掃除できる新しい電気掃除機ルンバの開発について述べたものなので，イが正解となる。

(7)「次のどれが本文のタイトルとして最もふさわしいか」
イ．「部屋をきちんと整頓しよう」
ロ．「ルンバとその限界」
ハ．「ルンバは AI に門戸を開く」
ニ．「AI は掃除の助けとなる」
第2段第2文（Recently, iRobot announced …）に「iRobot はペットのフンと電源コードを見つけ，離れるために AI を使う j7 Plus という新しいロボット電気掃除機ルンバを発表した」とある。それまでは電源コードに引っ掛かりペットのフンを床に塗りたくってしまっていたルンバを AI

の搭載によって改良し，掃除を楽にしたので，ニが正解となる。ハには掃除への言及がないので最もふさわしいタイトルとは言えない。

VII 解答

問1．(1)—ニ　(2)—イ　(3)—ハ　(4)—イ　(5)—ロ
問2．(1)—ロ　(2)—ニ　(3)—ハ　(4)—ニ　(5)—ロ
(6)—イ　(7)—ハ　(8)—イ

◆全　訳◆

≪言語と思考とはいかに関連しあっているか≫

　人々が思考について述べる驚くほど多くのことは，実は言語に関する主張として表される。人々は実際には自分たちの考えが全く異なると言うときに「私たちは同じ言葉を話しさえしなかった」と言う。「私は言葉も出なかった」はほとんどいつでも，自分の声が出なくなったというよりはむしろ自分は驚いたという意味である等々。

　間違いなく，言語と思考とは実に密接に関連しあっている。言語は思考が私たちの頭の中ではっきりと表されるのを可能にし，私たちが論理的に思考し計画し記憶し意思を伝えるのを助ける。しかし，それは私たちの使う言語が私たちに特定の方法で考えさせているということなのだろうか。

　異なる言語は確かに物事を違ったふうに表す。しかしそれはいくつかの思考は1つの言語でしか表せず，別の言語には翻訳できないということなのだろうか。これらの質問に対する答えをイエスと考える人々の大部分は単語の意味以外の何も頭の中に持っていないことがわかる。

　ある言語の中に，別の言語には正確に相当するもののない語句を見つけるのはとてもたやすい。日本語の「もったいない」は典型的な例である。それは無駄な行動に関して感じられる罪，後悔，不幸の感覚を表す。しかし，相当する正確な1語の英語がないからといって英語の話者はその感情を自分自身で経験できない，もしくは他人の中にそれを認められないということなのだろうか。もちろんそうではない。そして私はそれの意味することを英語でまさに表現したと信じている。

　もう1つのなじみ深い例は色に関するものだ。一部の言語は基本的な色を名付けるのに英語よりはるかに少ない語しか持っていない。非常に多くが「緑」と「青」の両方に同一の語を用いる。4つか3つ，あるいは2つの色の名称を表す語しか持っていないものもある。これはそれらの話者は

複数の色を物理的に識別できないということなのだろうか。そうは思われない。ニューギニアのダニ族の言語は2つの色しか持たない。しかし，1960年代の実験によると，この部族の人々は英語話者と全く同じほど全範囲に及ぶ色を同定できるとわかった。

　最も有名な主張は，極寒のシベリアやアラスカ，カナダ，グリーンランドのイヌイット族やユピック族は雪の様々な種類を表す莫大な数の語を持っているので世界を違ったふうに見ているというものである。もしこのことにほとんど真実味がないと知ったらあなたはがっかりするかもしれない。イヌイット族とユピック族の8つの言語は雪を表す語を少ししか持っていない。4つの語が，偉大な社会科学者フランツ＝ボアズによるカナダのイヌイット語に関する1911年の記述で言及された。すなわち，地面に横たわっている雪を表す一般的な語，「雪片」を表す語，「猛吹雪」を表す語，「吹きだまり」を表す語，以上であった。彼の目的は単語の数やそれらの思考への影響とは関係がなく，ただ異なる言語が物事を名付ける際，どのようにわずかに異なる識別をするかに関するものだった。

　しかし，ボアズの発言の誇張が何年もの間なされた後，魅力的神話が生じた。イヌイットやユピックの言語を知らない人々は雑誌や新聞や講演の中で何度も何度も，これらの部族は雪を表す数十から数千の語を持っていると繰り返してきた。彼らはいかなる証拠も示さず，英語もまた‘slush’「半解けの雪」，‘sleet’「みぞれ」，‘avalanche’「雪崩」，‘blizzard’「猛吹雪」，‘flurry’「にわか雪」のようなたくさんの雪を表す語を持っているという事実を無視している。

　イヌイット語やユピック語の語彙は本当にそれらの話者に，英語話者とは共有されない独特な知覚方法を与えるのだろうか。ひょっとしたらそれはある微妙な意味で正しいかもしれないが，人々はその可能性をあまりにも誇張しすぎている。あなたの言語はあなたの世界をあなたのために作り出し，したがって異なる言語の話者は異なる世界に住んでいるとさえ主張する者もいる。これは極端な相対主義である。

　例としてヒンディー語の *kal* を挙げよう。それは特定の時間の長さを識別する語である。すなわち，もし今日が月の8番目の日ならば，*kal* は9日か7日のどちらかを表し，そのどちらも正しい。時間は両方向へと外に向かって広がるものとして見られ，*kal* は現在から両方向へ一日だけ離れ

た日である。これはヒンディー語の話者に，あなたとは決して共有できない独特で特別な時間の感覚を与えているのだろうか。

　私たちの言語は必ず私たちの考え方を形成したり決定したりするという考えは純粋な推測であり，おおまかにさえ，もしかしたらその推測を支えるかもしれないものを想像することは難しい。たとえば，動物の頭の中には言語の助けなしに生じるある思考が必ずある。もし英語話者としてあなたになじみのない思考があるとしたら，あなたはその思考を説明してもらう必要があるだけである。

　確かに，あなたの世界観が何らかの微妙な意味であなたの母語があなたに概念を分類させる方法に影響されているかもしれないということはあり得ないことではない。しかしそれはあなたの言語があなたの思考の入っている骨組みを定義するということではない。またそれは他の言語の話者には翻訳したり理解したりできない思考があるということでもない。もしあなたが想像もできない思考について考えているのに気づいたら，あきらめて自分の言語のせいにするのはやめなさい。ただ，もう少し頑張って考えてみよう。

━━━━━━━━◀解　説▶━━━━━━━━

問１．「次のどれが下線部(1)から(5)の意味に最も近いか」

(1)　下線部(1)の put は「表す」という意味で使われているので，ニが正解。

(2)　draw a distinction「識別をする」は make a distinction とも言えるので，イが正解。

(3)　下線部(3)の myth は「作り話」の意味で使われているので，ハ．「偽りの考え」が最も意味が近い。

(4)　下線部(4)の speculation は「推測」の意味で使われているので，イが正解。

(5)　下線部(5)の shell は「骨組み」という意味で使われているので，ロが正解。

問２．(1)　「本文では英語以外のどの言語から語の例が示されているか」

イ．「イヌイット語族とユピック語族」

ロ．「日本語とヒンディー語」

ハ．「ダニ語」

ニ.「ヒンディー語とダニ語」
第4段第2文（The Japanese word …）に日本語の「もったいない」が挙げられており，また第9段第1文（Take as an …）にヒンディー語の *kal* が挙げられているので，ロが正解。

(2)「本文によれば次のどれが色を表す語に関して正しいか」
イ.「日本人は伝統的に緑色を表すために『青』という語を使う」
ロ.「英語は他のどの言語よりも多くの色を表す語を持っている」
ハ.「一部の種族は限られた語彙のために色の違いがよくわからない」
ニ.「多くの色を表す語を持つことで実際の色を認識する能力が増すことはない」
第5段最終文（However, an experiment …）に，色を表す語を2つしか持っていない部族も英語話者と全く同じほど多様な色を識別できると書かれているので，ニが正解。

(3)「イヌイット族とユピック族は彼らの言語においてどのように雪を表しているか」
イ.「数多くの語を使って」
ロ.「英語話者と同じ方法で」
ハ.「他の種族とはわずかに異なる方法で」
ニ.「外国語からの借用語を使って」
第6段最終文（His point had …）にフランツ＝ボアズがイヌイット語とユピック語を研究して「異なる言語が物事を名付ける際，どのようにわずかに異なる識別をするか」を示したことが書かれているので，ハが正解となる。

(4)「なぜ科学者のフランツ＝ボアズが言及されているのか」
イ.「いかに彼が自分の発見を誇張したかを示すため」
ロ.「彼の自身の発見に対する落胆を指摘するため」
ハ.「いかに彼の発見が言語理論を改善したかを示すため」
ニ.「彼の発見に関する誤解を正すため」
第6段（The most famous …）ではイヌイット族とユピック族は多数の雪を表す語を持っているという有名な主張が示された後，それが真実ではない証拠としてフランツ＝ボアズの研究が挙げられているので，ニが正解となる。

(5)「下線部(x) 'relativism taken to an extreme' を言い換えるための最もよい文を選びなさい」

イ．「ある言語は他の言語より優れているという考え」
ロ．「人々の思考は彼らの言語によって形作られるという考え」
ハ．「1つの言語原理は全ての言語に適用されるという考え」
ニ．「ある言語は他の言語との比較で定義されるという考え」

下線部はその前の文（Some go as …）を指しており，その文では，言語はその話者の世界を作り出し，したがって異なる言語の話者は異なる世界に住んでいるという主張が示されているので，ロが正解となる。

(6)「なぜ筆者は *kal* という語に言及しているのか」

イ．「自身の主張を支えるより多くの証拠を示すため」
ロ．「*kal* という語がいかに英語話者にとってなじみがないかを示すため」
ハ．「反対の例を紹介するため」
ニ．「自身の主張に関する背景となる情報を与えるため」

筆者は，言語のために人間の思考が制約を受けることはないという自身の主張を裏付ける例として日本語の「もったいない」とヒンディー語の *kal* を挙げているので，イが正解となる。

(7)「次のどれが下線部(y) 'just think a little harder' という語句に近いか」

イ．「あなたの言語能力を信じなさい」
ロ．「あなたのまわりの人々に考えを説明しなさい」
ハ．「自分自身の言葉で考えを解釈しなさい」
ニ．「あなたの言語の使用についての理由を挙げなさい」

下線部(y)の前の部分（If you find …）には「もしあなたが想像もできない思考について考えているのに気づいたら，あきらめて自分の言語のせいにするのはやめなさい」とある。そして下線部(y)「ただ，もう少し頑張って考えてみよう」につながる。これはある考えが自分の言語では表せないと思っても，そこであきらめず，自分の言語を使って解釈するよう努力せよということなので，ハが正解となる。

(8)「次のどれが本文に最もふさわしいタイトルだろうか」

イ．「言語と思考とはいかに関連しあっているか」
ロ．「人々が自身の言語を話す方法」

ハ．「非英語話者には言語がどのように知覚されているか」
ニ．「一部の語は別の言語でどのように説明され得るか」
本文では一貫して言語が人間の思考を制限してしまうことはないと主張されている。言語と思考との関係について論じた文章であるので，イが正解となる。

❖講　評

　大問構成は，文法・語彙問題１題，会話文問題１題，読解問題５題で，計７題の出題である。発音・アクセント問題は出題されなかった。難易度は基礎～標準レベルだが，不要な文を取り除く問題にはある程度の慣れが必要である。試験時間は 90 分だが，問題の種類と英文の量が多いので時間配分に関して戦略を立てる必要がある。

　Ⅰの文法・語彙問題は空所補充形式で出題されている。日本語に訳したときの意味が同じでも用法が異なる語の識別のほか，熟語も多く問われる。文法の知識を使って消去法で解答するしかない問題もあった。

　Ⅱの会話文問題も空所補充形式である。会話の流れが正確に読めるかが問われている。

　Ⅲの読解問題は，問１が不要な１文を取り除く形式，問２が空所に適切な１文を補う形式である。問１，問２ともにパラグラフ全体の趣旨が読解できるかが問われている。

　Ⅳの読解問題は国際洗濯マークに関する説明文を読み解く問題である。英文で書かれている説明と図とを正確に照らし合わせることが必要なので，一般的な英文読解が得意な受験生でも苦労するかもしれない。

　Ⅴの読解問題はスキーリゾートに関するレビューについての問題である。問題数は少ないが，４つのレビューから解答の根拠を見つけねばならないので慣れが必要である。

　Ⅵの読解問題はお掃除ロボットとペットのフンに関する文章である。ここにも語彙問題が複数含まれるが，中には未知の語を文脈から推測するほかないものもある。

　Ⅶの読解問題は言語と人間の思考との関連性についての文章である。ここにも語彙問題が含まれ，Ⅳと同様，文脈からの推測で解答する問題が出題されている。その他の問題は標準的。

数学

I 解答

(1)(i)アイ. 16 (ii)ウエオ. 560
(iii)カキ. 16 ク. 6 ケコ. 44

(2)サシ. 13 ス. 5 セソ. 13 タ. 3 チツテ. 136 ト. 6
ナニ. 10

◀解 説▶

≪小問2問≫

(1)(i) D に含まれる格子点の総数は
$$4 \times 4 = 16 \quad (\to \text{アイ})$$

(ii) D に含まれる格子点の中から,異なる3つの格子点を選ぶ選び方の総数は
$$_{16}C_3 = 560 \quad (\to \text{ウ〜オ})$$

(iii) ・D 内にあり,直線 $y=k$ ($1 \leq k \leq 4$) 上にもある格子点は4個であるから,そのうち3個の選び方は,$_4C_3$ 通り。
したがって,選んだ3点が一直線上にあり,その直線が,x 軸に平行である選び方の総数は
$$_4C_3 \times 4 = 16 \quad (\to \text{カキ})$$

・D と3個以上の格子点を共有する,傾きが1である直線と,その格子点の個数は

$y = x - 1$ 上に3個

$y = x$ 上に4個

$y = x + 1$ 上に3個

したがって,選んだ3点が一直線上にあり,その直線の傾きが1である選び方の総数は
$$_3C_3 + {}_4C_3 + {}_3C_3 = 6 \quad (\to \text{ク})$$

・D と3個以上の格子点を共有する直線は,x 軸または y 軸に平行であるものと,傾きが1または-1であるものがある。
よって,選んだ3点が一直線上にある選び方の総数は
$$16 \times 2 + 6 \times 2 = 44 \quad (\to \text{ケコ})$$

(2) $3 \cdot 1 + 5y = 68$ を解くと，$y = 13$ であるから，点 $(1, 13)$ は L の要素である。（→サシ）
$3x + 5y = 68$ と $3 \cdot 1 + 5 \cdot 13 = 68$ の辺々を引いて
$$3(x-1) + 5(y-13) = 0$$
$$3(x-1) = 5(13-y)$$
3 と 5 は互いに素であるから，(x, y) が L の要素であるのは，$x-1$ が 5 の倍数のときである。（→ス）
よって，$x - 1 = 5t$ とすると，$x = 5t + 1$ であり，また
$$3 \cdot 5t = 5(13 - y)$$
より
$$y = 13 - 3t \quad (→セ〜ソ)$$
このとき
$$x^2 + y^2 = (5t+1)^2 + (13-3t)^2$$
$$= 34t^2 - 68t + 170$$
$$= 34(t-1)^2 + 136$$
であるから，$x^2 + y^2$ の最小値は，$t = 1$ のとき 136 である。（→チ〜テ）
集合 $L \cap E$ の要素は，整数 t を用いて，$(x, y) = (5t+1, 13-3t)$ かつ
$$\begin{cases} 5t + 1 \leq 20 \\ 13 - 3t \leq 20 \end{cases} \quad \cdots\cdots ①$$
と表される。

①を解くと，$-\dfrac{7}{3} \leq t \leq \dfrac{19}{5}$ であり，これを満たす t は $t = -2, -1, \cdots, 3$ の 6 個存在する。
したがって，$L \cap E$ の要素の個数は，6 である。（→ト）
また
$$x + y = (5t + 1) + (13 - 3t)$$
$$= 2t + 14$$
であるから，$x + y$ の最小値は，$t = -2$ のとき 10 である。（→ナニ）

II 解答
(1) ア．4　イ．3　ウ．0
(2) エ—⑤　オカキ．−16

(3)クケ．16　コ．3　サ．4　シス．−7　セ．8　ソタ．−7
チツ．15　テ．8

◀解　説▶

≪円周上の3点≫

円 C の半径が4であることから　$|\vec{p}|=4$　（→ア）

(1) $\overrightarrow{OG}=\dfrac{1}{3}(\vec{p}+\vec{q}+\vec{r})$ より

$$\overrightarrow{OS}=3\overrightarrow{OG}　（→イ）$$

であり

$$\begin{aligned}\overrightarrow{PS}\cdot\overrightarrow{QR}&=(\overrightarrow{OS}-\overrightarrow{OP})\cdot(\overrightarrow{OR}-\overrightarrow{OQ})\\&=\{(\vec{p}+\vec{q}+\vec{r})-\vec{p}\}\cdot(\vec{r}-\vec{q})\\&=(\vec{q}+\vec{r})\cdot(\vec{r}-\vec{q})\\&=|\vec{r}|^2-|\vec{q}|^2\\&=4^2-4^2\\&=0　（→ウ）\end{aligned}$$

(2) $\overrightarrow{PQ}\cdot\overrightarrow{PR}=0$ と $\overrightarrow{PQ}\neq\vec{0}$, $\overrightarrow{PR}\neq\vec{0}$ より

$$\angle QPR=\dfrac{\pi}{2}　（→エ）$$

またこのとき，線分 QR は円 C の直径となり，3点 Q，O，R はこの順に直線上に並ぶから

$$\begin{aligned}\vec{q}\cdot\vec{r}&=|\vec{q}||\vec{r}|\cos\pi\\&=4\cdot4\cdot(-1)\\&=-16　（→オ〜キ）\end{aligned}$$

(3) $\begin{aligned}\overrightarrow{OT}\cdot\vec{p}&=|\overrightarrow{OT}|\cos\angle TOP\cdot|\vec{p}|\\&=|\vec{p}|\cdot|\vec{p}|\\&=16　（→クケ）\end{aligned}$

三角形 OQR において，余弦定理より

$$\begin{aligned}\cos\theta&=\dfrac{|\vec{r}|^2+|\vec{q}|^2-|\overrightarrow{QR}|^2}{2|\vec{r}||\vec{q}|}\\&=\dfrac{4^2+4^2-(2\sqrt{2})^2}{2\cdot4\cdot4}\end{aligned}$$

$$= \frac{3}{4} \quad (\to コ,サ)$$

$\overrightarrow{OU} \cdot \vec{p} = \overrightarrow{OT} \cdot \vec{p} = 16$ と $\overrightarrow{QU} = t\overrightarrow{QR}$ より

$$(\overrightarrow{OQ} + \overrightarrow{QU}) \cdot \vec{p} = 16$$
$$\{\vec{q} + t(\vec{r} - \vec{q})\} \cdot \vec{p} = 16$$
$$(1-t)\vec{p} \cdot \vec{q} + t\vec{p} \cdot \vec{r} = 16$$

ここで

$$\vec{p} \cdot \vec{q} = \vec{p} \cdot (-\vec{p})$$
$$= -|\vec{p}|^2$$
$$= -16$$
$$\vec{p} \cdot \vec{r} = -\vec{q} \cdot \vec{r}$$
$$= -|\vec{q}||\vec{r}|\cos\theta$$
$$= -12$$

より

$$(1-t)(-16) + t(-12) = 16$$
$$t = 8$$

したがって

$$\overrightarrow{OU} = \overrightarrow{OQ} + \overrightarrow{QU}$$
$$= \vec{q} + 8(\vec{r} - \vec{q})$$
$$= -7\vec{q} + 8\vec{r} \quad (\to シ〜セ)$$

Vは直線OU上の点であるから，実数kを用いて

$$\overrightarrow{OV} = k\overrightarrow{OU}$$
$$= -7k\vec{q} + 8k\vec{r}$$
$$= 7k\vec{p} + 8k\vec{r}$$

と表せる。

ここで，Vは直線PR上の点でもあることと，$\vec{p}$と$\vec{r}$が一次独立であることから

$$7k + 8k = 1$$
$$k = \frac{1}{15}$$

したがって

$$\overrightarrow{OV} = \frac{-7}{15}\vec{q} + \frac{8}{15}\vec{r} \quad (\to \text{ソ} \sim \text{テ})$$

III 解答

(1) ア. 4　イ. 7　ウ. 3　エ. 1　オ─②　カ─②
　キ─①　ク. 2　ケ. 6　コ. 2　サ. 7　シス. 18

(2) セ─⓪　ソ─⑦

(3) タ. 2　チ. 1　ツテ. 18　トナ. 18

◀解　説▶

≪対数とガウス記号≫

(1)　$a - b = \log_{\frac{1}{2}} \dfrac{\sqrt{10} - 2}{7(\sqrt{10} - 3)}$

$= \log_{\frac{1}{2}} \dfrac{(\sqrt{10} - 2)(\sqrt{10} + 3)}{7(\sqrt{10} - 3)(\sqrt{10} + 3)}$

$= \log_{\frac{1}{2}} \dfrac{\sqrt{10} + 4}{7} \quad (\to \text{ア, イ})$

ここで，$3 < \sqrt{10} < 4$ より　$[\sqrt{10}] = 3$ （→ウ）

よって，$1 < \dfrac{\sqrt{10} + 4}{7} < \dfrac{8}{7}$ より　$[t] = 1$ （→エ）

また，底 $\dfrac{1}{2} < 1$ より，$\log_{\frac{1}{2}} x$ は，$x > 0$ において減少する。（→オ）

t は，$1 < t$ を満たすから（→カ）

$\log_{\frac{1}{2}} t < \log_{\frac{1}{2}} 1$

$a - b < 0$

$a < b$ （→キ）

次に

$a = \dfrac{\log_2 (\sqrt{10} - 2)}{\log_2 \frac{1}{2}}$

$= -\log_2 (\sqrt{10} - 2)$

$= \log_2 \dfrac{1}{\sqrt{10} - 2}$

$= \log_2 \dfrac{\sqrt{10} + 2}{6} \quad (\to \text{ク, ケ})$

よって
$$2a = \log_2\left(\frac{\sqrt{10}+2}{6}\right)^2$$
$$= \log_2 \frac{2\sqrt{10}+7}{18}$$
であるから
$$4^a = 2^{2a}$$
$$= \frac{2\sqrt{10}+7}{18} \quad (\to コ \sim ス)$$

(2) $m \leq \log_3 A < m+1$, $m+2 \leq \log_3 B < m+3$ より
$$3^m \leq A < 3^{m+1}, \quad 3^{m+2} \leq B < 3^{m+3}$$
A, B は整数であることから
$$3^m \leq A \leq 3^{m+1}-1, \quad 3^{m+2} \leq B \leq 3^{m+3}-1$$
より
$$3^{m+2} - 3^{m+1} + 1 \leq B-A \leq 3^{m+3} - 3^m - 1$$
$$6 \times 3^m + 1 \leq B-A \leq 26 \times 3^m - 1$$
したがって，$B-A$ の最小値は $6 \times 3^m + 1$ であり，最大値は $26 \times 3^m - 1$ である。（→セ，ソ）

(3) $B-A = (n+150) - (n+8) = 142$ と(2)より
$$6 \times 3^m + 1 \leq 142 \leq 26 \times 3^m - 1$$
$$\frac{143}{26} \leq 3^m \leq \frac{141}{6}$$
ここで，$\frac{143}{26} > 3^1$，$\frac{141}{6} < 3^3$ であるから
$$m = 2 \quad (\to タ)$$
次に
$$[\log_3(n+8)] = 2, \quad n は正の整数$$
$$\iff 3^2 \leq n+8 < 3^3, \quad n は正の整数$$
$$\iff 1 \leq n < 19, \quad n は正の整数$$
$$\iff 1 \leq n \leq 18, \quad n は正の整数 \quad (\to チ \sim テ)$$
である。さらに
$$[\log_3(n+150)] = 2+2, \quad n は正の整数$$

$\iff 3^4 \leq n+150 < 3^5$, n は正の整数

$\iff 81 \leq n+150 \leq 242$, n は正の整数

であり，$81 \leq n+150 \leq 242$ は $1 \leq n \leq 18$ においてつねに成り立つ。

ゆえに，$[\log_3(n+150)] = [\log_3(n+8)]+2$ を満たす正の整数 n は $n=1$, 2, $\cdots$, 18 であり，その個数は 18。（→トナ）

IV 解答

(1) ア．3　イ．4　ウ．3　エ．0　オ．4　カ．6　キ．9　ク．2　ケ．4　コ．1　サ．2

(2) シ—⑥　ス—②　セ—⑦　ソ—②　タ—②　チ．9　ツ．4

◀解　説▶

≪3次方程式の解，定積分≫

$f(x) = x(x-3)^2$ より

$f(x) = x^3 - 6x^2 + 9x$,

$f'(x) = 3x^2 - 12x + 9$

$= 3(x^2 - 4x + 3)$　（→ア～ウ）

$= 3(x-1)(x-3)$

(1) $f(x)$ の増減とグラフは次のようになる。

x	$\cdots$	1	$\cdots$	3	$\cdots$
$f'(x)$	+	0	−	0	+
$f(x)$	↗	4	↘	0	↗

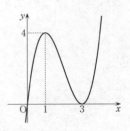

方程式 $x(x-3)^2 = k$ が異なる3個の実数解をもつとき，曲線 $y=f(x)$ と直線 $y=k$ が異なる3個の共有点をもつから，そのときの k の範囲は，グラフより

$0 < k < 4$　（→エ，オ）

α, β, γ は $f(x) = k$ すなわち

$x^3 - 6x^2 + 9x - k = 0$ ……(*)

の異なる3個の実数解であるから，解と係数の関係より

$\begin{cases} \alpha + \beta + \gamma = 6 & (\to \text{カ}) \\ \alpha\beta + \beta\gamma + \gamma\alpha = 9 & (\to \text{キ}) \end{cases}$

さらに，α, β, γ $(\alpha < \beta < \gamma)$ が等差数列をなすとき

$$2\beta = \alpha + \gamma$$
が成り立つから
$$2\beta = 6 - \beta$$
$$\beta = 2 \quad (\rightarrow ク)$$
よって
$$\begin{cases} \alpha + \gamma = 4 \\ \alpha\gamma = 1 \end{cases}$$
が成り立つから,解と係数の関係より,α, γ は t の方程式
$$t^2 - 4t + 1 = 0$$
の2解である。したがって,α は
$$\alpha^2 - 4\alpha + 1 = 0 \quad \cdots\cdots ① \quad (\rightarrow ケ, コ)$$
を満たす。

また,(*)において,解と係数の関係より
$$\alpha\beta\gamma = k$$
であり,$\alpha\beta\gamma = 1 \cdot 2 = 2$ であるから
$$k = 2 \quad (\rightarrow サ)$$

(2) $\displaystyle\int_u^2 \{f(x) - 2\} dx = \int_u^2 (x^3 - 6x^2 + 9x - 2) dx$

$\displaystyle \qquad\qquad\qquad = \left[\frac{x^4}{4} - 2x^3 + \frac{9}{2}x^2 - 2x\right]_u^2$

$\displaystyle \qquad\qquad\qquad = -\frac{1}{4}u^4 + 2u^3 - \frac{9}{2}u^2 + 2u + 2 \quad (\rightarrow シ〜タ)$

ここで
$$-\frac{1}{4}\alpha^4 + 2\alpha^3 - \frac{9}{2}\alpha^2 + 2\alpha + 2 = (\alpha^2 - 4\alpha + 1)\left(-\frac{1}{4}\alpha^2 + \alpha - \frac{1}{4}\right) + \frac{9}{4}$$
であるから,①より
$$\int_\alpha^2 \{f(x) - 2\} dx = \frac{9}{4} \quad (\rightarrow チ, ツ)$$

V 解答

ア. 8　イウ. 12　エ. 3　オ. 2　カ—⑤　キ—②
ク. 2　ケ—②　コ. 7　サ—⑤　シ—①　ス—③
セソ. 16　タチ. 24

◀ 解 説 ▶

≪3項間漸化式≫

$$a_3 = -\frac{1}{2}a_2 + 3a_1 = 8 \quad (\to \mathcal{T})$$

$$b_1 = a_2 + 2a_1 = 12 \quad (\to \mathcal{A}\mathcal{\mathcal{\mathcal{}}})$$

また

$$\begin{aligned}b_{n+1} &= a_{n+2} + 2a_{n+1} \\ &= \left(-\frac{1}{2}a_{n+1} + 3a_n\right) + 2a_{n+1} \\ &= \frac{3}{2}(a_{n+1} + 2a_n) \\ &= \frac{3}{2}b_n\end{aligned}$$

より $s=3, \ t=2 \quad (\to \mathcal{\bot}, \ \mathcal{\mathcal{\mathcal{}}})$

よって

$$\begin{aligned}b_n &= \left(\frac{3}{2}\right)^{n-1} b_1 \\ &= \left(\frac{3}{2}\right)^{n-1} \cdot 12 \\ &= \frac{3^n}{2^{n-3}} \quad (\to \mathcal{\mathcal{}}, \ \mathcal{\ddagger})\end{aligned}$$

次に

$$\begin{aligned}c_{n+1} &= a_{n+2} - \frac{3}{2}a_{n+1} \\ &= \left(-\frac{1}{2}a_{n+1} + 3a_n\right) - \frac{3}{2}a_{n+1} \\ &= -2\left(a_{n+1} - \frac{3}{2}a_n\right) \\ &= -2c_n\end{aligned}$$

より $r = -2 \quad (\to \mathcal{\mathcal{}})$

ここで, $c_1 = a_2 - \frac{3}{2}a_1 = -\frac{1}{4}$ より

$$c_n = (-2)^{n-1} \cdot \left(-\frac{1}{4}\right)$$
$$= -(-2)^{n-3} \quad (\to ケ)$$

①−② より

$$\frac{7}{2}a_n = \frac{3^n}{2^{n-3}} + (-2)^{n-3}$$

$$a_n = \frac{1}{7} \times \left(\frac{3^n}{2^{n-4}} - (-2)^{n-2}\right) \quad (\to コ〜ス)$$

また，n が奇数のとき，$\dfrac{3^n}{2^{n-4}} > 0$, $-(-2)^{n-2} > 0$ であるから，$a_n > 0$ となる。

したがって，$a_n < 0$ となるためには，n が偶数であることが必要である。

ゆえに，$n = 2m$（m：自然数）とおくと

$$a_n = \frac{1}{7}\left(\frac{3^{2m}}{2^{2m-4}} - (-2)^{2m-2}\right)$$

$$= \frac{2^{2m-2}}{7}\left(\frac{3^{2m}}{2^{4m-6}} - 1\right)$$

ここで，$\log_2 \dfrac{3^{2m}}{2^{4m-6}} = 2m\log_2 3 - (4m-6) = (2\log_2 3 - 4)m + 6$ より

$m \leq 7$ のとき

$$\log_2 \frac{3^{2m}}{2^{4m-6}} > (2 \cdot 1.58 - 4) \cdot 7 + 6 = 0.12$$

$m \geq 8$ のとき

$$\log_2 \frac{3^{2m}}{2^{4m-6}} < (2 \cdot 1.59 - 4) \cdot 8 + 6 = -0.56$$

である。

よって，$\log_2 \dfrac{3^{2m}}{2^{4m-6}} < \log_2 1\ (=0)$ となる最小の m は

$m = 8$

したがって，$a_n < 0$ となる最小の正の整数 n は

$n = 16 \quad (\to セソ)$

さらに，$b_n = \left(\dfrac{3}{2}\right)^{n-1} \cdot 12$ より

$$S_n = \sum_{k=1}^{n} b_k$$

$$= \frac{12\left\{\left(\frac{3}{2}\right)^n - 1\right\}}{\frac{3}{2} - 1}$$

$$= 24\left\{\left(\frac{3}{2}\right)^n - 1\right\}$$

であるから

$$3b_n - S_n = 3 \cdot \left(\frac{3}{2}\right)^{n-1} \cdot 12 - 24\left\{\left(\frac{3}{2}\right)^n - 1\right\}$$

$$= 24 \quad (\to \text{タチ})$$

VI 解答

(1) ア―④　イ―⑦　ウ．2　エ―①　オ―②　カ．3
(2) キ―⑦　ク―⓪　ケ．2　コ―⑥　サ―③　シ―⑨
ス―④　セ―③　ソ―⑨　ター④

◀解　説▶

≪小問2問≫

(1) $t = \sin x$ とおくと

x	$0 \to \frac{\pi}{6}$
t	$0 \to \frac{1}{2}$

$dt = \cos x \, dx$

より

$$I = \int_0^{\frac{\pi}{6}} \frac{1}{\cos x} dx$$

$$= \int_0^{\frac{\pi}{6}} \frac{\cos x}{\cos^2 x} dx$$

$$= \int_0^{\frac{\pi}{6}} \frac{1}{1 - \sin^2 x} \cdot \cos x \, dx$$

$$= \int_0^{\frac{1}{2}} \frac{1}{1 - t^2} dt \quad (\to \text{ア，イ})$$

ここで

$$\frac{1}{1-t^2} = -\frac{1}{(t+1)(t-1)}$$

$$= \frac{1}{2}\left(\frac{1}{t+1} - \frac{1}{t-1}\right) \quad (\to \text{ウ}\sim\text{オ})$$

よって

$$I = \int_0^{\frac{1}{2}} \frac{1}{2}\left(\frac{1}{t+1} - \frac{1}{t-1}\right) dt$$

$$= \frac{1}{2}\Big[\log|t+1| - \log|t-1|\Big]_0^{\frac{1}{2}}$$

$$= \frac{1}{2}\left\{\left(\log\frac{3}{2} - \log\frac{1}{2}\right) - (\log 1 - \log 1)\right\}$$

$$= \frac{\log 3}{2} \quad (\to \text{カ})$$

(2) $f(x) = \dfrac{e^{-x}}{\sin x}$ より

$$f'(x) = \frac{(e^{-x})' \sin x - e^{-x}(\sin x)'}{\sin^2 x}$$

$$= \frac{e^{-x}(-\sin x - \cos x)}{\sin^2 x} \quad (\to \text{キ, ク})$$

ここで

$$-\sin x - \cos x = \sqrt{2}\sin\left(x + \frac{5}{4}\pi\right) \quad (\to \text{ケ, コ})$$

よって，$f'(x) = 0$ となるとき，$\sqrt{2}\sin\left(x + \dfrac{5}{4}\pi\right) = 0$ である。

このとき，$0 < x < 2\pi$，$x \neq \pi$ より

$$x = \frac{3}{4}\pi, \ \frac{7}{4}\pi \quad (\to \text{サ, シ})$$

以上から，$f(x)$ の増減は次のようになる。

x	(0)	$\cdots$	$\dfrac{3}{4}\pi$	$\cdots$	(π)	$\cdots$	$\dfrac{7}{4}\pi$	$\cdots$	(2π)
$f'(x)$		$-$	0	$+$		$+$	0	$-$	
$f(x)$		↘	$\sqrt{2}e^{-\frac{3}{4}\pi}$	↗		↗	$-\sqrt{2}e^{-\frac{7}{4}\pi}$	↘	

したがって，$f(x)$ は，$0 < x < \pi$ において，減少したのち増加し，$\pi < x < 2\pi$ において，増加したのち減少する。（→ス，セ）

このことと

$$\lim_{x \to +0} f(x) = \infty$$

$$\lim_{x \to \pi-0} f(x) = \infty$$

$$\lim_{x \to \pi+0} f(x) = -\infty$$

$$\lim_{x \to 2\pi-0} f(x) = -\infty$$

より，方程式 $f(x) = k$ の実数解の個数が 0 であるのは

$$-\sqrt{2}\, e^{-\frac{7}{4}\pi} < k < \sqrt{2}\, e^{-\frac{3}{4}\pi} \quad (\to ソ, タ)$$

VII 解答

アー⓪　イー①　ウ．1　エー⑤　オー①　カー㊀
キー⑥　ク．2　ケ．1　コー①　サー②　シー③
スー①　セー②　ソ．4　タ．6　チー⑤

▶解　説◀

≪関数の増減と凹凸≫

$f(x) = x^k \log x$ より

$$f'(x) = kx^{k-1}\log x + x^k \cdot \frac{1}{x}$$

$$= x^{k-1}(k\log x + 1) \quad (\to ア \sim ウ)$$

よって，$f'(x) = 0$ を解くと，$x \neq 0$，$k \neq 0$ より

$$k\log x + 1 = 0$$

$$\log x = -\frac{1}{k}$$

$$x = e^{-\frac{1}{k}}$$

したがって　$a = e^{-\frac{1}{k}}$　(→エ)

以上から，$f(x)$ の増減は右のようになる。
ゆえに，$x = a$ において，$f(x)$ は極大値であり，最大値でもある。(→オ)

x	(0)	…	a	…
$f'(x)$		+	0	−
$f(x)$		↗		↘

次に

$$f''(x) = x^{k-1}\left(\frac{k}{x}\right) + (k-1)x^{k-2}(k\log x + 1)$$

$$= x^{k-2}\{k(k-1)\log x + 2k - 1\} \quad (\to カ \sim ケ)$$

よって，$f''(x)=0$ を解くと，$x\neq 0$，$k\neq 0$，1 より
$$k(k-1)\log x+2k-1=0$$
$$\log x=-\frac{2k-1}{k(k-1)}$$

ゆえに，$k<0$ より
$$\log b=-\frac{2k-1}{k(k-1)}$$
$$>-\frac{k-1}{k(k-1)}$$
$$=-\frac{1}{k}$$

より　$a<b$　（→コ，サ）

以上から，$f''(x)$ の増減と凹凸は右のようになる。

x	(0)	⋯	a	⋯	b	⋯
$f'(x)$		+	0	−	−	−
$f''(x)$		−	−	−	0	+
$f(x)$		⤴		⤵		⤷

したがって，$f(x)$ は，$0<x<a$ において，つねに増加し，C は上に凸，$a<x<b$ において，つねに減少し，C は上に凸，$b<x$ において，つねに減少し，C は下に凸である。（→シ〜セ）

さらに，$1<x<e$ において，$f(x)>0$ より
$$S=\int_1^e x^{-\frac{3}{2}}\log x\,dx$$
$$=\int_1^e (-2x^{-\frac{1}{2}})'\log x\,dx$$
$$=\left[-2x^{-\frac{1}{2}}\log x\right]_1^e-\int_1^e -2x^{-\frac{1}{2}}\cdot\frac{1}{x}dx$$
$$=-2e^{-\frac{1}{2}}+2\int_1^e x^{-\frac{3}{2}}dx$$
$$=-2e^{-\frac{1}{2}}+2\left[-2x^{-\frac{1}{2}}\right]_1^e$$
$$=4-6e^{-\frac{1}{2}}\quad（→ソ〜チ）$$

◆講　評

Ⅰ　xy 平面上の格子点に関する問題である。(1)では具体的に数えていけばよく，さらに(ⅲ)では，直線ごとにいくつずつ格子点を選ぶことが

できればよいのかを考えればよい。(2)は，与えられた1次不定方程式の整数解が格子点の座標を表すことから，条件を満たすような整数解について順に考察していく。

Ⅱ 円周上の点に関する問題である。ベクトルを用いるので計算が主であるが，適宜，図形の状態を考えるとよい。特に $\overrightarrow{OT} \cdot \vec{p}$ は，内積の図形的な意味がわかっていればすぐに求めることができる。また，$\overrightarrow{OV}$ を $\vec{q}, \vec{r}$ で表すところでは，$\vec{q} = -\vec{p}$ であることと，直線 PR 上の点 V について $\overrightarrow{OV}$ を $\vec{p}, \vec{r}$ で表すと係数の和が1となることに注目すれば，簡潔に解くことができる。

Ⅲ 対数やガウス記号で表された数に関する問題である。基本的な平方根や対数の計算，性質がわかっていればよい。(1)において，4^a の値を求める際には，$a^{\log_a M} = M$ であることを考えて式変形を行う。(2)は，$[x] = k$ のとき $k \leq x < k+1$ であることを用いる。(3)では，(2)の結果や考え方を利用して n の条件について考えればよい。

Ⅳ 方程式の解と，グラフや解と係数の関係などについての問題である。3次方程式の解と係数の関係によって3文字の基本対称式に関する式が得られるが，β の値が決定すれば，2文字の基本対称式に関する式となる。また，最後の定積分によって得られる α の4次式の値について，直接 α の値を代入して計算するのは困難であるから，途中で得られた，値が0となる α の2次式を用いて表すとよい。

Ⅴ 数列 $\{a_n\}$ の3項間漸化式を解く問題である。2つの数列 $\{b_n\}$，$\{c_n\}$ をうまく設定すれば，$\{a_n\}$ に関する2項間漸化式が2つ得られるので，それらを用いて $\{a_n\}$ の一般項を求める。また，求めた一般項を用いて $a_n < 0$ となる n について考える際には，n の偶奇に注意した上で，対数をとって計算すればよい。

Ⅵ (1)は，定積分の値を求める問題である。最初，$t = \sin x$，$dt = \cos x dx$ を用いるために，被積分関数の分母・分子に $\cos x$ を掛ければよい。(2)は，関数 $f(x)$ の増減などを調べる問題である。微分して増減表を書く流れの部分は通常通りだが，空欄に合うようにうまく変形しなければならない。また，方程式 $f(x) = k$ の解の個数について考える部分では，$f(x)$ の極限を調べる必要がある。

Ⅶ $f(x) = x^k \log x$ の増減や凹凸を調べる問題である。2回微分をす

る必要があるが，いずれも積の導関数である。面積を求めるところでは，定積分の計算において，$\log x$ が絡むことから，部分積分法を用いればよい。

物理

I **解答** 1. $-mgL$ 2. $v_0 > 2\sqrt{gL}$ 3. $\dfrac{v_0 - V}{g}$

4. $\dfrac{V}{2g}$ 5. $L + \dfrac{V^2}{8g}$ 6. $\dfrac{ka}{m}$ 7. $a\sqrt{\dfrac{k}{m}}$

8. $\dfrac{1}{2}ka^2 + mg\left(L + \dfrac{V^2}{8g}\right) + \dfrac{m^2g^2}{2k}$ 9. $\dfrac{64\pi^2 mg^2}{(2v_0 - V)^2}$

◀ **解　説** ▶

≪摩擦のある斜面上の運動，斜方投射，鉛直ばね振り子≫

1．物体がすべり上がるときに受ける力は，右図のようになる。斜面から受ける垂直抗力の大きさを N_1 とすると，$N_1 = mg\cos 30°$ であるので，動摩擦力の大きさは

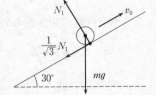

$$\dfrac{1}{\sqrt{3}}N_1 = \dfrac{1}{\sqrt{3}}mg\cos 30°$$
$$= \dfrac{1}{\sqrt{3}}mg \cdot \dfrac{\sqrt{3}}{2}$$
$$= \dfrac{1}{2}mg$$

物体が斜面を移動した距離は

$$\dfrac{L}{\sin 30°} = \dfrac{L}{\dfrac{1}{2}} = 2L$$

動摩擦力が小物体Bにした仕事は

$$-\dfrac{1}{2}mg \cdot 2L = -mgL$$

2．斜面下端と上端での力学的エネルギーの変化は，動摩擦力のした仕事に等しい。

$$\left(\dfrac{1}{2}mV^2 + mgL\right) - \dfrac{1}{2}mv_0^2 = -mgL$$

$$\frac{1}{2}mV^2 = \frac{1}{2}mv_0^2 - 2mgL$$

$$V^2 = v_0^2 - 4gL$$

$V > 0$ であるから $v_0^2 - 4gL > 0$ $v_0 > 2\sqrt{gL}$

3．運動する向きを正とし，加速度を a とすると，運動方程式は

$$ma = -mg\sin 30° - \frac{1}{2}mg \qquad a = -g$$

小物体Bが三角台上をすべっている時間を t_1 とすると

$$V = v_0 - gt_1 \qquad t_1 = \frac{v_0 - V}{g}$$

4．初速度の水平成分は $V\cos 30°$，鉛直成分は $V\sin 30°$ となる。求める時間を t_2 とすると，最高点では速度の鉛直成分が0になるから

$$0 = V\sin 30° - gt_2 \qquad t_2 = \frac{V\sin 30°}{g} = \frac{V}{2g}$$

5．衝突位置の床面からの高さを h とすると

$$h - L = V\sin 30° \cdot t_2 - \frac{1}{2}gt_2^2$$

$$= V \cdot \frac{1}{2} \cdot \left(\frac{V}{2g}\right) - \frac{1}{2}g \cdot \left(\frac{V}{2g}\right)^2 = \frac{V^2}{8g}$$

$$h = L + \frac{V^2}{8g}$$

別解 鉛直方向の等加速度運動の式から

$$0^2 - (V\sin 30°)^2 = 2(-g) \cdot (h - L) \qquad h = L + \frac{V^2}{8g}$$

6．初期状態のときのばねの伸びを x_1 とすると，小物体にはたらく力のつり合いより

$$kx_1 = mg \qquad x_1 = \frac{mg}{k}$$

小物体Aが単振動をしているとき，鉛直下向きを正として，つり合いの位置からの変位が x のときの加速度を α とすると，運動方程式は

$$m\alpha = -k(x_1 + x) + mg$$

$$m\alpha = -kx$$

$$\alpha = -\frac{k}{m}x \quad \cdots\cdots ①$$

ここで，振動の中心は $x=0$，小物体を静かに離した直後は $x=a$ で振動の端なので，振幅は a とわかる。

よって，x の範囲は $-a \leq x \leq a$ なので，加速度の大きさ $|\alpha|$ が最大となるのは $x = \pm a$ であり，このとき

$$|\alpha| = \frac{k}{m}a$$

7．単振動の角振動数を ω とすると，$\alpha = -\omega^2(x-0)$ と表せるので，式①と見比べて

$$\omega^2 = \frac{k}{m} \qquad \omega = \sqrt{\frac{k}{m}}$$

最大の速さ v_1 は

$$v_1 = a\omega = a\sqrt{\frac{k}{m}}$$

別解 振動の端と振動中心にきたときとで，力学的エネルギー保存則の式を立てると

$$\frac{1}{2}ka^2 = \frac{1}{2}mv_1^2 \qquad v_1 = a\sqrt{\frac{k}{m}}$$

8．振動の中心における力学的エネルギーは，運動エネルギー，重力による位置エネルギー，弾性力による位置エネルギーの和で表される。

$$\frac{1}{2}mv_1^2 + mgh + \frac{1}{2}kx_1^2 = \frac{1}{2}ka^2 + mg\left(L + \frac{V^2}{8g}\right) + \frac{m^2g^2}{2k}$$

9．単振動の周期 T は $\qquad T = 2\pi\sqrt{\dfrac{m}{k}}$

小物体Bが小物体Aに衝突するまでの時間は

$$t_1 + t_2 = 2T$$

$$\frac{v_0 - V}{g} + \frac{V}{2g} = 2 \cdot 2\pi\sqrt{\frac{m}{k}}$$

$$\frac{2v_0 - V}{2g} = 4\pi\sqrt{\frac{m}{k}}$$

$$k = m\left(\frac{8\pi g}{2v_0 - V}\right)^2 = \frac{64\pi^2 mg^2}{(2v_0 - V)^2}$$

II 解答

(a) $2kQ$　(b) 195　(c) $-k\dfrac{Q}{\sqrt{2}}$　(d) $\dfrac{\sqrt{5}-\sqrt{2}}{\sqrt{10}}kqQ$

(e) $k\dfrac{2Q}{\sqrt{(x-1)^2+y^2}}+k\dfrac{-3Q}{\sqrt{(x+1)^2+y^2}}$　(f) $\dfrac{13}{5}$　(g) $\dfrac{12}{5}$

◀解　説▶

≪電界と電位，等電位線≫

(a) 点Cにおける電界 $\vec{E_C}$ は，点A，Bの各点電荷がつくる電界 $\vec{E_A}$ と $\vec{E_B}$ のベクトル和になる（右図）。それぞれの大きさ E_A, E_B は

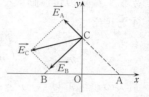

$$E_A = k\dfrac{2Q}{(\sqrt{2})^2} = kQ$$

$$E_B = k\dfrac{2\sqrt{3}Q}{(\sqrt{2})^2} = \sqrt{3}kQ$$

$\vec{E_A}$ と $\vec{E_B}$ は垂直なので，点Cにおける電界の大きさ E_C は

$$\vec{E_C} = \sqrt{E_A{}^2 + E_B{}^2} = \sqrt{(kQ)^2 + (\sqrt{3}kQ)^2} = 2kQ$$

参考　辺の長さの比が $1:2:\sqrt{3}$ の直角三角形をつくるから

$$E_C = 2\cdot E_A = 2kQ$$

(b) $\vec{E_C}$ の向きは x 軸の正の方向を0度として

$$90 + 45 + 60 = 195 \text{ 度}$$

(c) 点Cの電位 V_C は，点A，Bの各点電荷がつくる電位のスカラー和となるので

$$V_C = k\dfrac{2Q}{\sqrt{2}} + k\dfrac{-3Q}{\sqrt{2}} = -k\dfrac{Q}{\sqrt{2}}$$

(d) $AD = BD = \sqrt{5}$ である。点Dの電位 V_D は

$$V_D = k\dfrac{2Q}{\sqrt{5}} + k\dfrac{-3Q}{\sqrt{5}} = -k\dfrac{Q}{\sqrt{5}}$$

電気量 q の点電荷を点Cから点Dまでゆっくり動かすのに必要な仕事量 W は

$$W = q(V_D - V_C)$$
$$= q\left\{\left(-k\dfrac{Q}{\sqrt{5}}\right) - \left(-k\dfrac{Q}{\sqrt{2}}\right)\right\}$$

$$= \frac{\sqrt{5}-\sqrt{2}}{\sqrt{10}}kqQ$$

(e) $AE=\sqrt{(x-1)^2+y^2}$, $BE=\sqrt{(x+1)^2+y^2}$ である。点Eの電位 V_E は

$$V_E = k\frac{2Q}{\sqrt{(x-1)^2+y^2}} + k\frac{-3Q}{\sqrt{(x+1)^2+y^2}}$$

(f)・(g) xy 平面上の電位0の等電位線は

$$k\frac{2Q}{\sqrt{(x-1)^2+y^2}} + k\frac{-3Q}{\sqrt{(x+1)^2+y^2}} = 0$$
$$2\sqrt{(x+1)^2+y^2} = 3\sqrt{(x-1)^2+y^2}$$
$$5x^2 - 26x + 5 + 5y^2 = 0$$
$$\left(x-\frac{13}{5}\right)^2 + y^2 = \frac{144}{25}$$

なので，中心座標 $\left(\frac{13}{5},\ 0\right)$，半径 $\frac{12}{5}$ の円となる。

III 解答

(1) $\dfrac{P_0 S}{k}$ (2) $\dfrac{3}{2}R(T_1-T_0)$

(3) $\dfrac{3}{2}R(T_1-T_0) + \dfrac{1}{2}k(x_1^2-x_0^2)$

(4) $\dfrac{3}{2}R(T_1-T_2) - P_0 SL + \dfrac{1}{2}k(x_1^2-x_0^2)$

(5) $\dfrac{3}{2}R(T_2-T_0) + P_0 SL$ (6)—(イ) (7)—(ア)

◀解 説▶

≪気体の状態変化，ばねがついたピストン≫

(1) はじめの状態では，気体Gの圧力は P_0（大気の圧力と同じ）である。ピストン②が受ける力のつり合いから

$$P_0 S = kx_0 \qquad x_0 = \frac{P_0 S}{k}$$

(2) 状態Aから状態Bへの変化において，1モルの単原子分子理想気体Gの内部エネルギーの増加量 ΔU_1 は

$$\Delta U_1 = \frac{3}{2}R(T_1-T_0)$$

(3) ピストン①,②にかかる力を右図に示す。状態Aから状態Bの変化において，ピストン①は固定されているので，ピストン②に着目する。気体Gが外部にした仕事 W_1 は，ピストン②を通じてばねになした仕事 W_{1s} と等しい。状態A，Bにおける

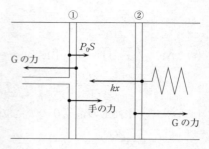

ばねの弾性力の位置エネルギーは $\frac{1}{2}kx_0^2$, $\frac{1}{2}kx_1^2$ であるから

$$W_1 = W_{1s} = \frac{1}{2}kx_1^2 - \frac{1}{2}kx_0^2$$

熱力学第一法則より

$$Q_1 = \Delta U_1 + W_1 = \frac{3}{2}R(T_1 - T_0) + \frac{1}{2}k(x_1^2 - x_0^2)$$

(4) 状態Bから状態Cへの変化において，内部エネルギーの増加量 ΔU_2 は

$$\Delta U_2 = \frac{3}{2}R(T_2 - T_1)$$

気体Gがピストン①を通じて大気にする仕事 W_{2a} は，大気圧が一定であるから

$$W_{2a} = P_0 S \cdot L$$

状態Cでは，気体Gの圧力が大気圧と同じ P_0 になることから，ばねの伸びは x_0 である。ピストン②を通じてばねになした仕事 W_{2s} は

$$W_{2s} = \frac{1}{2}kx_0^2 - \frac{1}{2}kx_1^2$$

気体Gが外部にした仕事 W_2 は

$$W_2 = W_{2a} + W_{2h} + W_{2s}$$

この変化は断熱変化であるから，熱力学第一法則より

$$0 = \Delta U_2 + W_2$$
$$= \frac{3}{2}R(T_2 - T_1) + P_0 SL + \frac{1}{2}k(x_0^2 - x_1^2) + W_{2h}$$

$$W_{2h} = \frac{3}{2}R(T_1 - T_2) - P_0 SL + \frac{1}{2}k(x_1^2 - x_0^2)$$

（注） この問題のように，内部エネルギーの増加量や仕事は負になる場合がある。はじめは気にせず「(変化後)-(変化前)」で機械的に立式して計算を進めて，最後に正負を意識して解答するとよい。

(5) 状態Cから状態Aへの変化において，内部エネルギーの増加量 ΔU_3 は

$$\Delta U_3 = \frac{3}{2}R(T_0 - T_2)$$

ピストン①にはたらく力のつり合いより，この変化は定圧変化であり，ピストン②は動かないので，ピストン①に着目する。気体Gが外部にした仕事 W_3 は，ピストン①を通じて大気にする仕事 W_{3a} と等しい。気体Gがピストン①に加える力は左向き，ピストン①の変位は右向きなので

$$W_3 = W_{3a} = -P_0 S \cdot L$$

気体Gに与えた熱量は $-Q_3$ であるから，熱力学第一法則より

$$-Q_3 = \Delta U_3 + W_3 = \frac{3}{2}R(T_0 - T_2) - P_0 SL$$

$$Q_3 = \frac{3}{2}R(T_2 - T_0) + P_0 SL$$

(6) ばねの弾性力は保存力である。1サイクルで気体Gははじめの状態に戻るので，サイクルのはじめと終わりで，気体Gがばねになした仕事は0である。

(7) 状態Aから状態Bへの変化において加熱をしていて，P，V ともに増加している。よって，(ア)と(ウ)に絞られる。状態Bから状態Cへの変化は断熱変化であるから，そのグラフの形状から，(ア)が選ばれる。

IV 解答

(イ) 60.0 cm　(ロ) 1.50 cm　(ハ) 333 m/s　(ニ) 28.5 cm
(ホ) 185 Hz　(ヘ) 43.7 cm　(ト) 84.1 cm

◀解　説▶

≪気柱の共鳴≫

(イ) スピーカーから発している音の波長を λ_1〔cm〕とする。定常波は，次図のように示される。隣り合う節と節の間隔は $\frac{\lambda_1}{2}$ であるから

$$\frac{\lambda_1}{2} = 43.5 - 13.5 = 30.0$$

$\lambda_1 = 60.0$ 〔cm〕

(ロ) 管口付近の腹は，管口よりも少し外側にある。開口端補正を Δl〔cm〕とすると

$$\Delta l = \frac{\lambda_1}{4} - 13.5 = \frac{60.0}{4} - 13.5 = 1.50 \text{〔cm〕}$$

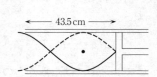

（注） 途中計算で有効数字の桁落ちが生じるため，意味がある桁は「1.5」までである。

(ハ) このときの音速 V_1〔m/s〕は

$V_1 = 555 \times 0.600 = 333$〔m/s〕

(ニ) 腹の付近の媒質は，ほぼ同じ速度で移動しているため，密度はほぼ同じである。このため，密度の変化がほとんどない。Oからの距離は

$$\frac{\lambda_1}{2} - 1.50 = \frac{60.0}{2} - 1.50 = 28.5 \text{〔cm〕}$$

(ホ) スピーカーの振動数を徐々に小さくしていくと，次に共鳴が起こるのは基本振動のときである。その波長を λ_2〔cm〕，振動数を f_2〔Hz〕とすると

$$\frac{\lambda_2}{4} = 43.5 + 1.5 = 45.0 \qquad \lambda_2 = 45.0 \times 4 = 180 \text{〔cm〕}$$

$$f_2 = \frac{V_1}{\lambda_2} = \frac{333}{1.80} = 185 \text{〔Hz〕}$$

(ヘ) ピストンの位置をOから徐々に遠ざけていくとき，最初に共鳴が起こるのは基本振動のときである。その波長を λ_3〔cm〕とすると

$$\lambda_3 = \frac{333 \times 3}{555} \times 100 = 180 \text{〔cm〕}$$

Oからの距離は

$$\frac{\lambda_3}{4} - 1.30 = \frac{180}{4} - 1.30 = 43.7 \text{〔cm〕}$$

(ト) 576 Hz になったときの波長を λ_4〔cm〕とすると

$$\lambda_4 = \frac{333 \times 3}{576} \times 100 = 173.43 \text{〔cm〕}$$

開管で共鳴が起こるのは，半波長の整数倍のときである。長さ1m程度のガラス管であるから

$$\frac{\lambda_4}{2} = \frac{173.43}{2} = 86.71 \text{ (cm)}$$

この辺りが最も近い。したがって，ガラス管の長さは

$$86.71 - 1.30 \times 2 = 84.11 \fallingdotseq 84.1 \text{ (cm)}$$

◆講　評

　2023年度は大問4題の出題で，それぞれ小問の数が多い。小問は計30問である。難度は例年通り標準的だが，試験時間を考えると全問に余裕を持って取り組むのは難しい。

　Ⅰ　摩擦のある斜面上の運動，斜方投射，鉛直ばね振り子の問題。それぞれの運動で起こっていることをイメージして，適切な公式を適用していく。式が複雑になるところを手際よく処理する能力が問われる。

　Ⅱ　電場と電位，等電位線の問題は，類似のものを解いたことがあるだろう。電位0の等電位線が円になるところまで，できるようにしたい。

　Ⅲ　気体の状態変化を扱っているが，ばねがついたピストンであるため，やや難度が高い。普通は外から押す力でひとくくりにするところを，ばね，大気圧，手の3つに分けて考える。

　Ⅳ　気柱の共鳴について，閉管と開管の両方を扱っている。定常波の基本音，3倍音の適切な図を描いて，正解を求められるようにしたい。

　いずれの問題も基礎知識や論理的思考力をみる標準的な問題である。出題分野や解答形式に偏りがなく，総合的な物理の力をみる良問である。

化学

I 解答

1. (ア)合金 (イ)真鍮 (ウ)クロム (エ)ステンレス鋼 (オ)チタン (カ)形状記憶合金 (キ)水素吸蔵合金（水素貯蔵合金） (ク)ニッケル・水素 (ケ)ジュラルミン

2. (i)—④ (ii)—③ (iii)—②

3. 5円

4. 210 g の X の体積は

$$\frac{210}{7.00} \times 10^{-3} = 3.00 \times 10^{-2} \text{ [L]}$$

であるから，蓄えることができる H_2 の質量は

$$2.0 \times \frac{3.00 \times 10^{-2} \times 1120}{22.4} = 3.0 \text{ [g]} \quad \cdots\cdots \text{(答)}$$

5. (B)—① (C)—⑥ (D)—③

◀解 説▶

≪いろいろな合金≫

1. (ウ)・(エ) ステンレス鋼に含まれる Cr は，Fe よりもイオン化傾向が大きく酸化されやすい。そのため，表面に Cr の酸化物の被膜が形成されて，内部が保護される。なお，Ni を加えることで，さらに耐食性を高めることができる。

(オ) Ti には「強度が高く軽い」，「耐食性が強い」などの特徴があるため，メガネフレームのほか，航空機，手術用器具，ゴルフクラブなど，さまざまな分野で広く用いられている。

(カ) Ni と Ti からなる形状記憶合金は，Ti と同様にメガネフレームに用いられることがあるほか，人工関節や歯科用接着剤，内視鏡など，医療用器具に用いられることも多い。

(キ)・(ク) 水素吸蔵合金（または水素貯蔵合金）は，H_2 を H 原子として金属原子間に取り込むことができ，温度・圧力を変化させることで，H_2 を吸収したり放出したりする。安全に H_2 を多量に蓄えられるので，ニッケル・水素電池の負極に用いられる。

3. CuとZnの合金である黄銅は真鍮とも呼ばれ，美しく加工しやすいという特徴がある。5円硬貨や仏具，金管楽器などの材料として用いられる。

5. (D) CuとNiの合金である白銅は，100円硬貨や50円硬貨，また500円硬貨の一部に用いられている。

II 解答

1—⑤
2—②・③

3．衝突回数はモル濃度に比例するので
　　　$3.50 \times 2.00 = 7.0$ 倍　……(答)

4．(カ)—④　(キ)—⑤　(ク)—①　(ケ)—②

5．$E_A = E_2 - E_3$, $Q = E_3 - E_4$

6．HIの生成熱が $9.00\,\text{kJ/mol}$ であることから
　　　$E_3 - E_4 = 9.00 \times 2 = 18.0\,[\text{kJ}]$

よって，H–I 結合エネルギーを $x\,[\text{kJ/mol}]$ とおくと
　　　$2x = 588 + 18.0$
　∴　$x = 303 \fallingdotseq 3.0 \times 10^2\,[\text{kJ/mol}]$　……(答)

7．反応開始後から 2500 秒後までの間の反応における，各物質の物質量変化は次のようになる。

	H_2	+	I_2	$\rightleftarrows$	$2HI$	
反応前	2.00		1.60		0	[mol]
反応量	-0.100		-0.100		$+0.200$	[mol]
反応後	1.90		1.50		0.200	[mol]

よって，HI の濃度の変化量 $\Delta[\text{HI}]$ は
　　　$\Delta[\text{HI}] = \dfrac{0.200}{20.0} = 1.00 \times 10^{-2}\,[\text{mol/L}]$

となるから，求める平均の反応速度は
　　　$\dfrac{\Delta[\text{HI}]}{\Delta t} = \dfrac{1.00 \times 10^{-2}}{2500} = 4.0 \times 10^{-6}\,[\text{mol/(L·s)}]$　……(答)

8—②

◀解　説▶

≪化学反応のしくみと反応速度，結合エネルギー，化学平衡≫

1．(ア)　反応物の濃度が上昇すると，分子どうしの衝突回数が増加するた

め，反応速度は大きくなる。

(オ) 温度を上げると，分子の運動エネルギーが増加し，活性化エネルギー以上のエネルギーをもつ分子の割合が増加するため，反応速度は大きくなる。

2．触媒は，活性化エネルギーの小さい別の反応経路をつくることで，反応速度を大きくする作用をもつ（図Ⅱ－1のE_2の値が小さくなる）。反応速度が大きくなるため，反応速度定数は大きくなる。一方，反応熱や生成物の生成熱，反応物の結合エネルギーなどは変化しない。

3．分子Aと分子Bの衝突を考えると，次の図からわかるように，単位時間あたりの衝突回数は，Aの濃度とBの濃度のそれぞれに比例するので，Aの濃度とBの濃度の積に比例することになる。

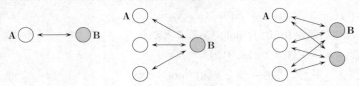

[A]を3倍にすると，衝突回数は3倍になる。　　[A]を3倍，[B]を2倍にすると，衝突回数は3×2=6倍になる。

6．1 molのH−I結合を切断してバラバラの原子の状態にするのに必要なエネルギーが，求めるH−I結合エネルギーである。図Ⅱ－1では，HIが2 mol生成しているので，E_1-E_4の値は，H−I結合エネルギーの2倍である。また，HIの生成熱は，HIが1 mol生成するときの反応熱であるから，E_3-E_4の値は，HIの生成熱の2倍である。これらのことと

$$E_1-E_4=(E_1-E_3)+(E_3-E_4)$$

であることを用いて，H−I結合エネルギーを求めることができる。

8．可逆反応においては，反応開始後から十分時間が経過すると，平衡状態に到達する。平衡状態においては，正反応と逆反応の速度が等しくなっており，見かけ上は反応が停止している。したがって，H_2の物質量は0 mol以外の一定の値になる。

Ⅲ　解答

1．(ア) Na_2O　(イ) ZnO　(オ) Al_2O_3

2．(ウ) 配位　(エ) 錯イオン

3．$SO_2+2NaOH \longrightarrow Na_2SO_3+H_2O$

4．このとき起こる反応は
$$Na_2SO_3 + H_2SO_4 \longrightarrow Na_2SO_4 + H_2O + SO_2$$
であるから，発生する SO_2 の物質量は
$$\frac{2.52}{126} = 2.00 \times 10^{-2} \text{[mol]}$$
よって，求める体積は，気体の状態方程式より
$$\frac{2.00 \times 10^{-2} \times 8.31 \times 10^3 \times (27+273)}{1.013 \times 10^5} = 0.492 ≒ 0.49 \text{[L]} \quad \cdots\cdots(答)$$

5．Na_2O と水の反応は
$$Na_2O + H_2O \longrightarrow 2NaOH$$
であり，反応した Na_2O の物質量は
$$\frac{1.86 \times 10^{-2}}{62.0} = 3.00 \times 10^{-4} \text{[mol]}$$
であるから，生成した $NaOH$ の物質量は
$$3.00 \times 10^{-4} \times 2 = 6.00 \times 10^{-4} \text{[mol]}$$
よって，水溶液中の OH^- の濃度 $[OH^-]$ は
$$[OH^-] = \frac{6.00 \times 10^{-4}}{\frac{300}{1000}} = 2.00 \times 10^{-3} \text{[mol/L]}$$
となるから，水溶液中の水素イオン濃度 $[H^+]$ は
$$[H^+] = \frac{1.00 \times 10^{-14}}{2.00 \times 10^{-3}} = 5.00 \times 10^{-12} \text{[mol/L]}$$
ゆえに，求める pH は
$$pH = -\log_{10}(5.00 \times 10^{-12}) = 12 - 0.699$$
$$= 11.301 ≒ 11.3 \quad \cdots\cdots(答)$$

6．(d) $Na_2CO_3 + CO_2 + H_2O \longrightarrow 2NaHCO_3$
(e) $Zn(OH)_2 + 4NH_3 \longrightarrow [Zn(NH_3)_4]^{2+} + 2OH^-$

7．$Al(OH)_3$

━━━━━━━━━ ◀解 説▶ ━━━━━━━━━

≪いろいろな酸化物の性質と反応≫

1．(イ) トタンは鉄に亜鉛をめっきしたものである。亜鉛を燃焼させると，酸化亜鉛 ZnO が得られる。
$$2Zn + O_2 \longrightarrow 2ZnO$$

(オ) ボーキサイトは組成式が $Al_2O_3 \cdot nH_2O$ で表される鉱石であり，これを精製すると，酸化アルミニウム Al_2O_3 が得られる。

4．亜硫酸ナトリウム Na_2SO_3 は，弱酸である亜硫酸 H_2SO_3 の塩なので，Na_2SO_3 に強酸の希硫酸を加えると，弱酸の遊離反応により H_2SO_3 が生じるが，水溶液中に生じた H_2SO_3 は分解して SO_2 を生じる。

6．(d) $NaOH$ と CO_2 の反応は

$$2NaOH + CO_2 \longrightarrow Na_2CO_3 + H_2O$$

であり，Na_2CO_3 の水溶液に CO_2 を通じると，$NaHCO_3$ の水溶液（水溶液A）になる。これらの反応は，ともに中和反応とみることができる。

(e) ZnO を塩酸に溶かすと，$ZnCl_2$ の水溶液（水溶液B）となる。

$$ZnO + 2HCl \longrightarrow ZnCl_2 + H_2O$$

この水溶液に少量のアンモニア水を加えると，$Zn(OH)_2$ の沈殿（白色沈殿C）が生じる。

$$Zn^{2+} + 2OH^- \longrightarrow Zn(OH)_2$$

さらにアンモニア水を過剰に加えると，$Zn(OH)_2$ が溶けて錯イオンのテトラアンミン亜鉛(Ⅱ)イオン $[Zn(NH_3)_4]^{2+}$ となり，無色の水溶液（水溶液D）になる。

7．Al_2O_3 を塩酸に溶かして得られた水溶液中には，Al^{3+} が存在する。これに少量のアンモニア水を加えると，$Al(OH)_3$ の沈殿（白色沈殿E）が生じる。

$$Al^{3+} + 3OH^- \longrightarrow Al(OH)_3$$

Ⅳ 解答

1．D：フタル酸　E：テレフタル酸　F：安息香酸
2―②・③
3．(ア)―③　(エ)―③
4．(イ)―②　(オ)―①
5．ナフタレン
6．A：(o-ジメチルベンゼン)　C：(エチルベンゼン)　I：(2,5-ジメチルアニリン)

≪分子量106.0の芳香族炭化水素の構造決定，合成樹脂≫

1．芳香族炭化水素は，$KMnO_4$ によって酸化されると，芳香族カルボン酸になるので，化合物D，E，Fはすべて芳香族カルボン酸である。
Dは加熱により分子量が18.0だけ減少したので，分子内で脱水反応が起こったと考えられる。よって，カルボキシ基が2つあり，それらがオルトの位置にある。さらに，脱水により生成した化合物Gがグリセリンと反応してアルキド樹脂となることから，化合物Gは無水フタル酸，化合物Dはフタル酸であると判断できる。

$$\underset{\text{フタル酸（化合物D）}}{\bigcirc\!\!\!\!-\!\!\begin{array}{c}C-OH\\\|\\O\end{array}\!\!\!-\!\!\begin{array}{c}C-OH\\\|\\O\end{array}} \xrightarrow{\text{加熱}} \underset{\text{無水フタル酸（化合物G）}}{\bigcirc\!\!\!\!-\!\!\begin{array}{c}C\\\|\\O\end{array}\!\!\!O\!\!\!\begin{array}{c}C\\\|\\O\end{array}} + H_2O$$

化合物Eは化合物Dと分子量が同じで，エチレングリコールと反応してPET（ポリエチレンテレフタラート）が得られることから，テレフタル酸であるとわかる。
化合物Fは化合物D，Eよりも分子量が44.0小さいことから，カルボキシ基を1つもつ芳香族カルボン酸であるとわかる。よって，安息香酸であると判断できる。

2．① 誤文。NaOH水溶液と中和反応をするが，CO_2 は発生しない。塩である安息香酸ナトリウムと水が生成する。

$$\bigcirc\!\!\!-\!\!\begin{array}{c}C-OH\\\|\\O\end{array} + NaOH \longrightarrow \bigcirc\!\!\!-\!\!\begin{array}{c}C-ONa\\\|\\O\end{array} + H_2O$$

② 正文。安息香酸は炭酸よりも強い酸であるから，$NaHCO_3$ と反応すると，弱酸の遊離反応により CO_2 を発生する。

$$\bigcirc\!\!\!-\!\!\begin{array}{c}C-OH\\\|\\O\end{array} + NaHCO_3 \longrightarrow \bigcirc\!\!\!-\!\!\begin{array}{c}C-ONa\\\|\\O\end{array} + H_2O + CO_2$$

③ 正文。安息香酸はカルボン酸なので，メタノールと反応すると，エステルである安息香酸メチルを生成する。

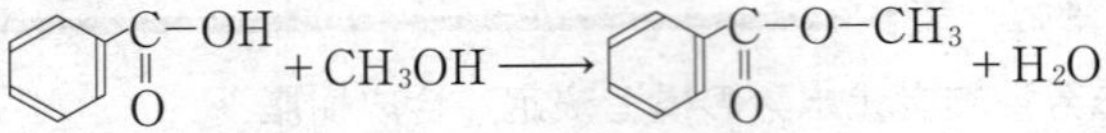

④　誤文。安息香酸はヒドロキシ基やアミノ基をもたないので，無水酢酸とは反応しない。

4．アルキド樹脂は三次元網目状構造の熱硬化性樹脂，PET は一次元鎖状構造の熱可塑性樹脂である。なお，生分解性樹脂は，微生物のはたらきによって低分子量の化合物に分解される樹脂であり，代表的なものにポリ乳酸がある。

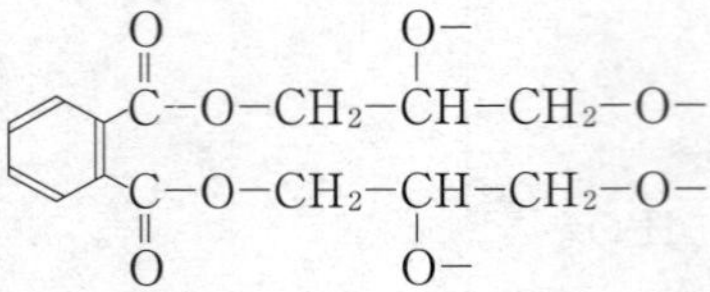

アルキド樹脂

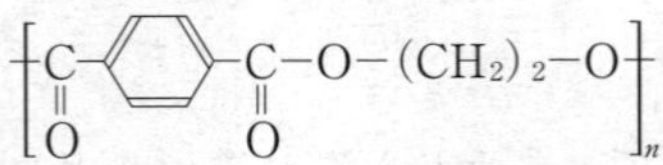

PET

5．V_2O_5 を触媒としてナフタレンを高温で酸化すると，無水フタル酸が得られる。

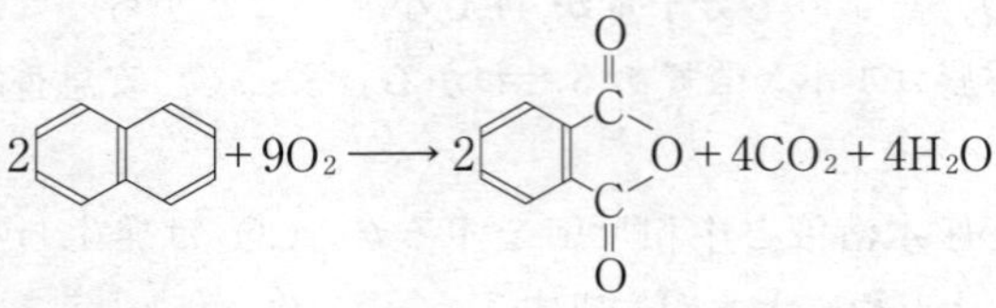

6．化合物Ａ，Ｂ，Ｃはいずれも分子量 106.0 の芳香族炭化水素であり，酸化によりそれぞれフタル酸，テレフタル酸，安息香酸が得られたことから，化合物Ａは *o*-キシレン，化合物Ｂは *p*-キシレン，化合物Ｃはエチルベンゼンであるとわかる。

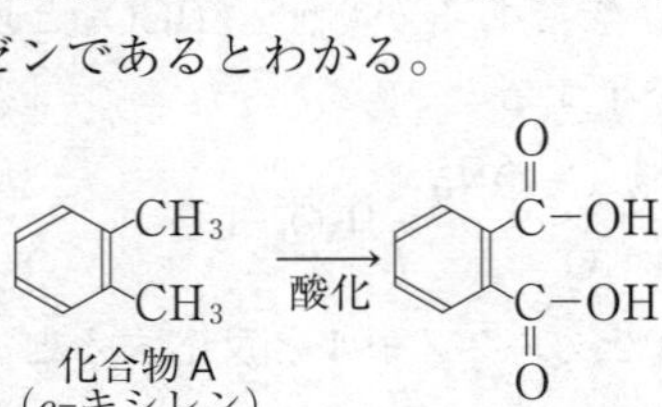

化合物Ａ
（*o*-キシレン）

化合物Ｄ
（フタル酸）

[化学反応式: 化合物B (p-キシレン) →(酸化) 化合物E (テレフタル酸)]

[化学反応式: 化合物C (エチルベンゼン) →(酸化) 化合物F (安息香酸)]

化合物B（p-キシレン）に濃硝酸と濃硫酸の混合物（混酸）を反応させるとニトロ化が起こり，化合物Hが得られる。化合物Hにスズと濃塩酸を作用させると，ニトロ基が還元されて $-NH_3Cl$ となる。これに NaOH 水溶液を加えると，弱塩基の遊離反応が起こって $-NH_3Cl$ がアミノ基 $-NH_2$ となり，化合物 I が得られる。化合物 I の分子量が 121.0 であることから，化合物 I はアミノ基を1つもつことがわかる。

[化学反応式: 化合物B + HNO_3 →(ニトロ化) 化合物H + H_2O]

[化学反応式: 化合物H →(Sn, 濃塩酸, 還元) → NaOH → 化合物I]

❖講　評

　試験時間は 75 分。大問数は 4 題で，I が無機・理論，II が理論，III が無機・理論，IV が有機の出題であった。とりわけ難しい問題はみられないが，細かい知識を問う問題や，計算に注意を要する問題があり，このあたりで差がついたと思われる。

　I　いろいろな合金に関する問題。さまざまな合金についての知識が問われているが，形状記憶合金や水素吸蔵合金については知らなかった受験生も多かったであろう。黄銅が使われている硬貨の金額を問う問題は目新しい。合金については，名称と主成分だけでなく，特徴や用途ま

で押さえておこう。4の計算問題は難しくないので，しっかり得点しておきたい。

Ⅱ　化学反応のしくみと反応速度，および化学平衡に関する問題。3は衝突の様子を図に描いてみると，衝突回数が濃度に比例することが予想できるが，確信をもって答えられなかったかもしれない。6は E_3-E_4 の値が HI の生成熱の2倍になることと，E_1-E_4 の値が H-I 結合エネルギーの2倍になることに注意が必要。反応熱の定義をしっかり押さえることが重要である。

Ⅲ　いろいろな酸化物の性質と反応に関する問題。語句，化学式および化学反応式を答える問題は，いずれも基本的な知識があれば答えられるものであり，できる限り失点は避けたい。4は立式は容易だが，計算がやや面倒なので，慎重に計算を進めたい。5は化学反応式が書ければ，その後の計算は難しくない。6の(d)は $NaHCO_3$ の加熱分解の逆反応だと考えれば書きやすい。

Ⅳ　分子量 106.0 の芳香族炭化水素の構造決定と合成樹脂に関する問題。化合物Eと化合物Gに関しては，それらが原料となる樹脂の名称がリード文に示されているので，化合物名はすぐにわかる。化合物Eと化合物Gがわかれば，残りの化合物も特に迷うことなく決定できたはずである。ただ，化合物 I がもつアミノ基の個数には注意が必要。合成樹脂に関する問題はいずれも基礎知識を問うものであり，落とせない。

生物

I **解答** 1. ア. 疎水性　イ. 親水性　ウ. 水（H_2O）
エ. ポリペプチド　オ. 活性部位　カ. 基質特異性

2. 1)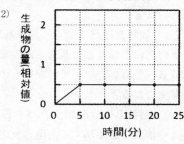

3) 溶液B単独では作用がなく，溶液Cと混ぜると作用が現れることから，酵素Eは活性をもつのに低分子の補酵素を必要とする。(60字以内)
4) 酵素のタンパク質が変性して失活したから。(20字以内)
5) ―(c)
6) ―(a), (c)

3. 1) リン酸化　2) アロステリック酵素
3) 解糖系の最終産物であるATPによって解糖系に負のフィードバック調節がはたらき，ATPの合成速度が適切に保たれるから。(60字以内)

◀解　説▶

≪タンパク質の構造と酵素≫

2. 1) 基質濃度が十分高い条件では，反応速度は酵素濃度に比例する。溶液Aを2倍に濃縮すると酵素濃度が2倍になるので，反応速度が2倍になり，グラフの傾きが2倍になる。基質濃度はもとと同じなので，最終的な生成物の量は図1と同じ1で，生成物量が一定になるまでの時間は図1の半分の5分になる。
2) 「初期の反応速度に変化はなかった」とあるので，反応速度はもとと同じで，グラフの傾きは変わらない。基質濃度を半分にするので，最終的な生成物の量は図1の半分の0.5になり，生成物の量が一定になるまでの時間も図1の半分の5分になる。

3) セロハンは分子量の大きいタンパク質は透過しないが，分子量の小さい補酵素などは透過する。よって，酵素のタンパク質部分を含む溶液B単独では酵素活性を示さないが，セロハンを透過する低分子の物質を含む溶液Cを混ぜると活性が回復することから，酵素Eは活性をもつためにタンパク質のほかに低分子の補酵素を必要とする酵素であると考えられる。

4) 高温によって酵素のタンパク質部分が変性し，酵素が失活したと考えられる。

5) 補酵素は熱に強く，煮沸処理によって性質は変化しないため，4)の混合液には補酵素と基質Sが含まれる。よって，酵素タンパク質を含む溶液B（煮沸処理をしていないもの）を添加した場合に酵素反応が起こると考えられる。

6) 溶液Bには酵素タンパク質が含まれているので，補酵素を含む溶液Aや溶液Cを添加すると酵素反応が起こると考えられる。

3．1) この反応のように化合物にリン酸を結合させる反応をリン酸化とよぶ。

2) この酵素のように，基質が結合する活性部位のほかに特定の物質が結合するアロステリック部位をもち，物質が結合すると酵素活性が変化する酵素をアロステリック酵素とよぶ。

3) この酵素による反応ではATPが分解されてADPが生じるが，解糖系全体ではグルコース1分子当たり差し引き2分子のATPが生成される。よって，ATPは解糖系の最終産物であり，この調節が解糖系における負のフィードバック調節になっていることに気づくとよい。細胞内のATP濃度が十分高いと，ATPによって酵素活性が抑制されて解糖系全体の反応速度が低下し，ATPの合成速度が低下する。ATP濃度が低下すると，ATPによる抑制が解除されて解糖系全体の反応速度が上がり，ATPの合成速度が上がる。このように，ATPによるフィードバック調節によって解糖系全体の進行が調節され，細胞内のATP濃度が適切に保たれることを説明する。

II 解答

1．ア．道（導）　イ．葉　ウ．硝酸還元酵素
エ．亜硝酸還元酵素（ウ，エは順不同）
オ．アミノ基転移酵素（アミノトランスフェラーゼ，トランスアミナー

ゼ)

2 ─(a), (b), (d), (e)

3．アンモニウムイオンを亜硝酸イオンに酸化し，亜硝酸イオンを硝酸イオンに酸化する過程で放出される化学エネルギーを利用して二酸化炭素を還元して有機物を合成する。

4．カ．増加（蓄積）　キ．減少（枯渇）　ク．要因2

5 ─(c), (h)

6．20.0g

7．マメ科植物は根粒に存在する根粒菌と共生しており，根粒菌に有機化合物を供給する一方，根粒菌が大気中の窒素を固定してつくったアンモニウムイオンの供給を受けているから。

8 ─(a), (c)

9．栄養塩類を取り込んで特定のプランクトンが異常増殖し，プランクトンが出す毒素や，その遺骸の分解に多量の酸素が消費されて水中が低酸素状態になることで魚の大量死が引き起こされる。

◀解　説▶

≪植物の窒素同化と窒素固定≫

1．ウ・エ．硝酸還元酵素によって硝酸イオンが亜硝酸イオンに還元され，亜硝酸還元酵素によって亜硝酸イオンがアンモニウムイオンに還元される。

2．(c)・(f)・(g)　誤り。(c)のピルビン酸（$C_3H_6O_3$）は有機酸，(f)のアミロースはデンプンを構成するグルコースが直鎖状に結合した炭水化物である。有機酸，炭水化物，脂肪の構成元素はC，H，OでNは含まない。

3．化学合成は無機物を酸化したときに放出されるエネルギーを利用して二酸化炭素を還元し，有機物を合成するはたらきである。指定された「酸化」・「還元」の語句の使い方がポイントになる。硝化菌のうち，亜硝酸菌はアンモニウムイオンを酸化して亜硝酸イオンに変え，硝酸菌は亜硝酸イオンを酸化して硝酸イオンに変え，どちらもそのとき放出される化学エネルギーを利用して，二酸化炭素をカルビン・ベンソン回路で還元して有機物を合成する。本問と7，9には「3行以内」という指示があるので，それぞれ75～90字程度でまとめるとよい。

4．カ・キ．グルタミン合成酵素が阻害されると，アンモニウムイオンとグルタミン酸からグルタミンをつくる反応が起こらなくなるので，その後

の一連の反応も停止して窒素同化が行われなくなる。そのため，有機窒素化合物は減少し，利用されなくなったアンモニウムイオンは増加する。

ク．グルタミンを根から吸収させると窒素同化を行えるようになるので，有機窒素化合物は増加するが，アンモニウムイオンは減少しない。そのため，それによって成長が回復したことから，有機窒素化合物の減少がグルホシネートによる枯死の主要因と推測される。

5．(a)・(b) 誤文。グルタミンは側鎖にもアミノ基をもつアミノ酸であり，1分子中に2つのアミノ基をもち，窒素原子を2つ含む。

(d) 誤文。側鎖に硫黄原子を含むアミノ酸はシステインとメチオニンの2つで，グルタミンは含まない。

(e) 誤文。グリシンは側鎖が水素原子で，最も分子量が小さいアミノ酸であり，グルタミンの分子量はそれより大きい。

(f)・(g) 誤文。AUG はメチオニンを指定する開始コドンである。UAG は指定するアミノ酸がない終止コドンである。

6．硝酸イオン（NO_3^-）の式量は，$14+16×3=62$。よって，根から吸収された硝酸イオン x〔g〕に含まれる窒素の質量は $x×\dfrac{14}{62}$〔g〕で，その 74.4％がタンパク質の合成に用いられる。また，合成されたタンパク質 21.0g の窒素含有率は 16.0％である。よって

$$x×\dfrac{14}{62}×\dfrac{74.4}{100}=21.0×\dfrac{16.0}{100}$$

$$x=21.0×\dfrac{16.0×62}{14×74.4}=20.0〔g〕$$

7．マメ科植物のゲンゲとその根粒に存在する根粒菌が，互いに利益を与えあう相利共生の関係にあることを説明する。マメ科植物は光合成を行うことができない根粒菌に有機化合物を与える一方，根粒菌が窒素固定によって大気中の窒素からつくったアンモニウムイオンを取り込むことで，窒素などの栄養分が少ないやせた土壌でも生育できる。

8．窒素固定ではたらくニトロゲナーゼは酸素の存在下で容易に失活する。そのため，窒素固定を行うヘテロシストでは，光合成の反応の中で酸素を発生させる光化学系 II が消失していることや，外部から酸素が入ってくるのを防ぐ構造をもつことが必要であると考えられる。

9．富栄養化が進むと，栄養塩類を取り込んで特定のプランクトンが異常増殖する。このプランクトンの異常発生によって起こる現象の1つが赤潮である。赤潮では，増殖したプランクトンが魚介類のえらに付着したり，毒素を出したりすることや，それらの遺骸の分解に多量の酸素が消費されて水中が低酸素状態になることから，水生生物の大量死が引き起こされることがある。

III 解答

1．ア．DNAヘリカーゼ　イ．サンガー（ジデオキシ）　ウ．DNAリガーゼ

2 —(a)

3 —(a), (d), (f)

4．1)—(b)　2)—(e)　3)—(e)

5．アガロースゲルは小さな網目構造を形成しており，長いDNAほどこの構造に引っかかりやすく，移動速度が遅くなるから。（60字以内）

6 —(b), (d), (f), (h)

7．4096

8．1) 5′-GAATTC-3′　2) 45

◀解　説▶

≪PCR法，電気泳動法，サンガー法≫

2．基質となるヌクレオチドは，塩基の部分で鋳型鎖と相補的に結合した後，糖から遠い2つのリン酸基（βとγ）が取れ，糖と結合したリン酸基（α）がDNA末端のデオキシリボースの3′の炭素に結合する。

3．(b)・(c) 誤文。酵母は真核生物なので，DNAには複製起点が複数か所ある。大腸菌は原核生物なので，DNAには複製起点が1か所しかない。

(e) 誤文。複製は複製起点から両方向に進み，一方ではリーディング鎖が合成され，もう一方ではラギング鎖が合成される。

4．2) PCR法では1サイクルごとに2倍ずつDNAが増幅する。よって，5サイクル後ではDNAは2^5倍に増幅し，$10 \times 2^5 = 320$分子になる。

3) DNAポリメラーゼの基質となるヌクレオチドなので，3つのリン酸基を含んだデオキシリボヌクレオシド三リン酸を用いる。

5．DNAは負に帯電しており，電圧を加えるとゲル中を陽極に向かって移動するが，アガロースゲルが形成している小さな網目構造に移動を妨げ

られるため,長いDNAほど移動速度が遅くなり,移動距離が短くなる。

6.(b)・(d)・(f)・(h) 誤り。デオキシリボースでは,2番目の炭素にヒドロキシ基が結合しておらず,3番目の炭素にヒドロキシ基が結合しているが,ジデオキシリボースでは,2番目の炭素にも3番目の炭素にもヒドロキシ基が結合しておらず,どちらにも水素原子が2個結合している点がデオキシリボースと異なる。

7.DNAの塩基は4種類なので,DNAの6塩基対の配列は $4^6=2^{12}=4096$ 通りある。よって,EcoRIの認識配列が出現する確率は4096分の1となり,平均的に4096塩基対に1回出現する計算になる。

8.1) 6塩基対の回文配列では,下図に示すように1番目と6番目,2番目と5番目,3番目と4番目の塩基がそれぞれ相補的な関係になる。

5′-①②③④⑤⑥-3′
3′-⑥⑤④③②①-5′

また,EcoRIによる切断で3つのDNA断片が生じたことから,図1の塩基配列にはEcoRIの認識配列が2か所含まれる。これらの条件に当てはまる6塩基の配列を図1で探すと,26番から31番にかけてと71番から76番にかけての2か所にGAATTCという配列が見つかる。

2) 認識配列中のどの位置で切断されるかわからないので,5′側のGとAの間で切断される場合と3′側のTとCの間で切断される場合を考えると,前者では1~26,27~71,72~100の3つのDNA断片(ヌクレオチド数は26,45,29)が生じ,後者では1~30,31~75,76~100の3つのDNA断片(ヌクレオチド数は30,45,25)が生じ,どちらでもヌクレオチド数45のDNA断片が一番長いことがわかる。

IV 解答

1.ア.鞭毛 イ.ミトコンドリア ウ.先体 エ.卵黄膜

2.1)精子の数:4 卵の数:1 2)極体

3.「早いしくみ」:海水中のナトリウムイオンが卵細胞内に流入し,卵の細胞膜の膜電位が変化する。(40字以内)
「遅いしくみ」:表層反応によって卵黄膜が細胞膜から分離し,卵黄膜から受精膜が形成される。(40字以内)

4.1)キアズマ 2)―(c), (f)

5．1）9：3：3：1　2）3：0：0：1　3）18.0％

◀解　説▶

≪ウニの受精，減数分裂による遺伝的多様性≫

2．一次精母細胞は減数分裂によって二次精母細胞を経て4個の精細胞になり，精細胞が変形して精子になる。よって，1個の一次精母細胞からは4個の精子が形成される。一次卵母細胞の減数分裂では細胞質の不均等な分裂が起こるため，1個の一次卵母細胞からは1個の卵しかできず，残りは細胞質が非常に少ない極体になる。

3．多精拒否には，①卵の膜電位の変化と②受精膜の形成の2つのしくみがある。①では，精子が卵の細胞膜に結合した直後に，ナトリウムチャネルが開いてナトリウムイオンが卵内に流入し，卵の膜電位が変化する。これが受精直後から1分程度持続する「早いしくみ」である。②では，表層反応によって細胞膜と卵黄膜の間に表層粒の内容物が放出され，卵黄膜が細胞膜から分離して受精膜が形成される。この受精膜の形成には1分程度要するため，これが「遅いしくみ」である。

4．1）　二価染色体の相同染色体の間で交さが起こっている部位をキアズマといい，この部位で染色体の乗換えが起こる。

2）　(a)・(b)・(d)・(e) 誤り。スプライシングは転写後にイントロンが除かれる過程，環境変異は環境の影響で生じる遺伝しない変異，染色体の対合は相同染色体どうしが二価染色体を形成すること，核相交代は生活環で核相が $2n$ の時期と n の時期が交互に現れることを指す用語で，いずれも染色体の構造の変化とは無関係である。

5．1）　2つの遺伝子が独立しているとき，F1 の配偶子の遺伝子型は BV，Bv，bV，bv の4種類が1：1：1：1の割合で生じる。よって，F1 どうしを交配して得られる F2 の遺伝子型は下表内の上段のようになり，遺伝子 B が b に対し，V が v に対しそれぞれ優性なので，F2 の表現型は下表内の下段に示すようになる。表中の［BV］は灰色・正常翅，［Bv］は灰色・痕跡翅，［bV］は黒色・正常翅，［bv］は黒色・痕跡翅をそれぞれ表す。

	BV	Bv	bV	bv
BV	BBVV [BV]	BBVv [BV]	BbVV [BV]	BbVv [BV]
Bv	BBVv [BV]	BBvv [Bv]	BbVv [BV]	Bbvv [Bv]
bV	BbVV [BV]	BbVv [BV]	bbVV [bV]	bbVv [bV]
bv	BbVv [BV]	Bbvv [Bv]	bbVv [bV]	bbvv [bv]

よって，F2の表現型の比率は，灰色・正常翅：黒色・正常翅：灰色・痕跡翅：黒色・痕跡翅＝9：3：3：1となる。

2) F1では遺伝子BとV，bとvがそれぞれ連鎖しているので，組換えが起こらない場合，F1の配偶子の遺伝子型はBVとbvの2種類だけが1：1の割合で生じる。よって，F1どうしを交配して得られるF2の遺伝子型と表現型は下表のようになる。

	BV	bv
BV	BBVV [BV]	BbVv [BV]
bv	BbVv [BV]	bbvv [bv]

よって，F2の表現型の比率は，灰色・正常翅：黒色・正常翅：灰色・痕跡翅：黒色・痕跡翅＝3：0：0：1となる。

3) 得られた子の表現型を[BV]，[Bv]，[bV]，[bv]の記号で表すと，[BV]：[Bv]：[bV]：[bv]＝413：88：96：425となる。また，劣性ホモ接合体の黒色・痕跡翅（bbvv）との交雑は検定交雑となり，得られた子の表現型の比率はF1の配偶子の遺伝子型の比率に相当する。よって，F1の配偶子の遺伝子型の比率もBV：Bv：bV：bv＝413：88：96：425となり，BvとbVが組換えを起こした配偶子なので，組換え価は次式のように求められる。

$$\frac{88+96}{413+88+96+425} \times 100 = \frac{184}{1022} \times 100 = 18.00\cdots ≒ 18.0 〔\%〕$$

❖講　評

　大問数は例年と同じ4題。Ⅰでグラフの描図問題が出題された。論述問題はすべての大問で出題され，60字以下の字数制限のあるものと行数制限のあるものがあった。空所補充などの用語問題，正文や誤文を選ぶ問題，計算問題，論述問題など出題形式は幅広く，実験考察や思考力を試す問題も各大問に出題された。定番的な問題を中心に標準レベルの問題が幅広く出題されており，それらに的確に答えることができる総合力が試される問題である。全体的な難易度は2022年度と同程度で，標準レベルである。

　Ⅰ　タンパク質の構造と酵素に関する標準的な問題。2で酵素濃度や基質濃度を変えた場合の生成物量と時間の関係を示すグラフの描図問題と，補酵素の透析実験に関する論述問題，考察問題が出題された。3では解糖系のアロステリック酵素に関する問題が出題され，3）のATPによるフィードバック調節に関する論述問題は思考力を要する問題であった。

　Ⅱ　窒素同化と窒素固定に関する標準的な問題。窒素同化に関わる酵素やアミノ酸に関するやや詳しい知識が求められた。論述問題は硝化菌の化学合成，マメ科植物と根粒菌の共生，赤潮に関する3問が出題され，定番的なテーマに対する正確な理解が試された。グルタミン合成酵素の阻害に関する4の考察は考えやすい。6の計算問題は標準レベルである。シアノバクテリアの窒素固定に関する8の考察は思考力が試される問題であった。総合的な力が試される大問である。

　Ⅲ　遺伝情報とバイオテクノロジーに関する総合的な問題。ヌクレオチドの構造とDNAの複製に関する正確な知識と理解が求められた。4の2）でPCR法でのDNAの増幅，7で制限酵素の認識配列の出現確率に関する定番的な計算問題が出題された。電気泳動法に関する5の論述は正確な理解が試される。DNAの塩基配列から制限酵素の認識配列を見つける8の考察は論理的な思考力が求められ，やや難しい問題である。

　Ⅳ　動物の配偶子形成と受精，減数分裂による遺伝的多様性に関する問題。多精拒否に関する3の論述は正確な知識・理解が求められる。ショウジョウバエの交配実験から分離比や組換え価を求める5は典型的な遺伝の計算問題であるが，解き慣れていないと難しく感じられ，出来に差がつきやすい問題である。

■2月14日実施分
情報科学部A方式Ⅱ日程（コンピュータ科学科）
デザイン工学部A方式Ⅱ日程（建築学科）
理工学部A方式Ⅱ日程（電気電子工・経営システム工・創生科学科）
生命科学部A方式Ⅱ日程（環境応用化・応用植物科学科）

問題編

▶試験科目・配点

学部	教科	科目等	配点
情報科	外国語	コミュニケーション英語Ⅰ・Ⅱ・Ⅲ，英語表現Ⅰ・Ⅱ	150点
	数学	数学Ⅰ・Ⅱ・Ⅲ・A・B	150点
	理科	物理基礎・物理	100点
デザイン工・理工	外国語	コミュニケーション英語Ⅰ・Ⅱ・Ⅲ，英語表現Ⅰ・Ⅱ	150点
	数学	数学Ⅰ・Ⅱ・Ⅲ・A・B	150点
	理科	「物理基礎・物理」，「化学基礎・化学」から1科目選択	150点
生命科	外国語	コミュニケーション英語Ⅰ・Ⅱ・Ⅲ，英語表現Ⅰ・Ⅱ	150点
	数学	環境応用化学科：数学Ⅰ・Ⅱ・Ⅲ・A・B 応用植物科学科：数学Ⅰ・Ⅱ・A・B	150点
	理科	「物理基礎・物理」，「化学基礎・化学」，「生物基礎・生物」から1科目選択	150点

▶備考
- 「数学B」は「数列」「ベクトル」を出題範囲とする。
- 「物理」は「様々な運動」「波」「電気と磁気」を出題範囲とする。

英語

(90分)

〔I〕

問1　(1)～(3)において，最も強いアクセントのある位置が他の三つと異なる語をそれぞれイ～ニから一つ選び，その記号を解答用紙にマークせよ。

(1)　イ　Au-gust　　　　　　ロ　ro-bot
　　ハ　mod-el　　　　　　ニ　suc-cess
(2)　イ　cor-res-pond　　　ロ　al-pha-bet
　　ハ　straw-ber-ry　　　ニ　op-er-ate
(3)　イ　de-mo-cra-cy　　　ロ　en-vi-ron-ment
　　ハ　ma-nip-u-late　　　ニ　vol-un-ta-ry

問2　(1)～(3)において，下線部の発音が他の三つと異なる語をそれぞれイ～ニから一つ選び，その記号を解答用紙にマークせよ。

(1)　イ　ch<u>o</u>se　　　　　ロ　fr<u>o</u>ze
　　ハ　l<u>o</u>ser　　　　　ニ　cl<u>o</u>thes
(2)　イ　pen<u>si</u>on　　　　ロ　deci<u>si</u>on
　　ハ　occa<u>si</u>on　　　　ニ　colli<u>si</u>on
(3)　イ　n<u>eigh</u>bor　　　ロ　h<u>eigh</u>t
　　ハ　<u>eigh</u>ty　　　　ニ　w<u>eigh</u>tless

問3　(1)～(6)において，空欄に入る最も適切なものをそれぞれイ～ニから一つ選び，その記号を解答用紙にマークせよ。

(1) A: Bye! I'm off!
　　B: If I were you, I'd take an umbrella ☐ it rains later.
　　イ　in case　　ロ　if　　ハ　because　　ニ　despite

(2) We found a house ☐ windows had all been smashed.
　　イ　in that　　ロ　who's　　ハ　that's　　ニ　whose

(3) When I asked her about the accident, she said she didn't remember ☐ anything.
　　イ　to have seen　　　　　ロ　to see
　　ハ　seeing　　　　　　　　ニ　being seen

(4) Mother: Ken, it's a quarter past nine! You're going to be late for your class!
　　Ken: Don't worry, the nine o'clock class is canceled, and there's a 10-minute break before the second one.
　　Mother: What time does that start?
　　Ken: At ten to eleven. It takes me an hour and 10 minutes, door-to-door, so if I leave in five minutes, I should get there with ☐ minutes to spare.
　　イ　10　　ロ　15　　ハ　20　　ニ　25

(5) Sue: Mari, tomorrow's not a national holiday, is it?
　　Mari: No, Culture Day is on Monday.
　　Sue: Monday, right? ☐ Mika must have got confused. She said it was tomorrow.
　　Mari: If that's what she told you, she's wrong.
　　イ　That's what I thought.　　　ロ　Now I'm not so sure.
　　ハ　I thought it was tomorrow.　ニ　You've got to be joking!

(6) Andy: Gosh, it's mom's birthday tomorrow and I still haven't got her anything.
Keita: Well, buy her a book. She loves reading.
Andy: ☐
Keita: OK, so get her a different one. I'm sure she'll love it anyway.

イ If I get her a spa ticket she can use it whenever she wants.
ロ Yes, but I bought a book for her last year.
ハ A book? Hmm, she might like the new one by Murakami.
ニ Well, she used to read a lot, but she hasn't read much recently.

問4 (1)〜(3)において，それぞれ下の語(句)イ〜ホを並べ替えて空所を補い，最も適切な文を完成させよ。解答は2番目と4番目に入る語(句)を選び，その記号を解答用紙にそれぞれマークせよ。なお，文頭の大文字・小文字は問わない。

(1) The engineers have invented ☐ 2 ☐ 4 ☐ to the development of agriculture.

イ a new machine   ロ a contribution   ハ which
ニ make   ホ will

(2) ☐ 2 ☐ 4 ☐ , I made an appointment with Professor Suzuki and got some advice.

イ how to   ロ knowing   ハ prepare for
ニ not   ホ the next math exam

(3) ☐ 2 ☐ 4 ☐ , we can do a lot of things without leaving our house.

イ become widely used   ロ has

ハ　information technology　　　ニ　now

ホ　that

〔Ⅱ〕　つぎの設問に答えよ。

問１　人工知能に関するつぎの英文を読み，空欄Ａ〜Ｅに入る最も適切な語をそれぞれイ〜チから一つ選び，その記号を解答用紙にマークせよ。ただし，同じ選択肢を二度使用してはならない。

　　　　Artificial intelligence is a branch of science which consists of making machines think like humans. These machines, or computers, can A large amounts of information and process them accurately at an amazing speed. What they B is an ability to learn and make "intelligent decisions." What do we need to make an intelligent machine? A memory or a space where information about experiences can be stored, a method of applying these experiences to new ones, and a method of comparing experiences in order to C to logical conclusions. That would be an intelligent machine. Take your iron, for example. The electric iron understands that its temperature is beyond what is required and automatically switches itself off. We could say that the electric iron is intelligent, as it can D to a particular state (the iron being hot), make a decision based on that state, and switch itself off. However, since the iron has not learned this through experience, it is not a truly intelligent machine. Scientists are creating new software programs which try to E the process of human learning in a computer, in an attempt to make them "think." These programs try to copy the functioning of the brain.

　　出典：Dasgupta, Ajay. "What Is Artificial Intelligence?" Pitara.com, https://www.pitara.com/science-for-kids/5ws-and-h/what-is-artificial-intelligence/. （一部改変）

| イ break | ロ recreate | ハ praise | ニ react |
| ホ come | ヘ conclude | ト store | チ lack |

問2 つぎのボートの作図手順を読み，空欄A～Eに入る最も適切な語をそれぞれイ～チから一つ選び，その記号を解答用紙にマークせよ。ただし，同じ選択肢を二度使用してはならない。

1   First, draw one straight [A] line.

2   Now draw a straight [B] line at the bottom of the drawing.

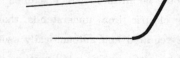

3   Connect the two ends of the previously drawn lines with a [C] line.

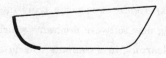

4   Connect the second two ends of the previously drawn straight lines, using a rounded line.

5   In the middle of the boat, draw a straight line parallel to the line of the [D] outline of the boat.

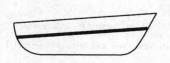

6

Draw two straight E parallel lines and connect their upper ends with a short line.

7

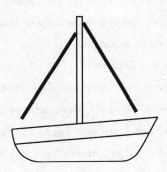

On the right and left sides of the previously drawn mast, draw two straight lines.

8

Connect the lower ends of the two previously drawn lines to the mast with straight lines.

出典："How to Draw a Boat." HOWTODRAWFORKIDS.COM, https://howtodrawforkids.com/how-to-draw-a-boat/. （一部改変）

| イ vertical | ロ spiky | ハ upper | ニ lower |
| ホ slanted | ヘ curved | ト horizontal | チ rectangular |

〔Ⅲ〕 恐竜に関する Steve Brusatte 氏のインタビュー記事を読み，設問に答えよ。

INT: Interviewer / SB: Steve Brusatte

INT: Hi Steve! Thanks for answering our questions. What do you think are the most important dinosaur discoveries of the century?

SB: I think the most important dinosaurs that were found over the past two decades are all the feathered dinosaurs from China. Feathers are the primary evidence that birds evolved from dinosaurs—we now have tens of thousands of fossils of real dinosaurs covered in feathers. That's a pretty new way of looking at dinosaurs!

INT: How can you say that dinosaurs had feathers?

SB: By finding the feathers themselves! It's incredible if you think about it, because feathers are not easy to preserve. Normally we only get fossils of bones and shells—things that are very hard. It's very rare to get preserved muscles, skin, organs, or feathers, because those soft parts decay very quickly after an organism dies. In order for those to be preserved, you need a perfect setting—they need to be buried very quickly so that they don't decay.

INT: Wow! Do you know the reason why dinosaurs died out and became extinct? We've heard different theories.

SB: That's the big question! It's a question that people have been debating since the first dinosaurs were found. We do know for a fact that 66 million years ago a big asteroid or comet hit the Earth. We think it was 6 miles wide and hit Mexico. That certainly had something to do with the dinosaurs being wiped out. However, back then, many big volcanoes were active and temperature changes were happening all the time, which may also have contributed to their dying out.

INT: Do you have any favorite dinosaur facts?

SB: Well, did you know that the *T. rex*[*1] is more closely related to a sparrow than it is to the *Triceratops*[*2]? The other thing that is pretty cool is that the *T. rex* lived 66 million years ago while the *Stegosaurus*[*3] lived 150 million years ago. So, *T. rex* lived closer in time to us than to the *Stegosaurus*—astonishing, isn't it?

INT: We didn't know that! We've read recently about scientists working to produce a living copy of an extinct frog. Do you think we'll ever be able to <u>do the same for dinosaurs</u>?
　　　　　　　　　　　　　　　　　　　(a)

SB: I don't think <u>that</u> would be a good thing—we don't want a *T. rex*
　　　　　　　(b)
charging around! Dinosaurs have been dead for over tens of millions of years—their world has gone, along with the ecosystems they inhabited, and the plants and animals they ate. Also, dinosaurs died so long ago that their DNA has decayed. We can find little bits and pieces of it, but you need a whole genome[*4] to clone something.

INT: How many dinosaur species do you think are yet to be discovered?

SB: Approximately twelve hundred different species of dinosaurs have been found to date. <u>There are probably at least that many still to be</u>
　　　　　　　　　　　　　　　　　　　　　　　(c)
<u>discovered</u>. At this point in time, somebody somewhere around the world finds a new species of dinosaur about once every week, which is incredible.

INT: Thank you for giving us this opportunity to do this interview, Steve!

[*1] *T. rex* (*Tyrannosaurus rex*): ティラノサウルス（恐竜の一種）

[*2] *Triceratops*: トリケラトプス（恐竜の一種）

[*3] *Stegosaurus*: ステゴサウルス（恐竜の一種）

[*4] genome: ゲノム（遺伝情報）

出典："Dinosaur Interview with Steve Brusatte!" *National Geographic Kids*, https://www.natgeokids.com/.（一部改変）

問1　Why is it so important to know that dinosaurs had feathers?

　　イ　It tells us about their appearance.

　　ロ　It tells us how they lived through cold winter.

　　ハ　It tells us how they protected themselves from predators.

　　ニ　It tells us about their connection with today's animals.

問2　Which of the following fossilized body parts can be found most often?

　　イ　lungs　　　ロ　skin　　　ハ　teeth　　　ニ　heart

問3　What does the interviewer mean by the underlined expression do the same for dinosaurs (a)?

　　イ　recreate dinosaurs　　　　ロ　identify dinosaurs

　　ハ　coexist with dinosaurs　　ニ　research dinosaurs

問4　Choose the sentence in which the word ***that*** is used in the same way as in the underlined that (b).

　　イ　No one noticed the fact **that** all the doors were locked.

　　ロ　Bill doesn't know about the problem **that** happened yesterday.

　　ハ　I heard **that** from John a few days ago.

　　ニ　He knows **that** the train leaves at 7 a.m.

問5　What does Steve Brusatte mean by the underlined part There are probably at least that many still to be discovered (c)?

　　イ　We cannot discover any more species of dinosaurs.

　　ロ　1,200 or more species of dinosaurs will be discovered.

　　ハ　There are a few undiscovered species of dinosaurs.

　　ニ　Less than 1,200 species of dinosaurs will be discovered.

問6　Within the scope of the text, mark each of the following statements **T** if it is true, and **F** otherwise.

(1) The *Stegosaurus* lived 84 million years earlier than the *T. rex* did.

(2) Steve Brusatte thinks that dinosaurs' extinction was caused by only one factor.

(3) No one has ever found any dinosaurs' DNA.

問7　What is the purpose of this interview?

　イ　to show how fascinating dinosaur studies are

　ロ　to consider the issue of whether dinosaurs and humans coexisted

　ハ　to show that dinosaurs' descendants are still alive

　ニ　to consider how dinosaur studies are helpful in ordinary life

〔Ⅳ〕　人が犯しがちな間違いに関するつぎの英文を読み，設問に答えよ。なお文章には ①〜⑦ の段落番号が付与してある。

①

I have studied people making errors—sometimes serious ones—with mechanical devices, light switches and fuses, computer operating systems and word processors, even airplanes and nuclear power plants. Invariably people feel guilty and either try to hide the error or blame themselves for "stupidity" or "lack of skill." I often have difficulty getting permission to watch: nobody likes to be observed performing badly. I point out that the design is poor and that others make the same errors. Still, if the task appears simple or routine, then people blame themselves. It is as if they take a strange pride in thinking of themselves as mechanically incompetent.

②

Of course, people do make errors. Complex devices will always require some instruction, and someone using them without instruction should expect to make errors and to be confused. But designers should take special care to make errors as cost-free as possible. Here is my belief about errors. If an error is possible, someone will make it. The designer must assume that all possible errors will occur, and design so as to minimize the chance of any error in the first place, or its effects once it gets made. Errors should be easy to detect, they should have minimal consequences, and, if possible, their effects should be reversible.

3

Our lives are filled with misunderstandings. This should not be surprising: we must frequently deal with unfamiliar situations. Psychologists love errors and misunderstandings, for these give important clues(3) about the organization and operation of our minds. Many everyday misunderstandings are classified as "naive" or "folk" understandings(b). And not just ordinary people hold these misunderstandings. Aristotle developed an entire theory of physics that physicists find old-fashioned and amusing. Yet Aristotle's theories correspond much better to common-sense, everyday observations than do the highly refined and abstract theories we are taught in school. Aristotle developed what we might call naive physics. It is only when you study the complex world of physics that you learn what is "correct" and are able to understand why the "naive" view is wrong.

4

For example, Aristotle thought that moving objects kept moving only if something kept pushing them. Today's physicists say this is nonsense. A moving object continues to move unless some force is applied to stop it. This is Newton's first law of motion, and it contributed to the development of modern physics. Yet anyone who has ever pushed a heavy box along a street or, for that matter, walked for miles into the desert, knows that Aristotle was right: if you don't keep on pushing, the movement stops. Of course, Newton and his successors assume the absence of friction[*1] and air. Aristotle lived in a world where there was always friction and air resistance.

Once friction is involved, then objects in motion tend to stop unless you keep pushing. Aristotle's theory may be bad physics, but it describes reasonably well what we can see in the real world. Think about how you might answer the following questions.

5

Imagine someone running across a field carrying a ball. As you watch, the runner drops the ball. Which path does the ball take as it falls to the ground, path A, B, or C in Figure 1? When this question was asked of sixth-grade students in Boston schools, only 3 percent answered A, the right answer. The others were evenly divided between B and C. Even high school students did not do well. Of forty-one students who had just studied Newtonian mechanics for a month and a half, only 20 percent got the right answer. The others were almost equally divided between B and C.

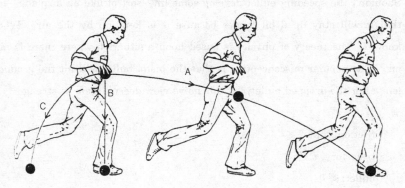

Figure 1

6

In the case of the falling ball, our prediction is that the ball will drop straight down. In fact, the falling ball follows trajectory*² A. As it is carried by the runner, it is set into horizontal motion. It then maintains the same forward speed upon being released, even as it also falls to the ground. Simple-minded physics—and simple-minded views of psychology

and other fields—are often sensible, even if wrong. But at times they can
                           (4)
get us into trouble. Yet we must have a way to deal with what is the
unfamiliar, for people are explanatory creatures.

7

Standing in a flat field, I take a pistol and, carefully aiming it on a level, horizontal line, I fire a bullet*³. With my other hand, I hold another bullet so that the bullet in the pistol and the one in my hand are exactly the same distance from the ground. I drop the bullet at the same instant as I fire the pistol. Which bullet hits the ground first? Physicists say the answer to the bullet problem is trivial. Both bullets hit the ground at the same time. The
       (d)
fact that one bullet is traveling horizontally very rapidly has absolutely no effect on how fast it falls downward. Why should we accept that answer? Shouldn't the speeding bullet develop some lift—sort of like an airplane—so that it will stay up a bit longer because it is kept up by the air? Who knows? The theory of physics is based upon a situation where there is no air. The popular misconception is that the pistol bullet will hit the ground long after the dropped bullet; yet this naive view doesn't seem so strange.

*¹ friction: 摩擦
*² trajectory: 軌跡
*³ bullet: 弾丸

出典：Norman, Don. *The Design of Everyday Things.* New York, Basic Books, 2002.
　　　（一部改変）

問1　下線部(1)～(4)の語と最も近い意味の語句をイ～ニから一つ選び，その記号を解答用紙にマークせよ。

　(1)　poor

　　　イ　unsatisfactory　　　　　　ロ　plain

ハ　low-cost　　　　　　　　　　ニ　unfunded
　(2)　incompetent
　　　イ　uncomfortable　　　　　　　　ロ　incomplete
　　　ハ　unwilling　　　　　　　　　　ニ　incapable
　(3)　clues
　　　イ　aims　　　　　　　　　　　　ロ　hints
　　　ハ　purposes　　　　　　　　　　 ニ　targets
　(4)　sensible
　　　イ　partially sensitive　　　　　 ロ　seemingly rational
　　　ハ　remarkably correct　　　　　　ニ　easily sensed

問2　下線部(a)の理由として，最も適切なものをイ～ニから一つ選び，その記号を解答用紙にマークせよ。
　　イ　Complex devices always require some instruction.
　　ロ　The design is poor.
　　ハ　It is embarrassing if others see you making mistakes.
　　ニ　Designers should take special care not to make errors.

問3　下線部(b)は何を表しているか。最も適切なものをイ～ニから一つ選び，その記号を解答用紙にマークせよ。
　　イ　先進的な事象の捉え方　　　　ロ　地域に特徴的な考え方
　　ハ　鋭い考え方　　　　　　　　　ニ　大衆的な捉え方

問4　下線部(c)に関して，物理学を学んだ高校生の回答の分布として最も適切なものをイ～ニから一つ選び，その記号を解答用紙にマークせよ。

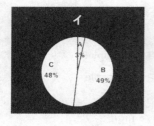
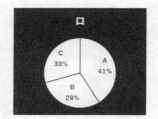
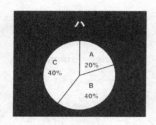
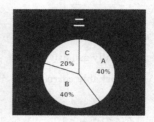

問5　下線部(d)に関して，現代物理学を理解している人は，弾丸の軌跡に関してどのように考えるか。最も適切なものをイ〜ニから一つ選び，その記号を解答用紙にマークせよ。

　イ　The horizontally fired bullet stays up a bit longer because it is kept up by the air.
　ロ　Firing the pistol horizontally has no effect on how fast the fired bullet falls vertically.
　ハ　The pistol bullet will hit the ground long after the vertically dropped bullet.
　ニ　The pistol adds downward speed to the horizontally fired bullet.

問6　以下の文章は段落 4 を要約したものである。空欄に入る最も適切な語(句)をイ〜ニからそれぞれ一つ選び，その記号を解答用紙にマークせよ。

When something is moving, it eventually comes to a stop. According to "modern" science, we know that a moving thing stops because of the (　1　). However, Aristotle concluded that an object stopped because something did not (　2　) it. The author of the passage states that what Aristotle argued was close to what we experience every day, and calls this (3).

(1) イ friction
　　 ロ mistake
　　 ハ belief
　　 ニ physicist
(2) イ start blocking
　　 ロ keep pushing
　　 ハ pull down on
　　 ニ continue supporting
(3) イ Newton's first law of motion
　　 ロ refined and abstract theories
　　 ハ modern physics
　　 ニ naive science

問7　本文中で著者が主張していない事柄はどれか。最も適切なものをイ〜ニから一つ選び，その記号を解答用紙にマークせよ。

　イ　人間は過ちを犯すのだから，装置などの設計はそのことを前提に行うべきである。

　ロ　アリストテレスの主張は間違っており，現代人に受け入れられることはない。

　ハ　ニュートンの物理学第一法則によると，動いているものは動き続ける。

　ニ　現代物理学を学んでも，それを正しく理解する人は必ずしも多くない。

[V] 図表に関するつぎの英文を読み，設問に答えよ。

Cognitive psychologists who have written about how we read figures point out that our prior knowledge and expectations play an essential role. (1)They suggest that our brains store ideal "mental models" to which we compare the graphics we see.

Mental models save us a lot of time and effort. Imagine that your mental model of a line graph is this: "Time (days, months, years) is plotted on the horizontal axis, the amount is plotted on the vertical axis, and the data is represented by a line." If that's your mental model, you'll be able to quickly decode something like Figure 1 without paying much attention to its axis labels or title.

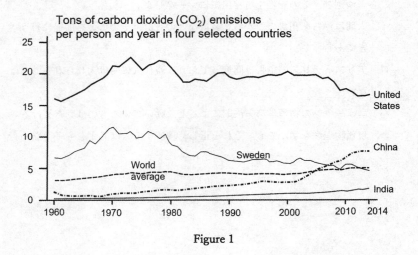

Figure 1

However, mental models can deceive us. If the only mental model you have for a line is "time on the horizontal axis, magnitude on the vertical axis," you'll likely be confused by Figure 2.

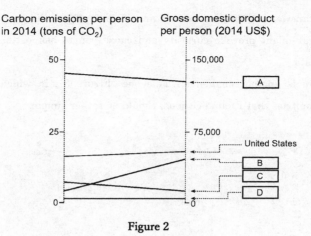

Figure 2

This is called a "parallel coordinates plot." It's also a figure that uses lines, but it doesn't have time on the horizontal axis. Read the axis labels and you'll see that there are two separate variables: carbon emission per person, or in other words, how much carbon dioxide each person releases; and gross domestic product, or GDP, per capita in U.S. dollars. The methods of encoding here, as in all figures that use lines to represent data, are position and slope: the higher up a country is on either scale, the bigger its carbon emissions or the wealth of its people.

"Parallel coordinates plots" were invented to compare different variables and see relationships between them. Focus on each country and on whether its line goes up or down. The lines of Qatar, the United States, and India are nearly flat, indicating that their position on one axis corresponds to the position on the other axis (for example, high emissions are associated with high wealth).

Now focus on Sweden: people in Sweden pollute relatively little, but their average per capita GDP is almost as high as that of U.S. citizens. Next, compare China and India: their GDPs per capita are much closer than their CO_2 emissions per person. Why? I don't know. A figure can't always answer a question, but it's an efficient way to discover intriguing facts that might provoke curiosity and cause you to ask better questions about data.

Here is another challenge. This one (Figure 3), in which I labeled some countries that I found curious, should be rather simple:

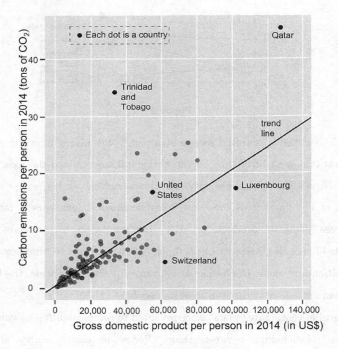

Figure 3

You can see that, with just some exceptions, the wealthier people in these countries are, the more they pollute. But what if I show you another scatter plot (Figure 4), which looks like a line graph?

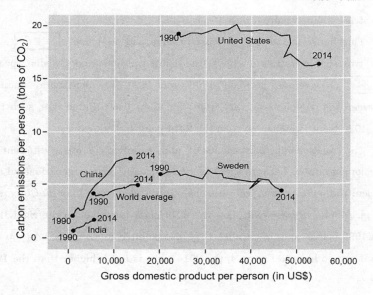

Figure 4

Think about it this way:

- Each line is a country. There are four country lines, plus a line for the world average.
- The lines are made by connecting dots, each corresponding to a year. I've highlighted and labeled only the first dot and the last dot on each line, corresponding to 1990 and 2014.
- The position of each dot on the horizontal axis is relative to the GDP of the people in that country in that year.
- The position of each dot on the vertical axis is relative to the amount of carbon emissions each person in those countries generated, on average, in that year.

The lines on this figure are like paths: they move forward or backward depending on whether, on average, people became richer or poorer, year by year, and they move up or down depending on whether people in those countries polluted more or less.

This figure shows that at least in advanced economies, 2 . In the two rich countries I chose, the United States and Sweden, people 3 on average between 1990 and 2014—the horizontal distance between the two points is very wide—but they also polluted less, such that the 1990 point is higher up than the 2014 point in both cases.

The relationship between GDP and pollution is often different in developing nations because these countries usually have large industrial and agricultural sectors that pollute more. In the two cases I chose, China and India, people became wealthier—the 2014 point is farther to the right than the 1990 point—and, in parallel, they also polluted much more. As you can see if you go back to Figure 4, the 2014 point is much higher than the 1990 one.

As we have seen with the above four examples, figures are seldom intuitive or self-explanatory, as many people believe. Figures are based on a grammar and a vocabulary made of symbols (lines, circles, bars), visual encodings (length, position, area, color, and so on), and text (the annotation layer). If you just glance at them, you won't understand them—although you may believe you do. Figures that display rich and worthwhile information will often demand some work from you, and well-designed figures aren't just informative but also graceful and sometimes even playful and surprising.

出典：Cairo, Alberto. *How Charts Lie: Getting Smarter about Visual Information*. New York, W. W. Norton & Company, 2019. （一部改変）

問1　What does the underlined sentence (1) mean?

　　イ　In order to read a figure, we have to look very closely at the numbers in a figure.

ロ　It is difficult to read figures in an unbiased way.

ハ　Our brains cannot handle much information, so we often get confused when we see a new figure.

ニ　Our brains can store a lot of information, so every time we see a new figure, we learn something new.

問2　Choose the sentence that matches what we can read from Figure 1.

イ　On average, each person in United States in 2014 polluted the least in the past 54 years.

ロ　On average, each person in Sweden in 1960 polluted about twice as much as each person in India in the same year.

ハ　On average, in 2000, each Chinese person polluted less than each Swede.

ニ　People in the world, on average, have created three times more pollution in the past 50 years.

問3　Fill in each of the blanks　A　through　D　in Figure 2 with the item that most closely matches the explanation in the passage.

イ　China　　ロ　India　　ハ　Qatar　　ニ　Sweden

問4　Choose the sentence that matches what we can read from Figure 3.

イ　With some exceptions, if a country makes a lot of money, on average, people in that country are more likely to produce CO_2.

ロ　With some exceptions, if a country is rich, the people in that country try to regulate the amount of CO_2 produced.

ハ　Most people around the world try to be richer by creating less CO_2.

ニ　People in Trinidad and Tobago emit less CO_2 than those in Luxembourg on average.

問5　Choose the words that best match blank 2 in the passage.
　　イ　more wealth means more pollution
　　ロ　people aim to increase the GDP per person even if this leads to more pollution
　　ハ　carbon emissions per person can be regulated by increasing the average personal wealth
　　ニ　an increase in wealth doesn't always lead to an increase in pollution

問6　Choose the words that best match blank 3 in the passage.
　　イ　produced more CO_2　　　　ロ　produced less CO_2
　　ハ　became wealthier　　　　　　ニ　became less wealthy

問7　Choose the sentence that matches what we can read from Figure 4.
　　イ　It is likely that wealthier countries pollute less as their GDP grows.
　　ロ　It is likely that wealthier countries pollute more as their GDP grows.
　　ハ　It is likely that both wealthier countries and less wealthy countries pollute less as their GDP grows.
　　ニ　It is likely that both wealthier countries and less wealthy countries pollute more as their GDP grows.

問8　What is the best title for this passage?
　　イ　Economic Prosperity and Environmental Issues
　　ロ　Wealthier Countries and Their Ways of Thinking
　　ハ　Rich and Worthwhile Information
　　ニ　Figures Require Readers to Make an Effort

数学

(90分)

解答上の注意

問題中の ア，イ，ウ，… のそれぞれには，特に指示がないかぎり，－（マイナスの符号），または0～9までの数が1つずつ入ります。当てはまるものを選び，マークシートの解答用紙の対応する欄にマークして解答しなさい。

ただし，分数の形で解答が求められているときには，符号は分子に付け，分母・分子をできる限り約分して解答しなさい。

また，根号を含む形で解答が求められているときには，根号の中に現れる自然数が最小となる形で解答しなさい。

〔例〕

$\dfrac{\boxed{ア}\sqrt{\boxed{イ}}}{\boxed{ウエ}}$ に $\dfrac{-\sqrt{3}}{14}$ と答えたいときには，以下のようにマークしなさい。

ア	●	⓪	①	②	③	④	⑤	⑥	⑦	⑧	⑨
イ	⊖	⓪	①	②	●	④	⑤	⑥	⑦	⑧	⑨
ウ	⊖	⓪	●	②	③	④	⑤	⑥	⑦	⑧	⑨
エ	⊖	⓪	①	②	③	●	⑤	⑥	⑦	⑧	⑨

生命科学部応用植物学科を志望する受験生は，〔Ⅰ〕〔Ⅱ〕〔Ⅲ〕〔Ⅳ〕〔Ⅴ〕を解答せよ。

情報科学部コンピュータ科学科，デザイン工学部建築学科，理工学部電気電子工学科・経営システム工学科・創生科学科，生命科学部環境応用化学科のいずれかを志望する受験生は，〔Ⅰ〕〔Ⅱ〕〔Ⅲ〕〔Ⅵ〕〔Ⅶ〕を解答せよ。

〔Ⅰ〕

Oを原点とする座標平面上を動く点Pがある。1つのサイコロを投げるたびに，出た目によって，Pは次のように動く。

1または2の目が出たとき，Pはx軸方向に1だけ動く。
3の目が出たとき，Pはy軸方向に1だけ動く。
4または5の目が出たとき，Pはx軸方向に-1だけ動く。
6の目が出たとき，Pはy軸方向に-1だけ動く。

以下の(1)〜(7)のそれぞれにおいて，サイコロを最初に投げるとき，Pは原点O$(0, 0)$の位置にある。

(1) サイコロを2回投げたとき，Pの座標が$(0, 0)$である確率は$\dfrac{ア}{イウ}$である。

(2) サイコロを4回投げる。Pがx軸方向に1だけ動いた回数と，x軸方向に-1だけ動いた回数が，ともに2であり，4回投げたときのPの座標が$(0, 0)$である確率は$\dfrac{エ}{オカ}$である。

(3) サイコロを4回投げたとき，Pの座標が$(0, 0)$である確率は$\dfrac{キク}{ケコ}$である。

(4) サイコロを4回投げてPの座標が$(0, 0)$となったとき，出た目の総和が14である確率は$\dfrac{サ}{シス}$である。

(5) サイコロを6回投げる。サイコロを6回投げたときのPの座標が$(4, 2)$で

あり，かつ途中でPの座標が(1, 1)となる確率は $\dfrac{セ}{ソタチ}$ である。

(6) サイコロを6回投げたとき，Pの座標が(4, 0)である確率は $\dfrac{ツ}{テト}$ である。

(7) サイコロを6回投げる。サイコロを6回投げたときのPの座標が(4, 0)であり，かつ途中でPの座標が(2, 0)となる回数が1以下である確率は $\dfrac{ナニ}{ヌネノ}$ である。

〔Ⅱ〕

平面上に三角形OABがある。

$$OA = 3, \quad OB = 2, \quad \vec{OA} \cdot \vec{OB} = -\dfrac{5}{2}$$

とする。

ベクトル $\vec{OA}$ と $\vec{OB}$ のなす角の大きさを θ とする。

$$\cos\theta = -\dfrac{ア}{イウ}$$

である。

AB = $エ\sqrt{オ}$ である。

三角形OABの面積は $\dfrac{\sqrt{カキク}}{ケ}$ である。

Mを辺ABの中点とする。OM = $\sqrt{コ}$ である。

t を，$0 < t < 1$ を満たす実数とし，線分 AB を $t : (1-t)$ に内分する点をPとする。

$$\text{OP}^2 = \boxed{サ} \, t^2 - \boxed{シ} \, t + \boxed{ス} \quad \cdots\cdots\cdots\cdots\cdots\cdots\cdots ①$$

である。

ただし，$\boxed{サ} \sim \boxed{ス}$ については，以下の A 群の ㊀～⑨ からそれぞれ1つを選べ。ここで，同じものを何回選んでもよい。

A 群

㊀ 2　　⓪ 3　　① 5　　② 7　　③ 9　　④ 10
⑤ 13　　⑥ 17　　⑦ 18　　⑧ 21　　⑨ 23

M を中心とし，線分 AM を半径とする円を C とする。

半直線 OP と C の共有点を Q とし，$\dfrac{\text{OQ}}{\text{OP}} = \dfrac{5}{2}$ となる P について考える。

s を実数 $(s > 1)$ とし，$\vec{\text{OQ}} = s\,\vec{\text{OP}}$ とする。

$$\vec{\text{OQ}} \cdot \vec{\text{OM}} = s\left(\boxed{セ} - \boxed{ソ} \, t \right)$$

である。

ただし，$\boxed{セ}$，$\boxed{ソ}$ については，以下の B 群の ㊀～⑨ からそれぞれ1つを選べ。ここで，同じものを何回選んでもよい。

B 群

㊀ $\dfrac{1}{3}$　　⓪ $\dfrac{1}{2}$　　① $\dfrac{2}{3}$　　② $\dfrac{3}{4}$　　③ $\dfrac{5}{6}$　　④ $\dfrac{4}{3}$
⑤ $\dfrac{5}{3}$　　⑥ $\dfrac{9}{4}$　　⑦ $\dfrac{5}{2}$　　⑧ $\dfrac{11}{6}$　　⑨ $\dfrac{13}{4}$

$\vec{\text{MQ}} = \vec{\text{OQ}} - \vec{\text{OM}}$ であるから，

$$\text{MQ}^2 = \text{OQ}^2 - 2\,\vec{\text{OQ}} \cdot \vec{\text{OM}} + \text{OM}^2$$

であり，

$$OQ^2 = \frac{1}{2}\left(\boxed{タ} + \boxed{チ}s - \boxed{ツ}st\right)$$

である。

ただし，$\boxed{タ}$〜$\boxed{ツ}$ については，前ページのA群の㋐〜⑨からそれぞれ1つを選べ。ここで，同じものを何回選んでもよい。

$s = \dfrac{5}{2}$ とする。① を用いると，$t = \boxed{テ}$, $\boxed{ト}$ である。

ただし，$\boxed{テ} < \boxed{ト}$ とし，$\boxed{テ}$, $\boxed{ト}$ については，前ページのB群の㋐〜⑨からそれぞれ1つを選べ。

〔Ⅲ〕

関数 $f(x)$ を，

$$f(x) = 5\sin(x+\alpha)\cos(-x) \quad \left(-\frac{\pi}{8} \le x \le \frac{\pi}{8}\right)$$

とする。ただし，α は，$0 \le \alpha < 2\pi$ であり，かつ

$$\sin\alpha = -\frac{3}{5}, \quad \cos\alpha = \frac{4}{5}$$

を満たす実数とする。

すべての x に対して，

$$\cos(-x) = \boxed{ア}$$

が成り立つ。

ただし，$\boxed{ア}$ については，以下のA群の①〜④から1つを選べ。

A群

① $\sin x$ ② $-\sin x$ ③ $\cos x$ ④ $-\cos x$

a, b を実数とする。すべての x に対して，

$$5\sin(x+\alpha) = a\sin x + b\cos x$$

が成り立つとすると，$a = \boxed{イ}$，$b = \boxed{ウ}$ である。

ただし，$\boxed{イ}$，$\boxed{ウ}$ については，以下の B 群の ⊖〜⑨ からそれぞれ 1 つを選べ。ここで，同じものを何回選んでもよい。

B 群

⊖ -5	⓪ -4	① -3	② -2
③ $-\sqrt{3}$	④ $\sqrt{3}$	⑤ 2	⑥ $\sqrt{5}$
⑦ 3	⑧ 4	⑨ 5	

$$f(x) = \boxed{エ}\sin 2x - \frac{\boxed{オ}}{\boxed{カ}}\cos 2x - \frac{\boxed{キ}}{\boxed{ク}}$$

である。

三角関数の合成を用いると，

$$\boxed{エ}\sin 2x - \frac{\boxed{オ}}{\boxed{カ}}\cos 2x = \frac{\boxed{ケ}}{\boxed{コ}}\sin(2x + \beta)$$

となる。ここで，β は

$$\sin\beta = \boxed{サ}, \quad \cos\beta = \boxed{シ}$$

を満たす実数 $(0 \leq \beta < 2\pi)$ である。

ただし，$\boxed{サ}$，$\boxed{シ}$ については，以下の C 群の ⊖〜⑨ からそれぞれ 1 つを選べ。ここで，同じものを何回選んでもよい。

C 群

⊖ -1	⓪ 0	① 1	② $\frac{1}{3}$
③ $-\frac{1}{3}$	④ $\frac{1}{2}$	⑤ $-\frac{1}{2}$	⑥ $\frac{3}{5}$
⑦ $-\frac{3}{5}$	⑧ $\frac{4}{5}$	⑨ $-\frac{4}{5}$	

β は，ス を満たす。

ただし，ス については，以下の D 群の ①〜⑧ から 1 つを選べ。

D 群

① $0 < \beta < \dfrac{\pi}{4}$ 　　② $\dfrac{\pi}{4} < \beta < \dfrac{\pi}{2}$ 　　③ $\dfrac{\pi}{2} < \beta < \dfrac{3}{4}\pi$

④ $\dfrac{3}{4}\pi < \beta < \pi$ 　　⑤ $\pi < \beta < \dfrac{5}{4}\pi$ 　　⑥ $\dfrac{5}{4}\pi < \beta < \dfrac{3}{2}\pi$

⑦ $\dfrac{3}{2}\pi < \beta < \dfrac{7}{4}\pi$ 　　⑧ $\dfrac{7}{4}\pi < \beta < 2\pi$

$-\dfrac{\pi}{8} \leqq x \leqq \dfrac{\pi}{8}$ において，$f(x)$ の値は セ する。

ただし，セ については，以下の E 群の ①〜④ から 1 つを選べ。

E 群

① つねに増加 　　② つねに減少

③ 増加したのち減少 　　④ 減少したのち増加

$-\dfrac{\pi}{8} \leqq x \leqq \dfrac{\pi}{8}$ のとき，$f(x)$ は，

$x = $ ソ で最大値 $\dfrac{-\boxed{タ} + \sqrt{\boxed{チ}}}{\boxed{ツ}}$ をとり，

$x = $ テ で最小値 $\dfrac{-\boxed{ト} - \boxed{ナ}\sqrt{\boxed{ニ}}}{\boxed{ヌ}}$ をとる。

ただし，ソ，テ については，以下の F 群の ㊀〜⑨ からそれぞれ 1 つを選べ。

F 群

㊀ $-\dfrac{\pi}{8}$ 　　⓪ 0 　　① $\dfrac{\pi}{8}$ 　　② $-\dfrac{\pi}{4}$

③ $\dfrac{\pi}{4}$ ④ $\dfrac{\pi}{4} - \dfrac{\beta}{2}$ ⑤ $\dfrac{\pi}{2} - \dfrac{\beta}{2}$ ⑥ $\pi - \dfrac{\beta}{2}$

⑦ $-\dfrac{\pi}{4} + \beta$ ⑧ $\dfrac{\pi}{4} + \beta$ ⑨ β

次の問題〔Ⅳ〕は，生命科学部応用植物科学科を志望する受験生のみ解答せよ。

〔Ⅳ〕

(1) x, y をそれぞれ正の整数とする。

$$x(y+4) = 10 \quad \cdots\cdots\cdots\cdots\cdots\cdots\cdots\cdots\cdots\cdots\cdots\cdots\cdots\cdots ①$$

を満たす x と y の組 (x, y) をすべて求める。

10 の正の約数の個数は ア である。

① を満たす x と y の組は，

$$(x, y) = \left(\boxed{イ}, \boxed{ウ}\right) \quad \text{および} \quad \left(\boxed{エ}, \boxed{オ}\right)$$

である。ただし，$\boxed{イ} < \boxed{エ}$ とする。

(2) 数列 $\{a_n\}$ を，初項が 1，公差が $\dfrac{1}{2}$ の等差数列とし，$\{a_n\}$ の，初項から第 n 項までの和を S_n とする。

$$S_n = \dfrac{1}{\boxed{カ}} n \left(n + \boxed{キ}\right)$$

である。

l, m を，$l \geq m$ を満たす正の整数とする。

$\{a_n\}$ の，第 l 項から第 $(l+m)$ 項までの和を T とする。

$$T = \frac{1}{\boxed{ク}}(m+1)\left(m + \boxed{ケ}l + \boxed{コ}\right)$$

である。

$T = 125$ を満たす l, m ($l \geqq m$) の組 (l, m) をすべて求めると,

$$(l, m) = \left(\boxed{サ}, \boxed{シ}\right) \text{ および } \left(\boxed{ス}, \boxed{セ}\right)$$

となる。

ただし, $\boxed{サ} < \boxed{ス}$ とし, $\boxed{サ} \sim \boxed{セ}$ については, 以下のA群の㊀～⑨からそれぞれ1つを選べ。ここで, 同じものを何回選んでもよい。

A群

㊀ 57　　⓪ 60　　① 1　　② 2　　③ 3　　④ 4

⑤ 5　　⑥ 11　　⑦ 19　　⑧ 43　　⑨ 47

(3) 数列 $\{b_n\}$ を, 初項が4, 公比が5の等比数列とし, $\{b_n\}$ の, 初項から第 n 項までの和を U_n とする。

$$U_n = \boxed{ソ} - \boxed{タ}$$

である。

ただし, $\boxed{ソ}$ については, 以下のB群の⓪～⑨から1つを選べ。

B群

⓪ 4^{n-2}　　① 4^{n-1}　　② 4^n　　③ 4^{n+1}　　④ 4^{n+2}

⑤ 5^{n-2}　　⑥ 5^{n-1}　　⑦ 5^n　　⑧ 5^{n+1}　　⑨ 5^{n+2}

x, y を, $x \leqq y$ を満たす正の整数とする。

$$U_4 = x(y + 50)$$

を満たす x, y ($x \leqq y$) の組 (x, y) の個数は, $\boxed{チ}$ である。

次の問題〔Ⅴ〕は，生命科学部応用植物科学科を志望する受験生のみ解答せよ。

〔Ⅴ〕

関数 $f(x)$ を，

$$f(x) = -4x^2 - 3$$

とし，座標平面上の曲線 $y = f(x)$ を C とする。

t を実数とする。

C 上の点 $(t, -4t^2 - 3)$ を頂点とし，点 $(t+1, -4t^2)$ を通る放物線の方程式は，

$$y = \boxed{ア} x^2 - \boxed{イ} tx - t^2 - 3 \quad \cdots\cdots\cdots ①$$

である。

(1) 放物線①が，点 $(-3, 5)$ を通るとき，$t = \boxed{ウ}$，$\boxed{エ}$ である。
ただし，$\boxed{ウ} < \boxed{エ}$ とし，$\boxed{ウ}$，$\boxed{エ}$ については，以下のA群の⊖〜⑨からそれぞれ１つを選べ。

A群

⊖ -1　⓪ 0　① 1　② 2　③ -2　④ 4
⑤ 11　⑥ 15　⑦ 19　⑧ 23　⑨ 27

(2) X, Y を実数とする。
点 (X, Y) が，放物線①の上にあるとすると，

$$t^2 + \boxed{オ} Xt + Y - \boxed{カ} X^2 + \boxed{キ} = 0$$

が成り立つから，点 (X, Y) は，不等式

$$Y \leqq \boxed{クケ} X^2 - \boxed{コ}$$

の表す領域にある。

(3) 放物線
$$y = \boxed{クケ} x^2 - \boxed{コ}$$

を D とする。D と x 軸の正の部分の共有点を $(a, 0)$ とする。

$a = \boxed{サ}$ である。

ただし，$\boxed{サ}$ については，以下の B 群の ㊀〜⑨ から 1 つを選べ。

B 群

㊀ -1　　⓪ 0　　① 1　　② 2

③ -2　　④ $\dfrac{1}{2}$　　⑤ $-\dfrac{1}{2}$　　⑥ $\dfrac{1}{3}$

⑦ $-\dfrac{1}{3}$　　⑧ $\dfrac{1}{6}$　　⑨ $-\dfrac{1}{6}$

C の，点 $(a, f(a))$ における接線を ℓ とする。

ℓ の方程式は，
$$y = -\boxed{シ} x - \boxed{ス}$$

である。

D と ℓ の共有点の x 座標は，$\boxed{セ}$，$\boxed{ソ}$ である。

ただし，$\boxed{セ} < \boxed{ソ}$ とし，$\boxed{セ}$，$\boxed{ソ}$ については，上の B 群の ㊀〜⑨ からそれぞれ 1 つを選べ。

D と ℓ で囲まれた部分の面積は，$\dfrac{\boxed{タ}}{\boxed{チ}}$ である。

ただし，$\boxed{タ}$，$\boxed{チ}$ については，以下の C 群の ㊀〜⑨ からそれぞれ 1 つを選べ。

C 群

㊀ 35　⓪ 81　① 1　② 2　③ 3　④ 4

⑤ 16　⑥ 24　⑦ 27　⑧ 30　⑨ 33

〔VI〕

Oを原点とする座標平面に，点A(1, 0) がある。

Oを中心とする半径が2の円を C とし，Aを中心とする半径が1の円を D とする。

r を，$0 < r < 2$ を満たす実数とし，t を，$0 < t < \pi$ を満たす実数とする。

C に内接する，半径が r の円 E がある。E の中心をPとし，C と E の接点を Q($2\cos t$, $2\sin t$) とする。

(1) Pの座標は P($\boxed{ア}$, $\boxed{イ}$) である。

ただし，$\boxed{ア}$，$\boxed{イ}$ については，以下のA群の ①〜⑧ からそれぞれ1つを選べ。ここで，同じものを何回選んでもよい。

A群

① $\cos t$ ② $\sin t$ ③ $r\cos t$
④ $r\sin t$ ⑤ $(2-r)\cos t$ ⑥ $(2-r)\sin t$
⑦ $(2+r)\cos t$ ⑧ $(2+r)\sin t$

(2) D と E が外接しているとする。

$$\left(\boxed{ア} - \boxed{ウ}\right)^2 + \left(\boxed{イ}\right)^2 = \left(r + \boxed{エ}\right)^2$$

が成り立つから，

$$r = \frac{\boxed{オ}}{\boxed{カ}}$$

である。

ただし，オ，カ については，以下のB群の①〜⑧からそれぞれ1つを選べ。

B群

① $2\cos t$ ② $2\sin t$
③ $4\cos t$ ④ $4\sin t$
⑤ $2(1-\cos t)\cos t$ ⑥ $(1-\cos t)\sin t$
⑦ $3-\cos t$ ⑧ $2(1-\cos t)$

Pの座標を$P(X, Y)$として，XおよびYを，それぞれtの式で表すと，

$$X = \frac{\boxed{キ}}{\boxed{ク}}, \quad Y = \frac{\boxed{ケ}}{\boxed{ク}} \quad \cdots\cdots \text{①}$$

である。

ただし，キ〜ケ については，上のB群の①〜⑧からそれぞれ1つを選べ。ここで，同じものを何回選んでもよい。

Yの導関数$\dfrac{dY}{dt}$は，

$$\frac{dY}{dt} = \frac{\boxed{コ}\left(\boxed{サ}\cos t - 1\right)}{\left(\boxed{ク}\right)^{\boxed{シ}}}$$

である。Pのy座標Yが最大になるのは，$\cos t = \dfrac{1}{\boxed{サ}}$のときで，$Y$の最大値は$\sqrt{\boxed{ス}}$である。

$\cos t$を，Xの式で表すと，

$$\cos t = \frac{\boxed{セ} X}{X + \boxed{ソ}}$$

である。①からtを消去すると，

$$\frac{1}{\boxed{タ}}(X^2 - X) + \frac{\boxed{チ}}{\boxed{ツテ}}Y^2 = 1$$

となる。

(3) xy 平面上の，方程式

$$\frac{1}{\boxed{タ}}(x^2 - x) + \frac{\boxed{チ}}{\boxed{ツテ}}y^2 = 1$$

が表す曲線を，x 軸の周りに1回転してできる立体の体積は $\boxed{ト}\pi$ である。

次の問題〔Ⅶ〕は，情報科学部コンピュータ科学科，デザイン工学部建築学科，理工学部電気電子工学科・経営システム工学科・創生科学科，生命科学部環境応用化学科のいずれかを志望する受験生のみ解答せよ。

〔Ⅶ〕

対数は，自然対数とする。
2つの数列 $\{a_n\}$，$\{b_n\}$ の一般項はそれぞれ

$$a_n = 3n^2 + 1, \quad b_n = 3n$$

であるとする。
$\{a_n\}$ の初項から第 n 項までの和 S_n は，

$$S_n = \sum_{k=1}^{n} a_k = n^{\boxed{ア}} + \frac{\boxed{イ}}{\boxed{ウ}}n^2 + \frac{\boxed{エ}}{\boxed{オ}}n$$

である。
$\{b_n\}$ の初項から第 n 項までの和を T_n とする。

$$\lim_{n \to \infty} \frac{n\, T_n}{S_n} = \boxed{カ}$$

である。

ただし，$\boxed{カ}$ については，以下のA群の㊀〜⑨から1つを選べ。

A群

㊀ $-\infty$ ⓪ 0 ① 1 ② 2 ③ 3 ④ $\dfrac{1}{2}$

⑤ $\dfrac{3}{2}$ ⑥ $\dfrac{1}{3}$ ⑦ $\dfrac{2}{3}$ ⑧ $\dfrac{3}{4}$ ⑨ ∞

I を，

$$I = \lim_{n \to \infty} \sum_{k=1}^{n} \frac{k^2}{S_k - T_k + 4n^3}$$

とする。

k を，$1 \leqq k \leqq n$ を満たす整数とする。$x_k = \dfrac{k}{n}$ とおく。関数 $f(x)$ が，

$$\frac{k^2}{S_k - T_k + 4n^3} = \frac{1}{n} f(x_k)$$

を満たすとすると，$f(x) = \boxed{キ}$ である。

ただし，$\boxed{キ}$ については，以下のB群の⓪〜⑨から1つを選べ。

B群

⓪ $\dfrac{1}{5x}$ 　　　　　① $\dfrac{x^2}{5}$

② $\dfrac{1}{x^2+4}$ 　　　③ $\dfrac{x}{x^2+4}$

④ $\dfrac{x}{x^3+4}$ 　　　⑤ $\dfrac{x^2}{x^3+4}$

⑥ $\dfrac{2x}{4x^2+3}$ 　　⑦ $\dfrac{2x^2}{4x^3+3}$

⑧ $\dfrac{2x}{10x^2+3x+3}$ ⑨ $\dfrac{2x^2}{10x^2+3x+3}$

区分求積法の考え方により

$$I = \lim_{n \to \infty} \frac{1}{n} \sum_{k=1}^{n} f(x_k)$$

を定積分で表すことができる。

$$I = \int_{\boxed{ケ}}^{\boxed{ク}} f(x)\, dx$$

であり，

$$I = \frac{1}{\boxed{コ}} \log \boxed{サ}$$

である。

ただし， $\boxed{サ}$ については，以下のC群の ㋐〜⑨から1つを選べ。

C群

㋐ $\frac{5}{4}$　　⓪ $\frac{8}{5}$　　① $\frac{7}{3}$　　② 2　　③ 3　　④ $\frac{12}{5}$

⑤ 5　　⑥ $\frac{19}{7}$　　⑦ $\frac{19}{3}$　　⑧ $\frac{31}{4}$　　⑨ $\frac{35}{3}$

関数 $g(x)$ を，

$$g(x) = \frac{f(x)}{x} \quad (x > 0)$$

とし，座標平面上の曲線 $y = g(x)\,(x > 0)$ を C とする。

$g'(x)$, $g''(x)$ を，それぞれ $g(x)$ の第1次導関数，第2次導関数とする。

$x > 0$ において，$g'(x) = 0$ となる x の個数は，$\boxed{シ}$ である。

$x > 0$ において，$g''(x) = 0$ となる x は，$x = \boxed{ス}$ である。

$0 < x < \boxed{ス}$ において，$g(x)$ は $\boxed{セ}$ 。

$\boxed{ス} < x$ において，$g(x)$ は $\boxed{ソ}$ 。

ただし，$\boxed{セ}$，$\boxed{ソ}$ については，以下のD群の①〜⑧からそれぞれ1つを選べ。ここで同じものを何回選んでもよい。

D群
① つねに減少し，Cは上に凸である
② つねに減少し，Cは下に凸である
③ つねに増加し，Cは上に凸である
④ つねに増加し，Cは下に凸である
⑤ 増加したのち減少し，Cは上に凸である
⑥ 減少したのち増加し，Cは下に凸である
⑦ つねに減少し，Cは変曲点をちょうど1つもつ
⑧ つねに増加し，Cは変曲点をちょうど1つもつ

物理

(75 分)

注意 解答はすべて解答用紙の指定された解答欄に記入すること。
解答用紙の余白は計算に使用してもよいが，採点の対象とはしない。
すべての問題について，必要な場合は重力加速度の大きさを g，円周率を π とする。

〔Ⅰ〕 以下の問いに答えよ。ただし，小物体の運動は以下に示す斜面上で起こり，空気抵抗は無視できるものとする。

図 1－1 に示すように，水平面から角度 30°だけ傾いたなめらかな斜面がある。斜面上の点 O を原点とし，斜面と水平面の交線と平行に x 軸をとり，斜面上で x 軸と垂直に y 軸をとる。x 軸上の点 P(l, 0) から斜面に沿って，x 軸の負の方向と角度 45°をなす向きに，質量 $2m$ の小物体 A を速さ v_0 で打ち出した。

1．斜面上で運動している A の加速度の y 成分を求めよ。
2．A が最高点に達するまでの時間を求めよ。
3．A が最高点に達したときの速さを求めよ。
4．A が最高点に達したときの y 座標を求めよ。
5．A が再び x 軸上に戻ったときの x 座標が $-l$ であったとする。この場合の v_0 を求めよ。

つぎに，同じ斜面上で図 1－2 に示すように，長さ l の軽い糸の一端を A につけ，もう一方の端を点 O にとめる。A は斜面上で点 O を中心とする半径 l の反時計まわりの円運動をしている。A の位置を x 軸から反時計まわりの角度 θ で表す。$\theta = 0$ のときの A の速さは v_1 であった。

6．A が斜面から受ける垂直抗力を求めよ。
7．A の速さを g, l, v_1, θ を用いて表せ。
8．A が斜面上で円運動をすることができるための，v_1 の最小値を求めよ。

9. 小問 8 の v_1 の最小値で A が円運動しているとする。$\theta = 30°$ のとき，糸が切れ，同時に小物体 A は，2 つの小物体 B と C に分裂した。その直後，B は y 軸に平行で正の方向に，C は x 軸に平行で負の方向に飛んだ。その後，斜面上で運動を続けた C が，x 軸上に達したときの x 座標は $-\dfrac{\sqrt{3}}{2}l$ であった。C の質量を求めよ。

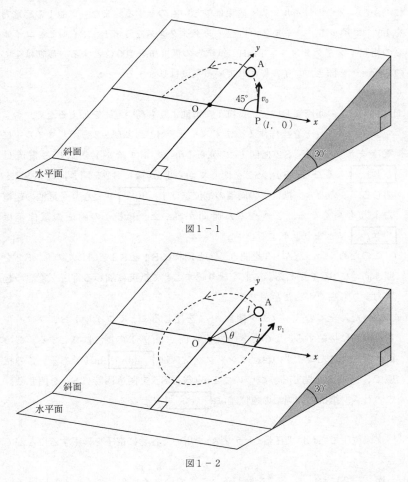

図 1 − 1

図 1 − 2

〔Ⅱ〕 つぎの文の 　　　 に入れるべき数値を解答欄に記入せよ。

電池を使ってスマートフォンを充電する場合など、電圧を上げる昇圧が必要となる。コイルを用いた昇圧の原理を、図2－1を用いて考えてみよう。ただし、コイル1とコイル2、コイル3とコイル4はじゅうぶん長い鉄心に密に同じ向きに巻かれ、2つのコイルを貫く磁束は等しいものとする。また、電池1の起電力を1V、コイル1、コイル2の自己インダクタンスを1mH、コイル1とコイル2の相互インダクタンスを1mH、抵抗1の抵抗値を100Ωとする。最初は全てのスイッチを開き、コイルに流れている電流は0とする。

(i) 図2－1の回路において、抵抗1に電池よりも高い電圧を加えるため、つぎのようにスイッチを操作する。まずスイッチS1およびS2を閉じコイル1に電流を流す。S1、S2を閉じてから1ms後にコイル1を流れる電流は (a) Aとなる。S1、S2を閉じてから1ms後にS2を開き同時にS3を閉じる。このとき、抵抗1の両端の電位差は (b) Vとなり、電池の起電力よりも高くなる。じゅうぶん時間が経つと、抵抗1の両端の電位差は (c) Vとなり低下する。

(ii) このため、いったんS3を開き、(i)と同様にS1とS2を閉じたのち、S2を開き同時にS3を閉じる。これを繰り返すことで抵抗に加わる電圧を電池の起電力よりも高くすることができる。

(iii) いったん全てのスイッチを開き、S4を閉じることでコイル1およびコイル2を直列に接続する。このときのコイル1、コイル2の電流は0とする。この直列接続されたコイルの自己インダクタンスは (d) mHである。この状態でS1、S5を閉じる。つづいて1ms後にS5を開き同時にS6を閉じる。このとき、抵抗1の両端の電位差は (e) Vとなる。

交流電圧であれば変圧器(トランス)を用いて容易に電圧を昇圧することができる。

(iv) 図2－2において、S7を閉じる。ここで、コイル3、コイル4の自己インダクタンスをそれぞれ1mH、100mH、コイル3とコイル4の相互インダクタンスを10mH、交流電源1の電圧V_{ac}の実効値を1Vとする。このとき、

抵抗1の電圧降下 V_r の実効値は，　(f)　V となり，V_{ac} と V_r の位相差は　(g)　度となる。

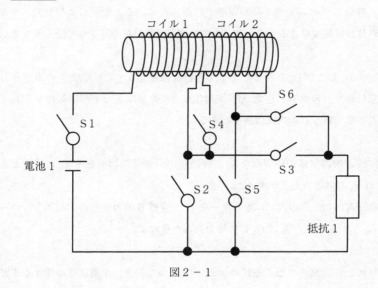

図2－1

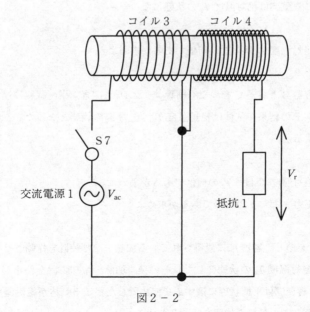

図2－2

〔Ⅲ〕 図3のように，体積 V の容器Aと体積 $3V$ の容器Bがコック D_1 のついた細管でつながれ，容器Bと体積 $6V$ の容器Cがコック D_2 のついた細管でつながれている。容器Cにのみ加熱・冷却装置が設置されている。細管および加熱・冷却装置の体積は無視できるものとし，全ての容器は断熱材で囲まれているとする。

コック D_1 および D_2 を閉じたまま，容器Aに圧力 p，絶対温度 T の単原子分子理想気体を，容器Bに圧力 $2p$，絶対温度 $2T$ の単原子分子理想気体をそれぞれ注入した。容器Cの内部は真空とする。

(1) 容器A内の気体の物質量を n_A，容器B内の気体の物質量を n_B とするとき，n_B は n_A の何倍であるか求めよ。
(2) 容器A内の気体の内部エネルギーを U_A，容器B内の気体の内部エネルギーを U_B とするとき，U_B は U_A の何倍であるか求めよ。

容器Aと容器Bをつなぐ細管のコック D_1 のみを開き，平衡状態に達するまで放置したところ気体は絶対温度 T_2 の状態となった。

(3) 気体の絶対温度 T_2 は，T の何倍であるか求めよ。

さらに，容器Bと容器Cをつなぐ細管コック D_2 も開き，平衡状態に達するまで放置した。その結果，気体は絶対温度 T_3，圧力 p_3 の状態となった。この状態を状態Ⅰとする。

(4) 気体の絶対温度 T_3 は，T_2 の何倍であるか求めよ。
(5) 気体の圧力 p_3 は，p の何倍であるか求めよ。

コック D_2 を閉じ，容器Cに設置されている加熱・冷却装置を作動させ容器C内の気体を絶対温度 T_4 の状態にした。その後，加熱・冷却装置を停止してから，コック D_2 を再び開け平衡状態に達するまで放置したところ気体が絶対温度 T の状態となった。この最終の状態を状態Ⅱとする。

(6) 気体の絶対温度 T_4 は，T の何倍であるか求めよ。
(7) 状態Ⅰと状態Ⅱにおける気体の内部エネルギー差の大きさを p と V を用いて表せ。

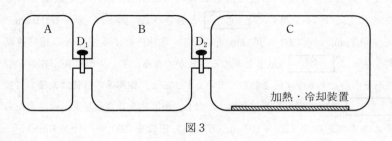

図3

〔Ⅳ〕 つぎの文の [ ] に入れるべき数式や数値を解答欄に記入せよ。ただし，(イ)，(ロ)，(ハ)，(ホ)には数式を，(ニ)，(ヘ)，(ト)には有効数字2桁の数値を記せ。必要であれば，$\sqrt{3.64} ≒ 1.91$，$1.00 \text{ nm} = 1.00 × 10^{-9} \text{ m}$ を用いてよい。

　天体から放射された光を分光し，その放射強度を波長ごとに測定すれば，天体の物理的な性質を調べることができる。まず，図4－1のような長方形の簡易分光器を使って分光の原理を考えてみよう。スリットに入射した光は，回折格子を通り，光の波長ごとに異なる角度で強め合うことで，スクリーンにスペクトルとして投影される。図4－2は，その回折の様子を拡大して表現した図であり，平行光線が回折格子の面に対して垂直に入射している様子を示している。この回折格子の格子定数を d，回折光が入射光となす角を θ，入射光の波長を λ とすると，1次の回折光では，λ は d と θ を使って [(イ)] と表される。今，図4－1で，回折格子からスクリーンまでの距離を L，破線とスクリーンが垂直に交わる点から距離 x の位置にスペクトルが観察されたとすると，x は L と θ を使って [(ロ)] と表される。したがって，(イ)と(ロ)より，x は λ，L，d を使って [(ハ)] と表される。例えば，$d = 2.00 × 10^3 \text{ nm}$，$L = 20.0 \text{ cm}$ のとき，波長 $\lambda = 600 \text{ nm}$ のスペクトルは，スリットから $x =$ [(ニ)] cm の位置に観察さ

れる。

　つぎに，光の速さcに比べてじゅうぶん小さい速さvで地球から遠ざかる恒星Aを地球上で分光観測する場合を考える。恒星Aから波長λの光が放射されているとき，音波の問題と同じように考えると，地球上で観測される波長λ_1は，v，c，λを用いて　(ホ)　と表される。例えば，$\lambda = 600.0$ nm，$\lambda_1 = 600.2$ nm，$c = 3.00 \times 10^5$ km/sのとき，地球に対する恒星Aの相対速度の大きさvは　(ヘ)　km/sと求めることができる。もし，恒星Aが速さvで銀河系を中心とする等速円運動をしているとすると，銀河系の質量は太陽の質量の　(ト)　倍であることがわかる。ただし，銀河系を質点と考え，銀河系から恒星Aまでの距離を3.50×10^{21} m，万有引力定数を7.00×10^{-11} N・m^2/kg^2，太陽の質量を1.00×10^{30} kgとする。

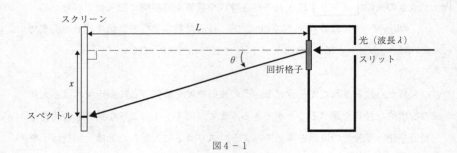

図4−1

図4−2

化学

(75 分)

注意1. 情報科学部コンピュータ科学科を志望する受験生は選択できない。
2. 解答は，すべて解答用紙の指定された解答欄に記入せよ。
3. 計算問題では，必要な式や計算，説明も解答欄に記入せよ。
4. 記述問題では，化学式を示す場合はマス目を自由に使ってよい。
5. 特に文中で指定がない場合は，気体を全て理想気体として取り扱うこと。
6. 必要であれば，原子量は下記の値を用いよ。

元素	H	C	N	O	Cl	Ca	Fe	Ag
原子量	1.00	12.0	14.0	16.0	35.5	40.0	56.0	108

7. 必要であれば，下記の値を用いよ。

アボガドロ定数 $N_A = 6.02 \times 10^{23}$/mol

気体定数 $R = 8.31 \times 10^3$ Pa·L/(mol·K)

$\log_{10} 2 = 0.301$, $\log_{10} 3 = 0.477$, $\log_{10} 5 = 0.699$, $\log_{10} 7 = 0.845$

〔Ⅰ〕 つぎの文章を読んで，以下の設問に答えよ。

　　沸騰している水に塩化鉄(Ⅲ)水溶液を少量ずつ加えると，赤褐色の水酸化鉄(Ⅲ)のコロイド溶液が得られる。得られた溶液をガラスビーカーに入れ，赤色のレーザー光をビーカーの側面から当てると，光の通路が明るく輝いて見える。このように生成した化合物が多数集まって形成した直径が 10^{-9} m から 10^{-7} m 程度のコロイド粒子が光を散乱する現象を　(ア)　現象という。下線部(a)の一定量の水溶液に電解質を加えると，コロイド粒子が電気的反発力を失って集まり沈殿する。この現象を　(イ)　という。また，下線部(a)の水溶液に2枚の電極を浸し，直流電圧をかけると，コロイド粒子が陰極側に集まる。このようにコロイ

ド溶液に直流電圧をかけて，帯電しているコロイド粒子がどちらかの電極に移動する現象を　(ウ)　という。

1．下線部(a)の反応の化学反応式を記せ。
2．空欄　(ア)　～　(ウ)　に入る適切な語句を記せ。
3．コロイドの例として正しいものをつぎの①～⑤の中からすべて選び，番号で記せ。
   ① ゼリー　　　　② 牛乳　　　　③ スクロース水溶液
   ④ 食塩水　　　　⑤ 霧や雲
4．下線部(b)について最も少ない物質量で　(イ)　の現象が見られるイオンを含む電解質をつぎの①～⑤の中から選び，番号で記せ。また，その番号を選んだ理由を50字以内で記せ。ただし，電解質を加えることによる水溶液の体積変化は無視できるものとする。
   ① $Al(NO_3)_3$　　　② $NaCl$　　　③ $MgCl_2$
   ④ Na_2SO_4　　　⑤ KI
5．つぎの①～⑤のコロイドに関する記述のうち，誤りを含むものをすべて選び，番号で記せ。
   ① コロイド粒子のブラウン運動は分散媒分子の熱運動による。
   ② コロイド溶液が流動性を失って固まった状態をゲルという。
   ③ コロイド粒子はセロハンを通過できる。
   ④ デンプンは1分子でもコロイド粒子の大きさをもつ。
   ⑤ 親水コロイドは多量の電解質を加えても沈殿しない。
6．下線部(a)の反応について，0.100 mol/L 塩化鉄(Ⅲ)水溶液 10.0 mL を沸騰した水に加えたところ，生成した溶液の全量は 200 mL であった。この溶液をすべてセロハンの袋に入れ，800 mL の純水が入ったビーカーに十分に長い間浸した。十分に長い間浸した後のビーカー内の溶液の pH を小数第1位まで求めよ。ただし，下線部(a)の反応は完全に進行し，ビーカー内の溶液の温度は 25.0℃とする。また水酸化鉄(Ⅲ)は溶液の pH に影響しないものとする。
7．設問6の操作後にセロハンをビーカーからとり出した。ビーカー内に残った

溶液から 10.0 mL とり，25.0℃の硝酸銀水溶液を 10.0 mL 滴下すると，塩化銀の沈殿が生成しはじめた。25.0℃での塩化銀の溶解度積は $1.80 \times 10^{-10}\ \mathrm{mol^2/L^2}$ である。滴下した硝酸銀水溶液の濃度(mol/L)を有効数字2桁で求めよ。

〔Ⅱ〕 つぎの文章を読んで，以下の設問に答えよ。

窒素は様々な割合で酸素と化合物をつくる。高温で燃料などが燃えるときに発生する窒素酸化物の総称を NOx(ノックス)といい，大気汚染や地球温暖化の原因のひとつであることが知られている。

この中で一酸化窒素は ［ ア ］ 色の気体であり，実験室では銅箔に ［ A ］ を反応させると発生する。(a)一酸化窒素は大気中では不安定であり，空気中で酸化され，二酸化窒素になる。

二酸化窒素は ［ イ ］ 色の気体であり，実験室では銅箔に ［ B ］ を反応させると発生する。(b)さらに，密閉容器内で二酸化窒素は ［ ウ ］ 色の気体である ［ C ］ を生じ，化学平衡の状態になる。また，二酸化窒素から ［ C ］ が生成する反応は発熱反応である。(c)

今，室温で二酸化窒素を注射器に捕集し，ゴム栓で蓋をした。その後，温度を一定に保ったまま注射器内の気体の容積が2倍になるまで注射器のピストンをすばやく引き上げ，ピストンの位置を固定した。ピストンを引き上げた後の注射器内の気体の色の変化について調べた。また，上記の過程において，ピストンを動(d)かす前およびピストンを動かしてから十分に時間が経った後の注射器内の気体の全圧力について調べた。(e)

さらに，注射器のピストンの固定を外してピストンが元の位置に戻った後，図2－1のように注射器を熱湯もしくは氷水の入ったビーカー中に入れた。その結果，ピストンの位置の変化および注射器内の気体の色の変化はそれぞれ以下のようになった。

熱湯中に入れた場合：ピストンは ［ エ ］，［ イ ］ 色が ［ オ ］ なった。
氷水中に入れた場合：ピストンは ［ カ ］，［ イ ］ 色が ［ キ ］ なった。

186 2023年度 化学　　　　　　　　　　　　　　　　　　　　　法政大-2/14

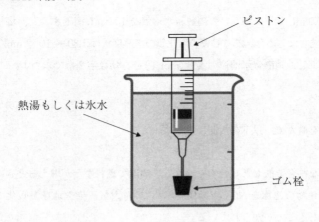

図2-1　実験の概略図

1．空欄　(ア)　～　(ウ)　に入る適切な語句をつぎの①～⑤の中から選び，番号で記せ。ただし，同じ番号を複数回選択してもよい。
  ① 黄　　② 青　　③ 赤紫　　④ 赤褐　　⑤ 無

2．空欄　(A)　～　(C)　に入る適切な語句を記せ。

3．下線部(a)および(b)に示す反応の化学反応式，およびそれぞれの反応で発生する気体のもっとも適切な捕集方法の名称を記せ。

4．下線部(c)の反応の熱化学方程式を記せ。ただし，反応熱を有効数字2桁で求め，二酸化窒素(気)および　(C)　(気)の生成熱はそれぞれ -33.2 kJ/mol および -9.20 kJ/mol とする。

5．下線部(d)の色の変化について，適切な記述をつぎの①～⑤の中から1つ選び，番号で記せ。また，下線部(e)の注射器内の気体の全圧力の変化について，適切な記述をつぎの⑥～⑧の中から1つ選び，番号で記せ。

色の変化について：

①　ゆっくり色が濃くなった後，その色の濃さを保つ。

②　ゆっくり色が薄くなった後，その色の濃さを保つ。

③　色の濃さに変化は見られない。

④　瞬間的に色が薄くなった後，ただちに色が少し濃くなり，その色の濃さを

保つ。
⑤ 瞬間的に色が濃くなった後，ただちに色が少し薄くなり，その色の濃さを保つ。

注射器内の気体の全圧力の変化について：
⑥ ピストンを動かす前の圧力の 0.5 倍となる。
⑦ ピストンを動かす前の圧力の 0.5 倍よりも大きくなる。
⑧ ピストンを動かす前の圧力の 0.5 倍よりも小さくなる。

6．空欄 (エ) ～ (キ) に入る適切な語句をつぎの①～⑤の中から選び，番号で記せ。ただし，同じ番号を複数回選択してもよい。

① 上昇し　② 動かず　③ 下降し　④ 薄く　⑤ 濃く

※6．(オ)および(キ)については，問題文の条件設定が不足しており，解答を導き出すことができない内容となっていたため，全員正解とする措置がとられたことが大学から公表されている。

7．一定温度のもとで，容積 4.00 L の容器中に二酸化窒素を入れて平衡状態に達した時に，容器内に存在する二酸化窒素(気)の物質量は 4.00 mol であった。この温度における平衡定数が $0.500 \, (mol/L)^{-1}$ であるとき，容器内の (C) (気)の物質量(mol)を有効数字 2 桁で答えよ。

〔Ⅲ〕 つぎの文章を読んで，以下の設問に答えよ。

　鉄は8族に属する遷移元素で，複数の酸化数をとる。鉄は，地球上の岩石中に，酸化物，硫化物として多量に含まれる。地殻中の元素の割合（質量％）としては，最も多い酸素，2番目の　(ア)　，3番目の　(イ)　についで4番目に多い元素である。

　図3－1は鉄の精錬に用いる溶鉱炉（高炉）の模式図である。鉄鉱石をコークスと石灰石とともに上部から溶鉱炉に入れる。溶鉱炉は上部（エリア（Ⅰ））から下部（エリア（Ⅲ））に向かって温度が高くなる構造になっている。鉄鉱石は上部から投入され，下に向かって移動し，図中のエリアⅠ～Ⅲで起きる還元反応によって鉄が生成する。(a)炉の下部から熱風を送り込むとコークスが燃焼して気体Aが発生し，2000℃程度まで加熱される。炉の上部から投入された鉄鉱石（赤鉄鉱）の主成分(b)Fe_2O_3は下から上昇してくる高温の気体Aと接触し，エリアⅠで化合物Bに還元される。次に化合物BはエリアⅡでさらに還元され化合物Cになる。鉄への最終的な還元はエリアⅢで進行する。エリアⅠ～Ⅲで気体Aは酸化され気体Dになる。(c)石灰石（主成分は$CaCO_3$）は約900℃で分解して生石灰（CaO）になる。CaOは，鉄鉱石に不純物として含まれるSiO_2と反応して，炉の最下部で　(ウ)　と呼ばれる混合物になり，不純物を鉄から分離する働きをしている。生成した鉄は高密度の層を形成して炉の底にたまる。これを引き出し凝固させた鉄は，　(エ)　と呼ばれ，炭素含有量が高く，硫黄，リンなどを含み，もろくて展性・延性にとぼしい。

　溶けた　(エ)　は溶鉱炉から転炉に移され，これに1300℃に加熱した酸素を吹き込むと炭素の一部は気体Dになって除かれる。鉄より酸化されやすい硫黄，リン，ケイ素などの不純物は，酸化物となって表面に浮き，分離される。このようにして炭素含有量が少なく，強靭で弾性のある　(オ)　が得られる。

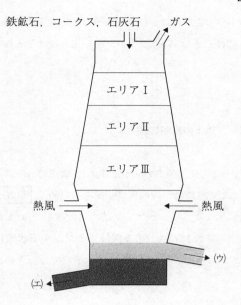

図3-1 溶鉱炉の模式図

1. 鉄の代表的な酸化物，① FeO，② Fe_2O_3，③ Fe_3O_4 中の鉄の酸化数を記せ。複数の酸化数がある場合はすべて記せ。
2. 空欄 (ア) ，(イ) には元素記号，空欄 (ウ) ～ (オ) には適切な語句を記せ。
3. 下線部(a)で気体 A が発生する反応の化学反応式を記せ。
4. 下線部(b)の還元反応の化学反応式を記せ。
5. Fe_2O_3 の含有量が 85.0 % の赤鉄鉱 1.00 kg がある。この赤鉄鉱から理論上，何 kg の鉄が得られるか。有効数字 2 桁で答えよ。
  補足説明：赤鉄鉱には Fe_2O_3 以外の鉄化合物は含まれないものとする。
6. 下線部(c)に関連して，生石灰とコークスを 2000 ℃ に加熱すると炭化カルシウムが生成する。この炭化カルシウムと水を反応させると気体 E が生成する。この気体 E の物質名を記せ。また，純度 98.0 % の石灰石 1.00 kg を原料とすると，理論上，標準状態で何 L の気体 E が生成するか。有効数字 2 桁で答えよ。

ただし，気体Eの水への溶解度は小さく，無視できるものとする。

補足説明：石灰石にはCaCO₃以外のカルシウム化合物は含まれないものとする。

〔Ⅳ〕 つぎの文章を読んで，以下の設問に答えよ。

一般式R-CH(NH₂)-COOHで表される化合物（R：側鎖）をα-アミノ酸という。 (ア) 以外のα-アミノ酸には不斉炭素原子があるため， (イ) 異性体が存在する。図4－1に示すように，α-アミノ酸の水溶液中では陽イオン(A^+)， (ウ) イオン($A^{\pm}$)，陰イオン(A^-)の3種のイオンが平衡状態にあり，水溶液のpHにより各イオンの割合が変化する。この水溶液ではつぎの電離平衡が成立している。

$$A^+ \rightleftarrows A^{\pm} + H^+ \qquad (1)$$

$$A^{\pm} \rightleftarrows A^- + H^+ \qquad (2)$$

水溶液中のアミノ酸の正と負の電荷の数が等しくなり，全体としての電荷が0になるpHを，そのアミノ酸の等電点という。α-アミノ酸の等電点の値は5～6のものが多いが，(a)グルタミン酸の等電点の値は3.2，リシンの等電点の値は9.7である。

α-アミノ酸の分子間で(b)アミノ基とカルボキシ基が反応すると，(c)アミド結合ができる。アミノ酸どうしから生じたアミド結合を特に (エ) 結合という。タンパク質は (エ) 結合によって種々のアミノ酸が多数連なった高分子化合物である。

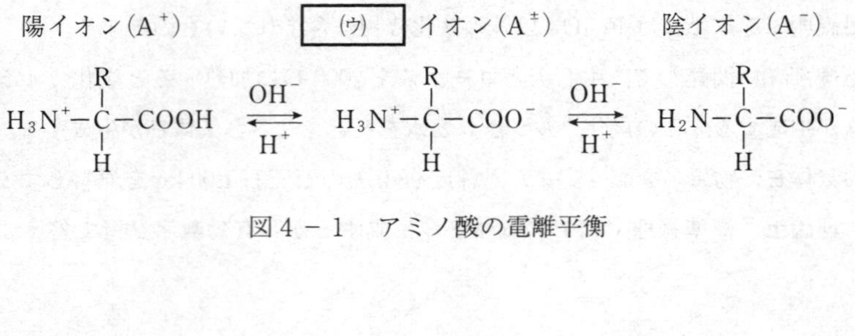

陽イオン(A^+)　　　　 (ウ) イオン($A^{\pm}$)　　　陰イオン(A^-)

$$H_3N^+-\underset{\underset{H}{|}}{\overset{\overset{R}{|}}{C}}-COOH \underset{H^+}{\overset{OH^-}{\rightleftarrows}} H_3N^+-\underset{\underset{H}{|}}{\overset{\overset{R}{|}}{C}}-COO^- \underset{H^+}{\overset{OH^-}{\rightleftarrows}} H_2N-\underset{\underset{H}{|}}{\overset{\overset{R}{|}}{C}}-COO^-$$

図4－1　アミノ酸の電離平衡

1. 空欄 (ア) ～ (エ) に入る適切な語を記せ。
2. 下線部(a)に関して，グルタミン酸の等電点が他の多くのα-アミノ酸よりも酸性側である理由を，グルタミン酸が持つ官能基の種類と数に言及して30字以内で記せ。
3. 下線部(b)で起こる反応の種類として最も適切なものをつぎの①～④の中から選び，番号で記せ。

   ① 付加反応　　② 縮合反応　　③ 酸化反応　　④ 還元反応

4. 下線部(c)に関して，アミド結合を含む化合物をつぎの①～⑤の中から1つ選び，番号で記せ。また，その構造式を例にならって記せ。

   ① ピクリン酸　　　　　　② アセチルサリチル酸
   ③ アセトアニリド　　　　④ 酢酸ビニル
   ⑤ 塩化ベンゼンジアゾニウム

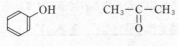

構造式の例

5. (1)式および(2)式の電離定数 K_1, K_2 を，各イオンのモル濃度 $[A^+]$, $[A^\pm]$, $[A^-]$, $[H^+]$ を用いて表せ。
6. 等電点における $[H^+]$ を，K_1 と K_2 を用いて表せ。
7. アラニンの電離定数をそれぞれ $K_1 = 1.0 \times 10^{-2.30}$ mol/L, $K_2 = 1.0 \times 10^{-9.70}$ mol/L とする。この値を用いてアラニンの等電点の値を小数第1位まで求めよ。
8. ある食品 2.50 g に濃硫酸を加えて加熱し，食品に含まれる窒素をすべて硫酸アンモニウムとした。ここに水酸化ナトリウム水溶液を十分に加えて溶液を強い塩基性としたところ，1.20×10^{-2} mol のアンモニアが遊離して生じた。この食品中のタンパク質の質量百分率は何％か。有効数字2桁で求めよ。ただし，食品中の窒素はすべてタンパク質に由来するものであり，タンパク質には質量百分率で 16.0 ％の窒素が含まれているものとする。また，アンモニアの遊離ではすべての硫酸アンモニウムが反応したものとする。

生物

(75分)

注意：**生命科学部環境応用化学科**または**応用植物科学科**を志望する受験生のみ選択できる。解答はすべて解答用紙の指定された解答欄に記入せよ。

〔Ⅰ〕 つぎの文章を読んで，以下の問いに答えよ。

　　エチレンは落葉の調節，果実の成熟，芽生えの形態形成などに作用する植物ホルモンである。葉柄の付け根の細胞がエチレンを受容すると，葉の脱離を引き起こす　　ア　　とよばれる細胞層が形成されて落葉する。若く活発に光合成を行っている葉ではエチレン感受性が低いため，落葉しにくい。
　　　　　　　　　　　　　　　　　　(i)
　　果実が一定の大きさになると植物からエチレンが放出され，果実の成熟が促進
　　　　　　　　　　　　　　　　　　　　　　　　　　　　　　(ii)
される。果実が少量のエチレンを生成し始めると，エチレンがさらにエチレンの
　　　　　　　　　　　　　　　　　　　(iii)
生成を促すので，果実の成熟とともにエチレンの生成量は急速に増大する。こうして急増したエチレンは細胞壁成分を可溶化する酵素の合成を促進し，この酵素のはたらきで果肉が柔らかくなる。
　　トマトのような成熟が早い果実は収穫後の日持ちが悪い。そこで，果実軟化を遅延させるために，遺伝子組換えトマトが作製された。この遺伝子組換えトマト
　　　　　　　　　　　　(iv)
には，トマト果実の細胞壁成分を可溶化する酵素をコードする遺伝子（遺伝子 p）と相補的な塩基配列が導入された。この相補的な塩基配列から転写された RNA が遺伝子 p から転写された mRNA と結合すると，遺伝子 p の mRNA が分解される。その結果，遺伝子 p がコードする酵素タンパク質が合成されず，果実軟化が遅延すると考えられる。
　　植物が風で揺すられ続けたり，障害物などに接触した状態が続いたりすると，茎の伸長成長が抑制されて肥大成長が促進される。これは振動や接触の刺激を受
　　　　　　　　　　　　　　(v)
けてエチレンの合成が増大し，放出されたエチレンが細胞骨格に作用したことに

よる。

　野生型のシロイヌナズナの芽生えを暗所で生育させると胚軸が伸長する。一方，エチレン処理をするとエチレン無処理時と比べて胚軸の伸長が抑制されて肥大する。この表現型を指標としてシロイヌナズナの突然変異体が探索され，エチレンの受容体やエチレン応答に関わるタンパク質をコードする遺伝子が見つかってきた。

1．以下の問い1），2）に答えよ。
　1） ア に入る最も適切な語句を記せ。
　2） 下線部(i)について，エチレン感受性を低く抑えることに関わる植物ホルモン名を下記(a)～(d)より1つ選び，記号で答えよ。
　　(a) アブシシン酸　　　　　(b) オーキシン
　　(c) ジベレリン　　　　　　(d) ジャスモン酸

2．下線部(ii)について，成熟した果実を未熟な果実のそばにおいておくと，未熟な果実の成熟が促進されることがある。それはエチレンがどのような状態で放出される植物ホルモンであるためか，1行以内で述べよ。

〔解答欄〕1行：14.8 cm

3．下線部(iii)について，最終生成物が一連の反応の初期段階にかかわる酵素の活性を阻害または促進することで，最終生成物の生産量を調節するしくみを何とよぶか，その名称を記せ。

4．下線部(iv)について，以下の問い1）～3）に答えよ。
　1） 植物細胞への外来遺伝子導入には，土壌中に生息し，植物に感染するある細菌を用いた方法がよく用いられる。この細菌の名称を記せ。
　2） 真核生物においては，目的遺伝子の一部と同じ配列をもつ短いRNAを人工的に細胞に入れることで，目的遺伝子のmRNAを分解し，遺伝子発現を抑制する方法がある。この操作に用いられる現象を何とよぶか，その名称を記せ。
　3） この遺伝子組換えトマトの作製に使用したベクターには，遺伝子pのmRNAと相補的なRNAを転写する領域に加えて抗生物質に対する耐性遺伝子も含むようにした。この耐性遺伝子の導入は，どのような目的のためと考

えられるか，句読点を含め60字以内で述べよ。
5．下線部(v)について，以下の問い1），2）に答えよ。
  1）エチレンの作用により茎の細胞が肥大成長するしくみを，「セルロース繊維」という語句を用い，句読点を含め80字以内で述べよ。
  2）1）とは反対に，茎の縦軸方向への細胞成長促進に関わる植物ホルモン名を下記(a)〜(d)より1つ選び，記号で答えよ。
    (a) アブシシン酸   (b) サイトカイニン
    (c) ジベレリン   (d) ジャスモン酸
6．以下の事例(1)〜(4)は，いずれも植物ホルモンまたは関連物質の処理によって実現される。下記(a)〜(c)の中から最も適切な処理をそれぞれ選び，記号で答えよ。なお，同じ選択肢を複数回選んでもよい。
事例(1) カーネーションの切り花のしおれを抑え，花を長持ちさせる。
事例(2) 種なしブドウを作る。
事例(3) 太くて歯ごたえのあるモヤシを作る。
事例(4) 未熟な状態で輸入したバナナの成熟を早める。
  (a) エチレンあるいはエチレン発生剤の処理
  (b) エチレン作用阻害剤の処理
  (c) ジベレリン水溶液の処理
7．エチレン応答に関するシロイヌナズナの突然変異体のうち，図のようにx遺伝子に変異が入っているx変異体はエチレンを処理しなくても胚軸の伸長が抑制された。一方，y遺伝子に変異が入っているy変異体はエチレンを処理しても胚軸の伸長が抑制されなかった。x，y遺伝子はそ

図 エチレン応答に関わる突然変異体の表現型

れぞれX, Yタンパク質をコードしている。また, x, y遺伝子の両方に変異が入っているxy変異体は, y変異体と同様の表現型を示した。なお, これらの突然変異体においてはエチレン応答に関する遺伝子以外の遺伝子は正常であることがわかっている。

以下の問い1)～3)に答えよ。

1) 下線部(vi)について, エチレンの受容機能を失った突然変異体は, 下記(a)～(c)のどれと同じ表現型を示すと考えられるか, 記号で答えよ。
    (a) 野生型個体　　　　(b) x変異体　　　　(c) y変異体

2) 説明文中のX, Yタンパク質はそれぞれエチレン応答遺伝子の発現にどのように関わっていると考えられるか, 下記(a)～(c)の中から最も適切なものをそれぞれ選び, 記号で答えよ。
    (a) エチレン応答遺伝子の発現を促進している。
    (b) エチレン応答遺伝子の発現を抑制している。
    (c) エチレン応答遺伝子の発現に関与していない。

3) xy変異体の表現型から, エチレンの信号伝達経路において, Xタンパク質とYタンパク質との関係はどのようになっていると考えられるか, 下記(a)～(d)の中から最も適切なものを選び, 記号で答えよ。
    (a) Xタンパク質がYタンパク質の機能を促進している。
    (b) Xタンパク質がYタンパク質の機能を抑制している。
    (c) Yタンパク質がXタンパク質の機能を促進している。
    (d) Yタンパク質がXタンパク質の機能を抑制している。

〔Ⅱ〕 つぎの文章を読んで，以下の問いに答えよ。

　生物はさまざまな物理化学的な情報を感覚器官で感知し，それをもとに環境に対して応答する。眼は光の刺激を受け取る受容器である。成人のヒトの眼球は直径約 25 mm の球形で，眼球前部にある角膜と水晶体で光を屈折させ，網膜上に像を結ばせる。網膜には視細胞があり，これが光刺激を受容して感覚細胞としてはたらく。視細胞は［ ア ］細胞と［ イ ］細胞の 2 種類に区別され，このうち［ ア ］細胞は色を認識する。［ イ ］細胞にはロドプシンという視物質があり，受光にともなってこの物質の構造が変化することによって視細胞の細胞膜に電気的な変化が生じる。この電気的な信号は視神経を通じて大脳にある視覚の中枢へと伝えられ，これによって視覚が生じる。

1．以下の問い 1 ）～ 3 ）に答えよ。
　1 ）空欄［ ア ］と［ イ ］に入る最も適切な語句を記せ。
　2 ）［ ア ］細胞には①420 nm，②530 nm，③560 nm それぞれの波長の光を最もよく吸収する視物質を含む 3 種類が存在し，それぞれが認識する色の名称がついている。①～③の波長の光を認識する［ ア ］細胞の色の名称をそれぞれ記せ。
　3 ）図はヒトの右眼の視細胞のうち［ ア ］細胞と［ イ ］細胞の分布を示したものである。［ ア ］細胞の分布を示すグラフはAとBのいずれか，アルファベットで答えよ。また，図中のCとDの位置にある眼球の部位の名称を記せ。

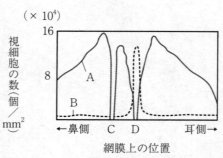

図　ヒトの右眼の視細胞の分布

2．下線部(i)について，ヒトなどの耳は音波を感知するとともに平衡覚もつかさどる器官である。平衡は「傾き」と「回転」によって認識されるが，それぞれを知覚するのは耳の何という部位か，その名称を記せ。

3．下線部(ii)のロドプシンは，あるタンパク質と化学物質から構成される。以下の問い1)，2)に答えよ。

　1）ロドプシンが光を受容し，構成するタンパク質が　イ　細胞の電気的な信号を引き起こすまでのしくみを，ロドプシンを構成するタンパク質と化学物質の名称を含めた上で，句読点を含め100字以内で述べよ。

　2）この化学物質はある栄養素「ビタミン　　」から合成されるが，この　　にあてはまるアルファベット1文字を大文字で記せ。

4．眼には物体までの距離に応じて水晶体の厚さを変えて網膜に像を結ばせる遠近調節のしくみがある。以下の問い1)，2)に答えよ。

　1）遠くを見るときに眼で起きる調節の過程を，次の語群の語句をすべて用いて，句読点を含め40字以内で述べよ。
　　語群：水晶体，チン小帯，毛様筋

　2）加齢とともに水晶体の弾力が失われると「老眼」になる。「老眼」は水晶体の厚みがどのようになる症状か，句読点を含め20字以内で述べよ。

5．ミツバチは花の色が，ヒトが見ているものとは異なるように見えており，そのため蜜の位置を正確に把握できる。これはミツバチがヒトの眼では知覚できない，ある種類の光を知覚しているためである。その光の名称を記せ。

6．ホシムクドリは渡りをする鳥であるが，光を感知して方向を知る。これは檻に入れたホシムクドリが，太陽が見えるときは特定の方角を向くが，太陽が見えない環境ではランダムな方向に頭を向ける実験観察からわかる。一方，太陽を模した動かない人工的な光を当てた実験では1時間に約15°の割合で頭の向きを反時計回りに変えた。この行動は野生のホシムクドリにとってどのような意味があると考えられるか，句読点および記号を含め80字以内で述べよ。

〔Ⅲ〕 つぎの文章を読んで，以下の問いに答えよ。

　　生物は地球上の多様な環境に生息しており，生態系を形成する生物群集はさまざまな個体群により構成されている。その構成員である個体の分布には，生物を取り巻く非生物的な環境のみではなく，個体間や種間の相互関係が反映される。分布の主な様式は，生息地において各個体が他個体と関係なく散らばり，不規則な配置になる　ア　分布，自然界で最もよくみられ，多くの個体が生息地の特定の空間に偏る　イ　分布，生息地内での偏りが少なく各個体が規則的に存在する　ウ　分布に大別される。

　　個体群を構成する個体数の推定法の1つに，生息地域内に一定面積の区画を設け，その中の個体数を調べる　エ　がある。　エ　は植物や動きの遅い動物などに適した方法である。一方，生息区域内を動き回る動物などの個体群には　オ　が用いられる。　オ　ではまず，調査対象とする動物を複数個体捕獲し，標識をつけて同じ生息地に放つ。しばらく時間をおき標識個体が十分に移動した後に2回目の捕獲を行って総捕獲個体数と標識が付いた個体数を調べ，1回目の標識個体数にこれらの比を乗じて個体群全体の個体数を推定する。個体群の大きさについて，単位面積（例えば1 m²）など単位空間あたりの個体数で示したものを(i)　カ　という。

　　個体群における個体数の増加を個体群の成長といい，この様子を図のグラフのように表したものを　キ　という。例えば閉鎖空間など，ある限られた環境下で動物の個体数が増加すると，個体間の　ク　が激しくなり，出生率の低下や死亡率の上昇が生じる。このように，個体群の密度の変化に伴って個体群内の個体の発育，生理などが変化することを　ケ　といい，ある環境下で存在できる最大個体数を　コ　という。

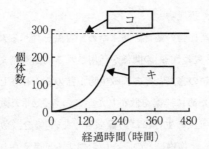

図　ある限られた環境下における個体数の変化

1．空欄　ア　〜　コ　に入る最も適切な語句を記せ。
2．以下の問い1），2）に答えよ。
　1）以下は，ある池におけるトンボAの個体数を推定するため，　オ　によって行った調査の結果である。この結果を用いて，この池（外周を含む）におけるトンボA成虫の全個体数の推定値を記せ。
　（調査結果）
　　好天日に捕虫網を用いて池の外周でトンボAの成虫140個体を捕獲した。つぎに，傷をつけないよう注意して油性ペンでこれらの翅に印を記入し，もとの池のそばで放した。同様に好天であった翌日の同じ時間帯に前日と同様の方法で2回目の捕獲を行ったところ，216個体が得られ，このうち8個体の翅に印があった。
　2）上記の1）でトンボAの個体数を推定した池の面積は，捕獲調査を行った外周を含めて812 m^2 である。下線部(i)の方法によりトンボAの個体群の大きさ（個体/m^2）を推定せよ。なお，数値が整数とならない場合は，四捨五入し小数点第1位まで記せ。
3．ショウジョウバエの雌雄1対を一定量の餌とともに容器に入れて飼育すると，図のように初期は個体数が急増するが，やがて増加の速度がにぶり，　コ　に達するとそれ以上は増加しなくなる。そのため，　キ　は一般的にS字状の形態をとる。このように増加が有限である理由を，下記の語群にあるすべての語句を必ず1回は用いて，句読点を含め90字以内で述べよ。

語群：食物，生活空間，排泄物

4．近年は，害虫による農作物の被害を防ぐため，害虫を食べる天敵生物と害虫の間に成り立つ「食う－食われる」の関係が活用される場面も増えている。いま，ある作物の畑に，1種類の害虫とその天敵生物1種のみが存在している状況下で，**作物の病気を防ぐために**農薬を散布した。この農薬が「天敵生物の生存に悪影響があり，かつ，害虫の生存には影響を与えない」場合，散布後両者の個体数はどのように推移し，作物にどのように影響すると考えられるか。下記の語群にあるすべての語句を必ず1回は用いて，句読点を含め80字以内で述べよ。

語群：捕食者，被食者

〔Ⅳ〕 つぎの文章を読んで，以下の問いに答えよ。

生体防御は，外界から体内に侵入する病原体などの異物を排除するしくみである。生体防御には，第一の防御機構として異物の体内への侵入を阻止する物理的・化学的防御がある。物理的防御では，外界と接している皮膚や粘膜がはたらいている。皮膚は，表面をおおう表皮と，深部の真皮から構成されている。表皮の最深部にある ア では細胞分裂が盛んに行われ，分裂した細胞は表層へと押し出される。押し出された細胞は，皮膚表面で イ を形成して強靱になり異物の侵入を防ぐ。気管や消化管の内壁には粘膜があり，そこから粘性の高い粘液が分泌されている。気管などに侵入した異物は粘液に包まれ，くしゃみや咳などにより体外に排出される。一方，化学的防御では，皮膚にある皮脂腺や汗腺などからの分泌物が皮膚の表面を ① に保ち，多くの細菌の繁殖を防ぐはたらきをしている。 ② を示す胃液も消化管から侵入する細菌の腸への到達を防いでいる。

第一の防御機構をすり抜けて体内に侵入した異物に対しては，自己と非自己を区別して非自己だけを排除する免疫がはたらく。この免疫には，第二の防御機構として異物を非特異的に排除する自然免疫と，異物を特異的に認識して排除する

第三の防御機構の獲得免疫(適応免疫ともよぶ)があり，それらは相互に密接に連携しながら機能している。自然免疫では，異物の侵入した場所に好中球，マクロファージ，樹状細胞などが引き寄せられ免疫細胞間で相互作用しながら異物を分解して排除する。これらがはたらくと，異物の侵入した場所が赤く腫れ，痛みを生じて熱をもった状態になることがある。獲得免疫は，体内に侵入した異物を認識・記憶して，再び同じ異物が侵入すると特異的に強く反応し排除するしくみである。それは，骨髄や脾臓で分化・成熟したB細胞がはたらく ウ 免疫と，胸腺で分化・成熟したT細胞がはたらく エ 免疫に分けられる。 ウ 免疫では，体内に侵入した異物を白血球が抗原と認識し，B細胞がその抗原に対して特異的に反応する抗体を分泌する。抗原と抗体が結合した複合体は，マクロファージにより排除される。 エ 免疫は，活性化されたキラーT細胞などが病原体に侵された自己の細胞や体内のがん細胞，さらには生体移植された非自己の臓器や組織なども攻撃して排除する。このようなしくみにより，生体は病原体などからからだを守っている。

1．以下の問い1），2）に答えよ。
  1）空欄 ア ～ エ に入る最も適切な語句を記せ。
  2）空欄 ① と ② に入る最も適切な語句を下記(a)〜(e)よりそれぞれ1つ選び，記号で答えよ。
    (a) 強酸性   (b) 弱酸性   (c) 中性
    (d) 弱アルカリ性   (e) 強アルカリ性
2．下線部(i)の表皮の形成において，押し出された細胞が イ を形成するために合成するタンパク質の名称を下記(a)〜(f)より1つ選び，記号で答えよ。
    (a) エラスチン   (b) ケラチン   (c) コラーゲン
    (d) コレステロール (e) セラミド   (f) トリグリセリド
3．下線部(ii)について，皮膚にある皮脂腺，汗腺，涙腺などの分泌物には1）細菌の細胞壁を分解，あるいは2）細菌の細胞膜を破壊するタンパク質などが含まれている。それらの名称を下記(a)〜(i)よりそれぞれ1つ選び，記号で答えよ。
    (a) アセチルコリン (b) アドレナリン   (c) アミラーゼ

(d) チロキシン　　　　(e) ディフェンシン　　　(f) ヌクレアーゼ

(g) バソプレシン　　　(h) ポリメラーゼ　　　　(i) リゾチーム

4．下線部(iii)について，免疫細胞はほとんどの細胞表面にある主要組織適合性複合体抗原(MHC抗原)というタンパク質の型を認識し，自己と非自己を区別する。通常，免疫はMHC抗原の同一の型を示す細胞や組織に対しては反応しないが，まれに同じ型(自己)の細胞や組織を非自己として攻撃する病気が生じる。この病気について，以下の問い1)，2)に答えよ。

1) その病気の総称を何というか，適切な語句を記せ。

2) その具体的な病名を下記(a)～(f)の中からすべて選び，記号で答えよ。

(a) Ⅰ型糖尿病　　　　(b) Ⅱ型糖尿病　　　　(c) アトピー性皮膚炎

(d) 花粉症　　　　　　(e) 関節リウマチ　　　(f) 気管支喘息

5．下線部(iv)について，免疫反応は，関係する細胞間の密接な相互作用により成立する。その相互作用ではたらく情報伝達物質を総称してサイトカインという。サイトカインとしてはたらく物質を下記(a)～(i)の中からすべて選び，記号で答えよ。

(a) アルブミン　　　　(b) インスリン　　　　(c) インターフェロン

(d) インターロイキン　(e) グリコーゲン　　　(f) グルカゴン

(g) グロブリン　　　　(h) ケモカイン　　　　(i) プロトロンビン

6．下線部(v)の自然免疫において，そこではたらく白血球が体内に侵入した異物を非特異的に分解して排除するはたらきのことを何というか，適切な語句を記せ。

7．下線部(vi)の免疫反応のことを炎症という。その反応においてどのような免疫機構がはたらいているか，下記の語群にあるすべての語句を必ず1回は用い，句読点を含め50字以内で述べよ。

語群：毛細血管　　食細胞　　消化分解

8．免疫の強いアレルギー反応である「アナフィラキシーショック」とはどのような症状か，句読点を含め50字以内で述べよ。

9．獲得免疫の反応過程の記述として，下記(a)～(e)の中から**誤っているもの**をすべて選び，記号で答えよ。

(a) 体内に異物が侵入すると待機していた樹状細胞はその異物を取り込み，それを分解・断片化しながら近くのリンパ節に移動する。

(b) リンパ節に移動した樹状細胞は分解した異物の断片からなる抗原を主要組織適合性複合体抗原（MHC抗原）とともにその表面に提示し，それを認識するヘルパーT細胞を活性化して増殖させる。

(c) 活性化されたヘルパーT細胞は，同じ抗原を認識するキラーT細胞を活性化して増殖させる。増殖したそれらT細胞はリンパ節を出て血管を経由して感染場所に移動する。

(d) 活性化されたキラーT細胞は，感染細胞などの表面に現れた同一の抗原を認識し，その細胞を直接攻撃する。マクロファージも傷ついた感染細胞を分解する。

(e) 抗原提示した樹状細胞と活性化したヘルパーT細胞の一部は記憶細胞となり，次なる感染に備え体内で待機する。

10. 免疫のしくみを利用して，感染症を効果的に防ぐワクチンの予防接種がある。そのことについて，下記(a)〜(e)の中から正しいものをすべて選び，記号で答えよ。

(a) イギリスのジェンナーは，18世紀末に牛痘患者の『うみ』を健康なヒトに接種して天然痘の予防法を開発した。これがワクチンの原形となった。

(b) 19世紀末，フランスのパスツールはジェンナー考案の天然痘予防法をワクチンと名付けるとともに，みずからもインフルエンザなどのワクチンを開発した。

(c) 日本の北里柴三郎は，19世紀末にジフテリアや破傷風を治療するワクチンを開発し国内外に広く普及した。

(d) アメリカのスタインマンは20世紀後半に樹状細胞を発見し，そのヘルパーT細胞を活性化させるしくみを利用してmRNAワクチンを開発した。

(e) 20世紀後半，日本の利根川進はB細胞が産生する抗体の抗原決定基特異性発現機構を遺伝子レベルで解明し，そのしくみを利用したワクチン接種による抗体産生増強法を開発した。

解答編

英語

I 解答
問1．(1)—ニ　(2)—イ　(3)—ニ
問2．(1)—ハ　(2)—イ　(3)—ロ
問3．(1)—イ　(2)—ニ　(3)—ハ　(4)—ハ　(5)—イ　(6)—ロ
問4．（2番目，4番目の順に）(1)—ハ，ニ　(2)—ロ，ハ　(3)—ホ，ロ

◀解　説▶

問3．(1) 「もし私があなたなら，後で雨が降るといけないから傘を持って行くよ」となるように，イの in case「～するといけないから」を選ぶ。I'm off.「出かけるよ」

(2) 「私たちは，その窓が全て壊されていた家を見つけた」となるように，ニの whose を選び，先行詞 house の窓という修飾関係を作る。

(3) remember *doing*「～したことを覚えている」 全文の意味は「私が彼女にその事故について尋ねたとき，彼女は何も見た覚えがないと言った」

(4) 会話の流れは以下の通り。
母親：ケン，9時15分だよ！　授業に遅れるよ！
ケン：心配しないで，9時の授業は休講で，2時間目の前には10分の休み時間があるから。
母親：それは何時に始まるの？
ケン：10時50分。ドアからドアまで1時間10分かかるから，5分後に出れば20分前に着くはず。
現在が9時15分なので，5分後に家を出るということは9時20分である。学校までは1時間10分かかるので到着は10時30分になる。2時間目は10時50分に始まるから20分前に着くことになり，ハが正解となる。

(5) 会話の流れは以下の通り。
スー：マリ，明日って祝日じゃないよね。

マリ：いいえ，文化の日は月曜日よ。
スー：月曜日ね。思った通りだわ。ミカは混乱してたに違いない。明日だって言ってた。
マリ：もしそう言ったのなら間違ってるね。

スーは初めから翌日は祝日ではないと思っていて，ミカが混乱して間違えたと言っている。マリの第1発言（No, Culture Day …）はスーの思っていた通りの内容なので，イが正解となる。

(6) 会話の流れは以下の通り。

アンディ：大変，明日はお母さんの誕生日なのにまだ何もプレゼントを買ってないよ。
ケイタ：本を買いなよ。彼女は読書が大好きだから。
アンディ：うん，でも去年，本を買ったんだよね。
ケイタ：わかった。じゃあ別の本にしなよ。きっと気に入るよ。

アンディが母親に本をプレゼントすることを提案したケイタはアンディの返答を聞いて別の本を買うよう勧めている。そのことからアンディはすでに母親へ本を贈っていたことが推察されるので，ロが正解となる。

問4．(1) (The engineers have invented) a new machine which will make a contribution (to the development of agriculture.)「その技師たちは農業の発展に貢献する新しい機械を発明した」 make a contribution to ～「～に貢献する」

(2) Not knowing how to prepare for the next math exam (, I made an appointment with Professor Suzuki and got some advice.)「次の数学のテストにどう準備したらよいかわからなかったので，私はスズキ教授と面会の約束を取りアドバイスをもらった」 Not knowing は否定形の分詞構文。prepare for ～「～の準備をする」

(3) Now that information technology has become widely used (, we can do a lot of things without leaving our house.)「今や情報技術が広く使われるようになっているので，私たちは家を出ることなくたくさんのことができる」 now that S V「今や S は V なので」

II 解答

問1．A―ト　B―チ　C―ホ　D―ニ　E―ロ
問2．A―ホ　B―ト　C―ヘ　D―ハ　E―イ

◆全訳◆

問1．≪真に知的な機械を作る試み≫

　人工知能とは機械に人間のように考えさせることからなる科学の一分野である。これらの機械，すなわちコンピュータは大量の情報を蓄え，それらを驚くべき速度で正確に処理できる。それらに欠けているものは学習し「知的な決定」を行う能力である。知的な機械を作るには何が必要であろうか。経験に関する情報を蓄えられる記憶やスペースと，これらの経験を新しい経験に適用する方法，それに論理的結論に達するために経験を比較する方法である。それがあれば知的な機械となるであろう。たとえば，あなたのアイロンを例に取ろう。電気アイロンはその温度が必要とされる温度を超えていることを理解し，自動的に電源を切る。私たちは電気アイロンは知的だと言える。それは特定の状態（アイロンが熱くなっている）に反応でき，その状態に基づいて決定を下し，電源を切るからである。しかし，アイロンは経験を通してこれを学んだのではないので，真に知的な機械ではない。科学者たちは，それらに「考え」させようとして，コンピュータの中に人間の学習過程を再現しようとする新しいソフトウェアプログラムを作っている。これらのプログラムは脳の機能をコピーしようとしている。

問2．≪ボートの作図手順≫

　まず1本のまっすぐな斜線を描きなさい。次に図面の下部にまっすぐな水平線を描きなさい。前に引いた線の2つの端を曲線でつなぎなさい。前に引いた直線の2番目の2つの端を丸い線でつなぎなさい。ボートの中央に，ボートの上の外形線と平行な直線を描きなさい。2本の垂直な平行線を描き，それらの上の端を短い線でつなぎなさい。前に描いたマストの左右に2本の直線を描きなさい。前に描いたマストへの2本の線の下の端を直線でつなぎなさい。

◀解　説▶

問1．A．コンピュータの機能としては情報を蓄えることと，それを処理することが考えられるので，トのstore「蓄える」が正解となる。
B．「学習し『知的な決定』を行う能力」は空所のある文の前の文

（These machines, or …）でコンピュータにできることとして挙げられていないものなので，チの lack「～を欠いている」が正解となる。
C．come to～「～に達する」
D．react to～「～に反応する」
E．「それらに『考え』させようとして，コンピュータの中に人間の学習過程を」どうしようとするのが文脈に合うかを考えると，ロの recreate「～を再現する」がふさわしい。

問2．A．図から斜線とわかるので，ホの slanted「斜めの」が正解。
B．図から水平線とわかるので，トの horizontal「水平の」が正解。
C．図から曲線とわかるので，ヘの curved「曲がった」が正解。
D．図から上の線と平行な線とわかるので，ハの upper「上の」が正解。
E．図から垂直な線とわかるので，イの vertical「垂直な」が正解。

III 解答
問1．ニ　問2．ハ　問3．イ　問4．ハ　問5．ロ
問6．(1)—T　(2)—F　(3)—F　問7．イ

◆全　訳◆

≪恐竜に関するインタビュー≫

インタビュアー：こんにちは，スティーヴ。私たちの質問に答えてくださるということで，ありがとうございます。今世紀で最も重要な恐竜の発見は何だと思いますか？

スティーヴ：過去20年に見つかった最も重要な恐竜はいずれも中国から出た羽のある恐竜だと思います。羽は鳥類が恐竜から進化した主要な証拠です。私たちは今，何万もの，羽に覆われた本物の恐竜の化石を持っています。それは実に新しい恐竜の見方です！

インタビュアー：どうして恐竜に羽があったと言えるんですか？

スティーヴ：羽そのものを見つけることによってです！　それは考えてみれば信じられないことです，なぜなら羽は保存しにくいからです。普通，私たちは骨と貝殻の化石しか手に入りません——とても固いものです。保存された筋肉や皮膚，臓器や羽を入手することはまれです。なぜならそれらの柔らかい部位は生物が死んだ後とても早く腐敗するからです。それらが保存されるためには完璧な環境が必要です。それらは腐敗しないようにとても早く埋められる必要があります。

インタビュアー：わあ！　なぜ恐竜が死に絶え，絶滅したかの理由はご存じですか？　色々な説を聞きますが。

スティーヴ：それは大きな問題です！　それは最初の恐竜が見つかったとき以来，人々が議論してきた問題です。私たちは6,600万年前に大きな小惑星か彗星が地球に激突したということが正しいと知っています。それは幅6マイルでメキシコに激突したと私たちは考えています。それは間違いなく恐竜が絶滅したことと関係がありました。しかし，当時に戻ると，多くの大きな火山が活動していて気温の変化は常に起きており，そのこともまた彼らの絶滅した原因となったかもしれません。

インタビュアー：何かお気に入りの恐竜に関する事実はありますか？

スティーヴ：ええ，ティラノサウルスはトリケラトプスよりもスズメと密接に関連していることは知っていましたか？　もう一つとても素敵なこととは，ティラノサウルスは6,600万年前に生きていた一方で，ステゴサウルスは1億5,000万年前に生きていたということです。だからティラノサウルスはステゴサウルスよりも私たちに近い時代に生きていたんです。びっくりじゃないですか？

インタビュアー：それは知りませんでした！　最近，私たちは科学者たちが絶滅したカエルの生きた複製を生み出すために研究しているという話を読みました。私たちは恐竜に関しても同じことができるとお考えですか？

スティーヴ：それは良いことだろうとは思いません——ティラノサウルスに走り回ってほしくはないですから！　恐竜は死んで数千万年以上になります——彼らの世界は，彼らが暮らした生態系や彼らが食べた動植物たちとともに消え去りました。また，恐竜はあまりにも昔に死んだため，彼らのDNAは腐敗してしまっています。それの小さな破片やかけらは見つかりますが，何かのクローンを作るにはゲノム全体が必要です。

インタビュアー：どのくらいの数の恐竜の種がまだ発見されていないと思いますか？

スティーヴ：これまでにおおよそ1,200の異なる恐竜の種が見つかっています。おそらく少なくともそれと同数のものがまだ発見されていないでしょう。現時点で，世界のどこかの誰かが週に1回くらい新しい恐竜の

種を見つけています。信じられないことです。
インタビュアー：スティーヴ，このインタビューをする機会をありがとうございました！

━━━━━━━━◀解　説▶━━━━━━━━

問 1．「恐竜に羽があったことを知るのはなぜそれほど重要なのか」
イ．「それは彼らの姿を教えてくれる」
ロ．「それは彼らがどのようにして寒い冬の間生活していたかを教えてくれる」
ハ．「それは彼らがどのようにして捕食者たちから身を守っていたかを教えてくれる」
ニ．「それは今日の動物たちと彼らの関係を教えてくれる」
スティーヴの第1発言第2文（Feathers are the …）に「羽は鳥類が恐竜から進化した主要な証拠です」とあるので，ニが正解となる。

問 2．「次のどの化石化された体の部位が最も頻繁に見つかるか」
イ．「肺」　ロ．「皮膚」　ハ．「歯」　ニ．「心臓」
スティーヴの第2発言第3文（Normally we only …）に「普通，私たちは骨と貝殻の化石しか手に入りません——とても固いものです」とある。選択肢の中で固いものはハである。

問 3．「下線部(a)の表現 do the same for dinosaurs によってインタビュアーは何を意味しているか」
イ．「恐竜を再製する」　ロ．「恐竜を特定する」　ハ．「恐竜と共存する」
ニ．「恐竜について調査する」
下線部(a)のある文の前の文（We've read recently …）でインタビュアーは「最近，私たちは科学者たちが絶滅したカエルの生きた複製を生み出すために研究しているという話を読みました」と言っているので，下線部(a)の「恐竜に関しても同じことをする」は恐竜の生きた複製を生み出すこととわかる。したがって，イが正解となる。

問 4．「that という語が下線部(b)の that と同じように使われている文を選びなさい」
イ．「誰も全てのドアに鍵がかけられていることに気づかなかった」
ロ．「ビルは昨日起こった問題について知らない」
ハ．「私はそれを数日前ジョンから聞きました」

ニ．「彼はその列車が午前7時に出発することを知っている」

下線部(b)の that は代名詞なので，ハが正解。イは同格の that，ロは関係代名詞，ニは接続詞。

問5．「スティーヴ=ブルサットは下線部(c) There are probably at least that many still to be discovered で何を意味しているか」

イ．「私たちはこれ以上の恐竜の種は発見できない」

ロ．「1,200かそれ以上の恐竜の種が発見されるだろう」

ハ．「発見されていない恐竜の種は少ない」

ニ．「1,200より少ない恐竜の種が発見されるだろう」

スティーヴの最終発言第1文（Approximately twelve hundred …）に「これまでにおおよそ1,200の異なる恐竜の種が見つかっています」とある。下線部(c)の that many は「それと同数の」の意味なので1,200である。at least がついているため「1,200かそれ以上」ということになり，ロが正解となる。

問6．「本文の範囲内で，次の各文が正しければTを，そうでなければFをマークしなさい」

(1)「ステゴサウルスはティラノサウルスよりも8,400万年早く生きていた」

スティーヴの第4発言第2文（The other thing …）に「ティラノサウルスは6,600万年前に生きていた一方でステゴサウルスは1億5,000万年前に生きていた」とあるので，T。

(2)「スティーヴ=ブルサットは恐竜の絶滅は1つだけの要因で起こったと考えている」

スティーヴの第3発言（That's the big …）でスティーヴは小惑星か彗星の衝突の他に火山の噴火と気温の変化も恐竜が絶滅した原因かもしれないと述べているので，F。

(3)「これまで誰も恐竜のDNAを見つけていない」

スティーヴの第5発言最終文（We can find …）で恐竜のDNAの「小さな破片やかけらは見つかります」と述べられているので，F。

問7．「このインタビューの目的は何か」

イ．「恐竜の研究がいかに魅力的かを示すこと」

ロ．「恐竜と人間が共存したかどうかの問題について考えること」

ハ．「恐竜の子孫はまだ生きていることを示すこと」
ニ．「恐竜の研究はいかに日常生活に役立つかを考えること」
ロ，ハ，ニの内容はインタビュー中に言及がない。したがって，イが正解となる。

IV 解答

問1．(1)―イ　(2)―ニ　(3)―ロ　(4)―ロ
問2．ハ　問3．ニ　問4．ハ　問5．ロ
問6．(1)―イ　(2)―ロ　(3)―ニ　問7．ロ

◆全　訳◆

≪人が犯しがちな間違いについて≫

① 私は電機，電気のスイッチやヒューズ，コンピュータの基本ソフトやワープロ，また飛行機や原子力発電所に関してでさえ間違い――時には深刻な間違い――をする人々を研究してきた。いつでも人々は罪の意識を持ち，その間違いを隠そうとするか，あるいは自分自身を「愚かさ」や「技能不足」のために責める。私はしばしば観察する許可を得るのに苦労する。誰もまずい行いをするところを観察されたくはないのだ。私はデザイン設計がまずく，他人も同じ間違いを犯すということを指摘する。それでも，もし仕事が単純でありふれたものに思えるならば，人々は自分自身を責める。それはまるで彼らが自分自身を機械的に無能であるとみなすことに奇妙な誇りを持っているようである。

② もちろん，人々は確かに間違いを犯す。複雑な機器には常に何らかの指示が必要とされ，それらを指示なしに使えば間違いを犯し混乱することが予想されるはずだ。しかし設計者たちは間違いを極力代償の要らないものにするよう特別な注意を払うべきである。以下が私の間違いに関する信念である。もし間違いが起こり得るというなら，誰かが間違いを犯すものだ。設計者はあらゆる間違いは起こるものだと想定し，まず第一にいかなる間違いの起こる可能性も，あるいは一度間違いが犯されたならその影響を最小化するように設計しなければならない。間違いは簡単に検知できるべきであり，影響を最小限にし，もし可能ならばそれらの影響は取り返し可能なものであるべきだ。

③ 私たちの生活は誤解に満ちている。これは驚くべきことであるはずはない。私たちは頻繁に不慣れな状況に対処しなければならないのだ。心理

学者たちは間違いと誤解を愛する。というのは，これらは私たちの頭の組織と働きについての重要な手がかりを与えるからだ。多くの日常の誤解は「単純な」もしくは「大衆的な」理解に分類される。そしてこれらの誤解を抱くのは普通の人々だけではない。アリストテレスは物理学者たちが古めかしいとか面白おかしいと思う物理学の全理論を発展させた。しかしアリストテレスの理論は私たちが学校で教えられる高度に洗練された抽象的な理論よりはるかによりよく常識や日々の観察に合致する。アリストテレスは私たちの言う単純な物理学を発展させた。あなたは複雑な物理学の世界を学んで初めて何が「正しい」かを知り，なぜ「単純な」見方が間違えているのかを理解できる。

4 たとえば，アリストテレスは，動く物体は，もし何かがそれらを押し続けるならば動き続けると考えた。今日の物理学者たちはこれは馬鹿げていると言う。動く物体は何らかの力がそれを止めるために適用されない限り動き続けるのだと。これはニュートンの運動の第一法則であり，それは現代物理学の発展に貢献した。しかし，通りで重い箱を押した，さらに詳しく言えば砂漠の中を何マイルも歩いたことのある人は誰でもアリストテレスが正しいことを知っている。もし押し続けなければ動きは止まるのだ。もちろん，ニュートンと彼の後継者たちは摩擦と空気はないものと想定している。アリストテレスは摩擦と空気の抵抗が常にある世界に生きていた。一度摩擦が関われば，押し続けない限り動く物体は止まる傾向を持つ。アリストテレスの理論は悪い物理学かもしれないが，それは私たちが実際の世界で見ることのできるものをかなりよく表している。次の質問にどのように答えるか考えてみてほしい。

5 誰かがボールを持って野原を横切って走っているのを想像してみよう。あなたが見ているとき，そのランナーはボールを落とす。それが地面に落ちるとき，ボールは図1の軌道A，B，Cのうちどの軌道を取るか。この質問がボストンの学校の6年生になされたとき，3パーセントだけがA，すなわち正解を答えた。残りはBとCに等しく分かれた。高校生でさえうまく答えられなかった。ニュートン力学を1か月半勉強したばかりの41人の生徒のうち20パーセントだけしか正解しなかった。残りはBとCにほぼ等しく分かれた。

6 落下するボールの場合，私たちの予期することはそのボールがまっす

ぐ下に落下するだろうということである。ところが実際には，その落下するボールは軌跡Aをたどるのだ。ボールはランナーに運ばれているので水平な動きをするようになっている。それからボールは放されると同時に，地面に向かって落ちるときでさえ，同じ前方への速度を維持する。単純な考え方をする物理学——そして物理学や他の分野の単純な見方——はたとえ間違っていてもしばしば理解できる。しかし時には，それらは私たちを困らせる。しかし私たちは不慣れなものに対処する方法を持たねばならない。なぜなら人々は説明好きな生き物だからである。

[7] 平らな野原に立って，私は拳銃を取り，平らな水平線に注意深く狙いを定め，弾丸を発射する。もう一方の手を使って，拳銃の弾丸と手の中の弾丸が地面から正確に同じ距離となるよう，もう1つの弾丸を持つ。私は拳銃を撃つと同時にその弾丸を落とす。どちらの弾丸が先に地面へ当たるだろうか。物理学者たちはその弾丸問題は取るに足らないと言う。両方の弾丸は同時に地面へ当たる。1つの弾丸が非常に速く水平に移動しているという事実は，それがいかに速く下へ落下するかに全く影響しないと。なぜ私たちはその答えを受け入れねばならないだろうか。加速している弾丸は，それが空気によって持ち上げられているため少しばかり長く空中にとどまるようにいくらかの揚力——飛行機のような——を持つはずではないか。誰にもわからない。物理学の理論は空気のない状況に基づいている。よくある誤解は拳銃の弾丸は落とされた弾丸よりずっと後で地面に当たるだろうというものだ。しかしこの単純な見方はそれほど奇妙には思われない。

━━━━━━━━━ ◀解　説▶ ━━━━━━━━━

問1．(1) 下線部(1)の poor は「不満足な」という意味なので，イが正解。

(2) 下線部(2)の incompetent は「無能な」という意味なので，ニが正解。

(3) 下線部(3)の clues は「手がかり」という意味なので，ロが正解。

(4) 下線部(4)の sensible は「(人・行動・考え方などが) 賢明な，分別のある」という意味なので，ロの seemingly rational「見たところでは道理にかなった」が最も意味が近い。

問2．イ．「複雑な機器は常に何らかの指示を必要とする」

ロ．「設計がまずい」

ハ．「あなたが間違いを犯しているのを他人に見られたら恥ずかしい」

ニ．「設計者たちは間違いを犯さないように特別な注意を払うべきである」
下線部(a)の後には「誰もまずい行いをするところを観察されたくはない」とあるので，ハが正解となる。

問3．"folk"は「民間の」という意味であるので，ニ．「大衆的な捉え方」が正解。

問4．第5段第6文（Even high school …）以降に物理学を学んだ高校生の回答が書かれている。「41人の生徒のうち20パーセントだけしか正解」せず「残りはBとCにほぼ等しく分かれた」とあるので，ハが正解。

問5．イ．「水平に発射された弾丸は空気によって持ち上げられているため少しばかり長く空中にとどまる」

ロ．「水平に拳銃を撃つことは発射された弾丸がどのくらい速く垂直に落下するかに全く影響しない」

ハ．「拳銃の弾丸は垂直に落とされた弾丸よりずっと後で地面に当たるだろう」

ニ．「拳銃は水平に発射された弾丸へ下方への速度を加える」

第7段第7文（The fact that …）に「1つの弾丸が非常に速く水平に移動しているという事実は，それがいかに速く下へ落下するかに全く影響しない」とあるので，ロが正解となる。

問6．要約文の訳は以下の通りとなる。

何かが動いているとき，それはやがて停止する。「現代の」科学によって，私たちは動いているものは摩擦のために止まると知っている。しかしアリストテレスは，物体は何かがそれを押し続けないために止まると結論づけた。本文の著者はアリストテレスの主張したことは私たちが毎日経験することに近いと述べ，これを単純な科学と呼ぶ。

(1)イ．「摩擦」　ロ．「間違い」　ハ．「信念」　ニ．「物理学者」
動いているものが止まる理由としてはイがふさわしい。

(2)イ．「遮り始める」　ロ．「押し続ける」　ハ．「引き下ろす」　ニ．「支え続ける」

第4段第1文（For example, …）に「アリストテレスは，もし何かがそれらを押し続けるならば動く物体は動き続けると考えた」とあるので，ロが正解となる。

(3)イ．「ニュートンの運動の第一法則」　ロ．「洗練された抽象的な理論」

ハ.「現代物理学」 ニ.「単純な科学」
筆者は第3段第4文 (Many everyday misunderstandings …) で「多くの日常の誤解は『単純な』もしくは『大衆的な』理解に分類される」と述べ,「そしてこれらの誤解を抱くのは普通の人々だけではない」とした上でアリストテレスを例に挙げているので,ニが正解となる。

問7. 第4段最後から2つ目の文 (Aristotle's theory may …) に「アリストテレスの理論は悪い物理学かもしれないが,それは私たちが実際の世界で見ることのできるものをかなりよく表している」とあるので,ロは著者の主張に反する。

V 解答

問1. ロ 問2. ハ
問3. A—ハ B—ニ C—イ D—ロ
問4. イ 問5. ニ 問6. ハ 問7. イ 問8. ニ

◆全 訳◆

≪図は読み手に努力することを求める≫

　私たちがどのように図を読むかについて書いたことのある認知心理学者たちは,私たちの事前の知識と予想が重要な役割を果たすと指摘する。彼らは私たちの脳には私たちの見るグラフと比較する理想的な「メンタルモデル」が蓄えられていると示している。

　メンタルモデルは私たちに多くの時間と労力とを節約させてくれる。あなたの折れ線グラフのメンタルモデルが次のようであると想像してみなさい。すなわち,「時間(日,月,年)が横軸に示されており,量が縦軸に示されており,そしてデータが線で表されている」と。もしそれがあなたのメンタルモデルならば,図1のようなものを,軸のただし書きやタイトルにあまり注意を払うことなく素早く解読できるだろう。

　しかし,メンタルモデルは私たちをだますことがある。ある線(グラフ)についてあなたが持つ唯一のメンタルモデルが「横軸に時間,縦軸に大きさ」だけならば,あなたは図2によって混乱してしまう可能性が高い。

　これは「平行座標図表」と呼ばれる。それもまた線を使った図であるが,横軸に時間が付されていない。軸のただし書きを読んでみれば,2つの異なった変数があることがわかるだろう。すなわち,1人あたりの二酸化炭素排出量,あるいは言い換えれば各人がどれだけの二酸化炭素を放出する

かと，アメリカドルでの1人あたりの国内総生産，すなわちGDPである。ここでの符号化の方法は，データを示すために線を用いる全ての図と同様に，位置と傾斜である。どちらの目盛りでも，ある国が上にあるほど，その二酸化炭素排出量もしくはその国民の富は大きくなる。

「平行座標図表」は異なる変数を比較するために発明されたもので，それらの関係を見るものである。それぞれの国と，その線が上に行くか下に行くかに焦点を当ててみよう。カタール，アメリカ合衆国，インドの線はほぼ平らで，1つの軸におけるそれらの位置はもう一方の軸の位置に一致している（たとえば，高い排出量は高い富と関連している）。

さて，スウェーデンに焦点を当ててみよう。スウェーデンの国民は比較的ほとんど汚染をしていないが，1人あたりの平均GDPはほとんど合衆国の市民と同じほど高い。次に中国とインドを比較してみよう。それらの1人あたりのGDPはそれらの1人あたりの二酸化炭素排出量よりはるかにより近い。なぜか。私にはわからない。図はいつでも質問に答えられるわけではない。しかし，好奇心を引き起こすかもしれない興味深い事実を発見し，あなたにデータに関するよりよい質問をさせる効果的な方法である。

ここにもう1つの難題がある。私が興味深いと思ういくつかの国にただし書きを付けたこれ（図3）は，かなり単純なはずだ。

ほんのいくつかの例外はあるが，これらの国々の国民がより裕福であるほど，彼らはより多く汚染をしているのがわかる。しかし，もし私がもう1つの点図表（図4）を示したなら，どちらが折れ線グラフのように見えるだろうか。

図4についてはこのように考えてみよう。

- それぞれの線は国である。4つの国を表す線と，世界平均を表す1本の線がある。
- それらの線は，それぞれがある年に対応する点をつなげることによって作られている。私はそれぞれの線の1990年と2014年に対応する最初の点と最後の点だけを強調し，ただし書きを付けている。
- 横軸のそれぞれの点の位置はその年のその国の国民のGDPに関連している。
- 縦軸のそれぞれの点の位置はその年にそれらの国の国民が生み出した二

酸化炭素排出量と関連している。

　この図の線は軌跡のようである。すなわち，それらは年ごとに平均して国民が豊かになったか貧しくなったかによって前後に動き，それらの国の国民が多く汚染したか少なく汚染したかによって上下に動く。

　この図は，少なくとも先進国においては，富の増大は必ずしも汚染の増加につながらないということを示している。私が選んだ2つの豊かな国々，合衆国とスウェーデンでは，国民は1990年から2014年に平均して裕福になった——2つの点の間の横の長さはとても広い——しかし両方のケースにおいて1990年の点が2014年の点より上にあるというように，それらはまた比較的汚染をしていない。

　GDPと汚染の関係はしばしば発展途上国において異なる。なぜならこれらの国々にはたいてい，より汚染をする大きな産業，農業地域があるからである。私が選んだ2つのケース，中国とインドでは，国民は裕福になった——2014年の点は1990年の点よりもより右にある——そして同時に彼らはまたはるかにより多く汚染もしたのである。図4に戻ればわかる通り，2014年の点は1990年のそれよりもはるかに高い位置にある。

　上記4つの例で見てきたように，図は多くの人々が信じているほど，直感的であったり明白であったりすることはめったにない。図は記号（線，円，棒）でできた文法と語彙，視覚的な符号（長さ，位置，範囲，色など）と文章（注記）に基づいている。それらを一目見ただけでは，それらは理解できない——理解できていると信じていてもだ。豊かで価値のある情報を示す図はしばしばあなたにいくらかの労力を要求する。そしてよく設計された図は有益なだけでなく，また優美であり，時には遊び好きであり驚くべきものでもあるのだ。

━━━━━━━━━━━━◀解　説▶━━━━━━━━━━━━

問1．「下線部(1)は何を意味するか」
イ．「図を読むためには，私たちは図の中の数字をとても綿密に見なければならない」
ロ．「図を偏りなく読むことは難しい」
ハ．「私たちの脳はあまり多くの情報を扱えないので，新しい図を見るとき，私たちはしばしば混乱する」
ニ．「私たちの脳はたくさんの情報を蓄えられるので，新しい図を見るた

び私たちは新しいことを学ぶ」

下線部(1)の前に「私たちの事前の知識と予想が重要な役割を果たす」とある。これは私たちが図を読むときには先入観が入るということなので，ロが正解となる。

問2．「図1から読み取れることに合致する文を選びなさい」

イ．「平均して，2014年の合衆国の各国民は過去54年で最も汚染をしていない」

ロ．「平均して，1960年のスウェーデンの各国民は同年のインドの各国民の約2倍汚染をした」

ハ．「平均して，2000年には，中国の各国民はスウェーデンの各国民より汚染をしなかった」

ニ．「平均して，世界の人々は過去50年に3倍多くの汚染を生み出した」

図1から，ハが正解とわかる。

問3．「図2の空欄AからDを本文の説明に最も近く合致する項目で埋めなさい」

第6段第1文（Now focus on …）から，「スウェーデンの国民は比較的ほとんど汚染をしていないが，1人あたりの平均GDPはほとんど合衆国の市民と同じほど高い」ことがわかるので，Bはスウェーデンである。同段第2文（Next, compare China …）より，中国とインドの「1人あたりのGDPはそれらの1人あたりの二酸化炭素排出量よりはるかにより近い」とわかるので，CとDのどちらかが，それぞれ中国かインドを表す。第5段第3文（The lines of …）から，カタール，合衆国，インドはほぼ平らであることがわかるので，平らであるDはインドとわかる。したがって，Cが中国である。残ったAはカタールである。

問4．「図3から読み取れることに合致する文を選びなさい」

イ．「いくつかの例外はあるが，もしある国が多くのカネを稼ぐならば，平均して，その国の国民は二酸化炭素を生み出す可能性がより高い」

ロ．「いくつかの例外はあるが，もしある国が裕福ならば，その国の国民は生み出される二酸化炭素の量を規制しようとする」

ハ．「世界中のほとんどの人々は二酸化炭素をより排出しないことによって，より裕福になろうとする」

ニ．「トリニダード・トバゴの国民は平均してルクセンブルクの国民より

二酸化炭素を排出しない」
第8段第1文（You can see …）に「ほんのいくつかの例外はあるが，これらの国々の国民がより裕福であるほど，彼らはより多く汚染をしているのがわかる」とあるので，イが正解となる。
問5．「本文中の空欄2に最も合う語句を選びなさい」
イ．「より多くの富はより多くの汚染を意味する」
ロ．「人々はたとえより多くの汚染につながるとしても1人あたりのGDPを増やすことを目標にする」
ハ．「1人あたりの二酸化炭素排出量は平均個人所得の増加によって規制され得る」
ニ．「富の増加は必ずしも汚染の増加にはつながらない」
空欄2の前には「この図では少なくとも先進国においては」とあるので，図4のアメリカ合衆国とスウェーデンを見てみる。すると横軸の1人あたりGDPは伸びている一方で縦軸の二酸化炭素排出量は減っている。このことから，ニが正解となる。
問6．「本文中の空欄3に最も合う語句を選びなさい」
イ．「より多くの二酸化炭素を生み出した」　ロ．「より少ない二酸化炭素を生み出した」　ハ．「より裕福になった」　ニ．「より裕福でなくなった」
アメリカ合衆国とスウェーデンの国民は平均して1990年から2014年の間にどうなったかを問う問題。空欄3のある文には「2つの点の間の横の長さはとても広い」と説明が添えてあるので，1人あたりのGDPが増えたことがわかる。したがって，ハが正解となる。
問7．「図4から読み取れることに合致する文を選びなさい」
イ．「裕福な国々はそのGDPが増えるにつれて汚染をしなくなる可能性が高い」
ロ．「裕福な国々はそのGDPが増えるにつれてより汚染をする可能性が高い」
ハ．「裕福な国々も裕福でない国々もともにそのGDPが増えるにつれて汚染をしなくなる可能性が高い」
ニ．「裕福な国々も裕福でない国々もともにそのGDPが増えるにつれてより汚染をする可能性が高い」
図4を見ると，裕福な国であるアメリカ合衆国とスウェーデンはGDPが

増えるにつれて二酸化炭素排出量が減っている一方，より裕福でない国である中国とインドでは逆の現象が起きているので，イが正解となる。

問8．「この文に最もふさわしいタイトルは何か」

イ．「経済的繁栄と環境問題」

ロ．「豊かな国々とその考え方」

ハ．「豊かで価値のある情報」

ニ．「図は読み手に努力することを求める」

最終段最終文（Figures that display …）に「豊かで価値のある情報を示す図はしばしばあなたにいくらかの労力を要求する」とあり，これが本文の結論であるので，ニが正解となる。

❖講　評

　大問構成は，発音・アクセント，会話文，文法・語彙，語句整序の混合問題1題，読解問題4題で，計5題の出題である。難易度は基礎～標準レベル。

　Ⅰの問1・問2は発音・アクセント問題で，いずれも標準レベルである。問3はおおむね会話文形式で，空所補充形式である。基本的な文法の知識と会話の流れを読む力が問われている。問4の語句整序問題は文の一部を整序する形式で，基本的な文法や構文の知識が問われている。

　Ⅱの読解問題は，問1が英文中の空所を適切な語で埋める問題，問2はボートの作図手順について絵を見ながら空所を補充する問題である。選択肢の単語はおおむね基本的なものなので比較的平易である。

　Ⅲの読解問題は，インタビュー記事を読み解く問題である。おおむね内容を問う問題であるが，問4で that の用法について問われている。

　Ⅳの読解問題は，人が犯しがちな間違いに関する文章である。図やグラフと絡めた問題も出題されているが，英文が正確に読解できていれば特に難しくはない。

　Ⅴの読解問題は，図の読み方に関する文章である。語数が多く，専門用語も一部に含まれるが，大意が正確に読み取れれば解答はできる。ただし，英文の記述を読み解いて図の空所を埋める問題もあり，一般的に英文読解を得意とする受験生でも慣れていないと苦労するかもしれない。

数学

I 解答 (1)ア.5 イウ.18 (2)エ.2 オカ.27
(3)キク.11 ケコ.72 (4)サ.5 シス.33
(5)セ.2 ソタチ.729 (6)ツ.1 テト.54
(7)ナニ.11 ヌネノ.729

◀解　説▶

≪反復試行の確率≫

(1) 「「1または2」が1回と「4または5」が1回，または，「3」が1回と「6」が1回」……(*) 出ればよいから，求める確率は

$$2! \cdot \frac{2}{6} \cdot \frac{2}{6} + 2! \cdot \frac{1}{6} \cdot \frac{1}{6} = \frac{4}{18} + \frac{1}{18} = \frac{5}{18} \quad (\to ア\sim ウ)$$

(2) 「1または2」が2回と「4または5」が2回出ればよいから，求める確率は

$$_4C_2 \left(\frac{2}{6}\right)^2 \left(\frac{2}{6}\right)^2 = \frac{2}{27} \quad (\to エ\sim カ)$$

(3) (2)の場合，または，「3」が2回と「6」が2回出る，または，「1または2」が1回と「3」が1回と「4または5」が1回と「6」が1回出ればよいから，求める確率は

$$\frac{2}{27} + {_4C_2}\left(\frac{1}{6}\right)^2\left(\frac{1}{6}\right)^2 + 4! \cdot \frac{2}{6} \cdot \frac{1}{6} \cdot \frac{2}{6} \cdot \frac{1}{6} = \frac{2}{27} + \frac{1}{216} + \frac{2}{27}$$

$$= \frac{11}{72} \quad (\to キ\sim コ)$$

(4) サイコロを4回投げてPの座標が (0, 0)，かつ出た目の総和が14となるのは，「2」が2回と「5」が2回出る，または，「1」が1回と「3」が1回と「4」が1回と「6」が1回出ればよいから，その確率は

$$_4C_2\left(\frac{1}{6}\right)^2\left(\frac{1}{6}\right)^2 + 4! \cdot \frac{1}{6} \cdot \frac{1}{6} \cdot \frac{1}{6} \cdot \frac{1}{6} = \frac{1}{216} + \frac{4}{216} = \frac{5}{216}$$

したがって，求める確率は，(3)より

$$\frac{\frac{5}{216}}{\frac{11}{72}} = \frac{5}{33} \quad (\to \text{サ} \sim \text{ス})$$

(5) 初めの 2 回で「1 または 2」が 1 回と「3」が 1 回，残りの 4 回で「1 または 2」が 3 回と「3」が 1 回出ればよいから，求める確率は

$$2! \cdot \frac{2}{6} \cdot \frac{1}{6} \times {}_4C_3 \left(\frac{2}{6}\right)^3 \frac{1}{6} = \frac{2}{729} \quad (\to \text{セ} \sim \text{チ})$$

(6) 「1 または 2」が 5 回と「4 または 5」が 1 回出る，または，「1 または 2」が 4 回と「3」が 1 回と「6」が 1 回出ればよいから，求める確率は

$${}_6C_1 \left(\frac{2}{6}\right)^5 \frac{2}{6} + \frac{6!}{4!} \left(\frac{2}{6}\right)^4 \frac{1}{6} \cdot \frac{1}{6} = \frac{2}{243} + \frac{5}{486} = \frac{1}{54} \quad (\to \text{ツ} \sim \text{ト})$$

(7) サイコロを 6 回投げ終わったあとの P の座標が (4, 0)，かつ途中で P の座標が (2, 0) となる回数が 2 以上となるのは，2 回目と 4 回目に P の座標が (2, 0) となり，6 回目に P の座標が (4, 0) となるときである。すなわち，初めの 2 回で「1 または 2」が 2 回，次の 2 回は(*)，残りの 2 回は「1 または 2」が 2 回出ればよいから，その確率は，(1)より

$$\left(\frac{2}{6}\right)^2 \cdot \frac{5}{18} \cdot \left(\frac{2}{6}\right)^2 = \frac{5}{1458}$$

よって，求める確率は，(6)より

$$\frac{1}{54} - \frac{5}{1458} = \frac{11}{729} \quad (\to \text{ナ} \sim \text{ノ})$$

II 解答

ア．5 イウ．12 エ．3 オ．2 カキク．119 ケ．4 コ．2 サ—⑦ シ—⑨ ス—③ セ—⑨ ソ—⑦ タ—① チ—⑤ ツ—④ テ—⓪ ト—①

◀解 説▶

≪三角形や円周上の点≫

条件から

$$\cos\theta = \frac{\vec{OA} \cdot \vec{OB}}{|\vec{OA}||\vec{OB}|} = -\frac{5}{12} \quad (\to \text{ア} \sim \text{ウ})$$

三角形 OAB において，余弦定理より

$$AB^2 = OA^2 + OB^2 - 2OA \cdot OB \cdot \cos\theta = 18$$

であるから

$$AB = 3\sqrt{2} \quad (\to \text{エ}, \text{オ})$$

三角形 OAB の面積は

$$\frac{1}{2}\sqrt{|\overrightarrow{OA}|^2|\overrightarrow{OB}|^2 - (\overrightarrow{OA} \cdot \overrightarrow{OB})^2} = \frac{\sqrt{119}}{4} \quad (\to \text{カ}\sim\text{ケ})$$

次に，$\overrightarrow{OM} = \dfrac{1}{2}(\overrightarrow{OA} + \overrightarrow{OB})$ より

$$|\overrightarrow{OM}|^2 = \frac{1}{2^2}(|\overrightarrow{OA}|^2 + 2\overrightarrow{OA} \cdot \overrightarrow{OB} + |\overrightarrow{OB}|^2) = 2$$

であるから $OM = \sqrt{2} \quad (\to \text{コ})$

$\overrightarrow{OP} = (1-t)\overrightarrow{OA} + t\overrightarrow{OB}$ より

$$OP^2 = |\overrightarrow{OP}|^2 = (1-t)^2|\overrightarrow{OA}|^2 + 2(1-t)t\overrightarrow{OA} \cdot \overrightarrow{OB} + t^2|\overrightarrow{OB}|^2$$

$$= 18t^2 - 23t + 9 \quad (\to \text{サ}\sim\text{ス})$$

$\overrightarrow{OQ} = s\overrightarrow{OP} = s(1-t)\overrightarrow{OA} + st\overrightarrow{OB}$ より

$$\overrightarrow{OQ} \cdot \overrightarrow{OM} = \{s(1-t)\overrightarrow{OA} + st\overrightarrow{OB}\} \cdot \frac{1}{2}(\overrightarrow{OA} + \overrightarrow{OB})$$

$$= \frac{1}{2}s(1-t)|\overrightarrow{OA}|^2 + \frac{s}{2}\overrightarrow{OA} \cdot \overrightarrow{OB} + \frac{1}{2}st|\overrightarrow{OB}|^2$$

$$= \frac{9}{2}s(1-t) - \frac{5}{4}s + 2st$$

$$= s\left(\frac{13}{4} - \frac{5}{2}t\right) \quad (\to \text{セ}, \text{ソ})$$

線分 MQ は円 C の半径であるから，$MQ = \dfrac{AB}{2} = \dfrac{3\sqrt{2}}{2}$ より

$$OQ^2 = MQ^2 + 2\overrightarrow{OQ} \cdot \overrightarrow{OM} - OM^2$$

$$= \frac{9}{2} + s\left(\frac{13}{2} - 5t\right) - 2$$

$$= \frac{1}{2}(5 + 13s - 10st) \quad (\to \text{タ}\sim\text{ツ})$$

このことから，$s = \dfrac{5}{2}$ のとき

$$OQ^2 = \frac{1}{4}(75 - 50t) = \frac{25}{4}(3 - 2t)$$

一方で，$OQ = \dfrac{5}{2}OP$ より

$$OQ^2 = \dfrac{25}{4}OP^2 = \dfrac{25}{4}(18t^2 - 23t + 9)$$

以上から

$$3 - 2t = 18t^2 - 23t + 9$$
$$6t^2 - 7t + 2 = 0$$
$$(2t-1)(3t-2) = 0$$
$$t = \dfrac{1}{2},\ \dfrac{2}{3} \quad (\to テ,\ ト)$$

III 解答

アー③　イー⑧　ウー①　エ．2　オ．3　カ．2
キ．3　ク．2　ケ．5　コ．2　サー⑦　シー⑧
スー⑧　セー①　ソー①　タ．6　チ．2　ツ．4　テー⊖　ト．6
ナ．7　ニ．2　ヌ．4

◀解　説▶

≪三角関数を含む関数の最大・最小≫

すべての x に対して

$$\cos(-x) = \cos x \quad (\to ア)$$

が成り立つ。

すべての x に対して

$$5\sin(x+\alpha) = a\sin x + b\cos x \quad \cdots\cdots(*)$$

が成り立つとすると，$x=0$ のとき

$$5\left(-\dfrac{3}{5}\right) = a\cdot 0 + b\cdot 1$$

$$b = -3 \quad (\to ウ)$$

また，$x = -\alpha$ のとき

$$5\cdot 0 = a\cdot\dfrac{3}{5} + b\cdot\dfrac{4}{5}$$

$$a = -\dfrac{4}{3}b$$

$b = -3$ より　$a = 4$　($\to$ イ)

逆にこのとき，(*)について

$$(左辺) = 5(\sin x \cos\alpha + \cos x \sin\alpha)$$

$$= 5 \cdot \frac{4}{5}\sin x + 5\left(-\frac{3}{5}\right)\cos x$$

$$= 4\sin x - 3\cos x$$

$$= (右辺)$$

となるから，確かに（＊）はすべての x に対して成り立つ。
以上から

$$f(x) = 5\sin(x+\alpha)\cos(-x)$$

$$= (4\sin x - 3\cos x)\cos x$$

$$= 4\sin x \cos x - 3\cos^2 x$$

$$= 4 \cdot \frac{1}{2}\sin 2x - 3 \cdot \frac{1}{2}(1+\cos 2x)$$

$$= 2\sin 2x - \frac{3}{2}\cos 2x - \frac{3}{2} \quad \cdots\cdots(\ast\ast) \quad (\to エ〜ク)$$

ここで

$$2\sin 2x - \frac{3}{2}\cos 2x = \frac{5}{2}\sin(2x+\beta) \quad (\to ケ，コ)$$

$$\left(0 \leq \beta < 2\pi, \ \sin\beta = -\frac{3}{5}, \ \cos\beta = \frac{4}{5}\right) \quad (\to サ，シ)$$

$$\frac{7}{4}\pi < \beta < 2\pi \quad (\to ス)$$

よって，$-\dfrac{\pi}{8} \leq x \leq \dfrac{\pi}{8}$ のとき

$$\left(\frac{3}{2}\pi <\right)\beta - \frac{\pi}{4} \leq 2x+\beta \leq \beta + \frac{\pi}{4}\left(< \frac{9}{4}\pi\right)$$

であるから，$f(x)$ の値はつねに増加する。（→セ）

ゆえに，$-\dfrac{\pi}{8} \leq x \leq \dfrac{\pi}{8}$ のとき，$f(x)$ は，$x = \dfrac{\pi}{8}$ で最大値，$x = -\dfrac{\pi}{8}$ で最小値をとる。（→ソ，テ）

さらに，（＊＊）より，最大値は

$$f\left(\frac{\pi}{8}\right) = 2\sin\frac{\pi}{4} - \frac{3}{2}\cos\frac{\pi}{4} - \frac{3}{2}$$

$$= \frac{-6+\sqrt{2}}{4} \quad (\to タ〜ツ)$$

であり，最小値は

$$f\left(-\frac{\pi}{8}\right) = 2\sin\left(-\frac{\pi}{4}\right) - \frac{3}{2}\cos\left(-\frac{\pi}{4}\right) - \frac{3}{2}$$

$$= \frac{-6 - 7\sqrt{2}}{4} \quad (\to \text{ト} \sim \text{ヌ})$$

である。

IV 解答 (1)ア．4 イ．1 ウ．6 エ．2 オ．1
(2)カ．4 キ．3 ク．4 ケ．2 コ．2 サ―⑨ シ―④ ス―⓪ セ―③
(3)ソ―⑦ タ．1 チ．6

◀解　説▶

≪数列の和と不定方程式≫

(1) $10 = 2^1 \cdot 5^1$ より，10 の正の約数の個数は

$(1+1)(1+1) = 4$ （→ア）

また，①と，$x \geq 1$，$y + 4 \geq 5$ より

$(x, y+4) = (1, 10), (2, 5)$

$(x, y) = (1, 6), (2, 1)$ （→イ～オ）

(2) $a_n = 1 + (n-1) \cdot \dfrac{1}{2} = \dfrac{1}{2}(n+1)$ より

$$S_n = \frac{1}{2}n(a_1 + a_n)$$

$$= \frac{1}{2}n\left\{1 + \frac{1}{2}(n+1)\right\}$$

$$= \frac{1}{4}n(n+3) \quad (\to \text{カ, キ})$$

$$T = \frac{1}{2}\{(l+m) - l + 1\}(a_l + a_{l+m})$$

$$= \frac{1}{2}(m+1)\left\{\frac{1}{2}(l+1) + \frac{1}{2}(l+m+1)\right\}$$

$$= \frac{1}{4}(m+1)(m+2l+2) \quad (\to \text{ク} \sim \text{コ})$$

よって，$T = 125$ のとき

$$\frac{1}{4}(m+1)(m+2l+2) = 125$$

$$(m+1)(m+2l+2) = 2^2 \cdot 5^3$$

ここで，$m+1 \geqq 2$ であることと，$(m+2l+2)-(m+1)=2l+1>0$ より，$m+2l+2>m+1$ であること，$m+1$ と $m+2l+2$ の偶奇が異なることを考慮すると

$$(m+1,\ m+2l+2) = (4,\ 125),\ (5,\ 100),\ (20,\ 25)$$

$(m+1,\ m+2l+2) = (4,\ 125)$ のとき，$(l,\ m) = (60,\ 3)$ となり，これは条件を満たす。

$(m+1,\ m+2l+2) = (5,\ 100)$ のとき，$(l,\ m) = (47,\ 4)$ となり，これは条件を満たす。

$(m+1,\ m+2l+2) = (20,\ 25)$ のとき，$(l,\ m) = (2,\ 19)$ となるが，これは $l \geqq m$ を満たさない。

したがって，条件を満たす $(l,\ m)$ をすべて求めると

$$(l,\ m) = (47,\ 4),\ (60,\ 3) \quad (\rightarrow サ \sim セ)$$

(3) $U_n = \dfrac{4(5^n-1)}{5-1} = 5^n - 1 \quad (\rightarrow ソ,\ タ)$

よって $U_4 = 5^4 - 1 = 624 = 2^4 \cdot 3 \cdot 13$

これと，$x \leqq y < y+50$ より，$U_4 = x(y+50)$ のとき

$$(x,\ y+50) = (1,\ 624),\ (2,\ 312),\ (3,\ 208),\ (4,\ 156),$$
$$(6,\ 104),\ (8,\ 78)$$

したがって，$U_4 = x(y+50)$ を満たす $(x,\ y)$ の個数は，6。（→チ）

V 解答

ア．3 イ．6
(1) ウー① エー⑦
(2) オ．6 カ．3 キ．3 クケ．12 コ．3
(3) サー④ シ．4 ス．2 セー⑤ ソー⑧ ター⑤ チー⑦

◀解 説▶

≪放物線，通過領域，面積≫

C 上の点 $(t,\ -4t^2-3)$ を頂点とする放物線の方程式は，0 でない実数 k を用いて

$$y = k(x-t)^2 - 4t^2 - 3$$

と表せる。これが点 $(t+1, -4t^2)$ を通るとき
$$-4t^2 = k\{(t+1)-t\}^2 - 4t^2 - 3$$
$$k = 3$$
このとき，放物線の方程式は
$$y = 3x^2 - 6tx - t^2 - 3 \quad \cdots\cdots ① \quad (→ア，イ)$$

(1) 放物線①が点 $(-3, 5)$ を通るとき
$$5 = 3(-3)^2 - 6t \cdot (-3) - t^2 - 3$$
$$t^2 - 18t - 19 = 0$$
$$(t+1)(t-19) = 0$$
$$t = -1, 19 \quad (→ウ，エ)$$

(2) 点 (X, Y) が放物線①の上にあるとすると，t の2次方程式
$$Y = 3X^2 - 6tX - t^2 - 3$$
すなわち
$$t^2 + 6Xt + Y - 3X^2 + 3 = 0 \quad (→オ〜キ)$$
は実数解をもつ。よって
$$\frac{(判別式)}{4} \geqq 0$$
$$(3X)^2 - 1 \cdot (Y - 3X^2 + 3) \geqq 0$$
$$Y \leqq 12X^2 - 3 \quad (→ク〜コ)$$

(3) $D: y = 12x^2 - 3$ と x 軸との共有点の x 座標は
$$0 = 12x^2 - 3$$
$$x = \pm\frac{1}{2}$$

よって，$a > 0$ より $a = \dfrac{1}{2}$ （→サ）

ゆえに $f(a) = -4\left(\dfrac{1}{2}\right)^2 - 3 = -4$

これと，$f'(x) = -8x$ より，l の方程式は
$$y = -8 \cdot \frac{1}{2}\left(x - \frac{1}{2}\right) - 4$$
$$y = -4x - 2 \quad (→シ，ス)$$

よって，D と l の共有点の x 座標は
$$12x^2 - 3 = -4x - 2$$

$12x^2+4x-1=0$

$(2x+1)(6x-1)=0$

$x=-\dfrac{1}{2}, \dfrac{1}{6}$ （→セ，ソ）

ゆえに，D と l で囲まれた部分の面積 S は

$$S=\int_{-\frac{1}{2}}^{\frac{1}{6}}\{(-4x-2)-(12x^2-3)\}dx$$

$$=-12\int_{-\frac{1}{2}}^{\frac{1}{6}}\left(x+\dfrac{1}{2}\right)\left(x-\dfrac{1}{6}\right)dx$$

$$=-12\cdot\left(-\dfrac{1}{6}\right)\left\{\dfrac{1}{6}-\left(-\dfrac{1}{2}\right)\right\}^3$$

$$=\dfrac{16}{27} \quad (\to \text{タ，チ})$$

VI 解答

(1) ア―⑤ イ―⑥

(2) ウ．1 エ．1 オ―⑧ カ―⑦ キ―③ ク―⑦ ケ―④ コ．4 サ．3 シ．2 ス．2 セ．3 ソ．4 タ．2 チ．9 ツテ．16

(3) ト．4

◀解　説▶

≪2 円に接する円の中心の軌跡，回転体の体積≫

(1) 点 P は，原点を中心とした半径が $2-r$ の円周上にあり，$\angle \text{AOP}=t$ であるから

$\text{P}((2-r)\cos t, (2-r)\sin t)$ （→ア，イ）

(2) D と E が外接するとき

$\text{AP}=r+1$

$\{(2-r)\cos t-1\}^2+\{(2-r)\sin t\}^2=(r+1)^2$ （→ウ，エ）

$(2-r)^2(\sin^2 t+\cos^2 t)-2(2-r)\cos t+1=r^2+2r+1$

$(3-\cos t)r=2(1-\cos t)$

$r=\dfrac{2(1-\cos t)}{3-\cos t}$ （→オ，カ）

このとき

$$2-r=2-\frac{2(1-\cos t)}{3-\cos t}=\frac{4}{3-\cos t}$$

より

$$X=\frac{4\cos t}{3-\cos t}, \quad Y=\frac{4\sin t}{3-\cos t} \quad (\to キ \sim ケ)$$

ゆえに

$$\frac{dY}{dt}=4\cdot\frac{\cos t(3-\cos t)-\sin t\cdot\sin t}{(3-\cos t)^2}$$

$$=\frac{4(3\cos t-1)}{(3-\cos t)^2} \quad (\to コ \sim シ)$$

より，$\cos\alpha=\frac{1}{3}$ $(0<\alpha<\pi)$ とすると，t の関数 Y の増減は右のようになる。

t	(0)	$\cdots$	α	$\cdots$	(π)
$\dfrac{dY}{dt}$		$+$	0	$-$	
Y		↗		↘	

よって，Y は，$t=\alpha$ すなわち $\cos t=\cos\alpha=\frac{1}{3}$ のとき，最大値

$$\frac{4\sin\alpha}{3-\cos\alpha}=\frac{4\cdot\frac{2\sqrt{2}}{3}}{3-\frac{1}{3}}=\sqrt{2} \quad (\to ス)$$

をとる。

また，$X=\dfrac{4\cos t}{3-\cos t}$ より

$(3-\cos t)X=4\cos t$

$(X+4)\cos t=3X$

$-2<X<2$ より，$X\neq -4$ であるから

$$\cos t=\frac{3X}{X+4} \quad (\to セ，ソ)$$

よって，$Y=\dfrac{4\sin t}{3-\cos t}$ より

$$\sin t=\frac{Y}{4}(3-\cos t)$$

$$=\frac{Y}{4}\left(3-\frac{3X}{X+4}\right)$$

$$=\frac{3Y}{X+4}$$

ゆえに，$\sin^2 t + \cos^2 t = 1$ より

$$\left(\frac{3X}{X+4}\right)^2 + \left(\frac{3Y}{X+4}\right)^2 = 1$$

$$9X^2 + 9Y^2 = (X+4)^2$$

$$8X^2 - 8X + 9Y^2 = 16$$

$$\frac{1}{2}(X^2 - X) + \frac{9}{16}Y^2 = 1 \quad (\to \text{タ} \sim \text{テ})$$

(3) $\dfrac{1}{2}(x^2 - x) + \dfrac{9}{16}y^2 = 1$ は，x 軸に関して対称な楕円を表す。

$$y^2 = -\frac{8}{9}(x^2 - x) + \frac{16}{9}$$

$$= \frac{8}{9}(-x^2 + x + 2)$$

より

$$y_1 = \frac{2\sqrt{2}}{3}\sqrt{-x^2 + x + 2} \quad \left(= \sqrt{-(x+1)(x-2)}\right)$$

とおく。よって，求める部分の体積 V は

$$V = \pi \int_{-1}^{2} y_1^2 \, dx$$

$$= \pi \int_{-1}^{2} \frac{8}{9}(-x^2 + x + 2)\, dx$$

$$= \frac{8}{9}\pi \left[-\frac{1}{3}x^3 + \frac{1}{2}x^2 + 2x \right]_{-1}^{2}$$

$$= 4\pi \quad (\to \text{ト})$$

VII 解答

ア. 3　イ. 3　ウ. 2　エ. 3　オ. 2　カ—⑤
キ—⑤　ク. 1　ケ. 0　コ. 3　サ—㊀　シ. 1
ス. 2　セ—⑤　ソ—②

◀解　説▶

≪数列の和や極限，区分求積法，関数の増減と凹凸≫

$$S_n = \sum_{k=1}^{n}(3k^2 + 1)$$

$$= 3 \cdot \frac{1}{6} \cdot n(n+1)(2n+1) + n$$

$$= n^3 + \frac{3}{2}n^2 + \frac{3}{2}n \quad (\to ア \sim オ)$$

$$T_n = \sum_{k=1}^{n} 3k$$

$$= 3 \cdot \frac{1}{2}n(n+1)$$

$$= \frac{3}{2}n^2 + \frac{3}{2}n$$

より

$$\lim_{n \to \infty} \frac{nT_n}{S_n} = \lim_{n \to \infty} \frac{\frac{3}{2}n^3 + \frac{3}{2}n^2}{n^3 + \frac{3}{2}n^2 + \frac{3}{2}n}$$

$$= \lim_{n \to \infty} \frac{\frac{3}{2} + \frac{3}{2n}}{1 + \frac{3}{2n} + \frac{3}{2n^2}}$$

$$= \frac{3}{2} \quad (\to カ)$$

また

$$\frac{k^2}{S_k - T_k + 4n^3} = \frac{k^2}{k^3 + 4n^3}$$

$$= \frac{1}{n} \cdot \frac{k^2}{\frac{k^3}{n} + 4n^2}$$

$$= \frac{1}{n} \cdot \frac{\left(\frac{k}{n}\right)^2}{\left(\frac{k}{n}\right)^3 + 4}$$

より

$$f(x) = \frac{x^2}{x^3 + 4} \quad (\to キ)$$

よって

$$I = \int_0^1 f(x)\, dx \quad (\to ク, ケ)$$

$$= \int_0^1 \frac{x^2}{x^3+4} dx$$

$$= \int_0^1 \frac{1}{3} \cdot \frac{(x^3+4)'}{x^3+4} dx$$

$$= \frac{1}{3}\Big[\log|x^3+4|\Big]_0^1$$

$$= \frac{1}{3}\log\frac{5}{4} \quad (\rightarrow \text{コ, サ})$$

次に,$g(x) = \dfrac{x}{x^3+4}$ より

$$g'(x) = \frac{1\cdot(x^3+4) - x\cdot 3x^2}{(x^3+4)^2} = \frac{-2(x^3-2)}{(x^3+4)^2}$$

であるから,$x>0$ において,$g'(x)=0$ となる x は

$$x^3 - 2 = 0 \text{ すなわち } x = \sqrt[3]{2}$$

より,その個数は 1。(→シ)

さらに

$$g''(x) = \frac{-6x^2(x^3+4)^2 + 2(x^3-2)\cdot 2(x^3+4)\cdot 3x^2}{(x^3+4)^4}$$

$$= \frac{-6x^2(x^3+4) + 12x^2(x^3-2)}{(x^3+4)^3}$$

$$= \frac{6x^5 - 48x^2}{(x^3+4)^3}$$

$$= \frac{6x^2(x^3-8)}{(x^3+4)^3}$$

であるから,$x>0$ において,$g''(x)=0$ となる x は

$$x^3 - 8 = 0$$

すなわち $x = 2$ (→ス)

以上から,$g(x)$ の増減および凹凸は右のようになる。

x	(0)	…	$\sqrt[3]{2}$	…	2	…
$g'(x)$		+	0	−		−
$g''(x)$		−		−	0	+
$g(x)$		↗		↘		↘

したがって,$g(x)$ は,$0<x<2$ において,増加したのち減少し,C は上に凸であり,$2<x$ において,つねに減少し,C は下に凸である。(→セ, ソ)

❖講　評

　Ⅰ　反復試行の確率の問題である。条件を満たすためにはどの目が何回ずつ出ればよいかを考えればよい。(7)は，直接求めようとすると(2, 0)とならない場合を考えなければならず大変なので，余事象を用いて考えたほうがよい。その際，(1)や(6)で得た値を利用すると計算の手間が少し省ける。

　Ⅱ　三角形やその一辺を直径にもつ円周上の点に関する問題である。主にベクトルを使って解くため，計算のみで進められる部分も多いが，適宜，図を描きながら考えると解きやすい。最後に t の値を求める部分では，s の値がわかったあと OQ^2 が t の式で表されていることになるので，OQ^2 を別の方法で t を用いて表し，等式を1つ作ればよい。

　Ⅲ　三角関数を含む関数 $f(x)$ の最大値と最小値を求める問題である。最終的に，三角関数の合成を用いて変数 x を1カ所にまとめることで，$f(x)$ が定義域内で単調増加であることがわかる。しかし，そのあと最大値と最小値を求めるところでは，合成する前の形を用いると計算が楽である。

　Ⅳ　不定方程式の整数解を求める問題である。(1)では，左辺が積の形，右辺が整数で表された不定方程式を解く。(2)，(3)では，数列の和を求めることによってできる不定方程式を，(1)と同じようにして解けばよい。その際，文字の大小関係などに着目すれば，計算量を減らすことができる。

　Ⅴ　放物線や直線に関する問題である。2次関数の基本知識や，通過領域，接線の方程式や定積分による面積計算など，幅広い知識が問われるが，一つ一つは基本的なものである。(2)は，t がすべての実数値をとるときの点 (X, Y) の通過領域を問う問題であり，X と Y が満たすべき等式を作り，それを満たすような実数 t が存在する (X, Y) の条件を求めればよい。また，定積分による面積計算において，扱う図形は放物線と直線で囲まれた部分であるから，定積分の公式 $\int_{\alpha}^{\beta}(x-\alpha)(x-\beta)\,dx = -\dfrac{1}{6}(\beta-\alpha)^3$ を利用することができる。

　Ⅵ　2円に接する円の中心の軌跡と，それに囲まれる部分の回転体の体積を求める問題である。点Pの座標から r，t を順に消去して，点P

の軌跡を求める。t を消去する際，設問にしたがって $\cos t$ を X で表したあと，その式を $Y=\cdots$ の式に代入するのは困難であるため，$\sin t$ を X, Y で表すことにより，作った2式を $\sin^2 t + \cos^2 t = 1$ に代入するとよい。

Ⅶ 一般項が与えられた数列の和によって表された式の極限や増減などを求める問題である。I の値を求めるところでは，被積分関数の分子が分母の導関数となるように定数を調整すれば，合成関数の微分法を用いたあとの形にできる。

物理

I 解答

1. $-\dfrac{1}{2}g$ 2. $\dfrac{\sqrt{2}\,v_0}{g}$ 3. $\dfrac{\sqrt{2}}{2}v_0$ 4. $\dfrac{v_0{}^2}{2g}$

5. $\sqrt{gl}$ 6. $\sqrt{3}\,mg$ 7. $\sqrt{v_1{}^2-gl\sin\theta}$ 8. $\dfrac{\sqrt{6gl}}{2}$

9. $\dfrac{\sqrt{6}}{3}m$

◀解 説▶

≪斜面上の小物体の放物運動，円運動≫

1．重力加速度を y 軸方向の負の向きと斜面に垂直な方向に分解する。A には，y 軸方向に加速度 a_y が生じる。

$$a_y = -g\sin 30° = -\dfrac{1}{2}g$$

別解 右図は，x 軸方向の正の向きから斜面上の小物体Aを見たものである。y 軸方向の運動方程式は

$$(2m)\cdot a_y = -(2m)\cdot g\sin 30°$$
$$a_y = -\dfrac{1}{2}g$$

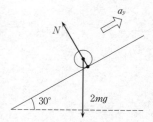

2．Aは，y 軸方向には，初速度 $v_0\sin 45°$，加速度 $a_y=-\dfrac{1}{2}g$ の等加速度運動をする。最高点に達したとき，y 軸方向の速さは0になる。最高点に達するまでの時間を t_1 とすると

$$0 = v_0\sin 45° + a_y\cdot t_1$$
$$0 = v_0\cdot\dfrac{\sqrt{2}}{2} - \dfrac{1}{2}gt_1$$
$$t_1 = \dfrac{\sqrt{2}\,v_0}{g}$$

3．x軸方向には負の向きに，速さ$v_0\cos 45° = \dfrac{\sqrt{2}}{2}v_0$の等速直線運動をする。速度の水平成分は変化しないから，$\dfrac{\sqrt{2}}{2}v_0$である。

4．Aが最高点に達したときのy座標は

$$y = v_0\sin 45° \cdot t_1 + \dfrac{1}{2}a_y t_1^2$$

$$= v_0 \cdot \dfrac{1}{\sqrt{2}} \cdot \left(\dfrac{\sqrt{2}v_0}{g}\right) + \dfrac{1}{2} \cdot \left(-\dfrac{1}{2}g\right) \cdot \left(\dfrac{\sqrt{2}v_0}{g}\right)^2$$

$$= \dfrac{v_0^2}{2g}$$

別解 y軸方向の等加速度運動の式から

$$0^2 - (v_0\sin 45°)^2 = 2a_y y$$

$$-\left(v_0 \cdot \dfrac{1}{\sqrt{2}}\right)^2 = 2 \cdot \left(-\dfrac{1}{2}g\right) \cdot y$$

$$y = \dfrac{v_0^2}{2g}$$

5．Aが再びx軸上に戻ったときのx座標が$-l$であることから，y軸上で最高点に達し，その前後でy軸に対して左右対称な軌道を描くことがわかる。x軸方向の運動に着目して，Pから打ち出して最高点に達したとき

$$l = v_0\sin 45° \cdot t_1 = v_0 \cdot \dfrac{1}{\sqrt{2}} \cdot \dfrac{\sqrt{2}v_0}{g} = \dfrac{v_0^2}{g}$$

$$v_0 = \sqrt{gl}$$

6．Aが斜面から受ける垂直抗力をNとする。斜面に垂直な方向に着目し，力のつり合いの式を立てると

$$N = 2mg\cos 30° \qquad N = \sqrt{3}\,mg$$

7．垂直抗力，糸の張力は，進行方向に対して垂直であるため，仕事をしない。$\theta = 0$を基準としたとき，角度θにおける鉛直方向の変位は，上向きに$l\sin\theta \cdot \sin 30°$である。求める速さを$v_2$として，力学的エネルギー保存則の式を立てると

$$\dfrac{1}{2}(2m)v_1^2 = \dfrac{1}{2}(2m)v_2^2 + (2m)g \cdot l\sin\theta \sin 30°$$

$$v_2^2 = v_1^2 - gl\sin\theta$$

$$v_2 = \sqrt{v_1{}^2 - gl\sin\theta}$$

8．糸の張力を T とする。半径方向の運動方程式は

$$(2m)\cdot\frac{v_2{}^2}{l} = (2m)\cdot\frac{g}{2}\cdot\sin\theta + T$$

求める v_1 の最小値は，最高点 $\theta = 90°$ で糸の張力 T が0になるときの値である。

$$\frac{v_2{}^2}{l} = \frac{g}{2}$$

$$\frac{v_1{}^2 - gl\sin 90°}{l} = \frac{g}{2}$$

$$v_1{}^2 = \frac{3}{2}gl$$

$$v_1 = \frac{\sqrt{6gl}}{2}$$

（注）最高点に達したとき，$v_2 = 0$ となるわけではなく，v_2 は，力学的エネルギー保存則だけでは求められない。$T = 0$ となるとき，Aは，最高点で重力の y 成分を向心力とする円運動をしている。

9．Aの分裂直前の速さは

$$v_2 = \sqrt{v_1{}^2 - gl\sin 30°} = \sqrt{\frac{3}{2}gl - \frac{1}{2}gl} = \sqrt{gl} \quad \cdots\cdots ①$$

分裂後のCの質量を m_C，速さを v_C とする。分裂直前の速度の x 成分は $-v_2\sin 30°$ であるから，x 軸方向の負の向きに運動量保存則の式を立てると

$$(2m)\cdot(v_2\sin 30°) = m_C v_C$$
$$mv_2 = m_C v_C \quad \cdots\cdots ②$$

Cは x 軸方向には等速度運動を，y 軸方向には初速度が0，加速度が $-\frac{1}{2}g$ の等加速度運動をする。分裂してからCが x 軸上に達するまでの時間を t_2 とすると

$$\begin{cases} l\cos 30° + \frac{\sqrt{3}}{2}l = v_C t_2 \\ 0 - l\sin 30° = \frac{1}{2}\cdot\left(-\frac{1}{2}g\right)\cdot t_2{}^2 \end{cases}$$

$$\begin{cases} \sqrt{3}\,l = v_C t_2 & \cdots\cdots ③ \\ l = \dfrac{1}{2}g t_2{}^2 & \cdots\cdots ④ \end{cases}$$

式④より　　$t_2{}^2 = \dfrac{2l}{g}$　　$t_2 = \sqrt{\dfrac{2l}{g}}$

式③より　　$v_C = \sqrt{3}\,l \cdot \dfrac{1}{t_2} = \sqrt{3}\,l \cdot \sqrt{\dfrac{g}{2l}} = \sqrt{\dfrac{3gl}{2}}$

式①，②を用いて

$$m_C = mv_2 \cdot \dfrac{1}{v_C} = m \cdot \sqrt{gl} \cdot \sqrt{\dfrac{2}{3gl}} = \dfrac{\sqrt{6}}{3}m$$

(注)　Bはy軸方向に飛ぶが，この運動は問われていないので，改めて立式する必要はない。

II 解答　(a) 1　(b) 100　(c) 1　(d) 4　(e) 25　(f) 10　(g) 180

◀解　説▶

≪自己誘導と相互誘導，交流と変圧器≫

(a) S1，S2を閉じてから1ms後にコイル1を流れる電流をI_1〔A〕とする。コイル1の自己誘導による起電力の大きさは

$$1 = 1 \times 10^{-3} \times \dfrac{I_1 - 0}{1 \times 10^{-3} - 0} \quad I_1 = 1 \text{〔A〕}$$

(b) コイルには電流を一定に保とうとする性質がある。S2を開き同時にS3を閉じたとき，抵抗1の両端の電位差をV_1〔V〕とすると，オームの法則より

$$V_1 = 100 \times 1 = 100 \text{〔V〕}$$

(c) じゅうぶん時間が経つと，電流の変化は0になる。よって，抵抗1の両端の電位差は1Vとなる。

(d) コイル1，コイル2の自己インダクタンスを$L_1 = L_2 = 1$〔mH〕，コイル1とコイル2の相互インダクタンスを$M = 1$〔mH〕とする。時間Δt〔ms〕の間に電流がΔI〔A〕だけ変化するとき，直列接続されたコイルに発生する誘導起電力V〔V〕は

$$V = \left(L_1 \dfrac{\Delta I}{\Delta t} + M \dfrac{\Delta I}{\Delta t}\right) + \left(L_2 \dfrac{\Delta I}{\Delta t} + M \dfrac{\Delta I}{\Delta t}\right)$$

$$= (L_1 + L_2 + 2M)\frac{\Delta I}{\Delta t}$$

よって、求める自己インダクタンスは

$$L_1 + L_2 + 2M = 1 + 1 + 2 \times 1 = 4 \text{[mH]}$$

(e) S1, S5 を閉じてから 1ms 後にコイル 1 を流れる電流を I_2〔A〕とする。直列接続されたコイルの自己誘導による起電力の大きさは

$$1 = 4 \times 10^{-3} \times \frac{I_2 - 0}{1 \times 10^{-3} - 0} \qquad I_2 = 0.25 \text{[A]}$$

コイルには電流を一定に保とうとする性質がある。S5 を開き同時に S6 を閉じたとき、抵抗 1 の両端の電位差を V_2〔V〕とすると、オームの法則より

$$V_2 = 100 \times 0.25 = 25 \text{[V]}$$

(注) 問題の図中の黒丸は、接続点を表す。S5 の上に導線が十字に交差しているところがあるが、黒丸がないので、つながっていない。

(f)・(g) 時間 Δt〔ms〕の間にコイル 3、コイル 4 に流れる電流が ΔI_3〔A〕, ΔI_4〔A〕だけ変化するとき（右向きの電流を正とする）、それぞれのコイルに発生する誘導起電力は

$$\begin{cases} V_{ac} = 1 \times 10^{-3} \times \dfrac{\Delta I_3}{\Delta t} + 10 \times 10^{-3} \times \dfrac{\Delta I_4}{\Delta t} \\ V_r = -100 \times 10^{-3} \times \dfrac{\Delta I_4}{\Delta t} - 10 \times 10^{-3} \times \dfrac{\Delta I_3}{\Delta t} \end{cases}$$

$$V_r = -10 \times V_{ac}$$

このとき、抵抗 1 の電圧降下 V_r の実効値は、$10 \times 1 = 10$〔V〕となり、V_{ac} と V_r の位相差は 180 度となる。

III 解答

(1) 3倍 (2) 6倍 (3) $\dfrac{7}{4}$ 倍 (4) 1倍 (5) $\dfrac{7}{10}$ 倍 (6) $\dfrac{1}{2}$ 倍

(7) $\dfrac{9}{2}pV$

◀解 説▶

≪内部エネルギーの保存≫

(1) 気体定数を R とする。容器 A 内と容器 B 内について理想気体の状態方程式を立てると

$$pV = n_A RT \quad \cdots\cdots ①$$

$$2p \cdot 3V = n_B R \cdot 2T$$

$$n_B = 3n_A$$

(2) 単原子分子理想気体の内部エネルギーは

$$U_A = \frac{3}{2} n_A RT$$

$$U_B = \frac{3}{2} n_B R \cdot 2T = \frac{3}{2} \cdot 3n_A \cdot R \cdot 2T = 6U_A$$

(3) コックD_1を開く前後で,容器A内と容器B内の気体の内部エネルギーの和は保存される。

$$U_A + U_B = \frac{3}{2}(n_A + n_B)RT_2$$

$$\frac{3}{2} n_A RT \times (1+6) = \frac{3}{2} \cdot \{n_A \times (1+3)\} \cdot RT_2$$

$$7T = 4T_2$$

$$T_2 = \frac{7}{4} T$$

(4) 容器Cの内部は真空であるため,コックD_2を開く前後で,容器内の気体の内部エネルギーの和,物質量の和は保存される。よって,気体の温度は変化しない($T_3 = T_2$)。

(5) 容器内全体について理想気体の状態方程式を立てると

$$p_3(V + 3V + 6V) = (n_A + n_B)RT_3$$

$$p_3 \cdot 10V = 4n_A \cdot R \cdot \frac{7}{4} T$$

$$p_3 V = \frac{7}{10} n_A RT \quad \cdots\cdots ②$$

式①,②より $\quad p_3 = \dfrac{7}{10} p$

(6) コックD_2を閉じる前,各容器内の気体の物質量は,それぞれの体積に比例する。容器A+B,C内の気体の物質量はそれぞれ

$$4n_A \times \frac{V + 3V}{V + 3V + 6V} = \frac{8}{5} n_A$$

$$4n_A \times \frac{6V}{V + 3V + 6V} = \frac{12}{5} n_A$$

加熱・冷却装置を停止させてから，コック D_2 を再び開ける前後で，容器 A＋B内と容器C内の気体の内部エネルギーの和は保存される。

$$\frac{3}{2}\cdot\frac{8}{5}n_A\cdot RT_3 + \frac{3}{2}\cdot\frac{12}{5}n_A\cdot RT_4 = \frac{3}{2}\cdot(4n_A)\cdot RT$$

$$\frac{8}{5}\cdot\frac{7}{4}T + \frac{12}{5}T_4 = 4T$$

$$T_4 = \frac{1}{2}T$$

(7) 状態Ⅰと状態Ⅱにおける内部エネルギーの差の大きさは

$$\left|\frac{3}{2}\cdot(4n_A)\cdot RT - \frac{3}{2}\cdot(4n_A)\cdot RT_3\right| = \frac{3}{2}\cdot(4n_A)\cdot R|T - T_3|$$

$$= \frac{3}{2}\cdot(4n_A)\cdot R\left|T - \frac{7}{4}T\right|$$

$$= \frac{9}{2}n_A RT$$

$$= \frac{9}{2}pV$$

Ⅳ 解答

(イ) $d\sin\theta$ (ロ) $L\tan\theta$ (ハ) $\dfrac{L\lambda}{\sqrt{d^2-\lambda^2}}$ (ニ) 6.3

(ホ) $\dfrac{c+v}{c}\lambda$ (ヘ) 1.0×10^2 (ト) 5.0×10^{11}

◀解　説▶

≪回折格子，光のドップラー効果，恒星の運動≫

(ハ) 距離 x は

$$x = L\tan\theta = L\frac{\sin\theta}{\cos\theta} = L\frac{\sin\theta}{\sqrt{1-\sin^2\theta}}$$

$\lambda = d\sin\theta$ を用いて

$$x = L\frac{\dfrac{\lambda}{d}}{\sqrt{1-\left(\dfrac{\lambda}{d}\right)^2}} = \frac{L\lambda}{\sqrt{d^2-\lambda^2}}$$

(ニ) 前問(ハ)の結果に各値を代入する。

$$x = \frac{(20.0 \times 10^{-2}) \times (600 \times 10^{-9})}{\sqrt{(2.00 \times 10^3 \times 10^{-9})^2 - (600 \times 10^{-9})^2}}$$

$$= \frac{1.20 \times 10^{-7}}{\sqrt{3.64 \times 10^{-12}}} = \frac{1.20 \times 10^{-7}}{1.91 \times 10^{-6}}$$

$$= 0.06282 \text{〔m〕} \fallingdotseq 6.3 \text{〔cm〕}$$

(ホ) 恒星Aから放射される光の振動数 f は $\quad f = \dfrac{c}{\lambda}$

音波の問題と同じように考えると，地球上で観測される波長 λ_1 は

$$\lambda_1 = \frac{c+v}{f} = \frac{c+v}{c}\lambda$$

(ヘ) 前問(ホ)の結果より $\quad v = \dfrac{\lambda_1 - \lambda}{\lambda} c$

この式に各値を代入すると

$$v = \frac{(600.2 - 600) \times 10^{-9}}{600 \times 10^{-9}} \times 3.00 \times 10^5 \times 10^3$$

$$= 100 \times 10^3 \text{〔m/s〕} = 1.0 \times 10^2 \text{〔km/s〕}$$

(ト) 恒星Aの質量を m〔kg〕，銀河系の質量を M〔kg〕，万有引力定数を G（$=7.00 \times 10^{-11} \text{N·m}^2/\text{kg}^2$）とする。半径 r（$=3.50 \times 10^{21}$m）の円軌道上を運動しているときの恒星Aの運動方程式は

$$m\frac{v^2}{r} = G\frac{Mm}{r^2}$$

$$M = \frac{rv^2}{G} = \frac{(3.50 \times 10^{21}) \times (100 \times 10^3)^2}{7.00 \times 10^{-11}} = 5.00 \times 10^{41} \text{〔kg〕}$$

銀河系の質量は太陽の質量の

$$\frac{5.00 \times 10^{41}}{1.00 \times 10^{30}} = 5.00 \times 10^{11} \text{ 倍}$$

であることがわかる。

❖講　評

　2023年度は大問4題の出題で，それぞれ小問の数が多い。小問は計30問である。難度は例年通り標準的だが，試験時間を考えると全問に余裕を持って取り組むのは難しい。

　Ⅰ　前半は斜面上の小物体の放物運動，後半はその円運動について。

斜面上では，重力加速度の大きさが半分になることに注意すれば，あとは普段の学習通りである。設問9はやや難しいが，解答に必要な情報を選んで正解にたどり着きたい。

Ⅱ 前半は直流の自己誘導と相互誘導について。一見複雑そうな回路だが，稼働している導線を追っていくとコイルが単独または直列であることがわかる。後半は交流と変圧器を扱っている。誘導起電力の式を2本立てて，係数を比較すれば解答できる。

Ⅲ 気体の状態方程式，内部エネルギーの保存の式を使って，手際よく答えを出せるようにしたい。

Ⅳ 回折格子は基本問題である。光のドップラー効果は，問題文の指示にもある通り音波と同じように考える。恒星の運動は円運動の方程式から求める。

いずれの問題も基礎知識や論理的思考力をみる標準的な問題である。出題分野や解答形式に偏りがなく，総合的な物理の力をみる良問である。

化学

I 解答

1. $FeCl_3 + 3H_2O \longrightarrow Fe(OH)_3 + 3HCl$
2. (ア)チンダル　(イ)凝析（凝結）　(ウ)電気泳動
3. ―①・②・⑤
4. ④　理由：$Fe(OH)_3$ のコロイド粒子は正に帯電しているので，陰イオンの価数が大きい電解質ほど適しているから。（50字以内）
5. ―③・⑤
6. 加えた $FeCl_3$ 水溶液中に含まれる $FeCl_3$ の物質量は

$$0.100 \times \frac{10.0}{1000} = 1.00 \times 10^{-3} \text{[mol]}$$

であるから，反応により生成した HCl の物質量は

$$1.00 \times 10^{-3} \times 3 = 3.00 \times 10^{-3} \text{[mol]}$$

ビーカー内の溶液の体積は 1L であるから，溶液中の H^+ のモル濃度は 3.00×10^{-3} mol/L である。よって，求める pH は

$$pH = -\log_{10}(3.00 \times 10^{-3}) = 3 - \log_{10} 3 = 3 - 0.477$$
$$= 2.523 ≒ 2.5 \quad \cdots\cdots\text{(答)}$$

7. ビーカーから取り出した 10.0 mL の溶液中の Cl^- のモル濃度は 3.00×10^{-3} mol/L であるから，$AgNO_3$ 水溶液を 10.0 mL 滴下した後の溶液中の Cl^- のモル濃度は

$$[Cl^-] = 3.00 \times 10^{-3} \times \frac{10}{10+10} = 1.50 \times 10^{-3} \text{[mol/L]}$$

となる。AgCl の沈殿が生成しはじめたとき

$$[Ag^+][Cl^-] = 1.80 \times 10^{-10} \text{[mol}^2\text{/L}^2\text{]}$$

が成り立っているので，このとき

$$[Ag^+] = \frac{1.80 \times 10^{-10}}{1.50 \times 10^{-3}} = 1.20 \times 10^{-7} \text{[mol/L]}$$

となる。よって，滴下した $AgNO_3$ 水溶液の濃度を c [mol/L] とおくと

$$c \times \frac{1}{2} = 1.20 \times 10^{-7}$$

∴ $c = 2.40 \times 10^{-7} \fallingdotseq 2.4 \times 10^{-7}$ 〔mol/L〕 ……(答)

◀解　説▶

≪コロイド，溶解度積≫

2．(イ)　コロイド粒子はその表面に正または負の電荷を帯びており，$Fe(OH)_3$ のような疎水コロイドは，表面にある同符号の電荷の反発により，溶液中に分散している。この溶液に少量の電解質を加えると，電解質の電離により生じたコロイド粒子と反対符号のイオンがコロイド粒子に引き付けられることで，表面の電荷が打ち消される。これにより，コロイド粒子は反発力を失って凝集し，沈殿する。この現象を凝析という。

(ウ)　コロイド溶液に直流電圧をかけると，コロイド粒子は自身がもつ電荷と反対符号の電極へ移動する。この現象を電気泳動という。

3．分散しているコロイド粒子を分散質，分散させている物質を分散媒というが，ともに固体，液体，気体のいずれの可能性もある。ゼリー，牛乳，霧や雲の分散質と分散媒は次の通りである。

コロイドの例	ゼリー	牛乳	霧や雲
分散質	水	タンパク質など	水
分散媒	ゼラチン	水	空気

スクロース水溶液や食塩水のような水溶液は，液体中に分子やイオンが均一に分散しており，「真の溶液」という。

4．電気泳動で陰極側に移動したことから，$Fe(OH)_3$ のコロイド粒子は正に帯電していることがわかる。よって，陰イオンの価数が最も大きい Na_2SO_4 が最も少量で凝析させられる。①～⑤の陰イオンは次のようになる。

①NO_3^-　②・③Cl^-　④SO_4^{2-}　⑤I^-

5．①　正文。熱運動する分散媒分子が，コロイド粒子に不規則に衝突することで見られるコロイド粒子の運動を，ブラウン運動という。

②　正文。ゲルについては記述の通り。分散媒が液体で流動性をもつコロイド（コロイド溶液）をゾル，ゲルから水分を除いて乾燥させたものをキセロゲルという。

③　誤文。コロイド粒子はセロハンのような半透膜は通過できない。

④　正文。デンプンのような高分子化合物は，分子量が大きく，1分子で

もコロイド粒子となる。このようなコロイドを分子コロイドという。
⑤　誤文。親水コロイドは，周囲が水分子に覆われているため，少量の電解質を加えても沈殿しない。しかし，多量に電解質を加えると，周囲の水分子が引き離され，反発力を失って凝集し，沈殿する。この現象を塩析という。

6．下線部(a)の反応により生じた HCl は
$$HCl \longrightarrow H^+ + Cl^-$$
のように完全に電離する。H^+ と Cl^- を含むコロイド溶液をセロハンの袋に入れ，純水が入ったビーカーに浸すと，H^+ と Cl^- はセロハンを通過できるので，袋の外に出ていき，コロイド粒子を分離・精製することができる。この操作を透析という。ただし，1回の透析で袋の内側からすべての H^+ と Cl^- が除かれるわけではなく，袋の内外の溶液中に均一にイオンが分散している。よって，袋の内側も外側も pH は同じである。

7．ビーカーから取り出した 10.0mL の溶液中の Cl^- のモル濃度は，H^+ のモル濃度と等しく 3.00×10^{-3} mol/L であるが，等量の $AgNO_3$ 水溶液を加えることで，モル濃度は半分になる。同様に，$AgNO_3$ 水溶液中の Ag^+ の濃度も，等量の溶液に滴下することで半分になるので，滴下前の濃度は，滴下後の濃度の2倍となる。

Ⅱ　解答

1．(ア)—⑤　(イ)—④　(ウ)—⑤
2．(A)希硝酸　(B)濃硝酸　(C)四酸化二窒素
3．(a)化学反応式：$3Cu + 8HNO_3 \longrightarrow 3Cu(NO_3)_2 + 4H_2O + 2NO$
　捕集方法：水上置換
　(b)化学反応式：$Cu + 4HNO_3 \longrightarrow Cu(NO_3)_2 + 2H_2O + 2NO_2$
　捕集方法：下方置換
4．N_2O_4 が1mol 生成するときの反応熱を Q〔kJ〕とすると
$$Q = -9.20 - 2 \times (-33.2) = 57.2 \fallingdotseq 57 〔kJ〕$$
よって，熱化学方程式は
$$2NO_2 (気) = N_2O_4 (気) + 57 kJ \quad \cdots\cdots(答)$$
5．色の変化：④　全圧力の変化：⑦
6．(エ)—①　(オ)—※　(カ)—③　(キ)—※
7．NO_2 と N_2O_4 の間の平衡は

と表される。容器内の N_2O_4 の物質量を x [mol] とおくと，NO_2 と N_2O_4 のモル濃度はそれぞれ

$$[NO_2] = \frac{4.00}{4.00} = 1.00 \text{ [mol/L]}$$

$$[N_2O_4] = \frac{x}{4.00} \text{ [mol/L]}$$

であるから，平衡定数が $0.500 \text{ (mol/L)}^{-1}$ より

$$\frac{\frac{x}{4.00}}{1.00^2} = 0.500 \quad \therefore \quad x = 2.0 \text{ [mol]} \quad \cdots\cdots\text{(答)}$$

※6．(オ)および(キ)については，問題文の条件設定が不足しており，解答を導き出すことができない内容となっていたため，全員正解とする措置がとられたことが大学から公表されている。

◀解 説▶

≪窒素酸化物の性質と反応，化学平衡≫

3．NO は水に溶けにくいので水上置換で捕集し，NO_2 は空気より重く，水に溶けやすいので下方置換で捕集する。なお，NO_2 が水と反応すると硝酸を生じる。

$$3NO_2 + H_2O \longrightarrow 2HNO_3 + NO$$

4．「反応熱＝生成物の生成熱の総和－反応物の生成熱の総和」の関係を用いて反応熱を求めるとよい。

5．色の変化：ピストンを引き上げると，注射器内の気体の体積が増加して NO_2 の濃度が小さくなるので，瞬間的に色が薄くなる。その後，注射器内の気体の圧力が低下したことで

$$2NO_2 \rightleftarrows N_2O_4$$

の平衡は分子数が増加する方向，すなわち NO_2 が生成する方向へ移動し，新たな平衡に達する。これにより NO_2 が増加するので，色は少し濃くなり，その色の濃さを保つ。

全圧力の変化：気体の体積が2倍になると，温度と物質量が一定であれば，ボイルの法則より，気体の全圧力は 0.5 倍になる。しかし，平衡の移動により気体分子の物質量は増加するため，圧力は 0.5 倍よりも大きくなる。

6．(エ) 注射器を熱湯中に入れると，注射器内の気体の温度が高くなるの

で，吸熱反応の方向，すなわち NO_2 が生成する方向へ平衡が移動する。これにより気体分子の物質量が増加するので，気体の全圧力が増加し，ピストンは上昇する。

(カ) 注射器を氷水中に入れると，注射器内の気体の温度が低くなるので，発熱反応の方向，すなわち N_2O_4 が生成する方向へ平衡が移動する。これにより気体分子の物質量が減少するので，気体の全圧力が減少し，ピストンは下降する。

III 解答

1. ① +2　② +3　③ +2と+3
2. (ア) Si　(イ) Al　(ウ) スラグ　(エ) 銑鉄　(オ) 鋼
3. $2C + O_2 \longrightarrow 2CO$　または　$C + CO_2 \longrightarrow 2CO$
4. $3Fe_2O_3 + CO \longrightarrow 2Fe_3O_4 + CO_2$
5. Fe_2O_3 の還元により Fe を得る反応を1つの化学反応式にまとめると

$$Fe_2O_3 + 3CO \longrightarrow 2Fe + 3CO_2$$

となる。赤鉄鉱 1.00 kg 中の Fe_2O_3（式量 160）の物質量は

$$\frac{1.00 \times 1000 \times \frac{85.0}{100}}{160} = \frac{85}{16} \text{[mol]}$$

であるから，得られる Fe の質量は

$$56.0 \times \frac{85}{16} \times 2 \times 10^{-3} = 0.595 \fallingdotseq 0.60 \text{[kg]} \quad \cdots\cdots\text{(答)}$$

6. 気体E：アセチレン

1 mol の $CaCO_3$（式量 100）から 1 mol の CaC_2 が生成するから，1.00 kg の石灰石から生成する CaC_2 の物質量は

$$\frac{1.00 \times 1000 \times \frac{98.0}{100}}{100} = 9.8 \text{[mol]}$$

となる。CaC_2 と水の反応は

$$CaC_2 + 2H_2O \longrightarrow C_2H_2 + Ca(OH)_2$$

であるから，生成する C_2H_2 の物質量も 9.8 mol であり，その標準状態における体積は

$$22.4 \times 9.8 = 219 \fallingdotseq 2.2 \times 10^2 \text{[L]} \quad \cdots\cdots\text{(答)}$$

◀ **解　説** ▶

≪鉄の精錬，アセチレンの製法≫

1. ③　Fe_3O_4 では，組成式に含まれる 2 つの Fe の酸化数が +3，1 つの Fe の酸化数が +2 となっている。

2. (ウ)　鉄鉱石中の不純物である SiO_2 が，石灰石から生成した CaO と反応して $CaSiO_3$ となったものをスラグという。なお，スラグには $Ca(AlO_2)_2$ も含まれる。これは不純物の Al_2O_3 が CaO と反応して生成したものである。

(オ)　銑鉄に含まれる炭素の一部は，転炉で酸素と反応して二酸化炭素（気体 D）になって除かれる。

3. コークス C が燃焼すると CO_2 が生成する。

$$C + O_2 \longrightarrow CO_2 \quad \cdots\cdots ①$$

CO_2 が高温の C に触れると CO（気体 A）が生成する。

$$C + CO_2 \longrightarrow 2CO \quad \cdots\cdots ②$$

① + ② より，これらをまとめた反応は次のようになる。

$$2C + O_2 \longrightarrow 2CO$$

4. エリア I で Fe_2O_3 が高温の CO により還元されて Fe_3O_4（化合物 B）になる反応を

$$aFe_2O_3 + bCO \longrightarrow cFe_3O_4 + dCO_2$$

と表すと，両辺で各原子の個数を比較して

$$Fe : 2a = 3c \quad O : 3a + b = 4c + 2d \quad C : b = d$$

$b = d = 1$ とすると，$a = 3$，$c = 2$ となるので

$$3Fe_2O_3 + CO \longrightarrow 2Fe_3O_4 + CO_2$$

が得られる。

なお，エリア II で Fe_3O_4 は FeO（化合物 C）に，エリア III で FeO は Fe に還元される。

$$Fe_3O_4 + CO \longrightarrow 3FeO + CO_2$$

$$FeO + CO \longrightarrow Fe + CO_2$$

6. 石灰石から生石灰が生成する反応は

$$CaCO_3 \longrightarrow CaO + CO_2$$

となり，生石灰とコークスから炭化カルシウムが生成する反応は

$$CaO + 3C \longrightarrow CaC_2 + CO$$

IV 解答

1. (ア)グリシン (イ)鏡像（光学） (ウ)双性（両性） (エ)ペプチド

2. グルタミン酸1分子は酸性のカルボキシ基を2個もつから。(30字以内)

3 ― ②

4. 番号：③　構造式：（ベンゼン環-NH-C(=O)-CH₃ の構造式）

5. $K_1 = \dfrac{[A^{\pm}][H^+]}{[A^+]}$, $K_2 = \dfrac{[A^-][H^+]}{[A^{\pm}]}$

6. $[H^+] = \sqrt{K_1 K_2}$

7. 等電点における水素イオン濃度は

$$[H^+] = \sqrt{1.0 \times 10^{-2.30} \times 1.0 \times 10^{-9.70}} = 1.0 \times 10^{-6.00} \text{[mol/L]}$$

であるから，求める等電点は　6.0　……(答)

8. 2.50gの食品に含まれるタンパク質の質量をx〔g〕とおく。タンパク質中の窒素原子の物質量は，生じるアンモニアの物質量と等しいから

$$\dfrac{x \times \dfrac{16.0}{100}}{14.0} = 1.20 \times 10^{-2} \quad \therefore \quad x = 1.05 \text{〔g〕}$$

よって，食品中のタンパク質の質量百分率は

$$\dfrac{1.05}{2.50} \times 100 = 42 \text{〔％〕} \quad ……(答)$$

━━━━━◀解　説▶━━━━━

≪α-アミノ酸の構造と反応，等電点，食品の窒素含有量≫

2. グルタミン酸のように，側鎖にカルボキシ基をもつアミノ酸を酸性アミノ酸といい，等電点は酸性側にある。

6. 等電点においては，$[A^+] = [A^-]$となっているから，電離定数の式

$$K_1 = \dfrac{[A^{\pm}][H^+]}{A^+}, \quad K_2 = \dfrac{[A^-][H^+]}{[A^{\pm}]}$$

を辺々掛けると

$$K_1 K_2 = \dfrac{[A^-][H^+]^2}{[A^+]} = [H^+]^2$$

よって，等電点における水素イオン濃度は
$$[H^+] = \sqrt{K_1 K_2}$$
となる。

◆**講　評**

　試験時間は 75 分。大問数は 4 題で，理論，無機，有機の各分野からまんべんなく出題されている。全体として基本～標準問題で構成されているが，計算問題に一部注意を要するものも含まれており，差がつきそうである。

　Ⅰ　コロイドと溶解度積に関する問題。1～5 は説明問題も含めて基本的な問題であるから，完答しておきたい。6 は，すべての H^+ と Cl^- がセロハンの袋の外に出ていくわけではないことに注意が必要。ここを誤ると，次の 7 でも正答が得られない。7 は，等量の水溶液の混合によりイオンの濃度が半分になることがポイント。

　Ⅱ　窒素酸化物の性質と反応，および化学平衡に関する問題。全体を通して，基本事項が身についているかを確認する問題ばかりであるから，完答を狙いたい。7 は，平衡定数を求める際に，気体の物質量を体積で割って濃度に直すことを忘れないようにしたい。

　Ⅲ　鉄の精錬とアセチレンの製法に関する問題。1 は，Fe_3O_4 の Fe の酸化数が 2 種類あることに注意。2 の(ウ)はやや細かい知識であり，わからなかった受験生も多かったであろう。3，4 の化学反応式は書けなければならない。5 は，エリアⅠ～エリアⅢで起こる反応をまとめた反応式が書ければ，基本的な mol 計算の問題である。6 は，$CaCO_3$ から CaC_2 を得る際の反応式を書かなくても，反応する $CaCO_3$ と生成する CaC_2 は物質量が等しいことに気付ければ，素早く解ける。

　Ⅳ　アミノ酸とタンパク質に関する問題。1～5 は基本問題で落とせない。6 は等電点の意味をしっかり理解していることが重要である。$[H^+] = \sqrt{K_1 K_2}$ は覚えていた受験生も多かったであろう。7 は，6 ができていれば数値を代入するだけであり，対数計算も不要なので易しい。8 は食品中のタンパク質の含有率を求める典型問題であるが，類題の経験がないと，題意を把握するのに時間がかかり，難しく感じたかもしれない。

生物

I 解答
1．1）離層　2）—(b)
2．気体として放出される植物ホルモンであるため。
3．フィードバック調節（フィードバック制御）
4．1）アグロバクテリウム
2）RNA干渉（RNAi）
3）ベクターを取り込まなかった細胞を抗生物質を含む培地で死滅させ，目的の塩基配列が導入された細胞だけを選択するため。(60字以内)
5．1）エチレンは細胞壁のセルロース繊維を縦方向にそろえ，セルロース繊維は伸びにくいため，細胞が吸水したときに縦方向に大きくなれず，横方向への肥大成長が促進される。(80字以内)
2）—(c)
6．事例(1)：(b)　事例(2)：(c)　事例(3)：(a)　事例(4)：(a)
7．1）—(c)　2）Xタンパク質：(b)　Yタンパク質：(a)　3）—(b)

◀解　説▶

≪エチレンのはたらき，遺伝子組換え植物≫
1．2）落葉期前は，葉でつくられたオーキシンが葉柄のエチレンの感受性を低く抑えているが，落葉期になると，オーキシンの生成量が低下してエチレンの感受性が高まる。
2．エチレンは気体として果実の外にも放出されるため，他の個体にも作用する。
4．2）RNAの中には，タンパク質と結合してmRNAと相補的に結合し，mRNAを分解したり，リボソームの進行を阻害して翻訳を抑制したりするものがあり，このはたらきをRNA干渉（RNAi）という。
3）抗生物質に対する耐性遺伝子も含んだベクターを用いると，ベクターを取り込んだ細胞は抗生物質存在下でも生育できるが，ベクターを取り込まなかった細胞は抗生物質によって死滅する。そのため，抗生物質を含む培地で作製した細胞を培養すると，ベクターを取り込んだ細胞だけが生育し，目的の塩基配列が導入された細胞だけを選択することができる。

5．1）　エチレンは細胞壁のセルロース繊維を縦方向にそろえる。この細胞にオーキシンが作用するとセルロース繊維どうしの結合が緩み，細胞は吸水して大きくなるが，セルロース繊維はじょうぶで伸びにくいため，細胞の縦方向への成長（伸長成長）が抑えられ，横方向への成長（肥大成長）が促進される。

2）　ジベレリンとブラシノステロイドは細胞壁のセルロース繊維を横方向にそろえることで，細胞の肥大成長を抑え，茎の伸長成長を促進する。

6．事例(1)：切り花のしおれや花弁の落下には，切り花から発生するエチレンが関係しており，エチレン作用阻害剤を処理すると抑制できる。

事例(2)：ブドウの花にジベレリンを処理すると，受粉しなくても子房の成長が促進され，種子のない果実が形成される。

事例(3)・事例(4)：太いモヤシを作るには，胚軸の伸長成長を抑え，肥大成長を促進すればよいので，エチレンを処理する。エチレンは果実の成熟を促進するので，バナナの成熟を早めるにもエチレンを処理する。

7．1）　エチレンの受容機能を失った場合，エチレンを処理しても胚軸の伸長が抑制されないので，y変異体と同じ表現型を示すと考えられる。

2）　エチレン応答遺伝子が発現しているときに胚軸の伸長が抑制され，発現していないときに胚軸の伸長が抑制されない。x遺伝子が機能しないx変異体は，エチレンがなくても胚軸の伸長が抑制されることから，Xタンパク質はエチレンがないときにエチレン応答遺伝子の発現を抑制していると考えられる。y遺伝子が機能しないy変異体は，エチレンがあっても胚軸の伸長が抑制されないことから，Yタンパク質はエチレンがあるときにエチレン応答遺伝子の発現を促進していると考えられる。

3）　x，y遺伝子の両方が機能しないxy変異体がy変異体と同様の表現型を示すことから，Xタンパク質はYタンパク質に対して作用すると考えられる。よって，Xタンパク質はYタンパク質の機能を抑制することでエチレン応答遺伝子の発現を抑制していると推測できる。

II　解答

1．1）ア．錐体　イ．桿体（かん体）
2）①青　②緑　③赤
3）グラフ：B　C：盲斑　D：黄斑

2．傾き：前庭（前庭器官）　回転：半規管

3．1）ロドプシンはオプシンというタンパク質とレチナールという化学物質からなる。光を受けるとレチナールの構造が変化し，これに伴ってオプシンの立体構造も変化することで桿体細胞に電気的な信号が引き起こされる。(100字以内)

2）ビタミン：A

4．1）毛様筋が弛緩し，チン小帯に引かれて水晶体が薄くなり，焦点距離が長くなる。(40字以内)

2）近くを見るときに水晶体が厚くならない。(20字以内)

5．紫外線

6．太陽は日周運動によって1時間に約15°ずつ位置が変化するため，太陽の動きに応じて頭の向きを補正することで正確な方向を判断し，定位方向を定めることができる。(80字以内)

◀解 説▶

≪ヒトの眼の構造としくみ，太陽コンパスによる定位≫

1．3）図のDは網膜の中心部の黄斑で，Cは視細胞が分布していないので盲斑である。錐体細胞は黄斑に集中して分布し，桿体細胞は黄斑の周辺部に多く分布しているので，Aが桿体細胞，Bが錐体細胞である。

3．1）次の①～④の4点を入れてまとめるとよい。①ロドプシンはタンパク質のオプシンとレチナールという光の吸収にはたらく化学物質からできている。②光を受けるとレチナールの立体構造が変化してオプシンから離れる。③レチナールの構造変化に伴ってオプシンの立体構造も変化する。④オプシンの構造変化によって桿体細胞に電気的な変化が生じる。

4．1）遠くを見るときは，毛様筋が弛緩してチン小帯が引かれ，水晶体が薄くなるため焦点距離が長くなり，遠くのものが網膜上に像を結ぶ。

2）近くを見るときは，毛様筋が収縮してチン小帯がゆるみ，水晶体が自身の弾性によって厚くなることで近くのものが網膜上に像を結ぶ。このことから，水晶体の弾力が失われると，近くを見るときにも水晶体がじゅうぶんに厚くなれないと考えるとよい。

6．太陽の位置は日周運動によって1時間に約15°ずつ変化する。このことから，動かない人工的な光を当てた実験で，ホシムクドリが1時間に約15°の割合で頭の向きを反時計回りに変えるのは，太陽の位置が時間とともに変化することに対する補正を行うためであり，これを行うことで正確

な方向を判断し，定位することができると考えられる。

III 解答

1．ア．ランダム（機会的）　イ．集中　ウ．一様　エ．区画法（方形枠法）　オ．標識再捕法　カ．個体群密度　キ．成長曲線　ク．競争（種内競争）　ケ．密度効果　コ．環境収容力

2．1）3780 個体　2）4.7〔個体/m²〕

3．容器内では食物や生活空間などの生存と繁殖に必要な資源に限りがあり，個体群密度が高くなると，資源の不足や排泄物の増加によって環境が悪化し，死亡率の上昇や出生率の低下が起こるから。(90 字以内)

4．農薬の影響で捕食者である天敵生物の個体数が減少するため，被食者である害虫の個体数は捕食の減少によって増加する。その結果，害虫による作物の被害は増加する。(80 字以内)

◀解　説▶

≪個体群密度と個体群の成長≫

2．1）標識再捕法では，「個体群の全個体数：1回目の捕獲個体数＝2回目の捕獲個体数：再捕獲した標識個体数」として全個体数を推定する。よって，トンボAの成虫の全個体数の推定値は

　　　140×216÷8＝3780 個体

2）個体数の推定値が 3780 で，個体数を推定した池の面積が 812 m² なので，単位面積（1 m²）あたりの個体数は

　　　3780÷812＝4.655…≒4.7〔個体/m²〕

3．一定量の餌とともに容器に入れて飼育する場合，食物や生活空間のような生存と繁殖に必要な資源に限りがある。そのため，個体群密度が高くなると，①資源の不足と②排泄物の増加による環境の悪化によって個体群の成長が妨げられることを説明する。

4．間接効果にもとづいて説明する。害虫が作物に被害を与え，天敵生物が害虫を捕食する場合，天敵生物による捕食は害虫の個体数を減らし，間接的に作物の受ける被害を減少させる間接効果がある。そのため，天敵生物に悪影響を与える農薬を散布して天敵生物の個体数を減少させてしまうと，天敵生物による捕食が減少した害虫の個体数が増加し，害虫による作物の被害は増加すると考えられる。

Ⅳ 解答

1．1）ア．基底層　イ．角質層　ウ．体液性　エ．細胞性

2）①—(b)　②—(a)

2 —(b)

3．1）—(i)　2）—(e)

4．1）自己免疫疾患　2）—(a), (e)

5 —(c), (d), (h)

6．食作用

7．毛細血管が拡張して透過性が増し，食細胞が血管から組織に移動して病原体を取り込み，消化分解する。(50字以内)

8．全身的な強いアレルギー反応が起こり，急激な血圧低下や意識低下，呼吸困難などの症状が現れること。(50字以内)

9 —(e)

10—(a)

◀解　説▶

≪生体防御≫

1．1）ア・イ．表皮の最深部にある基底層は幹細胞からなり，細胞分裂を繰り返す。表皮の表層にある角質層は，核を失い，ケラチンを多く含む死細胞からなる。

2）皮脂腺や汗腺からの分泌物には乳酸が含まれるため，弱酸性を示す。胃液には塩酸が含まれるため，強酸性を示す。

2．(a)・(c)・(d)・(e)・(f)　誤り。エラスチンとコラーゲンは皮膚の真皮などの結合組織に含まれる繊維状のタンパク質である。コレステロールは生体膜の構成成分となる脂質，セラミドは角質層に多く含まれる脂質，トリグリセリドは脂肪のことである。

3．汗や涙などの分泌物には，細菌の細胞壁を分解する酵素であるリゾチームや，細菌の細胞膜を破壊するディフェンシンなどのタンパク質が含まれる。(a)のアセチルコリンは神経伝達物質，(b)のアドレナリン，(d)のチロキシン，(g)のバソプレシンはホルモン，(c)のアミラーゼはデンプンの分解酵素，(f)のヌクレアーゼはDNAの切断酵素，(h)のポリメラーゼは合成酵素で，いずれも化学的防御に関係しない。

4．2）(b)・(c)・(d)・(f)　誤り。Ⅱ型糖尿病はⅠ型糖尿病以外の原因で起

こる糖尿病，アトピー性皮膚炎，花粉症，気管支喘息はアレルギーが関係する疾患で，自己免疫疾患ではない。

5．(a)・(b)・(e)・(f)・(g)・(i)　誤り。アルブミン，グロブリンは血しょう中に多く含まれるタンパク質，インスリン，グルカゴンはホルモン，グリコーゲンは肝臓などに貯えられる多糖，プロトロンビンは血液凝固に関わるトロンビンの前駆体で，サイトカインではない。

7．制限字数が50字以内と少ないので，指定された3つの語句から，①毛細血管に関して，毛細血管が拡張して血流量が増え，血管の透過性が高まること，②食細胞に関して，食細胞が血管から組織に移動して感染部位に集まり，病原体を消化分解すること，の2点にしぼって簡潔にまとめるのがよいだろう。①・②にはマスト細胞が分泌するヒスタミンやマクロファージが分泌するサイトカインの作用も深く関与しているが，字数的にそこまでは触れなくてよいと思われる。

8．アナフィラキシーショックでは，症状が全身的に現れることを必ず説明し，具体的な症状として急激な血圧低下，意識低下，呼吸困難などを挙げることができればよいだろう。

9．(e)　誤文。記憶細胞となるのは活性化したヘルパーT細胞，キラーT細胞，B細胞の一部で，樹状細胞は記憶細胞にはならない。

10．(b)　誤文。インフルエンザのワクチンが開発されたのは20世紀で，パスツールが開発したのはインフルエンザのワクチンでなく，狂犬病などのワクチンである。

(c)　誤文。北里柴三郎はジフテリアや破傷風を治療する血清療法の開発者で，ワクチンの開発者ではない。

(d)　誤文。mRNAワクチンが開発されたのは21世紀で，スタインマンが樹状細胞を利用して開発したのはmRNAワクチンでなく，がん治療のための樹状細胞ワクチンである。

(e)　誤文。利根川進は遺伝子の再構成によって多様な可変部をもつ抗体がつくられるしくみを解明したが，ワクチン接種による抗体産生増強法の開発は行っていない。

❖講　評

　大問数は例年と同じ4題。空所補充問題，用語問題，正文や誤文を選ぶ問題，計算問題，論述問題が幅広く出題されている。論述問題の出題が多く，すべての大問で出題された。全体の論述字数は約650字で2022年度よりやや減少したが，論述問題への対処が全体の出来を決めるポイントになる。定番的な標準レベルの問題を中心に，実験考察や思考力を試す問題も出題され，総合的な力が試される問題である。全体的な難易度は2022年度と同程度で，標準レベルである。

　Ⅰ　エチレンのはたらきと遺伝子組換え植物に関する問題。植物ホルモンに関する正確な知識が求められた。4の2)でRNA干渉の名称が問われている。遺伝子組換えでの抗生物質の耐性遺伝子の導入に関する4の3)の論述は定番的。エチレンによる肥大成長の促進に関する5の論述は2022年度の大問Ⅲで類問が出題されている。7のエチレン応答に関する突然変異体を用いた実験問題は論理的な思考力が試される問題である。

　Ⅱ　ヒトの眼と動物の定位に関する論述中心の問題。ロドプシンの光の受容に関する3の1)の論述は字数が100字とやや多く，やや詳しい理解が必要である。老眼に関する4の2)の短い論述はやや応用的。ホシムクドリの定位行動に関する6の論述はやや発展的な考察問題で，思考力とそれを説明する表現力が求められる。

　Ⅲ　個体群密度と個体群の成長に関する標準的な問題。標識再捕法に関する2の計算や，成長曲線に関する3の論述は定番的な問題で，しっかり答えたい。農薬散布が作物に与える影響を考察する4の論述もわかりやすいが，論理的に説明する力が求められる。

　Ⅳ　生体防御に関する総合的な問題。やや詳しい知識を求める問題が多く出題された。炎症に関する7の論述はどのような内容を答えればよいかやや迷う問題だろう。獲得免疫の過程に関する9の誤文選択とワクチンに関する10の正文選択は各文の内容がかなり詳細で，細かいところまで正確な理解や知識がないと難しい。

MEMO

 MEMO

2022年度 問題と解答

■ 2 月 11 日実施分

情報科学部Ａ方式Ⅰ日程（ディジタルメディア学科）
デザイン工学部Ａ方式Ⅰ日程（都市環境デザイン工・システムデザイン学科）
理工学部Ａ方式Ⅰ日程（機械工〈機械工学専修〉・応用情報工学科）
生命科学部Ａ方式Ⅰ日程（生命機能学科）

問題編

▶試験科目・配点

学部・学科		教 科	科　　　　目	配 点
情　報　科		外国語	コミュニケーション英語Ⅰ・Ⅱ・Ⅲ，英語表現Ⅰ・Ⅱ	150 点
		数　学	数学Ⅰ・Ⅱ・Ⅲ・Ａ・Ｂ	150 点
		理　科	物理基礎・物理	100 点
デザイン工	都市環境デザイン工	外国語	コミュニケーション英語Ⅰ・Ⅱ・Ⅲ，英語表現Ⅰ・Ⅱ	150 点
		数　学	数学Ⅰ・Ⅱ・Ⅲ・Ａ・Ｂ	150 点
		理　科	「物理基礎・物理」，「化学基礎・化学」から１科目選択	150 点
	システムデザイン	外国語	コミュニケーション英語Ⅰ・Ⅱ・Ⅲ，英語表現Ⅰ・Ⅱ	150 点
		数　学	数学Ⅰ・Ⅱ・Ａ・Ｂ	150 点
		理　科	「物理基礎・物理」，「化学基礎・化学」から１科目選択	150 点
理　　工＊		外国語	コミュニケーション英語Ⅰ・Ⅱ・Ⅲ，英語表現Ⅰ・Ⅱ	150 点
		数　学	数学Ⅰ・Ⅱ・Ⅲ・Ａ・Ｂ	150 点
		理　科	「物理基礎・物理」，「化学基礎・化学」から１科目選択	150 点
生　命　科		外国語	コミュニケーション英語Ⅰ・Ⅱ・Ⅲ，英語表現Ⅰ・Ⅱ	150 点
		数　学	数学Ⅰ・Ⅱ・Ａ・Ｂ	150 点
		理　科	「物理基礎・物理」，「化学基礎・化学」，「生物基礎・生物」から１科目選択	150 点

▶備 考

※機械工学科航空操縦学専修は，独自の入試が行われる（大学入学共通テストおよび書類審査，面接，操縦適性検査，航空身体検査）。
- デザイン工学部システムデザイン学科については，3教科すべて受験したうえで，得点の高い2教科を合否判定に使用する。
- 「数学B」は「数列」「ベクトル」を出題範囲とする。
- 「物理」は「様々な運動」「波」「電気と磁気」を出題範囲とする。

英語

(90 分)

〔Ⅰ〕 つぎの設問に答えよ。

問1 (1)〜(3)において，最も強いアクセントのある位置が他の三つと異なる語をそれぞれイ〜ニから一つ選び，その記号を解答用紙にマークせよ。

(1) イ　as-pect　　　　　ロ　ex-cel
　　ハ　ef-fort　　　　　ニ　pri-vate
(2) イ　of-fi-cial　　　　ロ　av-er-age
　　ハ　rel-a-tive　　　　ニ　ob-vi-ous
(3) イ　im-me-di-ate　　　ロ　ex-ec-u-tive
　　ハ　ma-jor-i-ty　　　 ニ　en-gi-neer-ing

問2 (1)〜(3)において，下線部の発音が他の三つと異なる語をそれぞれイ〜ニから一つ選び，その記号を解答用紙にマークせよ。

(1) イ　chemistry　　　　ロ　technical
　　ハ　stomach　　　　　ニ　chase
(2) イ　thread　　　　　　ロ　treaty
　　ハ　pleasant　　　　　ニ　sweater
(3) イ　fear　　　　　　　ロ　dear
　　ハ　wear　　　　　　　ニ　appear

〔Ⅱ〕 つぎの(1)〜(5)において，空欄に入る最も適切な語(句)をそれぞれイ〜ニから一つ選び，その記号を解答用紙にマークせよ。

(1) I'm sorry, but Karen's not in the office at the moment. Can I ☐ a message for you?
　イ　offer　　　ロ　get　　　ハ　take　　　ニ　put

(2) Ryo, you shouldn't leave the engine ☐. It's a waste of gasoline.
　イ　running　　ロ　to run　　ハ　starting　　ニ　to start

(3) Most days I get home from ☐ by 7:00 p.m.
　イ　labor　　ロ　job　　ハ　task　　ニ　work

(4) Why did you go there by taxi? You ☐ my car.
　イ　could have taken　　ロ　would have taken
　ハ　can take　　　　　　ニ　will take

(5) I don't understand why I made ☐ mistake in judgment.
　イ　so a serious　　ロ　such a serious
　ハ　so serious　　　ニ　such serious

〔Ⅲ〕 つぎの設問に答えよ。

問1 (1)と(2)の対話の　　　　に入る最も適切なものをそれぞれイ〜ニから一つ選び，その記号を解答用紙にマークせよ。

(1) Hannah: Hi, Arjun. . . . Gee, it looks like you've already finished preparing for your lab presentation. How did you finish so quickly?
Arjun: My lab experiments went really smoothly. Do you need any help?
Hannah: 　　　　
Arjun: Don't worry. I'll just help you get started.

イ Really? Aren't you busy with work for your other classes?
ロ Actually, I think I'll be fine. I just finished the first part.
ハ Thanks so much! Would you help me at the end?
ニ That's so nice of you! Shall I lend you my textbook?

(2) Ken: The new web camera I bought about a week ago was rated 4.8 out of 5 stars on the internet, but it turned out to be terrible!
Emma: That's strange. 4.8 is a pretty high rating, right? What did the reviews say?
Ken: I didn't check any of them before I bought the camera. That was my mistake. And yesterday I visited the website again and found they were about a dog collar, not the web camera!
Emma: How strange! But from next time, you should read the reviews carefully before clicking the "Buy Now" button.

イ　You should be proud of yourself.
ロ　You've learned a good lesson.
ハ　You'll have to pay back the cost.
ニ　Let's go out together to buy a good dog collar.

問2　つぎの会話は，小学校の先生と児童が野菜の植え付けと収穫について右ページのカレンダーを見ながら学んでいる授業の一部である。これを読み，設問に答えよ。

Ms. Suzuki:　Today, using this planting calendar for vegetables, we are going to learn what to plant when. First, look at the information about carrots in this calendar. It says that carrots are usually ready to harvest 60 to 120 days from the day the seeds are planted. If you sow carrot seeds at the beginning of April, when will the carrots be harvested?

Chika:　From July?

Akira:　July? That's 　X　, isn't it?

Ms. Suzuki:　Good job, Akira. Chika, try again!

Chika:　...

Ms. Suzuki:　Chika, don't worry. It's OK to make a mistake. Any volunteers?

Mira:　From 　A　 through 　B　?

Ms. Suzuki:　Mira, that's correct. In addition to carrots, what other vegetables can we sow?

Akira:　Let's see. ... melons, peanuts, pumpkins.

Ms. Suzuki:　Akira, that's right. We also have another way to grow vegetables called transplanting. It means planting young vegetables in the soil. What vegetables can we transplant?

Ren:　Asparagus, green peppers, sweet potatoes, tomatoes. Wow,

		it takes much longer to harvest	Y	than any other vegetable.

Akira: Hmm. Green peppers and tomatoes can be transplanted and harvested at the same time!

Ms. Suzuki: Ren, Akira, good points! If you transplant green peppers and tomatoes at the beginning of May, when will they be ready to harvest?

Chika: From C through D .

Ren: You're right this time, Chika!

Planting calendar for vegetables in a mild climate zone

Vegetables	Time to Harvest	Jan. 1	15	Feb. 1	15	March 1	15	April 1	15	May 1	15	June 1	15	July 1	15	August 1	15	Sept. 1	15	Oct. 1	15	Nov. 1	15	Dec. 1	15
Asparagus	3 years					T	T	T																	
Carrots	60-120 days					S	S	S	S					S	S	S									
Melons	100-120 days							S	S	S	S														
Peanuts	120-150 days									S	S														
Green peppers	60-120 days							T	T	T	T														
Sweet potatoes	150-180 days								T	T	T	T													
Pumpkins	90-120 days					S	S	S	S																
Tomatoes	60-120 days								T	T	T	T													

S = Seeds
T = Transplants

(1) A ~ D に入る最も適切なものをそれぞれイ〜ヘから一つ選び，その記号を解答用紙にマークせよ．ただし，同じ選択肢を二度使用してはならない．

　イ　May　　　　　　ロ　June　　　　　　ハ　July
　ニ　August　　　　　ホ　September　　　ヘ　October

(2) X , Y に入る最も適切なものをそれぞれイ〜ニから一つ選び，その記号を解答用紙にマークせよ．ただし，同じ選択肢を二度使用してはならない．

イ　asparagus　　　　　　ロ　peanuts
ハ　pumpkins　　　　　　 ニ　sweet potatoes

〔IV〕　パラグラフ(段落)に関する設問に答えよ。

問1　つぎの(1)と(2)のパラグラフ(段落)には，まとまりをよくするために取り除いたほうがよい文が一つずつある。取り除く文として最も適切なものをそれぞれ下線部イ～ニから一つ選び，その記号を解答用紙にマークせよ。

(1) Pet cats can recognize their own names if their owners regularly use them, according to new results by a team of researchers in Japan. To test if a cat recognized its name, researchers tested the cat's response to its name against other, similar-sounding words. (イ)Researchers played recordings of each cat's owner's voice saying five words. (ロ)The first four were similar-sounding words and the final, fifth word was the cat's name. (ハ)Researchers judged that cats responded to their name if they ignored recordings of other words but moved their ears or heads when they heard their name. (ニ)Well-trained dogs can tell the difference between 200 to 1,000 human words. Cats which responded weakly to the similar-sounding words were significantly more likely to show strong responses to their own names.

出典：University of Tokyo. "Hello, Kitty: Cats Recognize Their Own Names, According to New Japanese Research." *ScienceDaily*, 8 April 2019, https://www.sciencedaily.com.　(一部改変)

(2) While our bodies contain 3 billion base pairs of DNA, only a tiny amount is unique to each of us. (イ)Humans are about 99.9% genetically

similar to each other.　This is because most DNA performs similar functions in all humans.　Take a look at how genetically similar we are to living things around us.　For example, chimpanzees are 96% genetically similar to humans, while about 90% of the genes in domestic cats are similar to humans.　Cows share about 80% of their genes with humans.　When it comes to insects' DNA, humans have a bit less in common.　For example, fruit flies share 61% of disease-causing genes with humans.　Surprisingly, even bananas have about 60% of the same DNA as humans.

出典：Ramsey, Lydia and Samantha Lee. "Humans Share Almost All of Our DNA with Cats, Cattle and Mice." *The Independent*, 6 April 2018, https://www.independent.co.uk. （一部改変）

問2　つぎの(1)と(2)のパラグラフ（段落）を完成させるために，□□□□に入る文として最も適切なものをそれぞれイ〜ニから一つ選び，その記号を解答用紙にマークせよ．

(1)　□□□□　When crossing a street at rush hour, you move through the crowd coming toward you, as your eyes glance at the faces in front of you.　Finding your way like this might feel like something you're doing on your own.　But scientists who study the movements of crowds have found that a simple trip through a crowd is much more like a dance we perform with those around us.　So it might not come as too much of a surprise to learn that people who are looking down at their cell phones, lost in their own private worlds while walking, negatively alter the movements of crowds.

出典：Greenwood, Veronique. "If You Look at Your Phone While

Walking, You're an Agent of Chaos." *The New York Times*, 18 March 2021, https://www.nytimes.com. （一部改変）

イ　Just a few walkers not paying attention can really change how a whole crowd moves.

ロ　Many people look at their cell phones while walking and step on others' feet.

ハ　It is better to keep your distance from other people when you are in a crowd.

ニ　The behavior of crowds can teach us how to find our way without using cell phones.

(2) ☐ Last year, the research team created a white paint that pushed the limits on how white paint can be. Now they've gone beyond that. The newer paint not only is whiter but also can keep surfaces cooler than the previously developed paint. Coating buildings with this paint may one day cool them off enough to reduce the need for air conditioning. If you were to use this paint to cover a roof area of about 90 square meters, you could get a cooling power of 10 kilowatts. That's more powerful than central air conditioners. And reducing the need for air conditioning would be a step toward preventing climate change.

出典：Wiles, Kayla. "The Whitest Paint Is Here—and It's the Coolest. Literally." *Purdue University News*, 15 April 2021, https://www.purdue.edu. （一部改変）

イ　Engineers have improved a cool white paint that can generate energy.

ロ　Engineers have developed a white paint to air condition the outside of buildings.

ハ　In an effort to limit global warming, engineers have created an ultra-white paint.

ニ　To prevent many biological problems, engineers have developed the whitest paint ever.

〔V〕 海藻を家畜の肉に代わる代替タンパク質（alt-protein）として活用することに関するつぎのインタビュー記事を読み，設問に答えよ。

　　Not many people eat seaweed in Europe or the US. Even thinking about eating it on a daily basis might give some people pause. But Amanda Stiles and Beth Zotter want to see seaweed replace soy as the dominant source of alt-protein, especially that of plant-based protein, in the global market. "Our goal is to develop the most sustainable supply of protein on Earth," says Zotter, who founded a seaweed start-up business in 2018 with Stiles, a biochemist. Here's an interview with Zotter and Stiles.

Interviewer: What are you doing with seaweed?

Zotter: We are using seaweed as an ingredient that can make fake meat look and taste more like real meat.

Stiles: Our goal is to make a product that is not only high in protein, but also has all the essential amino acids and natural vitamin B12, with good color, texture, and a nice "umami" flavor. Seaweed is up to 45% protein, which is higher than soy. It also contains a lot of carbohydrates called seaweed hydrocolloids[*1]. These are used as thickening agents and give a jelly-like texture to food products. In our project, we separate the seaweed hydrocolloids from the proteins, so that we can mix flexible amounts of them for the ingredients we are creating to make alt-protein.

Interviewer: [A] ?

Zotter: It's because it provides innovative, healthy, and delicious new protein. Seaweed can compete with soy for cost, volume, and nutrition. We are especially interested in its similarity to real meat right now—this can help us succeed in the field of plant-based foods. Because of seaweed's unique gel texture, it is great at binding things. This enables the kind of three-dimensional structure that you need to simulate real meat. Making food like a juicy steak or hamburger with plant-based food products is difficult, because they lose a lot of oil and moisture when cooked. [B] , our ingredients have good water-holding capacity, so we think they will do a better job of maintaining moisture and fat. Also, their color turns brown when cooked—a pain point₍₁₎ for other plant-based food products. For example, one product called Beyond Burger even has a warning label on the instructions not to overcook the burgers because, unlike real meat, they will not turn brown on the inside. This is because the Beyond Burger uses vegetable juice to add color.

Stiles: That was a big surprise to us, and one reason we are focusing on red seaweeds. Their natural red color turns brown nicely when cooked, in addition to the fact that they also tend to be the highest in protein. However, we are not discounting₍₂₎ other seaweeds, and are interested in trying green and brown seaweeds in the future.

Interviewer: OK, so what are you going to do with seaweed?

Zotter: We are still evaluating what the best product might be, but our goal is to expand seaweed production as fast as possible. For that to happen, though, seaweed farming needs to modernize. That's why we're working on the technology for growing seaweed off the coast. For example, we are developing robots with groups of other researchers. Right now, seaweed farming is mostly done by individual fishers with small boats and manual (3) harvesting tools. We need to introduce more use of machines and make it efficient.

Interviewer: How does seaweed farming help with the climate crisis?

Zotter: First, seaweed grows quickly and absorbs carbon at a rate much faster than a forest on land. Also, it turns nitrogen (N_2), plentiful in the ocean, into protein. Unlike conventional crops or cattle, which consume a large amount of water, it does not need fertilizer*[2] or even freshwater in the process. And seaweed thrives in harsh, salty climates.
(4)
When you make a seaweed farm in the ocean, you are essentially building an underwater forest. There is a lot of evidence to suggest that you could farm seaweed on a large scale, and then sink it deep in the ocean as an efficient way of taking carbon out of the atmosphere. That is not something we are working on, but it is certainly an interesting idea, and one that has a good potential because the ocean covers 71% of the Earth's surface.

Seaweed farming is becoming popular. For example, Jeff Bezos, the founder of Amazon.com, provided a large amount of funding to develop new markets for seaweed and to expand seaweed farming. We are hoping to (C) have Bezos eat tuna sashimi made from seaweed protein.

語注*

*[1] carbohydrates called seaweed hydrocolloids：海藻のネバネバした成分と

なる炭水化物のこと

*2 fertilizer：肥料

出典：Day, Adrienne. "This Startup Says Seaweed Is the Secret to a Better Faux Burger—and a Healthier Climate." *Grist*, 12 January 2021, https://grist.org. （一部改変）

問1　本文中の下線部(1)〜(4)の語句について，意味が最も近いものをそれぞれイ〜ニから一つ選び，その記号を解答用紙にマークせよ。

(1) a pain point
　　イ　a unique feature　　　　ロ　a common feature
　　ハ　a problem　　　　　　　ニ　an advantage

(2) discounting
　　イ　dismissing　　　　　　　ロ　treasuring
　　ハ　advertising　　　　　　　ニ　purchasing

(3) manual
　　イ　convenient　　　　　　　ロ　physical
　　ハ　advanced　　　　　　　　ニ　hand-operated

(4) thrives
　　イ　melts away　　　　　　　ロ　disappears quickly
　　ハ　changes slowly　　　　　ニ　grows well

問2　本文の内容に関する(1)〜(7)の問いの答えとして最も適切なものをそれぞれイ〜ニから一つ選び，その記号を解答用紙にマークせよ。

(1) Which of the following best fits in the blank 　A　？
　　イ　How did you come to work with each other

ロ　Why did you choose seaweed
　　　ハ　Why are you interested in alt-protein
　　　ニ　What is good about soy protein

(2) Which of the following best fits in the blank ┃ B ┃ ?
　　　イ　To sum up　　　　　　　　ロ　Therefore
　　　ハ　In contrast　　　　　　　　ニ　In addition

(3) Why are Zotter and Stiles trying to separate proteins and seaweed hydrocolloids?
　　　イ　because doing so helps create more useful ingredients
　　　ロ　because doing so helps concentrate "umami" flavors
　　　ハ　because the functions of seaweed hydrocolloids are weakened by proteins
　　　ニ　because proteins are more important than seaweed hydrocolloids

(4) Which of the following is not an advantage of seaweed compared to soy?
　　　イ　It keeps more juice in the food.
　　　ロ　It has more kinds of vitamins.
　　　ハ　It makes the food look more like real meat.
　　　ニ　It contains a larger amount of protein.

(5) Which of the following is one way seaweed is expected to help save the environment?
　　　イ　It leaves less harmful waste when processed.
　　　ロ　It holds back the decrease in farming areas.
　　　ハ　It helps save water resources.
　　　ニ　It supports various coral reefs.

(6) What does Zotter mean in the underlined phrase (C) "to have Bezos eat tuna sashimi made from seaweed protein"?
　イ　to raise tuna fish with seaweed protein
　ロ　to develop a tuna-like food with seaweed protein
　ハ　to get Bezos accustomed to Japanese food
　ニ　to ask Bezos to consume more seafood than meat

(7) Which of the following is the primary goal of Zotter and Stile's business?
　イ　to stop the use of soy as a source of alt-protein
　ロ　to cultivate more productive species of seaweed
　ハ　to improve the Beyond Burger with seaweed
　ニ　to produce nutritious food ingredients from seaweed

〔Ⅵ〕 特殊な環境が心臓に与える影響の調査に関するつぎの英文を読み，設問に答えよ。

　A recent study compared the effects of astronaut Scott Kelly's year in space with those of athlete Benoît Lecomte's marathon swim. Here's the conclusion: both removed the load on the heart that is usually applied by gravity, causing the organ   A   shrink and become smaller. Exercise wasn't enough in either case to prevent the changes to the heart.
　The study was conducted by a research team led by Professor Benjamin Levine at the University of Texas. The research has implications for very long journeys in space, such as the journey to Mars which NASA plans   B   the coming decades.
　Prof. Levine said, "One of the things we've learned over many years of the study is that the heart is remarkably plastic, and therefore the heart

adapts to the load placed on it. In spaceflight, you no longer have to pump blood up due to the lack of gravity." Scott Kelly spent 340 days aboard the International Space Station (ISS) to allow scientists to study the effects of long flights on the human body.

On 5 June 2018, Benoît Lecomte, who had previously swum across the Atlantic Ocean, began an effort to swim across the Pacific Ocean. He swam 2,821 km over 159 days, eventually abandoning the attempt. Swimming for a very long time changes the load placed on the heart by gravity because the person is in a horizontal rather than vertical position. On average, Lecomte swam 5.8 hours per day (range 1.1–9.0 hours per day) and slept for 8 hours each night. According to the daily record, he was spending between 9 and 17 hours each day in a horizontal position.

"Because both men were no longer pumping blood up, their hearts began to lose mass," said Prof. Levine. Another member of the research team, Dr. James MacNamara, said, "When we look at the left chamber of the heart, we see about a 20%–25% loss in mass over the four or five months that Mr. Lecomte was swimming. Similarly, we saw 19%–27% of mass lost for Captain Kelly over the year."

In general, physical exercise prevents the process of mass loss. Astronauts on the ISS are subjected to an intense exercise program to avoid the gradual reduction of muscle and bone that also occurs in orbit. Even so, this exercise program wasn't enough to stop the heart from shrinking in the case of Captain Kelly.

At the start of the study, researchers wondered whether the amount of physical exercise Mr. Lecomte was doing in the water might be enough to prevent the reduction of heart tissue. Prof. Levine said, "I absolutely thought that Mr. Lecomte's heart would not shrink. But it did! That's one of the nice things about science—you learn the most when you find things you didn't expect. It turns out when you swim for that many hours a day, you don't swim like Olympic swimmer Michael Phelps. Mr. Lecomte was not swimming as hard as he could. He kicked his legs relatively lightly throughout. Such low levels of physical activity do not protect the heart ⬛C⬛ adjusting to the absence of gravity."

The heart adjustments, however, aren't long-term—both men's hearts returned to normal after they were back on the ground.

Still, space missions may cause certain risks to astronauts. In space, partly because the way blood passes through the heart changes, a condition called atrial fibrillation[*1] may occur, where the heart beats fast and in an irregular manner. It can reduce the ability to exercise, and may also increase the risk of stroke[*2].

There's another risk to this vital organ from space travel. The high radiation levels in space might worsen coronary heart disease[*3]. The risk of heart disease increases ⬛D⬛ age, and astronauts are generally middle-aged when they go into space. This is important, because suffering a heart attack in space could be a disaster.

Prof. Levine is part of a NASA program that will send more astronauts into space for long-term missions. In these future missions, the crew members' hearts will be subjected to a number of different tests and high-tech scanning methods. The results will help scientists better understand how the heart functions in space.

語注*

[*1] atrial fibrillation：心房細動

[*2] stroke：脳卒中

[*3] coronary heart disease：冠状動脈性心臓病

出典：*BBC News*, 29 March 2021, https://www.bbc.com.　（一部改変）

問1　空欄　A　～　D　に入る最も適切な語をそれぞれイ〜ヘから一
　　つ選び，その記号を解答用紙にマークせよ。ただし，同じ選択肢を二度使
　　用してはならない。
　　イ　at　　　　　　　　ロ　from　　　　　　　ハ　with
　　ニ　on　　　　　　　　ホ　in　　　　　　　　ヘ　to

問2　Scott Kelly に関するつぎの説明が本文の内容と一致する場合はTを，一
　　致しない場合はFを，それぞれ解答用紙にマークせよ。
　(1)　He is an astronaut who spent almost a year aboard the ISS.
　(2)　He became the first man to suffer a heart attack in space.
　(3)　His long space flight enabled scientists to study how the experience
　　　changed his body.
　(4)　His heart continued to shrink even after coming back to Earth.
　(5)　He had to participate in a demanding exercise program in space.

問3　Benoît Lecomte に関するつぎの説明が本文の内容と一致する場合はTを，
　　一致しない場合はFを，それぞれ解答用紙にマークせよ。
　(1)　He is a famous Olympic swimmer.
　(2)　He could not finish swimming across the Atlantic Ocean.
　(3)　He spent an average of more than half of his day in a horizontal
　　　position during his attempt to cross the Pacific Ocean.
　(4)　He was swimming as hard as he could while attempting to cross the
　　　Pacific Ocean.
　(5)　The left chamber of his heart lost 20% or more of its mass while he
　　　was attempting to cross the Pacific Ocean.

問4　Prof. Levine が発言した内容をイ〜ニから二つ選び，その記号を解答用紙
　　にマークせよ。一行の解答欄に二つマークすること。
　イ　The left chamber of Scott Kelly's heart lost 19%–27% of its mass

over the year.
ロ　Pumping blood up is not necessary in spaceflight because there is no gravity.
ハ　The heart adapts to the load placed on it because it is quite flexible.
ニ　It was clear from the start that Benoît Lecomte's heart would shrink.

問5　長期の宇宙滞在によって引き起こされる可能性のある症状として本文中で挙げられていないものをイ～ホから一つ選び，その記号を解答用紙にマークせよ。
イ　atrial fibrillation
ロ　reduction of muscle and bone
ハ　stroke
ニ　disorders of the nervous system
ホ　coronary heart disease

問6　本文のタイトルとして最も適切なものをイ～ホから一つ選び，その記号を解答用紙にマークせよ。
イ　Long Spaceflights and Endurance Swimming Can Shrink the Heart
ロ　Heart Attacks in Zero Gravity Are Avoidable with Enough Exercise
ハ　Study Shows Basic Mechanisms of Why Heart Shrinks
ニ　Testing and Scanning Methods Protect NASA Crew Members' Hearts
ホ　NASA Aiming for a Journey to Mars in the Near Future

〔Ⅶ〕 ロボットに関するつぎの英文を読み，本文の内容に関する問１〜問10の答えとして最も適切なものをそれぞれイ〜ニから一つ選び，その記号を解答用紙にマークせよ。

　　It was early May, in a classroom at Anna High School in Ohio, US. Five third-year students focused on controlling a robotic arm. Their task was to make the robot arm grab and move several cola cans from one box to another, one by one. Something in their robot program was missing, and a few of the cans fell over. Their teacher offered encouragement but didn't tell them how to fix their mistake.

　　One of the students, Jarred Seigle, liked how their task was similar to what he'd seen robots do in Honda's engine plant a few miles outside the center of the village. "This is something we could all be doing in a few years if we're working in a factory. We might be programming robots," said Jarred. He is planning to major in mechanical engineering at the University of Toledo, which is not far from Anna High School. One of Jarred's teammates, Isaac Dodds, who is also planning to attend the University of Toledo, doesn't expect to work in manufacturing. He wants to become a teacher. Still, he took the class with Jarred because he thought gaining skills in automation would be job security if teaching doesn't work out.

　　The school is among the secondary schools around the world that offer robotics classes and related subjects to prepare students for <u>industries being transformed by automation</u>. Anna High School started the robotics classes in 2018, a few years after executives from Honda approached the school about developing a program together. The classes with the robot arm are taught as core subjects, not as part of career education.

　　Globally, robots could eliminate 75 million jobs but create 133 million new jobs by 2022. <u>Global manufacturers</u> could also face a potential shortage of 7.9 million workers by 2030, warns a study released in 2018. This study suggests that nations' educational systems should focus on robotics, but this is not easy. One difficult problem is parents' perceptions. Unless parents have a personal connection to someone working in manufacturing, "they either have no idea what happens or they have a perception that it's dark, dirty, and dangerous. This is definitely not the case," said Mr. Luce, vice president of the Society of Manufacturing Engineers (SME) Education Foundation, which helped start the robotics program at Anna High School.

Near Bonn, Germany, Amelie Haves has been enjoying her robotics course. "It looks difficult, but it isn't that hard to program a robot," she said. The school's goal is for participants to gain a foundation in programming and operating industrial robots. Students can earn a certificate that recognizes their specialized skills in operating a robotic arm from the Japanese manufacturer Yaskawa—the same certificate as adults. Amelie's teachers use practical problems in the course, such as moving toy bricks from one place to another by programming the arm. "We can't let students start working without the foundation to handle complex automated systems," they said. Amelie's mother, Sheona Hamilton-Grant, pushed her daughter to enroll in the two-year course. "Rather than run away from something we're frightened of, we need to learn about it," she said. "Knowledge is power, isn't it?"

In Mexico, government education officials seem increasingly willing to have public schools teach robotics, according to Roberto Saint Martin, a founder and the chief executive of RobotiX. RobotiX is a robotics education business, which started in 2006 in Mexico City. The company said it started programs in more than 1,400 schools and learning centers in Mexico. RobotiX sends its instructors to schools to train not only students but also teachers. "Mainly, the classes are organized by parents," said David

Romero, a professor at Tecnológico de Monterrey. "Parents understand that if their kids want employment in the future, they should be able to design, program, and repair a robot," Mr. Romero said.

In South Korea, businesses are not going to stop automating, said Miae Lee, a teacher at Seoul Robotics High School, a competitive technical school with about 460 students. "We have to adapt ourselves," she said. She tells her students, "If you learn about the robots, you can get a good job after graduation." The goal is to convert the students into robotics experts. "They have to choose: Do you want to lose your job to a robot or do you want to be hired to make or control it?"

出典：*The New York Times*, 7 June 2019, https://www.nytimes.com. （一部改変）

問1　What does the underlined phrase (1) "industries being transformed by automation" mean?

　　イ　industries that are producing cars
　　ロ　industries that are moving to other countries
　　ハ　industries that are employing more robots
　　ニ　industries that are shifting to the manufacturing of robots

問2　What does the underlined phrase (2) "Global manufacturers" mean?

　　イ　companies that trade currencies
　　ロ　companies that operate across the world
　　ハ　companies that produce a variety of items
　　ニ　companies that hire many employees

問3　Which one of the following is correct about Anna High School?

　　イ　Robotics classes are taught as part of the career curriculum.

ロ　Honda engineers fixed the mistakes in the robot program.

ハ　Students wrote the robot program without any mistakes.

ニ　The teacher motivated the students to fix the robot program.

問4　Globally, how much increase will we see in the number of jobs due to robots by 2022?

イ　58 million
ロ　75 million
ハ　133 million
ニ　208 million

問5　According to Mr. Luce, what is the reason for the shortage of workers with knowledge in robotics?

イ　Parents have negative opinions about manufacturing.

ロ　Parents have detailed information about industry.

ハ　Manufacturing environments are different in each country.

ニ　Manufacturing environments are dark, dirty, and dangerous.

問6　Which one of the following is correct about the high school near Bonn, Germany?

イ　Students and parents receive a certificate for building a Yaskawa robot.

ロ　Students receive a certificate for building a Yaskawa robot.

ハ　Students and parents receive a certificate for operating a robotic arm.

ニ　Students receive a certificate for operating a robotic arm.

問7　What is Ms. Sheona Hamilton-Grant's opinion?

イ　People should choose jobs related to engineering.

ロ　People must use robots in daily life.

ハ　People are not afraid of robots.

ニ　People need to know more about robots.

問8　Which one of the following is correct about schools in Mexico that adopted the robotics program?
　　イ　Parents teach their children robotics.
　　ロ　Parents and teachers are learning how to operate robots.
　　ハ　Parents encourage their children to learn to operate robots.
　　ニ　Parents train the teachers how to operate robots.

問9　What does Ms. Lee predict?
　　イ　Robots will remain in use in industry for a few more years.
　　ロ　Robots have to adapt their shape to the changing world.
　　ハ　Students with knowledge in robotics will have advantages in the job market.
　　ニ　Students will lose their jobs to robots.

問10　What is the best title for this passage?
　　イ　Taking the Future of Manufacturing into High Schools
　　ロ　How High School Students Choose Their Careers
　　ハ　The Future of Robotics Applications in the Car Industry
　　ニ　The Future of High School Curriculums in Four Countries

数学

(90 分)

解答上の注意

問題文中の ア，イ，ウ，… のそれぞれには，特に指示がないかぎり，－（マイナスの符号），または 0 ～ 9 までの数が 1 つずつ入ります。当てはまるものを選び，マークシートの解答用紙の対応する欄にマークして解答しなさい。

ただし，分数の形で解答が求められているときには，符号は分子に付け，分母・分子をできる限り約分して解答しなさい。

また，根号を含む形で解答が求められているときには，根号の中に現れる自然数が最小となる形で解答しなさい。

〔例〕

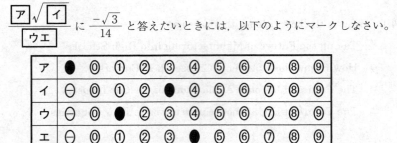

デザイン工学部システムデザイン学科，生命科学部生命機能学科のいずれかを志望する受験生は，〔Ⅰ〕〔Ⅱ〕〔Ⅲ〕〔Ⅳ〕〔Ⅴ〕を解答せよ。

情報科学部ディジタルメディア学科，デザイン工学部都市環境デザイン工学科，理工学部機械工学科機械工学専修・応用情報工学科のいずれかを志望する受験生は，〔Ⅰ〕〔Ⅱ〕〔Ⅲ〕〔Ⅵ〕〔Ⅶ〕を解答せよ。

〔I〕

(1) 黄玉 2 個と青玉 4 個がある。

 (i) 3 つの箱がある。それぞれの箱には，3 つの自然数 1, 2, 3 のいずれか 1 つが書かれている。また，それぞれの自然数が書かれた箱は 1 つずつである。それぞれの箱には，玉を何個でも入れることができる。これらの 3 つの箱に，玉を入れる。ただし，玉を入れない箱があってもよいものとする。

　　黄玉 2 個を，3 つの箱に入れる入れ方は，ア 通りある。
　　青玉 4 個を，3 つの箱に入れる入れ方は，イウ 通りある。
　　黄玉 2 個と青玉 4 個を，3 つの箱に入れる入れ方は，エオ 通りある。

 (ii) 区別のつかない 3 つの箱がある。それぞれの箱には，玉を何個でも入れることができる。これらの 3 つの箱に，玉を入れる。ただし，玉を入れない箱があってもよいものとする。

　　黄玉 2 個を，3 つの箱に入れる入れ方は，カ 通りある。
　　青玉 4 個を，3 つの箱に入れる入れ方は，キ 通りある。
　　黄玉 2 個と青玉 4 個を，3 つの箱に入れる入れ方は，クケ 通りあり，このうち，黄玉と青玉の両方が入っている箱がないような入れ方は，コ 通りある。

(2) $x > 0$ とし，関数 $f(x)$ を，

$$f(x) = |\log_3 x|$$

とする。

$|\log_3 x| = 0$ であるとき，$x =$ サ である。

座標平面上の，$y = f(x)$ のグラフは，$0 < x <$ サ において シ であり，サ $< x$ において ス である。

ただし，シ，ス については，以下の A 群の ①，② からそれぞれ 1 つを選べ。ここで，同じものを何回選んでもよい。

A群

① 右上がりの曲線　　　　② 右下がりの曲線

すべての $x\ (x>0)$ に対して，$f(x)=\left|\log_3\dfrac{\boxed{セ}}{x}\right|$ である。

また，すべての $x\ (x>0)$ に対して，$f(x)=\boxed{ソ}|\log_{27}x|$，および $f(x)=\boxed{タ}|\log_{81}\sqrt{x}|$ も成り立つ。

$f(x)=3$ となる x の値は，$x=\dfrac{\boxed{チ}}{\boxed{ツテ}}$，$\boxed{トナ}$ である。

ただし，$\dfrac{\boxed{チ}}{\boxed{ツテ}}<\boxed{トナ}$ とする。

$x>0$，かつ $x\ne\boxed{サ}$ とする。

$|\log_3|\log_3 x||=3$ となる x の個数は，$\boxed{ニ}$ である。

$|\log_3|\log_3 x||=3$ となる x の値のうち，最も大きいものを a とする。a の桁数は，$\boxed{ヌネ}$ である。

ここで，必要ならば $0.47<\log_{10}3<0.48$ であることを用いてもよい。

〔Ⅱ〕

平面上に三角形 OAB がある。

$$|\overrightarrow{OA}| = 2, \quad |\overrightarrow{OA} + \overrightarrow{OB}| = \sqrt{10}, \quad |2\overrightarrow{OA} - \overrightarrow{OB}| = 4$$

とする。

$$\overrightarrow{OA} \cdot \overrightarrow{OB} = \boxed{ア}, \quad |\overrightarrow{OB}| = \boxed{イ}$$

である。

三角形 OAB の内角 ∠AOB の大きさを θ とする。

$$\cos\theta = \frac{\boxed{ウ}}{\boxed{エ}}$$

である。

三角形 OAB の面積は, $\dfrac{\sqrt{\boxed{オカ}}}{\boxed{キ}}$ である。

点 C は, $2\overrightarrow{OA} = \overrightarrow{OC}$ を満たすとする。

t を, $-1 \leqq t \leqq 2$ を満たす実数とし, 点 P は,

$$\overrightarrow{OP} = t\overrightarrow{OB} + (1 - t)\overrightarrow{OC}$$

を満たすとする。

P が B と異なるとき, 三角形 OBP の面積を S とする。

S が最大となるのは, $t = \boxed{ク}$ のときである。

ただし, $\boxed{ク}$ については, 以下の A 群の ㊀〜⑨ から 1 つを選べ。

A 群

㊀ -1 ⓪ 0 ① 1 ② 2

③ $-\dfrac{1}{2}$ ④ $\dfrac{1}{2}$ ⑤ $\dfrac{3}{2}$ ⑥ $-\dfrac{2}{3}$

⑦ $-\dfrac{1}{3}$ ⑧ $\dfrac{1}{3}$ ⑨ $\dfrac{2}{3}$

$t = \boxed{ク}$ のとき，$S = \boxed{ケ}\sqrt{\boxed{コサ}}$ である。

線分 AB を $2:3$ に内分する点を D とする。

$$\overrightarrow{OD} = \frac{\boxed{シ}}{\boxed{ス}}\overrightarrow{OA} + \frac{\boxed{セ}}{\boxed{ス}}\overrightarrow{OB}$$

である。

2 直線 OD と BC の交点を E とする。

$$\overrightarrow{OE} = \frac{\boxed{ソ}}{\boxed{タ}}\overrightarrow{OA} + \frac{\boxed{チ}}{\boxed{タ}}\overrightarrow{OB}$$

である。

三角形 OBE の面積を S_1 とし，三角形 OCE の面積を S_2 とする。

$$\frac{S_2}{S_1} = \frac{\boxed{ツ}}{\boxed{テ}}$$

である。

〔Ⅲ〕 数列 $\{p_n\}$ は，漸化式

$$p_{n+1} = \frac{9p_n - 21}{p_n - 1} \quad (n = 1, 2, \cdots)$$

を満たし，$p_1 = 9$ であるとする。

方程式 $\dfrac{9x - 21}{x - 1} = x$ の2つある解を ア ， イ とする。
ただし， ア $>$ イ とする。

$q_n = p_n -$ ア $(n = 1, 2, \cdots)$ とする。
$n \geq 1$ のとき，

$$q_{n+1} = \frac{\boxed{ウ}\, q_n}{q_n + \boxed{エ}} \quad \cdots\cdots\text{①}$$

である。

$r_n = \dfrac{1}{q_n} \quad (n = 1, 2, \cdots)$ とする。

$n \geq 1$ のとき，式①から

$$r_{n+1} = \boxed{オ}\, r_n + \frac{\boxed{カ}}{\boxed{キ}}$$

であり，

$$r_{n+1} + \frac{\boxed{ク}}{\boxed{ケ}} = \boxed{オ} \left(r_n + \frac{\boxed{ク}}{\boxed{ケ}} \right)$$

となる。

$r_1 = \dfrac{\boxed{コ}}{\boxed{サ}}$ であるから,

$$r_n = \dfrac{\boxed{シ}^n - \boxed{ス}}{\boxed{セ}} \quad (n = 1, 2, \cdots)$$

である。

$$\sum_{k=1}^{n} r_k = \dfrac{\boxed{ソ}^{n+1} - \boxed{タ}}{\boxed{チ}} - \dfrac{n}{\boxed{ツ}} \quad (n = 1, 2, \cdots)$$

である。

$$p_n = \dfrac{\boxed{テ}}{\boxed{ト}^n - \boxed{ナ}} + \boxed{ニ} \quad (n = 1, 2, \cdots)$$

である。

次の問題〔Ⅳ〕は, デザイン工学部システムデザイン学科, 生命科学部生命機能学科のいずれかを志望する受験生のみ解答せよ。

〔Ⅳ〕

(1) 関数 $f(x)$ を,

$$f(x) = -x + 14 - |x + 2| - |6 - x|$$

とする。

$$f(x) = \begin{cases} \boxed{ア} & (x < -2) \\ \boxed{イ} & (-2 \leqq x < 6) \\ \boxed{ウ} & (6 \leqq x) \end{cases}$$

である。

ただし，$\boxed{ア}$〜$\boxed{ウ}$については，以下のA群の⊖〜⑨からそれぞれ1つを選べ。ここで，同じものを何回選んでもよい。

A群

- ⊖ $x - 6$
- ⓪ $-x + 6$
- ① $x + 6$
- ② $x - 10$
- ③ $-x + 10$
- ④ $x + 10$
- ⑤ $3x - 18$
- ⑥ $-3x + 18$
- ⑦ $3x + 18$
- ⑧ $x - 22$
- ⑨ $-x + 22$

座標平面上の，$y = f(x)$ のグラフ上にあって，原点からの距離が最小である点の座標は $\left(\boxed{エ}, \boxed{オ}\right)$ である。

連立不等式

$$\begin{cases} y \geqq 0 \\ y \leqq f(x) \end{cases}$$

が表す領域の面積は $\boxed{カキ}$ である。

(2) 座標平面上の直線 $y = -2x + 7$ を ℓ とする。

関数 $g(x)$ を，

$$g(x) = \int_0^x (-2u + 7)\,du + 7$$

とする。

曲線 $y = g(x)$ と ℓ の交点を $A(a, g(a))$, $B(b, g(b))$ とする。ただし，$a < b$ とする。

$a = \boxed{ク}$, $b = \boxed{ケ}$ である。

t を，$\boxed{ク} < t < \boxed{ケ}$ を満たす実数とする。

直線 $x = t$ と ℓ の交点を P，直線 $x = t$ と曲線 $y = g(x)$ の交点を Q とし，三角形 APQ の面積を S とする。

S を t の式で表すと，

$$S = \frac{1}{2}\left(\boxed{コ}\,t^3 + \boxed{サ}\,t^2\right)$$

である。

S は，$t = \boxed{シ}$ のときに最大となり，最大値は $\boxed{スセ}$ である。

曲線 $y = g(x)$ の，$\boxed{ク} \leqq x \leqq \boxed{ケ}$ を満たす部分を C とする。

C 上の点のうち，直線 ℓ からの距離が最大である点を E とし，E を通り ℓ に直交する直線を m とする。

m の方程式は，

$$y = \boxed{ソ}\,x + \boxed{タ}$$

である。

ただし，$\boxed{ソ}$，$\boxed{タ}$ については，以下の B 群の ⓪〜⑨ からそれぞれ 1 つを選べ。ここで，同じものを何回選んでもよい。

B 群

⓪ $\dfrac{1}{2}$ ① 2 ② 8 ③ 16 ④ 18

⑤ $-\dfrac{71}{5}$ ⑥ $-\dfrac{18}{5}$ ⑦ $\dfrac{12}{5}$ ⑧ $\dfrac{18}{5}$ ⑨ $\dfrac{71}{5}$

ℓ と m の交点の座標は $\left(\boxed{チ},\ \boxed{ツ}\right)$ である。

ただし，$\boxed{チ}$，$\boxed{ツ}$ については，上の B 群の ⓪〜⑨ からそれぞれ 1 つを選べ。ここで，同じものを何回選んでもよい。

次の問題〔V〕は，デザイン工学部システムデザイン学科，生命科学部生命機能学科のいずれかを志望する受験生のみ解答せよ。

〔V〕

$\sin x - \cos x = t$ とおく。

$\sin x \cos x$ を t の式で表すと，

$$\sin x \cos x = \frac{\boxed{ア} - t^{\boxed{イ}}}{\boxed{ウ}}$$

である。また，$(\sin x + \cos x)^2$ を t の式で表すと，

$$(\sin x + \cos x)^2 = \boxed{エ} - t^{\boxed{オ}}$$

である。

三角関数の合成により，

$$t = \sqrt{\boxed{カ}} \sin\left(x - \frac{1}{\boxed{キ}}\pi\right)$$

となるから，$0 \leq x \leq \frac{\pi}{2}$ のとき，t の最小値は $\boxed{ク}$ であり，最大値は $\boxed{ケ}$ である。

ただし，$\boxed{ク}$，$\boxed{ケ}$ については，以下のA群の㊀〜⑨からそれぞれ1つを選べ。ここで，同じものを何回選んでもよい。

A群

㊀ -1　　⓪ 0　　① 1　　② $\frac{1}{2}$

③ $-\frac{1}{2}$　　④ $\frac{\sqrt{2}}{2}$　　⑤ $-\frac{\sqrt{2}}{2}$　　⑥ $\frac{\sqrt{3}}{2}$

⑦ $-\frac{\sqrt{3}}{2}$　　⑧ $\sqrt{2}$　　⑨ $-\sqrt{2}$

P を実数として，
$$P = \cos^2 2x + 3\sin x \cos x$$
とおく。

$0 \leqq x \leqq \dfrac{\pi}{2}$ における，P の最小値および最大値について考える。

P を t の式で表すと
$$P = \boxed{コ} + \dfrac{t^2}{\boxed{サ}} - t^4$$
となる。

ただし，$\boxed{コ}$ については，以下の B 群の ⓪〜⑨ から 1 つを選べ。

B 群

⓪ $\dfrac{\pi}{6}$	① $\dfrac{\pi}{4}$	② $\dfrac{\pi}{3}$	③ $\dfrac{1}{2}$	④ $\dfrac{3}{2}$
⑤ $\dfrac{5}{2}$	⑥ $\dfrac{1}{3}$	⑦ $\dfrac{2}{3}$	⑧ $\dfrac{4}{3}$	⑨ $\dfrac{5}{3}$

t の関数 $f(t)$ を
$$f(t) = \boxed{コ} + \dfrac{t^2}{\boxed{サ}} - t^4$$
とする。

$f(t)$ の導関数を $f'(t)$ とする。

$f'(t) = 0$ となる t の値は，$t = 0, \ \pm\dfrac{\boxed{シ}}{\boxed{ス}}$ である。

$0 \leqq x \leqq \dfrac{\pi}{2}$ における P の最小値は $\boxed{セ}$ であり，最大値は $\boxed{ソ}$ である。

ただし，$\boxed{セ}$，$\boxed{ソ}$ については，以下の C 群の ㊀〜⑨ からそれぞれ 1 つを選べ。ここで，同じものを何回選んでもよい。

C群

㊀ -1　　　⓪ 0　　　① 1　　　② $\dfrac{2}{3}$

③ $\dfrac{3}{2}$　　　④ $\dfrac{4}{9}$　　　⑤ $\dfrac{9}{4}$　　　⑥ $\dfrac{9}{16}$

⑦ $\dfrac{16}{9}$　　　⑧ $\dfrac{16}{25}$　　　⑨ $\dfrac{25}{16}$

$0 \leqq x \leqq \dfrac{\pi}{2}$ において，P が最小値をとるのは $x =$ タ ，チ のときである。

ただし，タ $<$ チ とし，タ ，チ については，以下の D 群の ⓪〜⑥ からそれぞれ 1 つを選べ。

D群

⓪ 0　　　① 1　　　② $\dfrac{\pi}{8}$　　　③ $\dfrac{\pi}{6}$

④ $\dfrac{\pi}{4}$　　　⑤ $\dfrac{\pi}{3}$　　　⑥ $\dfrac{\pi}{2}$

次の問題〔Ⅵ〕は，情報科学部ディジタルメディア学科，デザイン工学部都市環境デザイン工学科，理工学部機械工学科機械工学専修・応用情報工学科のいずれかを志望する受験生のみ解答せよ。

〔Ⅵ〕

座標平面上の曲線 C が，$0 \leqq t \leqq \pi$ を満たす媒介変数 t を用いて，

$$x = \cos t + t \sin t, \quad y = \sin t - t \cos t$$

と表されている。

$$\dfrac{dx}{dt} = \boxed{\text{ア}}, \quad \dfrac{dy}{dt} = \boxed{\text{イ}}$$

である。

ただし，$\boxed{\text{ア}}$，$\boxed{\text{イ}}$については，以下のA群の①〜⑧からそれぞれ1つを選べ。ここで，同じものを何回選んでもよい。

A群

① $\cos t$　　　　② $\sin t$　　　　③ $\cos t + t \sin t$

④ $\sin t - t \cos t$　　⑤ $t \cos t$　　　⑥ $t \sin t$

⑦ $\cos t - t \sin t$　　⑧ $\sin t + t \cos t$

$0 < t < \pi$ において，x の値は $\boxed{\text{ウ}}$。

$0 < t < \pi$ において，y の値は $\boxed{\text{エ}}$。

ただし，$\boxed{\text{ウ}}$，$\boxed{\text{エ}}$については，以下のB群の①〜④からそれぞれ1つを選べ。ここで，同じものを何回選んでもよい。

B群

① つねに増加する　　　　② 増加したのち減少する

③ 減少したのち増加する　　④ つねに減少する

C の，$0 \leq t \leq \dfrac{\pi}{2}$ の部分の長さを L とする。

$$L = \dfrac{\boxed{\text{オ}}}{\boxed{\text{カ}}} \pi^2$$

である。

C 上の，$t = \dfrac{\pi}{2}$ に対応する点を P とする。

P を通り，x 軸に平行な直線を ℓ とする。C，x 軸，y 軸，および ℓ で囲まれた部分の面積を S とする。

$$S = \int_0^{\boxed{\text{キ}}} x \, dy$$

である。

ただし，$\boxed{\text{キ}}$については，以下のC群の①〜⑨から1つを選べ。

C 群

① 1　　② $\dfrac{\pi}{4}$　　③ $\dfrac{\pi}{3}$　　④ $\dfrac{\pi}{2}$　　⑤ π

⑥ $\sqrt{2}$　　⑦ $\sqrt{3}$　　⑧ $\dfrac{\sqrt{3}}{2}$　　⑨ $\dfrac{\sqrt{3}}{3}$

置換積分法により，

$$S = \dfrac{1}{\boxed{ク}} \int_0^{\boxed{ケ}} \left(t^{\boxed{コ}} + t\sin 2t - t^{\boxed{コ}} \cos 2t \right) dt$$

となる。

　ただし，$\boxed{ケ}$ については，上の C 群の ①〜⑨ から 1 つを選べ。

　$t\sin 2t$ の不定積分を

$$I = \int t\sin 2t \, dt$$

とする。部分積分法を用いると，

$$I = \dfrac{1}{\boxed{サ}} \sin 2t - \dfrac{t}{\boxed{シ}} \cos 2t + K \quad (K \text{ は積分定数})$$

である。

　$t^{\boxed{コ}} \cos 2t$ の不定積分を

$$J = \int t^{\boxed{コ}} \cos 2t \, dt$$

とする。部分積分法を用いると，

$$J = \dfrac{t^{\boxed{ス}}}{\boxed{セ}} \sin 2t - I$$

となる。

$$S = \frac{\pi^{\boxed{ツ}}}{\boxed{タチ}} + \frac{\pi}{\boxed{ツ}}$$

である。

次の問題〔Ⅶ〕は，情報科学部ディジタルメディア学科，デザイン工学部都市環境デザイン工学科，理工学部機械工学科機械工学専修・応用情報工学科のいずれかを志望する受験生のみ解答せよ。

〔Ⅶ〕

対数は，自然対数とする。

a を正の実数とする。

関数 $f(x)$ を，

$$f(x) = \frac{x^3}{x^2 - a^2} \quad (x \neq \pm a)$$

とし，座標平面上の曲線 $y = f(x)$ を C とする。

$f(x) < 0$ となるのは，$\boxed{ア}$ のときである。

ただし，$\boxed{ア}$ については，以下の A 群の ⓪〜⑨ から1つを選べ。

A群

⓪ $x < -a$ ① $-a < x < 0$

② $0 < x < a$ ③ $a < x$

④ $x < -a$, $-a < x < 0$ ⑤ $x < -a$, $0 < x < a$

⑥ $x < -a$, $a < x$ ⑦ $-a < x < 0$, $0 < x < a$

⑧ $-a < x < 0$, $a < x$ ⑨ $0 < x < a$, $a < x$

$f(x)$ の導関数を $f'(x)$ とする。

$$f'(x) = \frac{\left(x^2 - \boxed{イ}\, a^2\right) x^2}{(x^2 - a^2)^{\boxed{ウ}}}$$

である。

$f'(x) = 0$ となる x の値を，p, q, r とする。ただし，$p < q < r$ とする。

$$f(p) \boxed{エ} 0, \quad f(q) \boxed{オ} 0, \quad f(r) \boxed{カ} 0$$

である。

ただし，$\boxed{エ} \sim \boxed{カ}$ については，以下の B 群の①〜③からそれぞれ1つを選べ。ここで，同じものを何回選んでもよい。

B 群

① $>$ ② $<$ ③ $=$

$f(x)$ の第2次導関数を $f''(x)$ とする。

$$f''(x) = \frac{\boxed{キ}\, a^2 x \left(x^2 + \boxed{ク}\, a^2\right)}{(x^2 - a^2)^{\boxed{ケ}}}$$

である。

$x < -a$ において，$\boxed{コ}$。

$-a < x < a$ において，$\boxed{サ}$。

$a < x$ において，$\boxed{シ}$。

ただし，$\boxed{コ} \sim \boxed{シ}$ については，以下の C 群の①〜⑧からそれぞれ1つを選べ。ここで，同じものを何回選んでもよい。

C 群

① $f(x)$ はつねに減少し，C は上に凸である
② $f(x)$ はつねに減少し，C は下に凸である
③ $f(x)$ はつねに増加し，C は上に凸である
④ $f(x)$ はつねに増加し，C は下に凸である

⑤ $f(x)$ は増加したのち減少し，C は上に凸である
⑥ $f(x)$ は減少したのち増加し，C は下に凸である
⑦ $f(x)$ はつねに減少し，C は変曲点をちょうど1つもつ
⑧ $f(x)$ はつねに増加し，C は変曲点をちょうど1つもつ

方程式 $f(x) = 2$ の，異なる実数解の個数がちょうど3であるのは，

$$0 < a < \boxed{ス}\sqrt{\boxed{セ}}$$

のときである。

ただし，$\boxed{ス}$ については，以下の D 群の ①〜⑨ から1つを選べ。

D 群

① $\dfrac{1}{2}$　　② $\dfrac{1}{3}$　　③ $\dfrac{3}{2}$　　④ $\dfrac{3}{4}$　　⑤ $\dfrac{4}{3}$

⑥ $\dfrac{4}{5}$　　⑦ $\dfrac{2}{3}$　　⑧ $\dfrac{4}{7}$　　⑨ $\dfrac{4}{9}$

$a = 2$ とする。

曲線 C と x 軸および直線 $x = 1$ で囲まれた部分の面積を S とする。

$$S = 2\log \boxed{ソ} - \boxed{タ}$$

である。

ただし，$\boxed{ソ}$，$\boxed{タ}$ については，上の D 群の ①〜⑨ からそれぞれ1つを選べ。ここで，同じものを何回選んでもよい。

物理

（75 分）

注意 解答はすべて解答用紙の指定された解答欄に記入すること。
　　　 解答用紙の余白は計算に使用してもよいが，採点の対象とはしない。

〔Ⅰ〕 図1－1のように，台A（質量 m）が水平で滑らかな床に置かれている。Aは床と角度30°をなすなめらかな斜面をもつ。斜面上の点Pに小物体B（質量 $2m$）を置き，動き出さないよう手でおさえる。水平右向きを x 軸の正の向きとし，鉛直下向きを y 軸の正の向きとする。重力加速度の大きさを g として，以下の問いに答えよ。

　最初に，Aを床に固定し，Bから静かに手をはなす。
1．Bが斜面を運動しているとき，Bの加速度の大きさを g を用いて表わせ。
2．Bが斜面を運動しているとき，Bが斜面からうける垂直抗力の大きさを g と m を用いて表わせ。
3．Bが斜面に沿って l だけすべり落ちるのにかかる時間を g と l を用いて表わせ。

　つぎに，すべり落ちたBを再び点Pに置いた状態で，Aを床に固定せずなめらかに動けるようにし，Bから静かに手をはなす。すると図1－2の破線のように，Bは斜面上を動き，Aは床を水平に左側に動いた。床から見たAの加速度の x 成分を a_x，Bの加速度の x 成分を b_x，y 成分を b_y とすると，Aから見たBの加速度は斜面に沿った方向を向いていることから

$$\frac{b_y}{b_x - a_x} = \frac{1}{\sqrt{3}} \ (= \tan 30°)$$

の関係がある。

4. Bが斜面を運動しているとき，Bが斜面からうける垂直抗力の大きさをgとmを用いて表わせ。
5. Bが斜面を運動しているとき，Aの加速度の大きさをgを用いて表わせ。
6. Bが斜面に沿ってlだけすべり落ちる間にAが移動した距離をlを用いて表わせ。

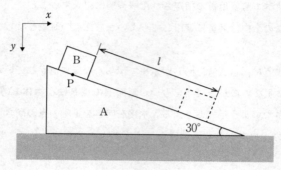

図1－1

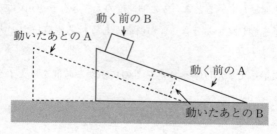

図1－2

〔Ⅱ〕 つぎの文の ☐ に入れるべき数式，記号，または数値を解答欄に記入せよ。

図2－1に示すように，真空中の xy 平面内で，長さ L，抵抗値 R の5本の導線と長さ $2L$，抵抗値 $2R$ の2本の導線を接続した回路 A を，x 軸の正の方向に一定の速さ v で動かした。$x<0$ の領域には紙面に垂直に裏から表の向きに磁束密度 B の一様な磁界がかかり，$0<x$ の領域には磁界がかかっていない。なお，導線に流れる電流によって生じる磁界の影響は無視でき，時刻 $t=0$ で辺 def が y 軸に重なるとする。

時刻 $t<0$ において，回路 abefa に発生する誘導起電力の大きさは (a) と表される。

時刻 $0<t<L/v$ において，回路 abefa に発生する誘導起電力の大きさは (b) ，回路 bcdeb に発生する誘導起電力の大きさは (c) となる。このときの回路 A と等価な回路は図2－2のように表されるので，キルヒホッフの法則を用いることにより，辺 cd に流れる誘導電流の大きさは (d) ，辺 be に流れる誘導電流の大きさは (e) となり，点 b と点 e の電位を比較すると，(f) 。ただし，(f) は，（1．点 b の電位が高い，2．点 e の電位が高い，3．点 b と点 e の電位は等しい），から選ぶこと。

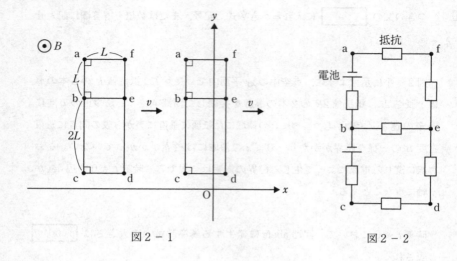

図2-1　　　　　　　　　図2-2

〔Ⅲ〕 つぎの文の　　　　に入れるべき数式を解答欄に記入せよ。

　図3のように，なめらかに動くピストンをもつ断面積 S の円筒の容器Aが，大気圧 p_0 中に置かれた容器B内の密度 ρ の液体中に沈んでいる。Aの底面とBの底面は伸縮しないひもでつながれている。Aの中には質量が無視できる1モルの単原子分子の理想気体が入っている。Aとピストンは断熱材でできており，A内の底面には加熱器が取り付けられている。ピストンの質量は M，厚さは t である。Aの質量と壁の厚さ，加熱器の質量と厚さ，ひもの質量は全て無視できるものとする。気体定数を R，重力加速度の大きさを g とする。

　はじめに図3のように，ひもはまっすぐに伸びているが張力は生じていない状態で，Aとピストンが静止している。このとき，A内の気体の圧力は p_1，絶対温度は T_1，Aの底面からピストンの底面までの高さは H であった。H を p_1, R, S, T_1 で表すと　(1)　となり，M を H, S, t, ρ で表すと　(2)　となる。

　つぎにA内の気体をゆっくり加熱すると，ピストンがA内を x だけ上昇し，

気体の圧力は p_2, 絶対温度は T_2 になった。この過程での液面の変位は無視できるものとする。p_2 を p_1, x, g, ρ で表すと (3) となり，ひもに作用する張力の大きさを g, S, x, ρ で表すと (4) となる。また，この過程でA内の気体が外部に対してした仕事 W を g, p_1, x, S, ρ で表すと (5) となり，気体に加えられた熱量を R, T_1, T_2, W で表すと (6) となる。

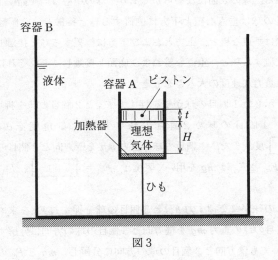

図3

〔IV〕 つぎの文の　　　　に入れるべき数値，または数式を解答欄に記入せよ。ただし，(v) には｛ ｝の中の正しい記述の番号（①〜③のいずれか1つ）を選んで記入しなさい。

図4-1のように直径 $1.5d$ のなめらかな円筒の中に n 個の直径 d, 質量 m の球が入っている。球の表面はなめらかであり，球の中心は同一鉛直平面上にある。上から1個目の球は垂直な壁と下方に位置する球と接触し，2個目から $n-1$ 個目までの球は垂直な壁と，上方とおよび下方に位置する球と接触し，n 個目の球は上方に位置する球と，垂直な壁および底面と接触し，それぞれに力を及ぼしあっている。重力加速度の大きさを g とする。

図4-2に示した1個目の球が壁を押す力 F_{w1} と2個目の球を押す力 F_{c1} を求める。いま，1個目の球が2個目の球と接触する角度を θ とすると，$\theta =$ (i) 度，また，1個目の球の重力 mg を壁方向と2個目の球の方向に分解すると，F_{w1} と F_{c1} は mg を用いて表すと，$F_{w1} =$ (ii) ，$F_{c1} =$ (iii) となる。

次に2個目の球が壁を押す力 F_{w2} と3個目の球を押す力 F_{c2} を求める。この場合には，2個目の球の重力 mg を壁方向と3個目の球の方向に分解するだけでなく，F_{c1} についても壁方向と3個目の球の方向に分解し，mg と F_{c1} の壁方向と3個目の球の方向成分の和がそれぞれ F_{w2}, F_{c2} に等しくなると考える。したがって，F_{w2} および F_{c2} は mg を用いて表すと，$F_{w2} = \sqrt{3}\, mg$, $F_{c2} =$ (iv) となる。

3個目以降の球についても以上と同様に求められるが，1つ下方の球を押す力は，(v) ｛① $\dfrac{2\sqrt{3}\, mg}{3}$, ② $\dfrac{2\, mg}{3}$, ③ $\dfrac{\sqrt{3}\, mg}{3}$｝ずつ増加していき，$n-1$ 個目の球が n 個目の球を押す力 $F_{c(n-1)}$ は，$F_{c(n-1)} = (n-1) \times$ (v) となる。

図4-3のように一番底では壁が球を押す力 N_1, 底面が球を押す力 N_2, 重力 mg および $N_{c(n-1)}$ は力のつりあいの状態にある。そこで水平方向，垂直方向の力のつりあいの条件から，N_1, N_2 を求めると，$N_1 =$ (vi) ，$N_2 = nmg$ である。

※(vi)については，問題文に誤りがあり，解答を導き出すことができない内容となっていたため，全員正解とする措置が取られたことが大学から公表されている。

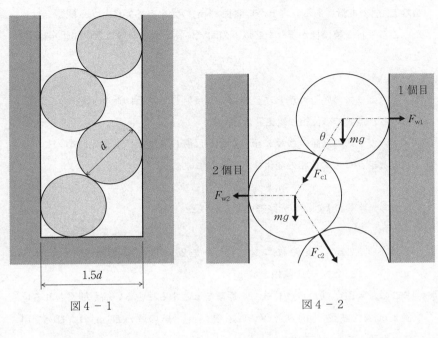

図 4 − 1   図 4 − 2

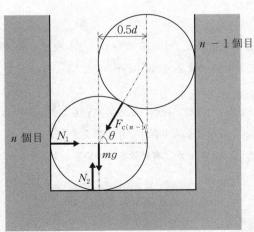

（N_2 の矢印は見やすくするためにずらして描いているが，本来は mg と一直線上にある。）

図 4 − 3

〔V〕 図5に示すように2枚の平面ガラス板を重ね、一端に薄い紙を挟んでくさび型の空気層を作った。薄い紙は厚さ D [m] であり、ガラスが接している点Oから距離 L [m] の位置にある。真上から波長 λ [m] の光をあてて真上から観察を行ったところ平行な縞模様が現れた。以下の問いに答えよ。なお空気の屈折率は1.0とする。

(イ) 上のガラスの底面の点Pに至った光が反射して真上に進む光路を①とする。このとき点Pでの位相の変化量を答えよ。

(ロ) 下のガラスの上面の点Qに至った光が反射して真上に進む光路を②とする。このとき点Qでの位相の変化量を答えよ。

2つの光路①および②の光路差は図5から $2d$ である。

(ハ) 明るく見える条件について光路差 $2d$、波長 λ と整数 n(ただし $n = 0, 1, 2, \cdots$)の関係を示せ。

(ニ) このとき頂点Oから点Qまでの距離を x とする。明るい縞が観察される位置 x [m] を、波長 λ [m]、点Oから距離 L [m]、紙の厚み D [m] および(ハ)で用いた整数 n を用いて表せ。

波長が $\lambda = 6.0 \times 10^{-7}$ m、紙の厚さが $D = 1.1 \times 10^{-4}$ m、端点Oから距離 $L = 2.0 \times 10^{-1}$ m とするとき、次の問いに答えよ。

(ホ) 点Oから他端にかけて、初めに明るい点から5番目の明るい縞の位置は、点Oから測って何mか。有効数字2桁で答えよ。

(ヘ) 明るい縞の間隔は何mか。有効数字2桁で答えよ。

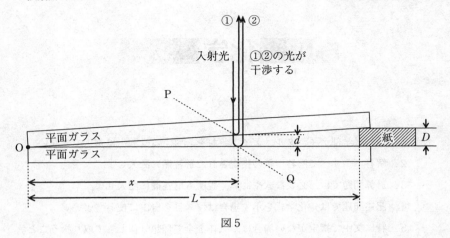

図 5

化学

(75分)

注意 1. 情報科学部ディジタルメディア学科を志望する受験生は選択できない。
   2. 解答は，すべて解答用紙の指定された解答欄に記入せよ。
   3. 計算問題では，必要な式や計算，説明も解答欄に記入せよ。
   4. 記述問題では，化学式を示す場合はマス目を自由に使ってよい。
   5. 特に文中で指定がない場合は，気体を全て理想気体として取り扱うこと。
   6. 計算問題において必要であれば，簡単のため原子量は下記の値を用いよ。

元素	H	C	O	S	Ar	Cu
原子量	1.00	12.0	16.0	32.0	40.0	63.5

   7. 必要であれば，簡単のため下記の値を用いよ。
      アボガドロ定数　$N_A = 6.00 \times 10^{23}$ /mol
      気体定数　$R = 8.30 \times 10^3$ Pa·L/(mol·K)
      ファラデー定数　$F = 9.65 \times 10^4$ C/mol

〔Ⅰ〕 つぎの文章を読んで，以下の設問に答えよ。

　硫黄は，多くの化合物をつくり，地殻中に鉱物として多量に存在する。自然界に単体としても分布し，　(あ)　色の固体として火山の噴気口に産出することが多い。硫黄の単体には，斜方硫黄，単斜硫黄，ゴム状硫黄などの同素体が存在し，硫酸，医薬品，ゴムなどの製造に広く利用されている。硫黄は，空気中で点火すると　(い)　色の炎を上げて燃焼し，二酸化硫黄となる。二酸化硫黄は常温で刺激臭をもつ　(う)　色の有毒な気体であり，黄鉄鉱の燃焼によっても得られる。

　硫化水素は火山ガスや温泉水に含まれ，腐卵臭のある無色の有毒な気体である。硫化水素は硫化鉄(Ⅱ)と希硫酸の反応で発生する。

硫酸は，肥料や薬品の製造など化学工業で広く使われている。濃硫酸は，吸湿性が高いため，気体の乾燥剤として用いられている。
(c)

硫酸は，つぎの方法で工業的に製造される。

操作Ⅰ．硫黄の燃焼で得られた二酸化硫黄を　(ア)　を触媒にして，空気中の酸素と反応させて，三酸化硫黄をつくる。

操作Ⅱ．三酸化硫黄を濃硫酸に吸収させて　(イ)　硫酸とし，これを希硫酸で薄めて濃硫酸とする。

この硫酸の工業的製法を　(ウ)　という。

1．空欄(あ)〜(う)に入る語句をつぎの①〜⑤の中から選び，番号で記せ。ただし，同じ番号を複数回選択しても良い。
   ① 赤　　　② 青　　　③ 黄　　　④ 緑　　　⑤ 無

2．空欄(ア)〜(ウ)に入る適切な語句を記せ。

3．下線部(a)の二酸化硫黄が生成する反応および下線部(b)の硫化水素が生成する反応を化学反応式でそれぞれ記せ。

4．二酸化硫黄，硫化水素および硫酸に関して，硫黄原子の酸化数をそれぞれ記せ。

5．下線部(c)に関して，濃硫酸を乾燥剤として用いることのできない気体を，つぎの①〜⑤の中から1つ選び，番号で記せ。またその理由を30字以内で記せ。
   ① 塩素　　　　　② 硫化水素　　　　　③ 二酸化炭素
   ④ 窒素　　　　　⑤ 酸素

6．濃硫酸に関する記述として適切なものをつぎの①〜⑤の中からすべて選び，番号で記せ。
   ① 銅を加えて加熱すると，二酸化硫黄が発生する。
   ② 常温で粘性が低い液体である。
   ③ 不揮発性の酸である。
   ④ スクロースに加えると，炭素が遊離する。
   ⑤ 濃アンモニア水を近づけると白煙を生じる。

7．2.00 kgの硫黄から6.25 kgの硫酸が得られた。得られた硫酸の質量パーセント濃度[%]とモル濃度[mol/L]を有効数字2桁でそれぞれ求めよ。ただし，用

いた硫黄はすべて硫酸の生成に使われたものとする。また，得られた硫酸の密度は 1.80 g/cm³ とする。

〔Ⅱ〕 つぎの文章を読んで，以下の設問に答えよ。

酸化還元反応によって化学エネルギーを電気エネルギーとして取り出す装置を電池と呼ぶ。電池は充電ができない一次電池と充電が可能である二次電池に分類(a)できる。自動車に使用されている鉛蓄電池は希硫酸中に電極として鉛と酸化鉛(b)(PbO₂)を浸した構造であり，代表的な二次電池である。

電池において外部へ電力を取り出すために電気的に接続する部分を電極と呼び，放電の際に ｢(ア)｣ 反応が起こる電極を正極，｢(イ)｣ 反応が起こる電極を負極と呼ぶ。

亜鉛板を入れた硫酸亜鉛水溶液と銅板を入れた硫酸銅（Ⅱ）水溶液を半透膜などで仕切った構造の電池をダニエル電池と呼ぶ。ダニエル電池ではイオン化傾向の(c)｢(あ)｣ 金属が正極となり，イオン化傾向の ｢(い)｣ 金属が負極となる。よって，ダニエル電池の正極と負極を導線でつなぎ放電した場合，導線には ｢(う)｣ から ｢(え)｣ へと電流が流れる。

また，電池とは対照的に外部から水溶液などの電解質に電流を流し，酸化還元反応を起こすことを電気分解と呼ぶ。電気分解において陽極では ｢(ウ)｣ 反応が起こり，陰極では ｢(エ)｣ 反応が起こる。白金板を電極に用いて硫酸銅（Ⅱ）(d)水溶液の電気分解の実験を行った。1.00 A で 48 分 15 秒間電流を流したところ，陽極からは気体が発生し，陰極には固体が析出した。

1．空欄(ア)〜(エ)に入るもっとも適切な語句の組み合わせをつぎの①〜④の中から1つ選び，番号で記せ。

	(ア)	(イ)	(ウ)	(エ)
①	酸化	還元	酸化	還元
②	酸化	還元	還元	酸化
③	還元	酸化	酸化	還元
④	還元	酸化	還元	酸化

2．空欄(あ)～(え)に入るもっとも適切な語句の組み合わせをつぎの①～④の中から1つ選び，番号で記せ。

	(あ)	(い)	(う)	(え)
①	大きな	小さな	正極	負極
②	大きな	小さな	負極	正極
③	小さな	大きな	正極	負極
④	小さな	大きな	負極	正極

3．下線部(a)に関して，二次電池であるものをつぎの①～⑥の中から全て選び，番号で記せ。

① ニッケル水素電池　　② マンガン乾電池　　③ リチウム電池
④ 酸化銀電池　　　　　⑤ 燃料電池　　　　　⑥ リチウムイオン電池

4．下線部(b)に関して，鉛蓄電池が放電する際に正極と負極で起こる反応を電子 e^- を含むイオン反応式でそれぞれ記せ。

5．下線部(c)に関して，つぎの金属①～④をイオン化傾向が大きいものから順番に番号で記せ。

① 銅　　　　② 鉄　　　　③ スズ　　　　④ 亜鉛

6．下線部(d)に関して，陽極と陰極で起こる反応を電子 e^- を含むイオン反応式でそれぞれ記せ。

7．下線部(d)に関して，陰極に析出した固体の質量は何gか。有効数字2桁で求めよ。

8．下線部(d)に関して，陽極から発生した気体の体積は温度27.0℃，圧力 1.00×10^5 Pa で何Lか。有効数字2桁で求めよ。

〔Ⅲ〕 つぎの文章を読んで，以下の設問に答えよ。計算問題においては，答えは有効数字2桁で求めよ。

図Ⅲ-1のような容積50.0 Lの耐圧容器Aおよび容積100 Lの耐圧容器Bがコックで連結されており，容器Bの底には点火装置が，容器Aおよび容器Bにはそれぞれ圧力計が付けられている。以下の操作をⅠ～Ⅳの順に行った。ただし，コック部，圧力計，点火装置およびそれらの接続部分の容積は無視できるものとし，容器Aおよび容器Bの容積は温度によって変化しないものとする。

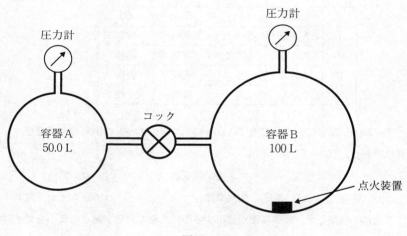

図Ⅲ-1

操作Ⅰ．容器Aおよび容器Bを真空にした後，コックを閉め容器Aに一定量のエタンおよびアルゴンの混合気体（体積比1：1）を入れた。この時，容器A内の圧力は27.0℃で3.00×10^5 Paであった。

操作Ⅱ．コックを閉めたまま容器Bに一定量の酸素およびアルゴンの混合気体（体積比1：1）を入れ，27.0℃に保った。この時の容器B内の圧力を測定した。

操作Ⅲ．容器全体の温度を27.0℃に保ったままコックを開け，気体が十分に混合するのを待った。この時，化学反応は起こらず，容器Aおよび容器Bの

圧力を測定したところ，いずれも 5.00×10^5 Pa であった。

操作Ⅳ．容器内の点火装置を用いて混合気体中のエタンを完全燃焼させた。完全燃焼終了後，容器全体の温度を 127 ℃ に設定した。このとき，容器内の全ての物質は気体として存在していた。

1．操作Ⅰにおいて，容器Aに存在するエタンの物質量は何 mol か。
2．操作Ⅱ終了後の容器B内の圧力は何 Pa か。
3．操作Ⅲ終了後の全容器（容器Aおよび容器B）内のアルゴンおよび酸素の物質量はそれぞれ何 mol か。
4．操作Ⅳのエタンの完全燃焼後に全容器内に残ったアルゴン以外の物質の物質名を解答例を参考にして，分子量の小さいものから順番にすべて記せ。
  解答例：ヘリウム，ネオン，・・
5．設問4において，全容器内のアルゴン以外の物質の中で最も物質量の多い物質名およびその物質量[mol]を答えよ。
6．エタンの燃焼熱は 1.56×10^6 J/mol である。全容器内でエタンの完全燃焼により発生した反応熱は何 J か。
7．操作Ⅳ終了後の 127 ℃ における全容器内の混合気体の圧力は何 Pa か。

〔Ⅳ〕 つぎの文章を読んで，以下の設問に答えよ。

(i)～(vi)は，炭素，水素，酸素のみからなる6種類の有機化合物 A ～ F に関する記述である。

(i) 化合物 A ～ F に含まれる炭素原子の数はいずれも5以下である。
(ii) 化合物 A 15.0 mg を完全燃焼させると，二酸化炭素 33.0 mg と水 18.0 mg を生じる。
(iii) 化合物 A を酸化すると化合物 B が得られ，化合物 B が酸化されると化合物 C を生じる。
(iv) 化合物 B をフェーリング液とともに加熱すると，酸化銅(Ⅰ)が沈殿する。
(v) 化合物 D を酸化すると化合物 E が得られる。化合物 E は，化合物 B の構造異性体である。
(vi) 化合物 F は化合物 A の構造異性体で，ナトリウムと反応しない。

1. 化合物 A の分子式を記せ。ただし，計算の過程を示すこと。
2. 化合物 B，D，F の構造式を例にならって記せ。

構造式の例

3. 化合物 A とナトリウムの反応を反応式で記せ。ただし，炭化水素基は，例えば $-C_2H_5$ ではなく $-CH_2CH_3$ のように，炭素原子を1つずつ記せ。
4. 化合物 A ～ F のなかで，炭酸水素ナトリウムと反応して気体を生じるものを1つ選び，記号で記せ。

5．化合物 A～F のなかで，ヨードホルム反応を示すものをすべて選び，記号で記せ。

6．化合物 A～F のなかで，適切な条件下で濃硫酸と加熱するとアルケンを生じるものをすべて選び，記号で記せ。

生物

(75分)

注意：生命科学部生命機能学科を志望する受験生のみ選択できる。
　　　解答はすべて解答用紙の指定された解答欄に記入せよ。

〔Ⅰ〕 つぎの文章を読んで，以下の問いに答えよ。

　DNAやRNAのヌクレオチドは，塩基，糖，　ア　で構成される。ヌクレオチドの塩基は　イ　(A)，　ウ　(T)，　エ　(C)，　オ　(G)，　カ　(U)の5種類である。またDNAを構成する糖は　キ　，RNAを構成する糖は　ク　である。DNAはヌクレオチドが多数結合した2本の鎖が作るらせん構造であり，AとTの間の水素結合と，GとCの間の水素結合により相補的な対を形成している。ヒトゲノムは約30億塩基対のDNAから構成され，そこに約20,000個の遺伝子が含まれている。大腸菌ゲノムは約460万塩基対のDNAから構成され，そこに約4,000個の遺伝子が含まれている。ゲノムDNAに含まれる塩基のうちAの占める割合は，ヒトと大腸菌でそれぞれ31％と24％である。

　遺伝子組換え技術を用いると，ヒトのインスリンを大腸菌に作らせることができる。そのためには，まず<u>ヒトインスリン遺伝子のmRNAをもとにそれと相補的な配列をもつDNA断片を合成し</u>(i)，そのDNA断片と<u>プラスミド</u>(ii)を同じ　ケ　で切断後，DNA　コ　を作用させ，インスリン遺伝子を含むDNAとプラスミドが連結した組換えDNAを作る。つぎに<u>この組換えDNAを大腸菌に取り込ませる</u>(iii)。その組換えDNAをもつ大腸菌を培養すると，細胞内にヒトのインスリンが作られる。

1．空欄　ア　～　コ　に入るもっとも適切な語句を記せ。

2．ヒトゲノムのDNAに2.4×10^{10}個の窒素原子が含まれるとすると，ヌクレオチド1対あたりに含まれる窒素原子の平均の数はいくつか。以下の(a)～(d)からもっとも適切なものを選び記号で記せ。

(a) 4個 　　(b) 8個 　　(c) 40個 　　(d) 80個

3．塩基の種類によらずヌクレオチド1個あたりに炭素原子が10個含まれるとすると，大腸菌ゲノムのDNAに含まれる合計の炭素数はいくつか。以下の(a)～(d)からもっとも適切なものを選び記号で記せ。

(a) 4.6×10^6個 　　　　　　(b) 9.2×10^6個
(c) 4.6×10^7個 　　　　　　(d) 9.2×10^7個

4．ヒトゲノムのDNAのうち遺伝子の領域が占める割合が1.5％だとすると，遺伝子領域のDNAには全部で何塩基対含まれるか。以下の(a)～(l)からもっとも適切なものを選び記号で記せ。

(a) 1.5×10^7塩基対 　　(b) 3.0×10^7塩基対 　　(c) 4.5×10^7塩基対
(d) 9.0×10^7塩基対 　　(e) 1.5×10^8塩基対 　　(f) 3.0×10^8塩基対
(g) 4.5×10^8塩基対 　　(h) 9.0×10^8塩基対 　　(i) 1.5×10^9塩基対
(j) 3.0×10^9塩基対 　　(k) 4.5×10^9塩基対 　　(l) 9.0×10^9塩基対

5．大腸菌ゲノムのDNAのうち遺伝子の領域が占める割合が90％だとすると，大腸菌の遺伝子1つあたりのDNAの大きさは平均で何塩基対か。以下の(a)～(d)からもっとも近いものを選び記号で記せ。

(a) 500塩基対 　　(b) 1,000塩基対 　　(c) 3,500塩基対 　　(d) 4,000塩基対

6．ヒトゲノムのDNAに含まれる塩基のうちGの占める割合を百分率で記せ。

7．大腸菌ゲノムのDNAに含まれる塩基のうちTの数はいくつか。以下の(a)～(f)からもっとも適切なものを選び記号で記せ。

(a) 1.1×10^6個 　　(b) 1.2×10^6個 　　(c) 2.2×10^6個
(d) 2.4×10^6個 　　(e) 4.4×10^6個 　　(f) 4.8×10^6個

8．下線部(i)のような操作を行わずに，ヒトゲノムにあるインスリン遺伝子をそのままプラスミドと連結して大腸菌に取り込ませると，大腸菌はインスリンを作ることができない。その理由について，句読点を含めて60字以内で述べよ。

9．下線部(ii)のプラスミドのように，遺伝子を組み込んで生物に導入するはたら

きをもつ DNA を何とよぶか。その名称を記せ。
10. 下線部(iii)のように、外から遺伝子が入ることで細胞の性質が変わる現象は，1928 年にグリフィスが初めて発見した。この現象を何とよぶか。その名称を記せ。

〔Ⅱ〕 つぎの文章を読んで，以下の問いに答えよ。

　生物は，取り込んだ有機物がもつエネルギーをいくつかの形に変換したのち，最終的には ATP の化学エネルギー に変換する。呼吸基質の１つである グルコース が呼吸によって分解される 過程 は大きく解糖系・クエン酸回路・電子伝達系に分けられる。解糖系では 1 分子のグルコースが 2 分子のピルビン酸に分解される間に，差し引き ア 分子の ATP が合成される。このときの ATP 合成は，基質がもつ高エネルギーリン酸結合を解く反応と， イ にリン酸を結合させて新たに高エネルギーリン酸結合を作る反応が組み合わさって起こる。このような ATP 合成を ウ レベルのリン酸化という。

　ピルビン酸はミトコンドリアの エ に移動してアセチル CoA となってからクエン酸回路に入る。この過程で脱水素酵素による基質の酸化と 脱炭酸酵素による CO_2 の放出 が起こる。基質の酸化反応は 還元型補酵素 を生み出し，それらはミトコンドリアの内膜にある電子伝達系酵素群に電子と H^+ を受け渡す。電子は最終的には O_2 に受け渡され，その過程で生じるエネルギーを変換して ATP が合成される。呼吸における，このような酸素の消費にともなって起こる ATP 合成を オ という。

　電子伝達系におけるエネルギー変換のしくみについて，かつては，解糖系における ATP 合成と同様に，高エネルギーリン酸結合をもつ未知の物質からリン酸が転移されるという考えもあった。しかし結局そのような物質は発見されず，実際は 物質の化学結合のエネルギーとは異なる形のエネルギーに変換されたのち，それが ATP 合成酵素に利用されることがわかった。

1. 空欄 ア ～ オ に入るもっとも適切な数字または語句を記せ。
2. 下線部(i)について。以下の(a)～(f)のうち ATP の化学エネルギーを直接必要とする現象に該当する場合は○，該当しない場合は×を記せ。
   (a) 筋肉の収縮
   (b) 酵素のフィードバック調節
   (c) 抗原と抗体の結合
   (d) 原形質流動
   (e) 繊毛の運動
   (f) 同化
3. 以下の反応式は下線部(ii)の過程を表す。 カ に入る化学式と キ ～ コ に入る数字を記せ。

   カ + キ H_2O + ク O_2 →
   ケ H_2O + コ CO_2 + エネルギー（最大 38 ATP）

4. 酵母細胞を完全に破砕してミトコンドリアを含まない細胞質液を得た。この細胞質液を入れた試験管に，グルコースを添加してしばらくすると CO_2 が発生した。このとき試験管の中で進んだ反応についての適切な記述を以下の(a)～(h)からすべて選び，記号で記せ。
   (a) グルコースが酸化反応などを経てピルビン酸に分解された。
   (b) グルコースが還元反応などを経てピルビン酸に分解された。
   (c) グルコースが CO_2 の放出反応などを経てピルビン酸に分解された。
   (d) ピルビン酸が酸化反応などを経てエタノールになった。
   (e) ピルビン酸が還元反応などを経てエタノールになった。
   (f) ピルビン酸が CO_2 の放出反応などを経てエタノールになった。
   (g) ピルビン酸がエタノールになる過程で ATP が合成された。
   (h) ピルビン酸がエタノールになる過程で ATP が消費された。
5. ピルビン酸からクエン酸回路までの代謝経路において，下線部(iii)の脱炭酸酵素による CO_2 の放出が起こる反応を以下の(a)～(e)からすべて選び，記号で記せ。
   (a) ピルビン酸からアセチル CoA が生じる反応
   (b) アセチル CoA からクエン酸が生じる反応
   (c) クエン酸から α-ケトグルタル酸が生じる反応
   (d) α-ケトグルタル酸からコハク酸が生じる反応

(e) コハク酸からオキサロ酢酸が生じる反応

6．下線部(iv)の呼吸にかかわる還元型補酵素として適切な物質の名称を以下の(a)〜(h)からすべて選び，記号で記せ。

(a) NAD^+ 　　　(b) $NADH$ 　　　(c) $NADP^+$
(d) $NADPH$ 　　(e) FAD 　　　 (f) $FADH_2$
(g) アセチルCoA 　(h) スクシニルCoA

7．下線部(v)のエネルギーは細胞内のどこでどのような形になるのか。句読点を含めて30字以内で述べよ。ただし物質名に含まれるアルファベット，数字，記号などはすべて1文字として数えることとする。

〔Ⅲ〕 つぎの文章を読んで，以下の問いに答えよ。

　動物は光や音，においなどさまざまな刺激を　ア　で感知し，　イ　で刺激に応じた反応や行動を起こす。　ア　と　イ　とを結びつけている神経系には，受容した情報の統合や整理・判断などのはたらきがある。神経系はニューロンとグリア細胞(i)で構成される。刺激がないときには，ニューロンの膜電位(ii)は細胞の内側が負の状態で一定しているが，刺激を受けると図に示すような急激な変化が起きる。この電位変化を活動電位といい，活動電位が発生することを興奮(iii)という。興奮は，膜にあるイオンチャネルの開閉によって生じるイオン透過性の変化と密接に関わっている。軸索のある部分で興奮が起こると，その隣接部との間に電位差が生じ，そこに活動電流が流れる。これが刺激となって隣接部が興奮する。一方で，興奮が終わりつつある部分は，新たな刺激に対して応答しにくくなっている。この期間を　ウ　という。こうして，興奮は刺激を受けた部位に逆戻りせず，軸索を伝導する。

　軸索の末端は，他のニューロンや　イ　の細胞とせまい隙間を介して接続している。この部分をシナプスという。シナプス前細胞の軸索末端には神経伝達物質を含むシナプス小胞があって，軸索末端まで興奮が伝導すると，その神経伝達物質が　エ　によって細胞外に放出される。放出された神経伝達物質はシ

ナプス後細胞の膜にある伝達物質依存性イオンチャネルに結合し，膜電位の変化が生じる。このようにして，シナプスを介して興奮が伝達される。

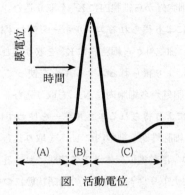

図．活動電位

1. 空欄 ア ～ エ に入るもっとも適切な語句を記せ。
2. 下線部(i)の一種であるシュワン細胞やオリゴデンドロサイトは，軸索に巻きついて髄鞘を作る。髄鞘をもつ有髄神経繊維には，ランビエ絞輪という髄鞘が途切れた部分が一定の間隔で存在し， A とよばれる特徴的な興奮の伝導が起こる。以下の(1)～(2)の問いに答えよ。
  (1) 空欄 A に入るもっとも適切な語句を記せ。
  (2) 空欄 A の発生に必要な髄鞘のはたらきについて，正しく説明しているものはどれか。以下の(a)～(d)からもっとも適切なものを1つ選び，記号で記せ。
    (a) 神経繊維の直径を大きくする。　(b) 神経繊維の表面を絶縁する。
    (c) 神経繊維を断熱する。　　　　(d) 神経繊維の強度を大きくする。
3. 下線部(ii)の形成にはナトリウムポンプが深く関わっている。ナトリウムポンプのはたらきについて正しく説明しているものはどれか。以下の(a)～(f)からもっとも適切なものを1つ選び，記号で記せ。
  (a) ATPの加水分解により得られるエネルギーを使って，細胞内から細胞外に Na^+ と K^+ を排出する。
  (b) ATPの加水分解により得られるエネルギーを使わずに，細胞内から細

外に Na^+ と K^+ を排出する。

(c) ATPの加水分解により得られるエネルギーを使って，細胞内から細胞外に Na^+ を排出し，細胞外から細胞内に K^+ を取り込む。

(d) ATPの加水分解により得られるエネルギーを使わずに，細胞内から細胞外に Na^+ を排出し，細胞外から細胞内に K^+ を取り込む。

(e) ATPの加水分解により得られるエネルギーを使って，細胞内から細胞外に K^+ を排出し，細胞外から細胞内に Na^+ を取り込む。

(f) ATPの加水分解により得られるエネルギーを使わずに，細胞内から細胞外に K^+ を排出し，細胞外から細胞内に Na^+ を取り込む。

4．図に示した(A)～(C)の，活動電位発生時の各時期における電位依存性カリウムチャネル，電位依存性ナトリウムチャネルの開閉状態について，それぞれ「開」または「閉」で答えよ。

5．下線部(iii)について。ある一定以上の刺激が加えられないと活動電位は発生しない。一方で，この閾値以上の強さの刺激であれば，強さを変化させても活動電位の大きさは変化しない。以下の(1)～(2)の問いに答えよ。

(1) この性質を何とよぶか。その名称を記せ。

(2) 多数の軸索の束からなる神経では，刺激の強さに応じて興奮するニューロンの数が変化する。このしくみについて句読点を含めて30字以内で述べよ。

6．閾値以上の強さの刺激を持続的に単一のニューロンに与えると，興奮がくりかえし起こる。このとき刺激の強さは興奮のどのような性質に変換されて伝わるか。10字以内で述べよ。

7．シナプス前細胞の軸索に短い刺激を与えて，シナプス後細胞の活動電位を観察した。軸索末端から1mm離れた軸索上の点に刺激を与えた場合，その部位で活動電位が発生してから2.5ミリ秒後にシナプス後細胞の活動電位が観察された。同様の実験を，軸索末端から0.5mm離れた点に刺激を与えて行ったところ，シナプス後細胞の活動電位が発生するまでに2.25ミリ秒かかった。

興奮が軸索末端に到達してから，シナプス後細胞の活動電位が発生するまでに要する時間を計算して，ミリ秒の単位で記せ。必要であれば小数点第2位を四捨五入して，小数点第1位まで記せ。

8．アメフラシの水管の感覚神経は，えらの運動神経にシナプスを介して接続しており，水管に触れるとえらを引っ込める。しかし，この刺激をくりかえし与えるとえらを引っ込める頻度が低下していき，最終的にはえらを動かさなくなる。このような行動の変化を学習とよぶ。以下の(1)〜(2)の問いに答えよ。

(1) アメフラシが示すこの学習を何とよぶか。その名称を記せ。

(2) この学習において神経系で起こっていることを「シナプス」という用語を用いて，句読点を含めて30字以内で述べよ。

〔Ⅳ〕 つぎの文章を読んで，以下の問いに答えよ。

　生命が誕生する前の地球の大気には， ア が多量に含まれていたが，酸素はほとんど含まれていなかったと考えられている。光合成細菌の誕生から，シアノバクテリア，藻類，陸上植物へと至る光合成生物の進化と繁栄は，地球の大気組成に大きな影響を与えてきた。

　原始的な光合成生物は他の原始的な生物と同様に海中で誕生したと考えられている。最初に ア と硫化水素などを光合成に利用する光合成細菌が出現し，つぎに ア と水を光合成に利用するシアノバクテリアが出現した。シアノバクテリアは分布範囲を拡大し，その繁栄の痕跡は イ とよばれる層状構造をもった岩石として残っている。光合成細菌は光合成色素として ウ をもち光合成の過程で酸素を発生しないが，シアノバクテリアは陸上植物と同じ光合成色素である エ をもち光合成の過程で酸素を発生する。シアノバクテリアによって放出された酸素は，はじめのうち， オ イオンと結合して酸化 オ になり海底に沈殿したが，しだいに水中や大気中に蓄積し始めた。一方，大気中の ア は光合成による有機物への固定などによって減少した。 ア の減少の影響で，地表の温度は徐々に カ した。シアノバクテリアに続いて，藻類が出現し，大気中の酸素濃度はさらに増加した。この酸素濃度の増加は，生物の生活可能な環境を陸上に形成するのに役だったと考えられている。

1．空欄　ア　～　カ　に入るもっとも適切な語句を記せ。
2．下線部(i)の光合成細菌，シアノバクテリア，藻類のそれぞれがもつ特徴を，以下の(a)～(g)からすべて選び，記号で記せ。
　(a)　核膜をもつ
　(b)　細胞膜をもつ
　(c)　ミトコンドリアをもつ
　(d)　葉緑体をもつ
　(e)　リボソームをもつ
　(f)　光化学系Ⅰをもつ
　(g)　カルビン・ベンソン回路をもつ
3．下線部(i)のシアノバクテリアが出現した地質時代を以下の(a)～(f)から1つ選び，記号で記せ。
　(a)　新生代
　(b)　古生代
　(c)　中生代
　(d)　先カンブリア時代
　(e)　カンブリア紀
　(f)　石炭紀
4．下線部(ii)の，水を利用する光合成を行う能力をシアノバクテリアが獲得したことが，その分布範囲の拡大につながったと考えられている。なぜそのように考えられるか，2行以内で述べよ。〔解答欄〕1行：14.2cm
5．下線部(iii)に関連する記述として正しいものを，以下の(a)～(f)からすべて選び，記号で記せ。
　(a)　光合成では，酸素は主に光化学系Ⅰの反応過程で発生する。
　(b)　光合成の酸素発生反応をになう酵素はリブロース-1,5-二リン酸カルボキシラーゼ/オキシゲナーゼ(ルビスコ)である。
　(c)　光合成の酸素発生反応は $2H_2O \rightarrow O_2 + 4H^+ + 4e^-$ と表すことができる。
　(d)　光合成の酸素発生反応の結果，チラコイド膜の外側は内側に比べ酸性になる。
　(e)　赤色光，緑色光，青色光のうち，光合成の酸素発生反応を駆動するために最も有効な光は緑色光である。
　(f)　シアノバクテリアは陸上植物とほぼ同じ光合成電子伝達系をもつ。
6．下線部(iv)について。どのような過程を経て生物の生活が可能な環境が陸上に形成されたか。「紫外線」という語を用いて，3行以内で述べよ。
〔解答欄〕1行：14.7cm
7．光合成生物が水中から陸上に進出するときに，「クチクラ層」と「維管束」はそ

れぞれどのような役割を果たしたか。「クチクラ層」については1行,「維管束」については2行以内で述べよ。　　　　　〔解答欄〕それぞれ1行：12.3cm

解答編

英語

I 解答
問1．(1)—ロ　(2)—イ　(3)—ニ
問2．(1)—ニ　(2)—ロ　(3)—ハ

II 解答
(1)—ハ　(2)—イ　(3)—ニ　(4)—イ　(5)—ロ

◀解　説▶

(1) 「申し訳ございませんが，現在カレンは会社におりません。伝言をお預かりいたしましょうか」となるように，ハの take を補う。take a message で「伝言を預かる」となる。

(2) 「リョウ，エンジンをかけっぱなしにするな。ガソリンの無駄だ」となるように，イの running を補う。run は自動詞で「(機械などが)動く」という意味である。

(3) 「ほとんど毎日私は午後7時までに仕事場から帰宅する」となるように，ニの work を補う。この文での work は無冠詞で「職場，勤め先」という意味になる。

(4) 「なぜそこへタクシーで行ったの？　私の車を使えたのに」となるように，イの could have taken を補う。過去の事実とは逆の内容を言い表す仮定法過去完了の could have *done* で「〜することができたのに」という意味になる。

(5) 「なぜ私がそんな重大な判断ミスをしたのか理解できない」となるように，ロの such a serious を補う。mistake は可算名詞であり，such a ＋ 形容詞＋名詞の語順となる。

III 解答
問1．(1)—イ　(2)—ロ
問2．(1)A—ロ　B—ニ　C—ハ　D—ホ

(2) X—ハ　Y—イ

◀解　説▶

問1．(1)　会話の流れは以下の通り。

ハンナ：やあ，アルジュン…。へえ，研究発表の準備をすでに終えたようね。どうやってそんなに早く終わらせたの？

アルジュン：僕の研究室の実験が本当に順調に進んだんだ。手伝おうか？

ハンナ：本当に？　ほかの講義の課題で忙しくないの？

アルジュン：心配しないで。君が始められるよう手伝うだけだから。

　アルジュンの1番目の発言で研究発表の準備を手伝う提案をし，2番目の発言で心配しないように伝えている。よって，手伝ってほしい気持ちと相手を心配する気持ちを表す発言が入ると考えられる。したがって，正解はイとなる。

(2)　会話の流れは以下の通り。

ケン：一週間前に僕が買った新しいwebカメラはインターネットで星5つ中の4.8だったけれど，ひどいものだったよ！

エマ：奇妙ね。4.8ってかなり高い評価よね？　レビューでは何て書いてあったの？

ケン：カメラを買う前にそれらを全くチェックしていなかったんだ。僕のミスだよ。それで昨日，もう一度そのwebサイトを訪れてみたんだけど，そのレビューはwebカメラについてじゃなくて，犬の首輪についてだったんだ！

エマ：とても不思議なことね！　でも，次から"Buy Now"ボタンをクリックする前に，レビューを慎重に読むべきね。いい教訓だったわね。

　ケンがレビューをきちんと読まずにwebカメラを購入してしまったのでひどい結果になってしまったという主旨の会話。エマの2番目の発言が次からは気をつけるべきという内容なので，これに沿った発言はロである。

問2．会話の全訳は以下の通り。

スズキ先生：今日は野菜の植え付けカレンダーを使って，何をいつ植えるのかを知ろうと思います。最初に，このカレンダーのニンジンについての情報を見てください。それによると，ニンジンはふつう種を植えた日から，60日から120日で収穫する準備ができます。もし4月の初めにニンジンの種をまくならば，いつニンジンが収穫されるでしょうか？

チカ：7月からですか？

アキラ：7月？　それはカボチャですよね？

スズキ先生：アキラ，よくできました。チカ，もう一度挑戦してみましょう！

チカ：…

スズキ先生：チカ，心配しないで。間違えても大丈夫です。他に答えられる人はいますか？

ミラ：6月から8月までですか？

スズキ先生：ミラ，その通りです。ニンジンに加えて，他の野菜で何の種をまけますか？

アキラ：ええと…，メロンとピーナッツとカボチャですね。

スズキ先生：アキラ，その通りです。植え替えと呼ばれる，野菜を育てるもう一つの方法もあります。野菜の苗を土壌に植えるという意味です。どんな野菜を植え替えられるでしょうか？

レン：アスパラガスとピーマンとサツマイモとトマトです。ああ，アスパラガスを収穫するのって，他のどの野菜よりも長くかかるんですね。

アキラ：うーん。ピーマンとトマトは同時に植え替えと収穫ができるんだ！

スズキ先生：レン，アキラ，いいこと言いますね！　もし5月の初めにピーマンとトマトを植え替えするなら，いつ収穫の準備ができるでしょう？

チカ：7月から9月です。

レン：今回はよくやったね，チカ！

(1)　AとBはスズキ先生の1番目の発言最終文（If you sow …）の「もし4月の初めにニンジンの種をまくならば，いつニンジンが収穫されるでしょうか」に対しての正解となる。ニンジンはカレンダーの通り，種をまいてから60日から120日後に収穫となるので，Aは4月から60日後の6月，Bは4月から120日後の8月となる。

CとDはスズキ先生の6番目の発言第2文（If you transplant …）の「もし5月の初めにピーマンとトマトを植え替えするならば，いつ収穫の準備ができるでしょうか」に対しての正解となる。カレンダーによるとピーマンもトマトも植え替えしてから，60日から120日後に収穫となるの

で，Cは5月から60日後の7月，Dは120日後の9月となる。

(2) Xはチカの1番目の発言（From July?）の「7月からですか？」が不正解なのを受けて，アキラが4月に種をまいて7月に収穫できる野菜を発言したものである。4月から90日後に収穫できるのは，ハのカボチャとなる。

Yは，レンの答え「アスパラガス，ピーマン，サツマイモ，トマト」の4種類の中で最も収穫までの期間が長くかかるものを指す。カレンダーによるとイのアスパラガスが3年で最長である。

IV 解答

問1．(1)—(ニ) (2)—(ロ)
問2．(1)—イ (2)—ハ

◆全 訳◆

問1．(1) ≪ネコが自分の名前を認識できること≫

　日本の研究チームによる新しい研究結果によると，ペットのネコは，飼い主がいつも同じように使っている名前であれば，自分の名前を認識できるとのことだ。ネコが自分の名前を認識しているかどうかを検証するために，研究者たちは他の似たような音の単語と名前に対するネコの反応を対照するテストをした。研究者たちは，それぞれのネコの飼い主が5つの単語を発話した声を録音したものを再生した。最初の4つの単語は似たような音の名詞で，最後の5番目の単語はネコの名前だった。研究者たちは，他の単語の録音を無視しても，自分の名前を聞いたときに耳や頭を動かせば，ネコは自分の名前に反応すると判断した。似たような音の単語にあまり反応を示さなかったネコは，自分の名前に強い反応を示す傾向が明らかに高かった。

(2) ≪人間のDNAと他の動植物のDNAとの類似性≫

　我々の体はDNAの塩基対を30億含んでいるが，私たちそれぞれにとって独特な部分はごく少量しか存在しない。遺伝子の面では人間は互いに約99.9％類似している。周りにいる生き物と我々の遺伝子がどれだけ類似しているかを見てみよう。たとえばチンパンジーは，人間と遺伝子的に96％類似しているが，その一方で飼い猫の遺伝子の約90％が人間と類似している。牛は遺伝子の約80％が人間と同じである。昆虫のDNAとなると，人間は少しばかり共通項が少なくなる。たとえば，ミバエは病気の

原因となる遺伝子の61％が人間と同じである。驚くべきことに，バナナでさえ，人間と同じ遺伝子を約60％もつのだ。

問2．(1) ≪周りを見ない歩行者が人流に与える悪影響≫

不注意なごく少数の歩行者が，群衆全体の動きを実際に変える可能性がある。ラッシュアワーに道路を横断するとき，目の前の顔をちらりと見ながら，向かってくる群衆の中を移動する。このように道を進むことは，自分自身でやっていることのように感じられるかもしれない。しかし群衆の動きを研究している科学者は，単に群衆の中をすり抜けることは，むしろ周りの人々とするダンスのようなものだと結論づけた。ゆえに，うつむいて携帯電話を見て，歩きながら自分自身の世界に没頭している人々が，群衆の流れを悪い意味で変えているということを知ってもあまり驚きとはならないかもしれない。

(2) ≪ウルトラホワイトの塗料による地球温暖化対策≫

地球温暖化を抑制しようとして，技術者たちはウルトラホワイトの塗料を生み出した。昨年，研究チームは白い塗料のあり方の限界を超える白い塗料を生み出した。今や，彼らはその先まで行った。新しい塗料はこれまでのものより白いだけでなく，これまでに開発された塗料よりも表面を冷たくしておくことができる。この塗料で建物をコーティングすれば，いつの日か冷房の必要性が減るほど冷えるかもしれない。仮にこの塗料で約90平方メートルの屋根を塗った場合，10キロワットの冷房力が得られるだろう。これは，セントラル空調装置よりも強力だ。そして，空調の必要性を減らすことは，気候変動を防ぐための一歩になるであろう。

━━━━━━━━━━◀解　説▶━━━━━━━━━━

問1．(1) 文章全体のテーマは「ネコが自分の名前を認識できること」である。イヌについての(ニ)「よく訓練されたイヌは，人間の単語200語から1000語の違いがわかる」はネコの話とは無関係なので取り除く。

(2) 文章全体のテーマは「人間のDNAと他の動植物のDNAとの類似性」である。(ロ)「これは，ほとんどのDNAがすべての人間において似た機能を果たすからである」は機能に言及しているため主旨に合わない。また，前の(イ)の理由になっているが，タンパク質に関する情報を有するDNA上の部分が遺伝子なので，遺伝子的に同じ理由が「DNAが同じように機能するから」では意味不明である。「DNAが類似しているから」

などであればよいと考えられる。

問2．(1) イ．「不注意なごく少数の歩行者が，群衆全体の動きを実際に変える可能性がある」

ロ．「多くの人々が歩いている間に携帯電話を見て，他人の足を踏んでしまう」

ハ．「群衆の中にいるときには，他人と距離を保つ方がよい」

ニ．「群衆の行動により，携帯電話を使わずに道を進む方法がわかる」

通常，段落の冒頭と最後では，テーマの提示と結論として同じことが繰り返し述べられる。最終文（So it might …）に「うつむいて携帯電話を見て，歩きながら自分自身の世界に没頭している人々が，群衆の流れを悪い意味で変えている」とあるので，空欄にも同じような，群衆の中でよそ見をする人が人の流れを悪くするという内容が入ると考えられる。したがって，正解はイとなる。

(2) イ．「技術者たちは電力を生み出せる素晴らしい白の塗料を改良した」

ロ．「技術者たちは建物の外の温度を調整するために白い塗料を開発した」

ハ．「地球温暖化を抑制しようとして，技術者たちはウルトラホワイトの塗料を生み出した」

ニ．「多くの生物学的な問題を予防するために，技術者たちはこれまでで最も白い塗料を開発した」

最終文（And reducing the …）に「空調の必要性を減らすことは，気候変動を予防するための一歩になるであろう」とあることから，白い塗料は冷房効率を上げて地球温暖化を予防するためのものであるとわかる。これに合うのはハである。

問1．(1)—ハ　(2)—イ　(3)—ニ　(4)—ニ
問2．(1)—ロ　(2)—ハ　(3)—イ　(4)—ロ　(5)—ハ
(6)—ロ　(7)—ニ

◆全 訳◆

≪海藻を代替肉に利用する試み≫

　ヨーロッパやアメリカ合衆国で海藻を食べる人はあまり多くない。日常的にそれを食べることについて考えるだけでも，ためらってしまう人が中にはいる。しかしアマンダ＝スタイルズとベス＝ゾッターは，世界市場に

おいて海藻が主要な代替タンパク源，とりわけ植物由来のタンパク源として大豆に置き換わるのを見たいと思っている。「我々の目標は，地球上で最も持続可能なタンパク質の供給を作り出すことです」と，生化学者のスタイルズと 2018 年に海藻のベンチャー企業を設立したゾッターは述べる。以下がゾッターとスタイルズのインタビューである。

インタビュアー：海藻を使って何をするのですか？

ゾッター：私たちは，見た目も味も本物の肉のような代替肉を作ることができる原料として海藻を使います。

スタイルズ：私たちの目標は，高タンパクなだけではなく，すべての必須アミノ酸と天然のビタミン B12 を含んでおり，色もよく，歯触りもよく，「旨味」がある製品を作ることです。海藻は，最大 45％がタンパク質であり，それは大豆よりも高タンパクです。それはまた海藻ハイドロコロイドと呼ばれる炭水化物もたくさん含んでいます。これらは増粘剤として使われ，食品にゼリーのような歯触りを与えます。計画では，タンパク質から海藻ハイドロコロイドを分離させ，代替タンパク質を作るために我々が生み出す原料に合わせて，それらを自在な量で組み合わせることができます。

インタビュアー：なぜあなたは海藻を選んだのですか？

ゾッター：海藻が革新的で健康的で味のよい，新しいタンパク質を提供してくれるからです。海藻は価格，量，そして栄養で大豆に匹敵する可能性があります。私たちが今まさに，特に関心があるのは，本物の肉との類似性で，これは，私たちが植物由来の食品の分野で成功を収めるのに役立つのです。海藻独特のゲル状の歯触りがあるので，ものを接着するのに非常に適しています。これが可能にするのは，本物の肉を模造するのに必要な，ある種の三次元構造なのです。植物由来の食品を用いて肉汁の多いステーキやハンバーガーのような食品を作ることが困難なのは，調理の際にたくさんの油や水分を失うからです。対照的に，私たちの原料には十分な保水力があり，それゆえ，それらはうまく水分と脂肪分を維持できると考えるのです。また，それらの色は調理の際に茶色になりますが，ほかの植物由来の食料品にとっての問題点です。たとえば，ビヨンドバーガーと呼ばれるある製品で，説明書にハンバーガーを焼き過ぎないようにという警告ラベルまであるのは，本物の肉とは違い，内部

は茶色にならないからなのです。ビヨンドバーガーは着色のために野菜ジュースを使っているのが理由です。

スタイルズ：そのことは，私たちにとって大きな驚きでしたし，赤い海藻に注目している理由の一つなのです。その海藻が最も高タンパクの傾向にもあるという事実に加えて，その天然の赤色が調理されると，うまい具合に茶色になるのです。しかしながら，私たちは他の海藻のことを軽く考えているわけではなく，将来的には緑や茶色の海藻を試すことにも関心があります。

インタビュアー：わかりました。それでは海藻を使ってあなたは何をするつもりなのですか？

ゾッター：私たちはいまだに最良な製品が何かを見極めている最中ですが，私たちの目標はできるだけ早く海藻の生産を拡大させることです。しかしそうなるためには，海藻の養殖を近代化する必要があります。そういうわけで，私たちは沖合で海藻を育てる技術に取り組んでいます。たとえば，私たちはほかの研究者のグループとロボットを開発しています。現在のところ，海藻の養殖はほとんどの場合，小さなボートと手動の収穫具を用いて個々の漁師によってなされています。私たちは機械の使用をより多く取り入れて，効率化する必要があるのです。

インタビュアー：どのようにして海藻の養殖は気候危機に対して役に立つのでしょうか？

ゾッター：一つ目に，海藻は急速に成長し，地上の森林よりもはるかに速く炭素を吸収します。さらに海藻は，海中に豊富に存在する窒素をタンパク質に変えます。大量の水を消費する従来の穀物や牛とは違って，その育成過程で肥料も必要としませんし，真水さえ必要としません。そして海藻は厳しい，塩分の多い環境下でも成長するのです。

　海に海藻の農場を作るということは，実質的に海底の森を作ることになるのです。海藻を大規模に養殖し，大気中の炭素を効率的に除去する方法として，海深く沈めることができると示す証拠がたくさんあるのです。そのことは私たちが取り組んでいることではありませんが，興味深い考えであり，かなりの可能性を秘めている考えであるに違いありません。海は地球の表面の71％を覆っているのですから。

　海藻の養殖は一般的になりつつあります。たとえばAmazon.comの

創業者であるジェフ＝ベゾスは，海藻の新市場を開拓し海藻の養殖を拡大するために多額の資金を提供しました。私たちは海藻のタンパク質から作られたマグロの刺身をベゾスに食べてもらいたいと思っています。

━━━━━━━━━◀解　説▶━━━━━━━━━

問１．(1) a pain point「痛点，問題点」　ハ．a problem「問題点」が近い意味。

(2) we are not discounting other seaweeds「他の海藻のことを軽く考えているわけではない」　discount は「割り引いて考える，考慮に入れない」という意味なので，イ．「無視している，考慮に入れない」が近い意味。

(3) manual harvesting tools「手動の収穫具」　manual は「手で操作する」という意味なので，ニ．「手で動かす」が近い意味。

(4) And seaweed thrives in harsh, salty climates.「そして海藻は厳しい，塩分の多い環境下でも成長する」　thrive は「勢いよく成長する」という意味なので，ニ．「よく育つ」が近い意味。

問２．(1)「空欄Aに最もよく合うのは次のうちどれか？」

イ．「どうやってお互いに協力するようになったのですか」

ロ．「なぜあなたは海藻を選んだのですか」

ハ．「なぜあなたは代替タンパク質に関心をもつようになったのですか」

ニ．「大豆タンパク質についての長所は何ですか」

空欄A直後のゾッターの発言第１・２文（It's because it … and nutrition.）で「海藻が革新的で健康的で味のよい，新しいタンパク質を提供してくれるからです。海藻は価格，量，そして栄養で大豆に匹敵する可能性があります」と海藻について述べている。よって，海藻を候補として選んだ理由についてインタビュアーが聞いたとわかる。ロが正解。

(2)「空欄Bに最もよく合うのは次のうちどれか？」

イ．「要するに」　ロ．「それゆえ」　ハ．「対照的に」　ニ．「そのうえ」

空欄Bのある文の前文（Making food like …）に「植物由来の食品…は，調理の際にたくさんの油や水分を失う」とあり，空欄Bのある文には「私たちの材料には十分な保水力があり，それゆえ，それらはうまく水分と脂肪分を維持できる」とある。油と水分について，植物由来の食品と海藻とが対比されているので，ハが適当である。

(3)「ゾッターとスタイルズがタンパク質と海藻ハイドロコロイドとを分離しようとしているのはなぜか？」
イ．「そうすることがより役に立つ材料を作るのに役立つからだ」
ロ．「そうすることは『旨味』を凝縮するのに役立つからだ」
ハ．「海藻ハイドロコロイドの機能がタンパク質によって弱められるからだ」
ニ．「タンパク質は海藻ハイドロコロイドよりも重要だからだ」
スタイルズの１番目の発言最終文（In our project, …）に「代替タンパク質を作るために我々が生み出す材料に合わせて，それらを自在な量で組み合わせることができます」とあることから，両者の配分を変えていろいろな材料を作ることがわかる。この内容を表すのはイである。

(4)「大豆と比べて海藻の利点でないのは次のうちどれか？」
イ．「大豆よりも多くの水分を保てる」
ロ．「より多くの種類のビタミンがある」
ハ．「その食品の見た目がより本物の肉に近くなる」
ニ．「タンパク質がより多く含まれている」
スタイルズの１番目の発言第２文（Seaweed is up …）より，タンパク質が大豆より多いとわかる。空欄Ｂのある文より，多くの水分を保てるとわかる。スタイルズの２番目の発言第２文（Their natural red …）より，見た目が本物の肉に近くなると考えられる。スタイルズの１番目の発言第１文（Our goal is …）に，海藻を使った製品について「天然のビタミンB12を含んでおり」とあるが，海藻に含まれるビタミンの種類は大豆より多いという記述はないため，正解はロとなる。

(5)「海藻が環境を守るのに役立つと期待されている点は次のうちどれか？」
イ．「加工する際に有害な物質はあまり残さない」
ロ．「農地の減少を食い止める」
ハ．「水資源を節約するのに役立つ」
ニ．「いろいろなサンゴ礁を支える」
ゾッターの４番目の発言第３文（Unlike conventional crops …）に「大量の水を消費する従来の穀物や牛とは違って，その育成過程で肥料も必要としませんし，真水さえ必要としません」とあることから，水の消費が少

ないという旨の選択肢を選べばよい。

(6) 「下線部(C)『海藻のタンパク質から作られたマグロの刺身をベゾスに食べてもらいたい』で、ゾッターが言いたいことは何か？」

イ．「海藻のタンパク質でマグロを育てること」
ロ．「海藻のタンパク質でマグロのような食品を開発すること」
ハ．「ベゾスに日本食に慣れてもらうこと」
ニ．「ベゾスに肉より海産物をたくさん食べるように頼むこと」

ゾッターは製品開発者なので、「海藻のタンパク質から作られたマグロを食べてもらいたい」とは、「そうした食品を開発したい」という意味だと考えられる。ロが正解。

(7) 「ゾッターとスタイルズの事業の主要な目標は次のうちどれか？」

イ．「代替タンパク質としての大豆の使用をやめること」
ロ．「より生産性の高い種の海藻を養殖すること」
ハ．「海藻によってビヨンドバーガーの質を向上させること」
ニ．「海藻から栄養価の高い食材を生み出すこと」

導入部第4文（"Our goal is …"）に「我々の目標は地球上で最も持続可能なタンパク質の供給を作り出すことです」と述べられており、これは海藻を使った高タンパク食材を開発することであるから、正解はニとなる。

VI 解答

問1．A—ヘ　B—ホ　C—ロ　D—ハ
問2．(1)—T　(2)—F　(3)—T　(4)—F　(5)—T
問3．(1)—F　(2)—F　(3)—T　(4)—F　(5)—T
問4．ロ・ハ　問5．ニ　問6．イ

◆全　訳◆

≪長期間の宇宙飛行と持久水泳が心臓を縮小させる可能性がある≫

　最近の研究で、スポーツ選手ブノワ＝ルコントのマラソン水泳の影響と、宇宙飛行士スコット＝ケリーの1年間の宇宙滞在の影響を比較した。結論としては以下のようなもので、どちらも、通常は重力によって心臓にかかる負荷が取り除かれ、臓器が委縮し小さくなるということだ。どちらの場合も運動では心臓の変化を予防するのに十分ではなかった。

　この研究は、テキサス大学のベンジャミン＝レヴァイン教授率いる研究チームによって行われた。この研究は、NASAが今後数十年間に計画し

ている火星探査のような超長距離の宇宙旅行にも密接な関係があるものだ。

　レヴァイン教授は「長年の研究でわかったことの一つは、心臓は驚くほど可塑性のあるものだということです。そのため、心臓は負荷がかかるとそれに適応するのです。宇宙飛行では、重力がないため、それに逆らって血液を送り出す必要がありません」と述べる。スコット＝ケリーは、国際宇宙ステーション（ISS）に340日間滞在し、それにより科学者は長期間の飛行が人体に与える影響を研究できたのだ。

　2018年6月5日に、それまでに大西洋を泳いで横断したことのあったブノワ＝ルコントが、太平洋を泳ぐ取り組みを開始した。彼は159日間かけて2,821kmを泳ぎ、最終的にこの試みを断念した。長時間泳ぐと、人は垂直ではなく水平の姿勢になるため、重力によって心臓にかかる負荷が変化する。ルコントは1日平均5.8時間（1日1.1時間から9時間の範囲で）泳ぎ、毎晩8時間眠った。毎日の記録によると、彼は毎日9時間から17時間、水平な姿勢で過ごしていたことになる。

　「2人とも血液を送り出す必要がなくなったため、心臓の質量が減り始めたのです」とレヴァイン教授は述べた。その研究チームの一員であるジェームス＝マクナマラ博士は「左心室を見てみると、ルコント氏が水泳をしていた4、5カ月の間に約20％〜25％の質量の減少が見られます。同様に、ケリー船長では、1年間で質量の19％〜27％が失われていることがわかりました」と述べた。

　一般的に、運動は質量減少の過程を防ぐものだ。国際宇宙ステーションの宇宙飛行士は、軌道上でも起こる筋肉や骨の緩やかな減少を避けるために激しい運動プログラムに取り組んでいる。それでも、この運動プログラムはケリー船長の心臓の縮小を止めるには十分ではなかったのだ。

　研究開始当初、研究者たちは、ルコント氏が水中で行っている運動の量は、心臓組織の減少を防ぐのに十分なものではないだろうかと思っていた。「ルコント氏の心臓が縮むことはないだろうと、完全に思っていました。でも、縮んだのです！　それは科学のよいところで、予想外のことを発見したときに最も多くを学べるのです。1日に何時間も泳ぐときには、オリンピック選手のマイケル＝フェルプスのようには泳いでいないとわかったのです。ルコント氏は全力で泳いでいたわけではないのです。彼は終始、比較的軽く足を蹴っていました。このような強度の低い運動では、心臓が

重力のない状態に適応するのを防ぐことはできません」とレヴァイン教授は述べた。

　しかしながら，心臓の適応は長期的なものではなく，2人の心臓は地上に戻ると元に戻った。

　それでも，宇宙ミッションは宇宙飛行士に，ある種のリスクをもたらす可能性がある。宇宙では，一つには，心臓での血液の流れ方が変わるため，心房細動と呼ばれる，心臓の鼓動が速く不規則になる症状が出ることがある。運動能力を低下させるだけでなく，脳卒中のリスクを高める可能性があるのだ。

　この重要な器官に宇宙旅行がもたらすリスクがもう一つある。宇宙での高い放射線レベルは，冠状動脈性心臓病を悪化させるかもしれないのだ。心臓病のリスクは年齢とともに増加するが，宇宙へ行くときには，大抵の場合，宇宙飛行士は中年である。宇宙で心臓発作を起こすと大変なことになるので，これは重要なことなのだ。

　レヴァイン教授は，より多くの宇宙飛行士を宇宙に送り出し，長期的なミッションを遂行するNASAのプログラムの一員である。これらの将来のミッションでは，乗組員の心臓はさまざまな検査や高度なスキャンを受けることになる。その結果は，宇宙で心臓がどのように動くのかを科学者がよりよく理解するのに役立つだろう。

◀解　説▶

問1．A．causing the organ to shrink and become smaller「臓器が委縮し小さくなる」 cause *A* to *do*「*A*に～させる，*A*が～するようになる」

B．in the coming decades「今後数十年間に」

C．protect the heart from adjusting to the absence of gravity「心臓が重力のない状態に適応するのを防ぐ」 protect *A* from *doing*「*A*が～するのを防ぐ」

D．increase with age「年齢とともに増加する」

問2．(1)「彼はISSでほぼ1年過ごした宇宙飛行士である」

第3段最終文（Scott Kelly spent …）「スコット＝ケリーは，国際宇宙ステーション（ISS）に340日間滞在し」よりT。

(2)「彼は宇宙で心臓発作を起こした最初の男性になった」

本文に記述がないことよりF。

(3)「彼の長期間の宇宙旅行のおかげで，科学者はその経験がどのように身体を変えたのかを研究することができた」

第5段最終文（Similarly, we saw …）で述べられているような，ケリーの心臓の縮小を科学者が観察できたのは，彼が長期間宇宙に滞在していたおかげである。よってT。

(4)「彼の心臓は地球に戻ってきた後でさえ縮小し続けた」

第8段（The heart adjustments, …）の「2人の心臓は地上に戻ると元に戻った」よりF。

(5)「彼は宇宙で過酷な運動プログラムに参加しなければならなかった」

第6段第2文（Astronauts on the …）「国際宇宙ステーションの宇宙飛行士は…激しい運動プログラムに取り組んでいる」よりT。

問3．(1)「彼は有名なオリンピックの水泳選手である」

そのようなことは述べられていないからF。

(2)「彼は大西洋を泳いで横断できなかった」

第4段第1文（On 5 June …）に「それまでに大西洋を泳いで横断したことのあったブノワ＝ルコント」とあることからF。

(3)「太平洋を横断しようという試みの期間，彼は平均して1日の半分以上を水平な姿勢で過ごしていた」

第4段最終文（According to the …）に「彼は毎日9時間から17時間，水平な姿勢で過ごしていた」とある。平均すると13時間で半日以上なのでT。

(4)「彼は太平洋を横断しようと試みている間，できる限り懸命に泳いでいた」

第7段第6・7文（Mr. Lecomte was … lightly throughout.）に「ルコント氏は全力で泳いでいたわけではないのです。彼は終始，比較的軽く足を蹴っていました」とあることからF。

(5)「心臓の左心室は，彼が太平洋横断を試みている間に，その質量の20％以上を失った」

第5段第2文（Another member of …）に「左心室を見てみると，ルコント氏が水泳をしていた4，5カ月の間に質量の約20％～25％が減少」とあることからT。

問4．イは，第5段最終文（Similarly, we saw …）にある内容で，ジェームス＝マクナマラ教授の発言である。ニは，第7段第2文（Prof. Levine said, …）でのレヴァイン教授の発言「ルコント氏の心臓が縮むことはないだろうと，完全に思っていました」と反対の内容であることから，レヴァイン教授の発言した内容ではない。よって，発言した内容は残りのロとハとなる。

問5．イは第9段第2文（In space, partly …）「心房細動と呼ばれる症状が出ることがある」に挙げられており，ロは第6段第2文（Astronauts on the …）「軌道上でも起こる筋肉や骨の緩やかな減少」に挙げられており，ハは第9段最終文（It can reduce …）「脳卒中のリスクを高める」に挙げられており，ホは第10段第2文（The high radiation …）「宇宙での高い放射線レベルは，冠状動脈性心臓病を悪化させる」に挙げられている。したがって，挙げられていないのはニである。

問6．本文では，宇宙飛行士とマラソン水泳選手を例として，特殊環境下で心臓が縮小することについて述べられている。この内容と最も合うのは，イ．「長期間の宇宙飛行と持久水泳が心臓を縮小させる可能性がある」である。

VII 解答

問1．ハ　問2．ロ　問3．ニ　問4．イ　問5．イ
問6．ニ　問7．ニ　問8．ハ　問9．ハ　問10．イ

◆全　訳◆

≪製造業の未来を高校に取り入れる≫

　5月上旬，アメリカ・オハイオ州のアンナハイスクールの教室にて。5人の3年生が，ロボットアームの制御に集中していた。彼らの課題は，ロボットアームがコーラの缶を1本ずつつかんで，箱から箱へ移すようにすることであった。彼らのロボットのプログラムに抜けがあり，数本の缶を落としてしまった。先生は励ましの言葉をかけたが，生徒に間違いをどう修正するかは教えてくれなかった。

　生徒の一人のジャレッド＝セイグルは，村の中心から数マイル離れたホンダのエンジン工場で見たロボットの作業にとても似ているところが気に入ったようだ。「もし私たちが工場で働いたら，数年後には皆がこのような仕事をしているかもしれません。ロボットのプログラミングをしている

かもしれないですね」と，ジャレッドは言った。彼は，アンナハイスクールからそう遠くないトレド大学で機械工学を専攻する予定である。ジャレッドのチームメイトの一人，アイザック＝ドッズもトレド大学に進学する予定だが，製造業に就くことは考えていないようだ。彼は教師になりたいのだ。それでも，ジャレッドと一緒に授業を受けたのは，もし教師がうまくいかなかった場合に，オートメーションの技術を身につければ，職の確保となるだろうと考えたからだ。

　同校は，自動化によって変化する産業に生徒たちを準備させるためにロボット工学の授業と関連科目を提供する，世界の中等教育機関の一つである。アンナハイスクールは，ホンダの幹部が同校にプログラムの共同開発を打診してから数年後の2018年にロボット工学の授業を開始した。ロボットアームを使った授業はキャリア教育の一環ではなく主要科目として教えられている。

　世界では，2022年までにロボットが7500万人の雇用をなくし，1億3300万人の新規雇用を創出する可能性がある。全世界のメーカーではまた，2030年までに790万人の労働者不足の可能性があると，2018年に発表された研究結果が警告している。この研究は，各国の教育システムがロボティクスに焦点を当てるべきことを示唆しているが，これは簡単なことではない。難しい問題の一つは，保護者の認識である。親が製造業で働く人と個人的なつながりがない限り「何が起こるかわからないか，暗くて汚くて危険だという認識をもっているのです。これは絶対に違います」と，アンナハイスクールでのロボット工学プログラムの立ち上げを支援した製造技術者協会（SME）教育財団の副会長であるルース氏は言う。

　ドイツのボン近郊で，アメリー＝ハーヴェスはロボット工学のコースを満喫している。「難しそうに見えますが，ロボットのプログラミングはそんなに難しくないんです」と彼女は言う。この学校の目標は，参加者が産業用ロボットのプログラミングと操作の基礎を身につけることである。生徒は，日本のメーカーである安川電機からロボットアームを操作する専門技能を認定する証書を取得することができるが，それは大人と同じ認定証である。アメリーの先生の講座では，アームをプログラミングしておもちゃのレンガを別の場所に移動させるような，実践的な問題が出題される。「複雑な自動化システムを扱うための基礎がなければ，生徒を働かせ始め

ることはできません」と彼らは言う。アメリーの母のシェオナ＝ハミルトン・グラントは，娘に2年コースへの登録を勧めた。「怖いものから逃げるのではなく，学ぶことが必要なのです。知識は力でしょう？」と彼女は言う。

　RobotiX社の創業者で最高経営責任者のロベルト＝セント＝マーティンによると，メキシコでは政府の教育関係者が公立学校でロボット工学を教えさせることにますます意欲的なようだ。RobotiX社は，2006年にメキシコシティでスタートしたロボット工学教育事業である。同社によると，メキシコ国内の1,400以上の学校と学習センターでプログラムを開始したとのことだ。RobotiXはインストラクターを学校に派遣し，生徒だけでなく教師のトレーニングも行っている。モンテレイ工科大学のデイヴィッド＝ロメロ教授は「主に，授業は親が主催しているのです」と言う。「親たちは，自分の子供が将来就職したければ，ロボットの設計，プログラミング，修理ができるようになるべきだと理解しているのです」とロメロ氏は述べる。

　韓国では，企業が自動化をやめることはないでしょうと，生徒数約460人の競争力のある技術学校の，ソウル・ロボット工学・ハイスクールの教師であるイ＝ミエは述べる。「私たち自身が適応しなければならないのです」と彼女は言う。「ロボットについて学べば，卒業後によい仕事に就けるのです」と彼女は生徒に話している。目標は生徒をロボット工学の専門家にすることだ。「生徒たちは選択しなければならないのです。ロボットに仕事を奪われたいですか，それともロボットを製造したり制御したりするために雇われたいですか，という選択です」

◀解　説▶

問1．「下線部(1)『自動化によって変化する産業』とはどういう意味か？」
イ．「自動車を生産する産業」
ロ．「他の国に拠点を移す産業」
ハ．「ロボットをより多く導入する産業」
ニ．「ロボットの製造に移行しつつある産業」
下線部のある文に「ロボット工学の授業と関連科目を提供する」とあり，ロボットが自動化のための手段であるとわかるので，正解はハとなる。
問2．「下線部(2)『全世界のメーカー』とはどういう意味か？」

イ．「通貨を取引する企業」
ロ．「世界規模で展開している企業」
ハ．「さまざまな品物を生み出す企業」
ニ．「多くの従業員を雇う企業」

本文での global は「全世界の」という意味。manufacturers「製造業者」の意味がある程度反映されているのはハであるが，機械で大量に生産する業者のことなので，a variety of (items) が該当しない。ここでは下線部単独での意味が問われていると考えて，global の意味が反映されているロを正解とする。

問 3．「アンナハイスクールについて，次のうち正しいのはどれか？」
イ．「キャリア教育課程の一環として，ロボット工学の授業が行われている」
ロ．「ホンダの技師がロボットのプログラムの誤りを修正した」
ハ．「生徒たちは全く間違わずにロボットのプログラムを組んだ」
ニ．「教師は生徒たちにロボットのプログラムを修正する気にさせた」

第 1 段最終文（Their teacher offered …）に「先生は励ましの言葉をかけたが，生徒に間違いをどう修正するかは教えてくれなかった」とあり，ロボット工学の教師が生徒のプログラムに対して修正方法は提示しなかったが，励ましたとわかるので，正解はニとなる。

問 4．「全世界で 2022 年までにロボットが原因で，どれだけの働き口の増加が見込めるか？」

第 4 段第 1 文（Globally, robots could …）に「世界では，2022 年までにロボットが 7500 万人の雇用をなくし，1 億 3300 万人の新規雇用を創出する可能性がある」とあり，1 億 3300 万から 7500 万を引くと 5800 万となる。正解はイである。

問 5．「ルース氏によると，ロボット工学の知識をもつ労働者が不足する理由は何か？」
イ．「親が製造業について否定的な意見をもつ」
ロ．「親が産業についての細かい情報をもっている」
ハ．「製造環境がそれぞれの国で異なっている」
ニ．「製造環境が暗く汚く危険である」

ルース氏の発言は第 4 段第 5 文（Unless parents have …）にあり，「親

は（製造業について）何が起こるかわからないか，暗くて汚くて危険だという認識をもっているのです」とある。また，その前文（One difficult problem …）には「親の認識が難しい問題だ」とある。よって，このような親の否定的な認識が原因だとわかる。したがって，正解はイとなる。

問6．「ドイツのボンの近くの高校について正しいものは次のうちのどれか？」
イ．「生徒と親が安川電機のロボットを製作するための認定証をもらう」
ロ．「生徒が安川電機のロボットを製作するための認定証をもらう」
ハ．「生徒と親がロボットアームを操作するための認定証をもらう」
ニ．「生徒がロボットアームを操作するための認定証をもらう」
第5段第4文（Students can earn …）に「生徒たちは日本のメーカーである安川電機からロボットアームを操作する専門技能を認定する証書を取得することができるが，それは大人と同じ認定証である」とあることから，正解はニとなる。大人と同じ認定証というだけで，親（大人）が認定証をもらうという記述はない。

問7．「シェオナ＝ハミルトン・グラントさんの意見はどんなものか？」
イ．「人々は工学と関係する職業を選ぶべきだ」
ロ．「人々は日常生活でロボットを使わなければならない」
ハ．「人々はロボットを怖がってはいない」
ニ．「人々はロボットについてもっと知る必要がある」
第5段第7～最終文（Amelie's mother, Sheona … power, isn't it?"）に「シェオナ＝ハミルトン・グラントは，…『…（ロボットについて）学ぶことが必要なのです。知識は力でしょう？』と言った」とあることから，正解はニとなる。

問8．「ロボット工学の学習プログラムを採用したメキシコの学校について正しいものは次のうちどれか？」
イ．「親が子供たちにロボット工学を教えている」
ロ．「親と教師がロボットの操作方法を学んでいる」
ハ．「親が子供たちにロボットの操作を学ぶように勧めている」
ニ．「親が教師にロボットの操作方法を訓練している」
第6段最終文（"Parents understand that …）に「親たちは，自分の子供が…，ロボットの設計，プログラミング，修理ができるようになるべきだ

と理解している」とある。設計やプログラミング，修理の前提にロボットの操作があると考えられるので，正解はハとなる。

問9．「イさんの予想はどんなものか？」

イ．「ロボットはもう数年の間，産業で使われ続けるだろう」

ロ．「ロボットは変化しつつある世界に自らの形を合わさねばならない」

ハ．「ロボット工学の知識をもつ生徒たちは就職市場において有利になるであろう」

ニ．「生徒たちはロボットに職を奪われるであろう」

最終段第3文（She tells her …）に「彼女は『ロボットについて学べば，卒業後によい仕事に就けるのです』と生徒に話している」とあることから，正解はハとなる。ニについては，同段最終文（"They have to …"）に同じような内容があるが，このようなことを予測しているのではない。選択肢を示す形で「でも，ロボットに職を奪われたくはないですよね」と言っていると考えられる。

問10．「この本文に最も合うタイトルはどれか？」

イ．「製造業の未来を高校に取り入れる」

ロ．「高校生がどのように職選びをするか」

ハ．「自動車産業におけるロボット工学の用途の将来」

ニ．「4カ国の高校のカリキュラムの将来」

本文全体のテーマは，世界各国の高校でロボット工学の教育課程が導入されており，ロボット工学の知識は生徒の将来の職選びを有利にするというものである。よって，正解はイとなる。ハは「自動車産業」という限定が不適当。

❖講　評

　大問構成は，発音・アクセント問題1題，文法・語彙問題1題，会話文問題1題，読解問題4題で，計7題の出題である。難易度は基礎〜標準レベルだが，不要な文を取り除く読解問題には，ある程度の慣れが必要である。試験時間は90分だが，問題の種類が多いので時間配分に関して戦略を立てる必要がある。

　Ⅰの発音・アクセント問題は，問1がアクセント位置が異なる語を選ぶ問題で，問2が発音の異なる語を選ぶ問題であった。

Ⅱの文法・語彙問題は空所補充形式で出題されている。全体的に語彙問題が多い。

　Ⅲの会話文の問1は，空所補充形式である。基本例文や熟語が会話の形で問われている。問2は小学校の先生と児童の会話形式で，野菜の種まき時期と収穫時期について，カレンダーから情報を読み取り答える問題であった。

　Ⅳの読解問題は，問1が不要な1文を取り除く形式で，問2が空所に適切な1文を補う形式である。選択肢は絞りやすいものの，分量が多いので速読で対処する必要がある。

　Ⅴの読解問題は，インタビュー形式の文章を読み解く問題である。語彙問題には，文脈から判断するのではなく語句の知識そのものを問う設問もある。

　Ⅵの読解問題は，水中や宇宙空間といった特殊な環境の心臓への影響についての文章である。医学用語には注もついており，取り組みやすい。

　Ⅶの読解問題は，語数も多く，判断に迷う選択肢もある。しかし，文章自体の論理は明確なので，時間配分を考えてしっかり時間をかけられるようにしたい。

数学

I 解答 (1)(i)ア．6　イウ．15　エオ．90
(ii)カ．2　キ．4　クケ．18　コ．4
(2)サ．1　シ．②　ス．①　セ．1　ソ．3　タ．8　チ．1
ツテ．27　トナ．27　ニ．4　ヌネ．13

◀解　説▶

≪小問2問≫

(1)(i) 黄玉2個を，3つの箱に入れる入れ方は

2個，0個，0個のとき　　$_3C_1=3$ 通り
1個，1個，0個のとき　　$_3C_2=3$ 通り

より　　3+3=6 通り　（→ア）

青玉4個を，3つの箱に入れる入れ方は

4個，0個，0個のとき　　$_3C_1=3$ 通り
3個，1個，0個のとき　　$3!=6$ 通り
2個，2個，0個のとき　　$_3C_2=3$ 通り
2個，1個，1個のとき　　$_3C_1=3$ 通り

より　　3+6+3+3=15 通り　（→イウ）

黄玉2個と青玉4個を，3つの箱に入れる入れ方は，上記の黄玉2個の入れ方それぞれについて，上記の青玉4個の入れ方で箱に青玉を追加すればよいので

　　　6×15=90 通り　（→エオ）

(ii) 箱は区別がつかないので，玉の個数の組のみを考えればよい。

黄玉2個を，3つの箱に入れる入れ方は，玉の個数の組が

　　　黄(2, 0, 0)

　　　　　　※黄玉2個，0個，0個を入れる方法を表す（以下同様）。

　　　黄(1, 1, 0)

の2種類より　　2通り　（→カ）

青玉4個を，3つの箱に入れる入れ方は

　　　青(4, 0, 0)，青(3, 1, 0)，青(2, 2, 0)，青(2, 1, 1)

より　　4通り　（→キ）

黄玉2個と青玉4個を，3つの箱に入れる入れ方を考える。

黄 (2, 0, 0)　　青 (4, 0, 0)　　2通り
　　　　　　　　青 (3, 1, 0)　　3通り
　　　　　　　　青 (2, 2, 0)　　2通り
　　　　　　　　青 (2, 1, 1)　　2通り

これらより

$2+3+2+2=9$ 通り

黄 (1, 1, 0) に青玉4個を追加するときも9通りなので，求める入れ方は

$9+9=18$ 通り　（→クケ）

黄玉と青玉の両方が入っている箱がないような入れ方は

黄 (2, 0, 0)　　青 (4, 0, 0)　　1通り
　　　　　　　　青 (3, 1, 0)　　1通り
　　　　　　　　青 (2, 2, 0)　　1通り
黄 (1, 1, 0)　　青 (4, 0, 0)　　1通り

より　　4通り　（→コ）

(2)　$|\log_3 x|=0 \iff \log_3 x=0 \iff x=3^0=1$　（→サ）

$f(x)=|\log_3 x|$
$= \begin{cases} -\log_3 x & (0<x<1 \text{のとき}) \\ \log_3 x & (x \geq 1 \text{のとき}) \end{cases}$

より，$y=f(x)$ のグラフは，$0<x<1$ において右下がりの曲線であり，$1<x$ において右上がりの曲線である。（→シ，ス）

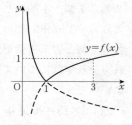

$f(x)=|\log_3 x|=|-\log_3 x|=|\log_3 x^{-1}|=\left|\log_3 \dfrac{1}{x}\right|$　（→セ）

$\log_{27} x = \dfrac{\log_3 x}{\log_3 27} = \dfrac{\log_3 x}{\log_3 3^3} = \dfrac{\log_3 x}{3}$

より

$f(x)=|\log_3 x|=|3\log_{27} x|=3|\log_{27} x|$　（→ソ）

$\log_{81} \sqrt{x} = \dfrac{1}{2}\log_{81} x = \dfrac{1}{2} \cdot \dfrac{\log_3 x}{\log_3 81} = \dfrac{1}{2} \cdot \dfrac{\log_3 x}{\log_3 3^4} = \dfrac{\log_3 x}{8}$

より

$$f(x)=|\log_3 x|=|8\log_{81}\sqrt{x}|=8|\log_{81}\sqrt{x}| \quad (\to タ)$$

$$f(x)=3 \iff |\log_3 x|=3 \iff \log_3 x=\pm 3$$

$$\iff x=3^{-3},\ 3^3 \iff x=\frac{1}{27},\ 27 \quad (\to チ\sim ナ)$$

以下,$x>0$ かつ $x \neq 1$ とする。

$$|\log_3|\log_3 x||=3 \iff \log_3|\log_3 x|=\pm 3$$

$$\iff |\log_3 x|=3^3,\ 3^{-3}$$

$$\iff \log_3 x=\pm 27,\ \pm\frac{1}{27}$$

$$\iff x=3^{27},\ 3^{-27},\ 3^{\frac{1}{27}},\ 3^{-\frac{1}{27}}$$

より,この方程式を満たす x の個数は,4 である。($\to$ ニ)

最も大きい x の値を α とおくと,$\alpha=3^{27}$ である。

$$\log_{10}\alpha=\log_{10}(3^{27})=27\log_{10}3$$

より,$0.47<\log_{10}3<0.48$ を用いると,27 倍して

$$12<12.69<\log_{10}\alpha<12.96<13$$

を得る。よって,$10^{12}<\alpha<10^{13}$ から,α の桁数は 13 ($\to$ ヌネ)

II 解答

ア.1 イ.2 ウ.1 エ.4 オカ.15 キ.2
ク.− ケ.2 コサ.15 シ.3 ス.5 セ.2
ソ.6 タ.7 チ.4 ツ.4 テ.3

◀解 説▶

≪平面ベクトルの三角形への応用≫

$|\overrightarrow{OA}+\overrightarrow{OB}|=\sqrt{10},\ |2\overrightarrow{OA}-\overrightarrow{OB}|=4$ より

$$10=|\overrightarrow{OA}+\overrightarrow{OB}|^2=|\overrightarrow{OA}|^2+|\overrightarrow{OB}|^2+2\overrightarrow{OA}\cdot\overrightarrow{OB}$$

$$\iff 2\overrightarrow{OA}\cdot\overrightarrow{OB}+|\overrightarrow{OB}|^2=10-2^2=6$$

$$16=|2\overrightarrow{OA}-\overrightarrow{OB}|^2=4|\overrightarrow{OA}|^2+|\overrightarrow{OB}|^2-4\overrightarrow{OA}\cdot\overrightarrow{OB}$$

$$\iff -4\overrightarrow{OA}\cdot\overrightarrow{OB}+|\overrightarrow{OB}|^2=16-4\cdot 2^2=0$$

$$\iff |\overrightarrow{OB}|^2=4\overrightarrow{OA}\cdot\overrightarrow{OB}$$

なので

$$2\overrightarrow{OA}\cdot\overrightarrow{OB}+4\overrightarrow{OA}\cdot\overrightarrow{OB}=6 \iff \overrightarrow{OA}\cdot\overrightarrow{OB}=1 \quad (\to \text{ア})$$
$$|\overrightarrow{OB}|^2=4\overrightarrow{OA}\cdot\overrightarrow{OB}=4\cdot1=4 \iff |\overrightarrow{OB}|=2 \quad (\to \text{イ})$$

内積の定義より

$$\cos\theta=\frac{\overrightarrow{OA}\cdot\overrightarrow{OB}}{|\overrightarrow{OA}||\overrightarrow{OB}|}=\frac{1}{2\cdot 2}=\frac{1}{4} \quad (\to \text{ウ, エ})$$

$$\sin\theta=\sqrt{1-\cos^2\theta}=\sqrt{1-\left(\frac{1}{4}\right)^2}=\sqrt{\frac{15}{16}}=\frac{\sqrt{15}}{4}$$

より

$$(\text{三角形 OAB の面積})=\frac{1}{2}\cdot OA\cdot OB\sin\theta$$

$$=\frac{1}{2}\cdot 2\cdot 2\cdot\frac{\sqrt{15}}{4}=\frac{\sqrt{15}}{2} \quad (\to \text{オ〜キ})$$

$2\overrightarrow{OA}=\overrightarrow{OC}$, $\overrightarrow{OP}=t\overrightarrow{OB}+(1-t)\overrightarrow{OC}$ $(-1\leq t\leq 2)$ より

$$\overrightarrow{OP}=\overrightarrow{OC}+t(\overrightarrow{OB}-\overrightarrow{OC})=\overrightarrow{OC}+t\overrightarrow{CB} \quad (-1\leq t\leq 2)$$

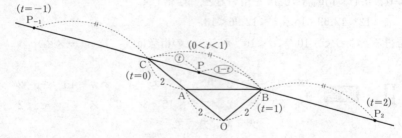

ただし,点 P は上図の線分 $P_{-1}P_2$ 上を動き,$t=-1$ のとき P_{-1},$t=2$ のとき P_2,$t=1$ のとき点 B に一致する。$t\neq 1$ のとき,$\triangle OBP$ の面積 S が最大となるのは,BP が最大となる $t=-1$ のときである。(→ク)

また,その面積は,OA:OC=1:2,BC:BP$_{-1}$=1:2 より

$$S=\triangle OAB\times\frac{OC}{OA}\times\frac{BP_{-1}}{BC}=4\triangle OAB$$

$$=4\cdot\frac{\sqrt{15}}{2}=2\sqrt{15} \quad (\to \text{ケ〜サ})$$

点 D は線分 AB を 2:3 に内分するので

$$\overrightarrow{OD}=\frac{3\overrightarrow{OA}+2\overrightarrow{OB}}{2+3}=\frac{3}{5}\overrightarrow{OA}+\frac{2}{5}\overrightarrow{OB} \quad (\to \text{シ〜セ})$$

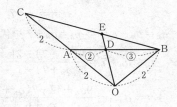

$\overrightarrow{OE}$ は，k を実数として

$\overrightarrow{OE} = k\overrightarrow{OD}$
$= \dfrac{3}{5}k\overrightarrow{OA} + \dfrac{2}{5}k\overrightarrow{OB}$
$= \dfrac{3}{5}k \cdot \dfrac{1}{2}\overrightarrow{OC} + \dfrac{2}{5}k\overrightarrow{OB}$
$= \dfrac{3}{10}k\overrightarrow{OC} + \dfrac{2}{5}k\overrightarrow{OB}$

と書けて，点 E は直線 CB 上にあるので

$\dfrac{3}{10}k + \dfrac{2}{5}k = 1 \iff k = \dfrac{10}{7}$

より

$\overrightarrow{OE} = \dfrac{3}{5}k\overrightarrow{OA} + \dfrac{2}{5}k\overrightarrow{OB}$
$= \dfrac{3}{5} \cdot \dfrac{10}{7}\overrightarrow{OA} + \dfrac{2}{5} \cdot \dfrac{10}{7}\overrightarrow{OB}$
$= \dfrac{6}{7}\overrightarrow{OA} + \dfrac{4}{7}\overrightarrow{OB}$ （→ソ～チ）

$\overrightarrow{OA} = \dfrac{1}{2}\overrightarrow{OC}$ より，$\overrightarrow{OE} = \dfrac{3}{7}\overrightarrow{OC} + \dfrac{4}{7}\overrightarrow{OB}$ なので，CE：EB＝4：3 であるから，$S_1 = \triangle OBE$，$S_2 = \triangle OCE$ とすると

$\dfrac{S_2}{S_1} = \dfrac{CE}{EB} = \dfrac{4}{3}$ （→ツ，テ）

III **解答** ア．7　イ．3　ウ．2　エ．6　オ．3　カ．1
キ．2　ク．1　ケ．4　コ．1　サ．2　シ．3
ス．1　セ．4　ソ．3　タ．3　チ．8　ツ．4　テ．4　ト．3
ナ．1　ニ．7

◀解　説▶

≪分数の形で定義される漸化式≫

$\dfrac{9x-21}{x-1} = x \iff 9x - 21 = x(x-1) = x^2 - x$

$\iff x^2 - 10x + 21 = 0$
$\iff (x-7)(x-3) = 0$

$\iff x = 7, \ 3 \quad (\to \mathcal{T}, \ \mathcal{I})$

$q_n = p_n - 7 \iff p_n = q_n + 7$ を代入して

$$q_n + 7 = \frac{9(q_n+7) - 21}{(q_n+7) - 1}$$

$$\iff q_{n+1} = \frac{9q_n + 42 - 7(q_n+6)}{q_n+6} = \frac{2q_n}{q_n+6} \quad \cdots\cdots \text{①} \quad (\to \mathcal{\dot{}}, \ \mathcal{\ddot{}})$$

$q_1 = p_1 - 7 = 9 - 7 = 2 > 0$, 式①の $q_{n+1} = \dfrac{2q_n}{q_n+6}$ より $q_n > 0$ を得るので,

$r_n = \dfrac{1}{q_n}$ とおくと

$$r_{n+1} = \frac{1}{q_{n+1}} = \frac{q_n+6}{2q_n} = \frac{1}{2} + \frac{3}{q_n} = 3r_n + \frac{1}{2} \quad (\to \mathcal{T} \sim \mathcal{T})$$

$\alpha = 3\alpha + \dfrac{1}{2} \iff \alpha = -\dfrac{1}{4}$ を用いて

$$r_{n+1} - \left(-\frac{1}{4}\right) = 3\left\{r_n - \left(-\frac{1}{4}\right)\right\} \iff r_{n+1} + \frac{1}{4} = 3\left(r_n + \frac{1}{4}\right)$$

$$(\to \mathcal{T}, \ \mathcal{T})$$

$$r_1 = \frac{1}{q_1} = \frac{1}{p_1 - 7} = \frac{1}{9-7} = \frac{1}{2} \quad (\to \mathcal{I}, \ \mathcal{T})$$

であるから

$$r_n + \frac{1}{4} = \left(r_1 + \frac{1}{4}\right) \cdot 3^{n-1} = \left(\frac{1}{2} + \frac{1}{4}\right) \cdot 3^{n-1} = \frac{3}{4} \cdot 3^{n-1} = \frac{3^n}{4}$$

$$\iff r_n = \frac{3^n - 1}{4} \quad (\to \mathcal{\dot{}} \sim \mathcal{\ddot{}})$$

この結果より

$$\sum_{k=1}^{n} r_k = \sum_{k=1}^{n} \frac{3^k - 1}{4} = \frac{1}{4} \sum_{k=1}^{n} 3^k - \frac{1}{4} \cdot n$$

$$= \frac{1}{4} \cdot \frac{3(3^n - 1)}{3 - 1} - \frac{1}{4} n$$

$$= \frac{3^{n+1} - 3}{8} - \frac{n}{4} \quad (\to \mathcal{\dot{}} \sim \mathcal{\ddot{}})$$

また

$$p_n = q_n + 7 = \frac{1}{r_n} + 7$$

$$= \frac{4}{3^n-1}+7 \quad (\to \text{テ}\sim\text{ニ})$$

IV 解答

(1) ア—④　イ—⓪　ウ—⑥　エ. 3　オ. 3　カキ. 64
(2) ク. 0　ケ. 9　コ. —　サ. 9　シ. 6　スセ. 54
ソ—⓪　タ—③　チ—⑥　ツ—⑨

◀解　説▶

≪絶対値を含む関数のグラフと定積分で定義される関数≫

(1) 　$f(x)=-x+14-|x+2|-|6-x|$
　　　　$=-x+14-(|x+2|+|x-6|)$

$$|x+2|+|x-6|=\begin{cases}-(x+2)-(x-6)=-2x+4 & (x<-2)\\x+2-(x-6)=8 & (-2\leqq x<6)\\x+2+(x-6)=2x-4 & (6\leqq x)\end{cases}$$

なので

$$f(x)=\begin{cases}-x+14-(-2x+4)=x+10 & (x<-2) \quad (\to\text{ア})\\-x+14-8=-x+6 & (-2\leqq x<6) \quad (\to\text{イ})\\-x+14-(2x-4)=-3x+18 & (6\leqq x) \quad (\to\text{ウ})\end{cases}$$

$y=f(x)$ のグラフは下図の折れ線である。

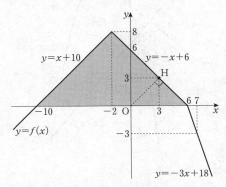

このグラフ上にあって，原点からの距離が最小である点は，原点から直線 $y=-x+6$ に下ろした垂線の足 H(3, 3) である。（→エ，オ）

$\begin{cases}y\geqq 0\\y\leqq f(x)\end{cases}$ が表す領域は，上図の網かけ部分の三角形なので，その面積は

$$\frac{1}{2} \times \{6-(-10)\} \times 8 = \frac{1}{2} \times 16 \times 8 = 64 \quad (\to カキ)$$

(2) $g(x) = \int_0^x (-2u+7)du + 7 = \left[-u^2+7u\right]_0^x + 7$

$\qquad = -x^2+7x+7$

なので

$\qquad g(x) = -2x+7 \iff -x^2+7x+7 = -2x+7$

$\qquad\qquad\qquad \iff x^2-9x = 0$

$\qquad\qquad\qquad \iff x(x-9) = 0$

$\qquad\qquad\qquad \iff x = 0,\ 9$

より,曲線 $y=g(x)$ と直線 l の交点を $A(a,\ g(a))$,$B(b,\ g(b))$ とすると,$a<b$ から

$\qquad a=0,\ b=9 \quad (\to ク,\ ケ)$

$g(x) = -\left(x-\dfrac{7}{2}\right)^2 + \dfrac{77}{4}$ に注意して,次の図を得る。

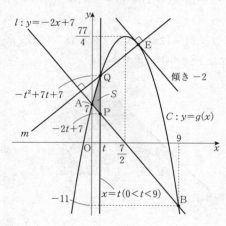

△APQ の面積 S は

$\qquad S = \dfrac{1}{2} \cdot PQ \cdot t$

$\qquad\quad = \dfrac{1}{2}\{-t^2+7t+7-(-2t+7)\}t$

$\qquad\quad = \dfrac{1}{2}(-t^2+9t)t$

$$= \frac{1}{2}(-t^3+9t^2) \quad (\to \text{コ}, \text{サ})$$

である。

$$S' = \frac{1}{2}(-3t^2+9\cdot 2t) = -\frac{3}{2}t(t-6)$$

$0<t<9$ のとき，S の増減表は右のようになり，S は，$t=6$ のときに最大となる。（→シ）

t	0	⋯	6	⋯	9
S'		+	0	−	
S		↗	極大	↘	

最大値は

$$\frac{1}{2}(-6^3+9\cdot 6^2) = 18(-6+9) = 54 \quad (\to \text{スセ})$$

点 E は，l と平行な，C の接線の接点だから

$$g'(x) = -2x+7 = -2 \iff x = \frac{9}{2}$$

なので

$$g\left(\frac{9}{2}\right) = -\left(\frac{9}{2}\right)^2 + 7\cdot\frac{9}{2} + 7 = \frac{-81+126+28}{4} = \frac{73}{4}$$

よって，$\mathrm{E}\left(\dfrac{9}{2}, \dfrac{73}{4}\right)$ を得る。

m は E を通り，傾き $\dfrac{1}{2}$ の直線なので，その方程式は

$$y = \frac{1}{2}\left(x-\frac{9}{2}\right) + \frac{73}{4} \iff y = \frac{1}{2}x+16 \quad (\to \text{ソ}, \text{タ})$$

l と m の交点は

$$-2x+7 = \frac{1}{2}x+16 \iff \frac{5}{2}x = -9 \iff x = -\frac{18}{5}$$

$$y = \frac{1}{2}\cdot\left(-\frac{18}{5}\right) + 16 = -\frac{9}{5} + \frac{80}{5} = \frac{71}{5}$$

よって，交点の座標は $\left(-\dfrac{18}{5}, \dfrac{71}{5}\right)$ （→チ, ツ）

V 解答

ア. 1　イ. 2　ウ. 2　エ. 2　オ. 2　カ. 2　キ. 4　ク—⊖　ケ—①　コ—④　サ. 2　シ. 1　ス. 2　セ—①　ソ—⑨　タ—⓪　チ—⑥

◀解　説▶

≪三角関数で定義される関数の最大・最小≫

$$t^2 = (\sin x - \cos x)^2$$
$$= \sin^2 x + \cos^2 x - 2\sin x \cos x = 1 - 2\sin x \cos x$$

より

$$\sin x \cos x = \frac{1-t^2}{2} \quad (\rightarrow ア〜ウ)$$

$$(\sin x + \cos x)^2 = \sin^2 x + \cos^2 x + 2\sin x \cos x$$
$$= 1 + 2 \cdot \frac{1-t^2}{2} = 2 - t^2 \quad (\rightarrow エ, オ)$$

三角関数の合成により

$$t = \sin x - \cos x$$
$$= \sqrt{2}\left\{\sin x \cdot \frac{1}{\sqrt{2}} + \cos x \cdot \left(-\frac{1}{\sqrt{2}}\right)\right\}$$
$$= \sqrt{2}\left\{\sin x \cos\left(-\frac{\pi}{4}\right) + \cos x \sin\left(-\frac{\pi}{4}\right)\right\}$$
$$= \sqrt{2}\sin\left(x - \frac{1}{4}\pi\right) \quad (\rightarrow カ, キ)$$

$0 \leq x \leq \frac{\pi}{2}$ のとき，$-\frac{1}{4}\pi \leq x - \frac{1}{4}\pi \leq \frac{1}{4}\pi$ より

t の最小値は　$\sqrt{2}\sin\left(-\frac{1}{4}\pi\right) = \sqrt{2} \cdot \left(-\frac{1}{\sqrt{2}}\right) = -1 \quad (\rightarrow ク)$

t の最大値は　$\sqrt{2}\sin\left(\frac{1}{4}\pi\right) = \sqrt{2} \cdot \frac{1}{\sqrt{2}} = 1 \quad (\rightarrow ケ)$

2倍角の公式より

$$\cos^2 2x = 1 - \sin^2 2x$$
$$= 1 - (2\sin x \cos x)^2 = 1 - 4(\sin x \cos x)^2$$
$$= 1 - 4 \cdot \left(\frac{1-t^2}{2}\right)^2 = -t^4 + 2t^2$$

なので

$$P = \cos^2 2x + 3\sin x \cos x$$
$$= -t^4 + 2t^2 + 3 \cdot \frac{1-t^2}{2}$$

$$= \frac{3}{2} + \frac{t^2}{2} - t^4 \quad (\to コ, サ)$$

$f(t) = \frac{3}{2} + \frac{t^2}{2} - t^4 \ (=P)$ とすると

$$f'(t) = -4t^3 + t = -4t\left(t + \frac{1}{2}\right)\left(t - \frac{1}{2}\right)$$

より

$$f'(t) = 0 \iff t = 0, \ \pm \frac{1}{2} \quad (\to シ, ス)$$

$0 \leqq x \leqq \frac{\pi}{2}$ のとき，$-1 \leqq t \leqq 1$ に注意して，$f(t)$ の増減表は下のようになる。

t	-1	$\cdots$	$-\frac{1}{2}$	$\cdots$	0	$\cdots$	$\frac{1}{2}$	$\cdots$	1
$f'(t)$		$+$	0	$-$	0	$+$	0	$-$	
$f(t)$	1	↗	$\frac{25}{16}$	↘	$\frac{3}{2}$	↗	$\frac{25}{16}$	↘	1

よって

P の最小値は $t = \pm 1$ のとき 1 であり，最大値は $t = \pm \frac{1}{2}$ のとき $\frac{25}{16}$ である。（→セ，ソ）

最小値について，$0 \leqq x \leqq \frac{\pi}{2}$ において $t = \sqrt{2} \sin\left(x - \frac{1}{4}\pi\right)$ より，対応する x の値は

$$t = \pm 1 \iff \sin\left(x - \frac{1}{4}\pi\right) = \pm \frac{1}{\sqrt{2}}$$

$$\iff x - \frac{1}{4}\pi = \pm \frac{1}{4}\pi$$

$$\iff x = 0, \ \frac{\pi}{2} \quad (\to タ, チ)$$

VI 解答 ア―⑤ イ―⑥ ウ―② エ―① オ．1 カ．8
キ―① ク．2 ケ―④ コ．2 サ．4 シ．2
ス．2 セ．2 ソ．3 タチ．48 ツ．4

◀ 解　説 ▶

≪媒介変数で表された曲線で囲まれた部分の面積≫

$x = \cos t + t\sin t$, $y = \sin t - t\cos t$ より

$$\frac{dx}{dt} = -\sin t + t'\sin t + t(\sin t)'$$

$$= -\sin t + 1 \cdot \sin t + t \cdot \cos t = t\cos t \quad (\to \text{ア})$$

$$\frac{dy}{dt} = \cos t - \{t'\cos t + t(\cos t)'\}$$

$$= \cos t - 1 \cdot \cos t - t(-\sin t) = t\sin t \quad (\to \text{イ})$$

$0 < t < \pi$ のとき, x と y の増減表はそれぞれ下のようになる。

t	0	$\cdots$	$\frac{\pi}{2}$	$\cdots$	π
$\frac{dx}{dt}$		+	0	−	
x	(1)	↗	$\frac{\pi}{2}$	↘	(−1)

t	0	$\cdots$	π
$\frac{dy}{dt}$		+	
y	(0)	↗	(π)

よって, x の値は増加したのち減少する。（→ウ）

また, y の値はつねに増加する。（→エ）

$0 \leq t \leq \frac{\pi}{2}$ のとき

$$\sqrt{\left(\frac{dx}{dt}\right)^2 + \left(\frac{dy}{dt}\right)^2} = \sqrt{(t\cos t)^2 + (t\sin t)^2} = \sqrt{t^2(\sin^2 t + \cos^2 t)}$$

$$= \sqrt{t^2 \cdot 1} = t$$

なので, 求める長さ L は

$$L = \int_0^{\frac{\pi}{2}} \sqrt{\left(\frac{dx}{dt}\right)^2 + \left(\frac{dy}{dt}\right)^2} dt = \int_0^{\frac{\pi}{2}} t\, dt$$

$$= \left[\frac{t^2}{2}\right]_0^{\frac{\pi}{2}} = \frac{1}{2}\left(\frac{\pi}{2}\right)^2 - 0 = \frac{1}{8}\pi^2$$

（→オ, カ）

曲線 C, 点 P, 直線 l の位置関係は右図のようになり, 網かけ部分が求める面積 S なので

$$S = \int_0^1 x\, dy \quad (\to \text{キ})$$

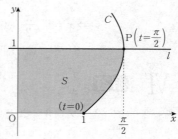

$$= \int_0^{\frac{\pi}{2}} (\cos t + t\sin t)\frac{dy}{dt}dt$$

$$= \int_0^{\frac{\pi}{2}} (\cos t + t\sin t) \cdot t\sin t \, dt$$

$$= \int_0^{\frac{\pi}{2}} (t^2\sin^2 t + t\sin t\cos t)dt$$

$$= \int_0^{\frac{\pi}{2}} \left(t^2 \cdot \frac{1-\cos 2t}{2} + t \cdot \frac{\sin 2t}{2}\right)dt$$

$$= \frac{1}{2}\int_0^{\frac{\pi}{2}} (t^2 + t\sin 2t - t^2\cos 2t)dt \quad (\to \text{ク}\sim\text{コ})$$

部分積分法を用いると

$$I = \int t\sin 2t \, dt$$

$$= \int t\left(-\frac{\cos 2t}{2}\right)' dt$$

$$= -\frac{1}{2}\int t(\cos 2t)' dt$$

$$= -\frac{1}{2}\left(t\cos 2t - \int \cos 2t \, dt\right)$$

$$= -\frac{1}{2}\left(t\cos 2t - \frac{\sin 2t}{2}\right) + K \quad (K \text{ は積分定数})$$

$$= \frac{1}{4}\sin 2t - \frac{t}{2}\cos 2t + K \quad (\to \text{サ}, \text{シ})$$

$$J = \int t^2\cos 2t \, dt$$

$$= \int t^2\left(\frac{\sin 2t}{2}\right)' dt$$

$$= t^2 \cdot \frac{\sin 2t}{2} - \int 2t \cdot \frac{\sin 2t}{2} dt$$

$$= \frac{t^2}{2}\sin 2t - \int t\sin 2t \, dt$$

$$= \frac{t^2}{2}\sin 2t - I \quad (\to \text{ス}, \text{セ})$$

S を求めるために,次の不定積分を計算する。

$$\int (t\sin 2t - t^2\cos 2t)dt = I - J$$

$$=I-\left(\frac{t^2}{2}\sin 2t - I\right)$$

$$=2I-\frac{t^2}{2}\sin 2t$$

$$=\frac{1}{2}\sin 2t - t\cos 2t - \frac{t^2}{2}\sin 2t + 2K$$

この結果を用いると

$$S=\frac{1}{2}\int_0^{\frac{\pi}{2}}(t^2+t\sin 2t - t^2\cos 2t)dt$$

$$=\frac{1}{2}\left[\frac{t^3}{3}+\frac{1}{2}\sin 2t - t\cos 2t - \frac{t^2}{2}\sin 2t\right]_0^{\frac{\pi}{2}}$$

$$=\frac{1}{2}\left\{\frac{1}{3}\left(\frac{\pi}{2}\right)^3+\frac{1}{2}\cdot 0-\frac{\pi}{2}(-1)-0\right\}$$

$$=\frac{\pi^3}{48}+\frac{\pi}{4} \quad (\to ソ \sim ツ)$$

VII 解答

ア—⑤　イ．3　ウ．2　エ—②　オ—③　カ—①
キ．2　ク．3　ケ．3　コ—⑤　サ—⑦　シ—⑥
ス—⑨　セ．3　ソ—⑤　タ—①

◀解　説▶

≪分数関数の増減とそのグラフで囲まれた部分の面積≫

$f(x)<0$

$\iff$「$x^3>0$ かつ $x^2-a^2<0$」または「$x^3<0$ かつ $x^2-a^2>0$」

$\iff$「$x>0$ かつ $-a<x<a$」または「$x<0$ かつ $x<-a,\ a<x$」

$\iff x<-a,\ 0<x<a \quad (a>0$ より$) \quad (\to ア)$

$$f'(x)=\frac{(x^3)'(x^2-a^2)-x^3(x^2-a^2)'}{(x^2-a^2)^2}$$

$$=\frac{3x^2(x^2-a^2)-x^3\cdot 2x}{(x^2-a^2)^2}$$

$$=\frac{(x^2-3a^2)x^2}{(x^2-a^2)^2} \quad (\to イ,\ ウ)$$

$$=\frac{(x+\sqrt{3}a)(x-\sqrt{3}a)x^2}{(x^2-a^2)^2}$$

$f'(x)=0 \iff x=p,\ q,\ r\ (p<q<r)$ とすると
$$p=-\sqrt{3}\,a,\ q=0,\ r=\sqrt{3}\,a$$
であり，$p^2=3a^2=r^2$，$a>0$ に注意して，$f(x)=\dfrac{x^3}{x^2-a^2}$ より
$$f(p)<0,\ f(q)=0,\ f(r)>0\quad (\to \text{エ〜カ})$$

$$f''(x)=\dfrac{\{(x^2-3a^2)x^2\}'(x^2-a^2)^2-(x^2-3a^2)x^2\{(x^2-a^2)^2\}'}{\{(x^2-a^2)^2\}^2}$$
$$=\dfrac{(4x^3-6a^2x)(x^2-a^2)^2-(x^2-3a^2)x^2\cdot 2(x^2-a^2)\cdot 2x}{(x^2-a^2)^4}$$
$$=\dfrac{2x\{(2x^2-3a^2)(x^2-a^2)-2x^2(x^2-3a^2)\}}{(x^2-a^2)^3}$$
$$=\dfrac{2a^2x(x^2+3a^2)}{(x^2-a^2)^3}\quad (\to \text{キ〜ケ})$$
$$=\dfrac{2a^2x(x^2+3a^2)}{\{(x+a)(x-a)\}^3}$$

$f(x)$ の増減表は次の通りである。

x	$\cdots$	$-\sqrt{3}\,a$	$\cdots$	$-a$	$\cdots$	0	$\cdots$	a	$\cdots$	$\sqrt{3}\,a$	$\cdots$
$f'(x)$	$+$	0	$-$	/	$-$	0	$-$	/	$-$	0	$+$
$f''(x)$	$-$	$-$	$-$	/	$+$	0	$-$	/	$+$	$+$	$+$
$f(x)$	↗	$-\dfrac{3\sqrt{3}}{2}a$	↘	/	↘	0	↘	/	↘	$\dfrac{3\sqrt{3}}{2}a$	↗

$x<-a$ において，$f(x)$ は増加したのち減少し，曲線 C は上に凸である。
$$(\to \text{コ})$$

$-a<x<a$ において，$f(x)$ はつねに減少し，曲線 C は変曲点をちょうど1つもつ。$(\to \text{サ})$

$a<x$ において，$f(x)$ は減少したのち増加し，曲線 C は下に凸である。
$$(\to \text{シ})$$

グラフの概形は次の通りである。

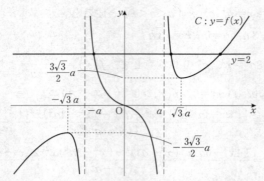

$f(x)=2$ が異なる 3 つの実数解をもつのは、曲線 $y=f(x)$ と直線 $y=2$ が異なる 3 つの交点をもつときなので

$$f(\sqrt{3}\,a) = \frac{3\sqrt{3}}{2}a < 2 \iff a < 2 \cdot \frac{2}{3\sqrt{3}} = \frac{4}{9}\sqrt{3}$$

より　　$0 < a < \dfrac{4}{9}\sqrt{3}$ 　（→ス，セ）

$a=2$ のとき、右図の網かけ部分の面積 S は

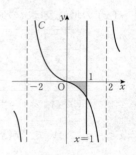

$$\begin{aligned}
S &= -\int_0^1 f(x)\,dx \\
&= -\int_0^1 \frac{x^3}{x^2-2^2}\,dx \\
&= -\int_0^1 \frac{x(x^2-4)+4x}{x^2-4}\,dx \\
&= -\int_0^1 \left\{ x + 2 \cdot \frac{(x^2-4)'}{x^2-4} \right\}dx \\
&= -\left[\frac{x^2}{2} + 2\log|x^2-4| \right]_0^1 \\
&= -\left(\frac{1}{2} + 2\log 3 - 2\log 4 \right) \\
&= 2\log\frac{4}{3} - \frac{1}{2} \quad (\to \text{ソ，タ})
\end{aligned}$$

❖講　評

Ⅰ　(1)玉を箱に入れる場合の数に関する問題であり、箱を区別するとき、区別しないときのそれぞれを考察する。個数が少ないので、丁寧に

場合分けして数えていけばよいが，重複や数えもれに注意が必要である。
(2)絶対値を含む対数関数について，合成関数も含め，方程式を考察する問題である。特に合成関数では絶対値が二重になり，難しそうに見えるが，正負に着目して順番に場合分けしていけばよい。

Ⅱ　平面ベクトルの三角形への応用に関する問題である。直線上にある点の表現と線分の内分・外分を利用する基本的な出題であり，点の位置が把握できれば単純なベクトルの計算になるので，取り組みやすい。

Ⅲ　分数の形で定義される漸化式に関する問題である。分数でない場合と同様に，数列の極限値に相当する定数を利用して，分子の定数部分を消し，さらに逆数をとることで単純な等比数列に帰着させる。この形の漸化式に取り組んだことがなくても，誘導が丁寧なので，問題文の式をよく見て式変形すればよい。

Ⅳ　(1)絶対値を2つ含む関数のグラフに関する問題であり，場合分けにより折れ線になることがわかれば，点の決定や領域の面積は容易である。(2)1次関数とその定積分で定義される関数について，それぞれのグラフの位置関係や法線，三角形の面積などを考察する。2次関数の基本的な微・積分に帰着するので，問題文の流れに従って取り組めばよい。

Ⅴ　三角関数で定義される関数の最大・最小に関する問題である。三角関数の差を文字において，三角関数の合成でその値の範囲を求め，2倍角の公式も用いて求めたい式を4次式で表し，その最大・最小を考察する。問題文の誘導で4次関数と定義域が自動的に定まるので，落ち着いて一つ一つ計算していけばよい。

Ⅵ　媒介変数で表された曲線で囲まれた部分の面積に関する問題である。媒介変数で表された曲線としては標準的な内容であり，「置換積分法により」，「不定積分をI…とする」，「部分積分法を用いると」などのようにヒントが多く，式の形も問題文に書いてあるので，これらの結果をうまく利用できれば最後の面積まで求められる。

Ⅶ　3次式と2次式の商で定義される関数の増減とそのグラフで囲まれた部分の面積に関する問題である。一つ一つの計算は基本的ではあるが，正負や大小関係を丁寧に調べる必要があり，やや煩雑である。計算だけに頼らず，3次関数のグラフ，2次関数のグラフ，漸近線から考察する関数の概形をあらかじめ推測することも大切である。

物理

Ⅰ 解答 1. $\dfrac{1}{2}g$ 2. $\sqrt{3}\,mg$ 3. $2\sqrt{\dfrac{l}{g}}$ 4. $\dfrac{2\sqrt{3}}{3}mg$

5. $\dfrac{\sqrt{3}}{3}g$ 6. $\dfrac{\sqrt{3}}{3}l$

◀解　説▶

≪斜面をもつ台と小物体の運動≫

1．小物体 B の加速度の大きさを a_1 とし，斜面に沿って下向きを正とすると，運動方程式は

$2ma_1 = 2mg\sin 30°$

$a_1 = \dfrac{1}{2}g$

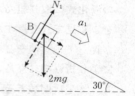

2．B が斜面から受ける垂直抗力の大きさを N_1 とすると，斜面に垂直な方向では力がつり合っていることから

$N_1 = 2mg\cos 30° = \sqrt{3}\,mg$

3．B が斜面に沿って l だけすべり落ちるのにかかる時間を t_1 とする。初速度 0 の等加速度運動であるから

$l = \dfrac{1}{2}a_1 t_1{}^2 = \dfrac{1}{2}\cdot\dfrac{1}{2}g\cdot t_1{}^2 = \dfrac{1}{4}g t_1{}^2$

$t_1 = \sqrt{\dfrac{4l}{g}} = 2\sqrt{\dfrac{l}{g}}$

4．B が斜面から受ける垂直抗力の大きさを N_2 とすると，台 A はその反作用の力を受ける（右図は，A の重力，A が地面から受ける垂直抗力を省略している）。A の x 方向，B の x, y 方向の運動方程式はそれぞれ

$ma_x = -N_2\sin 30°$

$2mb_x = N_2\sin 30°$

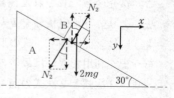

$$2mb_y = 2mg - N_2\cos30°$$

したがって

$$a_x = -\frac{N_2}{2m}, \quad b_x = \frac{N_2}{4m}, \quad b_y = g - \frac{\sqrt{3}\,N_2}{4m}$$

問題文で与えられた関係式に代入すると

$$\frac{b_y}{b_x - a_x} = \frac{1}{\sqrt{3}} \ (=\tan30°)$$

$$\frac{g - \dfrac{\sqrt{3}\,N_2}{4m}}{\dfrac{N_2}{4m} - \left(-\dfrac{N_2}{2m}\right)} = \frac{1}{\sqrt{3}}$$

$$g - \frac{\sqrt{3}\,N_2}{4m} = \frac{1}{\sqrt{3}} \cdot \frac{3N_2}{4m}$$

$$g = \frac{\sqrt{3}\,N_2}{2m}$$

$$N_2 = \frac{2\sqrt{3}}{3}mg$$

5．Aは x 軸の負の方向に等加速度運動する。その加速度の大きさは $|a_x|$ であるから

$$|a_x| = \frac{N_2}{2m} = \frac{1}{2m} \cdot \frac{2\sqrt{3}}{3}mg = \frac{\sqrt{3}}{3}g$$

6．Bが斜面に沿って l だけすべり落ちるのにかかる時間を t_2 とする。Bの y 方向の運動に着目すると，加速度，変位はそれぞれ

$$b_y = g - \frac{\sqrt{3}\,N_2}{4m} = g - \frac{\sqrt{3}}{4m} \cdot \frac{2\sqrt{3}}{3}mg = \frac{1}{2}g$$

$$l\sin30° = \frac{1}{2}b_y t_2^2$$

これら2式より

$$\frac{l}{2} = \frac{1}{2} \cdot \frac{1}{2}g \cdot t_2^2$$

$$t_2 = \sqrt{\frac{2l}{g}}$$

Aが移動した距離 l_A は

$$l_A = \frac{1}{2}|a_x|t_2^2 = \frac{1}{2} \cdot \frac{\sqrt{3}}{3}g \cdot \frac{2l}{g} = \frac{\sqrt{3}}{3}l$$

参考 Aから見たBのx方向の運動に着目すると，加速度，変位はそれぞれ

$$b_x - a_x = \frac{3N_2}{4m} = \frac{3}{4m} \cdot \frac{2\sqrt{3}}{3}mg = \frac{\sqrt{3}}{2}g$$

$$l\cos 30° = \frac{1}{2}(b_x - a_x){t_2}^2$$

これら2式より

$$\frac{\sqrt{3}}{2}l = \frac{1}{2} \cdot \frac{\sqrt{3}}{2}g \cdot {t_2}^2$$

$$t_2 = \sqrt{\frac{2l}{g}}$$

II 解答
(a) 0 (b) vBL (c) $2vBL$ (d) $\dfrac{9vBL}{23R}$ (e) $\dfrac{vBL}{23R}$
(f)— 2

◀解 説▶

≪導線に流れる誘導電流，キルヒホッフの法則≫

(a) $t<0$ において，回路 abefa をつらぬく磁束の変化がないため，誘導起電力は発生しない。

別解 辺 ab に生じる誘導起電力 vBL と辺 fe に生じる誘導起電力 vBL が打ち消しあうため，回路 abefa に誘導起電力は発生しない。

(b) $0 < t < \dfrac{L}{v}$ において，微小時間 Δt の間に，磁界がかかっている回路 abefa の部分の面積の変化を ΔS とすると

$$\Delta S = -Lv\Delta t$$

回路 abefa をつらぬく磁束を Φ とする。発生する誘導起電力の大きさ V は

$$V = \left|-\frac{\Delta \Phi}{\Delta t}\right| = \left|-\frac{B\Delta S}{\Delta t}\right| = \frac{B \cdot Lv\Delta t}{\Delta t} = vBL$$

別解 $0 < t < \dfrac{L}{v}$ において，辺 ab に発生する誘導起電力 vBL が，回路 abefa に発生する誘導起電力となる。

(c) 回路 bcdeb は，面積が回路 abefa の2倍であるから，回路をつらぬ

く磁束変化が2倍になるので，発生する誘導起電力の大きさも2倍になる。

$2V=2vBL$

(d)～(f) 電流が右図の矢印の向きに i_1, i_2 であると仮定する。回路 abefa，回路 bcdeb について，それぞれキルヒホッフの第二法則より

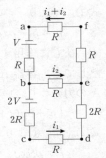

$V=R(i_1+i_2)+Ri_2+2R(i_1+i_2)$ ……①

$2V=5Ri_1-Ri_2$ ……②

式①，②から

$i_1=\dfrac{9V}{23R}$, $i_2=-\dfrac{V}{23R}$

cd 間に流れる電流の大きさは $\dfrac{9vBL}{23R}$，be 間に流れる電流の大きさは $\dfrac{vBL}{23R}$ となり，点 b と点 e を比較すると，点 e の電位が高い。

Ⅲ 解答

(1) $H=\dfrac{RT_1}{p_1S}$ (2) $M=\rho S(t+H)$ (3) $p_2=p_1-\rho xg$

(4) ρSxg (5) $W=p_1Sx-\dfrac{1}{2}\rho gSx^2$ (6) $\dfrac{3}{2}R(T_2-T_1)+W$

◀解説▶

≪液体中の容器がもつピストンの移動≫

(1) 容器 A 内の単原子分子理想気体の状態方程式は

$p_1\cdot SH=RT_1$ ∴ $H=\dfrac{RT_1}{p_1S}$

(2) ピストンの上面にかかる圧力を p' とする。ピストン，容器 A の力のつり合いより

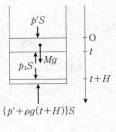

$p_1S=p'S+Mg$ ……①

$\{p'+\rho g(t+H)\}\cdot S=p_1S$ ……②

式①，②より

$\rho\cdot S(t+H)\cdot g=Mg$ ……③

$M=\rho S(t+H)$

参考 容器 A と気体とピストンを一体とみなして，浮力の大きさを $\rho\cdot S(t+H)\cdot g$ と表すと，式③を直接導くことができる。

(3) 加熱後，ピストンの力のつり合いより
$$p_2 S = (p' - \rho x g) \cdot S + Mg \quad \cdots\cdots ④$$
式①，④より
$$p_2 = p_1 - \rho x g \quad \cdots\cdots ⑤$$

(4) ひもに作用する張力の大きさを F とする。加熱しても，容器 A の底の水圧は変わらない。容器 A の力のつり合いより
$$\{p' + \rho g(t+H)\} \cdot S = p_2 S + F \quad \cdots\cdots ⑥$$
式②，⑤，⑥より
$$F = \rho S x g$$

別解 容器 A とピストンをまとめて 1 つの物体とみなして，浮力の大きさを $\rho \cdot S(x+t+H) \cdot g$ と表すと
$$\rho \cdot S(x+t+H) \cdot g = Mg + F \quad \cdots\cdots ⑦$$
式③，⑦より
$$F = \rho S x g$$

参考 式④，⑥より，式⑦を導くこともできる。

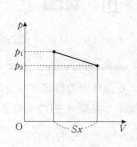

(5) 式⑤において，断面積 S が一定であることから，p–V グラフは 1 次関数になる。右図のように，気体の体積変化に伴って気体の圧力が変化した。容器 A 内の気体が外部にした仕事 W は，グラフの台形の面積に等しい。
$$W = \frac{1}{2} \cdot (p_1 + p_2) \cdot Sx \quad \cdots\cdots ⑧$$
式⑤，⑧より
$$W = p_1 S x - \frac{1}{2} \rho g S x^2$$

(6) 気体の内部エネルギーの変化を ΔU，気体に与えられた熱量を Q とする。熱力学第一法則より
$$Q = \Delta U + W$$
$$= \frac{3}{2} R(T_2 - T_1) + W$$

Ⅳ 解答

(i) 60 (ii) $\dfrac{\sqrt{3}\,mg}{3}$ (iii) $\dfrac{2\sqrt{3}\,mg}{3}$ (iv) $\dfrac{4\sqrt{3}\,mg}{3}$

(v)—① (vi)—※

※(vi)については，問題文に誤りがあり，解答を導き出すことができない内容となっていたため，全員正解とする措置が取られたことが大学から公表されている。

◀解　説▶

≪円筒中の球のつり合い≫

(i) 上から1個目の球と2個目の球の中心間距離は d であり，水平方向の距離は $\dfrac{d}{2}$ である。この長さを2辺とする三角形は，30°，60°，90°の直角三角形である。図4-2で，θ を含む三角形と相似であるから，$\theta=60°$ である。

(ii)・(iii) 1個目の球の重力は，壁方向1目盛り分と2個目の球の方向1目盛り分に分解される。

$$F_{w1}=\dfrac{mg}{\tan 60°}=\dfrac{\sqrt{3}\,mg}{3}$$

$$F_{c1}=\dfrac{mg}{\sin 60°}=\dfrac{2\sqrt{3}\,mg}{3}$$

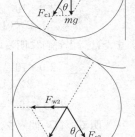

(iv) 2個目の球の重力は，1個目の球を左右に反転させて，壁方向1目盛り分と3個目の球の方向1目盛り分に分解される。F_{c1} は，作用線に沿って2個目の球の中心まで移動させると，壁方向2目盛り分と3個目の球の方向1目盛り分に分解される。

$$F_{w2}=(1+2)\cdot\dfrac{\sqrt{3}\,mg}{3}=\sqrt{3}\,mg$$

$$F_{c2}=(1+1)\cdot\dfrac{2\sqrt{3}\,mg}{3}=\dfrac{4\sqrt{3}\,mg}{3}$$

(v) F_{c1}，F_{c2} から，3個目以降の $F_{c(n-1)}$ は，$\dfrac{2\sqrt{3}\,mg}{3}$ ずつ増加していくことがわかる。

V

解答 (イ) 0 [rad]　(ロ) π [rad]　(ハ) $2d = \dfrac{\lambda}{2} \cdot (2n+1)$ [m]

(ニ) $x = \dfrac{L\lambda}{2D}\left(n+\dfrac{1}{2}\right)$ [m]　(ホ) 3.0×10^{-3} m または 2.5×10^{-3} m

(ヘ) 5.5×10^{-4} m

◀解　説▶

≪くさび型空気層の干渉≫

(ニ) 図5において，三角形の相似より

$$\frac{d}{x} = \frac{D}{L} \quad \therefore \quad x = \frac{Ld}{D}$$

(ハ)の結果を代入して

$$x = \frac{L\lambda}{2D}\left(n+\frac{1}{2}\right)$$

(ホ) n 番目の明るい縞の位置を x_n とする。

$$x_n = \frac{L\lambda}{2D}\left(n+\frac{1}{2}\right)$$

$$x_5 = \frac{(2.0 \times 10^{-1}) \times (6.0 \times 10^{-7})}{2 \times (1.1 \times 10^{-4})} \times \left(5+\frac{1}{2}\right) = 3.0 \times 10^{-3} \text{[m]}$$

または，1番目に明るい点が x_0 と考えると，5番目に明るい縞は

$$x_4 = \frac{(2.0 \times 10^{-1}) \times (6.0 \times 10^{-7})}{2 \times (1.1 \times 10^{-4})} \times \left(4+\frac{1}{2}\right)$$

$$= 2.45 \times 10^{-3} \fallingdotseq 2.5 \times 10^{-3} \text{[m]}$$

(ヘ) 明るい縞の間隔を Δx とする。

$$\Delta x = x_{n+1} - x_n$$

$$= \frac{L\lambda}{2D}\left\{(n+1)+\frac{1}{2}\right\} - \frac{L\lambda}{2D}\left(n+\frac{1}{2}\right)$$

$$= \frac{L\lambda}{2D}$$

$$= \frac{(2.0 \times 10^{-1}) \times (6.0 \times 10^{-7})}{2 \times (1.1 \times 10^{-4})}$$

$$= 5.45 \times 10^{-4} \fallingdotseq 5.5 \times 10^{-4} \text{[m]}$$

❖講　評

2021年度と同様，大問5題，各大問で小問が6問ずつ，計30問の出題である。試験時間を考えると，全問に余裕をもって取り組むのは難しい。

Ⅰは，斜面をもつ台と小物体の運動である。前半は基本問題だが，後半は斜面も動くもので，作用・反作用の法則，相対加速度などを扱う。注目する物体，観測者の位置などを意識して解く必要がある。

Ⅱは，導線に流れる誘導電流，キルヒホッフの法則。前半・後半でタイプの違う問題である。後半は，求める電流を未知数におくことと，正負は後で判断できることで，手際よく解きたい。

Ⅲは，液体中の容器がもつピストンの移動について。基本的には力のつり合いの式で求めるのだが，上面と下面の押す力を用いるのか，浮力を用いるのか，状況に合わせて立式できるようにしたい。

Ⅳは，円筒中の球のつり合い。直交座標系で力のつり合いの式を作る，という普段のやり方とは違うアプローチが求められる。目盛りを作って数えていくなど直感的な方法で，見通しをよくしておきたい。

Ⅴは，くさび型空気層の干渉で，教科書で扱われる。ミスをせず解いておきたい。

いずれの問題も基礎知識や論理的思考力を問う標準的な問題である。試験時間に比べて問題数が多いので，的確な状況判断力が必要である。

化学

I 解答

1. (あ)—③　(い)—②　(う)—⑤
2. (ア)酸化バナジウム(V)　(イ)発煙　(ウ)接触法
3. (a) $S + O_2 \longrightarrow SO_2$
   (b) $FeS + H_2SO_4 \longrightarrow H_2S + FeSO_4$
4. 二酸化硫黄：+4　硫化水素：−2　硫酸：+6
5. ②　理由：硫化水素は濃硫酸と酸化還元反応を起こすから。(30字以内)
6. ―①・③・④
7. 2.00 kg の S から得られる H_2SO_4 の物質量は

$$\frac{2.00 \times 10^3}{32.0} = 62.5 \text{[mol]}$$

であるから、求める硫酸の質量パーセント濃度は

$$\frac{溶質の質量[g]}{溶液の質量[g]} \times 100 = \frac{98.0 \times 62.5}{6.25 \times 10^3} \times 100 = 98.0 \fallingdotseq 98 \text{[\%]}$$

……(答)

6.25 kg の硫酸の体積は

$$\frac{6.25 \times 10^3}{1.80} \times 10^{-3} = \frac{6.25}{1.80} \text{[L]}$$

であるから、求めるモル濃度は

$$\frac{溶質の物質量[mol]}{溶液の体積[L]} = \frac{62.5}{\frac{6.25}{1.80}} = 18.0 \fallingdotseq 18 \text{[mol/L]} \quad ……(答)$$

◀解　説▶

≪S の単体と化合物の性質，硫酸の工業的製法≫

2. 操作 I，操作 II ではそれぞれ次の反応が起こる。

　　操作 I：$2SO_2 + O_2 \longrightarrow 2SO_3$

　　操作 II：$SO_3 + H_2O \longrightarrow H_2SO_4$

操作 II では，発煙硫酸中の SO_3 と希硫酸中の H_2O が反応する。

3. (b) FeS は弱酸である H_2S の塩であるから，強酸である希硫酸を加

えると，H₂S が遊離する。

4．化合物中の H 原子の酸化数は +1，O 原子の酸化数は -2 であることから，S 原子の酸化数が求められる。

5．濃硫酸は加熱することにより強い酸化作用を示すが，強い還元剤である H₂S に対しては常温でも酸化剤としてはたらき，H₂S を S に酸化してしまう。

6．① 正文。熱濃硫酸には強い酸化作用があり，イオン化傾向が水素より小さい Cu も酸化する。その際，SO₂ が発生する。

$$Cu + 2H_2SO_4 \longrightarrow CuSO_4 + 2H_2O + SO_2$$

② 誤文。濃硫酸は粘性が高い液体である。

③ 正文。濃硫酸は沸点が高く，蒸発しにくい，不揮発性の酸である。

④ 正文。濃硫酸には脱水作用があるので，スクロースに加えると，次の反応によりスクロースが炭化する。

$$C_{12}H_{22}O_{11} \longrightarrow 12C + 11H_2O$$

⑤ 誤文。塩酸についての記述である。HCl と NH₃ の中和反応により，NH₄Cl の白煙を生じる。

$$HCl + NH_3 \longrightarrow NH_4Cl$$

7．硫黄は S→SO₂→SO₃→H₂SO₄ のように変化するので，S の物質量と H₂SO₄ の物質量は等しい。

II 解答

1 —③
2 —③
3 —①・⑥

4．正極：$PbO_2 + 4H^+ + SO_4^{2-} + 2e^- \longrightarrow PbSO_4 + 2H_2O$
　負極：$Pb + SO_4^{2-} \longrightarrow PbSO_4 + 2e^-$

5．④，②，③，①

6．陽極：$2H_2O \longrightarrow O_2 + 4H^+ + 4e^-$
　陰極：$Cu^{2+} + 2e^- \longrightarrow Cu$

7．流れた電子の物質量は

$$\frac{1.00 \times (48 \times 60 + 15)}{9.65 \times 10^4} = 3.00 \times 10^{-2} \text{[mol]}$$

であるから，陰極で析出した Cu の質量は

$$63.5 \times 3.00 \times 10^{-2} \times \frac{1}{2} = 0.952 \fallingdotseq 9.5 \times 10^{-1} [\text{g}] \quad \cdots\cdots (答)$$

8．陽極から発生した O_2 の物質量は

$$3.00 \times 10^{-2} \times \frac{1}{4} = 7.50 \times 10^{-3} [\text{mol}]$$

であるから，求める体積は，理想気体の状態方程式より

$$\frac{7.50 \times 10^{-3} \times 8.30 \times 10^3 \times (27.0+273)}{1.00 \times 10^5} = 0.186 \fallingdotseq 1.9 \times 10^{-1} [\text{L}]$$

$\cdots\cdots (答)$

◀解　説▶

≪電池の構造と反応，$CuSO_4$ 水溶液の電気分解≫

3．リチウム電池は負極に金属リチウムを用いた一次電池，リチウムイオン電池は負極にリチウムを含む黒鉛を用いた二次電池であり，区別する必要がある。

4．鉛蓄電池を放電する際には，正極で PbO_2 の還元反応，負極で Pb の酸化反応が起こり，両極ともに $PbSO_4$ が生成する。充電する際には，放電のときと逆向きの反応が起こる。

6．$CuSO_4$ の水溶液中には，Cu^{2+}，SO_4^{2-}，H_2O が存在する。陽極では酸化反応が起こるが，SO_4^{2-} は酸化されにくいので，H_2O が酸化されて O_2 が発生する。陰極では Cu^{2+} が還元されて Cu が析出する。

III

解答　1．操作Ⅰにおいて，エタンの分圧は

$$3.00 \times 10^5 \times \frac{1}{2} = 1.50 \times 10^5 [\text{Pa}]$$

であるから，求める物質量は，理想気体の状態方程式より

$$\frac{1.50 \times 10^5 \times 50.0}{8.30 \times 10^3 \times (27.0+273)} = 3.01 \fallingdotseq 3.0 [\text{mol}] \quad \cdots\cdots (答)$$

2．操作Ⅲ終了後の，エタンと操作Ⅰで容器Aに入れたアルゴンの圧力の和を $P[\text{Pa}]$ とすると，ボイルの法則より

$$3.00 \times 10^5 \times 50.0 = P \times 150 \quad \therefore \quad P = 1.00 \times 10^5 [\text{Pa}]$$

よって，操作Ⅲ終了後の，酸素と操作Ⅱで容器Bに入れたアルゴンの圧

力の和は

$$5.00\times10^5-1.00\times10^5=4.00\times10^5\text{[Pa]}$$

であるから，操作Ⅱ終了後の容器B内の圧力をP'[Pa]とすると，ボイルの法則より

$$P'\times100=4.00\times10^5\times150$$

$$\therefore\ P'=6.00\times10^5\fallingdotseq6.0\times10^5\text{[Pa]}\quad\cdots\cdots\text{(答)}$$

3．操作Ⅲ終了後のエタンの分圧は

$$1.00\times10^5\times\frac{1}{2}=5.00\times10^4\text{[Pa]}$$

操作Ⅲ終了後のアルゴンの分圧は

$$1.00\times10^5\times\frac{1}{2}+4.00\times10^5\times\frac{1}{2}=2.50\times10^5\text{[Pa]}$$

したがって，求めるアルゴンの物質量は

$$3.0\times\frac{2.50\times10^5}{5.00\times10^4}=15.0\fallingdotseq15\text{[mol]}\quad\cdots\cdots\text{(答)}$$

操作Ⅲ終了後の酸素の分圧は

$$4.00\times10^5\times\frac{1}{2}=2.00\times10^5\text{[Pa]}$$

したがって，求める酸素の物質量は

$$3.0\times\frac{2.00\times10^5}{5.00\times10^4}=12.0\fallingdotseq12\text{[mol]}\quad\cdots\cdots\text{(答)}$$

4．水，酸素，二酸化炭素

5．物質名：水　物質量：9.0 mol

6．完全燃焼したエタンは3.0 molであるから，発生した反応熱は

$$1.56\times10^6\times3.0=4.68\times10^6\fallingdotseq4.7\times10^6\text{[J]}\quad\cdots\cdots\text{(答)}$$

7．操作Ⅳ終了後の全容器内に存在する気体の物質量の和は

$$1.5+6.0+9.0+15=31.5\text{[mol]}$$

よって，求める127℃における圧力は，理想気体の状態方程式より

$$\frac{31.5\times8.30\times10^3\times(127+273)}{150}=6.97\times10^5\fallingdotseq7.0\times10^5\text{[Pa]}$$

$$\cdots\cdots\text{(答)}$$

◀ 解　説 ▶

≪気体の法則，混合気体の圧力≫

1．混合気体においては「分圧の比＝物質量の比」であるから，エタン C_2H_6 と Ar の分圧の比は 1：1 となる。

3．Ar の分圧を求める際，コックを開ける前に容器 A と容器 B に入っていた Ar の分圧を別々に求めて足す必要がある。Ar と O_2 の物質量は，〔解答〕では C_2H_6 の物質量をもとに「分圧の比＝物質量の比」の関係を用いて求めている。理想気体の状態方程式を用いて，次のように求めることもできる。

$$\text{Ar}：\frac{2.50\times10^5\times150}{8.30\times10^3\times(27.0+273)}=15.0≒15 \text{[mol]}$$

$$\text{O}_2：\frac{2.00\times10^5\times150}{8.30\times10^3\times(27.0+273)}=12.0≒12 \text{[mol]}$$

4・5．C_2H_6 の完全燃焼の反応式と，各物質の物質量変化は次のようになる。

	$2C_2H_6$	$+$	$7O_2$	$\longrightarrow$	$4CO_2$	$+$	$6H_2O$	
はじめ	3.0		12		0		0	〔mol〕
反応量	−3.0		−10.5		＋6.0		＋9.0	〔mol〕
反応後	0		1.5		6.0		9.0	〔mol〕

よって，C_2H_6 の完全燃焼後に全容器内に残った Ar 以外の物質は，分子量の小さい順に H_2O，O_2，CO_2 であり，そのうち最も物質量の多いものは H_2O である。

IV 解答

1．化合物 A 15.0 mg に含まれる C，H，O の質量はそれぞれ

$$C：33.0\times\frac{12.0}{44.0}=9.00 \text{[mg]}$$

$$H：18.0\times\frac{2.00}{18.0}=2.00 \text{[mg]}$$

$$O：15.0−(9.00+2.00)=4.00 \text{[mg]}$$

組成式を $C_xH_yO_z$ とおくと

$$x：y：z=\frac{9.00}{12.0}：\frac{2.00}{1.00}：\frac{4.00}{16.0}=3：8：1$$

よって，組成式は C_3H_8O となる。炭素原子の数は 5 以下なので，求める分子式は

  C_3H_8O ……(答)

2．B：$CH_3-CH_2-\underset{\underset{O}{\parallel}}{C}-H$ D：$CH_3-\underset{\underset{OH}{|}}{CH}-CH_3$

F：$CH_3-CH_2-O-CH_3$

3．$2CH_3CH_2CH_2OH + 2Na \longrightarrow 2CH_3CH_2CH_2ONa + H_2$

4．C

5．D, E

6．A, D

◀解　説▶

≪分子式 C_3H_8O の化合物の構造決定≫

2．分子式が C_3H_8O で表される化合物はアルコールまたはエーテルであるが，(ⅲ)より化合物 A は A→B→C と酸化されており，(ⅳ)より化合物 B はホルミル基（アルデヒド基）をもつので，A は第一級アルコールの 1-プロパノールと決まる。A を酸化して生成する B はプロピオンアルデヒド，B を酸化して生成する化合物 C はプロピオン酸である。

$CH_3-CH_2-CH_2-OH \xrightarrow{酸化} CH_3-CH_2-\underset{\underset{O}{\parallel}}{C}-H \xrightarrow{酸化} CH_3-CH_2-\underset{\underset{O}{\parallel}}{C}-OH$

  化合物 A   化合物 B   化合物 C
 (1-プロパノール)   (プロピオンアルデヒド) (プロピオン酸)

(ⅴ)より，化合物 D も酸化されているのでアルコールであり，その酸化生成物の化合物 E が B の構造異性体であることから，D と E の炭素原子の数は 3 である。炭素原子の数が 3 のアルコールは 1-プロパノール以外には 2-プロパノールしかないので，D は 2-プロパノール，E はアセトンとわかる。

$CH_3-\underset{\underset{OH}{|}}{CH}-CH_3 \xrightarrow{酸化} CH_3-\underset{\underset{O}{\parallel}}{C}-CH_3$

  化合物 D   化合物 E
 (2-プロパノール) (アセトン)

(ⅵ)より，化合物 F は炭素原子の数が 3 のエーテルであるから，エチルメチルエーテルとわかる。

$$CH_3-CH_2-O-CH_3$$
　　　化合物 F
　（エチルメチルエーテル）

4．カルボン酸は炭酸よりも強い酸なので，$NaHCO_3$ と反応して CO_2 を生じる（弱酸の遊離）。

$$CH_3CH_2COOH + NaHCO_3 \longrightarrow CH_3CH_2COONa + H_2O + CO_2$$
　　化合物 C

5．$CH_3-\underset{OH}{\underset{|}{CH}}-$ または $CH_3-\underset{O}{\overset{\|}{C}}-$ の構造をもつ化合物を選ぶ。

6．アルコールに濃硫酸を加えて加熱すると，比較的高温の条件下では分子内脱水反応によりアルケンが生じる。このとき濃硫酸は脱水の触媒としてはたらく。

$$CH_3-CH_2-CH_2-OH \longrightarrow CH_3-CH=CH_2 + H_2O$$
　　　　化合物 A

$$CH_3-\underset{OH}{\underset{|}{CH}}-CH_3 \longrightarrow CH_3-CH=CH_2 + H_2O$$
　　化合物 D

❖講　評

　理論，無機，有機の各分野からまんべんなく出題されている。とりわけ難しい問題はみられないが，Ⅲの気体の問題は苦手とする受験生も多かったであろう。どの単元から出題されても対応できるように，しっかり対策をしておきたい。

　Ⅰ　Sの単体と化合物の性質，硫酸の工業的製法に関する問題。7の計算問題を含めて基本的な問題で構成されており，短時間で完答したい。ただ，1(い)のSが燃焼するときの炎の色は知らなかった受験生も多かったかもしれない。7はSと H_2SO_4 の物質量が等しいことがポイント。

　Ⅱ　電池の構造と反応，$CuSO_4$ 水溶液の電気分解に関する問題。3はリチウム電池とリチウムイオン電池を混同しないようにしたい。教科書の内容をきちんと理解していれば容易に解ける問題ばかりなので，Ⅱも完答が望まれる。

　Ⅲ　気体の法則，混合気体の圧力に関する問題。計算問題が多く，状況を丁寧に追っていかなければならないので，時間がかかったと思われ

る。容器Aと容器Bの両方にArを入れているので，コックを開けた後のArの分圧を求める際は注意を要する。3では「分圧の比＝物質量の比」を用いると速く計算できる。

Ⅳ　分子式C_3H_8Oの化合物の構造決定に関する問題。炭素原子の数が3と少ないので，先に考えられる構造異性体を書き出してから解いてもよい。アルコールとエーテルについての基本的な理解があれば完答できるので，ここでの失点はできるだけ避けたい。

I 解答

1．ア．リン酸　イ．アデニン　ウ．チミン
エ．シトシン　オ．グアニン　カ．ウラシル
キ．デオキシリボース　ク．リボース　ケ．制限酵素　コ．リガーゼ

2 —(b)

3 —(d)

4 —(c)

5 —(b)

6．19％

7 —(c)

8．真核生物であるヒトのインスリン遺伝子にはイントロンが含まれるが，原核生物である大腸菌はスプライシングをしないため。（60字以内）

9．ベクター

10．形質転換

◀解　説▶

≪DNAの構造，ゲノム，遺伝子組換え技術≫

2．ヒトゲノムは約30億＝$3.0×10^9$〔塩基対〕で，その中に$2.4×10^{10}$個の窒素原子が含まれるので，ヌクレオチド1対あたりの窒素原子数は

$$2.4×10^{10}÷(3.0×10^9)=8 個$$

3．大腸菌ゲノムは約460万＝$4.6×10^6$〔塩基対〕なので，含まれるヌクレオチド数は$4.6×10^6×2$個である。また，ヌクレオチド1個あたりの炭素原子数は10個なので，大腸菌ゲノムに含まれる炭素原子数は

$$4.6×10^6×2×10=9.2×10^7 個$$

4．ヒトゲノムは約30億＝$3.0×10^9$〔塩基対〕で，その1.5％が遺伝子領域なので，遺伝子領域の塩基対数は

$$3.0×10^9×\frac{1.5}{100}=4.5×10^7〔塩基対〕$$

5．大腸菌ゲノムは約460万＝$4.6×10^6$〔塩基対〕で，その90％が遺伝子

領域であり，大腸菌の遺伝子数は約 4000 個なので，遺伝子 1 つあたりの平均の塩基対数は

$$4.6 \times 10^6 \times \frac{90}{100} \div 4000 = 1.035 \times 10^3 = 1035 ≒ 1000 〔塩基対〕$$

6．ヒトゲノムの A の割合は 31％で，A と T，G と C の割合がそれぞれ等しいので，G の割合は

$$(100 - 31 \times 2) \div 2 = 50 - 31 = 19 〔％〕$$

7．大腸菌ゲノムの A の割合は 24％で，A と T の割合は等しいので T の割合も 24％である。また，大腸菌ゲノムに含まれる塩基の数は $4.6 \times 10^6 \times 2$ 個なので，大腸菌ゲノムに含まれる T の数は

$$4.6 \times 10^6 \times 2 \times \frac{24}{100} = 2.208 \times 10^6 ≒ 2.2 \times 10^6 個$$

8．〔解答〕に示したように，①ヒトは真核生物なので，ヒトのインスリン遺伝子にはイントロンが含まれる，②大腸菌は原核生物なので，スプライシングを行わない，という 2 点が明確に伝わるようにまとめる。ヒトのインスリン遺伝子をそのまま大腸菌に導入すると，イントロンの部分まで翻訳されてしまい目的のタンパク質が得られない。そのため，mRNA と相補的な配列をもち，イントロンを含まない cDNA を合成して利用する。

10．グリフィスは，肺炎双球菌（肺炎球菌）を用いた実験で，非病原性の R 型菌が病原性の S 型菌に変わることから形質転換を発見した。

II 解答

1．ア．2　イ．ADP　ウ．基質　エ．マトリックス
　オ．酸化的リン酸化

2．(a)—◯　(b)—×　(c)—×　(d)—◯　(e)—◯　(f)—◯

3．カ．$C_6H_{12}O_6$　キ．6　ク．6　ケ．12　コ．6

4．(a)・(e)・(f)

5．(a)・(c)・(d)

6．(b)・(f)

7．ミトコンドリアでの内膜を隔てた H^+ の濃度勾配の形になる。(30 字以内)

◀解　説▶

≪呼吸における ATP 合成のしくみ≫

1．イ・ウ．解糖系ではリン酸の結合した中間生成物が生じ，この物質から ADP にリン酸が転移して ATP ができるしくみを基質レベルのリン酸化という。

2．(a)　正しい。筋肉の収縮は，ATP のエネルギーによってアクチンフィラメントがミオシンフィラメントの間に滑り込むことで起こる。
(b)・(c)　誤り。酵素のフィードバック調節や抗原と抗体の結合は，タンパク質の立体構造に基づいて起こり，ATP を必要としない。
(d)　正しい。原形質流動は，モータータンパク質のミオシンが ATP のエネルギーを利用してアクチンフィラメント上を移動することで起こる。
(e)　正しい。繊毛の運動は，モータータンパク質のダイニンが ATP のエネルギーを利用して微小管上を移動することで起こる。
(f)　正しい。同化でのエネルギーの吸収は ATP の仲立ちによって行われ，光合成においても光エネルギーの一部はいったん ATP に蓄えられる。

4．酵母はアルコール発酵と呼吸の両方を行うが，ミトコンドリアを含まない細胞質液ではアルコール発酵だけが起こる。アルコール発酵では，解糖系でグルコースがピルビン酸に分解された後，ピルビン酸からアセトアルデヒドと CO_2 が生じ，アセトアルデヒドが還元されてエタノールになる。
(a)正文・(b)誤文。グルコースがピルビン酸に分解される解糖系では，脱水素酵素によって基質が酸化される。
(c)誤文・(f)正文。アルコール発酵ではピルビン酸（C_3 化合物）からアセトアルデヒド（C_2 化合物）が生じる過程で CO_2 の放出が起こる。
(d)誤文・(e)正文。アルコール発酵ではアセトアルデヒドが NADH によって還元されてエタノールになり，NADH が NAD^+ に戻る。
(g)・(h)誤文。ATP の消費と合成が起こるのは解糖系で，ピルビン酸がエタノールになる過程では ATP は合成も消費もされない。

5．ピルビン酸からクエン酸回路までの(a)～(e)の反応を図にすると次図のようになる。CO_2 の放出が起こる反応では生成物の炭素数が減少するので，(a)ピルビン酸（C_3 化合物）からアセチル CoA（C_2 化合物），(c)クエン酸（C_6 化合物）から α-ケトグルタル酸（C_5 化合物），(d)α-ケトグル

タル酸（C_5 化合物）からコハク酸（C_4 化合物）が生じる反応では CO_2 の放出が起こる。一方，(b)アセチル CoA（C_2 化合物）とオキサロ酢酸（C_4 化合物）からクエン酸（C_6 化合物），(e)コハク酸（C_4 化合物）からオキサロ酢酸（C_4 化合物）が生じる反応では炭素数が変化しないので CO_2 の放出は起こらない。

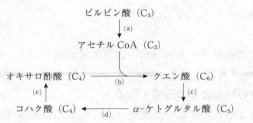

6．呼吸では，補酵素 NAD^+ と FAD が電子受容体としてはたらき，e^- と H^+ を受け取って還元型の NADH と $FADH_2$ になる。$NADP^+$ は光合成の過程で電子受容体としてはたらく補酵素で，光合成では e^- と H^+ を受け取って還元型の NADPH になるが，呼吸の過程には関係しない。アセチル CoA はピルビン酸から CO_2 が除かれてできる C_2 化合物と補酵素 A（CoA）が結合してできる物質，スクシニル CoA はコハク酸と補酵素 A（CoA）が結合してできるクエン酸回路の中間生成物の一つであり，どちらも還元型補酵素ではない。

7．下線部(v)「物質の化学結合のエネルギーとは異なる形のエネルギー」はやや難しい言い方だが，酸化的リン酸化ではミトコンドリアの膜間腔に輸送された H^+ が ATP 合成酵素を通ってマトリックスに戻るときに ATP が合成されるので，下線部(v)のエネルギーは電子伝達系での電子の移動に伴って形成される H^+ の濃度勾配を指している。設問文の「どこで」は「ミトコンドリアで」，「どのような形」は「内膜を隔てた H^+（水素イオン）の濃度勾配」と考えればよいだろう。

III 解答

1．ア．受容器（感覚器，受容体）　イ．効果器
　ウ．不応期　エ．エキソサイトーシス

2．(1)跳躍伝導　(2)—(b)

3 —(c)

4．電位依存性カリウムチャネル：(A)閉　(B)閉　(C)開

電位依存性ナトリウムチャネル：(A)閉　(B)開　(C)閉
5．(1)全か無かの法則
(2) ニューロンごとに活動電位が発生する閾値の大きさが異なる。(30字以内)
6．興奮の発生する頻度（10字以内）
7．2.0ミリ秒
8．(1)慣れ
(2) シナプスで放出される神経伝達物質の量が減少する。(30字以内)

━━━━━━━━━◀解　説▶━━━━━━━━━

≪ニューロンの興奮とその伝導・伝達≫

2．(2) 髄鞘は脂質とタンパク質を含み，電気的な絶縁体としてはたらく。そのため，有髄神経繊維では興奮が髄鞘の切れ目であるランビエ絞輪を飛び飛びに伝導する跳躍伝導が起こる。

3．ナトリウムポンプの実体はATP分解酵素（ナトリウム-カリウムATPアーゼ）という酵素で，ATPのエネルギーを使ってNa$^+$を細胞外へ排出し，K$^+$を細胞内に取り込む能動輸送を行う。

4．活動電位の発生には電位依存性カリウムチャネルと電位依存性ナトリウムチャネルが関わっている。

図の(A)の時期：刺激を受けていない状態では，電位依存性カリウムチャネルも電位依存性ナトリウムチャネルも閉じている。

図の(B)の時期：刺激を受けると電位依存性カリウムチャネルは閉じたままだが，電位依存性ナトリウムチャネルが開いてNa$^+$が細胞内に流入し，一時的に膜電位（細胞膜表面に対する細胞内の電位差）が正になる。

図の(C)の時期：電位依存性ナトリウムチャネルが閉じ，電位依存性カリウムチャネルが開くとK$^+$が細胞外に流出し，膜電位が負に戻る。その後，電位依存性カリウムチャネルが閉じると，ナトリウムポンプのはたらきでイオンの分布がもとの状態に戻る。

5．(2) 「ニューロンごとに閾値が異なる」ということが書けていればよい。個々のニューロンは全か無かの法則に従うが，閾値の大きさはすべてのニューロンで同じではなく，ニューロンごとに異なっている。そのため，多数の軸索からなる神経では，すべてのニューロンが興奮するまでは刺激が強くなるほど興奮するニューロンの数が増え，興奮が大きくなる。

6．個々のニューロンでは，刺激が強くなるほど興奮の発生する頻度が高くなり，刺激の強さは興奮の発生頻度に変換されて中枢に伝えられる。

7．軸索末端から1mm離れた点を刺激した場合と0.5mm離れた点を刺激した場合で，シナプス後細胞に活動電位が発生するまでの時間の差が

$$2.5-2.25=0.25〔ミリ秒〕$$

なので，興奮の伝導速度は

$$\frac{1-0.5}{0.25}=2.0〔mm/ミリ秒〕$$

となり，軸索末端から1mm離れた点を刺激して軸索末端に興奮が達するまでの時間は $\frac{1}{2.0}=0.5$〔ミリ秒〕となる。よって，興奮が軸索末端に達してからシナプス後細胞で活動電位が発生するまでの時間は

$$2.5-0.5=2.0〔ミリ秒〕$$

8．(2) アメフラシの水管の感覚ニューロンとえらの運動ニューロンはシナプスで連絡している。水管に繰り返し触れると，電位依存性カルシウムチャネルが不活性化して水管の感覚ニューロンから放出される神経伝達物質の量が減少する。そのため，運動ニューロンへの興奮の伝達効率が低下してえらを引っ込める反応が起こりにくくなり，慣れが形成される。

Ⅳ 解答

1．ア．二酸化炭素　イ．ストロマトライト
ウ．バクテリオクロロフィル
エ．クロロフィル（クロロフィルa）　オ．鉄　カ．低下

2．光合成細菌：(b)・(e)・(g)　シアノバクテリア：(b)・(e)・(f)・(g)
藻類：(a)・(b)・(c)・(d)・(e)・(f)・(g)

3 ―(d)

4．光合成細菌が利用する硫化水素などは存在する場所が限られているが，水は地球上のあらゆるところに大量に存在するから。

5 ―(c)・(f)

6．大気中の酸素濃度が高まったことで，成層圏にオゾン層が形成された。その結果，太陽からの有害な紫外線がオゾン層によって遮られて地上に届く紫外線量が減少し，陸上生活が可能になった。

7．クチクラ層：体表からの水分の蒸発を防ぎ，乾燥に耐えられる。

維管束：水分や養分を全身へ効率よく輸送することができる。物理的強度を高め，重力に耐えてからだを支える。

◀解　説▶

≪初期の光合成生物の進化≫

1．ア．「生命が誕生する前の地球の大気には，　ア　が多量に含まれ」だけでは原始大気の成分（H_2O，CO_2，N_2，SO_2 など）のどれか絞れないが，「　ア　と硫化水素などを光合成に利用」，「　ア　と水を光合成に利用」とあることから二酸化炭素とわかる。

カ．大気中の二酸化炭素は地表から放射される赤外線を吸収し，地表に再放射して気温を上昇させる温室効果をもつ。そのため，大気中の二酸化炭素の減少に伴う温室効果の減少によって気温が低下した。

2．(a)・(c)・(d)　核膜や，膜に包まれたミトコンドリア，葉緑体などの細胞小器官は真核細胞だけがもつ構造なので，これらは原核生物である光合成細菌やシアノバクテリアにはなく，真核生物である藻類だけにある。

(b)・(e)・(g)　細胞膜とリボソームは原核細胞と真核細胞に共通する構造で，カルビン・ベンソン回路もすべての光合成生物に共通なので，これらは光合成細菌，シアノバクテリア，藻類のすべてがもつ。

(f)　シアノバクテリアと藻類は光化学系ⅠとⅡをもつが，光合成細菌は光化学系ⅠまたはⅡと類似した1つの光化学系しかもたない。

4．水が地球上の広範囲に存在する物質であることを，光合成細菌が利用する硫化水素などが限られた場所にしか存在しないことと比較して書く。硫化水素は火山ガスなどに含まれる成分で，発生する場所や量が限られている。一方，水は地球上のあらゆるところに大量に存在するので，シアノバクテリアは地球上の広い範囲に分布を拡大できたと考えられる。

5．シアノバクテリアは植物とよく似た光合成を行う。

(a)　誤文。酸素は光化学系Ⅱで水が分解されて発生する。

(b)　誤文。ルビスコは CO_2 を RuBP に結合させて PGA にする，CO_2 の固定反応を触媒する酵素である。

(d)　誤文。水の分解によって酸素とともに H^+（水素イオン）が発生し，チラコイド膜内の H^+ 濃度が上昇するので，内側が外側に比べ酸性になる。

(e)　誤文。光合成で有効な光はおもに赤色光と青色光で，緑色光はほとんど吸収されない。

6．以下の3点を押さえてまとめる。①大気中の酸素濃度が増加した結果，成層圏にオゾン層が形成された。②オゾン層は生物にとって有害な紫外線を吸収する。③オゾン層の形成によって地上に届く紫外線の量が減少し，陸上で生物が生活することが可能になった。

7．陸上では乾燥と重力に耐える必要があるという点に絞って考える。クチクラ層は植物の表皮をおおう構造で，植物体の保護や水分蒸散の抑制に役立っているが，ここでは体表からの水分の蒸発を防ぐという役割に絞って答える。維管束については，①道管や師管を含む通道組織として全身へ水分を供給する役割と，②植物体に物理的な強度を与え，重力に耐えてからだを支える役割の2つがあり，その両方を答える必要がある。

❖講　評

　大問数は4題。空所補充や用語などの知識問題，理解を問う正誤問題，計算問題，理由やしくみを問う短めの論述問題などがバランスよく出題されている。論述問題は60字以下の字数制限のあるものと行数制限のあるものが出題された。全体的な難易度は2021年度と同程度で，標準レベルである。

　Ⅰ　DNAに関する計算中心の問題。2～7の計算問題はいずれも標準レベルのもので，ここでミスをしないことがポイント。遺伝子組換えに関する8の論述は定番的なもので答えやすい。

　Ⅱ　呼吸とATP合成に関する標準レベルの問題。全体に化学的な理解を試す問題が多く，アルコール発酵に関する4，クエン酸回路に関する5は正確な理解が求められる。酸化的リン酸化に関する7の論述は標準的。

　Ⅲ　活動電位の発生のしくみや興奮の伝導・伝達に関する代表的な問題中心の標準レベルの問題。伝達に要する時間を求める7の計算や，慣れのしくみを説明する8の論述なども標準的である。

　Ⅳ　光合成生物の進化に関する標準レベルの問題。2と5は光合成に関する正確な理解が求められる。論述問題はすべて行数を指定する形式で，光合成での水の利用に関する4や，クチクラ層と維管束の役割を問う7はやや答えにくく，総合的な考える力が試される。

2月14日実施分

情報科学部A方式Ⅱ日程（コンピュータ科学科）
デザイン工学部A方式Ⅱ日程（建築学科）
理工学部A方式Ⅱ日程（電気電子工・経営システム工・創生科学科）
生命科学部A方式Ⅱ日程（環境応用化・応用植物科学科）

問題編

▶試験科目・配点

学部	教科	科目 等	配点
情報科	外国語	コミュニケーション英語Ⅰ・Ⅱ・Ⅲ，英語表現Ⅰ・Ⅱ	150点
	数学	数学Ⅰ・Ⅱ・Ⅲ・A・B	150点
	理科	物理基礎・物理	100点
デザイン工・理工	外国語	コミュニケーション英語Ⅰ・Ⅱ・Ⅲ，英語表現Ⅰ・Ⅱ	150点
	数学	数学Ⅰ・Ⅱ・Ⅲ・A・B	150点
	理科	「物理基礎・物理」，「化学基礎・化学」から1科目選択	150点
生命科	外国語	コミュニケーション英語Ⅰ・Ⅱ・Ⅲ，英語表現Ⅰ・Ⅱ	150点
	数学	環境応用化学科：数学Ⅰ・Ⅱ・Ⅲ・A・B 応用植物科学科：数学Ⅰ・Ⅱ・A・B	150点
	理科	「物理基礎・物理」，「化学基礎・化学」，「生物基礎・生物」から1科目選択	150点

▶備 考

- 「数学B」は「数列」「ベクトル」を出題範囲とする。
- 「物理」は「様々な運動」「波」「電気と磁気」を出題範囲とする。

英語

(90分)

〔Ⅰ〕 つぎの設問に答えよ。

問1 (1)〜(3)において，最も強いアクセントのある位置が他の三つと異なる語をそれぞれイ〜ニから一つ選び，その記号を解答用紙にマークせよ。

(1) イ mush-room　　ロ po-lice
　　ハ pri-vate　　　ニ sau-sage
(2) イ ad-van-tage　　ロ char-ac-ter
　　ハ in-no-cent　　ニ or-ches-tra
(3) イ stra-te-gy　　ロ gov-ern-ment
　　ハ in-tro-duce　　ニ man-ag-er

問2 (1)〜(3)において，下線部の発音が他の三つと異なる語をそれぞれイ〜ニから一つ選び，その記号を解答用紙にマークせよ。

(1) イ pri_s_m　　　ロ ari_s_e
　　ハ la_s_er　　　ニ increa_s_e
(2) イ pr_e_vious　　ロ br_ea_the
　　ハ j_ea_lous　　　ニ m_e_ter
(3) イ pr_o_duct　　ロ g_o_vernment
　　ハ d_o_zen　　　ニ c_ou_sin

問3 (1)〜(5)において，空欄に入る最も適切なものをそれぞれイ〜ニから一つ選び，その記号を解答用紙にマークせよ。

(1) Her parents were very poor, so she [ ] a hard time when she was a child.

　イ　was able to have　　　　　　ロ　must have had

　ハ　must have　　　　　　　　　ニ　must be having

(2) The teacher explained what [ ] do for homework.

　イ　we had to　　　　　　　　　ロ　do we have to

　ハ　did we have to　　　　　　　ニ　had we to

(3) Alan:　Hi, I just dropped by. What's all this mess?

　　Vicky:　I'm moving house. Actually, I'm moving out tomorrow.

　　Alan:　Wow, tomorrow! [ ]

　　Vicky:　Sure I will, but actually I could use your help right now.

　イ　Do you want me to give you a hand?

　ロ　You don't have much stuff, so we can get it done quickly.

　ハ　I'm busy in the morning, but I could come over in the afternoon.

　ニ　OK, give me a call when you're settled into the new place.

(4) Mario:　Hello. Casa Italiana here.

　　Jo:　Can I reserve a table for eight people at seven o'clock tonight?

　　Mario:　[ ]

　　Jo:　Well, I suppose that's OK. Can you put them next to each other?

　イ　Seven o'clock? That will be fine. I'll reserve a table by the window.

　ロ　I'm sorry, but we're fully booked at that time. We do have tables at eight-thirty and nine-thirty.

　ハ　Of course, madam. Would you prefer an upstairs or a downstairs table?

ニ　Certainly, but I'm afraid it will have to be two separate tables.

(5) Amina:　Oh, goodness!　These gloves are completely worn out!
　　Hanna:　[　　　]
　　Amina:　No, no, I really must get some new ones.
　　Hanna:　OK, it's up to you.

イ　I wouldn't worry if I were you.　Nobody will notice.
ロ　I saw some nice leather ones in the shop by the station.
ハ　Wow!　They're full of holes!　How long have you had them?
ニ　They really are!　Why don't you throw them away?

問4　(1)〜(4)において，それぞれ下の語(句)イ〜ホを並べ替えて空所を補い，最も適切な文を完成させよ。解答は2番目と4番目に入るもののみを選び，その記号を解答用紙にそれぞれマークせよ。なお，文頭の大文字・小文字は問わない。

(1) Since the proportion of elderly drivers in traffic accidents has increased, some bus companies offer discounts on bus fares [　] [2] [　] [4] [　].

イ　for　　　　　　　　ロ　their driver's license　　ハ　those
ニ　voluntarily return　　ホ　who

(2) [　] [2] [　] [4] [　] than average, more forest fires are likely to occur.

イ　is expected　　　　ロ　much hotter　　　　ハ　given that
ニ　to be　　　　　　　ホ　this summer

(3) Robots [　] [2] [　] [4] [　] at once.

イ　carry out　　　　　ロ　enable　　　　　　ハ　to
ニ　three operations　　ホ　hospital doctors

(4) Although it is widely known that cacao beans are good for health, we need to ☐ ☐2☐ ☐4☐ ☐ .

イ　about　　　ロ　careful　　　ハ　be

ニ　too many chocolates　　ホ　eating

〔Ⅱ〕 つぎの設問に答えよ。

問1　シンボルに関するつぎの英文を読み，(1)〜(4)の最も適切な具体例をそれぞれイ〜ニから一つ選び，その記号を解答用紙にマークせよ。ただし，同じ選択肢を二度使用してはならない。

A symbol is a visual mark that is used to represent a message and is socially accepted by the majority of people. It conveys messages without spoken or written words. There are several types:

(1) **Pictogram**

Pictograms are public symbols that are used to convey information through their resemblance to a physical object or place. A pictogram calls to mind the object or concept itself, not its name in any particular language. There is no need to know this name in order to interpret the symbol. This is what makes pictograms international.

(2) **Icon**

Icons represent small signs or pictures on a computer screen that are used to start particular operations. The name of a function (for example, a computer program or application) is replaced by a symbol that is generally recognizable.

(3) **Rebus**

Rebuses are symbols or sets of symbols that represent spoken sounds, words, or parts of words. The pictures that represent each of those sounds or words have meanings completely unrelated to the sounds they represent in a rebus. Most rebuses function only in one language and do not translate into another.

(4) **Logo**

Logos are unique symbols that identify companies, organizations, brands, and so on to promote the products and services they provide. A logo's job is to quickly identify and tell a story about a company, organization, service, product, idea, or individual.

イ

ロ

ハ

ニ

出典：JuliannaKunstler.com. "Symbols in visual communication"
https://juliannakunstler.com/ （一部改変）
"Longman Dictionary of Contemporary English."
https://www.ldoceonline.com/ （一部改変）
United Nations. https://www.un.org/

問2 つぎのプリンターの取扱説明書を読み，空欄A～Fに入る最も適切な説明文をそれぞれイ～トから一つ選び，その記号を解答用紙にマークせよ。ただし，同じ選択肢を二度使用してはならない。

Refilling the Ink Tanks

Ink can be refilled at any time according to the following procedure:

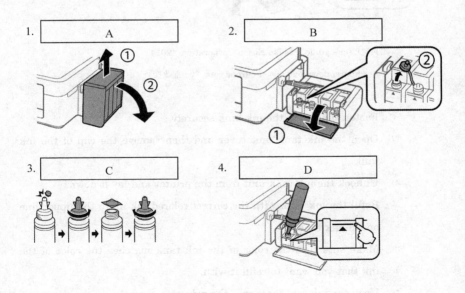

5. | E | 6. Close the ink tank unit cover.

7. | F |

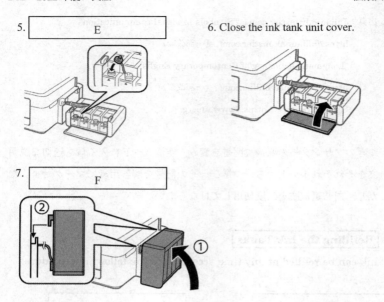

出典：User's guide. Seiko Epson Corporation (2014)
https://download.epson-europe.com （一部改変）

イ　Fasten the cap to the ink tank securely.
ロ　Open the ink tank unit cover and then remove the cap of the ink tank.
ハ　Unhook the ink tank unit from the printer and lay it down.
ニ　Refill the ink tank with the correct colored ink up to the upper line on the ink tank.
ホ　Make sure that the color of the ink tank matches the color of the ink that you want to refill it with.
ヘ　Hook the ink tank unit onto the printer.
ト　Snap off the top part of the ink bottle's cap, unscrew the cap, take off the seal from the bottle, and then replace the cap.

〔Ⅲ〕 経済と労働に関するつぎの英文と図表を読み，設問に答えよ。

Economic growth in different places across our world today is vastly unequal. People in Switzerland, one of the richest countries in the world, have an average income that is more than 20 times higher than that of people in Cambodia. Life in these two countries can look very different. When considering such differences in prosperity, a natural question arises: Who work more, people in richer countries like Switzerland or in poorer ones like Cambodia?

Looking at the available data, the answer is clear: workers in poorer countries tend to work more, and sometimes much more. We see this in Figure 1, which shows GDP per capita[*1] (GDP pc) in US dollars on the horizontal axis and annual working hours per worker (AWH) on the vertical axis, both in 2017. Countries like Cambodia (in the top-left corner) have some of the lowest GDP pc but highest AWH. In Cambodia, the average worker puts in 2456 hours each year, nearly 900 more hours than in Switzerland at the bottom-right of the chart. The extra hours for Cambodian workers mean more workdays and less time off.

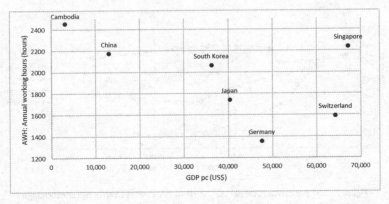

Figure 1: GDP per capita (GDP pc) vs. annual working hours (AWH), 2017

There is a link between national income and average working hours, not only across countries at a given point in time, as shown in Figure 1, but also for individual countries over time. Since the Industrial Revolution, people in many countries have become richer, and working hours have decreased dramatically over the last 150 years. In Figure 2, we show this association between incomes and working hours over time, country by country. Like Figure 1, it shows GDP pc compared to AWH, but now four countries' data points have become lines, connecting observations over time from 1960 until 2015. The four lines demonstrate how working hours have changed at the same time as average incomes have increased. Tables 1 and 2 show the actual data values at some sample points.

The key reason for rising national incomes and decreasing working hours is productivity growth. Productivity refers to the rate at which work inputs are turned into work outputs, that is, the economic return for one hour of work. Higher labor productivity is associated with fewer working hours. If workers can produce more with each hour of work, it becomes possible for them to work less.

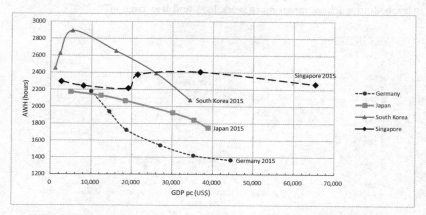

Figure 2: GDP per capita (GDP pc) vs. annual working hours (AWH): historical change

Table 1: GDP per capita

Country/Year	1960	1971	1982	1993	2004	2015
Germany	9937	14,435	18,754	27,119	35,302	44,483
Japan	4954	12,406	18,416	30,068	35,413	38,875
Singapore	2645	8074	19,187	21,439	36,842	65,361
South Korea	1113	2267	5367	16,049	25,981	34,411

Table 2: Working hours

Country/Year	1960	1971	1982	1993	2004	2015
Germany	2181	1941	1723	1542	1422	1368
Japan	2173	2129	2069	1927	1842	1751
Singapore	2297	2246	2215	2375	2407	2263
South Korea	2453	2625	2893	2656	2392	2076

*1 GDP per capita: 国民一人あたりの国内総生産額

出典：Charlie Giattino et al. "Working Hours." OurWorldInData.org, 2020, https://ourworldindata.org/. （一部改変）

問1 Within the scope of the text, mark each of the following statements **T** if it is true, and **F** otherwise.

(1) If a country's annual working hours per worker (AWH) decrease, its people are expected to have less time off.

(2) People in countries with higher GDP per capita (GDP pc) generally work fewer hours, but Singapore is the most evident exception to this observation.

(3) South Korea's hourly work output is lower than that of Switzerland.

(4) If workers become more productive, they tend to have longer working hours.

問2 Which country in Figure 1 does each of the statements refer to? You may use the same item in the list below more than once.

(1) This country's GDP pc is over 60 thousand dollars and its AWH is less than that of Japan.

(2) This country's GDP pc is around one tenth of Japan's.

(3) This country's AWH is about 300 hours more than Japan's, though the GDP pc levels are close.

(4) Compared to Japan, people in this country work shorter hours, but

their GDP pc is over 50% higher.

イ Cambodia　　ロ China　　ハ Germany　　ニ Japan
ホ Singapore　　ヘ South Korea　　ト Switzerland

問3　Use Figure 1 to fill in each of the blanks [A] through [C] in the following passage with the most appropriate item. You may use the same item only once.

In Germany, the average worker works a little less than [A] hours each year. This is about [B] hours less than in China, while the German GDP pc is approximately [C] dollars more.

イ 500　　　　　　ロ 800　　　　　　ハ 1000
ニ 1400　　　　　ホ 2000　　　　　ヘ 3000
ト 12,000　　　　チ 24,000　　　　リ 36,000

問4　The following statements are based on an analysis of the changes from 1960 through 2015. Fill in each of the blanks [A] through [E] with the most appropriate item.

(1) Germany achieved the most remarkable success with respect to reduction of AWH. This decreased by almost [A] %, while the country's GDP pc grew to over [B] times larger.

(2) South Korea showed an interesting move: in the course of a 30 times growth in GDP pc, AWH first rose to around [C] and then went down to around [D].

(3) Although a certain country was the first to attain $30,000 in GDP pc, its growth during the 2004–2015 period was only [E] %.

イ 3　　　　　　ロ 4　　　　　　ハ 10　　　　　ニ 20
ホ 40　　　　　ヘ 80　　　　　ト 100　　　　チ 1000
リ 2000　　　　ヌ 3000

〔Ⅳ〕 食料に関するつぎの英文を読み，設問に答えよ。

　　　Food loss and food waste sound like the exact same thing. Think about the last good meal you had. Everything on your plate made its way there through a complex food chain—a long journey from farms to forks. Food is lost or wasted at different points along that chain in ways that differ greatly around the world.
(a)

　　　In low-income countries, where an overwhelming majority of the hungriest people live, very little food is wasted. But a lot of food is lost—during its growth, harvesting, and storage. Food loss usually occurs early in the food chain because of the challenges farmers face when growing, packing, and storing food. Farmers in countries that are poor or subject [A] frequent extreme weather often face a difficult battle with outdated machines and technology, poor storage solutions, and weak economic systems. In these cases, good crops are often lost to lack of rain, flooding, disease, rot, insects and other animals, and lack of access to buyers or markets. Loss due to these causes is disastrous. For example, the value of food loss after harvesting in sub-Saharan Africa is more than what the region receives in food assistance. And around the world, over 50 percent of the hungriest people are farmers in poor, rural areas who own fields of five acres or less. They invest so many of their precious resources into growing, harvesting, processing, packing, and storing their food, but without the right systems and resources much of their harvest is lost, and as a result they continue to go hungry. That's why countries that face food loss aren't wasting nearly as much food as the rest of us.

　　　If you live in the United States or another high-income country, you likely see food waste every single day. Because food there is relatively plentiful and inexpensive, most is wasted at the consumer level after it travels from where it's grown to the place where it's purchased. Think of meals you have left unfinished and vegetables you have allowed to go rotten. But food waste in high-income countries can also happen at the producer level. For example, oddly shaped or surplus produce that gets thrown out by farmers isn't considered to be food loss but food waste, even though it's pre-consumer. This is because it's thrown away while it's still perfectly good to eat. Suppliers often reject "imperfect" foods like bananas with dark spots, strangely shaped apples, or tiny fish filets. Supermarkets, restaurants, and other food providers can't perfectly estimate how much they'll sell every week, so good food ends up in the trash. As individuals, we often buy more than we need, get full and throw away bits of our dinner, let food go bad in the back of our refrigerator, leave uneaten food at a restaurant, or throw food away too soon because we misunderstand best-by and sell-by dates. All this waste adds up: consumers in rich countries waste almost as much food as the entire food production of sub-Saharan Africa every year. If wasted food were a country, it would be the third-largest producer of carbon dioxide (CO_2) in the world, after the US and China. It's sad but true that in high-income countries, we willingly waste one-third of all of our edible food. Meanwhile, severely hungry people in low-income countries lose 40% of the food they grow due to forces [B] their control.

Cutting global food loss and waste in half by 2030 is one of the United Nations' top priorities. In fact, it's one of the organization's 17 sustainable development goals (SDGs). That's why the UN is working directly with farmers to combat food loss. One of its projects helps farmers learn new skills in growing, harvesting, and storing and also helps them access markets to sell their crops efficiently. Through the project, it provides family farmers with air-tight storage containers that eliminate insects and rot, cutting their food loss from a huge 40% to 2%. And in the Democratic Republic of the Congo, for example, it provides cargo bikes to farmers to ease their access to markets.

The UN is also fighting food waste   C   buying locally. One of its projects uses locally grown crops, providing a market for farmers' surplus goods. In fact, in 2019 the UN bought over $37 million dollars' worth of food from small-scale farmers, providing them   D   a vital source of income.

出典："Food Waste vs. Food Loss: Know the Difference and Help #StopThe Waste Today." *World Food Program USA*, 27 April, 2021, https://www.wfpusa.org/　（一部改変）

問1　空欄   A   ～   D   に入る最も適切な語をそれぞれイ～ヘから一つ選び，その記号を解答用紙にマークせよ。ただし，同じ選択肢を二度使用してはならない。

イ　by　　　　　　ロ　to　　　　　　ハ　in
ニ　of　　　　　　ホ　beyond　　　　ヘ　with

問2　下線部(a) food chain について，文中で用いられている意味に最も近いものをイ～ニから一つ選び，その記号を解答用紙にマークせよ。
　イ　the stages food goes through between being grown and being eaten
　ロ　the connection in nature between the eater and the eaten
　ハ　multi-store management by food store owners
　ニ　the process of returning discarded food to the earth

問3　Sub-Saharan Africa に関する記述で，適切なものをイ～ニから一つ選び，その記号を解答用紙にマークせよ。
　イ　Sub-Saharan Africa receives more in food assistance than it loses after harvesting.
　ロ　Over 50 percent of farmers in sub-Saharan Africa own fields of five acres or less.

ハ　Sub-Saharan Africa produces about the same amount of food every year as consumers in rich countries waste.

ニ　Sub-Saharan Africa is one of the largest producers of carbon dioxide.

問4　下線部(b) "imperfect" foods の特徴として文中で述べられていないものをイ～ニから一つ選び，その記号を解答用紙にマークせよ。

イ　misshaped foods
ロ　rotten foods
ハ　non-standard-sized foods
ニ　ugly-looking foods

問5　food waste に該当しないものをイ～ニから一つ選び，その記号を解答用紙にマークせよ。

イ　Food that reaches its sell-by date at stores
ロ　Food thrown away at hotels
ハ　Food left to rot in refrigerators
ニ　Food spoiled during transport

問6　United Nations が行った支援について，文中で述べられていないものをイ～ニから一つ選び，その記号を解答用紙にマークせよ。

イ　Providing cargo bikes
ロ　Providing air-tight storage containers
ハ　Providing a market for locally grown crops
ニ　Providing bank loans

問7　文中で述べられている内容に該当するものをイ～ニから一つ選び，その記号を解答用紙にマークせよ。

イ　One of the UN's main goals is to reduce food loss and food waste by 50%.
ロ　Some farmers have difficulty in distinguishing good and bad crops, which results in food loss.

ハ　In high-income countries, food is wasted at the consumer level but not at the producer level.

ニ　Some farmers prefer to receive UN assistance in the form of equipment rather than learning opportunities.

〔V〕つぎの英文を読み，設問に答えよ．

　　How old is your dog? Maybe it was born four years ago. At that age, a human would still be a kid. Your dog, however, acts like an adult. You might have heard that to get a dog's "biological" age, just multiply its age in years by seven. That would make your dog equivalent to a 28-year-old human. But that would probably be wrong, a new study shows. Your dog's actually more like a 53-year-old human.

　　Multiplying a dog's age by seven doesn't really work, says Matteo Pellegrini at the University of California, Los Angeles. On the surface, he (1) notes, multiplying by seven makes sense. On average, people live seven times longer than a dog. So, he notes, "It's just dividing the length of a human life by the length of a dog's life."

　　But there are problems with that simple computation. A one-year-old dog is adult enough to have puppies of its own. On the other hand, a seven-year-old human is not able to have babies. This is because species develop at very different rates. Aging doesn't even happen at the same pace over an individual's life. "When you're a newborn, your body is changing very quickly," Pellegrini explains. "It slows down over time."

　　Fortunately, dogs and humans both hit very similar developmental milestones. We're babies (or puppies), then kids (or, still puppies), then (2) adolescents and then adults. As we go through those stages, our DNA also (3) undergoes a change. The molecule that carries genetic instructions stays the same. But over time, this DNA acquires or loses tiny chemical "tags" through epigenetic*[1] changes. The tags, known as methyl groups*[2], act like little switches that can turn on or off particular genes in that DNA. They determine how different genes in the DNA are used to make proteins. A complete set of the methyl marks on DNA is called a methylome.

As an animal gets older, so does its methylome. How it changes is very predictable. Most young humans will have DNA marks that are in <u>one pattern, while humans nearing 65 or 70 show a different pattern of DNA marks</u>(4). The same is true for dogs. If the epigenetic markings of humans and dogs at different ages were compared against one another, would there be "places that kept getting marked up in the same way?" Elaine Ostrander at the National Human Genome Research Institute and her colleagues wondered. If there were, would finding that pattern in one species point to an equivalent age in the other? Comparing patterns that way might allow people to <u>get at</u>(5) the "real" age of a dog.

To test this, her team looked at the methylomes from 104 Labrador retrievers. Her team has been collecting DNA samples from dogs around the United States since 1993. "I picked Labradors because they can live a long time <u>for</u>(x) dogs, and their DNA samples are readily available in our freezer," Ostrander says. "We were able to take DNA samples from Labradors that were anywhere from a few months old to 16 or 17 years old." The researchers compared the dog methylomes with methylomes of 320 people between the ages of 1 and 103. And it worked. By comparing the patterns, the scientists found they could figure out how dog years relate to human years.

How an age in years corresponds to a species' biological age changed over time, they found. "You don't see a straight line," Ostrander says. "What we see is a curve that levels out as humans get old and dogs get old."

Early in life, puppies develop much faster than people do. But as dogs get older, their aging curve begins to flatten. The scientists took this curve and developed a new mathematical equation to calculate a dog's age. Sadly, it's not as easy as multiplying by seven (that would just give you a straight line, not a curve).

The new formula relies on the mathematical concept known as logarithms. Here, those known as "natural logarithms*3" are used. To figure out a dog's biological age, they say, multiply the natural logarithm of the dog's age in years by 16. Then add 31. According to this formula, for example, a 1-year-old dog is biologically closer to a 31-year-old human. A 4-year-old dog is like a 53-year-old human.

"I think it's very cool they looked at the DNA methylome patterns and they compared them to match up the relative ages," says Pellegrini. Other researchers will of course have to confirm the new findings, he adds.

出典：*Science News for Students*, August 12, 2020,
　　　https://www.sciencenewsforstudents.org　（一部改変）

*1 epigenetic: 後成的な（ＤＮＡの塩基配列の変化によらない）
*2 methyl groups: メチル基
*3 natural logarithms: 約2.72である定数を底とする対数（自然対数）

問1　Choose the expression closest in meaning to the underlined word or phrase in the passage.

(1) On the surface
　　イ　Certainly　　　　　　　　ロ　Superficially
　　ハ　Logically　　　　　　　　ニ　Obviously

(2) milestones
　　イ　roadside objects　　　　　ロ　important stages
　　ハ　distant signs　　　　　　 ニ　stone monuments

(3) adolescents
　　イ　grown-ups　　　　　　　　ロ　babies and infants

ハ　middle-aged people　　　　　ニ　young people
(4) <u>one</u>
　イ　an identical　ロ　a special　ハ　a possible　ニ　a simple
(5) <u>get at</u>
　イ　feel like　ロ　take in　ハ　set out　ニ　find out

問2　Choose the sentence in which the preposition **for** is used in the same way as in the underlined for.(x)
　イ　He is the right man **for** the job.
　ロ　That's not bad **for** a beginner.
　ハ　This lawyer is acting **for** my family.
　ニ　A welcome party was held **for** the new ambassador.

問3　Why doesn't the simple computation work to figure out a dog's "real" age?
　イ　because dogs and humans develop in a similar way as they get older
　ロ　because a dog's biological age differs depending on the kind of dog
　ハ　because dogs and humans get older at different speeds through their lives
　ニ　because dogs lose their genetic information faster than humans

問4　Why did Ostrander choose Labradors among many species of dogs?
　イ　because the researchers already had their DNA samples for various different ages
　ロ　because they are more intelligent than other dogs
　ハ　because they are larger than most other species
　ニ　because their DNA samples can be kept frozen longer than other species

問5 How did Ostrander calculate a dog's age relative to a human's age?
  イ by comparing humans' and dogs' protein samples
  ロ by comparing humans' and dogs' DNA methylome patterns
  ハ by investigating the difference between humans' and dogs' protein sequences
  ニ by investigating how different parts of the DNA produce proteins

問6 Which graph best shows the age relationship between dogs and humans? The vertical axis shows human years and the horizontal axis dog years.

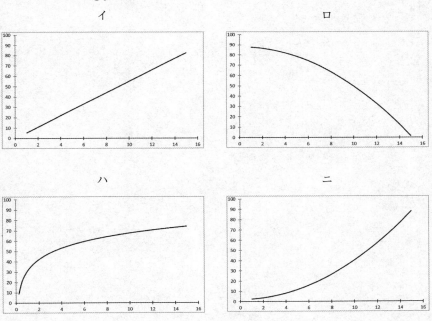

問7 The natural logarithm of 2 is about 0.7. According to the formula in the text, how biologically old is a two-year-old dog when it is compared with humans? Choose the closest figure.

  イ 38   ロ 42   ハ 44   ニ 48

問8 What is the best title for this article?
- イ　Dogs Live Shorter Lives Than Humans
- ロ　The Aging Process of Dogs
- ハ　The Use of Natural Logarithms
- ニ　How to Find a Dog's Real Age

数学

（90分）

解答上の注意

問題中の ア，イ，ウ，… のそれぞれには，特に指示がないかぎり，－（マイナスの符号），または0～9までの数が1つずつ入ります。当てはまるものを選び，マークシートの解答用紙の対応する欄にマークして解答しなさい。

ただし，分数の形で解答が求められているときには，符号は分子に付け，分母・分子をできる限り約分して解答しなさい。

また，根号を含む形で解答が求められているときには，根号の中に現れる自然数が最小となる形で解答しなさい。

〔例〕

$\dfrac{\boxed{ア}\sqrt{\boxed{イ}}}{\boxed{ウエ}}$ に $\dfrac{-\sqrt{3}}{14}$ と答えたいときには，以下のようにマークしなさい。

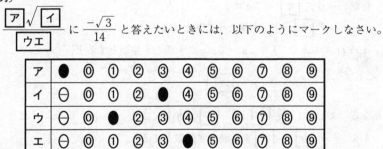

生命科学部応用植物学科を志望する受験生は，〔Ⅰ〕〔Ⅱ〕〔Ⅲ〕〔Ⅳ〕〔Ⅴ〕を解答せよ。

情報科学部コンピュータ科学科，デザイン工学部建築学科，理工学部電気電子工学科・経営システム工学科・創生科学科，生命科学部環境応用化学科のいずれかを志望する受験生は，〔Ⅰ〕〔Ⅱ〕〔Ⅲ〕〔Ⅵ〕〔Ⅶ〕を解答せよ。

〔Ⅰ〕

集合 P, Q を,

$$P = \{7m + 2 \mid 1 \leqq 7m + 2 \leqq 300,\ m\ は正の整数\}$$
$$Q = \{5n - 3 \mid 1 \leqq 5n - 3 \leqq 300,\ n\ は正の整数\}$$

とする。

(1) P の要素の個数は $\boxed{アイ}$ であり, Q の要素の個数は $\boxed{ウエ}$ である。

(2) $P \cap Q$ の要素の個数を求める。

a を, $P \cap Q$ の要素とする。
$a \in P$ であるから, $a + \boxed{オ}$ は 7 の倍数である。
ただし, $0 \leqq \boxed{オ} < 7$ とする。
i を, $a + \boxed{オ} = 7i$ を満たす整数とする。
$a \in Q$ でもある。j を, $a = 5j - 3$ を満たす整数とすると,

$$5j = 5i + 2\left(i - \boxed{カ}\right)$$

となる。よって, $i - \boxed{カ}$ は, $\boxed{キ}$ の倍数である。
k を, $i - \boxed{カ} = \boxed{キ}k$ を満たす整数とすると,

$$a = 5j - 3 = \boxed{クケ}k + \boxed{コ}$$

となる。

$P \cap Q$ の要素で最も小さい整数は $\boxed{サシ}$ であり, $P \cap Q$ の要素の個数は $\boxed{ス}$ である。

(3) 連立不等式

$$\begin{cases} y \geqq x - 4 \\ y \leqq 92 - 5x \end{cases}$$

が表す座標平面上の領域を D とする。

D に含まれる点 (x, y) の x 座標の最大値は，$\boxed{セソ}$ である。

D に含まれる点 (x, y) で，$x \in P$ および $y \in Q$ である点の個数は，$\boxed{タチ}$ である。

〔II〕

空間内に，四面体 OABC がある。

$$OA = OB = 2, \quad OC = 3, \quad AB = BC = CA = 2$$

である。

$$\vec{a} = \overrightarrow{OA}, \quad \vec{b} = \overrightarrow{OB}, \quad \vec{c} = \overrightarrow{OC}$$

とおく。

$$\vec{a} \cdot \vec{b} = \boxed{ア}, \quad \vec{a} \cdot \vec{c} = \dfrac{\boxed{イ}}{\boxed{ウ}}$$

である。

平面 ABC 上に点 H があり，直線 OH は平面 ABC に直交しているとする。

点 H が，平面 ABC 上にあるから，$\overrightarrow{CH}$ は，実数 x, y を用いて

$$\overrightarrow{CH} = x \overrightarrow{CA} + y \overrightarrow{CB}$$

と表される。

$$\overrightarrow{OH} = x \vec{a} + y \vec{b} + \boxed{エ} \vec{c}$$

である。

ただし，$\boxed{エ}$ については，以下の A 群の ①〜⑨ から 1 つを選べ。

A群

① x　　② y　　③ $(1-x)$
④ $(1-y)$　　⑤ $(-x)$　　⑥ $(-y)$
⑦ $(1-x-y)$　　⑧ $(2-x-y)$　　⑨ $(1-x)(1-y)$

$\overrightarrow{\mathrm{OH}}$ と $\overrightarrow{\mathrm{BA}} = \vec{a} - \vec{b}$ が垂直であることから,

$$\overrightarrow{\mathrm{OH}} \cdot (\vec{a} - \vec{b}) = 2x - \boxed{オ} y = 0$$

となる。$\overrightarrow{\mathrm{OH}}$ と $\overrightarrow{\mathrm{CA}} = \vec{a} - \vec{c}$ が垂直であることから,

$$\overrightarrow{\mathrm{OH}} \cdot (\vec{a} - \vec{c}) = \boxed{カ} x + 2y - \frac{\boxed{キ}}{\boxed{ク}} = 0$$

となる。

$$x = \frac{\boxed{ケ}}{\boxed{コ}}, \quad y = \frac{\boxed{サ}}{\boxed{シ}}$$

である。

直線 AB と CH の交点を M とする。

$$\overrightarrow{\mathrm{CH}} = \frac{\boxed{ス}}{\boxed{セ}} \overrightarrow{\mathrm{CM}}$$

である。

線分 CH の長さは $\dfrac{\boxed{ソ}\sqrt{\boxed{タ}}}{\boxed{チ}}$ であり,四面体 OABH の体積は $\dfrac{\sqrt{\boxed{ツ}}}{\boxed{テ}}$ である。

〔Ⅲ〕

中が見えない袋の中に，カードが8枚入っている。

それぞれのカードには，整数0, 1, 2, 3, 4のいずれか1つが書かれている。0, 1, 2が書かれたカードはそれぞれ2枚ずつであり，3, 4が書かれたカードはそれぞれ1枚ずつである。

(1) 袋からカードを1枚取り出すとき，取り出したカードに書かれた整数が正の数である確率は $\dfrac{ア}{イ}$ である。

(2) 袋からカードを同時に2枚取り出す。このとき，取り出したカードの少なくとも1枚に1が書かれている確率は $\dfrac{ウエ}{オカ}$ である。

(3) 袋からカードを1枚取り出し，取り出したカードに書かれた整数を a とする。取り出したカードを袋に戻さずに，袋からもう1枚カードを取り出し，取り出したカードに書かれた整数を b とする。

(i) $a+b \geqq 5$ である確率は $\dfrac{キ}{ク}$ である。

(ii) $b \geqq a$ である確率は $\dfrac{ケコ}{サシ}$ である。

(4) 袋からカードを1枚取り出し，取り出したカードに書かれた整数を a とする。取り出したカードを袋に戻さずに，袋からもう1枚カードを取り出し，取り出したカードに書かれた整数を b とする。取り出した2枚のカードを袋に

戻さずに，袋からさらにもう1枚カードを取り出し，取り出したカードに書かれた整数を c とする。

整数 m を，

$$m = 100a + 10b + c$$

により定める。

$m \geq 221$ である確率を P とする。

a が2でなく，かつ $m \geq 221$ である確率は $\dfrac{\boxed{ス}}{\boxed{セ}}$ である。

$P = \dfrac{\boxed{ソタ}}{\boxed{チツ}}$ である。

また，$m \geq 221$ であったとき，a が2でない確率は $\dfrac{\boxed{テト}}{\boxed{ナニ}}$ である。

次の問題〔Ⅳ〕は，生命科学部応用植物科学科を志望する受験生のみ解答せよ。

〔Ⅳ〕

a を実数とし，関数 $f(x)$ を，

$$f(x) = x^3 + 4x^2 - 3x + a$$

とする。

$f(x)$ の導関数を $f'(x)$ とする。

$$f'(x) = \boxed{ア}x^2 + \boxed{イ}x - \boxed{ウ}$$

である。

$f'(x) = 0$ となる x の値は，小さい順に

$$-\boxed{エ}, \frac{\boxed{オ}}{\boxed{カ}}$$

である。

$$f\left(\frac{\boxed{オ}}{\boxed{カ}}\right)$$ は，$f(x)$ の $\boxed{キ}$ 。

ただし，$\boxed{キ}$ については，以下のA群の①〜⑤から1つを選べ。

A群
① 極大値であり，最大値でもある
② 極大値であるが，最大値ではない
③ 極小値であり，最小値でもある
④ 極小値であるが，最小値ではない
⑤ 極値ではない

座標平面上の曲線 $y = f(x)$ の，点 $(1, f(1))$ における接線が原点を通るとき，$a = \boxed{ク}$ であり，接線の方程式は

$$y = \boxed{ケ} x$$

である。

$a = \boxed{ク}$ のときの曲線 $y = f(x)$ を C とする。また，C の，点 $P(1, f(1))$ における接線を ℓ とする。

b，c を実数とし，関数 $g(x)$ を，

$$g(x) = -x^2 + bx + c$$

とする。

曲線 $y = g(x)$ が P を通り，$y = g(x)$ の，P における接線が ℓ に一致するとする。

$b = \boxed{コサ}$, $c = \boxed{シス}$

である。

$b = \boxed{コサ}$, $c = \boxed{シス}$ のときの曲線 $y = g(x)$ を D とする。

2曲線 C, D と2直線 $x = 0$, $x = 1$ で囲まれた部分の面積は $\dfrac{\boxed{セソ}}{\boxed{タチ}}$ である。

次の問題〔V〕は，生命科学部応用植物科学科を志望する受験生のみ解答せよ．

〔V〕

数列 $\{a_n\}$ は，初項 $a_1 = -4$ であり，漸化式

$$a_n = 2a_{n-1} + 2n \quad (n = 2, 3, \cdots)$$

を満たすとする。

$a_{n+1} - a_n = b_n \, (n = 1, 2, \cdots)$ とおく。数列 $\{b_n\}$ は，初項 $b_1 = \boxed{ア}$ であり，漸化式

$$b_n = \boxed{イ} \, b_{n-1} + \boxed{ウ} \quad (n = 2, 3, \cdots)$$

を満たす。

$b_{n+1} - b_n = c_n \, (n = 1, 2, \cdots)$ とおく。数列 $\{c_n\}$ は，初項 $c_1 = \boxed{エ}$ であり，漸化式

$$c_n = \boxed{オ} \, c_{n-1} \quad (n = 2, 3, \cdots)$$

を満たす。

$\{c_n\}$ の一般項は，
$$c_n = \boxed{オ}^{\boxed{カ}} \quad (n = 1, 2, \cdots)$$
である。

ただし，$\boxed{カ}$ については，以下のA群の①〜⑨から1つを選べ。

A群
① $n-2$ ② $n-1$ ③ n ④ $n+1$ ⑤ $n+2$
⑥ n^2-n ⑦ n^2-1 ⑧ n^2 ⑨ n^2+n

$\{b_n\}$ と $\{c_n\}$ の関係から
$$b_2 - b_1 = \boxed{エ}$$
……
$$b_{n-1} - b_{n-2} = \boxed{オ}^{\boxed{キ}}$$
$$b_n - b_{n-1} = \boxed{オ}^{\boxed{ク}}$$

であり，$\{b_n\}$ の一般項は，
$$b_n = \boxed{オ}^{\boxed{ケ}} - \boxed{コ} \quad (n = 1, 2, \cdots)$$

である。

ただし，$\boxed{キ} \sim \boxed{ケ}$ については，上のA群の①〜⑨からそれぞれ1つを選べ。ここで，同じものを何回選んでもよい。

$\{a_n\}$ の一般項は，
$$a_n = \boxed{オ}^{\boxed{サ}} - \boxed{シ}n - \boxed{ス} \quad (n = 1, 2, \cdots)$$

である。

ただし，$\boxed{サ}$ については，上のA群の①〜⑨から1つを選べ。

$\{a_n\}$ の初項から第 n 項までの和は，

$$\sum_{k=1}^{n} a_k = \boxed{オ}^{\boxed{セ}} - n^{\boxed{ソ}} - \boxed{タ} n - \boxed{チ}$$

となる。

ただし，セ については，前ページのA群の①〜⑨から1つを選べ。

次の問題〔Ⅵ〕は，情報科学部コンピュータ科学科，デザイン工学部建築学科，理工学部電気電子工学科・経営システム工学科・創生科学科，生命科学部環境応用化学科のいずれかを志望する受験生のみ解答せよ。

〔Ⅵ〕

e を自然対数の底とし，対数は自然対数とする。

関数 $f(x)$ を，

$$f(x) = \frac{1}{e^x + 2}$$

とする。

(1) $f(x)$ の導関数 $f'(x)$ および第2次導関数 $f''(x)$ は，それぞれ

$$f'(x) = \frac{\boxed{ア}\, e^x}{(e^x + 2)^{\boxed{イ}}}, \quad f''(x) = \frac{e^{\boxed{ウ}x} - \boxed{エ}\, e^x}{(e^x + 2)^{\boxed{オ}}}$$

である。

(2) $f(x)$ の不定積分 $\int f(x)\, dx$ は，$e^x = t$ とおいて置換積分法を用いると，

$$\int f(x)\, dx = \frac{1}{\boxed{カ}} \int \left(\frac{1}{\boxed{キ}} - \frac{1}{\boxed{ク}} \right) dt$$

となる。

ただし，キ，クについては，以下のA群の①～⑧からそれぞれ1つを選べ。ここで，同じものを何回選んでもよい。

A群
① t　　② $t-1$　　③ $t+1$　　④ t^2-1
⑤ $t-2$　　⑥ $t+2$　　⑦ t^2-4　　⑧ $t(t+2)$

(3) 関数 $g(x)$ を

$$g(x) = \int_0^x f(u)\,du$$

とする。

$$g(\log 6) = \log \frac{\boxed{ケ}}{\boxed{コ}}, \quad \lim_{x \to \infty} g(x) = \log \sqrt{\boxed{サ}}$$

である。

$g(x) = \log \dfrac{5}{3}$ となる x の値は，$\boxed{シ} \log \boxed{ス}$ である。

(4) 座標平面上の曲線 $y = f(x)$ $(x > 0)$ を C とする。

s を正の実数とし，点 $(s, f(s))$ における C の接線と，y 軸との交点の座標を $(0, Y)$ とする。

Y の値が最大となるときの，s について考える。

s の関数 Y は，$Y = \boxed{セ} - \boxed{ソ} f'(s)$ であるから，Y の導関数 $\dfrac{dY}{ds}$ は，$\dfrac{dY}{ds} = -\boxed{タ}$ である。

ただし，セ～タについては，以下のB群の①～⑧からそれぞれ1つを選べ。ここで，同じものを何回選んでもよい。

B群
① $f(s)$　　② $f'(s)$　　③ $f''(s)$　　④ s
⑤ $sf(s)$　　⑥ $sf'(s)$　　⑦ $sf''(s)$　　⑧ s^2

Y の値が最大となるのは，$s = \boxed{チ}$ のときである。

ただし，$\boxed{チ}$ については，以下の C 群の ①〜⑨ から 1 つを選べ。

C 群

① 1　　② 2　　③ 3　　④ $\log \dfrac{1}{2}$　　⑤ $\log \dfrac{1}{3}$

⑥ $\log 2$　　⑦ $\log 3$　　⑧ e^{-2}　　⑨ e^2

次の問題〔Ⅶ〕は，情報科学部コンピュータ科学科，デザイン工学部建築学科，理工学部電気電子工学科・経営システム工学科・創生科学科，生命科学部環境応用化学科のいずれかを志望する受験生のみ解答せよ。

〔Ⅶ〕

(1) 関数 $f(x)$ を，

$$f(x) = \sin x \cos^3 x \quad (0 \leqq x \leqq \pi)$$

とし，座標平面上の曲線 $y = f(x)$ を C とする。

$f(x)$ の導関数を $f'(x)$ とする。$0 < x < \pi$ において，

$$f'(x) = \boxed{ア} \cos^4 x - \boxed{イ} \cos^2 x$$

である。

$0 < x < \pi$ において，$f'(x) = 0$ となる x の値は，

$$x = \boxed{ウ}, \boxed{エ}, \boxed{オ}$$

である。

ただし，$\boxed{ウ} < \boxed{エ} < \boxed{オ}$ とし，$\boxed{ウ} \sim \boxed{オ}$ については，以下の A 群の ㊀〜⑨ からそれぞれ 1 つを選べ。

A群

㊀ $\dfrac{\pi}{8}$　　⓪ $\dfrac{\pi}{6}$　　① $\dfrac{\pi}{4}$　　② $\dfrac{\pi}{3}$　　③ $\dfrac{3}{8}\pi$　　④ $\dfrac{\pi}{2}$

⑤ $\dfrac{5}{8}\pi$　　⑥ $\dfrac{2}{3}\pi$　　⑦ $\dfrac{3}{4}\pi$　　⑧ $\dfrac{5}{6}\pi$　　⑨ $\dfrac{7}{8}\pi$

$f\left(\boxed{ウ}\right)$ は, $f(x)$ の $\boxed{カ}$ 。

$f\left(\boxed{エ}\right)$ は, $f(x)$ の $\boxed{キ}$ 。

ただし, $\boxed{カ}$, $\boxed{キ}$ については, 以下のB群の①〜⑤からそれぞれ1つを選べ。ここで, 同じものを何回選んでもよい。

B群

① 極大値であり, 最大値でもある
② 極大値であるが, 最大値ではない
③ 極小値であり, 最小値でもある
④ 極小値であるが, 最小値ではない
⑤ 極値ではない

$f(x)$ の第2次導関数を $f''(x)$ とする。$0 < x < \pi$ において,

$$f''(x) = 2\left(\boxed{ク} - \boxed{ケ}\right)\sin x$$

である。

ただし, $\boxed{ク}$, $\boxed{ケ}$ については, 以下のC群の㊀〜⑨からそれぞれ1つを選べ。ここで, 同じものを何回選んでもよい。

C群

㊀ $\cos x$　　⓪ $2\cos x$　　① $3\cos x$　　② $4\cos x$

③ $4\cos^2 x$　　④ $5\cos^2 x$　　⑤ $6\cos^2 x$　　⑥ $7\cos^2 x$

⑦ $7\cos^3 x$　　⑧ $8\cos^3 x$　　⑨ $9\cos^3 x$

$0 < x < \pi$ において, $f''(x) = 0$ となる x の値の個数は, $\boxed{コ}$ である。

$0 < x < \pi$ において，$f''(x) = 0$ となる x の値のうち，最も大きいものを a,
2番目に大きいものを b とする。

$b < x < a$ において，$\boxed{サ}$ である。

ただし，$\boxed{サ}$ については，以下の D 群の ①〜⑥ から１つを選べ。

D 群

① $f(x)$ はつねに増加し，C は上に凸

② $f(x)$ はつねに増加し，C は下に凸

③ $f(x)$ はつねに減少し，C は上に凸

④ $f(x)$ はつねに減少し，C は下に凸

⑤ $f(x)$ は増加したのち減少し，C は上に凸

⑥ $f(x)$ は減少したのち増加し，C は下に凸

(2) 座標平面上の曲線 D が，$0 \leq t \leq \dfrac{\pi}{2}$ を満たす媒介変数 t を用いて，

$$x = 1 - \cos t, \quad y = \sin t \cos^3 t$$

と表されている。

x 軸と D で囲まれた部分の面積を S とする。

$$S = \int_{\boxed{ス}}^{\boxed{シ}} y\, dx$$

である。

$$S = \dfrac{\boxed{セ}}{\boxed{ソタ}}$$

である。

物理

(75分)

注意 解答はすべて解答用紙の指定された解答欄に記入すること。
解答用紙の余白は計算に使用してもよいが，採点の対象とはしない。

〔Ⅰ〕 図1のように，質量 m の小物体が距離 h だけ自由落下したのちに，水平面となす角 $\frac{\pi}{6}$ rad のなめらかな斜面と衝突して，速さ v で水平方向に跳ね返った。小物体が斜面に最初に衝突した点をA，二度目に衝突した点をBとする。小物体がAとBにおいて斜面と衝突する間に，水平方向に移動する距離を a，鉛直方向に移動する距離を b とする。小物体の運動はすべて同一鉛直面内で起こり，空気抵抗は無視できるものとする。重力加速度の大きさを g として，以下の問いに答えよ。

1. 小物体が自由落下を始めてAに衝突するまでの時間を，h と g を用いて表せ。
2. Aに衝突する直前における斜面に平行な方向の小物体の速さを，h と g を用いて表せ。
3. v を，h と g を用いて表せ。
4. 小物体と斜面の間の反発係数を数値で表せ。
5. 比 $\frac{b}{a}$ を数値で表せ。
6. 小物体がAとBにおいて斜面と衝突する間に要する時間を，v と g を用いて表せ。

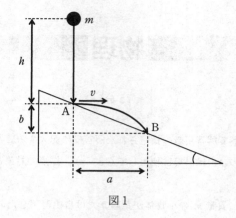

図 1

〔Ⅱ〕 つぎの文の ☐ に入れるべき数式や語句を解答欄に記入せよ。

図 2 − 1 のように，y 軸の正の向きに磁束密度 B の一様な磁界をかけ，磁界の向きに対してなす角 $30°$ で，xy 平面上に断面積 S の円筒状の導線を置いた。この導線中に電気量の大きさ q の荷電粒子が導線の断面に対して垂直な向きに速さ v で進んでいるものとする。この場合，1 個の荷電粒子が磁界から受ける力の大きさは，B，q，v を用いて表すと (a) となる。また，導線中の単位体積あたりの荷電粒子の数を n とすると，導線の長さ l の部分を流れる電流が磁界から受ける力の大きさは，S，n，l，v，q，B を用いて表すと (b) となる。

つぎに図 2 − 2 に示すように，一様な磁界中に，x 軸方向の辺の長さ a，z 軸方向の辺の長さ t の直方体状の n 型半導体試料を置いた場合を考える。この試料に y 軸の正の向きに一定の電流 I を流したとき，x 軸方向の試料の両面の電位差は V となった。このとき，x 軸方向の電界から半導体試料中の電気量の大きさ q のキャリアが受ける力の大きさは，V，a，q を用いて表すと (c) となり，その方向は (d) である。またキャリアが磁界から受ける力と電界からの力がつりあっていることを利用すると，キャリアの速さ v は，B，V，a を用いて表すと (e) ，単位体積あたりのキャリアの数 n は，V，B，q，t，I を用いて表すと (f) となる。

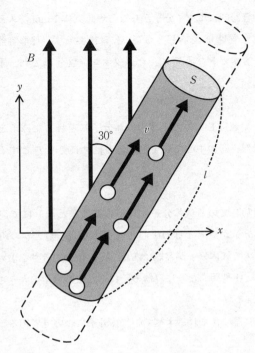

図 2 − 1

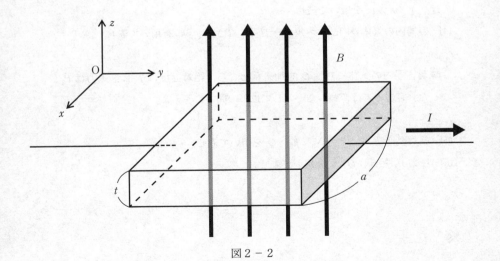

図 2 − 2

〔III〕 半径 r の球形容器内に単原子分子からなる理想気体 1 mol が入っている。気体分子はすべて同じ質量 m を有し、お互いには衝突せず、球形容器の内壁とのみ弾性衝突する。アボガドロ数を N_A、ボルツマン定数を k_B とし、重力の影響は無視してよい。

図3は速さ v で運動している1個の気体分子に着目した様子を示している。ここで、O は球形容器の中心を表す。気体の絶対温度は T_1 とする。以下の問いに答えよ。

(1) 速さ v で運動している気体分子が球形容器の壁と点Pにて衝突する場合を考える。気体分子が点Pと球の中心Oを結ぶ線（法線）と θ の角度で衝突するとき、この衝突で気体分子が容器にあたえる力積の大きさを求めよ。

(2) 気体分子が、1秒間あたりに容器の壁にあたえる力積の大きさを求めよ。

つぎに、球形容器に含まれるすべての気体分子について考える。

(3) 容器内の気体分子の速さの2乗の平均値を $\overline{v^2}$ としたとき、気体の圧力 P_1 を、N_A, r, m, $\overline{v^2}$ を用いて表せ。

(4) 容器内の気体の内部エネルギー U を、T_1, N_A, k_B を用いて表せ。

球形容器内の気体に熱量 Q を加えたところ、絶対温度は T_2 に、圧力は P_2 になった。容器の形は変わらないとして以下の問いに答えよ。

(5) 絶対温度 T_2 を、T_1, N_A, k_B, Q を用いて表せ。

(6) 圧力 P_2 を P_1, Q, r を用いて表せ。

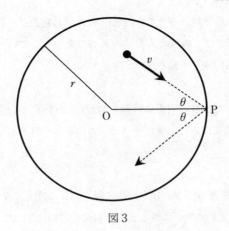

図 3

〔Ⅳ〕 以下の問いに答えよ。ただし，小物体の運動は同一直線上で起こり，空気抵抗は無視できるものとする。

図 4 – 1 に示すように，なめらかな水平面上で，質量 m の小物体 A を軽い 2 つのばね P，Q で直線状に結んで取り付け，両端を固定した状態で静止させた。P，Q のばね定数はそれぞれ $2k$，k であり，静止状態では P の自然の長さからの伸びは d_1 であった。このときの A の位置を原点 O として，右向きを x 軸の正の方向とする。A を O 点から，さらに右方向に距離 d_1 ずらしてはなすと A は振動を始めた。

(i) はじめの静止状態での Q の伸びの大きさを求めよ。
(ii) A が座標 x の位置にあるとき，A が受ける力の合力を x の関数として表せ。
(iii) A の振動の周期を求めよ。
(iv) A が O 点を通るときの速さを求めよ。

つぎに，図 4 – 2 に示すように，なめらかな水平面上で，いずれも質量 m の 2 つの小物体 A と B を，軽い 3 つのばね P，Q，R で直線状に結んで取り付け，

両端を固定した状態で静止させた。P, Q, Rのばね定数はそれぞれ$2k$, k, $2k$であり，静止状態ではどのばねも自然の長さであった。このときのAの位置を原点Oとして，右向きをx軸の正の方向とする。

(v) この状態からAとBの両方に外力を加えて，互いに逆向きで大きさがともにd_2だけ静かに変位させ，静止させた。このとき，外力がした仕事の和の大きさを求めよ。

さらに小問(v)の状態からA，Bを同時に静かにはなすと，A，Bはx軸上を互いに逆方向に振動を始めた。このときAの振動の周期はT_1であった。

(vi) 一方，図4－2に示した静止状態から，AとBの両方に外力を加えて，同じ向きで大きさがともにd_2だけ静かに変位させ，静止させた。この状態からA，Bを同時に静かにはなした場合のAの振動の周期はT_2であった。T_1はT_2の何倍になるかを求めよ。

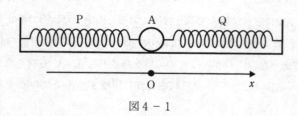

図4－1

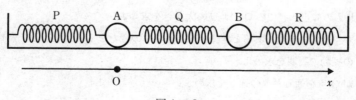

図4－2

〔V〕 次の文の □ に入れるべき数式や語句を解答欄に記入せよ。ただし、㈤には語句を、㈹と㈥には { } の中の正しい記述の番号（①～③のいずれか1つ）を、㈡、㈭、㈥には数式を記せ。ただし、必要であれば近似式 $(1+x)^{-1} ≒ 1-x$ （$|x|$ が1に比べてじゅうぶん小さい時）を用いて良い。

恒星は止まっているように見えるが、実際には動いている。簡単のため、ある星をA、B2種類の原子でできている一様な温度のガス体とする。A、B各原子が静止している場合に出す光のスペクトルを1つずつ考え、それらの振動数をそれぞれ f_A、f_B とする。いま、その星のスペクトルを調べて図5のような振動数と光の強さの関係を得たとする。要点は、f_A、f_B がそれぞれ f'_A、f'_B と振動数の低い方に少しずれていることと、どちらもひろがりをもっていることである。

まず、振動数がずれるのはなぜか考える。音波の問題と同じように考えると、㈤ 効果によれば、この星は地球に対して、㈹ { ① 近づきつつある、② 静止している、③ 遠ざかりつつある } ことがわかる。一方、$f_A - f'_A$ は $f_B - f'_B$ ㈥ { ① より小さい、② に等しい、③ より大きい }。そして、光の速さ c、f_A、f'_A を使って星と地球の相対速度 V を求めると ㈡ となる。

つぎにスペクトルがひろがりをもつ原因を考える。恒星上の原子は熱運動によってあらゆる方向に運動しているので、原子の熱運動に ㈤ 効果を使うと、観測されている振動数は f'_A や f'_B から変化する。こうして、いろいろな方向に熱運動する原子の地球に対する視線方向の速さは、一般に V とは限らないので、スペクトルがひろがりをもつ。たとえば、速さ v_A で地球に近づく向きに熱運動しているA原子は、V と v_A を使うと、地球から速さ ㈭ で遠ざかっていることになる。したがって、光の速さ c、v_A、f_A を使ってAのひろがり W_A を求めると ㈥ となる。ただし、$0 < v_A < V$ とし、また、V は c に比べてじゅうぶん小さいとする。

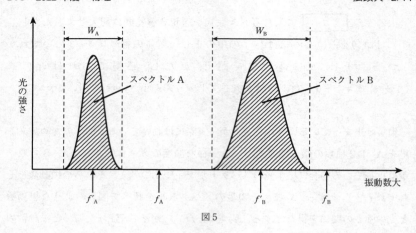

図 5

化学

(75 分)

注意 1. 情報科学部コンピュータ科学科を志望する受験生は選択できない。
2. 解答は，すべて解答用紙の指定された解答欄に記入せよ。
3. 計算問題では，必要な式や計算，説明も解答欄に記入せよ。
4. 記述問題では，化学式を示す場合はマス目を自由に使ってよい。
5. 必要であれば，原子量は下記の値を用いよ。

元素	H	C	O	F	Na	Cl	Ca
原子量	1.00	12.0	16.0	19.0	23.0	35.5	40.1

6. 必要であれば，下記の値を用いよ。
　アボガドロ定数　$N_A = 6.02 \times 10^{23}/\text{mol}$
　ファラデー定数　$F = 9.65 \times 10^4 \text{ C/mol}$
　気体定数　$R = 8.31 \times 10^3 \text{ Pa·L}/(\text{mol·K})$
　$\log_{10} 2 = 0.301,\ \log_{10} 3 = 0.477,\ \log_{10} 5 = 0.699,\ \log_{10} 7 = 0.845$

〔Ⅰ〕つぎの文章を読んで，以下の設問に答えよ。

物質が様々な温度と圧力でどのような状態をとるかを示した図を状態図と呼ぶ。図1－1，1－2は水及び二酸化炭素の状態図である。両図中の曲線 **AB**，**BC**，**BD** は，固体，液体，気体の状態を区切っており，曲線 **BC** は　(ア)　曲線と呼ばれる。また，この3本の曲線の交点を　(イ)　という。

図1－1から，圧力 1.01×10^5 Pa で温度を上げると，氷は融解して水になり，その後，水蒸気となることがわかる。また，圧力が十分低ければ，氷は液体の状態を経ることなく直接気体に変化することがわかる。この固体が直接気体に変化する状態変化を応用したプロセスの1つに食品などの凍結乾燥があげられる。同様に図1－2から，温度を上げる時の圧力が十分低ければ，ドライアイスが直接

気体になることがわかる。氷、およびドライアイスが直接気体にならず液体となる最低の圧力は氷が　(A)　、ドライアイスが　(B)　である。

また、温度と圧力をともに高くしていくと、　(ア)　曲線が途切れる（図中の点C）。この途切れた点を　(ウ)　という。　(ウ)　を超えると物質は液体とも気体とも区別のつかない状態になる（図中の斜線部）。このような状態を　(エ)　状態と呼び、　(エ)　状態にある物質を　(エ)　流体という。　(エ)　流体は優れた抽出溶媒であり、カフェインレスのコーヒー製造工程などに利用されている。

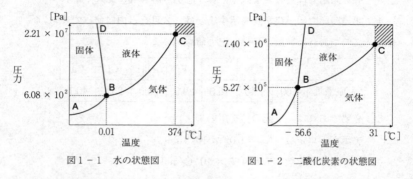

図1-1　水の状態図　　　　図1-2　二酸化炭素の状態図

1. 空欄　(ア)　～　(エ)　に入る適切な語句を記せ。
2. 下線部(a)に関して、圧力が高くなると氷及びドライアイスの融点はどのように変化するか、つぎの①～③の中からそれぞれ選び、番号で記せ。ただし、同じ番号を選択してもよい。

　① 高くなる　　　　② 低くなる　　　　③ 変わらない

3. 下線部(b)に関して、NaCl水溶液は純水よりも沸点が高い。圧力 1.01×10^5 Pa における沸点が 100.104℃ の NaCl 水溶液を作るためには、水 400 g に何 g の NaCl を溶解させればよいか。有効数字2桁で求めよ。ただし、圧力 1.01×10^5 Pa における水の沸点は 100.000℃、水のモル沸点上昇は 0.520 K·kg/mol であるとする。また、NaCl はすべて電離するものとする。

4. 圧力 1.01×10^5 Pa のもとで 18.0 g の 0℃ の氷を全て 100℃ の水蒸気にするために必要な熱量は何 kJ か。有効数字2桁で求めよ。ただし、圧力 1.01×10^5 Pa における氷の融解熱および水の蒸発熱はそれぞれ 6.00 kJ/mol、

40.7 kJ/mol とする。また圧力 1.01×10^5 Pa において氷，水，水蒸気 1.00 g の温度を 1.00 K 上げるのに必要な熱量は，それぞれ 2.10 J/(g·K), 4.20 J/(g·K), 2.10 J/(g·K) とする。

5．下線部(c)に関して，このような状態変化を何と言うか。適切な語句を記せ。

6．空欄　(A)　,　(B)　にあてはまる圧力はそれぞれいくらか。つぎの①～⑤の中から最も近いものを選び，番号で記せ。ただし，同じ番号を選択してもよい。

① 2.21×10^7 Pa　② 7.40×10^6 Pa　③ 5.27×10^5 Pa
④ 1.01×10^5 Pa　⑤ 6.08×10^2 Pa

7．下線部(d)について，−100℃にした容積 1.00 L の容器の中にドライアイス 5.00 g のみが入っている。容器内の温度を −83.0℃ まで上げたところ，ドライアイスの一部が気体となった。この時，容器内の圧力が 8.31×10^4 Pa であったとすると，容器内に残ったドライアイスの質量は何 g か。有効数字 2 桁で求めよ。ただし，ドライアイスの体積は無視してよく，発生した気体は理想気体とみなしてよい。

〔Ⅱ〕つぎの文章を読んで，以下の設問に答えよ。

　炭酸カルシウム，酸化カルシウム，炭化カルシウム，無水塩化カルシウムの混合物が容器に入っている。この混合物が入っている容器に水を加えたところ気体Aが発生した。引き続き，容器内の混合物をかき混ぜながら，溶液が酸性になるまで希塩酸を加えたところ，気体Bが発生した。この溶液に希硫酸を加えて生じた沈殿を室温で放置した。その後，この沈殿をろ過して，室温で乾燥して化合物Cの粉末を得た。

　Cの粉末を約 140℃ で加熱して得られる化合物Dの粉末を水と反応させると，硬化したCが得られる。この硬化体は石こうであり，建材に使用したとき，軽量で，難燃性を有し火災の延焼を防止する特徴を持っている。

　炭酸カルシウムをフッ化水素酸と反応させて得られるフッ化カルシウムは，図

2 − 1のような結晶構造をとり，その単位格子は立方体である。結晶において，1個の原子に隣接する原子の数を (ア) 数という。イオン結晶の場合，あるイオンを取り囲む反対符号のイオンの数が (ア) 数となる。フッ化カルシウムの結晶では，Ca^{2+} のまわりに， (イ) 個の F^- が取り囲んでいるので，Ca^{2+} の (ア) 数は (イ) である。一方，F^- の (ア) 数は (ウ) である。このフッ化カルシウムの単位格子に含まれる Ca^{2+} の数は (エ) 個，F^- の数は (オ) 個である。

1．下線部(a)で，気体Aが発生する反応の化学反応式を記せ。
2．下線部(b)で，気体Bが発生する反応の化学反応式を記せ。
3．気体A，Bの捕集法として最も適切なものをつぎの①〜③の中からそれぞれ選び，番号で記せ。ただし，同じ番号を二回使用することはできない。
　① 上方置換　　　② 下方置換　　　③ 水上置換
4．下線部(c)で，化合物Cから化合物Dが生成する反応の化学反応式を記せ。
5．空欄 (ア) に入る適切な語句を記せ。また，空欄 (イ) 〜 (オ) に入る適切な数字を記せ。
6．図2 − 1の結晶構造で，立方体の単位格子の辺の長さは 5.46×10^{-10} m である。フッ化カルシウムの密度は何 g/cm^3 か。有効数字2桁で求めよ。$5.46^2 = 29.8$，$5.46^3 = 163$ であることを利用してもいい。

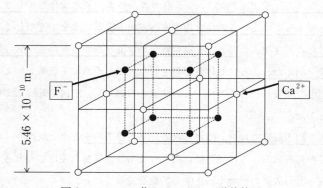

図2 − 1　フッ化カルシウムの単位格子

〔Ⅲ〕 つぎの文章を読んで，以下の設問に答えよ。

　図3－1は，イオン交換膜法による化合物Aの製法を示したものであり，電極に炭素を用い，陽極側に塩化ナトリウム飽和水溶液を，陰極側に純水を入れている。また，陽イオン交換膜を用いて，陽極側と陰極側の液体を分けている。電気分解によって，陽極では気体が生成して水溶液中の (ア) が減少する。一方，陰極では気体と (イ) が生成する。陰極で生じた (イ) と陽極側から移動してきた (ウ) から，陰極側でAの水溶液が生成する。このAの水溶液を濃縮すると，純度の高い固体のAが得られる。

　図3－2はAの水溶液の電気分解を示したものであり，電極には白金を用い，陽極側と陰極側にはAの水溶液を入れている。この電気分解によって，陽極では (イ) が酸化されて気体が生成し，陰極では (エ) が還元されて気体が生成する。

　また，電気分解で使用した電気エネルギーの一部は，電気分解によって生じた生成物の化学エネルギーとして保存される。

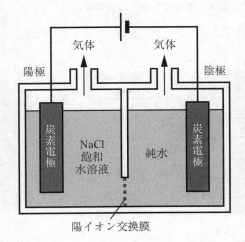 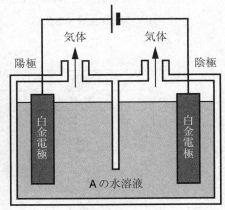

図3－1　イオン交換膜法によるAの製法　　図3－2　Aの水溶液の電気分解

1．空欄 (ア) ～ (エ) に入る適切な分子またはイオンを化学式で記せ。
2．下線部(a)に関して，純度の高い**A**を得るために陽イオン交換膜が果たす役割を30字以内で記せ。
3．下線部(b)～(e)の電極反応を，電子 e^- を含むイオン反応式でそれぞれ記せ。
4．図3－1の電気分解を3.00 Aの電流で行い，1.20×10^{-1} mol/Lの**A**の水溶液が得られた。電気分解を行った時間は何秒か。有効数字2桁で求めよ。なお，電気分解後に陰極側にある**A**の水溶液の体積は500 mLとする。
5．1.20×10^{-1} mol/Lの**A**の水溶液 100 mLに 2.00×10^{-2} mol/Lの塩酸 400 mLを加えた。この水溶液のpHを小数第1位まで求めよ。なお，水のイオン積は 1.00×10^{-14} (mol/L)² とする。
6．下線部(f)に関して，電気分解で生じた生成物を反応させると，熱エネルギーが放出される。つぎの(i), (ii)で記述される反応の熱化学方程式を記せ。なお，反応熱の計算には表3－1の結合エネルギーの値を用いよ。
(i) 図3－1において，陽極で生成する気体と陰極で生成する気体が反応して，2 molの気体が生成する反応
(ii) 図3－2において，陽極で生成する気体と陰極で生成する気体が反応して，2 molの気体が生成する反応

表3－1 結合エネルギー

結合	結合エネルギー〔kJ/mol〕
H–H	436
Cl–Cl	243
H–Cl	432
O–H	463
O=O	498

〔Ⅳ〕 つぎの文章を読んで，以下の設問に答えよ。

油脂Aは3価アルコールと脂肪酸Bおよび脂肪酸Cとがエステル結合したものである。油脂Aの分子内に二重結合は存在するが三重結合は存在せず，また，不斉炭素原子を1個もっている。脂肪酸Bおよび脂肪酸Cはいずれも枝分かれのない鎖状構造をもつ。油脂Aに関して以下の実験(1)〜(5)をおこなった。

(1) 油脂に水酸化ナトリウム水溶液を加えて加熱すると，3価アルコールと脂肪酸の塩が生成する。これをけん化という。油脂A 40.1 gを完全にけん化させるのに必要な水酸化ナトリウムの量は6.00 gであった。

(2) (1)で得られた反応物に十分な量の希塩酸を加えたところ，脂肪酸Bと脂肪酸Cが1：2の物質量比で生成した。

(3) 油脂A 40.1 gにニッケルを触媒として水素を付加させたところ，標準状態で2.24 Lの水素が消費された。また，この反応により油脂Aは油脂Dに変化した。

(4) 油脂Dに対して，(1)と同様にけん化をおこなった後，(2)と同様に希塩酸を加えたところ，脂肪酸Bのみが生成した。

(5) 12.8 mgの脂肪酸Bを完全燃焼させたところ，35.2 mgの二酸化炭素と14.4 mgの水が生成した。

1．下線部(a)の3価アルコールの名称を記せ。
2．下線部(b)について，エステル結合を含まない化合物をつぎの①〜⑤の中からすべて選び番号で記せ。
　① ナイロン66　　　　　　② アセチルサリチル酸
　③ アセトアニリド　　　　④ サリチル酸メチル
　⑤ ポリエチレンテレフタラート
3．下線部(c)について，この脂肪酸の塩の水溶液の性質として最も適切なものを，つぎの①〜⑤の中から選び番号で記せ。
　① 強い酸性　　　② 弱い酸性　　　③ 中性
　④ 弱い塩基性　　⑤ 強い塩基性

4．油脂Aの分子量を記せ。
5．油脂A1分子中に含まれる炭素－炭素二重結合の数は何個か。ただし，式や計算，説明を記す必要はない。
6．脂肪酸Bの示性式を求め，例にならって記せ。（例）　C_4H_7COOH
7．油脂Aの構造式を記せ。ただし，脂肪酸由来の部分は設問6の（例）にならって簡略化して記せ。

生物

(75分)

注意：生命科学部環境応用化学科または**応用植物科学科**を志望する受験生のみ選択できる。解答はすべて解答用紙の指定された解答欄に記入せよ。

〔Ⅰ〕 つぎの文章を読んで、以下の問いに答えよ。

　生物個体は、たえず変化する環境におかれながら、常に体内の状態を安定に保つ。このような生命を維持する性質は、ギリシャ語の"同一"と"状態"からつくられた造語で ア とよばれる。ヒトの ア では、肝臓や腎臓などの器官や循環系、神経系、内分泌系、免疫系などのシステムが重要なはたらきをしている。

　ヒトの体液は、血管内を流れる血液、細胞に直接触れている イ 、リンパ管内を流れるリンパ液に分けられる。血液は、表に示した有形成分と液体成分である血しょうからなる。

　ヒトの血液循環には、体循環と肺循環がある。体循環では大動脈に ウ 脈血が、肺循環では肺動脈に エ 脈血が流れる。心臓は体内に血液を循環させるポンプとして機能している。

表　血液中の各有形成分の特徴

有形成分	主なはたらき	核の有無	数(個/mm^3)
赤血球	酸素の運搬	無（成熟後）	③
白血球	生体防御	①	④
血小板	血液凝固	②	約30万

1. 空欄 ア ～ エ に入る最も適切な語句を記せ。

2．下線部(i)について，以下の問い1）～3）に答えよ。

1）腎臓に多数存在し，腎小体とそれから伸びる細尿管からなる構造を何とよぶか。その名称を記せ。

2）腎臓は集合管で水分などを再吸収し，体液濃度を厳密に調節している。この再吸収を促進するホルモンを何とよぶか。その名称を記せ。

3）2）のホルモンを分泌する内分泌腺として最も適切なものを下記の(a)～(f)から選び記号で答えよ。

(a) 脳下垂体前葉　　(b) 脳下垂体後葉　　(c) 甲状腺

(d) 副甲状腺　　　　(e) 副腎　　　　　　(f) すい臓

3．表について，以下の問い1）～3）に答えよ。

1）①，②に入る適切な語を「有」もしくは「無」から選んで記せ。

2）③，④に入る最も適切な数を下記の(a)～(h)から選び記号で答えよ。

(a) 約5百　　(b) 約5千　　(c) 約5万　　(d) 約50万

(e) 約500万　(f) 約5000万　(g) 約5億　　(h) 約50億

3）図1はヒト血液中の有形成分を示した模式図である。(a)～(c)が示す最もふさわしい有形成分の名称を記せ。

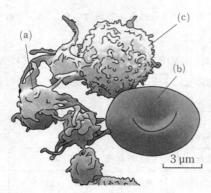

図1　ヒト血液中の有形成分

4．表に示した赤血球とその主なはたらきである「酸素の運搬」について，以下の問い1）～3）に答えよ。

1）ヒト成人の赤血球を含めた多くの血球はどこでつくられるか。その組織の名称を記せ。
2）古くなった赤血球を壊す臓器として最も適切なものを下記の(a)〜(f)から選び記号で答えよ。
 (a) 胃   (b) 腎臓   (c) 肺
 (d) ひ臓 (e) すい臓 (f) 心臓
3）ヒトをはじめとする哺乳類の胎児は，胎盤で母体の血液から酸素を受け取っている。図2の実線と破線で描かれた曲線はそれぞれ母体(成人)と胎児のヘモグロビンの酸素解離曲線を示している（二酸化炭素濃度などの実験条件は同一）。この図からわかる，母体と胎児のヘモグロビンの性質の違いについて述べ，さらに胎児が母体の血液から酸素を受け取るしくみについて考察せよ。解答は「胎盤における胎児の血液の酸素濃度条件では，」に続けて句読点を含め120字以内で述べよ。なお，下記の語群にあるすべての語句を必ず1回は用いること。

語群：酸素に対する親和性　　解離　　結合

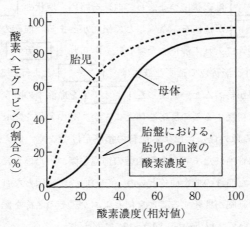

図2　母体(成人)と胎児のヘモグロビンの酸素解離曲線

5．表に示した血小板の主なはたらきである「血液凝固」について，以下の問い1）〜3）に答えよ。

1) 図3および下の文章は外傷によって血管が損傷した際に血液が凝固する過程をまとめたものである。空欄 オ ～ キ に入る最も適切な語句を記せ。

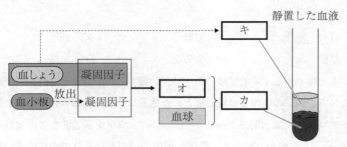

図3 血液凝固の過程と試験管に静置した血液

　出血すると，まず血管の破れたところに血小板が集まって塊をつくる。つぎに，血小板から放出される凝固因子と，血しょう中に含まれる別の凝固因子のはたらきで， オ とよばれる繊維状のタンパク質の形成が促進される。 オ は網状につながって血球を絡め，塊状の カ を形成する。 カ が傷口をふさぐことで出血がとまる。血液の凝固は採血した血液を試験管に入れて静置した場合にもみられ， カ は沈殿する。 カ 以外の淡黄色で透明な液体は， キ とよばれる。

2) 血管の修復が終わると，固まった オ を血液中の酵素が分解する。血液凝固とは相反するこの反応を何とよぶか。その名称を記せ。

3) 1)のしくみは外傷などによる血管の損傷だけでなく，例えばコレステロールなどが血管内にたまり，血管内壁の細胞が傷ついた場合にもはたらく。そうしてできた血液の塊を血栓という。この血栓が一因となり，脳の血管が詰まることで細胞が壊死することを何とよぶか。その名称を記せ。

6．下線部(ⅱ)について，以下の問い1），2）に答えよ。

1) ヒトの心臓はほぼ一定のリズムで自動的に拍動することができる。心臓の大静脈と右心房の境界にある，このリズムをつくりだす部位を何とよぶか。その名称を記せ。

2）拍動のリズムを調節している自律神経系のなかでも，アセチルコリンを分泌し抑制的にはたらく神経系を何とよぶか。その名称を記せ。

〔Ⅱ〕 つぎの文章を読んで，以下の問いに答えよ。

　植物病の主な病原に，ウイルス，細菌，菌類がある。これらの違いを知ることは，植物の病気について学ぶときの基本となる。ウイルスは自分だけでは増殖できず，生物が共通に持つ特徴の一部しか持たない。また，細菌と菌類は生物学上原核生物と真核生物という大きく異なる分類群に分類されている。原核生物と真核生物では遺伝子の発現調節や構造に違いがある。原核生物では関連する機能をもつ複数の構造遺伝子がひとかたまりになって存在し同時に転写されることが多く，このような遺伝子群をオペロンとよぶ。一方，真核生物では1つの構造遺伝子ごとに発現の調節がおこなわれ，関連する機能を持つ遺伝子の発現はより複雑に調節される。さらに真核生物では，DNAがタンパク質に巻きついてクロマチンとよばれる構造を形成しており，クロマチンの構造も遺伝子の発現に関与する。

1．下線部(i)について，原核生物と真核生物を下記の(a)～(g)からそれぞれすべて選び，記号で答えよ。

　(a) アメーバ　　　　(b) コウジカビ　　　(c) ケイソウ
　(d) シアノバクテリア　(e) 硝酸菌　　　　(f) 大腸菌
　(g) バクテリオファージ

2．下線部(ii)について，このような転写調節のしくみを提唱した二人の人物名を下記の(a)～(f)から選び，記号で答えよ。

　(a) クリック　　　(b) ジャコブ　　　(c) チェイス
　(d) ハーシー　　　(e) モノー　　　　(f) ワトソン

3．下線部(iii)について，ラクトースオペロンを説明した以下の文章の空欄 ア ～ ウ に入る適切な語句を記せ。
　グルコースがほとんどなく，ラクトースを多く含む培地で大腸菌を培養する

とラクトースの代謝にかかわる複数の酵素がつくられる。これらの酵素の構造遺伝子は，ラクトースオペロンの転写に必要な ア ， イ などの塩基配列と隣り合って存在し，ラクトースオペロンを構成している。ラクトースが存在しないときには，リプレッサーとよばれる転写を抑制する調節タンパク質が イ に結合する。そのため ウ が働けず，ラクトースオペロンは転写されない。一方，グルコースがなくラクトースがあるとリプレッサーにラクトース代謝産物が結合して，リプレッサーは イ に結合できなくなる。その結果， ウ が ア に結合できるようになり，ラクトースオペロンの転写が開始される。

4．下線部(iii)について，トリプトファンオペロンではトリプトファンが過剰に存在すると構造遺伝子の発現が抑制される。このことについて，以下の問い1)，2)に答えよ。

1）トリプトファンオペロンから生産されるタンパク質のはたらきを，句読点を含め20字以内で記せ。

2）トリプトファンがこのオペロンの発現を抑制するしくみを，句読点を含め70字以内で述べよ。

5．下線部(iv)を説明した以下の文章の空欄 エ 〜 キ に入る適切な語句を下記の(a)〜(g)から選び，記号で答えよ。同じ記号を繰り返し選んでもよい。

真核生物の転写は，原核生物にはない エ とよばれるタンパク質を含む複数の因子が転写複合体を形成することで開始する。一つの転写複合体に含まれている エ は通常 オ 存在する。また，多くの遺伝子では転写複合体の結合領域 カ 位置に転写調節領域が キ 存在し，この部分に調節タンパク質が結合することで転写が調節される。

(a) から離れた (b) 基本転写因子 (c) に近接する
(d) ヒストン   (e) ひとつだけ   (f) 複数
(g) ミオシン

6．下線部(v)は染色体の形態と関連する。ユスリカ幼虫が発育する過程におけるだ腺染色体を観察した結果を図に示した。以下の問い1)〜3)に答えよ。

1) だ腺染色体上に存在する膨らんだ部分を何とよぶか。その名称を記せ。
2) この膨らんだ部分では，クロマチンの構造や遺伝子の転写がどのように変化しているか，句読点を含め30字以内で述べよ。
3) 図は，この膨らんだ部分の位置を幼虫の発育段階ごとに観察したものである。この図から，幼虫の発育段階と遺伝子の発現との関係についてわかることは何か。句読点を含め60字以内で述べよ。

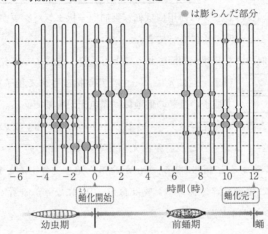

図　ユスリカ幼虫が発育する過程におけるだ腺染色体の形態変化

〔Ⅲ〕 つぎの文章を読んで，以下の問いに答えよ。

多くの植物の種子は，成熟した後，活動を停止する。このように，活動を停止し，発芽しない状態を種子の ア という。この状態は，植物ホルモンである イ によって維持されている場合が多い。

イネやコムギの種子では，胚から分泌されたジベレリンが作用して，発芽が促進される。近年，ジベレリンの作用には転写調節因子様タンパク質が重要な役割を果たしていることが明らかになってきた。

一方，光の有無により発芽が調節されることもあり，光によって発芽が促進される種子を ウ 種子，逆に光によって発芽が抑制される種子を エ 種子という。 ウ 種子の発芽の促進には赤色光が有効である。この反応には オ とよばれる光受容体タンパク質がかかわっている。このタンパク質は，赤色光を受容する型（Pr）と，遠赤色光を受容する型（Pfr）の2つの型があり，Pr が赤色光を受容すると Pfr になり，Pfr が遠赤色光を受容すると Pr に戻る。また，明所ではこの光受容体タンパク質はおもに Pfr になり，暗所では Pfr から Pr への変換がゆっくりと進む。

1．空欄 ア ～ オ に入る最も適切な語句を記せ。
2．光によって発芽が促進される植物を下記の(a)～(d)よりすべて選び，記号で答えよ。
　(a) カボチャ　　　(b) キュウリ　　　(c) タバコ　　　(d) レタス
3．下線部(i)について，ジベレリンが胚から分泌されてから種子が発芽に至る過程を，句読点を含め100字以内で述べよ。なお，下記の語群にあるすべての語句を1回は用いること。
　語群：アミラーゼ　　糊粉層
4．下線部(ii)について，以下の文章を読んで，問い1），2）に答えよ。
　ジベレリンが植物に作用するしくみの解明にはシロイヌナズナの突然変異体を用いた研究が貢献してきた。野生型のシロイヌナズナにジベレリンを処理すると茎が伸長するが，突然変異体 *gai* は，遺伝子Aに変異をもつためにジベ

レリンを処理しても茎が伸長しない。野生型の遺伝子Aがコードする野生型タンパク質は，ジベレリンがあるときはジベレリン受容体と結合し，その後，分解される。一方，gai 変異体の遺伝子Aがコードする変異体型タンパク質は，N末端近くのいくつかのアミノ酸が欠失しているため，ジベレリンがあるときも受容体と結合せず，分解されないことがわかった。なお，変異体型タンパク質のこれら以外の機能は正常であった。

1） 野生型タンパク質のシロイヌナズナの茎の伸長に対する作用を，ジベレリンが無いときと処理したときに分けて，句読点を含め80字以内で述べよ。

2） 突然変異体 gai にジベレリンを処理しても茎が伸長しない理由を，句読点を含め80字以内で述べよ。

5．ジベレリンは細胞の縦方向への成長を促進することで，茎の伸長成長を促進する。細胞が縦方向に成長するしくみを，以下の単語をすべて用い，句読点を含め120字以内で述べよ。

単語：オーキシン　　細胞壁　　セルロース微繊維

6．ジベレリンを種なしブドウの生産に使うときは，開花前と開花後にそれぞれ処理をする必要がある。開花前のジベレリン処理は，ブドウの正常な受精を阻害して種なしにするためである。開花後にもジベレリン処理が必要なのはなぜか。その理由を，句読点を含め60字以内で述べよ。

7．下線部(iii)の光受容体タンパク質が受容する赤色光，遠赤色光のおよその波長はいくらか。最も適切なものを下記の(a)〜(e)よりそれぞれ選び，記号で答えよ。

(a)　460 nm　　(b)　560 nm　　(c)　660 nm　　(d)　730 nm　　(e)　830 nm

8．　ウ　　種子の発芽と光の波長との関係について，下記の(a)〜(f)の文章のうち正しいものをすべて選び，記号で答えよ。

(a)　種子に赤色光を照射したのち，遠赤色光を照射すると発芽する。
(b)　種子に赤色光を照射したのち，遠赤色光を照射すると発芽しない。
(c)　種子に遠赤色光を照射したのち，赤色光を照射すると発芽する。
(d)　種子に遠赤色光を照射したのち，赤色光を照射すると発芽しない。
(e)　発芽に対して促進効果があるのは，遠赤色光である。
(f)　発芽に対して促進効果があるのは，赤色光である。

9. シロイヌナズナの胚軸の伸長は，明所では抑制され，暗所では促進される。それに対し，下線部(iii)の光受容体タンパク質を完全に欠失した突然変異体の胚軸は，明所でも伸長し，その程度は暗所と同程度であった。この実験結果から，胚軸伸長の制御において，下線部(iii)の光受容体タンパク質はどのように作用すると考えられるか。下記の(a)〜(d)より最も適切なものを選び，記号で答えよ。

(a) Pr が胚軸伸長を促進する。　　(b) Pr が胚軸伸長を抑制する。
(c) Pfr が胚軸伸長を促進する。　　(d) Pfr が胚軸伸長を抑制する。

〔IV〕 つぎの文章を読んで，以下の問いに答えよ。

　地球の生態系は，光，温度および大気などの非生物的環境とすべての生物が相互に影響を及ぼしながら一定のバランスを維持している。生態系の構成要素である生物は生産者と消費者に大別される。植物などの生産者は，非生物的環境の作用を受けながら，光合成により無機物から有機物を合成することから　ア　生物という。一方，動物などの消費者は，外界の有機物を直接的または間接的に利用しながら生命活動を維持することから　イ　生物という。消費者は，生産者を食べる一次消費者，一次消費者を捕食する二次消費者，そしてさらに高次消費者へと次々に有機物を受け渡していく。この関係を食物連鎖という。しかし，生物は消費者間の入り乱れた栄養摂取や雑食の消費者もいることから，実際の有機物の受け渡しは複雑な関係にある。その関係の全体を　ウ　という。生物の食物連鎖を栄養段階で分けて理解すると，栄養段階の上位の生物ほど生産量や個体数などが一般的に少なくなっている。その関係を図形で表したものを生態ピラミッドという。また，生産者が合成する多くの有機物や消費者の遺骸や排出物などは微小動物や微生物のはたらきで無機物へと分解され，生産者の有機物合成に再利用される。この関係を　エ　という。生態系内の有機物の分解で生じる化学エネルギーは，生命活動によって熱エネルギーに変換される。その熱エネルギーは大気中に放出され，生態系外（宇宙空間）へ出ていく。
　生物の構成元素でもある窒素も生態系で循環する。生物の遺骸や排出物などの

分解によって生じる　オ　イオンは，硝化細菌の硝化により硝酸イオンや亜硝酸イオンの無機窒素化合物に変換される。無機窒素化合物は生産者の植物などによりアミノ酸やタンパク質などの有機窒素化合物に変換される。加えて，無機窒素化合物の一部は脱窒素細菌の働きにより窒素として大気中に放出される。大気中の窒素は窒素固定細菌により　オ　イオンに変換され，それを生産者が利用する。
(iv)

1. 空欄　ア　～　オ　に入る適切な語句を記せ。
2. 下線部(i)の生態系における物質収支において，1）生産者および2）消費者の各々で正しい計算式を下記の中からすべて選び，(a)～(h)の記号で答えよ。
   (a) 総生産量＝純生産量＋現存量
   (b) 総生産量＝純生産量－呼吸量
   (c) 純生産量＝総生産量－呼吸量
   (d) 純生産量＝現存量－成長量＋枯死量
   (e) 成長量＝生産量＋被食量－死亡量
   (f) 成長量＝純生産量－（被食量＋枯死量）
   (g) 同化量＝生産量－呼吸量－老廃物排出量
   (h) 同化量＝摂食量－不消化排出量
3. 下線部(ii)の生態ピラミッドに関する記述として，下記の中から**誤っているもの**を一つ選び，(a)～(e)の記号で答えよ。
   (a) 栄養段階は，植物などの生産者を第一段階として4～5段階で構成されている。
   (b) 生態ピラミッドは着目点の違いにより，生産量（生産力，生産速度），個体数，生物量（現存量）の三つのピラミッドに表される。
   (c) 生産量（生産力，生産速度）ピラミッドは，エネルギーの流れに着目していることから，栄養段階の下位に比べ上位の生産量が必ず小さくなる。
   (d) 個体数ピラミッドは，高次の栄養段階の生物が必ず少ないことから，栄養段階の下位に比べ上位の個体数が常に小さくなる。
   (e) 生物量（現存量）ピラミッドは，生産者の増殖速度より消費者の摂食速度が

上回ることもあるため，栄養段階の下位に比べ上位の生物量が多くなりピラミッドが逆転することもある。

4．下線部(iii)について，以下の文章を読んで，適切な語句を記せ。

地球の大気には二酸化炭素，一酸化二窒素，フロンガス，メタンなどが含まれていることから，人間の社会活動も含め地球表面から放出された熱エネルギーは大気によりその一部が地表に再放射されて気温を上げる。このはたらきを何とよぶか。その名称を記せ。

5．下線部(iv)の窒素固定細菌に該当するものを，下記の中からすべて選び，(a)〜(i)の記号で答えよ。

(a) アゾトバクター　　(b) アメーバ　　　(c) クロストリジウム
(d) ケイソウ　　　　(e) 大腸菌　　　　(f) 好塩菌
(g) 乳酸菌　　　　　(h) ネンジュモ　　(i) ボルボックス

6．東南アジアなどの熱帯の森林では伝統的に※焼畑耕作がおこなわれる。しかし，増産を急ぐあまり1〜2年の短期間で同じ場所で焼畑を繰り返すと，その耕作地はかえって持続的な利用ができなくなる。その理由を土壌養分に着目して句読点を含め35字以内で述べよ。

※焼畑耕作・・・作物を栽培したあとの休閑地で10年以上かけて回復させた自然植生を伐採・焼却などで再度開墾し，そこでまた耕作する持続的農法

7．生態系における生物多様性は，1）遺伝的多様性，2）種多様性，3）生態系多様性の三つの観点から評価される。それらの多様性が豊かになることによって生じる生態系の利点について，句読点を含めそれぞれ25字以内で述べよ。

解答編

英語

I 解答
問1．(1)—ロ　(2)—イ　(3)—ハ
問2．(1)—ニ　(2)—ハ　(3)—イ
問3．(1)—ロ　(2)—イ　(3)—ニ　(4)—ニ　(5)—イ
問4．(1)2—ハ　4—ニ　(2)2—ホ　4—ニ　(3)2—ホ　4—イ
(4)2—ロ　4—ホ

◀解　説▶

問3．(1)　「彼女の親はとても貧しかったので，彼女は子供のころ苦労したに違いない」となるように，ロの must have had を補う。空欄は過去時制だと考えられる。

(2)　「先生は宿題で何をしなければならないのか説明した」となるように，イの we had to を補う。what が導く節は目的語になっているので，間接疑問文で what S′ V′ の語順となる。

(3)　会話の流れは以下の通り。

アラン：やあ，ちょっと立ち寄っただけなんだけど。この散らかり具合は何なんだい？

ビッキー：家を引っ越すのよ。実は明日退去するのよ。

アラン：えっ，明日かい！　わかった，落ち着いたら電話してね。

ビッキー：もちろんよ。でも，実のところ，今すぐ手伝ってくれると助かるんだけど。

ビッキーの1番目の発言に「家を引っ越すのよ。実は明日退去するのよ」とある。また，ビッキーは空欄のアランの発言に対して，Sure I will と答えている。よって，アランはビッキーに引っ越しに関係する依頼をしたと考えられる。これと合うのはニである。イは Do you ～? で聞いており，ビッキーの返答の will と合わない。

(4)　会話の流れは以下の通り。

マリオ：お電話ありがとうございます。カーサイタリアーナでございます。
ジョー：今晩7時に8人で席を予約できますか？
マリオ：もちろんです。ただ，2個のテーブルに分かれていただくことになるのですが。
ジョー：ええ，それは大丈夫だと思います。テーブルは隣同士にしてもらえますか？

　ジョーの最後の発言に them があるので，それが指すものを含む選択肢を選ぶ。next to each other「隣同士に」と併せて考えると，them はニの two separate tables を指すと考えられる。正解はニ。

(5)　会話の流れは以下の通り。
アミナ：なんてことなの！　この手袋完全に擦り切れちゃった！
ハンナ：わたしがあなたなら気にしないわ。だれも気づかないわよ。
アミナ：いやいや，新しい手袋買わなきゃ。
ハンナ：そうね，あなた次第ね。

　空欄のハンナの発言に対して，アミナは「いやいや，新しい手袋買わなきゃ」と否定している。よって，手袋をそのまま使えばよいという旨の意見を伝えたと推測できる。したがって，正解はイとなる。

問4．(1)　(Since the proportion of elderly drivers in traffic accidents has increased, some bus companies offer discounts on bus fares) for those who voluntarily return their driver's license(.)「高齢者ドライバーの交通事故の割合が増加したので，バス会社の中には運転免許証を自主返納した人向けにバス運賃の割引をするところもある」those who do「～する人々」

(2)　Given that this summer is expected to be much hotter (than average, more forest fires are likely to occur.)「今年の夏は平均よりはるかに暑いと予想されることを考えると，山火事が起こる可能性は高くなりそうだ」

(3)　(Robots) enable hospital doctors to carry out three operations (at once.)「ロボットのおかげで病院の医師は一度に3件の手術を行える」enable A to do「Aが～することを可能にする」 carry out ～「～を実行する」

(4)　(Although it is widely known that cacao beans are good for

health, we need to) be careful about eating too many chocolates(.)
「カカオ豆は健康によいということは広く知られているけれど,チョコレートを食べ過ぎることには注意する必要がある」 be careful about ～「～に注意する」

II 解答

問1．(1)―ニ　(2)―ロ　(3)―イ　(4)―ハ
問2．A―ハ　B―ロ　C―ト　D―ニ　E―イ　F―ヘ

◆全　訳◆

問1．≪シンボルの種類≫

　シンボルは視覚に訴える印の一つであり,メッセージを示すために使われ,大多数の人々によって社会的に受け入れられている。それは話し言葉や書き言葉なしでメッセージを伝える。いくつか種類がある。

(1) ピクトグラム

　ピクトグラムは,実際の物や場所と似ていることによって情報を伝えるために使われている公共のシンボルである。ピクトグラムは特定の言語での名前ではなく,物や概念そのものを想起させる。そのシンボルを解釈するのにこの名前を知っている必要はない。このためにピクトグラムが国際的なものになるのだ。

(2) アイコン

　アイコンはコンピュータスクリーン上にある小さな記号や画像であり,それらは特定の操作を開始するために使われる。ある機能（たとえばコンピュータのプログラムやアプリケーション）の名前が広く認知されるシンボルで置き換えられる。

(3) 判じ絵

　判じ絵は,話し言葉の音や単語や単語の一部を表しているシンボルかシンボルの連なりを表す。これらの音や単語のそれぞれを表す絵は,判じ絵の中で表している音とは完全に無関係な意味をもつ。ほとんどの判じ絵は一言語の中でしか通じず,他の言語に翻訳されない。

(4) ロゴ

　ロゴは,企業や組織やブランドなどを明らかにする特有のシンボルであり,それらが提供している商品やサービスの販売などの促進をする。ロゴ

の機能は，ある企業や組織，サービス，商品，概念，個人を一目でわかるようにし，それについてのストーリーを伝えることである。

問2．≪プリンターインクの取り替え方≫
1．プリンターからインクタンクユニットを外して，それを横に置いてください。
2．インクタンクユニットのカバーを開いて，その次にインクタンクのキャップを取り外してください。
3．インクボトルのふたの先端を切り取って，ねじを緩めてキャップを外し，ボトルのシールを取り，そしてキャップをつけ直してください。
4．正しい色のインクをインクタンクに補充し，インクタンクの上の線までインクを入れてください。
5．インクタンクにキャップをしっかりつけてください。
6．インクタンクユニットのカバーを閉めてください。
7．プリンターにインクタンクユニットをつけてください。

──────◀解　説▶──────

問1．(1)　第2文（A pictogram calls …）に「ピクトグラムは物や概念そのものを想起させる」とあることから，一目で水飲み場だとわかるニを選ぶ。
(2)　第1文に「アイコンはコンピュータスクリーン上にある小さな記号や画像であり，それらは特定の操作を開始するために使われる」とあることから，コンピュータ関連の機器であるプリンターを表しているロを選ぶ。
(3)　第2・3文（The pictures that … into another.）に「これらの音や単語のそれぞれを表す絵は，判じ絵の中で表している音とは完全に無関係な意味をもつ。ほとんどの判じ絵は一言語の中でしか通じず，他の言語に翻訳されない」とあることから，I see youを表すイを選ぶ。I「私は」がeye「目」のイラストに置き換わっている。このイラストは，[ai]の音と「目」の意味をもつが，同じ音のIの「私は」の意味とは無関係である。この判じ絵は英語特有のもので，英語圏，もしくは英語学習者の中でしか通じない。
(4)　第1文に「ロゴは企業や組織やブランドなどを明らかにする特有のシンボル」とあることから，国際連合を表象しているマークのハを選ぶ。

問2．A．1では，インクタンクユニットを外す手順が描かれているので，

ハを選ぶ。
B．2では，インクタンクユニットのカバーを開いて，インクタンクのキャップを外す手順が描かれているので，ロを選ぶ。
C．3ではインクボトルのふたを外して，もう一度つけているので，トを選ぶ。
D．4ではインクタンクにインクを補充する手順が描かれているので，ニを選ぶ。
E．5ではインクタンクにキャップをつけているので，イを選ぶ。
F．7ではインクタンクユニットを取りつける手順が描かれているので，ヘを選ぶ。

III 解答

問1．(1)—F　(2)—T　(3)—T　(4)—F
問2．(1)—ト　(2)—イ　(3)—ヘ　(4)—ト
問3．A—ニ　B—ロ　C—リ
問4．(1)A—ホ　B—ロ　(2)C—ヌ　D—リ　(3)E—ハ

◆全　訳◆

≪労働時間と生産性≫

　今日，世界中のさまざまな地域における経済成長には大きな差がある。世界で最も豊かな国の一つであるスイスの人々は，カンボジア人の20倍以上に高い平均所得を有する。これら2カ国の生活はかなり異なっているように見える。そのような貧富の差を考慮に入れると，当然以下の疑問が生じる。それは，スイスのような豊かな国と，カンボジアのような貧しい国とでは，どちらが多く働くのかという疑問である。

　利用可能なデータを見ると，答えは明白であり，貧しい国の労働者の方が多く，そして時には，はるかに多く働く傾向があるということだ。このことは図1で見られ，それが示すのは，横軸ではアメリカドルの一人あたりの国内総生産額（GDP pc）と，縦軸では労働者一人あたりの年間労働時間（AWH）であり，両者とも2017年のものである。（左上の角の）カンボジアのような国は，GDP pc は最も低く AWH は最も高い。カンボジアでは，平均的な労働者は毎年2456時間を労働に費やしているが，表の右下のスイスよりも900時間近く多いのである。その追加の労働時間が意味するのは，カンボジアの労働者は，労働日数が多く休みが少ないという

ことである。

　図1で示されているような，特定の時期での複数の国家間だけではなく，それぞれの国を経時的に見ても，国民所得と平均労働時間との間にはつながりがある。産業革命以来，多くの国々で人々は豊かになり，労働時間は過去150年間で劇的に減少した。図2では，国ごとに，経年での所得と労働時間との間のつながりを示している。図1のように，それはAWHと比較したGDP pcを示しているが，今回は4カ国のデータ点は線となった。その線は1960年から2015年までの期間での経時的観察結果をつなげるものだ。その4つの線が示すのは，平均所得が増加したのと同時期にどれだけ労働時間が変化したかである。表1と表2が示しているのは，ある標本点での実際のデータの数値である。

　国民所得が増加し，労働時間が減少している主な理由は，生産性の向上である。生産性とは仕事のインプットを仕事のアウトプットに変換する割合，つまり1時間の労働に対する経済的見返りのことである。労働生産性の向上は労働時間の短縮につながる。労働者が1時間の労働でより多くのものを生産することができれば，労働時間を減らすことが可能になるのだ。

━━━━━━◀解　説▶━━━━━━

問1．「本文の範囲で，正しい場合は次の文にTを，そうでなければFをつけよ」

(1)「もし，その国の労働者一人あたりの年間労働時間（AWH）が減少すれば，その国の国民の休みは減少すると予想される」

第2段最終文（The extra hours …）に「余分の労働時間が意味するのは，労働日数が多く休みが少ないということである」とある。労働時間が長いと休みが少ないのだから，労働時間が減少すれば休みは増える。よって，Fとなる。

(2)「一人あたりの国内総生産額（GDP pc）の高い国の国民は一般的に労働時間が短いが，シンガポールはこの観察に対しての最も明白な例外である」

表1と表2の2015年のシンガポールの値を見ると，4カ国中GDP pcが最高だが，労働時間も4カ国中最大であることから，Tとなる。

(3)「韓国の1時間ごとの労働アウトプットはスイスよりも低い」

労働アウトプット（産出量）について本文に明確な定義は見当たらないが，

最終段第2文（Productivity refers to …）の「生産性とは仕事のインプットを仕事のアウトプットに変換する割合，つまり1時間の労働に対する経済的見返りのことである」がヒントとなる。インプットが労働時間を指し，アウトプットがその労働によって生み出された産出物であると推測できる。図1で，韓国はスイスと比べて労働時間が長いわりにGDP pcが少ないため，Tとなる。

(4) 「もし労働者がより生産的になれば，労働時間が長くなる傾向がある」
最終段最終文（If workers can …）に「労働者が1時間の労働でより多くのものを生産することができれば，労働時間を減らすことが可能になる」とある。生産的になれば労働時間は短くなることから，Fとなる。

問2．「各文は，図1のどの国を指しているか？ 下のリストで同じ選択肢を2回以上用いてよい」

(1) 「この国のGDP pcは60,000ドルを超え，AWHは日本よりも少ない」
60,000ドルを超えている国はスイスとシンガポールで，日本よりも労働時間が少ないのはスイスである。正解はトとなる。

(2) 「この国のGDP pcは日本の約10分の1である」
日本の約40,000ドルに対して10分の1の要件を満たすのはカンボジアのみである。正解はイとなる。

(3) 「GDP pcの数値は近いが，この国のAWHは日本より約300時間多い」
GDP pcの値が近いのは，ドイツと韓国であるが，日本より労働時間が多いのは韓国である。正解はヘとなる。

(4) 「日本と比べて，この国の国民の労働時間は短いが，GDP pcは50%以上高い」
日本よりも労働時間が短いのはスイスとドイツであるが，GDP pcが日本の1.5倍以上の国はスイスである。正解はトとなる。

問3．「図1を用いて次の文の空欄AからCのそれぞれを，最もふさわしい選択肢で埋めよ。同じ選択肢は一度しか使えない」
空欄を埋めた訳は以下の通り。

　ドイツでは，平均的な労働者の年間労働時間は<u>1400</u>時間弱である。これは中国より約<u>800</u>時間少ないが，ドイツのGDP pcは中国より約

36,000 ドル多い。

ドイツと中国との図1での比較である。中国の年間労働時間は約2200時間であるのに対してドイツは約1400時間であるので，その差となる800時間が空欄Bに入る。GDP pc に関しては，中国が約12,000ドルでドイツが約48,000ドルであるので，その差となる36,000ドルが空欄Cに入る。

問4．「次の文は1960年から2015年までの変化についての分析に基づいている。空欄AからEをそれぞれに最もよく当てはまる選択肢で埋めよ」

(1) 「ドイツは AWH の減少という点で最も顕著な成功を達成した。この時間は40%近く減少したが，その一方でその国の GDP pc は4倍以上までに成長した」

表2で，ドイツの AWH は2181時間から1368時間に減少して，その差は813時間である。約40%の減少となるので，Aにはホが入る。表1で，GDP pc は9937ドルから44,483ドルと約4.5倍に増加しているので，Bにはロが入る。

(2) 「韓国は興味深い動きを見せた。GDP pc が30倍増加している間に，AWH は当初約3000時間にまで増え，その後約2000時間にまで下がった」

表2で，韓国の AWH は1982年に2893時間で最大となり，2015年に2076時間で最低となった。それぞれの概数を入れると，Cにはヌの3000，Dにはリの2000が入る。

(3) 「ある国は GDP pc で最初に30,000ドルを達成したが，2004年から2015年までの間の成長はたった10%であった」

表1より，日本が1993年に最初に30,000ドルを達成している。よって，a certain country は日本である。2004年から2015年までを見ると，GDP pc は35,413ドルから38,875ドルになり，その差は3,462ドルである。10%程度の成長率だとわかる。したがって，Eにはハが入る。

Ⅳ 解答

問1．A—ロ　B—ホ　C—イ　D—ヘ
問2．イ　問3．ハ　問4．ロ　問5．ニ　問6．ニ
問7．イ

◆全 訳◆

≪食品ロスと食品廃棄の違いを知り食料資源を守る≫

食品ロスと食品廃棄は，まったく同じもののように聞こえる。最後に食

べたおいしい食事を思い浮かべてみてほしい。お皿に盛られたものはすべて，農場からフォークまでの長い旅路，複雑なフードチェーンを経てそこに運ばれてきた。食品は，その連鎖のさまざまなポイントで失われたり，無駄になったりするが，そのありさまは世界各地で大きく異なっている。

　飢餓に苦しむ人々の圧倒的多数が住む低所得国では，食料が無駄になることはほとんどない。しかし，多くの食料が，成長，収穫，貯蔵の段階で失われている。食品ロスは通常，フードチェーンの早い段階で発生する。これは，農家が食品の栽培，包装，保管の際に直面する難題によるものだ。貧しい国や，頻繁に異常気象の影響を受ける国の農家は，時代遅れの機械や技術，不十分な貯蔵方法，弱い経済システムとの困難な戦いに直面することがよくある。このような場合には，雨不足，洪水，病気，腐敗，昆虫，その他の動物，買い手や市場へのアクセス不足などにより，よい作物が失われることがよくある。これらの原因による損失は悲惨なものだ。たとえば，サハラ砂漠以南のアフリカでは，収穫後の食品ロスの金額は，この地域が受け取る食料援助額よりも多い。また，世界では，最も飢えている人々の50パーセント以上が，貧しい農村地域で5エーカー以下の畑を所有する農民である。彼らは自身の貴重な資源の大変多くの部分を，食品の栽培，収穫，加工，包装，貯蔵に使う。しかし，適切なシステムと資源がないので，収穫物の多くが失われ，その結果，彼らは飢餓に苦しみ続ける。そのため，食品ロスに直面している国々は，それ以外の国ほど多くの食品を無駄にしてはいないのだ。

　米国やその他の高所得国に住んでいる人は，毎日のように食品廃棄物を目にしていることだろう。そこでは食料が比較的豊富で安価なため，ほとんどは消費者レベルで無駄になっている。生産地から購入地まで移動した後のことである。食べ残しの食事や，腐らせてしまった野菜を思い出してもらいたい。しかし，高所得国での食品廃棄は，生産者レベルでも発生することがある。たとえば，農家が捨ててしまう形の悪い野菜や余った野菜は，プレコンシューマー食材であっても食品ロスではなく，食品廃棄物として扱われる。これは，まだ十分に食べられるのに捨てられてしまうからだ。供給側は，黒い斑点のあるバナナ，奇妙な形のリンゴ，魚のごく小さな切り身など，「不完全な」食品を拒絶することが多い。スーパーマーケットやレストランなどの食品提供者は，毎週どれくらい売れるかを完璧に

予測することはできないので，よい食品がゴミ箱行きになってしまうのだ。個人でも，必要以上に買ってしまったり，おなかがいっぱいになって夕食の一部を捨ててしまったり，冷蔵庫の奥で食べ物を腐らせてしまったり，食べきれなかった食べ物をレストランで残してしまったり，賞味期限や販売期限を勘違いして食べ物をすぐに捨ててしまったりすることがよくある。このような無駄が積み重なるのであり，豊かな国の消費者は，毎年，サハラ以南のアフリカの全食料生産量とほぼ同じ量の食品を廃棄している。廃棄される食品を国にたとえると，米国，中国に次いで世界第3位の二酸化炭素排出国である。悲しいことだが，高所得国では，食べられる食料の3分の1を進んで無駄にしている。一方で，低所得国の深刻な飢餓に苦しむ人々は，自分たちが制御できない力のために，栽培した食料の40％を失っている。

　2030年までに世界の食品ロスと廃棄を半減させることは，国連の最優先事項の一つである。実際，国連の17の持続可能な開発目標（SDGs）の一つにもなっている。そのため，国連は農家の人々と直接協力し，食品ロスの削減に取り組んでいる。そのプロジェクトの一つは，農民が栽培，収穫，貯蔵に関する新しいスキルを習得し，さらに農作物を効率的に販売するための市場へのアクセスを支援するものだ。このプロジェクトでは，家族経営の農家に虫や腐敗を防ぐ気密性の高い保存用コンテナを提供し，食品ロスを40％から2％に減らしている。また，コンゴ民主共和国では，たとえば，農民が市場へアクセスしやすくなるようにカーゴバイクを提供している。

　また，国連は現地のものを買うことによって食品廃棄に対処している。そのプロジェクトの一つは，地元で栽培された作物を使用し，農家の余剰品に市場を提供することだ。実際，2019年に国連は小規模農家から3700万ドル分以上の食料を購入し，彼らに重要な収入源を提供した。

━━━━━━━━━━━━━◀解　説▶━━━━━━━━━━━━━

問1．A．「頻繁な異常気象の影響を受ける国」となるように，ロのtoを補う。be subject to ～ で「～の影響を受けやすい」となる。
B．「低所得国の深刻な飢餓に苦しむ人々は，自分たちの制御を超えた力によって，栽培した食料の40％を失っている」となるように，ホのbeyondを補う。beyond ～ で「～を超えて」となる。

C．「国連は現地のものを買うことによって食品廃棄に対処している」となるように，イの by を補う。
D．「彼らに重要な収入源を提供した」となるように，ヘの with を補う。provide A with B で「A に B を提供する」となる。
問 2．イ．「育てられてから食べられるまでに食物が経る段階」
ロ．「捕食者と被食者との間の自然のつながり」
ハ．「食料品店経営者による多店舗経営」
ニ．「廃棄された食物を土に返す過程」
food chain は「食物連鎖」という意味で，ロのような捕食者と被食者との連鎖関係を示すことが多いが，ここでは違う。下線部のある文には，「お皿に盛られたものはすべて，農場からフォークまでの長い旅路，複雑なフードチェーンを経てそこに運ばれてきた」とあるので，food chain は食料の一次生産から消費者に届くまでの流れを指すと考えられる。したがって，正解はイとなる。
問 3．イ．「サハラ以南のアフリカは食料援助において，収穫後に失うよりも多くの食料を受け取っている」
ロ．「サハラ以南のアフリカの農家の 50 パーセント以上が 5 エーカー以下の農場を所有している」
ハ．「サハラ以南のアフリカは豊かな国の消費者が無駄にするのとほぼ同じ量の食料を毎年生産する」
ニ．「サハラ以南のアフリカは二酸化炭素の排出量が最も多い国の一つである」
第 3 段第 10 文（All this waste …）に「豊かな国の消費者は，毎年，サハラ以南のアフリカの全食料生産量とほぼ同じ量の食品を廃棄している」とあることから，正解はハとなる。ロに関しては，第 2 段第 8 文（And around the …）に「世界中で最も飢えている人々の 50 パーセント以上が，貧しい農村地域で 5 エーカー以下の畑を所有する農民である」とあり，サハラ以南のアフリカに限らず全世界でのことなので，間違えないようにしたい。
問 4．下線部を含む文に「黒い斑点のあるバナナ，奇妙な形のリンゴ，魚のごく小さな切り身などの『不完全な』食品」とある。この中で述べられていないのは，ロの rotten foods「腐った食べ物」となる。

問5．第3段第2文（Because food there …）に「食料のほとんどは消費者レベルで無駄になっている。生産地から購入地まで移動した後のことだ」とあり，購入地に移動後に起こる食品廃棄が food waste である。よって，ニ．「輸送中に駄目になった食品」は food waste に該当しない。

問6．イ．「カーゴバイクを提供すること」
第4段最終文（And in the …）「コンゴ民主共和国では，…カーゴバイクを提供している」で述べられている。
ロ．「気密性の高い保存用コンテナを提供すること」
第4段第5文（Through the project, …）「家族経営の農家に…気密性の高い保存用コンテナを提供し」で述べられている。
ハ．「地域で育った作物に市場を提供すること」
最終段第2文（One of its …）「地元で栽培された作物を使用し，農家の余剰品に市場を提供する」で述べられている。
ニ．「銀行ローンを提供すること」
本文に記述がない。したがって，正解はニとなる。

問7．イ．「国連の主な目標の一つは，食品ロスと食品廃棄を50％減らすことである」
ロ．「よい作物か悪い作物かを見分けるのに苦労している農家の人々もいるので，その結果として食品ロスが生じる」
ハ．「高収入の国では，食べ物は消費者レベルで無駄になっているが，生産者レベルではそうではない」
ニ．「農家の中には，学習機会よりも設備という形で国連の支援を受けることを望む人もいる」
第4段第1文（Cutting global food …）に「世界の食品ロスと廃棄を半減させることは，国連の最優先事項の一つである」とあることから，正解はイとなる。ロは言及なし。ハは，第3段第4文（But food waste …）より，生産者レベルでも無駄になっている。ニは，学習機会と設備は二者択一ではない。また，このような内容は述べられていない。

Ⅴ　解答
問1．(1)—ロ　(2)—ロ　(3)—ニ　(4)—イ　(5)—ニ
問2．ロ　問3．ハ　問4．イ　問5．ロ　問6．ハ
問7．ロ　問8．ニ

◆全　訳◆

≪犬の本当の年齢の見つけ方≫

　あなたの愛犬は何歳だろうか？　もしかしたら，4年前に生まれたのかもしれない。その年齢では，人間はまだ子供であろう。しかし，あなたの犬は大人のように振る舞う。犬の「生物学的」年齢を知るには，年齢を7倍すればいい，と聞いたことがあるかもしれない。そうすると，あなたの犬は人間の28歳に相当することになる。しかし，それはおそらく間違いであることが，新しい研究で明らかになった。あなたの愛犬は，実は53歳の人間と同じようなものなのだ。

　カリフォルニア大学ロサンゼルス校のマッテオ＝ペレグリーニは，犬の年齢に7を乗じても，実際には意味がない，と言う。表面的には，7倍することは理にかなっているとペレグリーニは言う。平均して，人は犬の7倍も長生きする。つまり，「人間の寿命を犬の寿命で割っただけです」と彼は指摘する。

　しかし，その単純な計算には問題がある。1歳の犬は子犬を産むのに十分な成犬である。一方，7歳の人間は赤ちゃんを産むことができない。これは，種によって発達速度が全く異なるからだ。一つの個体における加齢も生涯同じペースではない。ペレグリーニは，「生まれたばかりの赤ちゃんは，体の変化がとても速いのです。時間がたつにつれて遅くなるのです」と説明している。

　幸いなことに，犬も人間も非常に似たような発達の節目を迎える。私たちは赤ちゃん（すなわち子犬），子供（すなわちまだ子犬），思春期，そして大人になる。その過程で，DNA も変化していく。遺伝子の命令を運ぶ分子は変わらない。しかし，この DNA は時間とともに，小さな化学的な「タグ」を獲得したり失ったりする。これは後成的な変化によるものだ。メチル基と呼ばれるこのタグは，DNA の特定の遺伝子をオンにしたりオフにしたりする小さなスイッチのような役割を果たす。メチル基は，DNA 中のさまざまな遺伝子がどのようにタンパク質を作るために使われるかを決定する。DNA 上のメチル基符号の完全なセットは，メチロームと呼ばれている。

　動物が年を取るにつれて，メチロームも年を取る。メチロームがどのように変化するかは，非常に予測しやすい。ほとんどの若いヒトの場合，

DNAのマークは単一のパターンになるが，65歳や70歳に近いヒトでは，DNAのマークは異なるパターンになる。犬も同じだ。もし，異なる年齢の人間と犬の後成的なマーキングを互いに比較したら，「同じようにマークされ続けている場所」があるのだろうか？　国立ヒトゲノム研究所のエレイン゠オストランダーとその共同研究者は，そう考えた。もしあるとすれば，一方の種でそのパターンを見つけることは，他方の種での同等の年齢を示すのだろうか？　そうしてパターンを比較すれば，犬の「実年齢」を知ることができるかもしれない。

　このことを検証するために，研究チームはラブラドール・レトリバー104頭のメチロームを調べた。彼女のチームは，1993年以来，アメリカ中の犬からDNAサンプルを集めている。「ラブラドールを選んだのは，犬にしては長生きできるし，そのDNAサンプルが我々の冷凍庫で簡単に手に入るからです」とオストランダーは述べる。「我々は，生後数ヵ月から16，17歳のラブラドールから，DNAサンプルを採取することができました」　研究者たちは，犬のメチロームを，1歳から103歳までの320人のメチロームと比較した。そして，それは成功した。そのパターンを比較することによって，研究者たちは，犬の年齢と人間の年齢がどのように関連しているかを解明することができるとわかった。

　ある種の生物学的年齢に相当する年齢が，時間とともにどのように変化するかがわかった。「直線は見えませんね。人間が年を取り，犬が年を取るにつれて平らになる曲線が見られるのです」とオストランダーは述べる。

　生後間もない子犬は，人間よりずっと速く成長する。しかし，犬が年を取るにつれて，その老化曲線は平らになり始める。科学者たちはこの曲線を利用し，犬の年齢を計算するための新しい数式を開発した。悲しいかな，7を掛ければいいというような簡単なものではないのだ（それでは曲線ではなく，直線になってしまう）。

　この新しい数式は，対数として知られる数学的概念に依存している。ここでは，「自然対数」と呼ばれるものが使われる。犬の生物学的年齢を知るには，犬の年齢（年）の自然対数に16を掛ければよいというのである。そして，31を足す。この式によると，たとえば1歳の犬は生物学的に31歳の人間に近いということになる。4歳の犬は53歳の人間に近い。

　「DNAのメチロームパターンを調べて，相対的な年齢を対応させるた

めにそれらを比較したのは非常に素晴らしいと思います」とペレグリーニは言う。もちろん，他の研究者がこの新しい発見を確認する必要があります，と彼はつけ加えた。

━━━━━━━━━━◀解　説▶━━━━━━━━━━

問１．「文中の下線部の単語や熟語に意味が最も近い表現を選べ」

(1)　On the surface「表面上は」　ロ．Superficially が近い意味。

(2)　milestones「重大な段階」　ロ．important stages が近い意味。

(3)　adolescents「若者」　ニ．young people が近い意味。

(4)　下線部の後の while … a different pattern に注目する。対比の while があるので，この one は different「異なる」の対義語として使われている。したがって，イ．an identical「全く同じ，同一の」が近い意味。

(5)　get at ～「～を突き止める」　ニ．find out ～「～を発見する」が近い意味。

問２．「前置詞 for が下線部(x)と同じ用法で使われている文を選べ」

下線部を含む部分は「犬にしては長生きできる」の意味で，この for は「～にしては，～の割には」という意味である。したがって，正解はロ．That's not bad for a beginner.「それは初心者にしては悪くない」となる。

問３．「犬の『本当の』年齢を割り出すのに単純計算ではうまくいかないのはなぜか？」

イ．「犬と人間は年を取る際に同じように発達するから」

ロ．「犬の生物学的年齢は犬の種類によって異なるから」

ハ．「犬と人間は一生を通じて異なる速度で年を取るから」

ニ．「犬は人間よりも遺伝情報を失う速度が速いから」

第３段第１〜４文（But there are … very different rates.）に「しかし，その単純な計算には問題がある…これは，種によって発達速度が全く異なるからだ」とあることから，正解はハとなる。

問４．「なぜオストランダーは数ある犬種からラブラドールを選んだのか？」

イ．「研究者はすでにあらゆる年齢の DNA サンプルを採取していたから」

ロ．「他の犬よりも賢いから」

ハ．「他の種よりも大きいから」

ニ．「DNA のサンプルが他の犬種よりも長く冷凍保存できるから」
第 6 段第 3 文（"I picked Labradors …）に「ラブラドールを選んだのは，…その DNA サンプルが我々の冷凍庫で簡単に手に入るからです」とあり，次の第 4 文（"We were able …）から，サンプルの年齢が生後数カ月から 16，17 歳に及ぶとわかる。よって，正解はイとなる。

問 5．「人間の年齢に相当する犬の年齢を，オストランダーはどのようにして計算したのか？」
イ．「人間と犬のタンパク質のサンプルを比較することによって」
ロ．「人間と犬の DNA メチロームのパターンを比較することによって」
ハ．「人間と犬のタンパク質の配列の違いを調査することによって」
ニ．「DNA のさまざまな部分がどうやってタンパク質を生み出すのかを調査することによって」
第 6 段第 5 〜 7 文（The researchers compared … to human years.）に「研究者たちは，犬のメチロームを，1 歳から 103 歳までの 320 人のメチロームと比較した…そのパターンを比較することによって研究者たちは，犬の年齢と人間の年齢がどのように関連しているかを解明することができるとわかった」とあることから，正解はロとなる。

問 6．「人間と犬との間の年齢の関係性を最もよく示しているのはどのグラフか？　縦軸は人間の年齢，横軸は犬の年齢である」
第 7 段最終文（"What we see …）に a curve that levels out … dogs get old「人と犬の加齢に伴い平らになる曲線」とある。よって，正解はハとなる。

問 7．「2 の自然対数は約 0.7 である。本文の公式によれば，人間と比較された場合に 2 歳の犬の生物学的年齢は何歳か？　最も近い値を選べ」
公式は第 9 段第 3・4 文（To figure out … add 31.）にあり，犬の年齢（年）の自然対数に 16 を掛けて，31 を足すというものである。0.7×16＋31＝42.2 となるので，正解はロとなる。

問 8．「この文章に最も合うタイトルはどれか？」
イ．「犬は人間より寿命が短い」
ロ．「犬の加齢プロセス」
ハ．「自然対数の使用」
ニ．「犬の本当の年齢の見つけ方」

本文では，人間との比較から犬の生物学的年齢を求めている。よって，正解はニとなる。

◆講　評

　大問構成は，発音・アクセント，文法・語彙，会話文，語句整序の混合問題1題，読解問題4題で，計5題の出題である。難易度は基礎〜標準レベル。試験時間は90分だが，問題の種類が多く，それぞれの長文の分量も多いので，時間配分に関して戦略を立てる必要がある。

　Ⅰの問1・問2は発音・アクセント問題でいずれも標準レベルである。問3前半の文法・語彙問題は短文の空所補充形式で，後半の会話文も空所補充形式である。基本例文や熟語が会話の形で問われている。問4の語句整序問題は文の一部を整序する形式で，基本的な文法や構文の知識が問われている。

　Ⅱの読解問題は，問1が英文を読み，それぞれの段落に合った具体例の絵を選ぶ形式である。問2はプリンターのインク交換について，絵を見ながら適切な説明文を補う形式である。選択肢は絞り込みやすく文章も平易であった。

　Ⅲの読解問題は，表とグラフとを読み解く問題である。表やグラフだけで解ける問題もあるが，文章内容を理解しなければ解けない問題もある。内容真偽問題と計算を必要とする問題があるので，効率よく仕上げたい。

　Ⅳの読解問題は，食品ロスと食品廃棄の違いについての文章で，問1が前置詞を選ぶ問題，問2が語の意味を選ぶ問題，問3以降が内容に関する問題という構成であった。適切な時間をかけて解けばきちんと得点できる問題。設問文は日本語となっている。

　Ⅴの読解問題は，犬の生物学的年齢に関する文章で，内容には難解な部分もある。内容の理解を問う設問が大半で，一部に語句の意味を問う問題が含まれている。内容の理解に関する設問はおおむね段落に沿った順で並んでいる。語数が多く，専門用語も一部に含まれる。時間配分を考えてじっくり時間をかけられるようにしたい。

数学

I 解答

(1)アイ. 42　ウエ. 60
(2)オ. 5　カ. 1　キ. 5　クケ. 35　コ. 2　サシ. 37　ス. 8
(3)セソ. 16　タチ. 10

◀解　説▶

≪共通集合の要素の個数，連立不等式の整数解≫

(1) $1 \leq 7m+2 \leq 300$ を満たす正の整数 m は，$1 \leq m \leq 42$ なので
$\quad n(P)=42$　（→アイ）

$1 \leq 5n-3 \leq 300$ を満たす正の整数 n は，$1 \leq n \leq 60$ なので
$\quad n(Q)=60$　（→ウエ）

(2) $a \in P \cap Q$ より $a \in P$ であるから
$\quad a=7m+2$　$(1 \leq m \leq 42)$

と書けて，$a+5=7(m+1)$ なので，$a+5$ は 7 の倍数である。（→オ）
$i=m+1$ とおくと，$a+5=7i$ $(2 \leq i \leq 43)$ と書ける。
$a \in Q$ でもあるから，$a=5j-3$ $(1 \leq j \leq 60)$ とすると
$\quad 5j=a+3=(7i-5)+3=7i-2=5i+2(i-1)$　（→カ）
$\quad \iff 5(j-i)=2(i-1)$

ここで，2 と 5 は互いに素なので，$i-1$ は，5 の倍数である。（→キ）
k を，$i-1=5k$ を満たす整数とすると
$\quad a=5j-3=7i-5$
$\quad \quad =7(5k+1)-5=35k+2$　（→ク〜コ）

$i-1=5k$，$1 \leq i-1 \leq 42$ より，k の最小値は $k=1$ なので，$P \cap Q$ の要素で最も小さい整数は
$\quad 35 \cdot 1+2=37$　（→サシ）

また，$k=1, 2, \cdots, 8$ より　$n(P \cap Q)=8$　（→ス）

(3) $\begin{cases} y=x-4 \\ y=92-5x \end{cases}$

$\iff \begin{cases} x = 16 \\ y = 12 \end{cases}$

領域 D は右図の網かけ部分である。

点 $(x, y) \in D$ を満たす x の最大値は　　16

(→セソ)

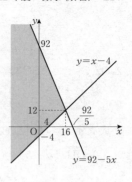

D 内の点 (x, y) について，$x \in P$ となるのは
　　$x = 9, 16$

に限られる。$x = 16$ のとき，$y = 12 \in Q$ のみである。$x = 9$ のとき，$y \in Q$ となるのは
　　$y = 7, 12, \cdots, 47 \ (= 5 \times 10 - 3)$

より，9 個の y の値が対応する。よって，求める点の個数は
　　$1 + 9 = 10$　(→タチ)

II 解答

ア．2　イ．9　ウ．2　エ—⑦　オ．2　カ．4
キ．9　ク．2　ケ．3　コ．4　サ．3　シ．4
ス．3　セ．2　ソ．3　タ．3　チ．2　ツ．3　テ．4

◀解　説▶

≪空間ベクトルの四面体への応用≫

△OAB は正三角形より ∠AOB = 60° なので
$$\vec{a} \cdot \vec{b} = \text{OA} \cdot \text{OB} \cdot \cos 60° = 2 \cdot 2 \cdot \frac{1}{2} = 2 \quad (\to \text{ア})$$

余弦定理より
$$\cos \angle \text{AOC} = \frac{2^2 + 3^2 - 2^2}{2 \cdot 2 \cdot 3} = \frac{3}{4}$$

なので
$$\vec{a} \cdot \vec{c} = \text{OA} \cdot \text{OC} \cdot \cos \angle \text{AOC} = 2 \cdot 3 \cdot \frac{3}{4} = \frac{9}{2} \quad (\to \text{イ, ウ})$$

題意の点 H をとると

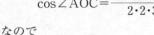

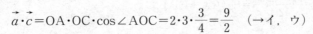

$$= \vec{c} + x(\vec{a}-\vec{c}) + y(\vec{b}-\vec{c})$$
$$= x\vec{a} + y\vec{b} + (1-x-y)\vec{c} \quad (\to \text{エ})$$

△OAC と △OBC は合同なので，同様に計算して

$$\vec{b}\cdot\vec{c} = \vec{a}\cdot\vec{c} = \frac{9}{2}$$

が成立する。$\overrightarrow{OH}$ と $\overrightarrow{BA}$ が直交することから

$$\overrightarrow{OH}\cdot(\vec{a}-\vec{b}) = (x\vec{a}+y\vec{b})\cdot(\vec{a}-\vec{b}) + (1-x-y)\vec{c}\cdot(\vec{a}-\vec{b})$$
$$= x|\vec{a}|^2 - y|\vec{b}|^2 + (y-x)\vec{a}\cdot\vec{b} + (1-x-y)\cdot 0$$
$$= x\cdot 2^2 - y\cdot 2^2 + (y-x)\cdot 2$$
$$= 2x - 2y = 0 \quad (\to \text{オ})$$

$\overrightarrow{OH}$ と $\overrightarrow{CA}$ が直交することから

$$\overrightarrow{OH}\cdot(\vec{a}-\vec{c})$$
$$= \{x\vec{a}+y\vec{b}+(1-x-y)\vec{c}\}\cdot(\vec{a}-\vec{c})$$
$$= x|\vec{a}|^2 - (1-x-y)|\vec{c}|^2 + (-x+1-x-y)\vec{a}\cdot\vec{c} + y\vec{a}\cdot\vec{b} - y\vec{b}\cdot\vec{c}$$
$$= x\cdot 2^2 + (x+y-1)\cdot 3^2 + (1-2x-y)\cdot\frac{9}{2} + y\cdot 2 - y\cdot\frac{9}{2}$$
$$= 4x + 2y - \frac{9}{2} = 0 \quad (\to \text{カ〜ク})$$

これらより，$x=y$ を代入して，$6x = \frac{9}{2}$ より

$$x = \frac{3}{4}, \quad y = \frac{3}{4} \quad (\to \text{ケ〜シ})$$

直線 AB と CH の交点を M とすると，対称性より点 M は AB の中点であり

$$\overrightarrow{CM} = \frac{\overrightarrow{CA}+\overrightarrow{CB}}{2} = \frac{1}{2}(\overrightarrow{CA}+\overrightarrow{CB})$$

となる。また

$$\overrightarrow{CH} = x\overrightarrow{CA} + y\overrightarrow{CB} = \frac{3}{4}\overrightarrow{CA} + \frac{3}{4}\overrightarrow{CB} = \frac{3}{4}(\overrightarrow{CA}+\overrightarrow{CB})$$

なので

$$\overrightarrow{CH} = \frac{3}{2}\overrightarrow{CM} \quad (\to \text{ス，セ})$$

△ABC は 1 辺が 2 の正三角形より,CM=2sin60°=$\sqrt{3}$ なので

$$CH = \frac{3}{2}CM = \frac{3\sqrt{3}}{2} \quad (\to ソ \sim チ)$$

$$OH = \sqrt{OC^2 - CH^2}$$

$$= \sqrt{3^2 - \left(\frac{3\sqrt{3}}{2}\right)^2} = \sqrt{\frac{9}{4}} = \frac{3}{2}$$

$$MH = CH - CM = \frac{\sqrt{3}}{2}$$

より,四面体 OABH の体積は

$$\frac{1}{3} \times \triangle ABH \times OH = \frac{1}{3} \times \left(\frac{1}{2} \cdot AB \cdot MH\right) \times OH$$

$$= \frac{1}{3} \times \left(\frac{1}{2} \cdot 2 \cdot \frac{\sqrt{3}}{2}\right) \times \frac{3}{2}$$

$$= \frac{\sqrt{3}}{4} \quad (\to ツ, テ)$$

III 解答

(1) ア. 3 イ. 4
(2) ウエ. 13 オカ. 28
(3)(i) キ. 1 ク. 4 (ii) ケコ. 31 サシ. 56
(4) ス. 1 セ. 4 ソタ. 29 チツ. 84 テト. 21 ナニ. 29

◀解 説▶

≪袋から取り出したカードに書かれた整数の確率≫

(1) 8枚のうちで正の整数であるカードは6枚なので,求める確率は

$$\frac{6}{8} = \frac{3}{4} \quad (\to ア, イ)$$

(2) 2枚取り出すとき,ともに1でない確率は $\frac{{}_6C_2}{{}_8C_2}$ なので,余事象を考えて,求める確率は

$$1 - \frac{{}_6C_2}{{}_8C_2} = 1 - \frac{6 \cdot 5}{2 \cdot 1} \cdot \frac{2 \cdot 1}{8 \cdot 7} = 1 - \frac{15}{28} = \frac{13}{28} \quad (\to ウ \sim カ)$$

(3)(i) $a+b \geq 5$ を満たす a と b の組は,順不同で

(1, 4),(2, 3),(2, 4),(3, 4)

である。a, b の順番とカードの枚数(1,2が2枚,3,4が1枚)を

考えると, $4+4+4+2=14$ 通りなので, 求める確率は

$$\frac{14}{8\times 7}=\frac{1}{4} \quad (\rightarrow キ, ク)$$

(ii) $b\geqq a$ を満たす a, b の組とそれに対応する場合の数は次の通りである。

$$(a,\ b)=\begin{cases}(0,\ 0\text{以上の残りのカード}) & 2\times 7=14\text{通り} \\ (1,\ 1\text{以上の残りのカード}) & 2\times 5=10\text{通り} \\ (2,\ 2\text{以上の残りのカード}) & 2\times 3=6\text{通り} \\ (3,\ 4) & 1\text{通り}\end{cases}$$

よって, 求める確率は

$$\frac{14+10+6+1}{8\times 7}=\frac{31}{8\times 7}=\frac{31}{56} \quad (\rightarrow ケ\sim シ)$$

(4) $m=100a+10b+c\geqq 221$ を満たす a, b, c を考える。
$a\neq 2$ のとき, $a=3$ であれば b, c は任意, $a=4$ であれば b, c は任意なので, $a\neq 2$ かつ $m\geqq 221$ である確率は

$$\frac{7\times 6+7\times 6}{8\times 7\times 6}=\frac{1}{4} \quad (\rightarrow ス, セ)$$

$a=2$ のとき

$(b,\ c)=(2,\ 1\text{以上})$ $2\times 1\times 4=8$ 通り
$(b,\ c)=(3,\ \text{残りの任意})$ $2\times 1\times 6=12$ 通り
$(b,\ c)=(4,\ \text{残りの任意})$ $2\times 1\times 6=12$ 通り

より, $a=2$ かつ $m\geqq 221$ である確率は

$$\frac{8+12+12}{8\times 7\times 6}=\frac{2}{21}$$

なので

$$P=\frac{1}{4}+\frac{2}{21}=\frac{29}{84} \quad (\rightarrow ソ\sim ツ)$$

$m\geqq 221$ であったとき, a が 2 でない条件付き確率は

$$\frac{\frac{1}{4}}{\frac{29}{84}}=\frac{21}{29} \quad (\rightarrow テ\sim ニ)$$

IV **解答** ア．3 イ．8 ウ．3 エ．3 オ．1 カ．3
キ―④ ク．6 ケ．8 コサ．10 シス．−1
セソ．29 タチ．12

◀解 説▶

≪3次関数の増減と曲線で囲まれた部分の面積≫

$f(x)=x^3+4x^2-3x+a$ より

$\quad f'(x)=3x^2+4\cdot 2x-3=3x^2+8x-3$ （→ア～ウ）

$f'(x)=(3x-1)(x+3)$ より

$\quad f'(x)=0 \Longleftrightarrow x=-3, \dfrac{1}{3}$ （→エ～カ）

$f(x)$ は 3 次関数で，その増減表は右のようになる。

また，$\lim_{x\to -\infty}f(x)=-\infty$ なので，$f\left(\dfrac{1}{3}\right)$ は，$f(x)$ の極小値であるが，最小値ではない。（→キ）

x	…	-3	…	$\dfrac{1}{3}$	…
$f'(x)$	+	0	−	0	+
$f(x)$	↗	極大	↘	極小	↗

曲線 $y=f(x)$ の点 $(1, f(1))$ における接線

$\quad y=f'(1)(x-1)+f(1)=8(x-1)+a+2=8x+a-6$

が原点を通るとき

$\quad 0=8\cdot 0+a-6 \Longleftrightarrow a=6$ （→ク）

より，接線の方程式は $\quad y=8x$ （→ケ）

$a=6$ のとき，$f(x)=x^3+4x^2-3x+6$，点 $P(1, f(1))$ より $P(1, 8)$ であるから，接線 $l:y=8x$ とする。曲線 $y=g(x)$ が点 P を通るので

$\quad 8=g(1)=-1^2+b\cdot 1+c=b+c-1 \Longleftrightarrow b+c=9$

$g'(x)=-2x+b$ より，$y=g(x)$ の P における接線が l に一致することから，傾きを考えて

$\quad g'(1)=8 \Longleftrightarrow -2\cdot 1+b=8 \Longleftrightarrow b=10$ （→コサ）

また $\quad c=9-b=9-10=-1$ （→シス）

求める領域の概形は，次図の網かけ部分である。

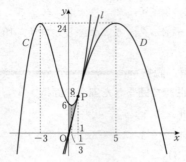

よって，求める面積は

$$\int_0^1 \{x^3+4x^2-3x+6-(-x^2+10x-1)\}dx$$
$$=\int_0^1 (x^3+5x^2-13x+7)dx$$
$$=\left[\frac{x^4}{4}+\frac{5}{3}x^3-\frac{13}{2}x^2+7x\right]_0^1$$
$$=\frac{1}{4}+\frac{5}{3}-\frac{13}{2}+7=\frac{29}{12} \quad (→セ〜チ)$$

V 解答

ア．0 イ．2 ウ．2 エ．2 オ．2 カ—③
キ—① ク—② ケ—③ コ．2 サ—③ シ．2
ス．4 セ—④ ソ．2 タ．5 チ．2

◀解　説▶

≪階差数列による漸化式の一般項の決定≫

$a_2=2a_1+2\cdot 2=2\cdot(-4)+4=-4$ より
　　$b_1=a_2-a_1=-4-(-4)=0$ （→ア）

$$\begin{array}{r}a_{n+1}=2a_n+2(n+1)\\-\underline{)\ a_n\ \ =2a_{n-1}+2n}\\a_{n+1}-a_n=2(a_n-a_{n-1})+2\end{array}$$

より　$b_n=2b_{n-1}+2$ （$n=2, 3, \cdots$） （→イ，ウ）

$c_n=b_{n+1}-b_n$ とおくと
　　$b_2=2b_1+2=2\cdot 0+2=2$
　　$c_1=b_2-b_1=2-0=2$ （→エ）

$$\begin{aligned}b_{n+1}&=2b_n+2\\-\underline{)\,b_n&=2b_{n-1}+2}\\b_{n+1}-b_n&=2(b_n-b_{n-1})\end{aligned}$$

より　$c_n=2c_{n-1}\quad(n=2,\ 3,\ \cdots)\quad(\to オ)$

これらより

$$c_n=c_1\cdot 2^{n-1}=2\cdot 2^{n-1}=2^n\quad(n=1,\ 2,\ \cdots)\quad(\to カ)$$

$b_{n+1}-b_n=c_n=2^n$ より

$$\begin{aligned}b_2-b_1&=2\\&\vdots\\b_{n-1}-b_{n-2}&=2^{n-2}\quad(\to キ)\\+\underline{)\,b_n-b_{n-1}&=2^{n-1}\quad(\to ク)}\\b_n-b_1&=2+\cdots+2^{n-2}+2^{n-1}\end{aligned}$$

$$b_n-0=2\cdot\frac{2^{n-1}-1}{2-1}=2^n-2$$

なので　$b_n=2^n-2\quad(n=1,\ 2,\ \cdots)\quad(\to ケ,\ コ)$

$n\geqq 2$ のとき

$$\begin{aligned}a_n&=\sum_{k=1}^{n-1}(a_{k+1}-a_k)+a_1\\&=\sum_{k=1}^{n-1}b_k+a_1\\&=\sum_{k=1}^{n-1}(2^k-2)+(-4)\\&=2\cdot\frac{2^{n-1}-1}{2-1}-2(n-1)-4\\&=2^n-2n-4\end{aligned}$$

であり，$2^1-2\cdot 1-4=-4=a_1$ より，この結果は $n=1$ でも成立する。

よって　$a_n=2^n-2n-4\quad(n=1,\ 2,\ \cdots)\quad(\to サ〜ス)$

$$\begin{aligned}\sum_{k=1}^n a_k&=\sum_{k=1}^n(2^k-2k-4)\\&=2\cdot\frac{2^n-1}{2-1}-2\cdot\frac{n(n+1)}{2}-4n\\&=2^{n+1}-n^2-5n-2\quad(\to セ〜チ)\end{aligned}$$

VI 解答

(1) ア. － イ. 2 ウ. 2 エ. 2 オ. 3
(2) カ. 2 キ—① ク—⑥
(3) ケ. 3 コ. 2 サ. 3 シ. 2 ス. 5
(4) セ—① ソ—④ タ—⑦ チ—⑥

◀解　説▶

≪指数関数を分母に含む関数の微分・積分≫

(1) $f'(x) = -\dfrac{(e^x+2)'}{(e^x+2)^2} = \dfrac{-e^x}{(e^x+2)^2}$ 　（→ア, イ）

$f''(x) = -\dfrac{(e^x)'(e^x+2)^2 - e^x\{(e^x+2)^2\}'}{\{(e^x+2)^2\}^2}$

$= -\dfrac{e^x(e^x+2)^2 - e^x \cdot 2(e^x+2) \cdot e^x}{(e^x+2)^4}$

$= -\dfrac{e^x(e^x+2)(e^x+2-2e^x)}{(e^x+2)^4}$

$= \dfrac{e^{2x} - 2e^x}{(e^x+2)^3}$ 　（→ウ～オ）

(2) $e^x = t$ とおくと $x = \log t$ で, 両辺を t で微分すると, $\dfrac{dx}{dt} = \dfrac{1}{e^x} = \dfrac{1}{t}$ なので

$\displaystyle \int f(x)dx = \int \dfrac{1}{e^x+2}dx$

$\displaystyle = \int \dfrac{1}{t+2} \dfrac{dx}{dt} dt$

$\displaystyle = \int \dfrac{1}{t(t+2)} dt$

$\displaystyle = \dfrac{1}{2}\int \dfrac{(t+2)-t}{t(t+2)} dt$

$\displaystyle = \dfrac{1}{2}\int \left(\dfrac{1}{t} - \dfrac{1}{t+2}\right) dt$ 　（→カ～ク）

(3) (2)より

$\displaystyle \int f(x)dx = \dfrac{1}{2}(\log|t| - \log|t+2|) + C$ 　（C は積分定数）

$= \dfrac{1}{2}\log\left|\dfrac{t}{t+2}\right| + C$

$$= \frac{1}{2}\log\frac{e^x}{e^x+2} + C$$

この結果より

$$g(x) = \int_0^x f(u)du$$

$$= \left[\frac{1}{2}\log\frac{e^u}{e^u+2}\right]_0^x$$

$$= \frac{1}{2}\log\frac{e^x}{e^x+2} - \frac{1}{2}\log\frac{e^0}{e^0+2}$$

$$= \frac{1}{2}\log\frac{e^x}{e^x+2} - \frac{1}{2}\log\frac{1}{3}$$

$$= \log\left(\sqrt{\frac{e^x}{e^x+2}} \times \frac{1}{\sqrt{\frac{1}{3}}}\right)$$

$$= \log\sqrt{\frac{3e^x}{e^x+2}}$$

なので

$$g(\log 6) = \log\sqrt{\frac{3e^{\log 6}}{e^{\log 6}+2}} = \log\sqrt{\frac{3\cdot 6}{6+2}}$$

$$= \log\sqrt{\frac{9}{4}} = \log\frac{3}{2} \quad (\to ケ, コ)$$

$$\lim_{x\to\infty}g(x) = \lim_{x\to\infty}\log\sqrt{\frac{3}{1+2e^{-x}}}$$

$$= \log\sqrt{3} \quad (\to サ)$$

$$g(x) = \log\frac{5}{3} \iff \log\sqrt{\frac{3e^x}{e^x+2}} = \log\frac{5}{3}$$

$$\iff \sqrt{\frac{3e^x}{e^x+2}} = \frac{5}{3}$$

$$\iff \frac{3e^x}{e^x+2} = \left(\frac{5}{3}\right)^2$$

$$\iff 27e^x = 25(e^x+2)$$

$$\iff 2e^x = 50$$

$$\iff e^x = 25$$

(4) 点 $(s, f(s))$ における曲線 C の接線の方程式は
$$y=f'(s)(x-s)+f(s)$$
であり，接線が点 $(0, Y)$ を通るとき
$$Y=f'(s)(0-s)+f(s)$$
$\iff Y=f(s)-sf'(s)$　（→セ，ソ）
$$\frac{dY}{ds}=f'(s)-\{s'f'(s)+sf''(s)\}=-sf''(s) \quad (\to タ)$$
$$=-s\cdot\frac{e^{2s}-2e^s}{(e^s+2)^3}=-\frac{e^s(e^s-2)}{(e^s+2)^3}s$$

$s>0$ のとき，Y の増減表は右のようになる。
よって，Y の値が最大となるのは，$s=\log 2$ のときである。（→チ）

s	0	$\cdots$	$\log 2$	$\cdots$
$\dfrac{dY}{ds}$		+	0	−
Y		↗	最大	↘

VII 解答

(1) ア．4　イ．3　ウ―⓪　エ―④　オ―⑧　カ―①
　　キ―⑤　ク―①　ケ―⑧　コ．3　サ―③

(2) シ．1　ス．0　セ．2　ソタ．15

◀解　説▶

≪三角関数の積の増減と媒介変数で表される曲線による面積≫

(1) $f'(x)=(\sin x)'\cos^3 x+\sin x(\cos^3 x)'$
$\quad =\cos x\cos^3 x+\sin x\cdot 3\cos^2 x(-\sin x)$
$\quad =\cos^4 x-3\cos^2 x(1-\cos^2 x)$
$\quad =4\cos^4 x-3\cos^2 x$　（→ア，イ）
$\quad =4\cos^2 x\left(\cos^2 x-\dfrac{3}{4}\right)$
$\quad =4\cos^2 x\left(\cos x+\dfrac{\sqrt{3}}{2}\right)\left(\cos x-\dfrac{\sqrt{3}}{2}\right)$

$0<x<\pi$ のとき
$\quad f'(x)=0 \iff \cos x=0,\ \pm\dfrac{\sqrt{3}}{2}$
$\quad\qquad \iff x=\dfrac{\pi}{6},\ \dfrac{\pi}{2},\ \dfrac{5}{6}\pi$　（→ウ〜オ）

$f(x)$ の増減表は下のようになる。

x	0	$\cdots$	$\dfrac{\pi}{6}$	$\cdots$	$\dfrac{\pi}{2}$	$\cdots$	$\dfrac{5}{6}\pi$	$\cdots$	π
$f'(x)$	/	$+$	0	$-$	0	$-$	0	$+$	/
$f(x)$	(0)	↗	極大 $\left(\dfrac{3\sqrt{3}}{16}\right)$	↘	0	↘	極小 $\left(-\dfrac{3\sqrt{3}}{16}\right)$	↗	(0)

よって

$f\left(\dfrac{\pi}{6}\right)$ は，$f(x)$ の極大値であり，最大値でもある。（→カ）

$f\left(\dfrac{\pi}{2}\right)$ は，$f(x)$ の極値ではない。（→キ）

$f'(x)=4\cos^4 x-3\cos^2 x$ より

$$\begin{aligned}f''(x)&=4\cdot 4\cos^3 x(-\sin x)-3\cdot 2\cos x(-\sin x)\\&=-16\sin x\cos^3 x+6\sin x\cos x\\&=2(3\cos x-8\cos^3 x)\sin x \quad (\to ク, ケ)\\&=-16\sin x\cos x\left(\cos^2 x-\dfrac{3}{8}\right)\\&=-16\sin x\cos x\left(\cos x+\dfrac{\sqrt{6}}{4}\right)\left(\cos x-\dfrac{\sqrt{6}}{4}\right)\end{aligned}$$

$0<x<\pi$ のとき，$\sin x>0$，$-1<\cos x<1$，$\cos x$ は単調減少より

$$f''(x)=0 \iff \cos x=0,\ \pm\dfrac{\sqrt{6}}{4}$$

を満たす x の値の個数は，3 である。（→コ）

これらの x の値のうち，最も大きいものを a，2 番目に大きいものを b とすると

$$\cos a=-\dfrac{\sqrt{6}}{4},\ \cos b=0\ \left(\iff b=\dfrac{\pi}{2}\right)$$

であり，$\cos\dfrac{\pi}{6}=\dfrac{\sqrt{3}}{2}$，$\cos\dfrac{5}{6}\pi=-\dfrac{\sqrt{3}}{2}$ に注意して

$$\cos\dfrac{5}{6}\pi<\cos a<\cos b \iff b\left(=\dfrac{\pi}{2}\right)<a<\dfrac{5}{6}\pi$$

なので，$b<x<a$ において，$f'(x)<0$，$f''(x)<0$ より
$f(x)$ はつねに減少し，曲線 C は上に凸である。（→サ）

(2) 曲線 D の概形は右図のようになるので，網かけ部分の面積 S は

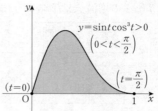

$x=1-\cos t$, $\dfrac{dx}{dt}=\sin t$ に注意して

$$S=\int_0^1 y\,dx \quad (\rightarrow シ，ス)$$

$$=\int_0^{\frac{\pi}{2}} \sin t\cos^3 t \dfrac{dx}{dt}dt$$

$$=\int_0^{\frac{\pi}{2}} \sin^2 t\cos^3 t\,dt$$

$$=\int_0^{\frac{\pi}{2}} \sin^2 t(1-\sin^2 t)\cos t\,dt$$

$$=\int_0^{\frac{\pi}{2}} (\sin^2 t-\sin^4 t)\cos t\,dt$$

$$=\left[\dfrac{\sin^3 t}{3}-\dfrac{\sin^5 t}{5}\right]_0^{\frac{\pi}{2}}$$

$$=\dfrac{1^3-0^3}{3}-\dfrac{1^5-0^5}{5}=\dfrac{2}{15} \quad (\rightarrow セ〜タ)$$

❖講 評

Ⅰ 整数で定義される2つの集合に対して，その共通集合の要素の個数と連立不等式の整数解に関する問題である。(2)は，与えられた文字を問題文の指示に従って書き換えていけば，自動的に整数に関する条件が決まるが，とり得る値の範囲は厳密に調べる必要がある。(3)は，一見すると煩雑になりそうであるが，x の値は限られるので難しくはない。

Ⅱ 空間ベクトルの四面体への応用に関する問題である。係数を文字において，ベクトルの内積を計算することを求められるが，図形の対称性を用いると計算量を減らせる。計算結果から，点 H が三角形の内側ではなく，四面体の外側にあることに気づくことができれば，最後の線分の長さや体積の計算自体は基本的である。

Ⅲ 袋から取り出したカードに書かれた整数の確率に関する問題である。カードの枚数が少なく，また，工夫もしにくい設定なので，丁寧に場合分けしていけばよい。(4)の P は，誘導の通り，a の値が2のとき

と2でないときを考えて計算する。条件付き確率は，これらの確率の値が求められていれば容易である。

Ⅳ　3次関数の増減と曲線で囲まれた部分の面積に関する問題である。接点と接線を共有する3次関数のグラフと2次関数のグラフを求め，最後にこれらで囲まれた部分の面積を計算する出題である。問題文の通りに計算していき，全体のグラフの概形が把握できれば，最後は単純な定積分の計算に帰着する。

Ⅴ　階差数列による漸化式の一般項の決定に関する問題である。階差数列の一般項を直接求めず，その階差数列をさらに考えるところに特徴がある。階差を2回とると，数列を表す文字が増えて混乱するかもしれないが，問題文をよく読んで，どのような式変形が求められているのかを落ち着いて考えることが大切である。

Ⅵ　指数関数を分母に含む関数の微分・積分に関する問題である。置換積分法による不定積分では，部分分数分解を用い，対数の差を得る。$g(x)$は定積分で定義され，対数の差であるが，対数計算でまとめておいた方が同じような計算を何度もしなくて済むようになる。(4)では，問題文に従って計算すると，(1)の結果を利用できる形が出てくる。

Ⅶ　三角関数の積の増減と媒介変数で表される曲線による面積に関する問題である。基本的には問題文の誘導の通りに微分して増減表を調べるだけであるが，$\cos x$が単調減少である範囲において，xの値の大小関係や$f'(x)$，$f''(x)$の正負を調べるのが煩雑である。(2)の面積は，グラフの概形を大まかに把握できれば，単純な定積分の計算に帰着する。

物理

I 解答 1. $\sqrt{\dfrac{2h}{g}}$ 2. $\dfrac{\sqrt{2gh}}{2}$ 3. $\dfrac{\sqrt{6gh}}{3}$ 4. $\dfrac{1}{3}$

5. $\dfrac{\sqrt{3}}{3}$ 6. $\dfrac{2\sqrt{3}\,v}{3g}$

◀ **解　説** ▶

≪斜面との衝突，斜面への水平投射≫

1．小物体が自由落下を始めて点 A に衝突するまでの時間を t_1 とする。

$$h = \dfrac{1}{2} g t_1{}^2 \quad \therefore\quad t_1 = \sqrt{\dfrac{2h}{g}}$$

2．点 A に衝突する直前における小物体の速さを v_1 とする。

$$v_1 = g t_1 = g \sqrt{\dfrac{2h}{g}} = \sqrt{2gh}$$

斜面に平行な方向の小物体の速さは

$$v_1 \sin\dfrac{\pi}{6} = \sqrt{2gh} \times \dfrac{1}{2} = \dfrac{\sqrt{2gh}}{2}$$

3．小物体が受ける力積は斜面に垂直な向きなので，斜面に平行な方向の速さは変化しない。

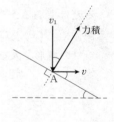

$$\dfrac{\sqrt{2gh}}{2} = v\cos\dfrac{\pi}{6}$$

$$v = \dfrac{\sqrt{2gh}}{2\cos\dfrac{\pi}{6}} = \dfrac{\sqrt{2gh}}{2 \times \dfrac{\sqrt{3}}{2}} = \dfrac{\sqrt{6gh}}{3}$$

4．小物体と斜面の間の反発係数を e とする。斜面に垂直な方向では

$$e = \dfrac{v\sin\dfrac{\pi}{6}}{v_1 \cos\dfrac{\pi}{6}} = \dfrac{\dfrac{\sqrt{6gh}}{3} \times \dfrac{1}{2}}{\sqrt{2gh} \times \dfrac{\sqrt{3}}{2}} = \dfrac{1}{3}$$

5．$\dfrac{b}{a} = \tan\dfrac{\pi}{6} = \dfrac{\sqrt{3}}{3}$

6．小物体が点Aと点Bにおいて斜面と衝突する間に要する時間を t_2 とする。この間に，小物体が水平方向に a，鉛直方向に b 移動する。

$$a = vt_2, \quad b = \frac{1}{2}gt_2^2$$

ここで，$t_2 \neq 0$ より，5の $\frac{b}{a}$ に代入して

$$\frac{\frac{1}{2}gt_2^2}{vt_2} = \frac{\sqrt{3}}{3} \quad \therefore \quad t_2 = \frac{2\sqrt{3}\,v}{3g}$$

別解 小物体の斜面に垂直な方向の運動に着目する。点Aで衝突したときの時刻を $t=0$ とする。AB間を移動する間，小物体は初速度 $v\sin\frac{\pi}{6}$，加速度 $-g\cos\frac{\pi}{6}$ の等加速度運動をする。点Bで衝突したときの時刻を $t=t_2$ とすると

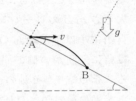

$$0 = v\sin\frac{\pi}{6} \cdot t_2 - \frac{1}{2}g\cos\frac{\pi}{6} \cdot t_2^2$$

ここで，$t_2 \neq 0$ より

$$t_2 = \frac{2v}{g}\tan\frac{\pi}{6} = \frac{2\sqrt{3}\,v}{3g}$$

II **解答** (a) $\dfrac{1}{2}qvB$ (b) $\dfrac{1}{2}qvBnSl$ (c) $\dfrac{qV}{a}$

(d) x 軸の負の向き (e) $\dfrac{V}{Ba}$ (f) $\dfrac{IB}{qVt}$

━━━━━━━◀解　説▶━━━━━━━

≪ローレンツ力，ホール効果≫

(a) 1個の荷電粒子が磁界から受ける力（ローレンツ力）の大きさ f_1 は

$$f_1 = qvB\sin 30° = \frac{1}{2}qvB$$

(b) 断面積 S，長さ l の導線の体積は Sl となるので，この中に含まれる荷電粒子の個数は nSl，その電気量の合計は $qnSl$ である。この部分を流れる電流が磁界から受ける力（ローレンツ力）の大きさ f_2 は

$$f_2 = \frac{1}{2} \cdot (qnSl) \cdot vB = \frac{1}{2}qvBnSl$$

(注) (a), (b)では，電気量の正負の情報は与えられていない。ローレンツ力の向きは，電気量が正のときは紙面に垂直に裏から表に向かう向き，電気量が負のときは表から裏に向かう向きである。

(c)・(d) n型半導体に電圧をかけると，自由電子がキャリアとなって電流が流れる。自由電子（電気量 $-q$（$q>0$））は，電流の向きと逆向きに速さ v で移動し，大きさ qvB のローレンツ力を受ける。自由電子は手前の面 Q に集まり，面 Q は負に，向かい側の面 P は正に帯電する。その結果，x 軸の正の向きに，強さ E の電界が生じ，電子は電界から x 軸の負の向きの力を受ける。その大きさは

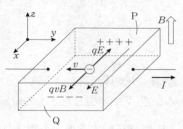

$$qE = \frac{qV}{a}$$

(e) x 軸方向の力のつり合いの式より

$$\frac{qV}{a} = qvB \quad \therefore \quad v = \frac{V}{Ba}$$

(f) 電流 I に垂直な断面の面積を S とすると，$S = at$ であるから

$$I = qnSv = qn \cdot at \cdot \frac{V}{Ba} = \frac{qntV}{B}$$

$$n = \frac{IB}{qVt}$$

III 解答
(1) $2mv\cos\theta$ (2) $\dfrac{mv^2}{r}$ (3) $P_1 = \dfrac{N_A m\overline{v^2}}{4\pi r^3}$

(4) $U = \dfrac{3}{2}N_A k_B T_1$ (5) $T_2 = T_1 + \dfrac{2Q}{3N_A k_B}$ (6) $P_2 = P_1 + \dfrac{Q}{2\pi r^3}$

◀解 説▶

≪球形容器内の気体分子≫

(1) 衝突前後での法線成分の大きさは，ともに $v\cos\theta$ である。気体分子の運動量の変化は，中心 O から点 P への向きを正とすると

$$-mv\cos\theta - mv\cos\theta = -2mv\cos\theta$$

したがって，気体分子が容器の壁にあたえる力積の大きさは

$$2mv\cos\theta$$

(2) 右図の二等辺三角形 OPQ において，次に容器の壁と衝突するまでの距離 PQ は

$$2r\cos\theta$$

気体分子の衝突の周期は

$$\frac{2r\cos\theta}{v}$$

気体分子が，1秒間あたりに容器の壁と衝突する回数は

$$1 \div \frac{2r\cos\theta}{v} = \frac{v}{2r\cos\theta}$$

したがって，1秒間あたりに容器の壁にあたえる力積の大きさは

$$2mv\cos\theta \times \frac{v}{2r\cos\theta} = \frac{mv^2}{r}$$

(3) 容器内の気体分子の総数は N_A である。容器の壁が気体分子全体から受ける力の大きさを F とすると

$$F = \frac{m\overline{v^2}}{r} \cdot N_A$$

容器の壁の面積は $4\pi r^2$ であるから

$$P_1 = \frac{F}{4\pi r^2} = \frac{m\overline{v^2}}{r} \cdot N_A \cdot \frac{1}{4\pi r^2} = \frac{N_A m\overline{v^2}}{4\pi r^3}$$

(4) 容器の体積を V とすると，$V = \frac{4}{3}\pi r^3$ であるから

$$P_1 = \frac{N_A m\overline{v^2}}{3V}$$

気体定数を R とする。1 mol の理想気体の状態方程式 $P_1V = RT_1$ を用いて，気体分子1個あたりの運動エネルギーは

$$\frac{1}{2}m\overline{v^2} = \frac{3P_1V}{2N_A} = \frac{3}{2}\frac{R}{N_A}T_1 = \frac{3}{2}k_BT_1$$

理想気体 1 mol の運動エネルギーの和は

$$N_A \times \frac{1}{2}m\overline{v^2} = \frac{3}{2}N_A k_B T_1$$

理想気体の内部エネルギー U は熱運動のエネルギーに等しいとしてよい。

$$U = \frac{3}{2}N_A k_B T_1$$

(5) 容器の形が変わらないことから，これは定積変化である。熱量 Q を加えた後の内部エネルギーを U'，内部エネルギーの変化を ΔU とする。

$$U' = \frac{3}{2}RT_2, \quad \Delta U = U' - U$$

熱力学第一法則より

$$Q = \Delta U$$
$$= U' - U = \frac{3}{2}RT_2 - \frac{3}{2}RT_1$$

$$\frac{3}{2}RT_2 = \frac{3}{2}RT_1 + Q$$

$$T_2 = T_1 + \frac{2Q}{3R} = T_1 + \frac{2Q}{3N_A k_B}$$

(6) 1 mol の理想気体の状態方程式 $P_1 V = RT_1$，$P_2 V = RT_2$ より

$$\frac{P_2}{P_1} = \frac{T_2}{T_1}$$

$$P_2 = \frac{P_1}{T_1} \cdot T_2 = \frac{P_1}{T_1} \cdot \left(T_1 + \frac{2Q}{3R}\right)$$

$$= P_1 + \frac{2P_1 Q}{3RT_1} = P_1 + \frac{2Q}{3V}$$

$$= P_1 + \frac{2Q}{4\pi r^3} = P_1 + \frac{Q}{2\pi r^3}$$

IV 解答

(i) $2d_1$　(ii) $-3kx$　(iii) $2\pi\sqrt{\dfrac{m}{3k}}$　(iv) $d_1\sqrt{\dfrac{3k}{m}}$

(v) $4kd_2^2$　(vi) $\dfrac{\sqrt{2}}{2}$ 倍

◀解　説▶

≪2つの小物体のばね振り子≫

(i) ばね Q の伸びの大きさを d_1' とすると，力のつり合いより

$2kd_1 = kd_1'$ ∴ $d_1' = 2d_1$

(ii) 小物体 A が受ける力の合力 F_0 は，右図より

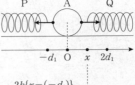

$$F_0 = -2k\{x-(-d_1)\} + k(2d_1-x)$$
$$= -3kx$$

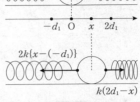

(iii) 周期 T_0 は

$$T_0 = 2\pi\sqrt{\frac{m}{3k}}$$

(iv) つり合いの位置 O が振動の中心であり，その位置から距離 d_1 ずらしてはなしているので，振幅は d_1 である。振動数 ω は

$$\omega = \sqrt{\frac{3k}{m}}$$

小物体 A が点 O を通るとき，速さは最大になる。

$$d_1\omega = d_1\sqrt{\frac{3k}{m}}$$

(v) 小物体 A, B を互いに逆向きに変位させたとき，ばね Q の中心に対して左右対称になっている。Q の中心は静止して見えるから，ここで Q を左右2つのばねに分けて考える。ばね定数はばねの長さに反比例するから，このばね定数はどちらも $2k$ である。外力がした仕事が，弾性力による位置エネルギーとしてばねに蓄えられる。A を変位させたとき，外力がした仕事は

$$\frac{1}{2}(2k)d_2{}^2 + \frac{1}{2}(2k)d_2{}^2 = 2kd_2{}^2$$

B を変位させたときも同様であるから，外力がした仕事の和は

$$2kd_2{}^2 \times 2 = 4kd_2{}^2$$

(vi) (v)から振動させた後も左右対称である。A が受ける力の合力 F_1 は

$$F_1 = -2kx - 2kx = -4kx$$

$$T_1 = 2\pi\sqrt{\frac{m}{4k}} = \pi\sqrt{\frac{m}{k}}$$

一方，A, B を同じ向きに変位させてから振動させた場合は，Q が自然の長さを保ったまま左右に振動する。Q の弾性力は 0 であるから，A が受ける力 F_2 は

$$F_2 = -2kx$$

$$T_2 = 2\pi\sqrt{\frac{m}{2k}}$$

したがって

$$\frac{T_1}{T_2} = \frac{\pi\sqrt{\frac{m}{k}}}{2\pi\sqrt{\frac{m}{2k}}} = \frac{\sqrt{2}}{2}$$

V 解答
(イ) ドップラー (ロ)—③ (ハ)—① (ニ) $\dfrac{c(f_A - f_A')}{f_A'}$

(ホ) $V - v_A$ (ヘ) $\dfrac{2v_A f_A}{c}$

◀解 説▶

≪光のドップラー効果≫

(ロ)・(ハ) 振動数が低い方に少しずれていることから，この星が地球に対して遠ざかりつつあることがわかる。地球で観測されるA原子の振動数 f_A' は

$$f_A' = \frac{c}{c+V} f_A \quad \cdots\cdots(1)$$

$$f_A - f_A' = \left(1 - \frac{c}{c+V}\right) f_A = \frac{V}{c+V} f_A$$

B原子も同様に $\quad f_B - f_B' = \dfrac{V}{c+V} f_B$

$f_A < f_B$ であるから，$f_A - f_A'$ は $f_B - f_B'$ より小さい。

(ニ) 式(1)より $\quad (c+V) f_A' = c f_A$

$$V = \frac{c(f_A - f_A')}{f_A'}$$

(ホ) 恒星が地球から相対速度 V で遠ざかっている。速さ v_A で地球に近づく向きに熱運動しているA原子は，地球から速さ $V - v_A$ で遠ざかっていることになる。

(ヘ) (ホ)のA原子の振動数を f_A'' とする。式(1)より

$$f_A'' = \frac{c}{c + (V - v_A)} f_A = \frac{1}{1 + \dfrac{V - v_A}{c}} f_A$$

$\dfrac{V-v_A}{c} \ll 1$ より近似式を用いて

$$f_A'' \fallingdotseq 1 - \dfrac{V-v_A}{c} f_A$$

速さ v_A で地球から遠ざかる向きに熱運動している A 原子は，地球から速さ $V+v_A$ で遠ざかっていることになる。A のひろがり W_A は

$$W_A = \dfrac{c}{c+(V-v_A)} f_A - \dfrac{c}{c+(V+v_A)} f_A$$

$$\fallingdotseq \left(1 - \dfrac{V-v_A}{c} f_A\right) - \left(1 - \dfrac{V+v_A}{c} f_A\right)$$

$$= \dfrac{2 v_A f_A}{c}$$

発展 光速度不変の原理により，真空中の光の速さ c は観測者の速度によらず常に一定である。星と地球の相対速度 V が c に比べて十分小さいとき，近似的に音波のドップラー効果と同じ形の式が成立する。

❖講 評

2021 年度と同様，大問 5 題，各大問で小問が 6 問ずつ，計 30 問の出題である。試験時間を考えると，全問に余裕をもって取り組むのは難しい。

Ⅰは，斜面との衝突，斜面への水平投射である。標準的でよくみられる内容であり，それほど難しい問題ではない。

Ⅱは，ローレンツ力とホール効果。ホール効果のシナリオは，慣れていないと向きを間違えてしまう。式だけでなく，図も描けるように練習しておきたい。

Ⅲは，球形容器内の気体分子について。気体分子の熱運動は，立方体のものがおなじみである。球形についても一度は触れて，理論の流れを知っておきたい。

Ⅳは，2 つの小物体のばね振り子を扱う。ばねの弾性力の向き，座標の正負について，間違えやすいところである。普段から徹底的な練習が必要な単元である。運動をイメージすることで，立式が簡単になることがある。

Ⅴは，光のドップラー効果。音波のドップラー効果と同じ形の式が成

立するものを扱っている。使う式は限られているので，問題文の誘導に沿って，解答できるようにしたい。

　いずれの問題も基礎知識や論理的思考力を問う標準的な問題である。試験時間に比べて問題数が多いので，的確な状況判断力が必要である。

化学

I 解答

1．(ア)蒸気圧　(イ)三重点　(ウ)臨界点　(エ)超臨界

2．氷：②　ドライアイス：①

3．沸点上昇度は

$$100.104 - 100.000 = 0.104 \text{[℃]}$$

であるから，求める NaCl（式量 58.5）の質量を x [g] とおくと

$$0.104 = 0.520 \times \frac{x}{58.5} \times 2 \times \frac{1000}{400}$$

∴ $x = 2.34 ≒ 2.3$ [g] ……（答）

4．18.0 g の氷を構成する H_2O の物質量は 1.00 mol であるから，0℃ の氷を融解させて 0℃ の水にするのに必要な熱量は 6.00 kJ である。

次に，0℃ の水を 100℃ の水にするのに必要な熱量は

$$4.20 \times 18.0 \times 100 \times 10^{-3} = 7.56 \text{[kJ]}$$

最後に，100℃ の水を蒸発させて 100℃ の水蒸気にするのに必要な熱量は 40.7 kJ である。

よって，求める熱量は

$$6.00 + 7.56 + 40.7 = 54.26 ≒ 54 \text{[kJ]} \quad ……（答）$$

5．昇華

6．(A)—⑤　(B)—③

7．−83.0℃ のときに気体になっている CO_2 の質量は

$$44.0 \times \frac{8.31 \times 10^4 \times 1.00}{8.31 \times 10^3 \times (-83.0 + 273)} = 2.31 \text{[g]}$$

よって，残ったドライアイスの質量は

$$5.00 - 2.31 = 2.69 ≒ 2.7 \text{[g]} \quad ……（答）$$

◀解　説▶

≪物質の状態変化とエネルギー，H_2O と CO_2 の状態図，沸点上昇，気体の性質≫

1．(ア)　曲線 AB を昇華曲線，曲線 BD を融解曲線という。

(イ)　三重点での温度・圧力条件のもとでは，固体，液体，気体のいずれも

が安定に共存できる。

2. 曲線 BD(融解曲線)の傾きを見ると,H_2O では負,CO_2 では正になっている。圧力を高くすると,固体と液体の境目の温度,つまり融点が H_2O は低くなり,CO_2 は高くなることがわかる。

3. NaCl は次のように電離する。

$$NaCl \longrightarrow Na^+ + Cl^-$$

これにより,水溶液中の粒子の物質量は,NaCl の物質量の 2 倍になる。

4. 比熱が $c[J/(g \cdot K)]$ である $m[g]$ の物質の温度を $\Delta t[K]$ 上昇させるのに必要な熱量 $Q[J]$ は

$$Q = mc\Delta t \,[J]$$

で求められる。ただし,この問題は熱量の単位を kJ で答えるので,J に 10^{-3} をかけて kJ に直す必要がある。

6. 状態図より,三重点よりも高い圧力であれば,昇華せずに液体になることがわかる。

7. 昇華する固体と気体が安定に共存するときの圧力を昇華圧という。

II 解答

1. $CaC_2 + 2H_2O \longrightarrow C_2H_2 + Ca(OH)_2$
2. $CaCO_3 + 2HCl \longrightarrow CaCl_2 + H_2O + CO_2$
3. 気体 A:③   気体 B:②
4. $CaSO_4 \cdot 2H_2O \longrightarrow CaSO_4 \cdot \frac{1}{2}H_2O + \frac{3}{2}H_2O$
5. (ア)配位 (イ)8 (ウ)4 (エ)4 (オ)8
6. 単位格子中に Ca^{2+} が 4 個含まれるので,CaF_2(式量 78.1)が単位格子中に 4 個分含まれる。よって,求める密度は

$$\frac{\text{単位格子の質量[g]}}{\text{単位格子の体積[cm}^3]} = \frac{\frac{78.1}{6.02 \times 10^{23}} \times 4}{(5.46 \times 10^{-10} \times 10^2)^3}$$

$$= 3.18 \fallingdotseq 3.2 \,[g/cm^3] \quad \cdots\cdots(答)$$

◀解 説▶

≪Ca の化合物の反応,CaF_2 の結晶格子≫

1. $CaCO_3$,CaO,CaC_2,$CaCl_2$ のうち,水と反応するのは CaO と CaC_2 であるが,CaO が水と反応しても気体は発生せず,$Ca(OH)_2$ のみ

が生成する。
$$CaO + H_2O \longrightarrow Ca(OH)_2$$
CaC_2 が水と反応して発生した気体A（C_2H_2）はアセチレンである。

2．弱酸の遊離反応によって気体B（CO_2）が発生する。水を加えたときに CaC_2 と CaO から生成した $Ca(OH)_2$ は希塩酸と中和反応を起こす。
$$Ca(OH)_2 + 2HCl \longrightarrow CaCl_2 + 2H_2O$$
これらの反応の結果，水溶液中に存在するCaの化合物は $CaCl_2$ のみとなる。

3．アセチレン C_2H_2 は水に溶けにくいので，水上置換で捕集する。CO_2 は水に溶けやすく，空気より重い（分子量が大きいため密度が大きい）ので，下方置換で捕集する。

4．$CaCl_2$ の水溶液に希硫酸を加えると，白色の $CaSO_4$ が沈殿する。
$$CaCl_2 + H_2SO_4 \longrightarrow CaSO_4 + 2HCl$$
$CaSO_4$ の沈殿を室温で放置すると，水を取り込んで二水和物 $CaSO_4 \cdot 2H_2O$ となる。これが化合物Cであり，セッコウと呼ばれる。セッコウを140℃で加熱すると，半水和物 $CaSO_4 \cdot \frac{1}{2}H_2O$ となり，これは焼きセッコウと呼ばれる。焼きセッコウに水を加えると，再びセッコウが得られる。
$$CaSO_4 \cdot \frac{1}{2}H_2O + \frac{3}{2}H_2O \longrightarrow CaSO_4 \cdot 2H_2O$$

5．(イ) 下の図のように，1つの面の中心にある Ca^{2+} に注目する。結晶格子をもう1つ右に重ねて考えると，1個の Ca^{2+} のまわりを8個の F^- が取り囲んでいることがわかる。

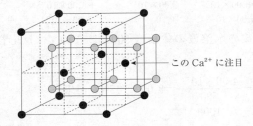
このCa²⁺に注目

(エ) Ca^{2+} は面心立方格子の配列になっており，その個数は

$$\frac{1}{2} \times 6 + \frac{1}{8} \times 8 = 4 \text{ 個}$$

(オ) F^- は単位格子の内部に8個存在する。なお，フッ化カルシウムの組成式は CaF_2 なので，Ca^{2+} と F^- の個数の比が1:2であることから考えてもよい。

Ⅲ 解答

1. (ア)Cl^- (イ)OH^- (ウ)Na^+ (エ)H_2O

2. 陽極側から陰極側へ陽イオンのみを通過させる。(30字以内)

3. (b) $2Cl^- \longrightarrow Cl_2 + 2e^-$
   (c) $2H_2O + 2e^- \longrightarrow H_2 + 2OH^-$
   (d) $4OH^- \longrightarrow O_2 + 2H_2O + 4e^-$
   (e) $2H_2O + 2e^- \longrightarrow H_2 + 2OH^-$

4. 電気分解により生成した OH^- の物質量は

$$1.20 \times 10^{-1} \times \frac{500}{1000} = 6.00 \times 10^{-2} \text{ [mol]}$$

であるから，流れた電子の物質量は 6.00×10^{-2} mol となる。よって，電気分解を行った時間を t 秒とすると

$$3.00 \times t = 9.65 \times 10^4 \times 6.00 \times 10^{-2}$$

$$\therefore \quad t = 1.93 \times 10^3 \fallingdotseq 1.9 \times 10^3 \text{ [秒]} \quad \cdots\cdots \text{(答)}$$

5. 塩酸を加えると NaOH と HCl の中和反応が起こり，そのときの化学反応式と各物質の物質量変化は次のようになる。

	NaOH	+	HCl	$\longrightarrow$	NaCl	+ H_2O	
はじめ	1.20×10^{-2}		8.00×10^{-3}		0	—	[mol]
反応量	-8.00×10^{-3}		-8.00×10^{-3}		$+8.00 \times 10^{-3}$	—	[mol]
反応後	4.00×10^{-3}		0		8.00×10^{-3}	—	[mol]

塩酸を加えた後の水溶液の体積は 500 mL なので，反応後の水溶液の $[OH^-]$ は

$$[OH^-] = \frac{4.00 \times 10^{-3}}{\frac{500}{1000}} = 8.00 \times 10^{-3} \text{ [mol/L]}$$

よって

$$[H^+] = \frac{1.00 \times 10^{-14}}{8.00 \times 10^{-3}} = \frac{1}{8} \times 10^{-11} = 2^{-3} \times 10^{-11} [\text{mol/L}]$$

となるので，求める pH は

$$\text{pH} = -\log_{10}(2^{-3} \times 10^{-11}) = 3 \times 0.301 + 11 = 11.903 ≒ 11.9 \quad \cdots\cdots（答）$$

6．(i) 熱化学方程式を

$$\text{H}_2(気) + \text{Cl}_2(気) = 2\text{HCl}(気) + Q_1 \text{kJ}$$

とすると

$$Q_1 = 2 \times 432 - (436 + 243) = 185 [\text{kJ}]$$

よって

$$\text{H}_2(気) + \text{Cl}_2(気) = 2\text{HCl}(気) + 185 \text{kJ} \quad \cdots\cdots（答）$$

(ii) 熱化学方程式を

$$2\text{H}_2(気) + \text{O}_2(気) = 2\text{H}_2\text{O}(気) + Q_2 \text{kJ}$$

とすると

$$Q_2 = 2 \times (463 \times 2) - (2 \times 436 + 498) = 482 [\text{kJ}]$$

よって

$$2\text{H}_2(気) + \text{O}_2(気) = 2\text{H}_2\text{O}(気) + 482 \text{kJ} \quad \cdots\cdots（答）$$

◀解　説▶

≪陽イオン交換膜法，NaOH 水溶液の電気分解，水溶液の pH，結合エネルギー≫

2．電気分解が進むと，陽極側の水溶液は Cl^- が減少することで正の電荷が増加し，陰極側の水溶液は OH^- が生成することで負の電荷が増加する。水溶液の電気的な中性を保つために，Na^+ が陽極側から陰極側へ，OH^- が陰極側から陽極側へ移動しようとするが，陽イオン交換膜は Na^+ のみを通すので，結果として陰極側で NaOH の水溶液が生成する。

4．得られた NaOH の物質量は，生成した OH^- の物質量に等しい。また，陰極での反応式

$$2\text{H}_2\text{O} + 2e^- \longrightarrow \text{H}_2 + 2\text{OH}^-$$

より，生成した OH^- の物質量と流れた電子の物質量は等しい。

5．水酸化物イオン指数 pOH を用いて，次のように求めることもできる。

$[\text{OH}^-] = 8.00 \times 10^{-3} [\text{mol/L}]$ より

$$\text{pOH} = -\log_{10}(8.00 \times 10^{-3}) = 3 - 3\log_{10}2 = 2.097$$

pH+pOH=14 であるから

   pH=14－2.097=11.903≒11.9

6．「(反応熱)＝(生成物の結合エネルギーの総和)－(反応物の結合エネルギーの総和)」の関係を用いて反応熱を求める。

Ⅳ 解答

1．グリセリン（1,2,3-プロパントリオール）

2―①・③

3―④

4．油脂Aの分子量を M とおくと，実験(1)より

$$\frac{40.1}{M} \times 3 = \frac{6.00}{40.0} \quad \therefore \quad M = 802 \quad \cdots\cdots \text{(答)}$$

5．2個

6．実験(5)より，12.8 mg の脂肪酸Bに含まれるC，H，Oの質量はそれぞれ

$$C : 35.2 \times \frac{12.0}{44.0} = 9.60 \text{[mg]}$$

$$H : 14.4 \times \frac{2.00}{18.0} = 1.60 \text{[mg]}$$

$$O : 12.8 - (9.60 + 1.60) = 1.60 \text{[mg]}$$

よって，脂肪酸Bの組成式を $C_xH_yO_z$ とおくと

$$x : y : z = \frac{9.60}{12.0} : \frac{1.60}{1.00} : \frac{1.60}{16.0} = 8 : 16 : 1$$

となるから，組成式は $C_8H_{16}O$ である。脂肪酸の示性式は C_mH_nCOOH で表されるから，Oの数に注目すると，分子式は $C_{16}H_{32}O_2$ となる。したがって，求める脂肪酸Bの示性式は

$$C_{15}H_{31}COOH \quad \cdots\cdots \text{(答)}$$

7．$C_{15}H_{31}CO-O-CH_2$
　　$C_{15}H_{29}CO-O-CH$
　　$C_{15}H_{29}CO-O-CH_2$

◀解　説▶

≪油脂の構造決定≫

2．ナイロン66とアセトアニリドに含まれるのはアミド結合である。

3．油脂をNaOHによりけん化すると，グリセリンと脂肪酸のナトリウ

ム塩（セッケン）が生成する。脂肪酸（カルボン酸）は弱酸であるから，この塩は水溶液中で次のように加水分解して OH^- を生じ，弱い塩基性となる。

$$R-COO^- + H_2O \rightleftarrows R-COOH + OH^- \quad （R：炭化水素基）$$

4．油脂1分子にエステル結合は3つ含まれるので

　　　油脂の物質量：けん化に必要な NaOH の物質量＝1：3

である。

5．求める炭素－炭素二重結合の数を n とおく。1個の炭素－炭素二重結合に1分子の H_2 が付加するので

　　　炭素－炭素二重結合の物質量＝付加する H_2 の物質量

である。よって，実験(3)より

$$\frac{40.1}{802} \times n = \frac{2.24}{22.4} \quad \therefore \quad n = 2$$

6．$C_{15}H_{31}COOH$ は飽和脂肪酸のパルミチン酸である。

7．実験(3)・(4)より，油脂Aに H_2 を付加して得られた油脂Dを加水分解すると，脂肪酸Bのみが得られたことから，脂肪酸Cに H_2 を付加すると脂肪酸Bになることがわかる。つまり，脂肪酸Bと脂肪酸Cは炭素数が等しい。実験(2)より油脂Aを構成する脂肪酸Bと脂肪酸Cの物質量比は1：2，実験(3)より1分子の油脂Aに含まれる炭素－炭素二重結合は2個なので，脂肪酸Cは炭素－炭素二重結合を1個含むことがわかる。よって，その示性式は $C_{15}H_{29}COOH$ となる。

以上から，油脂Aは1分子の $C_{15}H_{31}COOH$ と2分子の $C_{15}H_{29}COOH$ からなることがわかり，不斉炭素原子を1個もつことからその構造が決まる（不斉炭素原子には * を付している）。

```
C₁₅H₃₁CO-O—CH₂              C₁₅H₃₁CO-O—CH₂
C₁₅H₂₉CO-O-*CH  +2H₂  ⟶    C₁₅H₃₁CO-O—CH
C₁₅H₂₉CO-O—CH₂              C₁₅H₃₁CO-O—CH₂
      油脂A                        油脂D
```

❖講　評

　全体として基本～標準問題で構成されており，計算が煩雑な問題や思考力を要する問題はほとんどみられない。教科書の内容をしっかり理解

し，典型問題の演習を積んできた受験生は高得点がねらえたであろう。

Ⅰ　物質の状態変化，H_2O と CO_2 の状態図に関する問題。2 では，融解曲線の傾きを正しく読み取ること。3 は，NaCl の電離によって粒子数が 2 倍になることに注意しよう。4 は H_2O の物質量が 1 mol なので考えやすいが，「融解→温度上昇→蒸発」の 3 段階にきちんと分けられただろうか。また，J を kJ に直すことを忘れないようにしたい。

Ⅱ　Ca の化合物の反応，CaF_2 の結晶格子に関する問題。1 の反応式は $CaC_2 + H_2O \longrightarrow C_2H_2 + CaO$ としないように注意したい。5 の Ca^{2+} の配位数は，単位格子を 2 つつなげて考えればよいが，少し難しかったかもしれない。単位格子の頂点ではなく，面の中心にある Ca^{2+} に注目したほうが考えやすい。6 は定番の結晶の密度計算の問題であるが，計算ミスには注意。

Ⅲ　陽イオン交換膜法，NaOH 水溶液の電気分解に関する問題。1～4 は電気分解に関する基本的な理解ができていれば完答できる。5 では HCl が残るので，反応式を書き，その下に〔解答〕のように各物質の物質量変化をまとめるとよい。6 では HCl と H_2O の物質量が 2 mol なので，熱化学方程式のそれぞれの係数はともに 2 になることに注意。

Ⅳ　油脂の構造決定に関する問題。1～3 は基本問題で落とせない。4 は，油脂と NaOH が 1：3 の物質量比で反応することがポイント。7 で油脂 A の構造を決定するためには，脂肪酸 B と脂肪酸 C の炭素数が等しいことに気づかなければならない。また，不斉炭素原子をもっていることを見落とさないようにしたい。

生物

I 解答 1．ア．ホメオスタシス（恒常性）　イ．組織液　ウ．動　エ．静

2．1）ネフロン（腎単位）　2）バソプレシン　3）—(b)

3．1）①有　②無　2）③—(e)　④—(b)
3）(a)血小板　(b)赤血球　(c)白血球

4．1）骨髄　2）—(d)
3）（胎盤における胎児の血液の酸素濃度条件では，）酸素に対する親和性が母体のヘモグロビンは低く，胎児のヘモグロビンは高い。そのため，胎盤では，酸素は母体のヘモグロビンからは解離しやすく，胎児のヘモグロビンとは結合しやすい状態になるので，結果として胎児の体内に運ばれる。(120字以内)

5．1）オ．フィブリン　カ．血ぺい　キ．血清
2）線溶（繊溶，フィブリン溶解）　3）脳梗塞

6．1）洞房結節（ペースメーカー）　2）副交感神経系

◀解　説▶

≪体液とそのはたらき≫

1．ウ・エ．酸素が多く含まれる血液を動脈血，含まれる酸素が少ない血液を静脈血という。体循環は動脈血を大動脈に送り出し，肺循環は静脈血を肺動脈に送り出す。

3．2）血球の数（個/mm³）は赤血球が男性400万～550万，女性350万～500万で，白血球がその千分の1程度の4千～9千である。
3）(a) 血小板は2～4μmの不定形の小さな細胞である。
(b) 赤血球は直径7～8μmの中央がくぼんだ円盤状の細胞である。
(c) 白血球は直径6～15μmの球形または不定形の細胞である。

4．2）古くなった赤血球はひ臓と肝臓で破壊される。
3）図2で胎児の曲線が母体の曲線より左上にあり，胎盤における胎児の血液の酸素濃度での酸素ヘモグロビンの割合は母体が約26％，胎児が約68％である。これらのことから，(i)胎児のヘモグロビンは母体のヘモ

グロビンより酸素との親和性が高い，(ii)胎盤での酸素濃度では母体のヘモグロビンの多くが酸素を解離し，胎児のヘモグロビンの多くが酸素と結合する，という2点を考察できる。この2点を「母体と胎児のヘモグロビンの性質の違い」と「胎児が母体の血液から酸素を受け取るしくみ」という問題の要求に合わせた形にまとめる。

5．3） 血栓によって脳の血管が詰まり，血液が運ばれなくなった部分の脳細胞が壊死した状態を脳梗塞(こうそく)という。

II 解答

1．原核生物：(d)・(e)・(f)　真核生物：(a)・(b)・(c)
2 —(b)・(e)
3．ア．プロモーター　イ．オペレーター　ウ．RNAポリメラーゼ
4．1）トリプトファンを合成する酵素となる。(20字以内)
2） 調節タンパク質にトリプトファンが結合すると，調節タンパク質がオペレーターに結合し，RNAポリメラーゼがプロモーターに結合できなくなる。(70字以内)
5．エ—(b)　オ—(f)　カ—(a)　キ—(f)
6．1）パフ
2） クロマチン構造がほどけた状態になり，転写が活発に行われる。(30字以内)
3） 幼虫の発育段階によって発現する遺伝子が異なり，発育段階に応じて特定の遺伝子が一定の順序で発現するように調節されている。(60字以内)

◀解　説▶

≪遺伝子の発現調節≫

1．(a)〜(c) 原生動物のアメーバやケイ藻類のケイソウは原生生物に含まれ，コウジカビは菌類に含まれる真核生物である。
(d)〜(f) シアノバクテリア，硝酸菌，大腸菌はいずれも細菌（バクテリア）類に含まれる原核生物である。
(g) バクテリオファージはウイルスの一つであり，原核生物でも真核生物でもない。
2．下線部(ii)のような原核生物の転写調節のしくみは，1961年にジャコブとモノーによってオペロン説として提唱された。

3．原核生物では，RNAポリメラーゼが結合するプロモーター，リプレッサーが結合するオペレーター，まとまって転写調節を受ける複数の構造遺伝子が隣り合って存在し，オペロンとよばれる転写単位を構成している。ラクトースオペロンでは，ラクトースがないときは，オペレーターにリプレッサーが結合しているため，RNAポリメラーゼがプロモーターに結合できず，転写が抑制され，ラクトースがあるときは，リプレッサーがラクトースの代謝産物と結合し，オペレーターから離れるため，転写の抑制が解除される。

4．1）「トリプトファンが過剰に存在すると構造遺伝子の発現が抑制」とあることから，この構造遺伝子はトリプトファンの合成に関与する酵素の遺伝子であると推測できる。大腸菌は，トリプトファンがないときはトリプトファン合成酵素を合成してトリプトファンを合成し，トリプトファンがあるときはトリプトファン合成酵素の合成を抑制し，トリプトファンを合成しなくなると考えればよい。

2）トリプトファンオペロンでは，調節遺伝子から不活性な調節タンパク質（アポリプレッサー）が合成される。この調節タンパク質は単独ではオペレーターに結合できず，トリプトファンと結合するとオペレーターに結合できるようになる。そのため，トリプトファンがあるときは，調節タンパク質がトリプトファンと結合してオペレーターに結合するので，RNAポリメラーゼがプロモーターに結合できず，転写が抑制される。

5．真核生物では，①複数の基本転写因子がRNAポリメラーゼと複合体をつくってプロモーターに結合する，②1つの遺伝子に対して遺伝子から離れた位置に複数の転写調節領域が存在する，といった点が原核生物の転写調節と異なる。

6．2）真核生物のDNAはヒストンなどのタンパク質と結合して密に折りたたまれ，クロマチン（繊維）とよばれる構造を形成しており，そのままではRNAポリメラーゼがプロモーターに結合できない。そのため，クロマチンが密に折りたたまれた状態では転写が起こらず，クロマチンが緩んだ状態になると転写が起こる。だ腺染色体上のパフはクロマチンがほどけているため膨らんでおり，そこでは転写が活発に行われている。

3）図で発生の進行に伴ってパフの位置が変化していることから，幼虫の発育段階によって活性化する遺伝子が異なることがわかる。また，それ

だけでは字数が足りないので，発育段階に応じて特定の遺伝子が一定の順序で発現するように調節されているということを述べるとよい。

Ⅲ 解答

1．ア．休眠　イ．アブシシン酸　ウ．光発芽
　エ．暗発芽　オ．フィトクロム

2 ―(c)・(d)

3．ジベレリンは糊粉層に作用してアミラーゼ遺伝子の発現を誘導する。アミラーゼは胚乳に分泌され，胚乳中のデンプンを糖に分解する。糖が胚に吸収されると，胚の吸水や呼吸が活発になり，種子が発芽する。(100字以内)

4．1)　野生型タンパク質は，ジベレリンがないときは茎の伸長を抑制する作用をもつが，ジベレリンを処理したときは分解されるため，茎の伸長を抑制する作用を失う。(80字以内)

2)　変異体型タンパク質は，ジベレリンがあるときもジベレリン受容体と結合せず，分解されない。そのため，ジベレリンがないときと同様に茎の伸長を抑制する作用をもつから。(80字以内)

5．ジベレリンが作用すると，細胞壁のセルロース微繊維が横方向に合成される。この細胞にオーキシンが作用すると繊維どうしのつながりが緩み，細胞は吸水して大きくなるが，横方向はセルロース微繊維が丈夫で伸びないので，細胞は縦方向に成長する。(120字以内)

6．子房の肥大成長はジベレリンによって促進されるが，開花後に受精の刺激がないと，めしべでジベレリンが生成されないから。(60字以内)

7．赤色光：(c)　遠赤色光：(d)

8 ―(b)・(c)・(f)

9 ―(d)

◀解　説▶

≪種子の発芽調節とジベレリン≫

2．(a)・(b)　カボチャやキュウリの種子は，光によって発芽が抑制される暗発芽種子である。

3．「ジベレリンが胚から分泌されてから」なので，①ジベレリンが糊粉層でのアミラーゼ遺伝子の発現を促進，②糊粉層から分泌されたアミラーゼが胚乳中のデンプンを糖に分解，③糖が胚に吸収され，胚の吸水と呼吸

を促進，④種子の発芽，の順で説明する。

4．1）　設問文の「野生型のシロイヌナズナにジベレリンを処理すると茎が伸長する」，「野生型タンパク質は，ジベレリンがあるときはジベレリン受容体と結合し，その後，分解される」という2つの記述から，野生型タンパク質について，①ジベレリンがないときは茎の伸長を抑制する作用をもつ，②ジベレリンがあるときは分解され，茎の伸長を抑制する作用を失う，ということがわかる。

2）　設問文の「突然変異体 *gai* は…ジベレリンを処理しても茎が伸長しない」，「変異体型タンパク質は…ジベレリンがあるときも受容体と結合せず，分解されない」という2つの記述から，変異体型タンパク質は，①野生型タンパク質と同様に茎の伸長を抑制する作用をもち，②ジベレリンがあるときもジベレリン受容体と結合せず，分解されないため，ジベレリンを処理しても茎の伸長を抑制する作用を失わない，と考察できる。

5．細胞壁の構造（以下の①・②）と，ジベレリンとオーキシンのはたらき（以下の③〜⑤）から，細胞が縦方向に成長するしくみを説明する。
①植物細胞の細胞壁は，セルロース微繊維を主成分とするかたい構造をしており，細胞が成長するには細胞壁の構造を緩める必要がある。
②セルロース微繊維は丈夫で伸びにくいので，細胞が成長する方向はセルロース微繊維が配列される方向で決まる。
③ジベレリンが作用すると，セルロース微繊維は横方向に並ぶように合成される。
④オーキシンが作用すると，セルロース微繊維どうしの結びつきが緩められ，細胞壁の構造が緩むため，細胞が吸水して大きくなる。
⑤その際，セルロース微繊維が並んでいる横方向には細胞が大きくなれないので，細胞は縦方向に成長する。

6．開花後に再びジベレリン処理を行うことによって，受精しなくても子房の肥大成長が起こり，果実が形成される。このことを，開花後にもジベレリン処理が必要な理由となるように言い換える。設問文に開花前のジベレリン処理が「正常な受精を阻害して種なしにするため」とあることも踏まえ，通常では受精の刺激によってめしべでジベレリンが生成されるが，受精を阻害するとジベレリンが生成されないので，開花後にもジベレリン処理を行い，子房の肥大成長を促進する必要があると考える。

8．フィトクロムは赤色光を吸収するとPfr，遠赤色光を吸収するとPrに相互に変換するので，光発芽種子の発芽は最後に照射した光の効果で決まる。また，光発芽種子はPfrによって発芽が促進される。したがって，最後に遠赤色光を照射すると発芽せず，最後に赤色光を照射すると発芽する。

9．リード文に「明所では…おもにPfrになり」とあることと，フィトクロムを欠失した突然変異体では明所でも胚軸の伸長が抑制されないことから，明所ではPfrが胚軸の伸長を抑制すると考えられる。

Ⅳ 解答

1．ア．独立栄養　イ．従属栄養　ウ．食物網　エ．腐食連鎖　オ．アンモニウム

2．1) ―(c)・(f)　2) ―(h)

3 ―(d)

4．温室効果

5 ―(a)・(c)・(h)

6．作物の栽培による土壌養分の減少が回復せず，作物が十分成長しないから。(35字以内)

7．1)　環境変動への対応力が高くなり，種が存続しやすい。
2)　生態系の復元力が大きくなり，生態系が安定する。
3)　ニッチの種類が多くなり，多様な種が生活できる。(各25字以内)

◀解　説▶

≪生態系の成り立ちと物質循環≫

1．エ．生産者が合成する有機物の90％以上は落葉・落枝や枯死体となるので，リード文の「生産者が合成する多くの有機物や消費者の遺骸や排出物など」をまとめて生物の遺骸と考えると，生物の遺骸などから始まる生物どうしの関係＝腐食連鎖となる。

2．1)　生産者の物質収支は，純生産量＝総生産量－呼吸量，成長量＝純生産量－(被食量＋枯死量)の2式で表される。

2)　消費者の物質収支は，同化量＝摂食量－不消化排出量，生産量＝同化量－呼吸量，成長量＝生産量－(被食量＋死滅量)の3式で表される。

3．(c)・(e)正文，(d)誤文。木の数よりもその葉を食べるガの幼虫の個体数の方が多い場合や，植物プランクトンよりもそれを捕食する動物プランク

トンの方が生物量が多い場合など，個体数ピラミッドや生物量ピラミッドはピラミッドが逆転することがある。それに対し，一定期間のエネルギー量でみる生産量ピラミッドは逆転することがない。

5．ネンジュモなどのシアノバクテリアや，アゾトバクターやクロストリジウムなどの細菌は窒素固定を行う。

6．設問文の注釈に，焼畑耕作は「作物を栽培したあと…10年以上かけて回復させた自然植生を伐採・焼却…」とあることと対比して考える。栽培した作物は収穫されるので，作物に吸収された土壌養分は土壌に戻らない。そのため，作物を栽培すると土壌養分は減少し，短期間で焼畑を行っても十分回復しないので，繰り返すと土壌養分が不足するようになる。

7．3つの多様性が相互に関連していることを踏まえて，それぞれから生じる利点を考える。

1）　遺伝的多様性が豊かなほど，環境変動に対応できる個体が存在する可能性が高く，種が絶滅しにくくなるので，種多様性も保たれやすい。

2）　生態系内の種多様性が豊かなほど，撹乱に対する復元力が高く，生態系のバランスが保たれやすいので，生態系の安定につながる。

3）　生物にはそれぞれ生態系内で占めるニッチ（生態的地位）があり，生態系多様性が豊かになれば，生物が占めることができるニッチも多くなるので，より多様な種が生活できるようになり，種多様性にもつながる。

◆講　評

　大問数は4題。空所補充や用語などの知識問題，正文・誤文や生物例の選択問題，論述問題などがバランスよく出題され，計算問題の出題はなかった。論述問題は14問で，すべて字数制限のあるものであった。全体の論述字数は850字で，論述問題への対処がポイントになる。全体的な難易度は2021年度と同程度で，標準レベルである。

　Ⅰ　体液のはたらきに関する知識中心の問題。胎児が母体から酸素を受け取るしくみを説明する4の3）の論述は，論理的に考える力とそれを説明する表現力が試される。5の3）で脳梗塞の名称が問われた。

　Ⅱ　遺伝子の発現調節に関する理解を問う標準レベルの問題。トリプトファンオペロンに関する4の1）・2）の論述や，パフとクロマチンの構造に関する6の2）の論述はやや応用的で，考察力が試される。

Ⅲ　種子の発芽とジベレリンに関する実験考察を含む問題。論述問題が5問あり，そのうち2問は実験考察型，2問は100・120字でしくみを説明するもので，これらへの対応力で出来が分かれる大問である。特に，細胞の成長方向に関する5の論述はやや発展レベルの力が問われる。

Ⅳ　生態系と物質循環に関する標準レベルの問題。焼畑耕作に関する6の論述はやや応用的。生物多様性から生じる利点を説明する7の論述はやや答えにくく，総合的な考える力が試される。

2021年度 問題と解答

■ 2月11日実施分

情報科学部Ａ方式Ⅰ日程（ディジタルメディア学科）
デザイン工学部Ａ方式Ⅰ日程（都市環境デザイン工・システムデザイン学科）
理工学部Ａ方式Ⅰ日程（機械工〈機械工学専修〉・応用情報工学科）
生命科学部Ａ方式Ⅰ日程（生命機能学科）

問題編

▶試験科目・配点

学部・学科			教科	科目	配点
情報科			外国語	コミュニケーション英語Ⅰ・Ⅱ・Ⅲ，英語表現Ⅰ・Ⅱ	150点
			数学	数学Ⅰ・Ⅱ・Ⅲ・Ａ・Ｂ	150点
			理科	物理基礎・物理	100点
デザイン工	都市環境デザイン工		外国語	コミュニケーション英語Ⅰ・Ⅱ・Ⅲ，英語表現Ⅰ・Ⅱ	150点
			数学	数学Ⅰ・Ⅱ・Ⅲ・Ａ・Ｂ	150点
			理科	「物理基礎・物理」，「化学基礎・化学」から1科目選択	150点
	システムデザイン		外国語	コミュニケーション英語Ⅰ・Ⅱ・Ⅲ，英語表現Ⅰ・Ⅱ	150点
			数学	数学Ⅰ・Ⅱ・Ａ・Ｂ	150点
			理科	「物理基礎・物理」，「化学基礎・化学」から1科目選択	150点
理工			外国語	コミュニケーション英語Ⅰ・Ⅱ・Ⅲ，英語表現Ⅰ・Ⅱ	150点
			数学	数学Ⅰ・Ⅱ・Ⅲ・Ａ・Ｂ	150点
			理科	「物理基礎・物理」，「化学基礎・化学」から1科目選択	150点
生命科			外国語	コミュニケーション英語Ⅰ・Ⅱ・Ⅲ，英語表現Ⅰ・Ⅱ	150点
			数学	数学Ⅰ・Ⅱ・Ａ・Ｂ	150点
			理科	「物理基礎・物理」，「化学基礎・化学」，「生物基礎・生物」から1科目選択	150点

※機械工学科航空操縦学専修は，独自の入試が行われる（大学入学共通テストおよび書類審査，面接，操縦適性検査，航空身体検査）。
- デザイン工学部システムデザイン学科については，3教科すべて受験したうえで，得点の高い2教科を合否判定に使用する。

▶備　考
- 「数学B」は「数列」「ベクトル」を出題範囲とする。
- 「物理」は「様々な運動」「波」「電気と磁気」を出題範囲とする。

英語

(90分)

〔Ⅰ〕 つぎの(1)〜(10)の英文中の [　　] に入る最も適切な語(句)をそれぞれイ〜ニの中から一つ選び，その記号を解答用紙にマークせよ。

(1) I [　　] what I am today to my father's words.
　イ　owe　　　　　　　　ロ　thank
　ハ　am thankful　　　　 ニ　debt

(2) I don't have my textbook with me today. Can I [　　] yours with you?
　イ　rent　　ロ　share　　ハ　borrow　　ニ　keep

(3) Tom was never invited to his friends' parties. He felt [　　] and alone.
　イ　isolating　　ロ　thrilled　　ハ　isolated　　ニ　thrilling

(4) The numbers of students in classes A and B were 34 and 35, [　　].
　イ　respectively　　ロ　either　　ハ　separately　　ニ　each

(5) The result of the present study is consistent with the earlier one, [　　] that the development of a traffic plan will take a long time.
　イ　thinking　　ロ　suggesting　　ハ　with　　ニ　now

(6) Today, we are [　　] by a special guest, Yuko Saito, Japan's ambassador to the UK.
　イ　negotiated　　ロ　demanded　　ハ　joined　　ニ　requested

(7) [ ] it be too early if I picked you up at seven tomorrow morning?

　イ　Let　　　ロ　Make　　　ハ　Would　　　ニ　Don't

(8) You should try to talk to the people around you during your stay in Australia, no matter [ ] awkward you may feel.

　イ　however　　ロ　how　　　ハ　what　　　ニ　which

(9) OK, that's all for today. For the next class [ ] in a photograph about a global issue that interests you, and be prepared to give a one-minute talk on the topic.

　イ　bring　　　ロ　look　　　ハ　give　　　ニ　cut

(10) Susie visited Greece and Italy last summer, [ ] she found wonderful.

　イ　when　　　　　　　　　　ロ　and both of which
　ハ　both of which　　　　　　ニ　and when

〔Ⅱ〕 つぎの(1)〜(5)の対話の [　　] に入る最も適切なものをそれぞれイ〜ニの中から一つ選び，その記号を解答用紙にマークせよ。

(1) Carlos: My room is too small.
   Mom: I know, but it's bright and sunny.
   Carlos: Yeah, but with all the windows, I can't put shelves against the walls. I don't have enough room for all of my things.
   Mom: Well, you could [　　].
   Carlos: Good idea! I never thought of that before.

   イ get more shelves
   ロ paint your room another color
   ハ get another light for your desk
   ニ throw away things that you don't need

(2) Ken: Hi Hiroki. How did you do on the English test this morning?
   Hiroki: I thought it was pretty easy.
   Ken: Really? I didn't. The grammar on the back page was hard.
   Hiroki: Back page? Oh no! [　　].
   Ken: That's too bad. At least you did well on the first page.

   イ I forgot to put my name on the test
   ロ I didn't think to turn over the paper
   ハ I didn't have time to study last night
   ニ The teacher didn't give our tests back

(3) Teacher: Next, Michi, will you please read from the bottom of page 9?
   Michi: "Your Majesty, we need more gold thread to sew your suit. Of course, you know that dolphins aren't fish...."
   Teacher: Michi, just a minute. Let me see your book. Oh, you read

from the bottom of page 9, but continued from the top of page 12.

Michi: ☐ . No wonder it sounded strange.

イ　Your instructions weren't clear
ロ　Sorry, my eyes were closed
ハ　Oh, the pages of my book are stuck together
ニ　Well, my pronunciation has never been very good

(4) Jen: Hi Kana, I really liked that picture of you with your sister on Instagram.
Kana: Thanks, we took it before she left for college in Tokyo last year.
Jen: You two used to do a lot together, didn't you?
Kana: Yes, we did, ☐ .
Jen: You must wish she still lived at home.
Kana: I do, but if I get into my first-choice university, we are going to live together in Tokyo this spring.

イ　but I don't enjoy her kindness anymore
ロ　so I can't put up with her text messages
ハ　but I took her presence for granted then
ニ　so I hope she can find a new apartment

(5) Helen: Dad, a package just arrived for you.
Dad: Thanks. Oh, it's flour for making *udon*. That's strange. The flour I ordered last month came already.
Helen: Hmmm, let me check your order online . . . ☐ .
Dad: Oh no! How could I have done that?
Helen: You have to be careful with online orders. Sometimes the default is set to monthly deliveries.

イ　It says you ordered one package of *udon* flour per month
ロ　According to the website, *udon* flour was on sale last month
ハ　You seem to have just ordered more *udon* flour this morning
ニ　There aren't many monthly deliveries nowadays

〔Ⅲ〕　パラグラフ(段落)に関する設問に答えよ。

問1　つぎの(1)～(3)のパラグラフ(段落)には，まとまりをよくするために取り除いた方がよい文が一つずつある。取り除く文として最も適切なものをそれぞれ下線部イ～ニの中から一つ選び，その記号を解答用紙にマークせよ。

(1) Lake Baikal, a UNESCO World Heritage Site, is located in the mountains of southeast Siberia near Mongolia. (イ)It is the world's deepest lake and is also considered the world's oldest lake (at 25 million years), as well as one of the world's clearest. (ロ)It is also the largest by volume, and the seventh largest lake in the world by surface area. (ハ)The largest freshwater lake in the world by surface area is Lake Superior, which is between the U.S. and Canada and contains about a fifth of the Earth's fresh water. (ニ)Lake Baikal supports more native species of plants and animals than any other lake on Earth, including the nerpa, an exclusively freshwater seal. Like the nerpa, many species in Lake Baikal are found nowhere else in the world. Lake Baikal is truly an amazing place.

出典：Munteanu, Nina. *Water Is . . . : The Meaning of Water*. Pixl Press, 2016, p. 115.　(一部改変)

(2) 著作権の都合上，省略。

出典：Struck, Doug. "From Log Cabins to 'Mass Timber': In the U.S., Wood Buildings Are Climbing Skyward." *Washington Post / A Special Report for Yomiuri Shimbun*, 1 January 2020. p. 5. （一部改変）

(3)　The amount of water on Earth hasn't changed from the time the dinosaurs drank from lakes millions of years ago to the most recent time that rain fell on your house. This is interesting, considering that scientists have determined that some water is continually lost to the upper atmosphere. There it releases hydrogen into space, through the sun's action, in a process called photolysis. The sun is the source of most of the energy on Earth. How is it getting replaced? Part of the answer may lie in the arrival of water in the form of comets, which are mostly made of ice, and other objects from outer space. Another part of the answer may be a much larger cycle between water in the inner

Earth and the surface. Both of these processes may help to maintain the same amount of water on Earth.

出典：Munteanu, Nina. *Water Is . . . : The Meaning of Water*. Pixl Press, 2016, pp. 53, 64-65. （一部改変）

問2　つぎの(1)と(2)のパラグラフ（段落）を完成させるために，☐ に入る文として最もふさわしいものをそれぞれイ〜ニの中から一つ選び，その記号を解答用紙にマークせよ。

(1) Space vehicles are designed to be reused. But this means that they have to land successfully. Landing is stressful on a rocket's legs, because they must handle the force from the impact with the landing pad. One way to deal with this is to build legs out of materials that absorb some of the force and soften the blow. Recently, researchers have developed a new solution to help reduce impact forces with potential applications in spacecraft, cars, and beyond. Inspired by the paper-folding art of origami, the team created a material that uses origami-like folds to soften impact forces and relax stresses in the material. ☐

出典："Origami-Inspired Materials Could Soften the Blow for Reusable Spacecraft." *Science Daily*, 24 May 2019, https://www.sciencedaily.com/releases/2019/05/190524140857.htm.（一部改変）

　イ　If you wore a helmet made of this material, you might not feel something that hit your head.
　ロ　If you designed a spacecraft made of this material, it would take less time to send it into space.
　ハ　If you drove a car made of this material, you would be more likely to drive slowly.

二　If you made origami of this material, it might be difficult to do complicated folds.

(2) ☐　Many people were surprised when they found they weren't easily reaching 10,000 steps, a number supposed to promote good health. I have studied the role that physical activity plays in preventing disease for a long time, and it made me wonder: Where did that number come from? It turns out that in 1965, a Japanese company called Yamasa Clock created a personal-fitness device called the *Manpo-kei*, which means "10,000 steps meter." The Japanese character for 10,000 looks almost like a person walking or running, which is likely how the company decided on the name—and the number. It's also an easy goal to remember. While it may be easy to remember, employees in my workplace rarely reached it.

出典：Maldarelli, Claire. "This Epidemiologist Proved 10,000 Steps Is a Lie." *Popular Science*, 15 April 2020, popsci.com/story/health/10000-steps-evidence-study/. （一部改変）

イ　The number of people in our office who signed up for a 5-step exercise plan increased by 50%.
ロ　A few years ago, my workplace had a competition in which we all tried to walk 10,000 steps a day.
ハ　Scientists have found that walking contributes to better health.
二　Standards for daily exercise have been lowered from 10,000 steps to 7,000 steps a day.

〔Ⅳ〕 つぎのイ〜ニは *WorldTravel.com* というホテル検索サイトに掲載された，田中さんのレビュー（実際に宿泊した感想）の一部である。これらを読んで設問に答えよ。

[イ] **Hotel Ameria**

I used to stay at the Pan Pacific Hotel every time I visited Bangkok, but this time I made a different choice, because the Pan Pacific is a bit expensive for the service it offers. Ameria surpasses the Pan Pacific in terms of cost-performance. Everything is provided and functional. My main concern was that the room could have been brighter for preparing presentations to my company's clients on my laptop. I also wish I could have bathed in a big public bath.

[ロ] **Hotel Domy in Hirosaki**

It was difficult to find any negative points about this hotel. The only concern I had was that our double room was a bit small. I wished the room had been more spacious, though it was cozy. I definitely recommend this hotel if you are looking for a reasonably priced, comfortable hotel with a public bath. The bath is open 24 hours a day and very refreshing and relaxing. Actually, I took a bath four times during my stay.

[ハ] **Firenze Inn**

We were able to check in as soon as we arrived. The room was new, clean, and spacious. Breakfast was wonderful, with plenty of choices. Sawako-san and Fresco at the front desk were both attentive to us. The location was also perfect: it was close to a world-famous bridge and a museum. Unfortunately, a live concert was taking place near the bridge, and continued until late at night. It was somewhat noisy, disturbing our sleep.

[ニ] **Picture of Rome**

Three of us stayed at the Picture of Rome for two nights. We had a one-bedroom suite for the first night and a two-bedroom suite for the second night. The former was very modern, with a square table in the center of the living room, where we could get together to talk. On the second night, from one of the two bedrooms, we were able to see a characteristic and stunning view of St. Peter's Basilica*. The view was almost exactly what I had expected from the website of this accommodation. The breakfast was quite ordinary, however.

*St. Peter's Basilica：サンピエトロ大聖堂(バチカン市国)

問1　(1)〜(4)にそれぞれあてはまるホテルをイ〜ニの中から一つ選び，その記号を解答用紙にマークせよ。ただし，同じ選択肢は一度のみしか使用できない。

(1)　部屋から期待通りの景色を望めたのはどのホテルか。
(2)　大浴場のあるホテルはどれか。
(3)　仕事で訪れたと思われるホテルはどれか。
(4)　フロントのスタッフの気配りが感じられたホテルはどれか。

問2　次の英文はレビューに対するホテルからの返信である。どのレビューに対する返信か，最も適切なものをイ〜ニから一つ選び，その記号を解答用紙にマークせよ。

Thanks for your feedback. We really appreciate it. We are very sorry to hear that you did not enjoy our breakfast so much. We serve fresh croissants, eggs, and a cup of cappuccino, which is a traditional, typical breakfast at a B&B* in this country. Your input is valuable in helping us to improve our services. Hoping to host you again soon. Best regards.

*B&B（bed and breakfast）：宿泊設備と簡単な朝食を提供する宿

〔V〕　つぎの英文は日本でよく使われるジェスチャーA〜Fを解説したものである。この文を読み，(1)〜(7)の設問の答えとして最も適切なものをそれぞれイ〜ニの中から一つ選び，その記号を解答用紙にマークせよ。

Gesture A
Description: Move your glasses up and down with two or three fingers, or if you have no glasses, simply pretend to do so.
Meaning: Someone is smart or has studied at a prominent university.
When and how it's used: Usually used when talking about someone else and hearing they went to a particular university or achieved something in school. "Oh, so she's this, huh?" (Make Gesture A.)

Gesture B

Description: Make an "OK sign" with your hand, with your palm facing up.

Meaning: Someone has a lot of money, has paid a lot for something, or something costs a lot of money.

When and how it's used: "Oh, you bought a new car? I guess it was…" (Make Gesture B.)

Gesture B

Gesture C

Description: | あ |

Meaning: The person is full of himself or herself. This can also be used to imitate the supernatural long-nosed creature, the *tengu*.

When and how it's used: When you want to talk about someone behind their back and you want to imply they're a bit arrogant. "You know Ikeda-san from the accounting department? He just bought a house and now he's…" (Make Gesture C.)

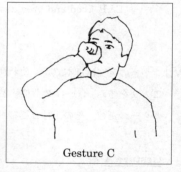
Gesture C

Gesture D

Description: | い | It's better if you don't move your elbow around much.

Meaning: It means no, or that something is different.

When and how it's used: Usually used in response to something that has just been said. For example: "So this is your new boyfriend then?" "No, no!" (Make

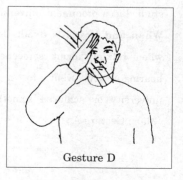
Gesture D

Gesture D.） This one can be difficult for newcomers or first-time visitors to Japan, who often confuse it with the western "ah, something smells bad" wave.

Gesture E
Description: Point to your nose with your index finger.
Meaning: う
When and how it's used: If someone mentions your name or asks you to do something and you are surprised by this, then point to yourself in this manner.

Gesture E

Gesture F
Description: Make an "X" shape with your forearms in a cross in front of your chest. This gesture is often accompanied by a frowning face.
Meaning: "You can't do that." "You can't go through here." "Stop whatever you are doing."
When and how it's used: When someone is attempting to do something or go somewhere they're not allowed to, another person will probably make this gesture. It's not as forceful as a verbal "no."

Gesture F

出典：Wallin, Lisa. "The（Almost）Complete Guide to Japanese Gestures, Body Language and Their Meanings." *Tokyo Weekender*, 10 Nov. 2017, www.tokyoweekender.com. （一部改変）

(1) Choose the illustration that best fits in the box for Gesture A.

(2) Choose the illustration that best fits in the box for Gesture B.

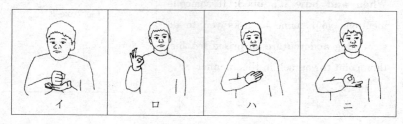

(3) Choose the illustration that best fits in the box for Gesture E.

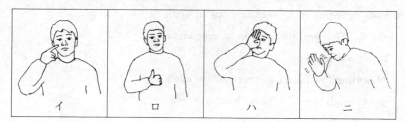

(4) Choose the illustration that best fits in the box for Gesture F.

(5) Choose the sentence that best fits in the blank　あ　.

　イ　Put your palm on your face.

　ロ　Extend your finger and place it against your nose.

　ハ　Curl your hand into a fist and place it against your nose.

　ニ　Whistle using your fingers.

(6) Choose the sentence that best fits in the blank　い　.

　イ　Keep your hand on your head.

　ロ　Wave your hand in front of your face.

　ハ　Move your hand toward your head.

　ニ　Hit your face with your hand.

(7) Choose the sentence that best fits in the blank　う　.

　イ　"Nice!"

　ロ　"All right!"

　ハ　"It's you!"

　ニ　"Who, me?"

〔Ⅵ〕 寄付(donation)に関するつぎの英文を読み，設問に答えよ。なお，各段落冒頭の[ ]は段落番号を示す。

[1] Consider how likely you would be to donate to a charity campaign that made the following appeal as part of its fundraising effort: "We are hoping to get 75 people to participate in this campaign." Next, consider your likelihood of donating to this one: "We are hoping to get 75 participants in this campaign, and we currently have 74."

[2] In both cases, the appeal is telling you about their goal. But in the first case, you have no idea how close the campaign is to the goal, and therefore no sense of how much your donation matters. In the second case, not only do you know how close the campaign is to the goal, but you're also in a unique position. You could be the tipping point—the person who makes the whole thing happen. Our research shows that this is a powerful motivator. In other words, a tipping point model could be an effective tool for fundraising of all kinds.

[3] We conducted a study with a total of 331 people in which we created a crowdfunding*¹ project to raise money to feed hungry children around the world. We made some people the tipping point by telling them that we aimed for nine donors*² in one hour who each donated $1, and that currently we had eight donors. Others were told that they were not tipping points. We told them that we were hoping to have nine donors, and that we already had nine. We then asked both groups if they wanted to donate $1 to the charity or keep it for themselves. By simply being given the
                                          (1)
opportunity to be the tipping point, the percentage of people who donated increased from 49% to 67%. In another study, we told people that our goal was ten donors and that they were or weren't the tipping point. Here, the frequency of donation was 55% and 42%.

[4] We also asked each person who took part in the study two kinds of questions about their motivations. The first question for those who donated

was, "If you hadn't donated, how guilty and responsible would you feel toward hungry children?" For those who did not donate, the question was, "How guilty and responsible are you feeling toward hungry children by not making a donation?" The second question was about their feeling toward the individuals who had donated before they were asked to donate (the first eight or nine donors). Our results showed that not wanting to <u>let down</u> the earlier donors did more to drive donations than not wanting to let down the children.

[5] In short, our research showed that the tipping point model offers a <u>novel means of</u> arousing feelings of responsibility and guilt—but toward donors, not recipients[*3]. Of particular interest is that this sense of obligation was directed toward a group of people our donors didn't know, would never meet, and with whom they shared only the fact that they were performing a behavior at roughly the same time.

[6] We are now exploring another possible use of the tipping point model —how can we motivate donors to encourage other people to donate? Consider what you would do if you read this appeal on social media: "We are hoping to get 75 participants in this campaign, and we currently have 73." Our hope is that, in these cases, people will be motivated not only to donate themselves, but also to reach out to others so that the charity achieves its goal. As a side benefit, this setup offers people an excellent excuse to boast of their charitable behavior; for example, "I'm only posting the fact that I donated to help the charity hit its goal. It's not because I want everyone to see me as a nice person."

[7] The results of our research have implications not only for charitable organizations, but also for anyone seeking to utilize a crowdfunding campaign. This includes business owners trying to fund their brilliant computer applications or employers attempting to increase employee <u>engagement</u> (for example, in volunteering). We suggest that they consider breaking down a very large goal into a series of smaller goals to create a

chain of tipping points. Then they can make an appeal such as "We are hoping for X number of people to engage in action Y in the next Z minutes." This will help motivate greater engagement, and ultimately lead to greater progress toward the large goals.

出典：Anik, Lalin, and Michael Norton. "How Charities Can Use 'Tipping Points' to Get You to Donate." *Wall Street Journal*, 17 June 2019, www.wsj. com. （一部改変）

語注＊

＊1 crowdfunding: a practice of getting money for a project by asking many people to give small amounts of money, usually using the internet

＊2 donor: a person who makes a donation

＊3 recipient: a person who receives a donation

問1　本文中の下線部(1)〜(4)の語句について，意味が最も近いものをそれぞれイ〜ニの中から一つ選び，その記号を解答用紙にマークせよ。

(1) keep it for themselves
　　イ　stop it　　　　　　　　　ロ　make it secret
　　ハ　save it　　　　　　　　　ニ　give it up

(2) let down
　　イ　satisfy　　　　　　　　　ロ　disappoint
　　ハ　embarrass　　　　　　　　ニ　comfort

(3) a novel means of
　　イ　a sad story about　　　　ロ　an accepted theory about
　　ハ　a precious example of　　ニ　a new way of

(4) engagement

イ　participation　　　　　ロ　hiring
ハ　income　　　　　　　　ニ　numbers

問2　本文の内容に関する(1)〜(6)の問いの答えとして最も適切なものをそれぞれイ〜ニの中から一つ選び，その記号を解答用紙にマークせよ。

(1) According to paragraph [2], which of the following best explains "tipping point"?

　イ　the person who is the first to contribute
　ロ　the person whose contribution is larger than anyone else's
　ハ　the person whose contribution brings the campaign to its goal
　ニ　the person who encourages the most people to contribute

(2) Which of the following best explains the studies described in paragraph [3]?

　イ　331 people donated money for starving children.
　ロ　331 people were divided into three groups for this study.
　ハ　People chose which charity campaign to make a donation to.
　ニ　People chose whether or not to make a contribution.

(3) According to paragraphs [4] and [5], which of the following motivates people to donate?

　イ　a sense of responsibility toward the previous donors
　ロ　a sense of responsibility toward the recipients
　ハ　a sense of responsibility toward the charity organizers
　ニ　a sense of responsibility toward the global community

(4) According to paragraph [6], how are social media expected to help increase donations?

　イ　People tend to make a larger contribution when others know the amount of the donation.

ロ　Donors may encourage their friends to join the campaign.
ハ　Charity organizers can use visual information for advertisements.
ニ　Donors can become friends with the recipients.

(5) Why do the authors refer to business owners and employers in paragraph [7]?
イ　to provide the results of an interview study
ロ　to introduce alternatives to the tipping point model
ハ　to show possible applications of the tipping point model
ニ　to explain limitations of the tipping point model

(6) Which of the following is the best title for this passage?
イ　How Setting Goals Can Become a Disadvantage
ロ　How Crowdfunding Helped Starving Children
ハ　How to Measure the Predictability of Human Behavior
ニ　How to Inspire People for Campaigns

〔Ⅶ〕 アフリカでのバッタ(locust)の大発生とオーストラリアの森林火災に関して，2020年2月までに書かれたつぎの英文を読み，また文中の地図を参照し，設問に答えよ。

　　A big increase in the numbers of desert locusts took place in East Africa during late 2019 and early 2020. The situation rapidly worsened and spread to eight countries. The desert locust is considered to be the most destructive traveling insect in the world. It is highly mobile (traveling on the wind <u>up to</u> 150 km per day), and eats large quantities of any kind of green plant, including crops and grasses. A typical swarm*¹ can be made up of 150 million locusts per square kilometer. Even a very small, 1 km² locust swarm can eat the same amount of food in one day as about 35,000 people. Some reports indicate much larger swarms, such as one in Kenya that measured 2,400 km².

　　Wet weather conditions triggered by Cyclone*² Pawan in December 2019 and the following good rains across the region contributed to above-average plant growth, and then an increase in desert locust populations. Mature desert locust swarms formed across the region in January 2020 and laid their eggs. The next generation may form swarms from late March and throughout April, which would occur at the same time as the start of the next seasonal rains as well as the main planting season for the region. These favorable breeding conditions could allow the locust population to become 400 times larger by June 2020.

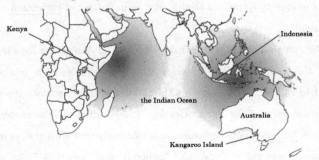

In countries of East Africa affected by desert locusts, the vast majority of the population depends on agriculture. For these farming communities, the timing, duration, and quantities of rainfall play a critical role in crop production. The rainfalls in six of the last eight seasons were below average. Several years of low rainfall have increased the risks to households, and not given them time to recover. These natural hazards particularly affect poor people whose lives depend on agriculture. While this year's heavy rains may seem to be welcome after years of low rainfall, they have created the problem of an increase in the desert locust population. This desert locust attack could lead to further suffering for the people in East Africa.

In contrast to the heavy rains in East Africa, across the Indian Ocean to the east, Australia has experienced dry weather and fires. Fires in many parts of Australia started from September 2019. By February 2020, these terrible bushfires had killed around 20 people and millions of wild animals. Fires damaged roughly 10 million hectares of land. This is more than 10 times the amount of damage to the Amazon rainforests caused by fires in 2019. Particularly hard hit was Kangaroo Island, off the coast of South Australia. Kangaroo Island is one of Australia's most important wildlife reserves, well-known for its variety of plants and animals. Nearly half of the island, including its national park, was burned and a number of wildlife species unique to Kangaroo Island may be in danger of extinction due to the bushfires.

The explanation for both African locusts and Australian fires is an event called the Indian Ocean dipole (IOD). The dipole is a climate event similar to El Niño*[3]. It concerns the difference in sea-surface temperatures in opposite parts of the Indian Ocean. Temperatures in the eastern part of the ocean fluctuate between warm and cold compared with the western part, creating phases called "positive," "neutral," and "negative." In a positive phase, the dipole means warmer sea temperatures and more rain in the western Indian Ocean region, with the opposite in the east. A negative dipole phase would bring about the opposite conditions—warmer water and greater rainfall in the eastern Indian Ocean, and cooler and drier conditions in the west. A neutral phase would mean sea temperatures were close to average across the Indian Ocean. The result of an unusually strong positive dipole this year has been higher-than-average rainfall and floods in East Africa and dry weather in parts of Southeast Asia and Australia.

Extreme climate and weather events caused by the dipole are predicted(5) to become more common in the future as greenhouse gas emissions increase. In a 2014 study published in *Nature*, scientists in Australia, India, China, and Japan created a model of the effects of CO_2 on extreme Indian Ocean dipoles. Assuming that emissions continue to go up, they expected that the frequency of extreme positive dipole events would increase this century from one every 17.3 years to one every 6.3 years.

The countries west of the Indian Ocean on the African coast are going to see much more flooding and heavy rainfall due to these positive dipole events. More damage to crops and infrastructure are expected. On the other hand, the areas east of the Indian Ocean, for example Australia and western Indonesia, are going to see a greater chance of dry weather and reduced rainfall.

出典：FAO. *Desert Locust Crisis: Appeal for Rapid Response and Anticipatory Action in the Greater Horn of Africa January—December 2020*. 2020, http://www.fao.org. Hill, Ann. "Australia Bushfire Statistics, Charts and Details." *My Chart Guide*, 22 Feb. 2020, mychartguide.com. "Indian Ocean Dipole: What Is It and Why Is It Linked to Floods and Bushfires?" *BBC News*, 7 Dec. 2019, www.bbc.com. Khalil, Shaimaa. "Australia Fires: 'Apocalypse' Comes to Kangaroo Island." *BBC News*, 17 Jan. 2020, www.bbc.com. （一部改変）

語注*

*¹ swarm：群れ

*² cyclone：インド洋などで見られる熱帯低気圧

*³ El Niño：太平洋赤道域の南米付近で海水温が平年より高くなる現象

問1　下線部(1)〜(5)の語について，意味が最も近いものをそれぞれイ〜ニの中から一つ選び，その記号を解答用紙にマークせよ。

(1) up to
- イ　more than
- ロ　owing to
- ハ　as far as
- ニ　dependent on

(2) critical
- イ　controversial
- ロ　decisive
- ハ　curious
- ニ　constructive

(3) extinction
- イ　disappearance
- ロ　extension
- ハ　recognition
- ニ　absence

(4) fluctuate
- イ　generate
- ロ　increase
- ハ　swing
- ニ　decrease

(5) predicted
- イ　promoted
- ロ　preferred
- ハ　rejected
- ニ　forecasted

問2　本文の内容に関する(1)〜(8)の問いの答えとして最も適切なものをそれぞれイ〜ニの中から一つ選び，その記号を解答用紙にマークせよ。

(1) What damage do desert locusts cause?
- イ　shortage in the food supply

ロ　greater rainfall

ハ　spread of infectious diseases

ニ　strong winds

(2)　How much might the reported locust swarm in Kenya eat in a day?

イ　as much as 35,000 people eat

ロ　as much as 80 percent of what East African people eat

ハ　as much as 84 million people eat

ニ　as much as 150 million people eat

(3)　What directly brought about the outbreak of locust swarms?

イ　excessive agricultural development

ロ　above-average plant growth

ハ　Cyclone Pawan

ニ　drought in the countries of East Africa

(4)　Why are people in East Africa particularly affected by natural hazards?

イ　because they live near rivers

ロ　because their land is unproductive

ハ　because they experience dry weather

ニ　because they are heavily dependent on agriculture

(5)　What caused bushfires in Australia?

イ　hazardous air quality

ロ　a strong positive Indian Ocean dipole

ハ　winds generated by the Indian Ocean dipole

ニ　long-term deforestation

(6)　What is the characteristic of negative Indian Ocean dipoles?

イ　weak westerly wind

ロ　cool Indian Ocean water near Africa

ハ　moisture from the ocean

ニ　flooding in East Africa

(7)　Why does the author mention greenhouse gas emissions?

イ　to show how greenhouse gas emissions contribute to global warming

ロ　to show how a dipole can be eased by greenhouse gases

ハ　to demonstrate how greenhouse gas emissions influence dipoles

ニ　to explain why a dipole takes place

(8)　What is the best title for this passage?

イ　Link between Locusts and Bushfires

ロ　Impacts of Natural Hazards

ハ　Measuring Sea-Surface Temperatures

ニ　Kenya and Kangaroo Island

数学

(90 分)

解答上の注意

問題文中の ア，イ，ウ，… のそれぞれには，特に指示がないかぎり，－（マイナスの符号），または 0 ～ 9 までの数が 1 つずつ入ります。当てはまるものを選び，マークシートの解答用紙の対応する欄にマークして解答しなさい。

ただし，分数の形で解答が求められているときには，符号は分子に付け，分母・分子をできる限り約分して解答しなさい。

また，根号を含む形で解答が求められているときには，根号の中に現れる自然数が最小となる形で解答しなさい。

〔例〕

$\dfrac{\boxed{ア}\sqrt{\boxed{イ}}}{\boxed{ウエ}}$ に $\dfrac{-\sqrt{3}}{14}$ と答えたいときには，以下のようにマークしなさい。

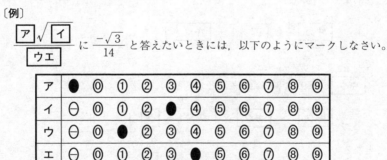

デザイン工学部システムデザイン学科，生命科学部生命機能学科のいずれかを志望する受験生は，〔Ⅰ〕〔Ⅱ〕〔Ⅲ〕〔Ⅳ〕〔Ⅴ〕を解答せよ。

情報科学部ディジタルメディア学科，デザイン工学部都市環境デザイン工学科，理工学部機械工学科機械工学専修・応用情報工学科のいずれかを志望する受験生は，〔Ⅰ〕〔Ⅱ〕〔Ⅲ〕〔Ⅳ〕〔Ⅵ〕を解答せよ。

〔I〕

(1) a を正の整数とする。

a^{10} を 97 で割った余りについて考える。

a を 97 で割った商を q，余りを r とすると，二項定理によって，

$$a^{10} = (97 \times q)^{10} + \boxed{アイ} \times (97 \times q)^9 r + \boxed{ウエ} \times (97 \times q)^8 r^2$$
$$+ \cdots + \boxed{ウエ} \times (97 \times q)^2 r^8 + \boxed{アイ} \times (97 \times q) r^9 + r^{10}$$

となるから，a^{10} を 97 で割った余りは，r^{10} を 97 で割った余りと等しい。

2020^{10} を 97 で割った余りを求める。

2020 を，97 で割った余りを r とすると，$r = \boxed{オカ}$ である。

$\boxed{オカ}$ の 2 乗を 97 で割った余りは $\boxed{キク}$ である。$\boxed{オカ}^2$ を 97 で割った商を s とすると，

$$\boxed{オカ}^{10} = \left(97 \times s + \boxed{キク}\right)^5$$

である。

$\boxed{キク}^2$ を 97 で割った商を t とすると，

$$\boxed{キク}^5 = \boxed{キク} \times \left(97 \times t + \boxed{ケ}\right)^2$$

となる。

2020^{10} を 97 で割った余りは，$\boxed{コサ}$ である。

(2) 原点を O とする座標平面上に直線 ℓ がある。

ℓ の方程式は $3x + 4y - 10 = 0$ である。

O を通り，ℓ に垂直な直線と，ℓ の交点の座標は $\left(\dfrac{\boxed{シ}}{\boxed{ス}}, \dfrac{\boxed{セ}}{\boxed{ス}}\right)$

である。

O と ℓ の距離は $\boxed{ソ}$ である。

連立不等式

$$\begin{cases} 3x + 4y - 10 \leq 0 \\ 4x + 3y - 8 \leq 0 \end{cases}$$

が表す領域を D とする。

O を中心とし，D に含まれる円の半径の最大値は $\dfrac{タ}{チ}$ である。

点 (x, y) が領域 D を動くとき，$x + y$ の最大値は $\dfrac{ツテ}{ト}$ である。

〔Ⅱ〕

平面上に三角形 ABC がある。

各辺の長さを，AB = 2，BC = $\sqrt{2}$，CA = 1 とする。

三角形 ABC の内角 ∠BAC の大きさを α，内角 ∠ABC の大きさを β，内角 ∠ACB の大きさを θ とする。

$$\cos \theta = \dfrac{\boxed{ア}\sqrt{\boxed{イ}}}{\boxed{ウ}}$$

である。

三角形 ABC の外接円の半径を R とする。

$$R^2 = \dfrac{\boxed{エ}}{\boxed{オ}}$$

である。

三角形 ABC の外心を O とする。

$$\cos 2\theta = \frac{\boxed{カキ}}{\boxed{ク}}$$

であり，

$$\vec{OA}\cdot\vec{OB} = \frac{\boxed{ケコ}}{\boxed{サ}}, \quad \vec{OA}\cdot\vec{OC} = \frac{\boxed{シ}}{\boxed{スセ}}, \quad \vec{OB}\cdot\vec{OC} = \frac{\boxed{ソ}}{\boxed{タ}}$$

である。

x, y を実数として，$\vec{OC} = x\vec{OA} + y\vec{OB}$ とおくと，

$$x = \frac{\boxed{チ}}{\boxed{ツ}}, \quad y = \frac{\boxed{テ}}{\boxed{ト}}$$

である。

線分 OC と線分 AB は交わる。

線分 OC と線分 AB の交点を D とするとき，

$$\frac{BD}{AD} = \frac{\boxed{ナ}}{\boxed{ニ}}, \quad \frac{CD}{OD} = \frac{\boxed{ヌ}}{\boxed{ネ}}$$

である。

〔Ⅲ〕
中が見えない袋の中に，赤玉が4個，白玉が4個，黒玉が4個入っている。

それぞれの赤玉には，4つの自然数1, 2, 3, 4のいずれか1つが書かれている。また，それぞれの自然数が書かれた赤玉は，1個ずつである。

それぞれの白玉には，4つの自然数1, 2, 3, 4のいずれか1つが書かれている。また，それぞれの自然数が書かれた白玉は，1個ずつである。

それぞれの黒玉には，4つの自然数1, 2, 3, 4のいずれか1つが書かれている。また，それぞれの自然数が書かれた黒玉は，1個ずつである。

(1) 袋から玉を同時に2個取り出す。取り出した玉が2個とも赤玉である確率は $\dfrac{\boxed{ア}}{\boxed{イウ}}$ である。

(2) 袋から玉を同時に2個取り出す。取り出した玉に書かれた2つの数の和が5である確率は $\dfrac{\boxed{エ}}{\boxed{オカ}}$ である。

(3) 袋から玉を同時に2個取り出す。取り出した2つの玉の色が異なり，かつ，書かれた2つの数が異なる確率は $\dfrac{\boxed{キ}}{\boxed{クケ}}$ である。

(4) 袋から玉を同時に3個取り出す。取り出した玉の色がすべて異なる確率は $\dfrac{\boxed{コサ}}{\boxed{シス}}$ である。

(5) 袋から玉を同時に3個取り出す。取り出した玉に書かれた3つの数の中に4が少なくとも1つ含まれる確率は $\dfrac{\boxed{セソ}}{\boxed{タチ}}$ である。

(6) 袋から玉を同時に 3 個取り出す。取り出した玉に書かれた 3 つの数の積が 4 の倍数である確率は $\dfrac{\boxed{ツテ}}{\boxed{トナ}}$ である。

(7) 袋から玉を同時に 3 個取り出す。取り出した玉に書かれた 3 つの数の積が 4 の倍数であったとき，3 つの数の中に 4 が含まれない確率は $\dfrac{\boxed{ニヌ}}{\boxed{ネノハ}}$ である。

〔Ⅳ〕

関数 $f(x)$ を，

$$f(x) = x^4 - 7x^3 + 15x^2 - 9x$$

とする。

$f(x) < 0$ となるのは，$\boxed{ア} < x < \boxed{イ}$ のときである。

座標平面上の曲線 $y = f(x)$ を C とし，C の，点 $A(1, f(1))$ における接線を ℓ とする。

ℓ の方程式は $y = \boxed{ウ} x - \boxed{エ}$ である。

$f(x)$ の導関数を $f'(x)$ とする。

$f'(x) = \boxed{ウ}$ となる x のうちで，最も大きいのは $x = \dfrac{\boxed{オカ}}{\boxed{キ}}$ である。

傾きが $\boxed{ウ}$ に等しい C の接線は，ちょうど $\boxed{ク}$ 本である。

関数 $g(x)$ を

$$g(x) = f'(x)$$

とし，$g(x)$ の導関数を $g'(x)$ とする。

$g'(x) = 0$ となる x は，$x = \boxed{ケ}$，$\dfrac{\boxed{コ}}{\boxed{サ}}$ である。

ただし，$\boxed{ケ} < \dfrac{\boxed{コ}}{\boxed{サ}}$ とする。

$g\left(\boxed{ケ}\right)$ は，$g(x)$ の $\boxed{シ}$ 。

$g\left(\dfrac{\boxed{コ}}{\boxed{サ}}\right)$ は，$g(x)$ の $\boxed{ス}$ 。

ただし，$\boxed{シ}$，$\boxed{ス}$ については，以下のA群の①〜⑤から1つを選べ。ここで，同じものを何回選んでもよい。

A群
① 極大値であり，最大値でもある
② 極大値であるが，最大値ではない
③ 極小値であり，最小値でもある
④ 極小値であるが，最小値ではない
⑤ 極値ではない

m を実数とする。

傾きが m に等しい C の接線が，ちょうど1本となるのは，

$$m < \dfrac{\boxed{セソタ}}{\boxed{チ}} \quad \text{または} \quad m > \boxed{ツ}$$

のときである。

C と 2 直線 $x = \boxed{ア}$，$x = \boxed{イ}$ および x 軸で囲まれた部分の面積は，

$\dfrac{\boxed{テト}}{\boxed{ナニ}}$ である。

次の問題〔V〕は，デザイン工学部システムデザイン学科，生命科学部生命機能学科のいずれかを志望する受験生のみ解答せよ。

〔V〕

ある数が，2進法で表された数であることを示すために，数字の列の右下に $_{(2)}$ をつけて表す。ある数が，10進法で表された数であるときは，数字の列の右下には何もつけない。

例えば，10進法で表された11は，

$$11 = 8 + 2 + 1 = 1 \times 2^3 + 0 \times 2^2 + 1 \times 2^1 + 1 \times 2^0$$

であるから，2進法で表すと $1011_{(2)}$ となる。

数列 $\{a_n\}$ は，漸化式

$$a_{n+1} = 16(a_n)^2 \quad (n = 1, 2, 3, \cdots)$$

を満たし，$a_1 = 1$ であるとする。

$a_3 = 2^{\boxed{アイ}}$ である。

すべての正の整数 n に対して，

$$\log_2 a_{n+1} = \boxed{ウ} + \boxed{エ} \log_2 a_n$$

が成り立つ。

c を実数とする。

数列 $\{b_n\}$ の一般項 b_n は，$b_n = \log_2 a_n + c$ を満たし，すべての正の整数 n に対して $b_{n+1} = \boxed{エ} b_n$ が成り立つとする。

$c = \boxed{オ}$ である。

$\log_2 a_n = 2^{\boxed{カ}} - \boxed{キ}$ である。

ただし，$\boxed{カ}$ については，以下のA群の①〜⑧から1つを選べ。

A群

① n 　　② $-n$ 　　③ $n-1$ 　　④ $1-n$

⑤ $n+1$ 　⑥ $-n-2$ 　⑦ $2n-1$ 　⑧ $1-2n$

$\log_2 a_8$ を2進法で表すと，数字の列の左端は1，右端は0であり，数字の列において，1と0が隣り合うことがちょうど1回だけある。$\log_2 a_8$ を2進法で表したとき，数字の列に現れる1の個数を p とし，0の個数を q とする。

$$\log_2 a_8 = \underbrace{1\cdots 1}_{p\text{ 個}}\underbrace{0\cdots 0}_{q\text{ 個}}{}_{(2)}$$

$p = \boxed{ク}$，$q = \boxed{ケ}$ である。

a_8 を2進法で表すと，数字の列の左端は1，右端は0であり，数字の列において，1と0が隣り合うことがちょうど1回だけある。a_8 を2進法で表したとき，数字の列に現れる1の個数を r とし，0の個数を s とする。

$r = \boxed{コ}$，$s = \boxed{サ}$ である。

ただし，$\boxed{サ}$ については，以下のB群の⊖〜⑨から1つを選べ。

B群

- ⊖ 251
- ⓪ 252
- ① 253
- ② 254
- ③ 256
- ④ 507
- ⑤ 508
- ⑥ 509
- ⑦ 510
- ⑧ 512
- ⑨ 1024

すべての正の整数 n に対して，

$$\frac{a_{n+2} \times (a_n)^2}{(a_{n+1})^2} = 2^{\boxed{シ}-\boxed{ス}}$$

である。

ただし，$\boxed{シ}$ については，以下のC群の⓪〜⑨から1つを選べ。

C群

- ⓪ $-2n$
- ① $-n$
- ② n
- ③ $2n$
- ④ $4n$
- ⑤ 2^{-n-1}
- ⑥ 2^{-n}
- ⑦ 2^n
- ⑧ 2^{n+1}
- ⑨ 2^{n+2}

次の問題〔Ⅵ〕は，情報科学部ディジタルメディア学科，デザイン工学部都市環境デザイン工学科，理工学部機械工学科機械工学専修・応用情報工学科のいずれかを志望する受験生のみ解答せよ。

〔Ⅵ〕

関数 $f(x)$ を，

$$f(x) = 2x + \cos\left(2x - \frac{\pi}{3}\right)$$

とする。

$f(x)$ の導関数を $f'(x)$ とすると，

$$f'(x) = \boxed{ア} - \boxed{イ}\sin\left(2x - \frac{\pi}{3}\right)$$

である。

$-\pi < x < \pi$ の範囲で，$f'(x) = 0$ となる x の値は

$$x = -\frac{\boxed{ウ}}{\boxed{エオ}}\pi,\ \frac{\boxed{カ}}{\boxed{キク}}\pi$$

である。

$-\pi < x < \pi$ の範囲で，$f(x)$ は $\boxed{ケ}$ 。
ただし，$\boxed{ケ}$ については，以下の A 群の ①〜④ から1つを選べ。

A 群
① 極大値と極小値をそれぞれ1回ずつとる
② 極大値を1回だけとり，極小値はとらない
③ 極小値を1回だけとり，極大値はとらない
④ 極値をとらない

座標平面上の曲線 $y = f(x)$ を C とする。

$-\pi < x < \pi$ の範囲で，C には変曲点がちょうど　コ　個ある。

$-\pi < x < \pi$ の範囲にある C の変曲点のうち，x 座標が最も大きいものを $P(a, f(a))$ とする。

$$a = \frac{\boxed{サシ}}{\boxed{スセ}} \pi$$

である。

C の，点 $Q\left(\dfrac{\pi}{6}, f\left(\dfrac{\pi}{6}\right)\right)$ における接線を ℓ とする。ℓ の方程式は

$$y = \boxed{ソ} x + \boxed{タ}$$

である。

$$\lim_{x \to \frac{\pi}{6}} \frac{\boxed{ソ} x + \boxed{タ} - f(x)}{\left(2x - \dfrac{\pi}{3}\right)^2} = \boxed{チ}$$

となる。

ただし，　チ　については，以下の B 群の ⊖〜⑨ から1つを選べ。

B 群

⊖ $-\infty$　　⓪ 0　　① 1　　② 2　　③ $\dfrac{\pi}{6}$

④ $\dfrac{\pi}{4}$　　⑤ $\dfrac{\pi}{3}$　　⑥ $\dfrac{\pi}{2}$　　⑦ $\dfrac{1}{4}$　　⑧ $\dfrac{1}{2}$

⑨ ∞

定積分

$$\int_{\frac{\pi}{6}}^{a} \left\{ \boxed{ソ} x + \boxed{タ} - f(x) \right\}^2 dx$$

の値を I とおく。

$$I = \boxed{ツ} + \frac{\boxed{テ}}{\boxed{ト}} \pi$$

である。

物理

(75 分)

注意 解答はすべて解答用紙の指定された解答欄に記入すること。
解答用紙の余白は計算に使用してもよいが，採点の対象とはしない。

〔Ⅰ〕 以下の問いに答えよ。

図1のように，長さ L，質量 $3m$ の木材が水平でなめらかな床の上に置かれている。この木材に大きさの無視できる質量 m の弾丸を速さ v_0 で水平に打ち込む。木材は打ち込まれた弾丸と同じ方向に動き出し，やがて木材と弾丸は一体となって動いた。木材は弾丸が打ち込まれても回転することも倒れることもないとする。また，弾丸が木材にくいこんでいくときに，重力の効果は考えなくてよく，弾丸と木材との間にはたらく力の大きさは一定とし，その大きさを F とする。

1. 弾丸が木材に入り始めてからその中で止まるまでの時間を求めよ。
2. 弾丸が木材の中で止まって一体となって動いているときの速さを求めよ。
3. 弾丸が木材の中で止まるまでの間に失われた全力学的エネルギーを求めよ。
4. 弾丸が木材の中で止まるまでの間に，木材が移動した距離を求めよ。
5. 弾丸が木材中を移動した距離を求めよ。
6. 弾丸が木材を貫通するために必要な弾丸の最小の速さを求めよ。

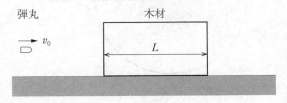

図1

〔Ⅱ〕 つぎの文の □ に入れるべき数式を解答欄に記入せよ。ただし，真空中のクーロンの法則の比例定数を k，円周率を π とする。

電荷分布が原点 O のまわりに球対称であるとき，原点 O から距離 r だけ離れた点の電気力線の密度と向きは，半径 r の球内の電気量と同じ電気量の点電荷を原点 O に置いたときと同じになることが知られている。

図 2 に示すように，真空中の原点 O を中心とした半径 a の球内に電荷密度が一様になるように総電気量 $q(>0)$ の電荷が分布している。その電荷分布を覆うように，同じく原点 O を中心とした半径 $b(>a)$ の極めて薄い導体球殻が置かれ，導体球殻表面の電荷密度が一様になるように総電気量 $Q(>0)$ の電荷が与えられている。なお，半径 a の球内および導体球殻表面の電荷分布は変化しないものとする。

$b<r$ の領域においては，原点 O から距離 r だけ離れた点の電界の強さは (a) となる。

$a<r<b$ の領域においては，原点 O から距離 r だけ離れた点の電界の強さは (b) となる。

$0<r<a$ の領域においては，その領域内の電荷密度は (c) で表されるので，半径 r の球内に含まれる電気量は (d) となり，半径 r の球面上を貫く電気力線の総本数は (e) ，原点 O から距離 r だけ離れた点の電界の強さは (f) となる。

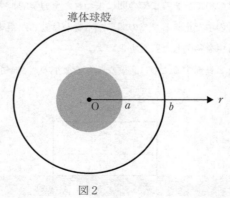

図 2

[Ⅲ] つぎの文の □ に入れるべき数式を解答欄に記入せよ。

図3のように，なめらかに動くピストンでA室とB室に仕切られた円筒の容器が，水平な床に固定されている。単原子分子の理想気体がA室には2 mol，B室には1 mol入っている。容器とピストンは断熱材でできている。また，A室の内壁面には加熱装置が取り付けられている。気体定数をRとする。

はじめに，A室内の気体の圧力はp_0，体積はV_0，絶対温度はT_0，B室内の気体の体積はV_0でピストンが静止している。このとき，B室内の気体の圧力をp_0で表すと □(1)□ ，絶対温度をT_0で表すと □(2)□ となる。
つぎに，A室内の気体を加熱したところ，ピストンがゆっくりとB室側へ移動し静止した。この間にA室内の気体の絶対温度はT_1，B室内の気体の絶対温度はT_2までそれぞれ上昇した。この過程でB室内の気体がされた仕事をR，T_0，T_2で表すと □(3)□ ，A室内の気体に与えられた熱量をR，T_0，T_1，T_2で表すと □(4)□ となる。また，加熱後のB室内の気体の体積をT_1，T_2，V_0で表すと □(5)□ ，圧力をp_0，T_0，T_1，T_2で表すと □(6)□ となる。

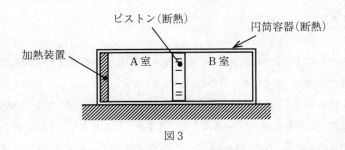

図3

〔IV〕 以下の問いに、有効数字2桁の数値、または、数式で答えよ。

図4-1に示すように、質量1.0×10^4 kgの車両が、水平な直線道路を一定の速さ36 km/hで走っている。このあと、ブレーキをかけると、車両は一定の加速度で減速した。ここで、ブレーキ操作によって生じる車両を減速させる力の大きさは車両にはたらく重力の大きさの10%であった。重力加速度の大きさを9.8 m/s^{2}としたとき、

(i) ブレーキをかけてから車両が停止するまでの加速度の大きさはいくらか。
(ii) ブレーキをかけてから車両が停止するまでに、車両はどれだけの距離を走ったか。

図4-2に示すように、質量1.0×10^4 kgの車両が傾斜角6.0°の斜面の坂道を36 km/hの一定の速さで登った。このとき、摩擦力の大きさは、坂道から車両が受ける垂直抗力の大きさの20%であった。

(iii) 車両の推進力の仕事率はいくらか。ただし、$\sin 6.0° = 0.10$、$\cos 6.0° = 0.99$とする。

図4-3に示すように、質量$2m$の車両Aと質量mの車両BがAを先頭に連結された状態で、水平な直線道路を一定の速さで走っている。このあと、ブレーキをかけると、2台の車両は一定の加速度で減速した。ここで、ブレーキ操作によって生じる車両を減速させる力の大きさは2両ともにFとし、車両Aと車両Bの間の連結器は軽くて伸び縮みせず、連結器に加わる力は水平方向のみとする。

(iv) ブレーキをかけたときの車両の加速度の大きさを求めよ。
(v) 連結器が車両Aに作用する力の大きさを求めよ。
(vi) ブレーキをかけてから距離xだけ進んだとき、車両Bの運動エネルギーの減少量を求めよ。

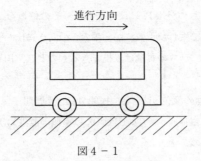

図 4 − 1

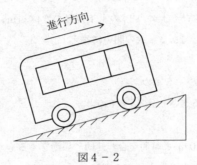

図 4 − 2

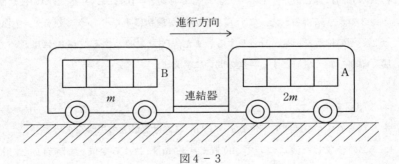

図 4 − 3

〔V〕 水平に張ったひもの一端 P_0 に波源があり，その位置を $x = 0$ m とする。波源の上下運動によって生じた正弦波が x 軸の正の向きに伝わっている。以下の問いに答えよ。ただし，ひもの質量は無視できるものとし，円周率は π とする。

(イ) P_0 の上下運動の変位 y[m]を，振幅 A[m]，周期 T[s]，および時刻 t[s]を用いて表せ。なお時刻 $t = 0$ s では，P_0 は座標の原点 O から y 軸の正の向きに動きはじめるものとする。

ひもを伝わる波が図 5 − 1 で示す形となったときの時刻を $t = 0$ s とする。$x = 1.0$ m におけるひも上の点 P_1 の上下運動の変位 y[m]を，$t \geq 0$ について示したものが図 5 − 2 である。次の問いに答えよ。

(ロ) この波の周期 T[s]を求めよ。
(ハ) この波の伝わる速さ v[m/s]を求めよ。

次に，波源($x = 0$ m)と時間を合わせ同じ振動をするもう一つの波源を x 軸上の点 S に置いて，ひものもう一つの端 P_s をこの波源($x = x_s$[m])につなぎ，x 軸の負の方向に進む波を生じさせた。そして時刻 $t = 0$ s において，2 つの波が図 5 − 3 のように得られた。これら 2 つの波が最初に重なり合う時刻を $t = t_a$[s]とし，その位置を $x = x_a$[m]とする。また，P_0 を波源とする波が P_s にはじめて届く時刻を $t = t_s$[s]とする。次の問いに答えよ。

(ニ) t_a[s]を求めよ。
(ホ) $t_a \leq t \leq t_s$ の区間で，位置 $x = x_a$[m]における最大の振幅を求めよ。
(ヘ) この合成した波について，位置 $x = x_a$[m]における変位 y を時刻 t(ただし $t_a \leq t \leq t_s$)の関数として，正弦関数を用いて表せ。

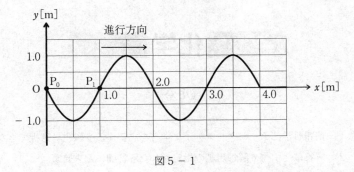

図5-1

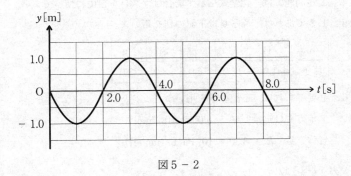

図5-2

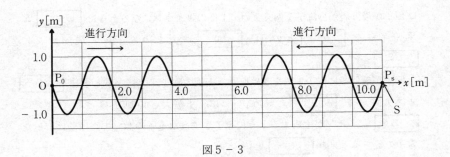

図5-3

化学

(75 分)

注意 1．情報科学部ディジタルメディア学科を志望する受験生は選択できない。
2．解答は，すべて解答用紙の指定された解答欄に記入せよ。
3．計算問題では，必要な式や計算，説明も解答欄に記入せよ。
4．記述問題では，化学式を示す場合はマス目を自由に使ってよい。
5．必要であれば，原子量は下記の値を用いよ。

元素	H	C	O	Si	Na
原子量	1.00	12.0	16.0	28.0	23.0

6．必要であれば，下記の値を用いよ。
アボガドロ定数　$N_A = 6.00 \times 10^{23}$/mol
気体定数　$R = 8.30 \times 10^3$ Pa·L/(mol·K)

〔Ⅰ〕　つぎの文章を読んで，以下の設問に答えよ。

　原子が最外殻から電子1個を失い，1価の陽イオンになるときに (あ) エネルギーを (A) という。 (A) が大きい原子ほど陽イオンに (い) 。

　原子が最外殻に電子1個を受け取り，1価の陰イオンになるときに (う) エネルギーを (B) という。 (B) が大きい原子ほど陰イオンに (え) 。イオンが生成するときに原子が失った電子の数，または受け取った電子の数をイオンの (C) という。

　同じ族に属する原子の (A) を比較すると，原子番号の大きい原子ほど (A) は (お) なる。これは最外殻の電子と原子核との距離が長くなると，原子から電子を取り去りやすくなるためである。図に原子番号と (A) との関係を示した。 (A) は，第2周期では1族から18族へと向かうほど

増加する傾向にあるが，(ア) から (イ) および (ウ) から (エ) へ向かうところで減少する。

1族元素の原子と比べると，同周期の2族元素では原子が1価の陽イオンになるときの (A) は大きくなる。

原子が陽イオンになると，最外殻の電子が放出され，陽イオンの半径はもとの原子の半径よりも (か) なる。逆に，原子が陰イオンになると，最外殻に電子が配置され，陰イオンの半径はもとの原子の半径よりも (き) なる。

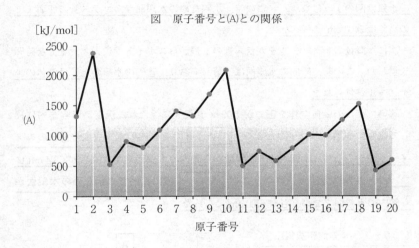

図　原子番号と(A)との関係

1．空欄(A)〜(C)に入る適切な語句を記せ。
2．(あ)〜(き)に入る適切な語句を次の①〜⑥の中から1つずつ選び，番号で記せ。
   ただし同じ語句を複数回用いてもよい。

   ①　放出される　　　②　なりやすい　　　③　小さく
   ④　大きく　　　　　⑤　なりにくい　　　⑥　供給される

3．(ア)〜(エ)に入る適切な元素を元素記号で記せ。
4．つぎの3つのイオンをイオン半径が小さい順に左から番号で記せ。

   ①　O^{2-}　　　　　②　Al^{3+}　　　　③　Na^+

5．設問4において，イオン半径の順序がそのようになる理由を「原子番号」，「原子核」，「正電荷」，「電子」の4つの語句をすべて用いて55字以内で説明せよ。
6．ナトリウムイオン Na^+ では，最も外側の電子殻は何か。アルファベットで記せ。

〔Ⅱ〕 つぎの文章を読んで，以下の設問に答えよ。ただし，エタノールの蒸気は理想気体として取り扱えるものとし，各温度におけるエタノールの飽和蒸気圧は表に示した通りである。また，水銀の蒸気圧は無視してよい。さらに，水銀の密度は温度によらず一定とし，1.00×10^5 Pa ＝ 760 mmHg として計算すること。

　大気圧 1.00×10^5 Pa，温度 30.0℃のもとで，一端を閉じた底面積が 1.00 cm² のガラス管内に水銀を満たして，水銀だめの中で垂直に倒立させたところ，管内の水銀は図のようになった。この時，水銀だめの水銀面からガラス管の底面までの高さは 80.0 cm であった。
(a)

　次に，微量のエタノールをガラス管の下端からスポイトで注入し，十分な時間放置した。この時，管内の水銀面は下降しており，管内の水銀の上には液体のエタノールが見られた。
(b)

　続いて，この装置全体を圧力が 1.00×10^5 Pa に保たれた温度調節容器内に移して徐々に加熱していったところ，　(あ)　℃で管内の水銀面上の液体のエタノールがなくなり，水銀だめの水銀面から管内の水銀面までの高さが 63.4 cm になった。さらに加熱を続けたところ　(い)　℃において水銀だめの水銀面から管内の水銀面までの高さが 63.0 cm になった。
(c)
(d)

表　エタノールの飽和蒸気圧

温度（℃）	蒸気圧（×10^5 Pa）
30.0	0.100
37.0	0.166
47.0	0.249
57.0	0.415
67.0	0.664
78.0	1.00

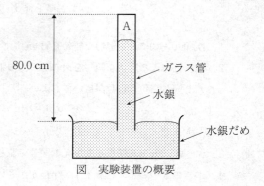

図　実験装置の概要

1．下線部(a)において，図中Ａの空間はどのような状態であるかを記せ。
2．下線部(a)の状態で，管底に空間Ａが残る範囲でガラス管を徐々に傾けていった。このとき，水銀だめの水銀面から管内の水銀面までの高さはどのように変

化するか，以下の①〜⑤から最も適切なものを選び番号で答えよ。
① 徐々に減少する　　　　② 徐々に増加する
③ 変化しない　　　　　　④ 一旦減少した後に増加する
⑤ 一旦増加した後に減少する

3．下線部(b)の状態で水銀だめの水銀面から管内の水銀面までの高さは何 cm か，小数第 1 位まで答えよ。ただし，液体のエタノールの体積及び質量はともに無視できるものとする。

4．下線部(c)の　(あ)　に入るもっとも適切な温度を表の中から選んで答えよ。ただし根拠となる計算を示すこと。

5．下線部(c)の状態において蒸気のエタノールの物質量は何 mol か，有効数字 2 桁で答えよ。

6．下線部(d)の　(い)　に入る温度を有効数字 2 桁で答えよ。

〔Ⅲ〕 つぎの文章を読んで，以下の設問に答えよ。

　ケイ素は，岩石や鉱物の成分元素として，地球の地殻中に酸素に次いで多量に存在する元素である。ケイ素は周期表の　(ア)　族に属する典型元素であり，　(イ)　個の価電子を有している。単体のケイ素は　(A)　結合の結晶で，灰白色の光沢を示す。高純度のケイ素の結晶は，電気をわずかに通すため，　(B)　として，コンピューターの集積回路や光エネルギーを直接電気エネルギーに変える太陽電池などの重要な材料として広く用いられる。ケイ素の結晶構造は，図に示すように単体の中では　(C)　と同じ構造を取り，単位格子の一辺の長さは，5.40×10^{-8} cm である。ケイ素は単体では天然に存在せず，　(D)　を主成分とするケイ砂を高温で加熱・融解し，炭素で還元して得られる。

　(D)　は結晶中では 1 個のケイ素原子を　(ウ)　個の　(E)　原子が取り囲んだ　(F)　形の構造をとるユニットが，互いに頂点を共有する形で三次元的に規則正しく配列した結晶構造をとる。一般に　(D)　は水にも強酸にも溶けにくく，安定な化合物であるが，揮発性の酸の水溶液である　(G)　と

は反応することが知られている。このため， (G) はガラス容器ではなく，ポリエチレン製の容器に保存される。また，(d) (D) に水酸化ナトリウムを加えて高温で融解するとある化合物が生成されるが，その化合物に水を加えて加熱すると， (H) と呼ばれる粘性の高い液体が得られる。さらに， (H) に塩酸を加えると，白色ゼリー状の物質である (I) を生じる。 (I) を加熱して脱水すると多孔質の固体である (J) が得られる。

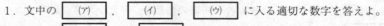

5.40×10^{-8} cm

図

1. 文中の (ア) ， (イ) ， (ウ) に入る適切な数字を答えよ。
2. 文中の (A) から (J) に入る適切な語句を答えよ。
3. 図に示されたケイ素の単位格子中に含まれるケイ素原子の数を答えよ。
4. 設問3．および下線部(a)の情報をもとに，ケイ素の結晶の密度(g/cm³)を有効数字2桁で求めよ。
5. 下線部(b)の化学反応式を記せ。
6. 純粋な化合物 (D) 1.20 kg から最大何 g のケイ素を得ることができるか。有効数字2桁で答えよ。
7. 下線部(c)の化学反応式を記せ。
8. 下線部(d)について， (D) と水酸化ナトリウムの物質量の比が1：2の場合の化学反応式を記せ。

〔Ⅳ〕 つぎの文章を読んで，以下の設問に答えよ。

　メタンやエタンのような鎖式飽和炭化水素をアルカンといい，その分子式は一般式 C_nH_{2n+2} ($n \geq 1$) で表される。このように共通の一般式で表され，化学的性質がよく似た一連の化合物群を　(あ)　という。最も簡単なアルカンであるメタン ($n = 1$) は空気より軽く，無色・無臭の気体で，実験室では，酢酸ナトリウムを水酸化ナトリウムとともに加熱して発生させる。$n \geq 4$ のアルカンでは，分子式は同じであるが，炭素原子のつながり方の違う　(い)　異性体が存在する。例えば，枝分かれ構造のあるアルカンにおいては，炭素原子の数が同じであっても，枝分かれの数が増すにつれて沸点が低くなる。

　アルカンは常温では安定で化学反応性に乏しいが，燃焼すると多量の熱を発生することから，燃料として使われている。天然ガスの主成分はメタン，液化石油ガスの主成分はプロパンやブタンなどである。

1．空欄(あ)，(い)に入る適切な語句を記せ。
2．下線部(a)において，発生したメタンの捕集方法として最も適切なものを次の①〜③の中から1つ選び，番号で記せ。
　① 上方置換　　　② 下方置換　　　③ 水上置換
3．下線部(a)の反応を化学反応式で記せ。
4．$n = 5$ のアルカンのうち，最も沸点が低いと予想されるものを例にならって簡略化した構造式で記せ。
　(簡略化した構造式の例) エタノール　CH_3-CH_2-OH
5．メタンの燃焼熱は何 kJ か。整数値で答えよ。ただし，二酸化炭素，水(液体)，メタンの生成熱は，それぞれ 394 kJ，286 kJ，75 kJ とする。
6．プロパン，およびブタンを完全燃焼させたときの化学反応式をそれぞれ記せ。
7．27.0 ℃，1.80×10^6 Pa で 1.50×10^3 L の液化石油ガスを完全燃焼させるときに必要な酸素の体積は，27.0 ℃，1.00×10^5 Pa において何 L か。有効数字2桁で答えよ。ただし，液化石油ガスの成分は，プロパンとブタンのみであり，その物質量の比は 4 : 1 とする。なお気体は，理想気体として取り扱えるものとする。

生物

(75分)

注意：生命科学部生命機能学科を志望する受験生のみ選択できる。
　　　解答はすべて解答用紙の指定された解答欄に記入せよ。

〔Ⅰ〕　つぎの文章を読んで，以下の問いに答えよ。

　　生物のからだが多数の細胞でできていることは，顕微鏡による観察で明らかになった。17世紀にイギリスの　ア　は，自作の光学顕微鏡を用いてコルク切片を観察して，多数の小部屋のような構造物を見つけて細胞(cell)と名づけた。19世紀になって，イギリスの　イ　はランの葉の表皮などを観察し，細胞内部に見られる球状の構造物を核と名づけた。その後，ドイツの　ウ　と　エ　が，それぞれ植物と動物について，「生物体の構造とはたらきの基本単位は細胞である」とする　あ　を提唱した。

　　20世紀になると，可視光のかわりに　い　を用いる電子顕微鏡がドイツの　オ　によって発明された。電子顕微鏡を用いると細胞の微細構造を観察することができるため，その改良とともに細胞の研究が飛躍的に進んだ。近接した2点を2つの点として識別できる最小の間隔である　う　について比較すると，光学顕微鏡では 2×10^{え} m程度であるのに対し，電子顕微鏡では 2×10^{お} m程度と圧倒的に小さいためである。

1．空欄　ア　～　オ　に入る適切な人名を，以下の(a)～(l)から選びそれぞれ記号で答えよ。

　(a) クリック　　　　(b) ジャコブ　　　　(c) シュペーマン
　(d) シュライデン　　(e) シュワン　　　　(f) ハクスリー
　(g) フィルヒョー　　(h) フック　　　　　(i) ブラウン
　(j) ホイタッカー　　(k) ルスカ　　　　　(l) レーウェンフック

2．空欄　あ　〜　お　に入るもっとも適切な語句または整数を記せ。

3．光学顕微鏡を用いて，オオカナダモの葉を観察した。以下の(1)〜(3)の問いに答えよ。

(1) 顕微鏡の正しい操作手順になるように，下記の空欄　カ　〜　コ　に入る適切なものを手順④〜⑪から選んで記号で記せ。ただし，④〜⑪の中に，実際には使用しない手順も含まれる。

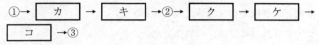

手順

① 顕微鏡を直射日光のあたらない明るい場所に置く。

② プレパラートをステージに固定する。

③ 高い倍率が必要なときは高倍率の対物レンズに替えて，ピントを微調整する。

④ 反射鏡を動かして，視野全体を明るくする。

⑤ しぼりを調節して，見やすい明るさにする。

⑥ 対物レンズを取り付け，つぎに接眼レンズを取り付ける。

⑦ 接眼レンズを取り付け，つぎに対物レンズを取り付ける。

⑧ 接眼レンズをのぞきながら，プレパラートと対物レンズを近づけてピントを合わせる。

⑨ 接眼レンズをのぞきながら，プレパラートと対物レンズを遠ざけてピントを合わせる。

⑩ 横から見ながら，プレパラートと対物レンズを近づける。

⑪ 横から見ながら，プレパラートと対物レンズを遠ざける。

(2) オオカナダモの葉を顕微鏡で観察したが，細胞の輪郭が明瞭ではなく，ピントを合わせることが困難であった。顕微鏡のどの部位をどのように調節すれば良いか，句読点を含めて20字以内で述べよ。ただし，数字，英字や記号なども1文字と数える。

(3) 葉の細胞の中には，多数の葉緑体が動いている様子がみえた。ある葉緑体の動きに注目すると，接眼ミクロメーターの5目盛りの距離を進むのに12.0秒かかった。同じ観察条件で，1 mmを100等分した目盛りがついた対物ミ

クロメーターの5目盛りと接眼ミクロメーターの8目盛りが一致していた。葉緑体が動く速度を計算して，μm/秒の単位で記せ。必要であれば小数点第2位を四捨五入して，小数点第1位まで記せ。

4．電子顕微鏡を用いて葉緑体の内部を観察すると，チラコイドとよばれる扁平な袋状の膜構造やそれらが多数重なった構造が見えた。以下の(1)～(3)の問いに答えよ。

(1) チラコイドが多数重なった構造の名称を記せ。

(2) チラコイド以外の基質部分の名称を記せ。

(3) (2)の基質部分では，チラコイドで作られたATPとNADPHを用いて，二酸化炭素を還元して有機物を合成する反応がおこる。この反応経路の名称を記せ。

5．葉緑体からチラコイドを取り出して，ATP合成に関する実験を暗所でおこなった。まず，チラコイドを溶液A中に懸濁して数時間放置した後，チラコイドを溶液B中に懸濁した。これらの操作により，チラコイドの内側のpHは溶液Aと，外側のpHは溶液Bと同じになった。つぎに，このチラコイド懸濁液に，ATP合成に十分な量のADPとリン酸を加えた後，一定時間ごとに懸濁液に含まれるATP濃度を測定した。さまざまなpHの溶液Aと溶液Bの組み合わせで実験をおこなったところ，ATP濃度が上昇する条件を見つけることができた。しかし，しばらくするとATPの濃度上昇は停止した。以下の(1)～(2)の問いに答えよ。

(1) ATPの濃度が上昇するためには，溶液Aと溶液BのpHはどのような条件であることが必要か。以下の(a)～(f)の中から，もっとも適切なものを選び記号で記せ。

 (a) 溶液AはどのようなpHでもよいが，溶液BのpHが7である条件
 (b) 溶液BはどのようなpHでもよいが，溶液AのpHが7である条件
 (c) 溶液A，溶液BのpHが同じである条件
 (d) 溶液A，溶液BのpHが同じであり，ともに7である条件
 (e) 溶液AのpHが溶液BのpHよりも高くなる条件
 (f) 溶液BのpHが溶液AのpHよりも高くなる条件

(2) ATPの濃度上昇がしばらくすると停止する理由について，句読点を含めて80字以内で述べよ。ただし，数字，英字や記号なども1文字と数える。

〔Ⅱ〕 つぎの文章を読んで，以下の問いに答えよ。

　細胞骨格はタンパク質が重合してできた繊維構造であり，細胞の運動，細胞の形の維持，細胞内の物質輸送などに関わる。細胞骨格にはアクチンフィラメント，微小管，　ア　の3種類がある。このうちアクチンフィラメントと微小管は，これらの繊維上を移動するモータータンパク質と相互作用することで，細胞内でおこるさまざまな現象を支えている。
　　　　　　　　　　　　　　(i)　　　　　　　　　　　　　　　(ii)

　細胞分裂は染色体や細胞質を2つの細胞に分離する過程を含む複雑な現象であり，複数の細胞骨格が協調的にはたらくことでおこる。染色体の分離には主に微小管が関与する。分裂期に入ると染色体が凝集し，染色体上の　イ　と微小管が結合する。この微小管は束ねられるなどして　ウ　とよばれる双極性の構造を形成し，染色体を細胞の赤道面に並べる。その後，分離した染色体は　ウ　の両極に向かって運ばれて，娘細胞の核となる。動物細胞の　ウ　の両極には　エ　があり，微小管形成の起点となっている。染色体が極へ移動するとともに，細胞質分裂が始まる。動物細胞では，アクチンフィラメントの束でできた収縮環が赤道面に現れて，モータータンパク質である　オ　のはたらきによって細胞を2つに分割する。
　　　　(iii)　　　　　　　　　　　　　　　　　　　　　　　　　　　　　　　　　
　　　　　　　　　　(iv)

1. 空欄　ア　〜　オ　に入るもっとも適切な語句を記せ。

2. 以下の(a)〜(f)のタンパク質のうち，下線部(i)に該当するものをすべて選び記号で記せ。

　　(a) ナトリウムチャネル　　　　(b) キネシン
　　(c) ケラチン　　　　　　　　　(d) ダイニン
　　(e) Gタンパク質　　　　　　　(f) インスリン

3. 下線部(i)はATPを分解する酵素である。一般に，酵素が触媒する化学反応はさまざまな要因に影響を受ける。以下の問い(1)〜(2)に答えよ。

　(1) 加熱やpH変化によって，多くの酵素の反応速度は低下する。このしくみの説明としてもっとも適切なものを以下の(a)〜(e)より1つ選び，記号で記せ。

　　(a) タンパク質分解酵素の活性が上がり，酵素が分解される。
　　(b) 水素結合が切れるなどして酵素の立体構造が変化し，酵素が失活する。

(c) 基質分子の構造変化がおこり、基質と酵素が結合しなくなる。
(d) 酵素反応とは別の反応により基質の化学変化がおこり、基質の濃度が低くなる。
(e) 反応生成物から基質ができる逆向きの反応がおこり、反応生成物のできる速度が低下する。

(2) 酵素反応は特定の物質によって阻害されることがある。これらの阻害効果には、基質とよく似た構造を持ち、酵素の活性部位を奪い合うことで酵素反応を阻害する「競争的阻害」や、活性部位以外の場所に結合して阻害作用をもたらす「非競争的阻害」がある。競争的阻害および非競争的阻害をおこす物質を加えたときに生じる酵素反応速度の変化を表すもっとも適切なグラフを以下の図1の(a)〜(f)よりそれぞれ選び、記号で記せ。

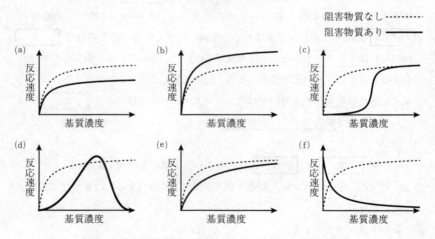

図1．阻害物質を加えたときに生じる酵素反応速度の変化

4．下線部(ii)について、以下の(a)〜(h)に示す現象が、主にアクチンフィラメントが関与する場合はA、主に微小管が関与する場合はM、そのどちらでもない場合は×をそれぞれ記せ。

(a) アメーバ運動   (b) 軸索における跳躍伝導
(c) 能動輸送   (d) 植物細胞における原形質流動
(e) デスモソームを介した細胞接着 (f) 筋収縮
(g) 繊毛の運動   (h) DNAの複製

5．植物細胞では下線部(iii)が形成されず，別の構造が形成されて細胞質分裂がおこる。この構造がどのように形成されて細胞質分裂がおこるか，句読点を含め50文字以内で述べよ。なお，下記の語群から少なくとも2つの単語を用いること。

語群：表層粒　　細胞壁　　カドヘリン　　細胞板　　先体

6．下線部(iv)について，多くの細胞では細胞分裂直後から次の分裂が始まるまでの間に，細胞小器官などが倍化するとともに体積が2倍になる。これにより分裂後の細胞の大きさや内容物の量は維持される。しかし，これには例外がある。以下の(1)〜(2)の問いに答えよ。

(1) ある生物種の初期発生では，細胞質分裂がおこらずに核分裂のみが進み，一時的に多くの核を含む細胞が生まれる。このような卵割の名称を記せ。またこのような卵割を行う生物種を以下の(a)〜(g)から1つ選び，記号で記せ。

　　(a) ウニ　　　　　　(b) 線虫　　　　　　(c) ホヤ
　　(d) ショウジョウバエ　(e) イモリ　　　　　(f) ニワトリ
　　(g) ゼブラフィッシュ

(2) 多くの動物の初期発生では，短時間のうちに細胞分裂がくりかえされ，分裂ごとに娘細胞の大きさが小さくなる。このしくみについて細胞周期の進行という観点から，句読点を含め40文字以内で述べよ。ただし数字や英字などもすべて1文字と数える。なお，下記の語群から少なくとも1つの単語を用いること。

語群：M期　　G_1期　　S期　　G_2期

〔Ⅲ〕 つぎの文章を読んで，以下の問いに答えよ。

　ヒトの免疫には，大きく分けて2つのしくみがある。侵入した異物を直ちに排除する自然免疫と，過去に侵入した異物を認識して，その情報に基づいて排除する ア 免疫である。

　自然免疫は，細菌やウイルスなどの病原体が侵入すると，マクロファージや樹状細胞などによって(i)，これらの病原体を排除するしくみである。これらの白血球は取り込んだ病原体を分解し，その一部を細胞表面に移動させ，抗原として提示する(ii)。 ア 免疫は，主にB細胞がはたらく体液性免疫とT細胞がはたらく細胞性免疫とに分けられる。これらのいずれの免疫にもヘルパーT細胞が重要な役割をになう。B細胞は，抗原と特異的に結合する免疫グロブリンというタンパク質(抗体)をつくる。免疫グロブリンは，H鎖と イ 鎖とよばれる2種類のポリペプチドで構成され，抗原と結合する ウ とその他の定常部とよばれる領域をもつ。抗体が結合した抗原は排除される(iii)。このように，抗体が関与する ア 免疫は，体液性免疫とよばれる。一方，細胞性免疫においては，キラーT細胞が病原体や病原体に感染した細胞を攻撃する。 ア 免疫において，抗原を認識して活性化したB細胞やT細胞のうちの一部は，記憶細胞(iv)となる。

1．空欄 ア 〜 ウ に入るもっとも適切な語句を記せ。
2．下記(a)〜(f)の白血球のうち，リンパ球をすべて選び記号を記せ。
　(a) 樹状細胞　　　　(b) B細胞　　　　(c) NK細胞
　(d) マクロファージ　(e) 好中球　　　　(f) T細胞
3．下線部(i)の白血球は，人体に侵入した細菌のべん毛や細胞壁成分，ウイルスの二本鎖RNAなどを認識する受容体を持っている。この受容体の名称(総称)を記せ。
4．下線部(ii)の抗原提示から，B細胞がこの抗原に対する抗体を産生する細胞(形質細胞)となるまでの過程を述べよ。なお，下記の語群にあるすべての語句を必ず1回は用いること。
　語群：B細胞　　ヘルパーT細胞　　抗原　　増殖　　活性化

5．下線部(iii)の抗原抗体複合体の排除に直接かかわる細胞として，好中球以外でもっとも適切なものを下記の(a)～(f)から選び記号を記せ。

　(a)　反足細胞　　　　(b)　キラーT細胞　　　(c)　マクロファージ
　(d)　T細胞　　　　　(e)　錐体細胞　　　　　(f)　B細胞

6．下線部(iv)は，過去に認識したものと同じ抗原に出会うとすぐに増殖を開始し，それに対する抗体を大量に生産する。この反応を何とよぶか。その名称を記せ。

7．免疫系が未発達な生後間もないマウスAに，別の系統のマウスBの組織を移植したとき，拒絶反応がおこらなかった。

　(1)　拒絶反応がおこらなかったのはマウスAに後天的にどのような状態が誘導されたためか。その状態の名称を記せ。

　(2)　(1)の状態では，移植した細胞を抗原として認識したリンパ球はどのようになるか。もっとも適切なものを下記の(a)～(e)から選び記号で記せ。

　　(a)　増殖する。
　　(b)　記憶細胞となる。
　　(c)　細胞死する，あるいははたらかない状態になる。
　　(d)　活性化し，キラーT細胞が自己の組織を攻撃する。
　　(e)　ヒスタミンを産生するようになる。

8．免疫のしくみを利用した治療法として血清療法が知られている。

　(1)　血清療法を開発した日本人の氏名を以下の(a)～(d)から選び記号で記せ。

　　(a)　大村智　　　(b)　北里柴三郎　　　(c)　山中伸弥　　　(d)　利根川進

　(2)　ハブにかまれた場合を例にして血清療法による治療法を，句読点を含めて80字以内で述べよ。

〔Ⅳ〕 つぎの文章を読んで，以下の問いに答えよ。

　生物を分類する基本的な単位として種という概念が用いられる。生物の分類は，系統関係に基づいた階層的な体系になっている。近縁の種をまとめて ア ，近縁の ア をまとめて科，というように，順に種， ア ，科，目， イ ，門， ウ ， エ という分類階級が設けられている。現在のこの系統分類体系に至るまでには，生物界の分け方についていくつかの学説が提唱された。種の二名法を提案したリンネは生物を大きく オ つに分ける説，その後ヘッケルは カ つに分ける説，細菌や菌類の分類まで考慮したホイタッカーは生物を キ つに分ける説を提唱した。さらに，リボソームRNAの塩基配列の違いに基づいて3つの エ に分ける説などが提唱された。

　種は，同じような特徴を持った個体の集まりである。ここでは，生物が同じ種に属するための条件として，同じ種に属する個体間では，互いに自然状態で交配ができ，それによって生じた子孫が同じ特徴を受け継ぎながら交配能力をもつこととする。有性生殖を行う生物は，遺伝子の組み合わせが異なる配偶子が接合し，さらに染色体の乗換えがおこることによって，遺伝的に多様な次世代の個体が生まれる。つまり，生物集団の個体がもつ遺伝的な多様性は，有性生殖によって交じり合いながら集団内で受け継がれていく。

　生物集団中の全個体がもつ全遺伝子を遺伝子プールとよぶ。ある1つの遺伝子座に2つ以上の対立遺伝子が存在するとき，それらの遺伝子プール内のそれぞれの存在比を遺伝子頻度という。(i)

　ハーディ・ワインベルグの法則は，ある条件を満たした仮想的な生物集団においては，遺伝子頻度は世代を越えて変化しないことを示す。その条件とは①生物集団を構成する個体数が十分に多いこと，②外部との個体の出入りがないこと，③突然変異がおこらないこと，④自然選択がまったくはたらかないこと，⑤自由な交配で有性生殖が行なわれていることの5つである。言い換えると，これらの5つの条件を満たさないような要因が遺伝子頻度の変化をおこすと考えることができる。(ii)

　進化の一つの考え方として，進化を種という生物集団の遺伝子プールの内容が

変化することだととらえ，そのもっとも基本な過程が遺伝子頻度の変化だというものがある。つまり，生物集団の遺伝子頻度が変動すれば，それが生物集団の進化へとつながっていく。

ハーディ・ワインベルグの法則が成り立つ条件のうち，条件①が満たされない場合について考える。ある二倍体の生物がもつ，ある対立遺伝子 D と d の遺伝子頻度がいずれも 0.50 であるとする。1,000 個体の生物集団におけるこれらの遺伝子頻度について 50 世代後まで調べた。その結果，図1に示されるような遺伝子頻度の変化を確認した。

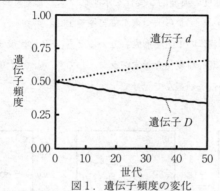

図1．遺伝子頻度の変化
実線は D の遺伝子頻度，点線は d の遺伝子頻度を示す。

1. 空欄 ア ～ エ に入るもっとも適切な語句を記せ。
2. 二名法による「ヒト」の学名をカタカナで記せ。
3. 空欄 オ ～ キ に入る適切な数字を記せ。
4. リボソーム RNA についての正しい記述を(a)～(f)から一つ選んで，その記号を記せ。
 (a) 転写反応で合成され，タンパク質を構成するアミノ酸配列情報を伝達する。
 (b) 転写反応で合成され，リボソームの一部を構成する。
 (c) 転写反応で合成され，アミノ酸を運搬するはたらきをもつ。
 (d) 翻訳反応で合成され，タンパク質を構成するアミノ酸配列情報を伝達する。
 (e) 翻訳反応で合成され，リボソームの一部を構成する。
 (f) 翻訳反応で合成され，アミノ酸を運搬するはたらきをもつ。
5. 下線部(i)について，ある二倍体の生物がもつ対立遺伝子 E と e を考える。500 個体の集団のうち，遺伝子型 EE が 300 個体，Ee が 100 個体，ee が 100

個体のとき，Eとeのそれぞれの遺伝子頻度を求めよ。必要であれば小数第2位を四捨五入して，小数第1位まで記せ。

6．ある二倍体の生物集団200,000個体がもつ対立遺伝子Fとfを考える。下線部(ii)が成り立つとき，Fの遺伝子頻度が0.6でfの遺伝子頻度が0.4とした場合の遺伝子型Ffの個体数を記せ。

7．下線部(iii)について，以下の(1)～(2)の問いに答えよ。
(1) その生物が100,000,000個体の集団を形成しているとき，50世代後までのDとdの遺伝子頻度の典型的な変化を示すグラフとしてもっとも適切なものを以下の図2の(a)～(f)から一つ選んで記号で記せ。
(2) その生物が100個体の集団を形成しているとき，50世代後までのDとdの遺伝子頻度の典型的な変化を示すグラフとしてもっとも適切なものを以下の図2の(a)～(f)から一つ選んで記号で記せ。

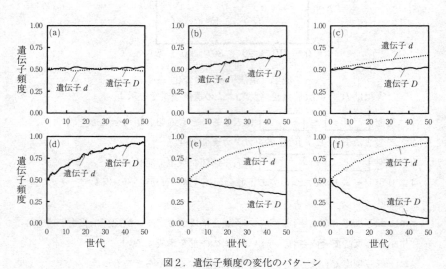

図2．遺伝子頻度の変化のパターン
(a)～(f)の実線はDの遺伝子頻度，点線はdの遺伝子頻度を示す。

8．ハーディ・ワインベルグの法則が成り立つ条件④の自然選択について考える。ある二倍体の単細胞生物は対立遺伝子Gとgをもち，遺伝子型GGが25個体，Ggが50個体，ggが25個体の100個体を集団Aとした。この単細胞生物

の有性生殖で形成する遺伝子型 gg が生存できない条件を環境 B とした。まず集団 A を環境 B に移し，gg の個体が生存できなくなるのに充分な時間まで放置した。この間，集団 A のどの個体も増殖していない。その後，生存している個体の集まりを初期集団として，同じ環境 B で無性生殖の二分裂で増殖させた。初期集団中のすべての個体が 1 度目の分裂を終え，第二世代を含んだ集団を形成するとき，その個体数は ク であり，G の遺伝子頻度は集団 A より ケ 分の コ 増加する。なお，環境 B はハーディ・ワインベルグの法則が成り立つ条件①〜③を満たすものとし，無性生殖では条件⑤を考慮しなくてよい。以下の(1)〜(2)の問いに答えよ。

(1) ク に入る適切な値を整数で記せ。
(2) ケ と コ に入る適切な値を整数で記せ。

解答編

英語

I 解答 (1)—イ (2)—ロ (3)—ハ (4)—イ (5)—ロ (6)—ハ
(7)—ハ (8)—ロ (9)—イ (10)—ハ

◀解　説▶

(1) 「今日私があるのは私の父の言葉のお陰です」となるように，イの owe を補う。owe A to B で「A は B のせいである」となる。

(2) 「私，今日教科書を持ってないの。あなたの教科書を見せてくれない？」となるように，ロの share を補う。ここでは目的語 yours のあとに with があることから，share A with B「A を B と共有する」とすればよい。

(3) 「トムは友人のパーティーに一度も招待されなかった。彼は孤立感と孤独感を覚えた」となるように，ハの isolated を補う。isolated は「孤立した」という意味。

(4) 「A クラスと B クラスの生徒数はそれぞれ 34 人と 35 人だった」となるように，イの respectively「（述べられた順に）それぞれ」を補う。

(5) 「現在の研究結果は初期のそれと矛盾がなく，そのことが示しているのは交通計画の進展には長い時間がかかるということだ」となるように，ロの suggesting を補う。S suggest that ~ で「S が~ということを示している」という意味になるが，ここでは分詞構文で用いられている。

(6) 「今日はスペシャルゲストにお越しいただきました。駐英日本大使のサイトウユウコさんです」となるように，ハの joined を補う。be joined by ~ で「~に加わってもらう，参加してもらう」となる。

(7) 「明日の朝 7 時にあなたを迎えに行けば，早すぎるでしょうか」となるように，ハの Would を補う。if 以下の副詞節の述語動詞が仮定法過去なので，主節の述語動詞も would do と仮定法過去の形にする。

(8) 「どんなに気まずく感じても，オーストラリア滞在中に周りの人に話しかけてみましょう」となるように，ロの how を補う。no matter の後

には疑問詞を入れるが、直後に形容詞の awkward があるため、程度を表す how を入れる。

(9) 「よし、今日はここまで。次の授業には、皆さんが興味を持った国際問題についての画像を持ってきて下さい。そしてその話題について1分間スピーチをする準備をしておいて下さい」となるように、イの bring を補う。bring in A で「A を持ちこむ」となる。ハは give in「(書類、書いたもの) を提出する」となるが、ここでは対象が「画像、写真」なので不適当。

(10) 「スージーは昨年の夏ギリシャとイタリアを訪れたが、そのどちらも素晴らしいと思った」となるように、ハの both of which を補う。直前のカンマから、非制限用法の関係代名詞が入り先行詞は Greece and Italy とわかる。and は不要で、when は先行詞と合わない。カンマ以降を元に直すと、and she found both of them wonderful となる。

II 解答　(1)—ニ　(2)—ロ　(3)—ハ　(4)—ハ　(5)—イ

◀解　説▶

(1) 会話の流れは以下の通り。
カルロス：僕の部屋は狭すぎるんだよ。
母：そうね、でも日が当たって明るいわよ。
カルロス：そうなんだけど、窓のせいで壁に棚を置けないんだ。物を入れるのに十分なスペースがないんだ。
母：じゃあ、いらないものを捨てたら。
カルロス：いい考えだね！　今まで思いつきもしなかったよ。
カルロスの2番目の発言で、部屋に物を置く場所がないと言っており、3番目の発言でいい考えだと言っているので、母が解決策を提示したと考えられる。イはカルロスの2番目の発言で「棚を置けない」と言っているので不可。

(2) 会話の流れは以下の通り。
ケン：やあ、ヒロキ。今朝の英語のテストどうだった？
ヒロキ：かなり簡単だと思ったよ。
ケン：本当かい？　僕はそうじゃなかった。裏ページの文法テストは難しかったなあ。

ヒロキ：裏ページだって？　ああやってしまった！　用紙を裏返すことなんて考えもしなかったよ。
ケン：気の毒だね。少なくとも最初のページはよくやったんだよ。
ケンの2番目の発言で裏ページについての言及があり，ヒロキの2番目の発言の「裏ページだって？」からヒロキが裏ページに気付かなかったことを推測できる。

(3)　会話の流れは以下の通り。
先生：ミチ，次は9ページの一番下から読んでくれませんか？
ミチ：「陛下。スーツを縫うのにもっとたくさんの金の糸が必要です。もちろん，イルカは魚ではありませんよね…」
先生：ミチ，ちょっと待って。教科書を見せて下さい。ああ，あなた9ページの一番下から読んで，12ページの一番上から続けていましたね。
ミチ：ああ，私の教科書のページがくっついてしまっています。どおりで変に聞こえたはずですね。
先生の2番目の発言でページを飛ばして音読していることをミチに指摘していることから，飛ばし読みの原因となる選択肢を選べばよい。be stuck together「貼り付いている」

(4)　会話の流れは以下の通り。
ジェン：やあ，カナ。インスタグラムに載せてるお姉さんと君の画像すごく好きだな。
カナ：ありがとう。去年お姉さんが東京の大学に行く前に撮ったのよ。
ジェン：君たちって一緒にたくさんのことをしたんでしょ？
カナ：そうよ。でも，その時はお姉さんが目の前にいるのが当然だと思ってたわ。
ジェン：お姉さんがまだ家にいればいいのにと思ってるよね。
カナ：そうね。でも第1志望の大学に入れたら，今年の春に東京で一緒に住むつもりよ。
空欄までの会話でカナと姉がとても仲良しであり，姉の大学進学で離れ離れになったことが確認できる。ロとニはこの内容と合わない。イはkindness「親切」が唐突である。「一緒にたくさんのことをした。でも，当時はお姉さんが目の前にいるのが当然だと思ってた」とつながるハが正解である。

(5) 会話の流れは以下の通り。

ヘレン：パパ。小包が届いたわ。

父：ありがとう。ああ，うどんを作るための小麦粉だね。変だな。先月注文した小麦粉はもう届いたんだが。

ヘレン：うーん，オンラインの注文を確認させて…。それによると，1カ月につきうどん粉1つを注文したとあるわ。

父：ああ，やってしまった！　一体全体どうしてそんなことをやってしまったんだろう？

ヘレン：オンライン注文は慎重にしなければならないわ。時々，初期設定が月単位の発送になっていることがあるのよ。

父の2番目の発言とヘレンの3番目の発言から，父が勘違いをしてうどん粉を1カ月単位の定期購入にしてしまっていることがわかるので，正解はイとなる。

問1．(1)—(ハ)　(2)—(ニ)　(3)—(ハ)
問2．(1)—イ　(2)—ロ

◆全　訳◆

問1．(1)　≪バイカル湖の特徴について≫

　UNESCOの世界遺産であるバイカル湖は，モンゴルの近くのシベリア南東部にある山脈に位置している。バイカル湖は世界で最も深い湖であり，世界で最も透明度の高い湖の一つであるのと同時に，世界最古の湖（2500万年）ともみなされている。容積も最大で，表面積では世界で7番目に広い湖である。バイカル湖は地球上の他のどの湖よりも多様な動植物の在来種を支えており，それらの中には淡水でしか生息できないアザラシであるバイカルアザラシがいる。バイカルアザラシのように，バイカル湖にいる多くの種は，世界の他のどこにも生息していない。バイカル湖は本当に信じられない場所なのだ。

(2)　≪クロスラミネート木材の将来≫

著作権の都合上，省略。

(3) ≪地球上の水の量が変化しない理由≫

　恐竜が何百万年も前に湖で水を飲んでいたころから，家に雨が降ったごく最近まで，地球の水の量は変化していない。いくらかの水が絶えず失われ続けて大気上層に上っていくと科学者が結論付けたということを考えると，これは興味深いことだ。その大気上層で，光分解と呼ばれる作用の中で太陽の活動を通して，水は水素を宇宙に放出する。その失った水はどのように置き換えられるのであろうか。その答えの一部としては，大部分が氷と外宇宙由来の物質から成る彗星の形で水がもたらされるということがあるのかもしれない。他の答えとしては，地球の内部と表面の水の間で，はるかに大規模の循環があることかもしれない。これらの過程の両方ともが，地球の水の量を同じに保つのに役立っているのかもしれない。

問2．(1) ≪折り紙から着想を得た宇宙船の脚部素材≫

　宇宙船は再利用するように設計されている。しかし，このことが意味しているのは，それらが着陸に成功せねばならないということだ。着陸場への衝突から生じる力に対処せねばならないので，着陸はロケットの脚部に負荷がかかる。これに対処する方法の一つは，いくらかの力を吸収しショックを和らげる素材で脚を作ることである。最近，研究者たちは衝撃の力を減らすのに役立つ新しい解決策を見出し，それは宇宙船や自動車やそれ以外のものに応用できる可能性がある。折り紙という紙を折る技術から着想を得て，そのチームは衝撃の力を和らげ，素材内部の応力を和らげるために折り紙状の折りたたみを用いた素材を作り出した。もしこの素材でできたヘルメットを身に着ければ，頭に当たったものの感覚がないかもしれ

ない。

(2) ≪1万歩が健康の第一歩とみなされた由来≫

　数年前，私の職場には全員が1日に1万歩を歩こうとする競争があった。健康を促進すると考えられている歩数である1万歩に達するのが簡単ではないということに気付いて驚いた人も多かった。長い間，病気を予防するのに運動が果たす役割を研究してきたが，私に疑問が浮かんだ。その歩数はどこから来たのかということだ。1965年に，山佐時計計器という日本企業が「1万歩計測器」を意味する，万歩計と呼ばれる個人用健康器具を生み出したとわかる。1万を表す日本の漢字が歩いたり走ったりする人のように見え，どうやらそれこそが，その会社がその名前，さらにはその数に決めたことの成り行きらしい。それは覚えやすい目標にもなっている。覚えやすいかもしれないが，私の職場の従業員がそれを達成することはほとんどなかった。

──────◀解　説▶──────

問1. (1)　文章全体のテーマは「バイカル湖の特徴について」であるから，(ハ)「表面積で世界最大の淡水湖はスペリオル湖で，それはアメリカとカナダの間にあり，地球にある真水の約5分の1をたたえている」はバイカル湖の話とは無関係なので取り除く。

(2)　文章全体のテーマは「クロスラミネート木材の将来」である。第4文（The potential of …）で新しい木材が「世界中の建築業者や都市計画者や建築家や環境保護論者」を魅了しているということが記され，そこからそれぞれの人々がクロスラミネート木材をどうみなしているかについての記述が続いている。(イ)では建築業者の考え，(ロ)では都市計画者の考え，第7文（Architects love …）で建築家の考え，(ハ)では環境保護論者の考えが紹介されており，第10文でこの人たちが"Supporters"とくくられている。(ニ)「コンクリート製造業者はそれに反対している」のmanufacturersは第4文になく，この流れとは無関係なので取り除く。

(3)　文章全体のテーマは「地球上の水の量が変化しない理由」である。(イ)と(ロ)で水が蒸発して大気の上層に流れ光分解を起こす過程が説明され，第5文（How is it …）以降では地球上で失われた水を補って水の量が一定となる理由についての考察が展開される。したがって，(ハ)「太陽は地球のエネルギーのほとんどの源泉である」はこの流れと無関係なので取り除く。

問 2．(1) イ．「もしこの素材でできたヘルメットを身に着ければ，頭に当たったものの感覚がないかもしれない」
ロ．「もしこの素材でできた宇宙船を設計すれば，それを宇宙まで送る時間が短くなる」
ハ．「もしこの素材でできた自動車を運転すれば，もっとゆっくり運転するだろう」
ニ．「もしこの素材でできた折り紙を作れば，複雑な折りたたみ方をするのは難しいかもしれない」
空欄直前の文で宇宙船の着陸の衝撃に耐えられる素材について述べられていることから，空欄には衝撃に耐えられることを示す文が挿入される必要がある。
(2) イ．「会社内で5ステップの運動計画に登録した人の数は50パーセント増加した」
ロ．「数年前，私の職場には全員が1日に1万歩を歩こうとする競争があった」
ハ．「歩くことが健康の一因となることを科学者は発見した」
ニ．「1日の運動の基準は1万歩から7000歩に下がった」
空欄直後の文で「健康を促進すると考えられている歩数である1万歩に達するのが簡単ではないということに気付いて驚いた人も多かった」とあり，以降は1万歩の由来についての考察が続く。1万歩という語句を用い，第2文以降の流れに合うのはロである。

IV 解答

問1．(1)—ニ (2)—ロ (3)—イ (4)—ハ
問2．ニ

◆全 訳◆

≪各ホテルのレビュー≫
[イ]ホテルアメリア
私はバンコクを訪れた時にはいつもパンパシフィックホテルに泊まっていたのですが，今回は異なる選択をしました。パンパシフィックは提供するサービスにしては少し高価だからです。アメリアはコストパフォーマンスの点でパンパシフィックよりも優れています。何もかもが用意されていて何もかもが機能的です。主な懸念と言えば，ラップトップパソコンで会社

の顧客へのプレゼンテーションの準備をするにはもっと部屋が明るければよかっただろうなということでした。広い大浴場に浸かれたらよかったのにとも思います。

［ロ］ホテルドーミーインヒロサキ
このホテルについてマイナス面を見つけるのは難しかったです。私が唯一懸念を覚えたのは，ダブルルームが少し狭かったことです。居心地はよかったのですが，部屋がもっと広ければいいのにと思いました。大浴場付きでリーズナブルな値段の居心地のよいホテルをお探しなら，私は断然このホテルをお勧めします。大浴場は24時間営業で，とてもリフレッシュできてリラックスできますよ。現に，私は宿泊中に4回お風呂に入りました。

［ハ］フィレンツェイン
到着してすぐチェックインできました。お部屋は新しく清潔で，広かったです。朝食も素晴らしく，選べるものがたくさんありました。フロントのサワコさんとフレスコさんはお二人ともとても私たちに親切でした。立地も完璧でした。世界的に有名な橋や博物館に近かったです。不運なことに，その橋の近くでライブコンサートが行われていて，夜遅くまで続いていました。ややうるさく，そのせいで睡眠が妨害されました。

［ニ］ピクチャーオブローマ
私たちのうち3人はピクチャーオブローマで2泊しました。一泊目にはワンベッドルームのスイートに泊まり，二泊目にはツーベッドルームのスイートに泊まりました。前者はとても近代的で，リビングの中央に正方形のテーブルがついており，そこに集まっておしゃべりをしました。2泊目の夜には2つの寝室の1つから，私たちは個性的ですごく美しいサンピエトロ大聖堂の景色を見られました。その景色はほぼまさに，この施設のウェブサイトを見て期待していた景色でした。でも朝食はかなりありきたりなものでした。

◀ 解　説 ▶

問1．(1)　［ニ］のレビューの第4，5文（On the second … of this accommodation.）に「2泊目の夜には2つの寝室の1つから，私たちは個性的ですごく美しいサンピエトロ大聖堂の景色を見られました。その景色はほぼまさに，この施設のウェブサイトから期待していた景色でした」とある。

(2) ［ロ］のレビューの第4，5文（I definitely recommend … refreshing and relaxing.）から，a public bath「大浴場」があるとわかる。
(3) ［イ］のレビューの第4文（My main …）に「主な懸念と言えば，ラップトップパソコンで会社の顧客へのプレゼンテーションの準備をするには部屋がもっと明るければよかっただろうなということでした」とあり，仕事での滞在であると推測できる。
(4) ［ハ］のレビューの第4文（Sawako-san and Fresco …）に「フロントのサワコさんとフレスコさんはお二人ともとても私たちに親切でした」とあり，フロントのスタッフの気配りが感じられたことについて言及されている。
問2．返信の第3文（We are very …）に「弊ホテルの朝食にご満足いただけず残念です」とあることから，朝食によい評価をしていないレビューを探す。［ニ］のレビューの最終文に「でも朝食はかなりありきたりなものでした」とある。

V　解答　(1)—ロ　(2)—ニ　(3)—イ　(4)—ハ　(5)—ハ　(6)—ロ　(7)—ニ

◆全　訳◆

≪日本人がするジェスチャーの解説≫

ジェスチャーA
説明：2～3本の指で眼鏡を上げ下げするか，眼鏡がない場合，ただそうするふりをする。
意味：人が賢いか，有名大学に通っていた。
いつ，どのように使うか：他の人について話をしていて，その人が特別な大学に通っていたり，学校ですごいことを成し遂げたりしたと聞いたときに普通は使われる。「えっ，それだと彼女はこれってことだよね？」（ジェスチャーAをする）

ジェスチャーB
説明：手で「OKサイン」をして，手のひら側を上に向ける。
意味：人がたくさん金を持っているか，何かにたくさんのお金を払ったか，何かにたくさんの金がかかる。
いつ，どのように使うか：「あっ，新しい車買ったの？　たぶんそれって

…」(ジェスチャーBをする)

ジェスチャーC
説明:手を握りこぶしにして,それを鼻に付ける。
意味:その人が思い上がっている。これは天狗という超常的な長い鼻を持つ生き物を真似するのにも使われる。
いつ,どのように使うか:陰で人のことについて話したくて,その人が少し傲慢だと暗に言いたい場合。「会計課のイケダさん知ってる? 彼って家を買ったばかりで今は…」(ジェスチャーCをする)

ジェスチャーD
説明:顔の前で手を振る。あまり肘を振り回さなければなおよい。
意味:いいえという意味や,何かが違うという意味がある。
いつ,どのように使うか:普通,言われたばかりのことに対しての返事で使われる。例えば「じゃあこの人が新しいボーイフレンドなの?」「ちがうわよ!」(ジェスチャーDをする) このジェスチャーは新来者つまり日本を初めて訪問した人には難しいかもしれない。その人たちはそれを西洋の「ああ,なんか臭いね」と手を振るしぐさと混同してしまうことが多いからだ。

ジェスチャーE
説明:人差し指で鼻を指さす。
意味:「誰? 私?」
いつ,どのように使うか:あなたの名前が呼ばれたり,何かするように頼まれたりした際に,このことに驚く場合,このように自分を指さす。

ジェスチャーF
説明:前腕を胸の前で交差させて"X"の形を作る。このジェスチャーにはしかめ面を伴うことが多い。
意味:「それはできないよ」「ここは通れないよ」「何であれやっていることを止めなさい」
いつ,どのように使うか:ある人が何かをしようとしたり,どこかに行こうとしたりして,それらが許可されていない場合に,別の人はおそらくこのジェスチャーをするだろう。言葉での「ダメ」ほど強力ではない。

━━━━━◀解　説▶━━━━━

(1) ジェスチャーAを表す絵を選ぶ問題。Descriptionに「2～3本の指

で眼鏡を上げ下げするか，眼鏡がない場合，ただそうするふりをする」とあるので，正解はロである。

(2) ジェスチャーBを表す絵を選ぶ問題。Descriptionに「手で『OKサイン』をして，手のひら側を上に向ける」とあるので，正解はニである。

(3) ジェスチャーEを表す絵を選ぶ問題。Descriptionに「人差し指で鼻を指す」とあるので，正解はイである。

(4) ジェスチャーFを表す絵を選ぶ問題。Descriptionの第1文に「前腕を胸の前で交差させて"X"の形を作る」とあるので，正解はハである。forearm「(肘から先の)前腕」

(5) ジェスチャーCのDescriptionとして合う文を選ぶ問題。Meaningには「その人が思い上がっている。これは天狗という超常的な長い鼻を持つ生き物を真似するのにも使われる」とあり，絵から天狗の鼻を模してその人が傲慢であることを示すジェスチャーだとわかるので，ハ．「手を握りこぶしにして，それを鼻に付ける」が正解。curl *one's* hand into a fist「握りこぶしにする」

(6) ジェスチャーDのDescriptionとして合う文を選ぶ問題。Meaningに「いいえという意味や，何かが違うという意味がある」とあることと，絵から顔の前で手を振っていることがわかるので，ロ．「顔の前で手を振る」が正解。

(7) ジェスチャーEのMeaningとして合う文を選ぶ問題。Descriptionから自分を指さすジェスチャーであり，When and how it's usedに「あなたの名前が呼ばれたり，何かするように頼まれたりした際，このことに驚く場合，このように自分を指さす」とある。これが表す意味は，ニ．「誰？　私？」である。

VI 解答

問1．(1)—ハ　(2)—ロ　(3)—ニ　(4)—イ
問2．(1)—ハ　(2)—ニ　(3)—イ　(4)—ロ　(5)—ハ
(6)—ニ

◆全　訳◆

≪どうやって人々を活動に仕向けるか≫

[1]　資金集めの取り組みの一環として，次のような呼びかけをした慈善活動に対して，あなたはどれだけ寄付をする可能性があるか考えてみてほ

しい。「この活動に75人に参加してもらいたいと思っています」という呼びかけだ。次に，この呼びかけに対して寄付をする可能性を考えてほしい。「私たちはこの活動に75人に参加してもらいたいと思っていますが，現在74人参加予定です」という呼びかけだ。

［２］　両方の場合とも，その呼びかけは彼らの目標についてあなたに伝えている。しかし最初の場合では，その活動がどれだけ目標に近づいているのかわからなくて，それゆえ，どれだけ自分の寄付が重要なのかがわからない。２つ目の場合では，その活動がどれだけ目標に近づいているのかわかるだけではなく，自分が特有の立場にいることもわかる。あなたはティッピングポイント，すなわちすべてを引き起こす人になる可能性がある。我々の研究が示すのは，これは強力な誘因であるということだ。言い換えればティッピングポイントモデルはあらゆる類の資金集めに効果的な手段となりうるのである。

［３］　私たちは合計331人を対象にした研究を行い，その研究では私たちは世界の食料難の子どもたちに食料を与えるために金を集めるクラウドファンディング計画を作り出した。私たちはそれぞれ１ドルを寄付する９名の提供者を１時間後に集める目標を立てたということと，現在８名の提供者がいると伝えることで，何人かの人をティッピングポイントにした。自分がティッピングポイントではないということを伝えられた人もいた。その人たちには，私たちは９名の提供者を集めようと思っているが，もう９名集まったと伝えたのだ。次に私たちは両方のグループにその慈善事業に１ドル寄付したいか，それとも１ドルを自分のために取っておきたいかどうか尋ねた。単にティッピングポイントになる機会を与えられるだけで，寄付した人の割合が49パーセントから67パーセントに増加した。もう一つの研究では，私たちは人々に自分たちの目標が10名の寄付提供者であり，その人がティッピングポイントであるか，そうではないかのどちらかを伝えた。この場合では，寄付の頻度は55パーセントと42パーセントであった。

［４］　私たちはまた，その研究に参加したそれぞれの人に，動機についての質問を２種類した。寄付をした人に対しての最初の質問は「もし寄付をしなかったら，食料難の子どもに対してどれだけ罪の意識と責任を感じますか」というものだった。寄付をしなかった人に対しては，質問は「寄付

をしなかったことによって食料難の子どもたちに対してどれくらい罪の意識や責任を感じていますか」というものだった。2つ目の質問は，（最初の8人か9人の提供者のような）自分が寄付するように頼まれる前に寄付していた人に対しての感情に関するものであった。私たちの研究結果が示したのは，自分より先の提供者を失望させたくないという気持ちの方が，子どもたちを失望させたくないという気持ちよりも寄付をさせるのにより効果があったということだ。

［5］　要するに，私たちの研究が示したのは，ティッピングポイントモデルが，受取人ではなく，提供者に対する責任感と罪の意識を呼び起こす新しい手段を提供するということであった。特に興味深いのは，この義務感が，私たちの提供者が知らず，会うこともないような人の集団や，彼らが大体同時に行動を起こしているという事実だけを共有した人の集団に対して向けられていたということであった。

［6］　私たちは今，ティッピングポイントモデルの他の利用可能性を模索している。つまり，どうやれば他の人々に寄付を促すよう提供者を動機づけられるのかということである。次の呼びかけをソーシャルメディアで読んだ場合にあなたがどうするか考えてほしい。「この活動で私たちは75名の参加者を集めたいと思っていますが，現在73名集まっています」といった呼びかけだ。我々が望んでいるのは，これらの場合に人々が自分で寄付をしたいという気になるだけではなく，慈善活動が目標を達成するように他の人々に呼びかけたいという気になることだ。副次的なメリットとしては，この設定のおかげで人々は自分の慈善行動を自慢するのに格好の口実ができるのである。例えば，「その慈善事業が目標を達成する手助けをするために私が寄付をしたという事実を投稿しているに過ぎない。みんなに自分をよい人だと思ってもらいたいからじゃないんだ」といったふうに。

［7］　私たちの研究結果は，慈善団体だけでなく，誰であれクラウドファンディング活動を利用しようとしている人にも関係があるのだ。これにはビジネスオーナーが自分たちの素晴らしいコンピュータアプリケーションの資金を賄おうとすることや，雇用主が（例えばボランティアへの）従業員の参加を増やそうとすることも含まれる。私たちが提案しているのは，彼らがとても大きな目標を連続する小さな目標に細分化して，ティッピングポイントの連鎖を作り出すようにすることである。そうすると，彼らは

「私たちはこれから Z 分後に，X 名の人々に Y の活動に関与してもらいたいと思っています」といったような呼びかけができるのだ。これはより大規模な参加を促すことを助け，最終的には大きな目標に向けてより大きく進展することにつながるのだ。

━━━━━━━◀解　説▶━━━━━━━

問 1．(1) keep it for themselves「自分のために取っておく」 it は同文中の $1 を指す。donate $1 to the charity「慈善事業に 1 ドルを寄付する」との対比から推測できる。ハ．save it が近い意味。

(2) let down the earlier donors「自分より先の提供者を失望させる」 let down「失望させる」なので，ロ．disappoint が近い意味。

(3) a novel means of arousing feelings of responsibility and guilt「責任感と罪の意識を引き起こす新しい手段」 novel「新しい」，means「手段」なので，ニ．a new way of が近い意味。

(4) engagement「関与，従事，参加」 engage「関与させる，従事させる，参加させる」の名詞形。イ．participation「参加」が近い意味。

問 2．(1)「第 2 段によると，次のうち最もよく "tipping point" を説明しているのはどれか」

イ．「最初に寄付した人」

ロ．「寄付が他の誰よりも大きい人」

ハ．「寄付がその活動の目標を達成させる人」

ニ．「最も多くの人々に寄付するよう促す人」

第 2 段第 4 文（You could be …）に tipping point の説明として，the person who makes the whole thing happen「すべてを引き起こす人」と述べられているが，具体的に言えば，第 1 段第 2 文（Next, consider your …）にある，75 人に参加してもらいたいと思っている活動の最後の 1 人となって，目標を達成させる人のことである。

(2)「第 3 段で表されている研究を最もよく説明しているのは次のうちどれか」

イ．「331 人が飢えた子どもにお金を寄付した」

ロ．「331 人がこの研究で 3 つのグループに分けられた」

ハ．「人々はどの慈善活動に寄付をすべきか選んだ」

ニ．「人々は寄付をすべきか否か選んだ」

第3段で述べられている研究は，自分がティッピングポイントとなる，つまり自分の寄付によって慈善活動の目標を達成することができると告げられるか否かで，寄付する人の数がどれだけ変化するか調べたものである。第1文に「クラウドファンディング計画を作り出した」とあり，第5文（We then asked …）に「両方のグループにその慈善事業に1ドル寄付したいか，それとも1ドルを自分のために取っておきたいかどうか尋ねた」とあることから，設定された一つの計画に対して，参加者は寄付をするかどうか決めたとわかるので，正解はニとなる。

(3) 「第4段と第5段によると，次のうちどれに人々はより寄付したい気になるか」

イ．「以前の提供者に対しての責任感」

ロ．「受取人に対しての責任感」

ハ．「慈善活動の主催者に対しての責任感」

ニ．「国際社会に対しての責任感」

第4段最終文（Our results showed …）に「自分より先の提供者を失望させたくないという気持ちの方が，子どもたちを失望させたくないという気持ちよりも寄付をさせるのにより効果があり」，第5段第1文に「受取人ではなく，提供者に対する責任感と罪の意識を呼び起こす」とある。自分より先に寄付した人に対しての責任感から寄付をする気になるということなので，正解はイとなる。

(4) 「第6段によると，どのようにしてソーシャルメディアは寄付を増やすのを支援すると期待されるか」

イ．「他者が寄付の額を知った場合に，人はより多額の寄付をする傾向がある」

ロ．「提供者が，友人にその活動に参加するように促す可能性がある」

ハ．「慈善活動の主催者が宣伝のために視覚的な情報を使える」

ニ．「提供者は受取人と友だちになることができる」

ソーシャルメディアの話題は第2文（Consider what you …）にある。「この活動で私たちは75名の参加者を集めたいと思っていますが，現在73名集まっています」という訴えを人々がソーシャルメディアで見た場合に期待されるのは，その次の文にある「人々が…，慈善活動が目標を達成するように他の人々に呼びかけたいという気になる」ことである。した

がって正解はロである。

(5) 「なぜ筆者は第7段でビジネスオーナーと雇用主を引き合いに出したのか」

イ.「面接による研究の結果を伝えるため」

ロ.「ティッピングポイントモデルの代替となるモデルを導入するため」

ハ.「ティッピングポイントモデルの応用の可能性を示すため」

ニ.「ティッピングポイントモデルの限界を説明するため」

第1文に「私たちの研究の結果は，慈善団体だけでなく，誰であれクラウドファンディング活動を利用しようとしている人に関係があるのだ」とあり，ティッピングポイントモデルは慈善活動だけではなく，どの種類の資金集めにも応用できることを示している。その例としてビジネスオーナーと雇用主を挙げているので，正解はハとなる。

(6) 「この文章に最も当てはまるタイトルは次のうちどれか」

イ.「目標を設定することがどのようにして不利益になりうるか」

ロ.「クラウドファンディングがどのようにして飢えた子どもを救ったか」

ハ.「人間の行動の予測可能性をどのように測るか」

ニ.「どうやって人々を活動に仕向けるか」

第1段から第5段では，慈善活動に寄付を促す方法としてティッピングポイントモデルを導入し，第6段では，寄付するように仕向けるだけでなく，他人に寄付を促すようにもする応用法について説明し，第7段では慈善活動のみならずすべてのクラウドファンディングへのティッピングポイントモデルの応用について述べている。一貫して，人を動機付けて行動させるための心理学的方法について述べられている文章である。よって，正解はニとなる。

Ⅶ 解答

問1. (1)―ハ (2)―ロ (3)―イ (4)―ハ (5)―ニ

問2. (1)―イ (2)―ハ (3)―ロ (4)―ニ (5)―ロ
(6)―ロ (7)―ハ (8)―イ

◆全 訳◆

≪バッタと森林火災とのあいだのつながり≫

2019年後半から2020年前半の間に東アフリカでサバクトビバッタの数が大きく増加した。状況はすぐに悪化し，8カ国に広がった。サバクトビ

バッタは世界で最も破壊的な，渡りをする虫である。かなり移動能力が高く（風に乗って1日に最大150キロメートル移動する），作物や草を含むあらゆる種類の緑色植物を大量に食べる。基準となる群れは1平方キロメートル当たり1億5000万匹から成る。ごく小規模な1平方キロメートルのバッタの群れでさえ，1日につき約35000人が食べるのと同じくらいの量を食べる能力がある。ある報告によると，ケニアのそれのような2400平方キロメートルに及ぶはるかに大きな群れの存在が伝えられている。

2019年12月のサイクロン・パワンがきっかけとなる雨降りの天候と，それに続きその地域にまとまった雨が降ったことが，平均以上の植物の成長の原因となり，それからサバクトビバッタの数の増加の原因ともなった。2020年1月にその地域一帯で成長したサバクトビバッタの群れが形成され卵を産んだ。次の世代は3月後半から4月中に群れを形成するだろうが，それはその地域の主な種まきの時期および次の雨季の始まりと同時に起こるであろう。これらの好都合な生育条件によってバッタの数は2020年6月までには400倍に増える可能性がある。

サバクトビバッタの影響を受けた東アフリカの国々において，人口の大多数は農業に依存している。これらの農業地域にとって，降雨の時期や期間や量は穀物の生産に重大な役割を果たす。最近8シーズン中6シーズンの降雨量は平均以下であった。数年にわたる少雨によって家計に対しての危険性が高まり，彼らに回復する時間を与えなかった。これらの自然災害はとりわけ生活を農業に依存している貧民に影響を与える。今年の大雨は何年も続いた少雨の後なので歓迎すべきものであるように思えるかもしれないが，サバクトビバッタの数の増加という問題を生み出した。このサバクトビバッタの攻撃は東アフリカの人々にとって更なる苦しみにつながるかもしれない。

東アフリカの大雨と対照的に，インド洋を東に向かったところ，オーストラリアは乾燥した天候と火事を経験した。オーストラリアの多くの地域に起きた火事は2019年9月より始まった。2020年2月までには，これらのひどい森林火災で約20人と何百万匹もの野生動物が死んだ。火事は約1000万ヘクタールの土地に損害を及ぼした。これは2019年の火事により引き起こされたアマゾンの熱帯雨林への損害の10倍を超えている。特にひどい被害を受けたのは，南オーストラリア沖にあるカンガルー島であっ

た。カンガルー島はオーストラリアで最も重要な野生動物の保護区の1つであり，多様な動植物で有名である。国立公園を含むその島の半分近くが燃え，カンガルー島に固有の多数の野生の種が，森林火災のせいで絶滅の危機にあるかもしれない。

　アフリカのバッタとオーストラリアの火災両方の説明となるのはインド洋ダイポールモード現象（IOD）と呼ばれる現象である。そのダイポールモード現象はエル・ニーニョ現象と似た気象現象である。それはインド洋の反対側との海面温度の差に関係がある。海洋の東側の水温が西側と比べて暖かくなったり冷たくなったりと変動し，「正」と「ニュートラル」と「負」と呼ばれる段階を作り出している。正の段階の時に，ダイポールモードが意味するのは海の水温が上がることと西インド洋地域で雨が多く降ることであり，東側はその逆となる。負のダイポールモードの段階は逆の状態をもたらす。それはつまり東インド洋の海水が暖かくなり雨が多くなって，西側は温度が低く雨が少ない状態になるということである。ニュートラルの段階が意味するのは，海水温度がインド洋全体で平均近くになるということである。今年の異常なほど強い正のダイポールモードの結果として，東アフリカでは平均以上の降雨と洪水が起こり，東南アジアとオーストラリアの地域に乾燥した気候がもたらされた。

　ダイポールモードにより引き起こされた極端な気候と天候の現象は，温室効果ガス排出量の増加により，将来においてよりありふれたものになると予測されている。ネイチャー誌に掲載された2014年の研究では，オーストラリアやインドや中国や日本の科学者は，極端なインド洋のダイポールモードに対する二酸化炭素の影響を表現するモデルを作り出した。排出量が増え続けると仮定して，彼らは極端な正のダイポールモード現象の頻度が，今世紀で17.3年ごとに1回から6.3年ごとに1回へ増加すると予想した。

　インド洋の西側にあるアフリカ沿岸の国には，これら正のダイポールモード現象のせいで洪水と大雨がたくさん起こるだろう。作物や社会基盤により大きな損害が及ぶことが予想される。その一方で，例えばオーストラリアや西インドネシアのようなインド洋の東側の地域には，乾燥した気候と降雨量の減少の可能性が大きくなるだろう。

◀解　説▶

問1．(1)　up to 150 km per day「最大1日に150キロメートル」　ハ．

as far as「～まで」が近い意味。

(2) play a critical role「重大な役割を果たす」 ロ．decisive「決定的な，重要な」が近い意味。

(3) in danger of extinction「絶滅の危機にある」 イ．disappearance「消滅」が近い意味。absence「不参加，欠席」

(4) fluctuate「変動する」 この語の意味がわからなければ，消去法で考えるとよい。まず，「暖かいと冷たいの間で，海洋東側の温度が」，ロ．「増加する」とニ．「減少する」はコロケーションとしておかしい。イ．「～を生み出す」は他動詞なので，目的語が必要である。よって，動詞で「揺れる，変わる」の意味であるハ．swing が正解。

(5) predicted「予想される」 ニ．forecasted が近い意味。

問2．(1) 「サバクトビバッタが引き起こす損害は何か」

イ．「食料供給の不足」 ロ．「大雨」

ハ．「感染症の伝播」 ニ．「強風」

第1段第4文（It is highly …）に「作物や草を含むあらゆる種類の緑色の植物を大量に食べる」とある。作物が荒らされると食料の供給がままならないことが推測できるので，正解はイとなる。

(2) 「ケニアで報告されたバッタの群れは1日にどれだけ食べるのか」

イ．「3万5000人が食べるのと同じ量」

ロ．「東アフリカ人が食べる量の80パーセントと同じ量」

ハ．「8400万人が食べるのと同じ量」

ニ．「1億5000万人が食べるのと同じ量」

第1段第6文（Even a very …）に「1平方キロメートルのバッタの群れでさえ，1日につき約35000人が食べるのと同じくらいの量の食べ物を食べる能力がある」とあり，群れ1平方キロメートルにつき35000人分であるとわかる。次に同段最終文（Some reports indicate …）に「ケニアのそれのような2400平方キロメートルに及ぶはるかに大きな群れ」とあることから，ケニアのバッタの群れが食べる量については35,000×2,400＝84,000,000で8400万人分の食料となり，正解はハ．

(3) 「バッタの群れの大量発生をもたらした直接の原因は何か」

イ．「行き過ぎた農業の発達」

ロ．「平均以上の植物の成長」

ハ．「サイクロン・パワン」
ニ．「東アフリカの国々の干ばつ」
第2段第1文（Wet weather conditions …）に「サイクロン・パワンがきっかけとなる雨降りの天候と，それに続きその地域にまとまった雨が降ったことが，平均以上の植物の成長の原因となり，それからサバクトビバッタの数の増加の原因となった」とある。サイクロンによる雨とその後のまとまった雨→植物の平均以上の成長→バッタの大量発生，という因果関係である。よって，直接の原因はロである。

(4)「東アフリカの人々はなぜ著しく自然災害の影響を受けるのか」
イ．「川の近くで生活しているから」
ロ．「土地に生産力がないから」
ハ．「乾燥した気候を経験するから」
ニ．「農業に大きく依存しているから」
第3段第1文（In countries of …）に「サバクトビバッタの影響を受けた東アフリカの国々において，人口の大多数は農業に依存している」とあり，第5文（These natural hazards …）に「これらの自然災害はとりわけ生活を農業に依存している貧民に影響を与える」とある。虫害や異常気象で影響を受けるのは，人々が農業に依存した経済活動をしているからであるとわかるので，正解はニとなる。

(5)「オーストラリアの森林火災は何によって引き起こされたか」
イ．「有害な大気環境」
ロ．「強力な正のインド洋ダイポールモード現象」
ハ．「インド洋ダイポールモード現象によって引き起こされた風」
ニ．「長期にわたる森林伐採」
まず，第5段第1文（The explanation for …）に「アフリカのバッタとオーストラリアの火災両方の説明となるのはインド洋ダイポールモード現象（IOD）と呼ばれる現象である」とある。その現象には「正」と「負」と「ニュートラル」の段階が存在することが第4文（Temperatures in the …）で明らかにされ，最終文（The result of …）で「異常なほど強い正のダイポールモードの結果として，…オーストラリアの地域に乾燥した気候がもたらされた」と述べられている。これらから，オーストラリアの火災は乾燥した気候によるもので，それは強い正のダイポールモード現

象がもたらしたとわかる。よって，正解はロである。

(6) 「負のインド洋ダイポールモード現象の特徴は何か」

イ．「弱い西向きの風」

ロ．「アフリカ近くの冷たいインド洋の海水」

ハ．「海からの湿気」

ニ．「東アフリカの洪水」

第5段第6文（A negative dipole …）に負のダイポールモード現象についての記述がある。「負のダイポールモードの段階は…東インド洋の海水が暖かくなり雨が多くなって，西側は（海水の）温度が低くなり雨が少なくなる」とあり，アフリカはインド洋の西側にあるから，ロが正解となる。ニは「西側は…雨が少なくなる」という点に反し，イとハについては本文に言及がない。

(7) 「筆者が温室効果ガスの排出に言及したのはなぜか」

イ．「温室効果ガスの排出がどのように地球温暖化の原因となっているかを示すため」

ロ．「ダイポールモード現象が温室効果ガスによって和らげられる可能性がどれだけあるかを示すため」

ハ．「温室効果ガス排出がダイポールモード現象にどのように影響を及ぼすかを明示するため」

ニ．「なぜダイポールモード現象が起きるかを説明するため」

第6段第1，2文（Extreme climate and … Indian Ocean dipoles.）に「ダイポールモードにより引き起こされた極端な気候と天候の現象は，温室効果ガス排出量の増加により，将来においてよりありふれたものになると予測され…科学者は，極端なインド洋のダイポールモードに対する二酸化炭素の影響を表現するモデルを作り出した」とあり，二酸化炭素つまり温室効果ガスがダイポールモード現象に対して影響を及ぼすとわかるので，正解はハとなる。

(8) 「この文章に最も合うタイトルは何か」

イ．「バッタと森林火災とのあいだのつながり」

ロ．「自然災害が及ぼす影響」

ハ．「海面温度を計測する」

ニ．「ケニアとカンガルー島」

この文章は，第1～3段で東アフリカの虫害，第4段でオーストラリアの森林火災について記述し，それら2つの自然災害が起こる原因が第5段のインド洋ダイポールモード現象（IOD）だと説明するものである。第6，7段は付加的に温室効果ガスの影響と将来の予測を説明するものである。この内容を捉えた最も適切なタイトルはイである。

❖講　評

　大問構成は，文法・語彙問題1題，会話文問題1題，読解問題5題の計7題の出題である。難易度は基礎～標準レベルだが，Ⅲ問1の不要な文を取り除く読解問題にはある程度の慣れが必要である。試験時間は90分だが，問題の種類も長文の分量も多いので時間配分に関して戦略を立てる必要がある。

　Ⅰの文法・語彙問題は空所補充形式で，全体的に語彙問題が多い。文法問題では，(5)と(10)で分詞構文と関係詞の理解が必要だった。小問数は10問と比較的多いので，手際よく対処する必要がある。

　Ⅱの会話文はすべて空所補充形式である。基本例文や熟語が会話の形で問われている。

　Ⅲの読解問題は，問1は不要な1文を取り除く形式で，問2は空所に適切な1文を補う形式である。選択肢は絞りやすいものの，分量が多いので手早く処理する必要がある。

　Ⅳの読解問題はホテルのレビュー記事を読み解く問題である。語彙も易しく問題も平易なので，速読で正確な解答を導きたい。

　Ⅴの読解問題はジェスチャーについての英文で，説明に合うジェスチャーのイラストを選んだり，ジェスチャーのイラストから適切な説明文を選ぶ問題である。体の部位や動きに関する表現を知っているかが鍵となった。

　ⅥとⅦの読解問題には語句の同意表現を問う設問が含まれている。ほぼすべてが文脈から判断するのではなく，語句の知識そのものを問う設問である。内容の理解に関する設問はおおむね段落に沿って施されている。語数が多く，専門用語も一部に含まれるが，いずれの英文も論理が明快なので，時間配分を考えてじっくり時間をかけられるようにしたい。

数学

I 解答

(1)アイ. 10 ウエ. 45 オカ. 80 キク. 95 ケ. 4
コサ. 65

(2)シ. 6 ス. 5 セ. 8 ソ. 2 タ. 8 チ. 5 ツテ. 18 ト. 7

◀解　説▶

≪小問 2 問≫

(1) a を 97 で割った商を q，余りを r とすると，$a=97\times q+r$ なので，二項定理によって

$$a^{10}=(97\times q+r)^{10}=\sum_{k=0}^{10}{}_{10}C_k(97\times q)^{10-k}r^k$$

${}_{10}C_1=10$, ${}_{10}C_2=\dfrac{10\times 9}{2\times 1}=45$, ${}_{10}C_8={}_{10}C_2$, ${}_{10}C_9={}_{10}C_1$ より

$$a^{10}=(97\times q)^{10}+10\times(97\times q)^9 r+45\times(97\times q)^8 r^2+\cdots$$
$$+45\times(97\times q)^2 r^8+10\times(97\times q)r^9+r^{10} \quad\cdots\cdots① \quad(\to\text{ア}\sim\text{エ})$$

となるので，a^{10} を 97 で割った余りは，r^{10} を 97 で割った余りと等しい。
$2020=97\times 20+80$ より，2020 を 97 で割った余り r は

$$r=80 \quad(\to\text{オカ})$$

$80^2=6400=97\times 65+95$ より，80 の 2 乗を 97 で割った余りは 95 である。

$(\to\text{キク})$

このとき，商を s とすると，$s=65$ で

$$80^2=97\times s+95$$
$$80^{10}=(80^2)^5=(97\times s+95)^5 \quad\cdots\cdots②$$
$$95^2=(97-2)^2=97^2-2\times 97\times 2+2^2=97(97-4)+4$$
$$=97\times 93+4$$

よって，95^2 を 97 で割った商を t とすると，$t=93$ で

$$95^2=97\times t+4$$
$$95^5=95\times(95^2)^2=95\times(97\times t+4)^2 \quad(\to\text{ケ}) \quad\cdots\cdots③$$

①で $a=2020$ とおくと，$q=20$, $r=80$ であり，②, ③も用いると

$(2020^{10}$ を 97 で割った余り$)=(80^{10}$ を 97 で割った余り$)$

$$=(95^5 を 97 で割った余り)$$
$$=(95 \times 4^2 を 97 で割った余り)$$

である。
$$95 \times 4^2 = (97-2) \times 16 = 97 \times 16 - 32 = 97 \times 15 + 65$$
よって,求める余りは 65 である。(→コサ)

(2) l の方程式は,$3x+4y-10=0$ より
$$y=-\frac{3}{4}x+\frac{5}{2}$$

よって,O を通って l に垂直な直線の方程式は $y=\frac{4}{3}x$ となるので,2直線の交点は
$$\frac{4}{3}x=-\frac{3}{4}x+\frac{5}{2} \quad \frac{25}{12}x=\frac{5}{2} \quad x=\frac{6}{5}$$

よって $y=-\frac{3}{4} \cdot \frac{6}{5}+\frac{5}{2}=\frac{8}{5}$

すなわち $\left(\frac{6}{5}, \frac{8}{5}\right)$ (→シ～セ)

O と l の距離は,この点と O との距離と等しいので
$$\sqrt{\left(\frac{6}{5}\right)^2+\left(\frac{8}{5}\right)^2}=\frac{2}{5}\sqrt{3^2+4^2}=\frac{2}{5} \cdot 5 = 2 \quad (\to ソ)$$

$$\begin{cases} 3x+4y-10 \leq 0 \\ 4x+3y-8 \leq 0 \end{cases}$$

について
$$\begin{cases} y=-\dfrac{3}{4}x+\dfrac{5}{2} \\ y=-\dfrac{4}{3}x+\dfrac{8}{3} \end{cases}$$

$$-\frac{3}{4}x+\frac{5}{2}=-\frac{4}{3}x+\frac{8}{3}$$

$$\therefore \quad x=\frac{2}{7}, \quad y=\frac{16}{7}$$

よって,領域 D は次の図の網かけ部分(境界を含む)である。

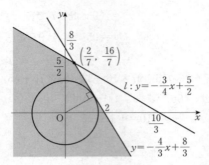

Oを中心とし，Dに含まれる円の半径の最大値は，直線 $y=-\dfrac{4}{3}x+\dfrac{8}{3}$ ($4x+3y-8=0$) とOの距離に等しいので

$$\dfrac{|4\cdot 0+3\cdot 0-8|}{\sqrt{4^2+3^2}}=\dfrac{8}{\sqrt{25}}=\dfrac{8}{5} \quad (\to タ，チ)$$

点 (x, y) が領域 D 内を動くとき，$x+y=k$ とおくと，$y=-x+k$ より，直線 $y=-x+k$ と領域 D が共有点を持つとき，y切片 k の最大値は，$x=\dfrac{2}{7}$, $y=\dfrac{16}{7}$ に対応して，$k=x+y=\dfrac{2}{7}+\dfrac{16}{7}=\dfrac{18}{7}$ となる。よって，$x+y(=k)$ の最大値も $\dfrac{18}{7}$ である。（→ツ〜ト）

II 解答

ア．− イ．2 ウ．4 エ．8 オ．7
カキ．−3 ク．4 ケコ．−6 サ．7 シ．9
スセ．14 ソ．1 タ．7 チ．3 ツ．2 テ．5 ト．4 ナ．6
ニ．5 ヌ．7 ネ．4

──────── ◀解　説▶ ────────

≪平面ベクトルの三角形への応用≫

△ABC で $\theta=\angle ACB$ について余弦定理を用いると

$$\cos\theta=\dfrac{BC^2+CA^2-AB^2}{2BC\cdot CA}=\dfrac{(\sqrt{2})^2+1^2-2^2}{2\cdot\sqrt{2}\cdot 1}=\dfrac{-1}{2\sqrt{2}}$$
$$=\dfrac{-\sqrt{2}}{4} \quad (\to ア〜ウ)$$

$0°<\theta<180°$ より

$$\sin\theta = \sqrt{1-\cos^2\theta} = \sqrt{1-\left(-\frac{\sqrt{2}}{4}\right)^2} = \sqrt{\frac{14}{16}} = \frac{\sqrt{14}}{4}$$

よって，△ABC の外接円の半径を R とすると，正弦定理より

$$\frac{2}{\sin\theta} = 2R \qquad R = \frac{1}{\sin\theta}$$

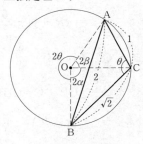

両辺を 2 乗して

$$R^2 = \frac{1}{\sin^2\theta} = \frac{1}{\left(\frac{\sqrt{14}}{4}\right)^2} = \frac{16}{14} = \frac{8}{7}$$

（→エ，オ）

2 倍角の公式より

$$\cos 2\theta = 2\cos^2\theta - 1 = 2\cdot\left(-\frac{\sqrt{2}}{4}\right)^2 - 1 = 2\cdot\frac{2}{16} - 1 = \frac{-3}{4} \quad (\rightarrow \text{カ}\sim\text{ク})$$

内積の定義より，∠AOB = 2θ に注意して

$$\overrightarrow{OA}\cdot\overrightarrow{OB} = |\overrightarrow{OA}||\overrightarrow{OB}|\cos 2\theta = R\cdot R\cos 2\theta = R^2\cos 2\theta$$

$$= \frac{8}{7}\cdot\left(-\frac{3}{4}\right) = \frac{-6}{7} \quad (\rightarrow \text{ケ}\sim\text{サ})$$

△ABC において正弦定理より

$$\frac{\sqrt{2}}{\sin\alpha} = \frac{1}{\sin\beta} = 2R$$

となるので，$\sin\alpha = \frac{\sqrt{2}}{2R}$, $\sin\beta = \frac{1}{2R}$ である。2 倍角の公式より

$$\cos 2\alpha = 1 - 2\sin^2\alpha = 1 - 2\cdot\left(\frac{\sqrt{2}}{2R}\right)^2 = 1 - \frac{1}{R^2}$$

$$\cos 2\beta = 1 - 2\sin^2\beta = 1 - 2\cdot\left(\frac{1}{2R}\right)^2 = 1 - \frac{1}{2R^2}$$

となるので，内積の定義より，∠AOC = 2β, ∠BOC = 2α に注意して

$$\overrightarrow{OA}\cdot\overrightarrow{OC} = |\overrightarrow{OA}||\overrightarrow{OC}|\cos 2\beta = R\cdot R\cos 2\beta = R^2\cos 2\beta$$

$$= R^2\left(1 - \frac{1}{2R^2}\right) = R^2 - \frac{1}{2} = \frac{8}{7} - \frac{1}{2} = \frac{9}{14} \quad (\rightarrow \text{シ}\sim\text{セ})$$

$$\overrightarrow{OB}\cdot\overrightarrow{OC} = |\overrightarrow{OB}||\overrightarrow{OC}|\cos 2\alpha = R\cdot R\cos 2\alpha = R^2\cos 2\alpha$$

$$= R^2\left(1 - \frac{1}{R^2}\right) = R^2 - 1 = \frac{8}{7} - 1 = \frac{1}{7} \quad (\rightarrow \text{ソ，タ})$$

$\overrightarrow{OC} = x\overrightarrow{OA} + y\overrightarrow{OB}$ とおくと

$$\frac{9}{14} = \overrightarrow{OA} \cdot \overrightarrow{OC} = \overrightarrow{OA} \cdot (x\overrightarrow{OA} + y\overrightarrow{OB}) = x|\overrightarrow{OA}|^2 + y\overrightarrow{OA} \cdot \overrightarrow{OB}$$

$$= xR^2 + y\left(-\frac{6}{7}\right) = \frac{8}{7}x - \frac{6}{7}y$$

よって　 $4x - 3y = \dfrac{9}{4}$ ……①

$$\frac{1}{7} = \overrightarrow{OB} \cdot \overrightarrow{OC} = \overrightarrow{OB} \cdot (x\overrightarrow{OA} + y\overrightarrow{OB}) = x\overrightarrow{OA} \cdot \overrightarrow{OB} + y|\overrightarrow{OB}|^2$$

$$= x\left(-\frac{6}{7}\right) + yR^2 = -\frac{6}{7}x + \frac{8}{7}y$$

よって　 $-3x + 4y = \dfrac{1}{2}$ ……②

$4 \times ① + 3 \times ②$ より

$\quad 16x - 9x = 9 + \dfrac{3}{2} \quad 7x = \dfrac{21}{2} \quad \therefore \quad x = \dfrac{3}{2}$ 　（→チ，ツ）

また，②より

$$y = \frac{1}{4}\left(3x + \frac{1}{2}\right) = \frac{1}{4}\left(3 \cdot \frac{3}{2} + \frac{1}{2}\right) = \frac{5}{4} \quad (\rightarrow \text{テ，ト})$$

$$\overrightarrow{OC} = \frac{3}{2}\overrightarrow{OA} + \frac{5}{4}\overrightarrow{OB} = \frac{6\overrightarrow{OA} + 5\overrightarrow{OB}}{4} = \frac{11}{4} \cdot \frac{6\overrightarrow{OA} + 5\overrightarrow{OB}}{11}$$

となるので，OC と AB の交点 D は，AB を 5 : 6 に内分する点であり，$\overrightarrow{OC} = \dfrac{11}{4}\overrightarrow{OD}$ より，OD : OC = 4 : 11 も満たす。ゆえに

$\dfrac{BD}{AD} = \dfrac{6}{5}$ 　（→ナ，ニ）

$\dfrac{CD}{OD} = \dfrac{OC - OD}{OD} = \dfrac{11 - 4}{4} = \dfrac{7}{4}$ 　（→ヌ，ネ）

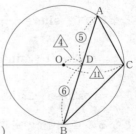

Ⅲ 解答

(1)ア. 1 イウ. 11
(2)エ. 3 オカ. 11
(3)キ. 6 クケ. 11 (4)コサ. 16 シス. 55
(5)セソ. 34 タチ. 55 (6)ツテ. 31 トナ. 44
(7)ニヌ. 19 ネノハ. 155

◀解　説▶

≪袋から玉を取り出す確率≫

袋から玉を同時に2個取り出すときの場合の数は

$$_{12}C_2 = \frac{12 \times 11}{2 \times 1} = 66 \text{ 通り}$$

また，袋から玉を同時に3個取り出すときの場合の数は

$$_{12}C_3 = \frac{12 \times 11 \times 10}{3 \times 2 \times 1} = 220 \text{ 通り}$$

(1) 赤玉は4個あるので，取り出した玉が2個とも赤玉であるのは

$$_4C_2 = \frac{4 \times 3}{2 \times 1} = 6 \text{ 通りであるので，その確率は}$$

$$\frac{_4C_2}{_{12}C_2} = \frac{6}{66} = \frac{1}{11} \quad (\rightarrow \text{ア～ウ})$$

(2) 和が5となる2つの数は，「1と4」または「2と3」であり，各々で赤，白，黒の3色の決め方は，$3^2 = 9$ 通りあるので，求める確率は

$$\frac{2 \times 9}{_{12}C_2} = \frac{2 \times 9}{66} = \frac{3}{11} \quad (\rightarrow \text{エ～カ})$$

(3) 異なる2色は，「赤と白」，「赤と黒」，「白と黒」の3通りあり，各々で異なる2つの数の決め方が $_4P_2 = 4 \times 3 = 12$ 通りあるので，求める確率は

$$\frac{3 \times {_4P_2}}{_{12}C_2} = \frac{3 \times 12}{66} = \frac{6}{11} \quad (\rightarrow \text{キ～ケ})$$

(4) 異なる3色は「赤と白と黒」の1通りで，各々の色で1～4の数になり得るので，求める確率は

$$\frac{1 \times 4^3}{_{12}C_3} = \frac{4^3}{220} = \frac{16}{55} \quad (\rightarrow \text{コ～ス})$$

(5) 4が1つも含まれない確率は，3色の4を除いた9個から3個を取り出すときなので

$$\frac{_9C_3}{_{12}C_3} = \frac{9 \times 8 \times 7}{3 \times 2 \times 1} \times \frac{1}{220} = \frac{21}{55}$$

余事象を考えて，求める確率は

$$1-\frac{21}{55}=\frac{34}{55} \quad (→セ〜チ)$$

(6)　4つの数は，1, 2, 3, $4=2^2$ である。3つの数の積が4の倍数でないのは，「2の倍数でない」（3個すべて奇数）または「4の倍数でない2の倍数」（2が1個，1, 3から重複を許して2個）なので，6個の玉が奇数，3個の玉が2，6個の玉が1または3に注意すると，この確率は

$$\frac{{}_6C_3+3\times{}_6C_2}{{}_{12}C_3}=\frac{\frac{6\times5\times4}{3\times2\times1}+3\times\frac{6\times5}{2\times1}}{220}=\frac{65}{220}=\frac{13}{44}$$

余事象を考えて，求める確率は

$$1-\frac{13}{44}=\frac{31}{44} \quad (→ツ〜ナ)$$

(7)　3つの数の積が4の倍数であり，数の中に4が含まれないのは，「2が2個，1, 3から1個」または「2が3個」なので，この確率は

$$\frac{{}_3C_2\times6+1}{{}_{12}C_3}=\frac{19}{220}$$

よって，求める条件付き確率は

$$\frac{\frac{19}{220}}{\frac{31}{44}}=\frac{19\times44}{220\times31}=\frac{19}{155} \quad (→ニ〜ハ)$$

Ⅳ　解答

ア. 0　イ. 1　ウ. 4　エ. 4　オカ. 13　キ. 4
ク. 2　ケ. 1　コ. 5　サ. 2　シ—②　ス—④
セソタ. −11　チ. 4　ツ. 4　テト. 21　ナニ. 20

◀解　説▶

≪4次関数のグラフの接線と囲まれた部分の面積≫

$f(x)=x(x^3-7x^2+15x-9)$ と書けるので，

$h(x)=x^3-7x^2+15x-9$ とおくと，$f(x)=xh(x)$ である。

$$h(1)=1^3-7\cdot1^2+15\cdot1-9=0$$

より，$h(x)$ は $x-1$ を因数にもつので

$$\begin{array}{r}x^2-6x+9\\x-1\overline{\smash{)}x^3-7x^2+15x-9}\\\underline{x^3-x^2}\\-6x^2+15x\\\underline{-6x^2+6x}\\9x-9\\\underline{9x-9}\\0\end{array}$$

したがって，$h(x)=(x-1)(x^2-6x+9)=(x-1)(x-3)^2$ である。よって

$$f(x)=xh(x)=x(x-1)(x-3)^2$$

$(x-3)^2\geqq 0$ に注意すると，$f(x)<0$ となるのは，$0<x<1$ のときである。

(→ア，イ)

$$f'(x)=4x^3-7\cdot 3x^2+15\cdot 2x-9=4x^3-21x^2+30x-9$$
$$f'(1)=4\cdot 1^3-21\cdot 1^2+30\cdot 1-9=4-21+30-9=4$$
$$f(1)=0$$

となるので，接線 l の方程式は

$$y=f'(1)(x-1)+f(1)$$
$$y=4(x-1)+0$$
$$y=4x-4 \quad (→ウ，エ)$$
$$f'(x)=4 \iff 4x^3-21x^2+30x-9=4$$
$$\iff 4x^3-21x^2+30x-13=0 \quad \cdots\cdots(*)$$

ここで，$x=1$ は方程式の解になるので，$(*)$ の左辺は $x-1$ を因数に持つ。

$$\begin{array}{r}4x^2-17x+13\\x-1\overline{\smash{)}4x^3-21x^2+30x-13}\\\underline{4x^3-4x^2}\\-17x^2+30x\\\underline{-17x^2+17x}\\13x-13\\\underline{13x-13}\\0\end{array}$$

よって

$$(*) \iff (x-1)(4x^2-17x+13)=0$$
$$\iff (x-1)(4x-13)(x-1)=0$$
$$\iff (x-1)^2(4x-13)=0$$

∴ $x=1, \dfrac{13}{4}$

$f'(x)=4$ となる x のうちで，最も大きいのは $x=\dfrac{13}{4}$ である。（→オ～キ）

傾きが 4 である曲線 C の接線の接点の x 座標は $1, \dfrac{13}{4}$ の 2 個であり，点 $\left(\dfrac{13}{4}, f\left(\dfrac{13}{4}\right)\right)$ は l 上にないので，各々に対応する接線は異なる。よって，傾きが 4 に等しい C の接線は，ちょうど 2 本である。（→ク）

$$g(x)=f'(x)=4x^3-21x^2+30x-9$$
$$g'(x)=4\cdot 3x^2-21\cdot 2x+30=6(2x^2-7x+5)$$
$$=6(2x-5)(x-1)=12\left(x-\dfrac{5}{2}\right)(x-1)$$

よって，$g'(x)=0$ となる x は $x=1, \dfrac{5}{2}$ （→ケ～サ）

$g(x)$ の増減表は右表のようになるので，$g(1)$ は，$g(x)$ の極大値であるが，最大値ではない。（→シ）

x	$\cdots$	1	$\cdots$	$\dfrac{5}{2}$	$\cdots$
$g'(x)$	$+$	0	$-$	0	$+$
$g(x)$	↗	極大	↘	極小	↗

$g\left(\dfrac{5}{2}\right)$ は，$g(x)$ の極小値であるが，最小値ではない。（→ス）

傾きが m に等しい C の接線がちょうど 1 本になるのは，$f'(x)=m$ すなわち $g(x)=m$ の解がちょうど 1 個になるときである。$y=g(x)$ のグラフと直線 $y=m$ の共有点がちょうど 1 個になるときと言い換えられるので

$$g(1)=4\cdot 1^3-21\cdot 1^2+30\cdot 1-9=4-21+30-9$$
$$=4$$
$$g\left(\dfrac{5}{2}\right)=4\cdot\left(\dfrac{5}{2}\right)^3-21\cdot\left(\dfrac{5}{2}\right)^2+30\cdot\dfrac{5}{2}-9$$
$$=\dfrac{125}{2}-\dfrac{525}{4}+75-9=-\dfrac{11}{4}$$

よって，右上のグラフを考えて，$m<\dfrac{-11}{4}$ または $m>4$ のときである。（→セ〜ツ）

$f(x)=x(x-1)(x-3)^2$ より，C の概形は右下のグラフのようになる。

C と 2 直線 $x=0$，$x=1$ および x 軸で囲まれた部分の面積は

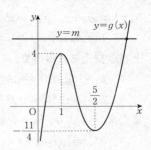

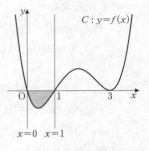

$$\int_0^1 \{0-f(x)\}dx$$
$$=-\int_0^1 (x^4-7x^3+15x^2-9x)dx$$
$$=-\left[\dfrac{x^5}{5}-\dfrac{7}{4}x^4+5x^3-\dfrac{9}{2}x^2\right]_0^1$$
$$=-\left\{\dfrac{1^5-0^5}{5}-\dfrac{7}{4}(1^4-0^4)\right.$$
$$\left.+5(1^3-0^3)-\dfrac{9}{2}(1^2-0^2)\right\}$$
$$=\dfrac{-4+35-100+90}{20}$$
$$=\dfrac{21}{20} \quad (→テ〜ニ)$$

Ⅴ 解答　アイ．12　ウ．4　エ．2　オ．4　カ—⑤　キ．4
ク．7　ケ．2　コ．1　サ—⑤　シ—⑨　ス．4

◀解　説▶

≪漸化式の 2 進法への応用≫

$a_{n+1}=16(a_n)^2$ （$a_1=1$）なので，$n=1$ を代入して
$$a_2=16(a_1)^2=16\cdot1^2=16$$
$n=2$ を代入して
$$a_3=16(a_2)^2=16\cdot16^2=16^3=(2^4)^3=2^{4\cdot3}=2^{12} \quad (→アイ)$$
$$\log_2 a_{n+1}=\log_2\{16(a_n)^2\}=\log_2 16+\log_2(a_n)^2$$
$$=\log_2 2^4+2\log_2 a_n$$
$$=4+2\log_2 a_n \quad (→ウ，エ) \quad \cdots\cdots(*)$$

$b_n = \log_2 a_n + c$, $b_{n+1} = 2b_n$ が成り立つとすると
$$\log_2 a_{n+1} + c = 2(\log_2 a_n + c) \quad \log_2 a_{n+1} = 2\log_2 a_n + c$$
と書き換えられるので，(∗)より $c = 4$ （→オ）
$$b_1 = \log_2 a_1 + 4 = \log_2 1 + 4 = 0 + 4 = 4$$
$$b_n = b_1 \cdot 2^{n-1} = 4 \cdot 2^{n-1} = 2^2 \cdot 2^{n-1} = 2^{n+1}$$
また，$c = 4$ より，$b_n = \log_2 a_n + 4$ なので
$$2^{n+1} = \log_2 a_n + 4 \quad \log_2 a_n = 2^{n+1} - 4 \quad (\text{→カ，キ})$$
$n = 8$ を代入すると
$$\log_2 a_8 = 2^9 - 4 = 2^9 - 2^2 = 2^2(2^7 - 1)$$
$$= 100_{(2)} \times 1111111_{(2)} = \underbrace{1111111}_{p \text{個}}\underbrace{00}_{q \text{個}}{}_{(2)}$$

よって $p = 7$, $q = 2$ （→ク，ケ）
$$\log_2 a_8 = 2^9 - 4 = 512 - 4 = 508$$
$$a_8 = 2^{508}$$
$a_8 = 1\underbrace{00\cdots 0}_{508\text{個}}{}_{(2)}$ なので，1の個数 r と 0 の個数 s は
1個

$r = 1$, $s = 508$ （→コ，サ）
$$\log_2 \frac{a_{n+2} \times (a_n)^2}{(a_{n+1})^2} = \log_2 a_{n+2} + \log_2 (a_n)^2 - \log_2 (a_{n+1})^2$$
$$= \log_2 a_{n+2} + 2\log_2 a_n - 2\log_2 a_{n+1}$$
$$= (2^{n+3} - 4) + 2(2^{n+1} - 4) - 2(2^{n+2} - 4)$$
$$= 2^{n+3} - 4 + 2^{n+2} - 8 - 2^{n+3} + 8 = 2^{n+2} - 4$$

よって $\dfrac{a_{n+2} \times (a_n)^2}{(a_{n+1})^2} = 2^{2^{n+2}-4}$ （→シ，ス）

VI 解答
ア．2　イ．2　ウ．7　エオ．12　カ．5
キク．12　ケ―④　コ．4　サシ．11　スセ．12
ソ．2　タ．1　チ―⑧　ツ．1　テ．9　ト．8

◀解　説▶

≪三角関数を含む関数の増減と極限，定積分の値≫

$f(x) = 2x + \cos\left(2x - \dfrac{\pi}{3}\right)$ より

$$f'(x) = 2 - \sin\left(2x - \frac{\pi}{3}\right) \cdot \left(2x - \frac{\pi}{3}\right)'$$
$$= 2 - 2\sin\left(2x - \frac{\pi}{3}\right) \quad (\to ア, イ)$$
$$f'(x) = 0 \iff 2 - 2\sin\left(2x - \frac{\pi}{3}\right) = 0 \iff \sin\left(2x - \frac{\pi}{3}\right) = 1$$

$-\pi < x < \pi$ のとき $\quad -2\pi - \frac{\pi}{3} < 2x - \frac{\pi}{3} < 2\pi - \frac{\pi}{3}$

すなわち，$-\frac{7\pi}{3} < 2x - \frac{\pi}{3} < \frac{5\pi}{3}$ なので，この方程式の解は

$$2x - \frac{\pi}{3} = \frac{\pi}{2}, \ -\frac{3\pi}{2}$$

$\therefore \quad x = -\frac{7}{12}\pi, \ \frac{5}{12}\pi \quad (\to ウ〜ク)$

$f'(x) = 2\left\{1 - \sin\left(2x - \frac{\pi}{3}\right)\right\} \geqq 0$ に注意すると，$f(x)$ の増減表は次のようになる。

x	$-\pi$	$\cdots$	$-\frac{7\pi}{12}$	$\cdots$	$\frac{5\pi}{12}$	$\cdots$	π
$f'(x)$		$+$	0	$+$	0	$+$	
$f(x)$		↗		↗		↗	

よって，$-\pi < x < \pi$ の範囲で，$f(x)$ は極値をとらない。（→ケ）

$$f''(x) = 0 - 2\cos\left(2x - \frac{\pi}{3}\right) \cdot \left(2x - \frac{\pi}{3}\right)' = -4\cos\left(2x - \frac{\pi}{3}\right)$$

$-\pi < x < \pi$ のとき，$-\frac{7\pi}{3} < 2x - \frac{\pi}{3} < \frac{5\pi}{3}$ なので

$$f''(x) = 0 \iff \cos\left(2x - \frac{\pi}{3}\right) = 0$$
$$\iff 2x - \frac{\pi}{3} = \frac{3\pi}{2}, \ \frac{\pi}{2}, \ -\frac{\pi}{2}, \ -\frac{3\pi}{2}$$

$\therefore \quad x = \frac{11\pi}{12}, \ \frac{5\pi}{12}, \ -\frac{\pi}{12}, \ -\frac{7\pi}{12}$

$f(x)$ の増減表は次のようになる。

x	$-\pi$	$\cdots$	$-\dfrac{7\pi}{12}$	$\cdots$	$-\dfrac{\pi}{12}$	$\cdots$	$\dfrac{5\pi}{12}$	$\cdots$	$\dfrac{11\pi}{12}$	$\cdots$	π
$f'(x)$		+	0	+	+	+	0	+	+	+	
$f''(x)$		+	0	−	0	+	0	−	0	+	
$f(x)$		♪	変曲	⌒	変曲	♪	変曲	⌒	変曲	♪	

よって，$-\pi < x < \pi$ の範囲で，C には変曲点がちょうど 4 個ある。

(→コ)

x 座標が最も大きい変曲点を $P(a,\ f(a))$ とすると

$$a = \frac{11}{12}\pi \quad (\text{→サ〜セ})$$

$$f\left(\frac{\pi}{6}\right) = 2 \cdot \frac{\pi}{6} + \cos\left(2 \cdot \frac{\pi}{6} - \frac{\pi}{3}\right) = \frac{\pi}{3} + \cos 0 = \frac{\pi}{3} + 1$$

$$f'\left(\frac{\pi}{6}\right) = 2 - 2\sin\left(2 \cdot \frac{\pi}{6} - \frac{\pi}{3}\right) = 2 - 2\sin 0 = 2$$

C の点 $Q\left(\dfrac{\pi}{6},\ f\left(\dfrac{\pi}{6}\right)\right)$ における接線 l の方程式は

$$y = f'\left(\frac{\pi}{6}\right)\left(x - \frac{\pi}{6}\right) + f\left(\frac{\pi}{6}\right)$$

$$y = 2\left(x - \frac{\pi}{6}\right) + \frac{\pi}{3} + 1$$

$$y = 2x + 1 \quad (\text{→ソ，タ})$$

$$2x + 1 - f(x) = 2x + 1 - \left\{2x + \cos\left(2x - \frac{\pi}{3}\right)\right\}$$

$$= 1 - \cos\left(2x - \frac{\pi}{3}\right)$$

$$= 1 - \cos\left\{2\left(x - \frac{\pi}{6}\right)\right\}$$

$$= 1 - \left\{1 - 2\sin^2\left(x - \frac{\pi}{6}\right)\right\}$$

$$= 2\sin^2\left(x - \frac{\pi}{6}\right)$$

ゆえに

$$\lim_{x \to \frac{\pi}{6}} \frac{2x + 1 - f(x)}{\left(2x - \dfrac{\pi}{3}\right)^2} = \lim_{x \to \frac{\pi}{6}} \frac{2\sin^2\left(x - \dfrac{\pi}{6}\right)}{\left(2x - \dfrac{\pi}{3}\right)^2}$$

$$= \frac{1}{2}\lim_{x\to\frac{\pi}{6}}\frac{\sin^2\left(x-\frac{\pi}{6}\right)}{\left(x-\frac{\pi}{6}\right)^2}$$

$$= \frac{1}{2}\lim_{x\to\frac{\pi}{6}}\left\{\frac{\sin\left(x-\frac{\pi}{6}\right)}{x-\frac{\pi}{6}}\right\}^2$$

$$= \frac{1}{2}\left\{\lim_{x\to\frac{\pi}{6}}\frac{\sin\left(x-\frac{\pi}{6}\right)}{x-\frac{\pi}{6}}\right\}^2$$

$$= \frac{1}{2}\cdot 1^2 = \frac{1}{2} \quad (\to \text{チ})$$

$$\{2x+1-f(x)\}^2 = \left\{1-\cos\left(2x-\frac{\pi}{3}\right)\right\}^2$$

$$= 1-2\cos\left(2x-\frac{\pi}{3}\right)+\cos^2\left(2x-\frac{\pi}{3}\right)$$

$$= 1-2\cos\left(2x-\frac{\pi}{3}\right)+\frac{\cos\left\{2\left(2x-\frac{\pi}{3}\right)\right\}+1}{2}$$

$$= \frac{3}{2}-2\cos\left(2x-\frac{\pi}{3}\right)+\frac{1}{2}\cos\left(4x-\frac{2\pi}{3}\right)$$

$a=\dfrac{11\pi}{12}$ にも注意して

$$I = \int_{\frac{\pi}{6}}^{a}\{2x+1-f(x)\}^2 dx$$

$$= \int_{\frac{\pi}{6}}^{\frac{11\pi}{12}}\left\{\frac{3}{2}-2\cos\left(2x-\frac{\pi}{3}\right)+\frac{1}{2}\cos\left(4x-\frac{2\pi}{3}\right)\right\}dx$$

$$= \left[\frac{3}{2}x-\sin\left(2x-\frac{\pi}{3}\right)+\frac{1}{8}\sin\left(4x-\frac{2\pi}{3}\right)\right]_{\frac{\pi}{6}}^{\frac{11\pi}{12}}$$

$$= \frac{3}{2}\left(\frac{11\pi}{12}-\frac{\pi}{6}\right)-\left\{\sin\left(\frac{11\pi}{6}-\frac{\pi}{3}\right)-\sin\left(\frac{\pi}{3}-\frac{\pi}{3}\right)\right\}$$

$$\qquad +\frac{1}{8}\left\{\sin\left(\frac{11\pi}{3}-\frac{2\pi}{3}\right)-\sin\left(\frac{2\pi}{3}-\frac{2\pi}{3}\right)\right\}$$

$$= \frac{3}{2}\cdot\frac{9\pi}{12}-\sin\frac{3\pi}{2}+\sin 0+\frac{1}{8}\sin 3\pi-\frac{1}{8}\sin 0$$

$= 1 + \dfrac{9}{8}\pi$　（→ツ～ト）

❖講　評

Ⅰ　自然数の累乗の余り，領域における点の座標の和の最大値に関する小問2問である。誘導が丁寧なので，二項定理，直線の方程式の性質に慣れていれば容易だろう。

Ⅱ　平面ベクトルを三角形とその外接円に応用する問題である。余弦定理と正弦定理で求めた外接円の半径の2乗の値を，円周角の定理と2倍角の公式を用いて，ベクトルの内積に適用することがポイントとなる。問題文にある式からこの流れを読み取るようにしたい。

Ⅲ　袋から数字の書かれた色玉を取り出す確率を求める問題である。数字と色に注意して場合の数を求め，必要に応じて余事象も用いれば，すべて基本的な内容である。重複，数え漏れのないようにしたい。

Ⅳ　4次関数のグラフの接線を導関数を用いて考察し，最後に囲まれた部分の面積を求める問題である。因数定理を用いて，有理数範囲で因数分解できるので，計算は単純になり，グラフの概形もつかみやすい。囲まれた部分の面積は，それまでの接線の問題とは独立した内容である。

Ⅴ　漸化式で表された数列を対数関数，指数関数を用いて2進法で表す問題である。問題文の誘導に従うと自動的に一般化できるようになっている。補数の考え方や2進数同士の和・積にも慣れておきたい。

Ⅵ　1次式と三角関数の和で表された関数の増減と極限を考え，定積分の値を計算する問題である。xの値の範囲に気をつけながら方程式を解くのに多少時間を要する。極限と定積分の計算では，2倍角の公式で三角関数の次数を変換する必要がある。

物理

I 解答 1. $\dfrac{3mv_0}{4F}$ 2. $\dfrac{1}{4}v_0$ 3. $\dfrac{3}{8}mv_0{}^2$ 4. $\dfrac{3mv_0{}^2}{32F}$

5. $\dfrac{3mv_0{}^2}{8F}$ 6. $\sqrt{\dfrac{8FL}{3m}}$

◀解 説▶

≪運動量の変化と力積の関係，合体とエネルギー≫

1・2．弾丸が木材の中で止まって一体となって動いているときの速さを v_1 とする。運動量保存則の式より

$$mv_0 = (m+3m)\cdot v_1 \quad \therefore \quad v_1 = \dfrac{1}{4}v_0$$

弾丸が木材に入り始めてからその中で止まるまでの時間を t_1 とする。弾丸は木材から大きさ F の力を受ける。運動量の変化と力積の関係から

$$mv_1 - mv_0 = -Ft_1 \quad \therefore \quad t_1 = \dfrac{3mv_0}{4F}$$

参考 木材の運動量の変化と力積の関係から

$$3mv_1 - 3m\cdot 0 = Ft_1 \quad \therefore \quad t_1 = \dfrac{3mv_0}{4F}$$

3．弾丸が木材の中で止まるまでの間に失われた全力学的エネルギーは

$$\dfrac{1}{2}mv_0{}^2 - \dfrac{1}{2}\cdot(m+3m)\cdot v_1{}^2 = \dfrac{1}{2}mv_0{}^2 - \dfrac{1}{2}\cdot 4m\cdot\left(\dfrac{1}{4}v_0\right)^2$$

$$= \dfrac{3}{8}mv_0{}^2$$

4．弾丸が木材の中で止まるまでの間に，木材が移動した距離を x_1，弾丸が移動した距離を x_2 とする。木材の力学的エネルギーの変化は，弾丸と木材との間にはたらく力がした仕事に等しいので

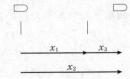

$$\dfrac{1}{2}\cdot(3m)\cdot v_1{}^2 - \dfrac{1}{2}\cdot(3m)\cdot 0^2 = Fx_1$$

$$\therefore \quad x_1 = \dfrac{3mv_1{}^2}{2F} = \dfrac{3m}{2F}\cdot\left(\dfrac{1}{4}v_0\right)^2 = \dfrac{3mv_0{}^2}{32F}$$

5. 弾丸の力学的エネルギーの変化は，前問4と同様に

$$\frac{1}{2}mv_1^2 - \frac{1}{2}mv_0^2 = -Fx_2$$

$$\therefore \quad x_2 = \frac{m}{2F}(v_0^2 - v_1^2) = \frac{m}{2F}\left\{v_0^2 - \left(\frac{1}{4}v_0\right)^2\right\} = \frac{15mv_0^2}{32F}$$

弾丸が木材の中を移動した距離を x_3 とすると

$$x_3 = x_2 - x_1 = \frac{15mv_0^2}{32F} - \frac{3mv_0^2}{32F} = \frac{3mv_0^2}{8F}$$

別解 弾丸と木材との間に力がはたらいている間，弾丸が木材の中を移動した。この距離を x_3 とする。前問3で全力学的エネルギーの減少量を求めたが，この変化量はこの力がした仕事に等しい。

$$-\frac{3}{8}mv_0^2 = -Fx_3 \quad \therefore \quad x_3 = \frac{3mv_0^2}{8F}$$

6. 弾丸が木材中を移動した距離 x_3 が $x_3 < L$ ならば貫通しない。貫通するためには

$$x_3 = \frac{3mv_0^2}{8F} \geq L \quad \therefore \quad v_0 \geq \sqrt{\frac{8FL}{3m}}$$

II 解答

(a) $k\dfrac{q+Q}{r^2}$　(b) $k\dfrac{q}{r^2}$　(c) $\dfrac{3q}{4\pi a^3}$　(d) $\dfrac{q}{a^3}r^3$

(e) $\dfrac{4\pi kq}{a^3}r^3$　(f) $\dfrac{kq}{a^3}r$

━━━━━◀ 解　説 ▶━━━━━

≪球対称な電荷分布と電気力線≫

(a) $b < r$ の領域において，半径 r の球内の電気量は $q+Q$ である。これを点電荷として原点Oに置いたものとみなすことができる。原点Oから距離 r だけ離れた点の電界の強さを $E_1(r)$ とすると

$$E_1(r) = k\frac{q+Q}{r^2}$$

(b) $a < r < b$ の領域において，半径 r の球内の電気量は q である。このときの電界の強さを $E_2(r)$ とする。(a)と同様に

$$E_2(r) = k\frac{q}{r^2}$$

(c) 半径 r の球の体積を $V(r)$ とすると,$V(r) = \frac{4}{3}\pi r^3$ と表される。$0 < r < a$ の領域内の電荷密度を ρ とすると

$$\rho = \frac{q}{\frac{4}{3}\pi a^3} = \frac{3q}{4\pi a^3}$$

(d) 半径 r の球内に含まれる電気量を q' とすると

$$q' = \rho V(r) = \frac{3q}{4\pi a^3} \cdot \frac{4}{3}\pi r^3 = \frac{q}{a^3} r^3$$

(e) 半径 r の球面上を貫く電気力線の総本数を N とすると,ガウスの法則から

$$N = 4\pi k q' = \frac{4\pi k q}{a^3} r^3$$

(f) 半径 r の球の表面積を $S(r)$ とすると,$S(r) = 4\pi r^2$ と表される。原点 O から距離 r だけ離れた点の電界の強さを $E_3(r)$ とすると

$$N = E_3(r) \times S(r)$$

$$\therefore\ E_3(r) = \frac{N}{S(r)} = \frac{4\pi k q r^3}{a^3} \div 4\pi r^2 = \frac{kq}{a^3} r$$

〔注〕 以上をまとめると,電界の強さ E と原点からの距離 r は右のようなグラフになる。$E_1(b) \neq E_2(b)$ より,$r = b$ で不連続になる。$E_2(a) = E_3(a) = \frac{kq}{a^2}$ より,$r = a$ で連続になる。

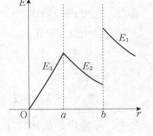

III 解答 (1) p_0 (2) $2T_0$ (3) $\frac{3}{2}R(T_2 - 2T_0)$

(4) $\frac{3}{2}R(2T_1 + T_2 - 4T_0)$ (5) $\frac{2T_2 V_0}{2T_1 + T_2}$ (6) $\frac{p_0(2T_1 + T_2)}{4T_0}$

◀解 説▶

≪仕切られた円筒容器≫

(1)・(2) ピストンが静止しているのは,A 室内と B 室内の気体の圧力が等しいからである。よって,B 室内の気体の圧力は p_0 である。
B 室内の気体の絶対温度を T_3 とする。A 室内と B 室内の気体の状態方程

式を立てると

$$p_0V_0 = 2 \cdot RT_0 \quad \cdots\cdots ① \qquad p_0V_0 = 1 \cdot RT_3 \quad \cdots\cdots ②$$

①,②より　$T_3 = 2T_0$

(3)　A 室内の気体を加熱したとき,ピストンが断熱であるため,B 室内の気体は断熱変化をする。この過程で B 室内の気体がされた仕事を W,内部エネルギーの変化を ΔU_B とする。扱っている気体は単原子分子であるから

$$\Delta U_B = \frac{3}{2}R(T_2 - T_3) = \frac{3}{2}R(T_2 - 2T_0)$$

熱力学第一法則から

$$W = \Delta U_B \quad \therefore \quad W = \frac{3}{2}R(T_2 - 2T_0)$$

(4)　A 室内の気体に与えられた熱量を Q,内部エネルギーの変化を ΔU_A とする。A 室内の気体の物質量が 2 mol であることに注意して

$$\Delta U_A = \frac{3}{2} \cdot 2R(T_1 - T_0)$$

また,A 室内の気体がした仕事は W に等しい。熱力学第一法則から

$$Q = \Delta U_A + W$$
$$= \frac{3}{2} \cdot 2R(T_1 - T_0) + \frac{3}{2}R(T_2 - 2T_0)$$
$$= \frac{3}{2}R(2T_1 + T_2 - 4T_0)$$

参考　A 室内の気体に与えられた熱量 Q は,一部が A 室内の内部エネルギーを変化させ,一部がピストンの移動による仕事を通じて,B 室内の内部エネルギーを変化させる。A 室と B 室をひとまとめにした系に対して

$$Q = \Delta U_A + \Delta U_B$$
$$= \frac{3}{2} \cdot 2R(T_1 - T_0) + \frac{3}{2}R(T_2 - 2T_0)$$
$$= \frac{3}{2}R(2T_1 + T_2 - 4T_0)$$

(5)・(6)　加熱後の B 室内の気体の体積を V_1 とすると,A 室内の気体の体積は $(2V_0 - V_1)$ である。ピストンが静止していることから,A 室内と B 室内の気体の圧力はどちらも等しく,これを p_1 とおく。A 室内と B 室内

の気体の状態方程式を立てると，それぞれ

$$p_1 \cdot (2V_0 - V_1) = 2 \cdot RT_1 \quad \cdots\cdots ③ \qquad p_1 V_1 = 1 \cdot RT_2 \quad \cdots\cdots ④$$

③÷④ より

$$\frac{2V_0}{V_1} - 1 = \frac{2T_1}{T_2} \qquad \therefore \quad V_1 = \frac{2T_2 V_0}{2T_1 + T_2}$$

③＋④ より

$$p_1 \cdot 2V_0 = R(2T_1 + T_2) \quad \cdots\cdots ⑤$$

⑤÷① より

$$\frac{p_1}{p_0} = \frac{2T_1 + T_2}{4T_0} \qquad \therefore \quad p_1 = \frac{p_0(2T_1 + T_2)}{4T_0}$$

〔注〕 B室は断熱変化で，かつ問題文に絶対温度の物理量が並んでいるので，ポアソンの法則を適用したくなる。ところが，本問は問題で与えられた物理量から，それ以外の方法を選択する必要がある。ここでは，気体の状態方程式から導くのが適切である。

Ⅳ 解答

(i) $0.98 \, \text{m/s}^2$　(ii) $51 \, \text{m}$　(iii) $2.9 \times 10^5 \, \text{W}$　(iv) $\dfrac{2F}{3m}$

(v) $\dfrac{F}{3}$　(vi) $\dfrac{2}{3}Fx$

◀解　説▶

≪摩擦のある斜面上で連結された物体の運動≫

(i) 質量を $M = 1.0 \times 10^4 \, [\text{kg}]$，重力加速度の大きさを $g = 9.8 \, [\text{m/s}^2]$ とする。ブレーキをかけてから車両が停止するまで，走行を妨げる向きに加速度がはたらく。その加速度の大きさを a_1 とする。進行方向を正として運動方程式を立てると

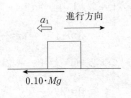

$$M \cdot (-a_1) = -0.10 \cdot Mg \qquad \therefore \quad a_1 = 0.10g = 0.10 \times 9.8 = 0.98 \, [\text{m/s}^2]$$

(ii) ブレーキをかける前の速さを v_0 とする。[km/h] から [m/s] に変換すると

$$v_0 = \frac{36 \times 1000}{60 \times 60} = 10 \, [\text{m/s}]$$

ブレーキをかけてから車両が停止するまでに車両が走った距離を x_1 とす

る。運動エネルギーの変化と仕事の関係から

$$\frac{1}{2}M \cdot 0^2 - \frac{1}{2}Mv_0^2 = -0.10 \cdot Mg \cdot x_1$$

$$\therefore \quad x_1 = \frac{v_0^2}{2 \cdot (0.10g)} = \frac{10^2}{2 \times (0.10 \times 9.8)} = 51.0 \fallingdotseq 51 \,[\text{m}]$$

(iii) 車両の推進力を f_1，その仕事率を P，垂直抗力を N とする。斜面に垂直，平行な方向の力のつり合いはそれぞれ

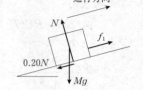

$$N = Mg\cos 6.0°, \quad f_1 = Mg\sin 6.0° + 0.20N$$
$$f_1 = Mg\sin 6.0° + 0.20Mg\cos 6.0°$$
$$= Mg \cdot (\sin 6.0° + 0.20\cos 6.0°)$$
$$= (1.0 \times 10^4) \times 9.8 \times (0.1 + 0.20 \times 0.99)$$
$$= 2.92 \times 10^4 \,[\text{N}]$$

よって $P = f_1 v = (2.92 \times 10^4) \times 10 = 2.92 \times 10^5 \fallingdotseq 2.9 \times 10^5 \,[\text{W}]$

(iv)・(v) ブレーキをかけたときの車両の加速度の大きさを a_2，連結器が車両 A に作用する力の大きさを f_2 とする。進行方向を正として，車両 A，B の運動方程式を立てると

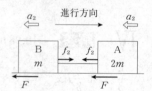

$$2m \cdot (-a_2) = -f_2 - F \quad \cdots\cdots ①$$
$$m \cdot (-a_2) = f_2 - F \quad \cdots\cdots ②$$

① + ② より

$$3m \cdot (-a_2) = -2F \quad \cdots\cdots ③ \quad \therefore \quad a_2 = \frac{2F}{3m}$$

② × 2 − ① より

$$0 = 3f_2 - F \quad \therefore \quad f_2 = \frac{F}{3}$$

参考 車両 A，B を一体とした物体の運動方程式は，式③で表される。ここからすぐに a_2 が求められる。

(vi) 車両 B の運動エネルギーの減少量を $\varDelta K$ とおく。運動エネルギーの変化と仕事の関係から

$$-\varDelta K = (f_2 - F) \cdot x$$

$$\therefore \quad \varDelta K = -(f_2 - F) \cdot x = -\left(\frac{F}{3} - F\right) \cdot x = \frac{2}{3}Fx$$

V 解答

(イ) $y = A\sin\dfrac{2\pi}{T}t$　(ロ) $4.0\,\text{s}$　(ハ) $0.5\,\text{m/s}$　(ニ) $3.0\,\text{s}$

(ホ) $2.0\,\text{m}$　(ヘ) $y = 2\sin 2\pi\dfrac{t-3}{4}$

◀解　説▶

≪波の式，波の重ね合わせ≫

(イ)　P_0 は時刻 $t=0$ [s] で，変位が 0 m，速さが y 軸の正の向きである。

$$y = A\sin\dfrac{2\pi}{T}t\,[\text{m}]$$

(ロ)・(ハ)　図 5 - 1 から波長 $\lambda=2.0$ [m]，図 5 - 2 から周期 $T=4.0$ [s] が読み取れる。よって，波の伝わる速さ v は

$$v = \dfrac{\lambda}{T} = \dfrac{2.0}{4.0} = 0.5\,[\text{m/s}]$$

(ニ)　図 5 - 3 から，$t=0$ [s] において 2 つの波の先頭は $7.0-4.0=3.0$ [m] だけ離れている。$t=t_a$ [s] で 2 つの波の先頭が出合うから，2 つの波が進んだ距離の和は

$$vt_a + vt_a = 3.0$$

$$\therefore\ t_a = \dfrac{3.0}{2v} = \dfrac{3.0}{2\times 0.5} = 3.0\,[\text{s}]$$

(ホ)　2 つの波が重なり合った結果，定常波が生まれる。位置 $x=x_a$ [m] では 2 つの波が強め合うため，腹になる。したがって，位置 $x=x_a$ [m] における振幅は

$$2A = 2\times 1.0 = 2.0\,[\text{m}]$$

(ヘ)　位置 $(x_a,\ 0)$ における媒質は時刻 $t=t_a$ [s] で，変位が 0 m，速さが y 軸の正の向きである。

$$y = 2A\sin\dfrac{2\pi}{T}(t-t_a) = 2.0\sin 2\pi\dfrac{t-t_a}{T}$$

$$\therefore\ y = 2\sin 2\pi\dfrac{t-3}{4}$$

❖講　評

　2021 年度は大問 5 題に増えた。ただ，各大問の小問は 6 問ずつで，計 30 問は例年と同じであった。難易度も標準的であるが，試験時間を考えると全問に余裕をもって取り組むのは難しい。

　Ⅰは，運動量の変化と力積の関係，合体とエネルギーを扱った問題。系全体の運動量は保存するため，一体となって動いているときの速さを求めることができる。弾丸，木材の移動した距離を求めるためには，それぞれの物体に注目して，運動量の変化と力積の関係式を立てる必要がある。

　Ⅱは，球対称な電荷分布と電気力線の関係について。「球内の電気量と同じ電気量の点電荷を原点 O に置いたときと同じになること」が問題で与えられているが，普段の学習で知っておきたい知識である。球対称の電荷分布に対して，中心からの距離と電界の強さの関係をスムーズに導けること，ガウスの法則を的確に使えることが問われた。

　Ⅲは，仕切られた円筒容器内の気体について。気体の状態方程式，熱力学第一法則を駆使して問題を解いていく。B室が断熱変化をしていることに注目して，仕事や熱量を求めていく。断熱変化で温度や体積が与えられているときは，ポアソンの法則を使うことが多い。ところが，本問では問題で与えられた物理量から，それ以外の方法を選択する必要がある。

　Ⅳは，摩擦のある斜面上での連結された物体の運動について。「ブレーキ操作によって生じる車両を減速させる力」は，問題の前半が普通の動摩擦力，後半が車両の質量に関係のない外力になっている。これらを混同しないように気をつけたい。

　Ⅴは，波の式，波の重ね合わせについて。各グラフから波長や周期などの情報を読み取る。さらに，x-y グラフで，微小時間後の波形を描くと，媒質の変位が y 軸のどちらの向きかがわかる。そこから t を含む波の式を立てることができる。また，2つの波が重なり合ってできる定常波についても，波の形がどのように変形するのかイメージできるようにしたい。

　いずれの問題も基礎知識や論理的思考力を問う標準的な問題である。時間に比べて問題数が多いので，的確な状況判断力が必要である。

化学

I 解答

1. (A) (第一)イオン化エネルギー (B)電子親和力 (C)価数

2. (あ)—⑥ (い)—⑤ (う)—① (え)—② (お)—③ (か)—③ (き)—④

3. (ア)Be (イ)B (ウ)N (エ)O ((ア)N (イ)O (ウ)Be (エ)B でも可)

4. ②, ③, ①

5. 電子配置が同じイオンでは原子番号が大きいほど、原子核の正電荷が大きくなり、より強く最外殻電子を引き付けるから。(55字以内)

6. L(殻)

◀解 説▶

≪イオン生成のエネルギー、イオン半径≫

2. (い) イオン化エネルギーが大きい原子ほど、最外殻電子を奪って陽イオンにするためにより大きなエネルギーが必要であるから、陽イオンになりにくい。

(え) 電子親和力が大きい原子ほど、電子を受け取った際に放出するエネルギーが大きくなり安定化するので、陰イオンになりやすい。

(お) 最外殻の電子と原子核との距離が長くなると、その間にはたらく静電気力が小さくなるため、原子から電子を取り去るために必要なエネルギー、つまりイオン化エネルギーが小さくなる。

(か) 原子が陽イオンになると、最外殻がもとの原子よりも1つ内側の電子殻に変化するので、半径は小さくなる。

(き) 原子が陰イオンになると、最外殻電子が増えることで電子どうしが反発する力が強くなるので、半径は大きくなる。

4・5. 電子配置が同じイオンを比較すると、原子番号が大きいものほど半径は小さくなる。O^{2-}, F^-, Na^+, Mg^{2+}, Al^{3+} はすべて Ne と同じ電子配置をとるが、半径の大小関係は $Al^{3+} < Mg^{2+} < Na^+ < F^- < O^{2-}$ となる。

II 解答

1. 真空状態
2. ③
3. 液体のエタノールが見られたことから，Aの空間は蒸気のエタノールで飽和しており，その圧力は30.0℃における飽和蒸気圧で，$1.00×10^4$ Paである。$1.00×10^5$ [Pa]=760[mmHg]=76.0[cmHg]なので，$1.00×10^4$ Pa を cmHg に換算すると

$$76.0×\frac{1.00×10^4}{1.00×10^5}=7.60[cmHg]$$

エタノールを注入する前の水銀柱の高さは76.0cmであるから，求める高さは

$$76.0-7.60=68.4[cm] \quad \cdots\cdots(答)$$

4. このときAの空間はエタノールの蒸気で飽和しており，その圧力は

$$76.0-63.4=12.6[cmHg]$$

これをPaに換算すると

$$1.00×10^5×\frac{12.6}{76.0}=1.657×10^4≒1.66×10^4[Pa]$$

よって，エタノールの飽和蒸気圧が$1.66×10^4$ Paになる温度は，37.0℃である。 ……(答)

5. 管内の水銀面からガラス管の底面までの高さは

$$80.0-63.4=16.6[cm]$$

よって，蒸気のエタノールが占める体積は

$$1.00×16.6×10^{-3}=1.66×10^{-2}[L]$$

また，前問4より，温度は37.0℃，蒸気のエタノールの圧力は$1.66×10^4$ Paであるから，気体の状態方程式より，求める物質量は

$$\frac{1.66×10^4×1.66×10^{-2}}{8.30×10^3×(37.0+273)}=1.07×10^{-4}≒1.1×10^{-4}[mol] \quad \cdots\cdots(答)$$

6. 求める温度をt[℃]とおくと，t[℃]における蒸気のエタノールの圧力は

$$76.0-63.0=13.0[cmHg]$$

これをPaに換算すると

$$1.00×10^5×\frac{13.0}{76.0}=1.71×10^4[Pa]$$

また，このとき蒸気のエタノールが占める体積は
$$1.00 \times (80.0 - 63.0) \times 10^{-3} = 1.70 \times 10^{-2} [L]$$
37.0℃のときと t [℃] のときにおいてボイル・シャルルの法則より
$$\frac{1.66 \times 10^4 \times 1.66 \times 10^{-2}}{37.0 + 273} = \frac{1.71 \times 10^4 \times 1.70 \times 10^{-2}}{t + 273}$$
∴ $t = 54.0 \fallingdotseq 54$ [℃] ……(答)

◀解　説▶

≪水銀柱と圧力，蒸気圧≫
1．この空間をトリチェリの真空という。
2．ガラス管を垂直に倒立させたときは，管内の水銀の重力による圧力と大気圧が等しくなっており，水銀柱の高さは760[mm]＝76.0[cm]となる。ガラス管を傾けると，管内の水銀の重力が図のように分解され，傾きを大きくするほど，ガラス管方向の重力の大きさは小さくなる。よって，大気圧と同じ圧力を維持するためには，より多くの水銀が必要となる。こうして，水銀だめの水銀面から管内の水銀面までの「ガラス管に沿った長さ」は長くなるが，高さは76.0cmのまま変化しない。

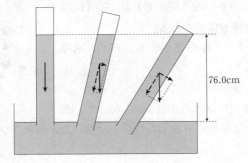

III 解答

1．(ア)14　(イ)4　(ウ)4
2．(A)共有　(B)半導体　(C)ダイヤモンド（ゲルマニウム，α-スズ）　(D)二酸化ケイ素（シリカ）　(E)酸素　(F)正四面体　(G)フッ化水素酸　(H)水ガラス　(I)ケイ酸　(J)シリカゲル
3．8個
4．単位格子中にSi原子は8個含まれているので，求める密度は

$$\frac{\text{単位格子中の原子の総質量}}{\text{単位格子の体積}} = \frac{\frac{28.0}{6.00 \times 10^{23}} \times 8}{(5.40 \times 10^{-8})^3}$$

$$= 2.37 \fallingdotseq 2.4 \text{[g/cm}^3\text{]} \quad \cdots\cdots\text{(答)}$$

5. $SiO_2 + 2C \longrightarrow Si + 2CO$

6. SiO_2 の物質量は

$$\frac{1.20 \times 10^3}{60.0} = 20.0 \text{[mol]}$$

前問 5 の反応式より,最大で得られる Si も 20.0 mol であるから,その質量は

$$28.0 \times 20.0 = 5.6 \times 10^2 \text{[g]} \quad \cdots\cdots\text{(答)}$$

7. $SiO_2 + 6HF \longrightarrow H_2SiF_6 + 2H_2O$

8. $SiO_2 + 2NaOH \longrightarrow Na_2SiO_3 + H_2O$

◀解 説▶

≪Si の単体とその化合物の構造,シリカゲルの製法≫

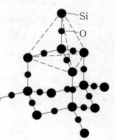

1. (ウ) SiO_2 の結晶は,右図のように 1 個の Si 原子を 4 個の O 原子が取り囲んでおり,Si-O-Si の結合が正四面体形構造をとる。

2. (D) SiO_2 はケイ砂のほかにも,石英,水晶の主成分でもある。

(E)・(F) 前問 1 参照。

(G) フッ化水素 HF は沸点が約 20℃ なので,常温では気体または液体である。これが水に溶けた水溶液をフッ化水素酸という。

(H) ケイ酸ナトリウム Na_2SiO_3 の濃い水溶液を水ガラスという。

(I) 水ガラスに塩酸を加えると次のような反応が起こり,ケイ酸が得られる。これは弱酸の遊離反応である。

$$Na_2SiO_3 + 2HCl \longrightarrow H_2SiO_3 + 2NaCl$$

(J) シリカゲルの組成式は $SiO_2 \cdot nH_2O$ で表され,多孔質で表面積が大きく,表面に親水性のヒドロキシ基を多くもつため水を吸着しやすく,乾燥剤として用いられる。

3. 単位格子の各頂点に 8 個,面の中心に 6 個,内部に 4 個存在するので,

単位格子中に含まれる Si 原子の数は

$$\left(\frac{1}{8}\times 8\right)+\left(\frac{1}{2}\times 6\right)+(1\times 4)=8 \text{ 個}$$

5．この反応は約 2000℃ の高温で行われるため，CO_2 ではなく CO が生成する。$CO_2+C \longrightarrow 2CO$

したがって，$SiO_2+C \longrightarrow Si+CO_2$ としないように注意すること。

7．このとき生成する H_2SiF_6 はヘキサフルオロケイ酸という。

8．SiO_2 は酸性酸化物であるから，NaOH との反応は中和反応である。

IV 解答

1．(あ)同族体　(い)構造
2．③
3．$CH_3COONa+NaOH \longrightarrow CH_4+Na_2CO_3$
4．$$CH_3-\underset{\underset{CH_3}{|}}{\overset{\overset{CH_3}{|}}{C}}-CH_3$$

5．メタンの燃焼熱を Q とすると，熱化学方程式は

$$CH_4(\text{気})+2O_2(\text{気})=CO_2(\text{気})+2H_2O(\text{液})+Q \text{ kJ}$$

と表される。(反応熱)＝(生成物の生成熱の和)－(反応物の生成熱の和)の関係より

$$Q=394+2\times 286-75=891 \text{ [kJ]} \quad \cdots\cdots \text{(答)}$$

6．プロパン：$C_3H_8+5O_2 \longrightarrow 3CO_2+4H_2O$
ブタン：$2C_4H_{10}+13O_2 \longrightarrow 8CO_2+10H_2O$

7．液化石油ガスに含まれるプロパンとブタンの物質量の和を n [mol] とおくと，物質量の比が 4：1 より，プロパンは $\frac{4}{5}n$ [mol]，ブタンは $\frac{1}{5}n$ [mol] である。前問 6 の反応式の係数から，それぞれの燃焼に必要な O_2 の物質量は

$$\text{プロパン}：\frac{4}{5}n\times 5=4n \text{ [mol]}$$

$$\text{ブタン}：\frac{1}{5}n\times \frac{13}{2}=\frac{13}{10}n \text{ [mol]}$$

よって，必要な O_2 の物質量の合計は

$$4n + \frac{13}{10}n = \frac{53}{10}n \text{[mol]}$$

ここで，気体の状態方程式より

$$1.80 \times 10^6 \times 1.50 \times 10^3 = n \times 8.30 \times 10^3 \times (27.0 + 273)$$

∴ $n = 1.08 \times 10^3$ [mol]

O_2 の物質量は

$$\frac{53}{10} \times 1.08 \times 10^3 = 5.724 \times 10^3 ≒ 5.72 \times 10^3 \text{[mol]}$$

よって，求める O_2 の体積は，気体の状態方程式より

$$\frac{5.72 \times 10^3 \times 8.30 \times 10^3 \times (27.0 + 273)}{1.00 \times 10^5}$$

$$= 1.42 \times 10^5 ≒ 1.4 \times 10^5 \text{[L]} \quad \cdots\cdots \text{(答)}$$

◀解　説▶

≪アルカンの性質，燃焼熱と生成熱，化学反応式の量的関係≫

2．メタンは水に溶けにくいので水上置換で捕集する。なお，メタンの分子量は 16.0 なので，空気より軽く，上方置換で捕集することも可能である。しかし，水に溶けにくい性質を持つ気体ならば，水上置換のほうがより純度の高い気体が捕集できるので，水上置換が最も適切であるといえる。

4．炭素数が 5 のアルカン（分子式は C_5H_{12}）には，次のように 3 種類の構造異性体がある。

$CH_3-CH_2-CH_2-CH_2-CH_3$　　　　$CH_3-\overset{CH_3}{\underset{}{CH}}-CH_2-CH_3$　　　　$CH_3-\overset{CH_3}{\underset{CH_3}{\overset{|}{C}}}-CH_3$

　　　ペンタン　　　　　　　　　2-メチルブタン　　　　　　　2,2-ジメチルプロパン

炭素数が同じアルカンを比較すると，その表面積が大きいほど分子間にはたらくファンデルワールス力が強くなり，沸点は高くなる。よって，枝分かれのないペンタンは細長い棒状に近いので表面積が最も大きく，沸点は最も高い。逆に，炭素鎖に 2 つ枝分かれのある 2,2-ジメチルプロパンは，中心の C 原子から $-CH_3$ 基が正四面体形に出ているので，分子は球状に近く，表面積が最も小さいので，沸点は最も低い。

5．熱化学方程式を用いて次のように解くこともできる。
CO_2，H_2O（液），CH_4 の生成反応の熱化学方程式は，それぞれ次のよう

になる。

$$C(黒鉛)+O_2(気)=CO_2(気)+394\,kJ \quad \cdots\cdots ①$$
$$H_2(気)+\frac{1}{2}O_2(気)=H_2O(液)+286\,kJ \quad \cdots\cdots ②$$
$$C(黒鉛)+2H_2(気)=CH_4(気)+75\,kJ \quad \cdots\cdots ③$$

①＋②×2－③ より

$$CH_4(気)+2O_2(気)=CO_2(気)+2H_2O(液)+891\,kJ$$

よって，メタンの燃焼熱は 891 kJ/mol となる。

7．n の値を先に求めて，具体的にプロパンとブタンの物質量を出してもよいが，〔解答〕のように文字式のまま計算を進めた方が，計算は楽になる。

❖講　評

　全体として基礎〜標準レベルの良問で構成されており，典型的な問題の演習を積んできた受験生にとっては，高得点が望める問題であった。分野としては有機の問題の比重が小さい印象を受ける。計算問題については細かい数値計算を要するものが多いので，落ち着いて慎重に計算を実行したい。

　Ⅰ　イオン生成のエネルギーやイオン半径に関する問題。論述問題を含め，定番の基本的な問題ばかりなので，ここは完答しておきたい。ただ，2の(き)で，電子の反発が強くなることから，陰イオンの半径が大きくなることは少し考えづらかったかもしれない。

　Ⅱ　水銀柱を用いた圧力測定を題材とした，気体の法則に関する問題。水銀柱の問題を苦手とする受験生は多いと思われるが，1.00×10^5 [Pa]＝76.0 [cmHg] から，Pa と cmHg の比をとることで単位を相互に変換できれば難しい問題ではない。蒸気のエタノールの圧力（水銀柱の何 cm 分に相当するか）と，蒸気のエタノールが占める体積を混同しないように注意したい。

　Ⅲ　ケイ素の単体と化合物に関する問題。4の密度の計算は煩雑なので計算ミスには注意が必要であるが，受験生ならば必ず一度は解いたことのある問題であるはず。6の計算問題は平易であり，他の問題もごく基本的であるから，取りこぼしのないようにしたい。

　Ⅳ　アルカンをテーマとした問題。特に難しい問題はないが，1の(あ)

の「同族体」は書けなかった受験生が多かったのではないか。それ以外の有機分野の問題は平易で落とせない。5の熱に関する計算問題も，反応熱と生成熱の関係を用いれば短時間で処理可能である。7の計算問題は考え方に迷うところはないが，計算ミスが発生しやすいので注意を要する。

生物

I 解答

1．アー(h)　イー(i)　ウー(d)　エー(e)　オー(k)
2．あ．細胞説　い．電子線　う．分解能　え．−7
お．−10
3．(1)カー⑦　キー④　クー⑩　ケー⑨　コー⑤
(2)しぼりを絞って入光量を減らす。(20字以内)
(3) $2.6\,\mu\text{m}/$秒
4．(1)グラナ　(2)ストロマ　(3)カルビン・ベンソン回路
5．(1)—(f)　(2)チラコイド内側の H^+ 濃度が外側より高いとき，H^+ が内側から外側へ移動して ATP が合成される。時間が経過すると H^+ の濃度差がなくなるため，ATP 合成は停止する。(80字以内)

◀解　説▶

≪細胞，顕微鏡の使い方≫

1．(a)クリック：DNA の二重らせん構造を発見。
(b)ジャコブ：オペロン説を提唱。
(c)シュペーマン：交換移植実験，形成体の発見。
(f)ハクスリー：筋収縮の滑り説を提唱。
(g)フィルヒョー：細胞は細胞から生じることを提唱。
(j)ホイタッカー：五界説を提唱。
(l)レーウェンフック：自作の顕微鏡で細菌を発見。

2．光学顕微鏡の分解能は
$$0.2\,[\mu\text{m}] = 0.2 \times 10^{-6}\,[\text{m}] = 2 \times 10^{-7}\,[\text{m}]$$
電子顕微鏡の分解能は
$$0.2\,[\text{nm}] = 0.2 \times 10^{-9}\,[\text{m}] = 2 \times 10^{-10}\,[\text{m}]$$

3．(2)　しぼりはレンズに入る光の量を調節する装置である。しぼりを絞ると視野は暗くなるが輪郭は明瞭になる。一般的に低倍率のときはしぼりを絞り，高倍率ではしぼりを開く。
(3)　対物ミクロメーターの1目盛の大きさは
$$1\,[\text{mm}] \div 100 = 10\,[\mu\text{m}]$$

これを使って接眼ミクロメーター1目盛の大きさを求めると

$$\frac{10\times5[\mu m]}{8}=6.25[\mu m]$$

よって葉緑体が動く速さは

$$\frac{6.25\times5[\mu m]}{12.0[秒]}=2.60[\mu m/秒]≒2.6[\mu m/秒]$$

5．チラコイドにおけるATP合成のしくみは次の通り。
①電子が電子伝達系を通る過程で水素イオンがストロマ側からチラコイドの内側へ輸送される。
②ストロマ側からチラコイドの内側へ輸送された水素イオンは，濃度差にしたがいチラコイド上にあるATP合成酵素を通ってストロマ側へ戻る。
③ATP合成酵素によってATPが合成される。
(1) ATPが合成されるためには，チラコイドの内側の水素イオン濃度が外側より高くなっている必要がある。この実験では，チラコイドの内側が溶液AのpHと同じで，チラコイドの外側が溶液BのpHと同じになっているので，溶液Aの水素イオン濃度が溶液Bの水素イオン濃度より高くなければならない。水素イオン濃度が高くなるとpHは低くなるので，溶液AのpHが溶液BのpHより低くなる条件にすればよい。
(2) 濃度勾配にしたがって水素イオンはATP合成酵素を通ってチラコイドの内側から外側へ移動するが，しばらくするとチラコイドの内外で水素イオン濃度は等しくなる。すると水素イオンは移動しなくなるので，ATP合成酵素ははたらかずATPは合成されない。

II　解答

1．ア．中間径フィラメント　イ．動原体　ウ．紡錘体
エ．中心体　オ．ミオシン
2．(b), (d)
3．(1)—(b)　(2)競争的阻害：(e)　非競争的阻害：(a)
4．(a)—A　(b)—×　(c)—×　(d)—A　(e)—×　(f)—A　(g)—M　(h)—×
5．細胞壁の成分が入った小胞が微小管に沿って進みながら赤道面に集合し，細胞板が形成される。(50字以内)
6．(1)名称：表割　生物種：(d)
(2)卵割では多くの場合G_1期とG_2期を欠き，割球は成長せずに分裂する。

(40字以内)

━━━━━◀ 解　説 ▶━━━━━

≪細胞骨格とモータータンパク質≫

2．(a)ナトリウムチャネル：細胞膜にあるナトリウムイオンを通すためのタンパク質。
(c)ケラチン：毛髪や爪，角質層に含まれるタンパク質。
(e)Gタンパク質：細胞膜受容体からの情報を細胞内で伝達する役割をもつタンパク質。
(f)インスリン：血糖濃度を下げるはたらきをもつタンパク質（ホルモン）。

3．(1)　タンパク質はペプチド結合とそれ以外の結合（水素結合など）によって立体構造が保たれており，加熱やpHの変化によって水素結合などが切れると立体構造が壊れる。これを変性という。酵素の主成分はタンパク質であるため，加熱やpH変化によって立体構造が変化すると基質と結合できず，触媒作用が低下する（失活）。

(2)　競争的阻害では，基質濃度が低いと阻害物質と酵素が結合する確率が高くなるため阻害作用が大きくなる。基質濃度が高くなると，酵素が阻害物質と結合する確率は低くなるため阻害作用は小さくなる（グラフ(e)）。非競争的阻害の場合，阻害物質は基質濃度にかかわらず一定の確率で酵素と結合する。したがって，基質濃度が高くなっても阻害作用は小さくならない（グラフ(a)）。

4．(b)軸索における跳躍伝導：ニューロンにおいて，細胞膜の内側と外側の電位が変化することによって興奮が伝わる。跳躍伝導では興奮がランビエ絞輪をとびとびに伝わるため伝導速度が速い。
(c)能動輸送：濃度勾配に逆らった生体膜を通る物質輸送。エネルギーを必要とする。
(e)デスモソームを介した細胞接着：デスモソームが中間径フィラメントと結合する。
(h)DNAの複製：DNAポリメラーゼのはたらきによって新しいヌクレオチド鎖が合成される。

6．(1)　表割は昆虫類や甲殻類の心黄卵でみられる卵割である。
(2)　卵割は体細胞分裂と比較すると次のような特徴がある。
①割球は成長を伴わずに分裂するため，分裂ごとに割球の大きさは小さく

なる。
②細胞周期のうち G_1 期，G_2 期を欠く場合が一般的で，細胞周期は速く回る。
③同調的に分裂する。

III 解答

1．ア．適応（獲得）　イ．L　ウ．可変部
2．(b), (c), (f)
3．トル様受容体（TLR）
4．樹状細胞が抗原提示をするとその抗原に適合するヘルパー T 細胞が活性化して増殖する。また，抗原を取り込んで分解した B 細胞は抗原情報を細胞表面に提示する。ヘルパー T 細胞は抗原情報を提示した B 細胞と結合して B 細胞を活性化させ，活性化した B 細胞は増殖し，形質細胞に分化する。
5．(c)
6．二次応答
7．(1)免疫寛容　(2)—(c)
8．(1)—(b)
(2)ハブの毒をウマなどの動物に接種し，抗体をあらかじめ作らせる。ハブにかまれたとき，その抗体を含む血清を注射することでハブの毒を無毒化することができる。（80 字以内）

◀解　説▶

≪免　疫≫

2．樹状細胞，マクロファージ，好中球は食細胞である。
5．マクロファージは，抗原抗体複合体や感染細胞などを食作用によって排除する。
(a)反足細胞：植物の胚のう中に見られる細胞。核相は n である。
(e)錐体細胞：視細胞のうちの1つ。明るいところではたらき，色の区別に関与する。
7．(1)　免疫系が未発達な生後間もないマウス A に，別の系統のマウス B の組織を移植して拒絶反応が起こらなかったことから，マウス A はマウス B の組織を自己と認識したことがわかる。このように，自己に対して免疫がはたらかない状態を免疫寛容という。

(2) マウスBの組織は自己として認識されているので，マウスBの組織を抗原として認識するリンパ球は自己を攻撃するリンパ球ということになる。このようなリンパ球は細胞死したり，はたらかない状態になったりする。

8．(1) (a)大村智：熱帯地方やアフリカ南部にみられるオンコセルカ症（失明を引き起こす病気）の治療薬となる抗生物質を土壌中の微生物から発見。2015年にノーベル生理学・医学賞を受賞。
(c)山中伸弥：iPS細胞を作り出すことに成功。2012年にノーベル生理学・医学賞を受賞。
(d)利根川進：抗体の多様性のしくみを解明。1987年にノーベル生理学・医学賞を受賞。

IV 解答

1．ア．属　イ．綱　ウ．界　エ．ドメイン
2．ホモ・サピエンス
3．オ．2　カ．3　キ．5
4．(b)
5．遺伝子 E の頻度：0.7　遺伝子 e の頻度：0.3
6．96000
7．(1)—(a)　(2)—(f)
8．(1)150　(2)ケ．6　コ．1

◀解説▶

≪生物の分類，ハーディ・ワインベルグの法則≫

3．リボソーム RNA の塩基配列の違いに基づいて3つのドメインに分ける3ドメイン説は，ウーズらによって提唱された。3ドメイン説によれば，真核生物は細菌よりも古細菌と近縁ということになる。

4．リボソーム RNA などの RNA は転写によって合成される。翻訳によって合成されるのはタンパク質である。

5．500個体の集団に存在する対立遺伝子 E と e を合わせた数は
　　500×2＝1000個
このうち遺伝子 E の数は　　300×2＋100＝700
よって，遺伝子 E の頻度は 0.7。
遺伝子 e の数は　　100＋100×2＝300

よって，遺伝子 e の頻度は 0.3。

6．全個体数に対する，遺伝子型 Ff の個体数の割合は
  $2×0.6×0.4=0.48$
したがって，遺伝子型 Ff の個体数は
  $200000×0.48=96000$ 個体

7．(1) 集団の大きさが十分に大きく，遺伝的浮動の影響を無視できる状態のとき，遺伝子頻度は世代を越えて変化しない。よって，この集団の 50 世代後の対立遺伝子 D と d の遺伝子頻度は元と変わらず，いずれも 0.50 となる。

(2) 図1より，個体数が 1000 の生物集団における 50 世代後の遺伝子頻度は，最初の状態から変化していることがわかる。よって，個体数 100 の生物集団ではさらに遺伝的浮動によって遺伝子頻度が変化し，その度合いは個体数 1000 の場合より大きいと考えられる。よって，グラフの条件は次のようになる。

・図1の場合より，さらに遺伝子 D と遺伝子 d の頻度の差が大きくなっている。
・遺伝子 D と遺伝子 d の頻度を合わせると 1 になる。

これらの条件を満たすグラフは(f)である。

8．
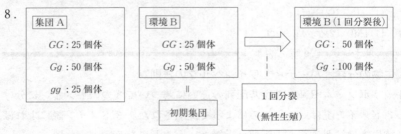

1回分裂後の遺伝子 G の頻度は
  $$\frac{50×2+100}{150×2}=\frac{2}{3}$$
元の集団 A における遺伝子 G の頻度は
  $$\frac{25×2+50}{100×2}=\frac{1}{2}$$
よって，G の遺伝子頻度は，$\frac{2}{3}-\frac{1}{2}=\frac{1}{6}$ だけ増加する。

このように，自然選択がはたらくと集団内の遺伝子頻度は変化する。

◆**講　評**

　大問数は4題である。論述問題や計算問題が毎年出題されている。
　Ⅰ　顕微鏡の操作やミクロメーターによる計測など，実験に関する出題である。顕微鏡を正しく操作することは生物を学ぶ上で必須事項である。必ずマスターしておこう。
　Ⅱ　細胞骨格を中心に，酵素反応や細胞分裂，発生など幅広い範囲から出題されている。単元を越えて関係性を理解することが大切である。
　Ⅲ　免疫についての問題で，基本的な知識について問われている。論述問題は字数制限があるものとないものが出題されているが，どちらも基本的なものである。
　Ⅳ　ハーディ・ワインベルグの法則と遺伝的浮動について，計算問題やグラフについて考える問題が出題されている。基本的な内容であり，問題文を落ち着いて読めば正解できる。
　全体的に教科書レベルの出題であり，難易度は標準的である。論述問題をスムーズに書けるかどうかが合否の鍵となるであろう。

2月14日実施分

情報科学部Ａ方式Ⅱ日程（コンピュータ科学科）
デザイン工学部Ａ方式Ⅱ日程（建築学科）
理工学部Ａ方式Ⅱ日程（電気電子工・経営システム工・創生科学科）
生命科学部Ａ方式Ⅱ日程（環境応用化・応用植物科学科）

問題編

▶試験科目・配点

学部	教科	科目　等	配点
情報科	外国語	コミュニケーション英語Ⅰ・Ⅱ・Ⅲ，英語表現Ⅰ・Ⅱ	150点
	数学	数学Ⅰ・Ⅱ・Ⅲ・Ａ・Ｂ	150点
	理科	物理基礎・物理	100点
デザイン工・理工	外国語	コミュニケーション英語Ⅰ・Ⅱ・Ⅲ，英語表現Ⅰ・Ⅱ	150点
	数学	数学Ⅰ・Ⅱ・Ⅲ・Ａ・Ｂ	150点
	理科	「物理基礎・物理」，「化学基礎・化学」から１科目選択	150点
生命科	外国語	コミュニケーション英語Ⅰ・Ⅱ・Ⅲ，英語表現Ⅰ・Ⅱ	150点
	数学	環境応用化学科：数学Ⅰ・Ⅱ・Ⅲ・Ａ・Ｂ 応用植物科学科：数学Ⅰ・Ⅱ・Ａ・Ｂ	150点
	理科	「物理基礎・物理」，「化学基礎・化学」，「生物基礎・生物」から１科目選択	150点

▶備　考

- 「数学Ｂ」は「数列」「ベクトル」を出題範囲とする。
- 「物理」は「様々な運動」「波」「電気と磁気」を出題範囲とする。

[I] つぎの設問に答えよ。

問1 (1)〜(3)においては最も強いアクセントのある位置が他の三つと異なる語を，(4)〜(6)においては下線部の発音が他の三つと異なる語を，それぞれイ〜ニから一つ選び，その記号を解答用紙にマークせよ。

(1) イ bal-ance   ロ for-eign
    ハ rock-et   ニ ca-reer

(2) イ cu-cum-ber   ロ ham-bur-ger
    ハ ad-van-tage   ニ dem-on-strate

(3) イ en-gi-neer   ロ sci-en-tist
    ハ ar-chi-tect   ニ pro-gram-mer

(4) イ comp<u>o</u>se   ロ ch<u>o</u>se
    ハ l<u>o</u>se   ニ ar<u>o</u>se

(5) イ h<u>ea</u>lthy   ロ br<u>ea</u>the
    ハ fr<u>ie</u>nd   ニ m<u>ea</u>nt

(6) イ fea<u>th</u>er   ロ clo<u>th</u>ing
    ハ smoo<u>th</u>   ニ au<u>th</u>or

問2 (1)〜(5)において，空欄に入る最も適切なものをそれぞれイ〜ニから一つ選び，その記号を解答用紙にマークせよ。

(1) We arrived in Mexico City in May, and found that ☐ any rain since January.

イ　there wasn't　　　　　　　　ロ　it wasn't

ハ　there hadn't been　　　　　　ニ　it hadn't been

(2) My friend's strange behavior made me ☐ a bit embarrassed.

イ　feel　　　　　　　　　　　　ロ　feeling

ハ　to feel　　　　　　　　　　　ニ　to have felt

(3) Bill:　Hey, Peter, can you lend me 10,000 yen?

　　Peter:　For goodness' sake!　You already owe me 5,000.

　　Bill:　Yes, but I paid you back 4,000 of that last week.　Remember?

　　Peter:　Yeah, OK.　Look, I can lend you another 5,000.　So now you owe me ☐ .

イ　4,000 yen　　　　　　　　　ロ　6,000 yen

ハ　10,000 yen　　　　　　　　　ニ　15,000 yen

(4) Sandra:　How's your new rooftop garden?　Have you grown anything yet?

　　Isabel:　It's going really well.　We've got masses of potatoes.　Do you want some?

　　Sandra:　☐

　　Isabel:　No problem.　I'll bring them over at the weekend.

イ　Really?　Are you sure?

ロ　That's very kind of you, but I have plenty already.

ハ　Thanks very much!　We can have some for dinner tonight.

ニ　Actually, we grow our own too.　They're really delicious!

(5) Ms. Bell:　Hello, John.　Come in.　Would you like some coffee?

　　John:　No thanks.　I'm just going to the supermarket, and I wondered if you wanted anything.

　　Ms. Bell:　☐

John: OK, give me a call if you think of anything.
イ Well, I do need some things. Let me get my shopping list.
ロ How kind of you. Actually, I need some bread and some eggs.
ハ I've got everything I need at the moment. But thanks anyway.
ニ Oh, thank you! Can I write a list for you?

問3 (1)〜(4)において，それぞれ下の語(句)イ〜ホを並べ替えて空欄を補い，最も適切な文を完成させよ。解答は2番目と4番目に入るもののみを選び，その記号を解答用紙にそれぞれマークせよ。なお，文頭の大文字・小文字は問わない。

(1) When people step on escalators, they stand on ____ __2__ ____ __4__ ____ pass in some cities of Japan.
　イ others　　　ロ to　　　ハ side
　ニ one　　　　ホ let

(2) Having even a little cultural knowledge can ____ __2__ ____ __4__ ____ to behave in other countries.
　イ figure　　　ロ help　　　ハ how
　ニ out　　　　ホ people

(3) The director has authority ____ __2__ ____ __4__ ____ .
　イ will　　　ロ the insurance　　　ハ to decide
　ニ cover　　　ホ which cases

(4) ____ __2__ ____ __4__ ____ try our hardest in the next exam.
　イ all　　　ロ can　　　ハ do
　ニ is　　　　ホ we

〔Ⅱ〕 つぎの設問に答えよ。

問1　ライオンに関するつぎの英文を読み，空欄Ａ〜Ｅに入る最も適切な語をそれぞれイ〜ヘから一つ選び，その記号を解答用紙にマークせよ。ただし，同じ選択肢を二度使用してはならない。

　　　　Many species need to assess the strength and relative number of opponents before engaging in a fight for territory or for a mate. Take groups of female African lions, which are known to [A] closely to the roars of other nearby groups before choosing whether to fight. In one classic experiment in Tanzania's Serengeti National Park, a group heard recordings of a single unknown female intruder roaring, which prompted the lions to [B] her away. But if the group heard recordings of three or more other lions roaring, they were seen to [C]. The best clue for predicting whether the lions chose to [D] was the ratio of the number of adult defenders to the number of intruders. "Obviously, they're determining the number of individuals in each group. So the capability to [E] numbers has to have a strong survival and reproduction benefit," scientist Andreas Nieder says.

　　出典：Morell, Virginia. "Many Wild Animals 'Count.'" *National Geographic*, 30 Mar. 2020, https://www.nationalgeographic.com. （一部改変）

　　イ　attack　　　　ロ　listen　　　　ハ　distinguish
　　ニ　drive　　　　ホ　hear　　　　　ヘ　hesitate

問2　つぎのコーヒーメーカーに付属の浄水器の取り扱い説明書を読み，空欄(1)〜(5)に入る最も適切な語をそれぞれイ〜チから一つ選び，その記号を解答用紙にマークせよ。ただし，同じ選択肢を二度使用してはならない。

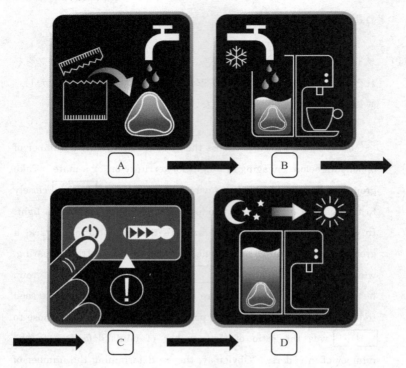

A Remove the foil and rinse the water tank filter with water before   (1) .

B Place the water tank filter at the   (2)   of the water tank and fill the water tank with cold drinking water.

C To activate the machine, press the   (3)   and within 2 minutes a line of triangles will appear. When this happens, the   (4)   turns on and the machine is ready to use.

D For best taste results, the water tank filter should be placed in the water tank the   (5)   before using the machine.

出典：BRITA GmbH. "AquaGusto Instruction Manual." https://www.brita.es.
（一部改変）

イ　bottom　　　ロ　button　　　ハ　evening　　　ニ　indicator
ホ　installation　ヘ　left　　　　ト　morning　　　チ　removal

〔Ⅲ〕　つぎの英文と図表を読み，設問に答えよ。

　　The internet is one of our most innovative and fastest-growing technologies. Its history goes back more than half a century now—email has been around since the 1960s, file sharing since at least the 1970s, and TCP/IP, the currently used networking technology, was standardized in 1982. But it was the creation of the world wide web in 1989 that revolutionized our style of communication. The inventor of the world wide web was the English scientist Tim Berners-Lee, who created a system to share information through a network of computers. At the time, he was working for the European physics laboratory called CERN in Switzerland. Here I want to look at the global expansion of the internet since then.

　　Figure 1 shows the percentage of people who are using the internet in several parts of the world. These statistics refer to all those who have used the internet (or been "online") in the most recent three months. The graph starts in 1990, still one year before Berners-Lee released the first web browser and before the very first website was created. At that time, very few computers around the world were connected to a network; estimates for 1990 suggest that not even ［　A　］ of the world's population was online.

　　As the data shows, this started to change in the late 1990s, at least in some parts of the world: By the year 2000, close to ［　B　］ of the population in the US was accessing information through the internet. But across most of the world, the internet had not yet had much influence—

C in the East Asia and Pacific region were still offline in 2000.

Fifteen years later, in 2015, D of people in the US were online, and countries from many parts of the world had caught up; for example, in India 26% used the internet; in China about 50%; in Brazil 58%; in South Korea and Japan 91%; in Denmark and Norway 97%; and Iceland topped the ranking with E of the population online.

How many people from each country were online in these years? Table 1 shows how the number of users (in thousands) changed over time for the six countries with the most users in 2015, as well as for the whole world.

As we can see in Figure 1, around half of the world was not yet online in 2015. But because the internet has been growing at an incredible rate since then, many will experience it for the first time soon. The internet has already changed the world, but the big changes that the internet will bring still lie ahead and its history has just begun.

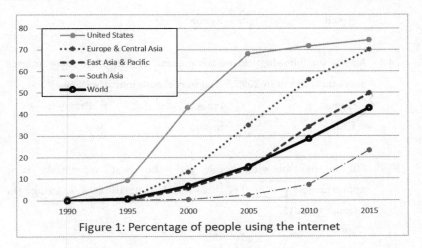

Figure 1: Percentage of people using the internet

Table 1: Number of internet users (in thousands)

Countries	1990	1995	2000	2005	2010	2015
China		61	22,788	112,645	466,396	702,705
India		251	5,555	27,322	92,323	340,354
USA	1,981	24,539	121,475	200,593	221,265	238,520
Brazil		170	5,031	39,295	79,997	120,133
Japan	25	2,014	38,248	85,883	100,540	116,531
Russia		219	2,894	21,868	61,556	100,865
World	2,630	44,714	414,371	1,029,023	1,999,332	3,175,188

出典：Roser, Max, et al. "Internet." OurWorldInData.org, 2015, https://ourworldindata.org/. （一部改変）

問1　Fill in each of the blanks ☐ A ☐ through ☐ E ☐ with the most appropriate item.　Do not use the same item more than once.

　　イ　1%　　　　ロ　5%　　　　ハ　15%　　　　ニ　30%
　　ホ　45%　　　ヘ　65%　　　ト　75%　　　　チ　90%
　　リ　94%　　　ヌ　98%

問2　Which was the first country to have more than 300 million internet users?

　　イ　India　　　　ロ　China　　　　ハ　USA

二　Brazil　　　　　　ホ　Russia

問3　Among the following, choose those countries which had more internet users than Japan in 2005. You may choose multiple items.
イ　China　　　　　ロ　India　　　　　ハ　Brazil
二　USA　　　　　　ホ　Russia

問4　Fill in the following blank with the most appropriate item: Approximately ☐ of the world population was using the internet by 2015.
イ　22%　　　　　ロ　32%　　　　　ハ　42%
二　52%　　　　　ホ　62%

問5　Fill in the following blank with the most appropriate item: The nation with the largest number of online users in 2005 had experienced an increase of about ☐ in the previous five years.
イ　8%　　　　　ロ　20%　　　　　ハ　65%
二　79%　　　　　ホ　166%

問6　Fill in the following blank with the most appropriate item: In the 2015 ranking of number of users, China and India took the top two positions despite having ☐ .
イ　smaller percentages of internet users than Japan
ロ　larger populations than other Asian countries
ハ　a history of civilization as long as Egypt
二　less than one quarter of their populations using the internet

問7　Fill in the following blanks with the most appropriate item: The calculated populations of India and Brazil in 2015 were close to ☐ F ☐ and ☐ G ☐ , respectively, based on the percentage and number of internet users in each of the two countries.

　イ　100 million　　　ロ　200 million　　　ハ　500 million
　ニ　800 million　　　ホ　1,100 million　　へ　1,300 million

問8　Mark each of the following statements **T** if it is true, and **F** otherwise.
　(1)　The first email system was used in the 1970s.
　(2)　The world wide web was invented in the United States.
　(3)　In 1995, more than half of all internet users worldwide were in one country.
　(4)　Some countries, including India, had more than three times as many internet users in 2015 as in 2010.

※問8(4)の正誤を問う問題について，本文では正誤を判断できない内容となっていたため，当該の設問については，全員正解としたと大学から発表があった。

[Ⅳ]　カエルの胚の幹細胞(stem cell)から構成されたロボットに関するつぎの英文を読み，設問に答えよ。

　　Scientists have created the world's first living, self-healing robots using stem cells from frogs. Named xenobots after the African frog (Xenopus laevis) A which they take their stem cells, the machines are less than a millimeter wide—small enough to travel inside human bodies. They can walk and swim, survive for weeks without food, and work together in groups.

　　These are "entirely new life-forms," according to the University of Vermont. Stem cells are distinguished from other cell types by two characteristics: (a) they can renew themselves through cell division, and (b) they can acquire the specialized functions of certain tissue cells or organ cells.

　　The researchers took living stem cells from frog embryos[*1] and left them to grow. Then, as shown in Figure 1, the cells were cut and reshaped into specific "body forms" designed by a supercomputer—forms "never seen in nature," according to a news release from the University of Vermont.

The cells then began to work on their own; for example, skin cells bonded to form structure, while pulsing heart muscle cells allowed the robots to move on their own. Xenobots even have self-healing capabilities: when the scientists cut into a robot, it healed   B   itself and kept moving.

"These are novel living machines," said Joshua Bongard, one of the lead researchers of the University of Vermont, in the news release. "A xenobot is neither a traditional robot nor a known species of animal. It's a new class of artifact: a living, programmable organism."

Xenobots don't look like traditional robots—they have no shiny gears or robotic arms. Instead, they look more like a tiny mass of moving pink flesh. The researchers say this is deliberate—these "   1   " can achieve things typical robots of steel and plastic cannot.

Traditional robots "wear out over time and can produce harmful ecological and health side effects," researchers said in the study. As   1 , xenobots are more environmentally friendly and safer for human health, the study said.

The xenobots could potentially be used for <u>a host of</u> tasks, according to
(1)
the study. They could be used to clean up radioactive*² waste, collect

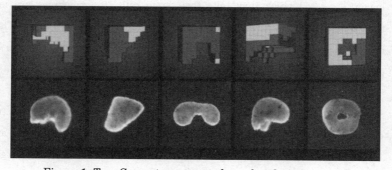

Figure 1: Top: Computer-generated xenobot designs

　　　　　Bottom: The lab-grown xenobots, made from cells

出典追記：University of Vermont

microplastics in the oceans, carry medicine inside human bodies, or even travel into our blood vessels to clean out waste materials. The xenobots can survive in watery environments without additional nutrients for days or weeks, making them suitable for internal drug delivery.

Aside from these immediate practical tasks, the xenobots could also assist researchers to learn more about cell biology—opening the doors [C] future advancement in human health and longevity. "If we could make 3D biological forms on demand, we could repair birth defects, reprogram tumors*3 into normal tissue, regrow healthy tissue after injury or disease, and defeat aging," said the researchers' website. This research could have "a massive impact [D] regenerative medicine (building body parts and enabling regrowth)."

This may all sound like something from a science fiction movie, but the researchers say there is no need for alarm. The lifespan of xenobots is not so long. Although they come pre-loaded with their own food source, they can only live for a little over a week. Their lifespan is limited to several weeks even in nutrient-rich environments, and they can't reproduce or evolve.

There is also no immediate need to worry about supercomputers getting out of control, although they play a big role [E] building these robots. In the future, there might be powerful supercomputers which utilize artificial intelligence (AI), perhaps created with evil intentions. "At the moment, however, it is difficult to see how an AI system could create harmful organisms any more easily than a talented biologist with bad intentions could," said the researchers' website.

語注*

*1 embryo: 胚

*2 radioactive: 放射性の

*3 tumor: 腫瘍（身体の一部の組織や細胞が，病的に増殖したもの）

出典：Dvorsky, George. "Made Entirely from Cells, These Adorable 'Xenobots' Are Practically Alive." *Biological Engineering*, 15 Jan. 2020, https://www.gizmodo.com.au. (一部改変)

Yeung, Jessie. "Meet the Xenobot." *CNN, Cable News Network*, 15 Jan. 2020, https://www.cnn.com. (一部改変)

問1　空欄　A　～　E　に入る最も適切な語をそれぞれイ〜ヘから一つ選べ。ただし，同じ選択肢を二度使用してはならない。

　　イ　by　　　　　　　ロ　from　　　　　　ハ　in
　　ニ　of　　　　　　　ホ　on　　　　　　　ヘ　to

問2　stem cell の特徴として文中で述べられているものをイ〜ニから二つ選べ。
　　イ　Their size grows bigger over time.
　　ロ　They can divide themselves into several cells.
　　ハ　They can turn into various kinds of cells.
　　ニ　They can absorb other cells inside themselves.

問3　xenobots の作成過程において正しくないものをイ〜ニから一つ選べ。
　　イ　The cells are frozen for a week in order to activate the core.
　　ロ　Stem cells are taken from the frog embryos and cultivated.
　　ハ　The cells are cut and reshaped into specific body forms of xenobots.
　　ニ　A supercomputer designs the body forms of the xenobots.

問4　　1　に共通して入る語句として最も適切なものをイ〜ニから一つ選べ。
　　イ　computing machines　　　ロ　mechanical machines
　　ハ　chemical machines　　　　ニ　biological machines

問5　下線部(1)〜(2)の言い換えとして最も適切なものをイ〜ニから一つずつ選べ。

(1) a host of
　　イ　many　　ロ　some　　ハ　few　　ニ　a few

(2) come pre-loaded with
　　イ　have come to possess
　　ロ　have come to carry the weight of
　　ハ　come into existence possessing
　　ニ　come into existence carrying the weight of

問6　xenobotsの特徴として正しくないものをイ〜ヘから二つ選べ。
　　イ　They can reproduce and evolve.
　　ロ　They can heal themselves.
　　ハ　They can survive for several weeks in nutrient-rich environments.
　　ニ　They can work together in groups.
　　ホ　They are extremely harmful to human health.
　　ヘ　They can work on their own.

問7　xenobotsの潜在的な用途として文中で述べられていないものをイ〜ニから一つ選べ。
　　イ　Xenobots can clean up plastic bottles in the ocean.
　　ロ　Xenobots can get rid of radioactive waste.
　　ハ　Xenobots can deliver drugs inside human bodies.
　　ニ　Xenobots can assist researchers who want to learn more about cell biology.

問8　下線部(3)の言い換えとして最も適切なものをイ〜ニから一つ選べ。
　　イ　an AI system can easily create harmful organisms, just as a talented biologist with bad intentions can
　　ロ　an AI system could be more harmful in creating organisms than a talented biologist with bad intentions

ハ　it is impossible that either an AI system or a talented biologist could create harmful organisms

ニ　it is no more likely that an AI system could create harmful organisms than that a talented biologist with bad intentions could

〔V〕 データ分析を専門とする筆者が書いたつぎの英文を読み，設問に答えよ。

　　The other day, I received an email from the Study Abroad office of the university I graduated from. The email claimed that studying overseas makes you very appealing to graduate schools and employers. I was surprised at just how large the academic and career benefits of studying in another country were, and it seemed reasonable to conclude that studying overseas brings good academic and career outcomes. However, something seemed wrong with this logic. A few days later, it hit me: I came to realize that the data on which the email was based only showed that the two were correlated.

　　Most of us regularly make the mistake of confusing causation with correlation. To be accurate, we should say A and B are in a cause-and-effect relationship (causation) when A is the reason for the result B, while A and B are correlated (correlation) when they are related but do not necessarily have a cause-and-effect relationship. Our tendency to confuse causation and correlation is strengthened by media headlines such as "music lessons boost students' performance" or "higher education is the secret to a long life" or "eating chocolate can prevent cognitive decline."

　　The common problem with such news articles is that they take two correlated phenomena and imply that one causes the other. The real explanation is usually much less exciting. For example, students who take music lessons may perform better in school, but they are also more likely to have grown up in an environment with a strong emphasis on education and the resources needed to succeed academically. These students would therefore have higher school achievement with or without the music lessons. Likewise, people who continue their studies to higher education typically come from a wealthier background, and they can have expensive medical care; hence, they tend to live longer. Most of the time, these mistakes of confusing causation and correlation are not made as a result of an intentional effort to deceive (although that does occur) but due to an honest misunderstanding of the idea of causation. Claims like those in the study abroad email are based on a selection bias. In each of the above examples, the individuals observed are not representative of society as a whole, but instead are all drawn from similar groups, leading to a distorted result.

Consider, for example, data showing that students who study abroad are 19% more likely to graduate from university in four years. While it might be possible that studying abroad does somehow motivate students to graduate in four years, the more likely explanation is that students who choose to go abroad are those in a better position academically in the first place. They would graduate in four years with high grades regardless of whether they went to another country. In this real-world case, students with high grades naturally perform better. The students who study abroad are not representative of students as a whole; rather, they include only the best-prepared students, and therefore it is no surprise that this group has significantly better academic and career outcomes.

The data on studying abroad comes from what is known as an "observational study," and an observational study is not enough to show a causative relationship; to do so, we need a controlled trial experiment. An observational study observes some process in the real world with no control over the independent variable[*1] (in this case the students who chose to study abroad). Observational studies cannot prove cause and effect; they can only prove associations between different factors (such as achievement and studying in another country). Proving that one process *caused* another requires a randomized controlled trial with subjects representing the entire population. In this case, carrying out a randomized controlled trial would require selecting a random set of students from various levels of academic performance, sending some to study abroad, and keeping the others at home for comparison. We could then analyze the results of their subsequent performance to determine if there were significant differences between the two groups. If so, then we would probably carry out more studies controlling for other variables, until eventually we were satisfied there were no hidden effects and we could establish a causal relationship. Without randomized controlled trials, we cannot say one activity caused another; all we can claim is that two phenomena are correlated.

This is a small example, but it illustrates an extremely critical point: all of us can be fooled by data. Humans naturally see patterns where they don't exist, and we like to tell a cause-and-effect story about what we think is happening. However, the world usually does not have defined causes and effects, but only correlations. This view of the world may make headlines less exciting—it turns out that chocolate is not a "miracle food"—but it means you will not be fooled into buying products or taking unwise actions due to questionable evidence.

語注*

*1 variable: 変数

出典：Koehrsen, Will. "Correlation vs. Causation: An Example." *Towards Data Science*, 20 Jan. 2018, https://towardsdatascience.com/. (一部改変)

問1　What does the author mean by the underlined phrase it hit me?

　イ　He was impressed with the number of students studying abroad.

　ロ　He realized that studying abroad and students' grades are in a cause-and-effect relation.

ハ　Now he understands that the data does not suggest that studying abroad will get you a better job and grades.

ニ　The data from the Study Abroad office revealed to him that good grades will lead to good career prospects.

ホ　The media headlines led him to understand that we tend to confuse causation and correlation.

問2　According to the author, which of the following describes a causative relationship?

イ　Studying abroad makes you appealing to graduate schools and employers.

ロ　Students who take music lessons perform better in school.

ハ　If you continue on to higher education, you live longer.

ニ　Students who study abroad are 19% more likely to graduate in four years.

ホ　None of the above.

問3　What does the author mean by the underlined phrase although that does occur?

イ　People regularly misunderstand the value of higher education.

ロ　Sometimes people try to mislead others.

ハ　People often confuse causation and correlation.

ニ　People frequently represent society as a whole.

問4　What does the underlined word distorted mean? Choose the word that is closest in meaning.

イ　intended　　　　　　　　ロ　inaccurate

ハ　disputed　　　　　　　　ニ　discouraging

問5　According to the author, how can we say that there is a cause-and-effect relationship?

イ　Conduct an observational study by looking closely at the students who studied abroad.

ロ　Conduct an observational study with a follow-up study and track what kind of jobs the students who studied abroad are currently doing.

ハ　Conduct an experimental study by comparing one group consisting of people who want to study abroad and another group consisting of those who do not.

ニ　Conduct an experimental study by selecting two random groups of students, and send one group to study abroad, while keeping the other group at home.

問6　What does the author mean by the underlined phrase it turns out chocolate is not a "miracle food"?

イ　Chocolate is good for your health, so it is not a miracle even if it solves every health problem.

ロ　Less exciting headlines would suggest that, to cause miracles, we should eat other things besides chocolate.

ハ　Chocolate might not solve problems such as cognitive decline, in spite of what is suggested in the headlines.

ニ　Questionable evidence in the headlines should not make you buy "miracle foods" such as chocolate.

問7　Which of the following is the most suitable title for this article?

イ　Think Twice before You Are Fooled

ロ　How to Write a Good Email

ハ　The Importance of Studying Abroad

ニ　The Importance of Observational Studies

ホ　Why We Confuse Cause and Effect

数学

(90 分)

解答上の注意

問題中の ア, イ, ウ, … のそれぞれには, 特に指示がないかぎり, －（マイナスの符号), または 0 ～ 9 までの数が 1 つずつ入ります。当てはまるものを選び, マークシートの解答用紙の対応する欄にマークして解答しなさい。

ただし, 分数の形で解答が求められているときには, 符号は分子に付け, 分母・分子をできる限り約分して解答しなさい。

また, 根号を含む形で解答が求められているときには, 根号の中に現れる自然数が最小となる形で解答しなさい。

〔例〕

$\dfrac{\boxed{ア}\sqrt{\boxed{イ}}}{\boxed{ウエ}}$ に $\dfrac{-\sqrt{3}}{14}$ と答えたいときには, 以下のようにマークしなさい。

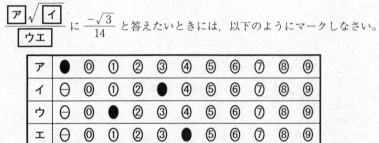

生命科学部応用植物学科を志望する受験生は, 〔Ⅰ〕〔Ⅱ〕〔Ⅲ〕〔Ⅳ〕〔Ⅴ〕を解答せよ。
情報科学部コンピュータ科学科, デザイン工学部建築学科, 理工学部電気電子工学科・経営システム工学科・創生科学科, 生命科学部環境応用化学科のいずれかを志望する受験生は, 〔Ⅰ〕〔Ⅱ〕〔Ⅲ〕〔Ⅳ〕〔Ⅵ〕を解答せよ。

〔Ⅰ〕

数列 $\{a_n\}$ の，初項 a_1 から第 n 項 a_n までの和

$$S_n = \sum_{k=1}^{n} a_k \quad (n = 1, 2, 3, \cdots)$$

は，

$$S_n = n \times 3^n$$

を満たすとする。

$a_1 = \boxed{ア}$ であり，一般項 a_n は，

$$a_n = \left(\boxed{イ}\, n + 1\right) \times 3^{\boxed{ウ}}$$

となる。

ただし， $\boxed{ウ}$ については，以下のA群の①〜⑤から1つを選べ。

A群

① $n-2$　　② $n-1$　　③ n　　④ $n+1$　　⑤ $n+2$

$$\sum_{k=1}^{n}\left(\boxed{イ}\, k + 1\right) = n \times \left(\boxed{エ}\right)$$

である。

ただし， $\boxed{エ}$ については，以下のB群の①〜⑧から1つを選べ。

B群

① $n-2$　　② $n-1$　　③ $n+1$　　④ $n+2$
⑤ $2n-2$　　⑥ $2n-1$　　⑦ $2n+1$　　⑧ $2n+2$

m を正の整数とする。

$\{a_n\}$ の第 $2m$ 項までの偶数番目の項 $a_2, a_4, \cdots, a_{2m}$ の和

$$\sum_{k=1}^{m} a_{2k}$$

を求めよう。

k を正の整数とし，$n = 2k$ とする。

$$a_{2k} = 3\left(\boxed{オ}k + 1\right) \times \boxed{カ}^{k-1}$$

である。

等比数列の和 $T_m = \sum_{k=1}^{m} \boxed{カ}^{k-1}$ は，

$$T_m = \frac{\boxed{キ}}{\boxed{ク}}\left(\boxed{カ}^{\boxed{ケ}} - 1\right)$$

である。

ただし，$\boxed{ケ}$ については，以下の C 群の ①〜⑤ から 1 つを選べ。

C 群

① $m - 2$ ② $m - 1$ ③ m ④ $m + 1$ ⑤ $m + 2$

$U_m = \sum_{k=1}^{m}\left(k \times \boxed{カ}^{k-1}\right)$ とする。

$$U_m = 1 + 2 \times \boxed{カ} + 3 \times \boxed{カ}^2 + \cdots + m \times \boxed{カ}^{m-1}$$

から，$\boxed{カ} \times U_m$ を引くと，

$$U_m - \boxed{カ} \times U_m = T_m - \boxed{コ}$$

である。

ただし，$\boxed{コ}$ については，以下の D 群の ①〜⑨ から 1 つを選べ。

D 群

① $(m - 1) \times \boxed{カ}^{m-1}$ ② $m \times \boxed{カ}^{m-1}$

③ $(m + 1) \times \boxed{カ}^{m-1}$ ④ $(m - 1) \times \boxed{カ}^{m}$

⑤ $m \times \boxed{カ}^{m}$ ⑥ $(m + 1) \times \boxed{カ}^{m}$

⑦ $(m - 1) \times \boxed{カ}^{m+1}$ ⑧ $m \times \boxed{カ}^{m+1}$

⑨ $(m + 1) \times \boxed{カ}^{m+1}$

$\{a_n\}$ の第 $2m$ 項までの偶数番目の項 $a_2, a_4, \cdots, a_{2m}$ の和は,

$$\sum_{k=1}^{m} a_{2k} = \frac{3}{\boxed{サ}}\left(m + \frac{\boxed{シ}}{\boxed{ス}}\right) \times \boxed{カ}^{\boxed{セ}} - \frac{\boxed{ソ}}{\boxed{タチ}}$$

である。

ただし，$\boxed{セ}$ については，前ページの C 群の ①〜⑤ から 1 つを選べ。

〔Ⅱ〕

(1) 数字 1, 2, 3, 4, 5, 6 を使ってできる 2 桁の整数の個数について考える。

同じ数字を 2 度使わないとき，作ることのできる整数の個数は，$\boxed{アイ}$ である。

同じ数字を 2 度使ってよいとき，作ることのできる整数の個数は，$\boxed{ウエ}$ である。

(2) 数字 1, 2, 3, 4, 5, 6 を使って 3 桁の整数を作る。

同じ数字を 2 度まで使ってよいとき，作ることのできる整数の個数は，$\boxed{オカキ}$ である。

(3) 数字 1, 2, 3, 4, 5, 6 を使って 4 桁の整数を作る。

同じ数字を 2 度まで使ってよいとき，作ることのできる 4 桁の整数のうち，千の位が 1，かつ，百の位が 1 である 4 桁の整数の個数は，$\boxed{クケ}$ である。

同じ数字を 2 度まで使ってよいとき，作ることのできる 4 桁の整数のうち，千の位が 1，かつ，百の位が 2 である 4 桁の整数の個数は，$\boxed{コサ}$ である。

同じ数字を 2 度まで使ってよいとき，作ることのできる 4 桁の整数の個数は，$\boxed{シスセソ}$ である。

(4) 数字 1, 2, 3 を使って 6 桁の整数を作る。

どの数字もちょうど 2 度使うとき，作ることのできる 6 桁の整数の個数は，

タチ である。それらのうちで1が隣り合う6桁の整数の個数は，ツテ である。

〔Ⅲ〕

平面上に三角形 OAB がある。

辺 OA を 3：1 に外分する点を C とし，辺 AB を 3：2 に外分する点を D とする。また，2 直線 OB と CD の交点を E とする。

$$\vec{OC} = \frac{\boxed{ア}}{\boxed{イ}}\vec{OA}$$

であり，

$$\vec{OD} = \boxed{ウエ}\vec{OA} + \boxed{オ}\vec{OB}$$

である。
$\vec{OE}$ は，実数 s を用いて，$\vec{OE} = \vec{OC} + s\vec{CD}$ と表すことができる。また，実数 t を用いて，$\vec{OE} = t\vec{OB}$ と表すこともできる。

$$s = \frac{\boxed{カ}}{\boxed{キ}}, \quad t = \frac{\boxed{ク}}{\boxed{ケ}}$$

である。

三角形 OAB の面積を S_1，三角形 BDE の面積を S_2 とすると，

$$\frac{S_2}{S_1} = \frac{\boxed{コ}}{\boxed{サ}}$$

である。

OA = $2\sqrt{3}$，OB = 7 とし，三角形 OCE の外接円の半径を $3\sqrt{3}$ とする。
三角形 OAB の内角 ∠AOB の大きさを θ とする。

$$\theta = \frac{\boxed{シ}}{\boxed{ス}}\pi \quad \text{または} \quad \frac{\boxed{セ}}{\boxed{ソ}}\pi$$

である。

ただし，$\dfrac{\boxed{シ}}{\boxed{ス}} < \dfrac{\boxed{セ}}{\boxed{ソ}}$ とする。

$\theta = \dfrac{\boxed{シ}}{\boxed{ス}}\pi$ のとき，AB $= \sqrt{\boxed{タチ}}$ である。

[Ⅳ]

(1) 関数 $f(x)$ を，

$$f(x) = -x^3 + 4x^2 - 4x + \frac{8}{3}$$

とし，座標平面上の曲線 $y = f(x)$ を C とする。

$f(x)$ の導関数を $f'(x)$ とする。

$$f'(x) = \boxed{アイ}\, x^2 + \boxed{ウ}\, x - \boxed{エ}$$

である。

$f'(x) = 0$ となる x は，小さい順に $\dfrac{\boxed{オ}}{\boxed{カ}}$，$\boxed{キ}$ である。

$f\left(\dfrac{\boxed{オ}}{\boxed{カ}}\right)$ は，$f(x)$ の $\boxed{ク}$ 。

ただし，$\boxed{ク}$ については，以下の A 群の ①〜⑤ から 1 つを選べ。

A 群

① 極大値であり，最大値でもある
② 極大値であるが，最大値ではない

③ 極小値であり，最小値でもある
④ 極小値であるが，最小値ではない
⑤ 極値ではない

C の，点 A$(0, f(0))$ における接線を ℓ とする。ℓ の方程式は，

$$y = \boxed{ケコ} x + \dfrac{\boxed{サ}}{\boxed{シ}}$$

である。

C と ℓ は，A 以外に共有点を 1 つもつ。β を実数とし，C と ℓ の A 以外の共有点を B$(\beta, f(\beta))$ とする。

関数 $g(x)$ を，

$$g(x) = f(x) - \left(\boxed{ケコ} x + \dfrac{\boxed{サ}}{\boxed{シ}} \right) \quad (0 \leqq x \leqq \beta)$$

とする。

$g(x)$ の導関数を $g'(x)$ とする。

$0 < x < \beta$ において，$g'(x) = 0$ となる x は，$x = \boxed{ス}$ である。

ただし，$\boxed{ス}$ については，以下の B 群の ㊀〜⑨ から 1 つを選べ。

B 群

㊀ $\dfrac{1}{2}$　　⓪ $\dfrac{3}{2}$　　① 1　　② 2　　③ 3　　④ $\dfrac{5}{2}$

⑤ $\dfrac{1}{3}$　　⑥ $\dfrac{2}{3}$　　⑦ $\dfrac{4}{3}$　　⑧ $\dfrac{5}{3}$　　⑨ $\dfrac{8}{3}$

$0 < x < \beta$ の範囲の x について，$g(x)$ は $x = \boxed{ス}$ で $\boxed{セ}$ をとる。

ただし，$\boxed{セ}$ については，以下の C 群の ①，② から 1 つを選べ。

C 群

① 最大値　　　　　　　② 最小値

(2) t を，$t < 0$ をみたす実数とする。

関数 $h(x)$ を，
$$h(x) = x|x - t| + (t - 2)x$$
とする。

$h(t)$ ソ 0 である。

ただし，ソ については，以下の D 群の ①〜③ から 1 つを選べ。

D 群
　① $<$　　　　② $=$　　　　③ $>$

p, q を実数とする。

$x \geq t$ のとき，
$$h(x) = (x - p)^2 - q$$
とすると，$p =$ タ ，$q =$ チ である。

ただし，タ ，チ については，以下の E 群の ⓪〜⑨ からそれぞれ 1 つを選べ。ここで，同じものを何回選んでもよい。

E 群
　⓪ 0　　　① 1　　　② 2　　　③ $(t-1)$
　④ $(t+1)$　⑤ $(t-1)^2$　⑥ $(t+1)^2$　⑦ $2(t-1)$
　⑧ $2(t+1)$　⑨ $4(t-1)^2$

r, s を実数とする。

$x < t$ のとき，
$$h(x) = -(x - r)^2 + s$$
とすると，$r =$ ツ ，$s =$ テ である。

ただし，ツ ，テ については，上の E 群の ⓪〜⑨ からそれぞれ 1 つを選べ。ここで，同じものを何回選んでもよい。

$h(x) = 0$ となる x は，小さい順に ト， ナ， ニ である。

ただし， ト ～ ニ については，前ページのE群の⓪～⑨からそれぞれ1つを選べ。

$t < 0$ であることに注意して，定積分 $\int_t^{\boxed{ニ}} |h(x)| dx$ を計算する。

$$\int_t^{\boxed{ナ}} |h(x)| dx = \frac{\boxed{ヌネ}}{\boxed{ノ}} t^3 + t^2$$

$$\int_{\boxed{ナ}}^{\boxed{ニ}} |h(x)| dx = \frac{\boxed{ハ}}{\boxed{ヒ}}$$

であるから，

$$\int_t^{\boxed{ニ}} |h(x)| dx = \frac{\boxed{ヌネ}}{\boxed{ノ}} t^3 + t^2 + \frac{\boxed{ハ}}{\boxed{ヒ}}$$

である。

次の問題〔Ⅴ〕は，生命科学部応用植物科学科を志望する受験生のみ解答せよ。

〔Ⅴ〕

Oを原点とする座標平面上に，点A(4, 2)がある。座標平面上に点Bがあり，三角形OABはOB = ABの二等辺三角形であるとする。三角形OABの外接円をCとし，Cの中心をDとする。Dは第1象限にあり，Cの半径は $\sqrt{10}$ である。

OA = $\boxed{ア}\sqrt{\boxed{イ}}$ である。

線分OAの垂直二等分線を ℓ とする。ℓ の方程式は

$$y = \boxed{ウエ} x + \boxed{オ}$$

である。

Dは ℓ 上にあり，OD = $\sqrt{\boxed{カキ}}$ であるから，Dの座標は

D$\left(\boxed{ク}, \boxed{ケ}\right)$

である。

　三角形 OAD の面積を S_1，三角形 OAB の面積を S_2 とするとき，

$$\frac{S_2}{S_1} = \boxed{コ} + \sqrt{\boxed{サ}}$$

である。

　三角形 OAD の内角 ∠ODA の大きさは，$\boxed{シ}$ である。

ただし，$\boxed{シ}$ については，以下の A 群の ①〜⑦ から 1 つを選べ。

A 群

① $\dfrac{\pi}{6}$ 　　② $\dfrac{\pi}{4}$ 　　③ $\dfrac{\pi}{3}$ 　　④ $\dfrac{\pi}{2}$

⑤ $\dfrac{2}{3}\pi$ 　　⑥ $\dfrac{3}{4}\pi$ 　　⑦ $\dfrac{5}{6}\pi$

　直線 OD と，線分 AB の交点を E とする。三角形 ADE の内角 ∠EAD の大きさは $\dfrac{\pi}{\boxed{ス}}$ である。半角の公式を用いると

$$\cos^2 \frac{\pi}{\boxed{ス}} = \frac{\boxed{セ} + \sqrt{\boxed{ソ}}}{\boxed{タ}}$$

となる。

$$AE^2 = \boxed{チツ}\left(\boxed{テ} - \sqrt{2}\right)$$

である。

次の問題〔Ⅵ〕は，情報科学部コンピュータ科学科，デザイン工学部建築学科，理工学部電気電子工学科・経営システム工学科・創生科学科，生命科学部環境応用化学科のいずれかを志望する受験生のみ解答せよ。

〔Ⅵ〕

θ を，$0 < \theta < \pi$ を満たす実数とする。

O を原点とする座標平面上の点 $(\cos\theta, \sin\theta)$ を P とする。P から x 軸に下した垂線と x 軸との交点を Q，点 $(-1, 0)$ を R とおく。三角形 PQR の面積は，

$$\frac{1}{\boxed{ア}}\left(\boxed{イ} + \cos\theta\right)\sin\theta$$

である。

関数 $f(x)$ を，

$$f(x) = \frac{1}{\boxed{ア}}\left(\boxed{イ} + \cos x\right)\sin x \quad (0 < x < \pi)$$

とおく。

$$\lim_{x \to +0} \frac{f(x)}{\sin(5x)} = \boxed{ウ}$$

である。

ただし，$\boxed{ウ}$ については，以下の A 群の ㊀〜⑨ から 1 つを選べ。

A 群

㊀ $-\infty$　　⓪ 0　　① 1　　② 2　　③ $\frac{1}{2}$　　④ π

⑤ 5　　⑥ $\frac{1}{5}$　　⑦ 10　　⑧ $\frac{1}{10}$　　⑨ ∞

$f(x)$ の導関数を $f'(x)$，第 2 次導関数を $f''(x)$ とすると，

$$f'(x) = \left(\cos x - \dfrac{\boxed{エ}}{\boxed{オ}}\right)\left(\cos x + \boxed{カ}\right)$$

$$f''(x) = \boxed{キク}\left(\cos x + \boxed{ケ}\right)\sin x$$

である。

ただし，$\boxed{ケ}$ については，以下の B 群の ⓪〜⑨ から 1 つを選べ。

B 群

⓪ $\dfrac{2}{3}$　　① 1　　② 2　　③ 3　　④ 4

⑤ $\dfrac{1}{2}$　　⑥ $\dfrac{1}{3}$　　⑦ $\dfrac{1}{4}$　　⑧ 8　　⑨ $\dfrac{1}{8}$

x の方程式 $f'(x) = 0$ および $f''(x) = 0$ は，$0 < x < \pi$ において，それぞれ，ただ 1 つ解をもつ。$0 < x < \pi$ における $f'(x) = 0$ の解を a，$0 < x < \pi$ における $f''(x) = 0$ の解を b とおく。

a と b の大小は，$a \boxed{コ} b$ である。

ただし，$\boxed{コ}$ については，以下の C 群の ①，② から 1 つを選べ。

C 群

① $<$　　　　② $>$

a と b の，小さい方を α，大きい方を β とする。

曲線 $y = f(x)$ を C とする。

$f(x)$ の増減および C の凹凸を考える。

(i) $0 < x < \alpha$ において，$\boxed{サ}$ である。

(ii) $\alpha < x < \beta$ において，$\boxed{シ}$ である。

(iii) $\beta < x < \pi$ において，$\boxed{ス}$ である。

ただし，$\boxed{サ}$ 〜 $\boxed{ス}$ については，以下の D 群の ①〜④ からそれぞれ 1 つを選べ。ここで，同じものを何回選んでもよい。

D 群

① $f(x)$ はつねに増加し，C は上に凸

② $f(x)$ はつねに増加し，C は下に凸

③ $f(x)$ はつねに減少し，C は上に凸

④ $f(x)$ はつねに減少し，C は下に凸

三角形 PQR の面積の最大値は，$\dfrac{\boxed{セ}\sqrt{\boxed{ソ}}}{\boxed{タ}}$ である。

$f(x)$ の不定積分は，積分定数を K とすると，

$$\int f(x)\,dx = \dfrac{\boxed{チツ}}{\boxed{テ}}\left(\cos^2 x + \boxed{ト}\cos x\right) + K$$

と表される。

定積分 $\int_{\alpha}^{\beta} f(x)\,dx$ の値は $\dfrac{\boxed{ナニ}}{\boxed{ヌネ}}$ である。

〔Ⅰ〕 以下の問いに答えよ。ただし，運動はすべて同一平面上の直線運動であるとする。

図1-1のように，なめらかな水平面上において，小物体Aと小物体Bをばねによって結びつけ，ばねが自然長の状態で小物体Bに小物体Cを接触させた。Aを手でおさえて静止させた状態で，BとCを接触させたまま，ばねをdだけ縮めた。その後，A，B，Cから同時に静かに手をはなしたところ，A，B，Cは運動をはじめた。ただし，A，B，Cの質量はいずれもm，ばね定数はk，ばねの質量は無視できるとする。

ばねが初めて自然長に戻ったとき

1. Aの運動量の大きさはCの運動量の大きさの何倍か。
2. Cの速さを，k，m，dを用いて表せ。

BとCがはなれたあとに，ばねが最も縮んだとき

3. Aの速さはBの速さの何倍か。
4. Aの速さはCの速さの何倍か。
5. ばねの縮みはdの何倍か。

図1−1と同様に水平面上におけるばねと小物体について考える。図1−2のように，ばねが自然長の状態でAとBを静止させたまま静かに手をはなした。つぎに，速さvでCをBに衝突させたところ，AとBは運動をはじめた。ただし，BとCの間の衝突は完全弾性衝突である。

6．BとCが衝突したあとのばねの縮みの最大値を，k, m, v を用いて表せ。

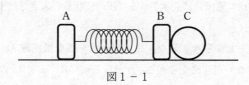

図1−1

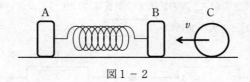

図1−2

〔Ⅱ〕 次の文の □ に入れるべき数式，または数値を解答欄に記入せよ。ただし，解答が数値の場合は有効数字2桁で求めよ。

図2-1に示す回路では，抵抗値がいずれも等しく100Ωである4つの導線の抵抗 R_0 に電圧計を接続している。この電圧計は内部抵抗が十分に大きく，内部に流れる電流は無視できるものとする。これらの4つの R_0 のうち1つを，断面積を半分に，長さを4割に短くした抵抗 R'_0 に交換すると，その抵抗値は (a) となった。この場合，R'_0 に流れる電流の大きさは (b) となり，抵抗の交換の前後で電圧計に表示される電圧の変化量の大きさは (c) となった。

つぎに，図2-2に示すような，長さ1mの一様な抵抗線 AB 上の可動接点 P に検流計をつないだ回路を考える。A から x[m]（ $0<x<1$ ）の位置に P をおいたとき，検流計に電流が流れなかった。このとき，抵抗 R_1 の抵抗値 r_1[Ω] は，抵抗 R_2 の抵抗値 r_2[Ω] と x を用いて表すと (d) となる。この場合，R_1 で消費される電力は，電源の電圧 E[V]，r_2，x を用いて表すと (e) となる。また R_1 での消費電力が AP 間の抵抗での消費電力に比べて大きい場合，r_1 と AP 間の抵抗値 r_3[Ω] との大小関係は， (f) となる。

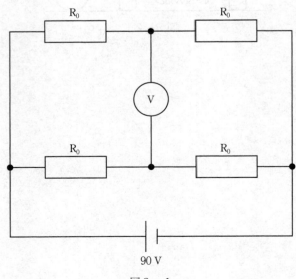

図2-1

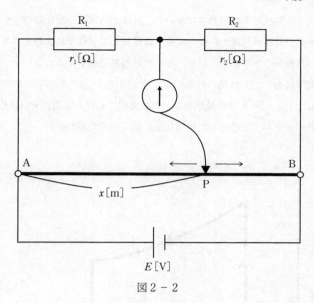

図 2 − 2

〔Ⅲ〕 単原子分子からなる理想気体 1 mol を用いた熱機関を考える。この熱機関の圧力 p と体積 V を図 3 に示すように変化させた。サイクルは 4 つの過程から構成され，状態 1 から状態 2 への過程及び状態 3 から状態 4 への過程は断熱変化，状態 2 から状態 3 への過程及び状態 4 から状態 1 への過程は定積変化である。

 理想気体の定積モル比熱は，$C_V = \dfrac{3}{2}R = 12.5 \, \mathrm{J/(mol \cdot K)}$ とし（ここで，R は気体定数），各状態 1，2，3，及び 4 における絶対温度は，それぞれ $T_1 = 300 \, \mathrm{K}$，$T_2 = 1200 \, \mathrm{K}$，$T_3 = 2400 \, \mathrm{K}$，$T_4 = 600 \, \mathrm{K}$ とする。なお，理想気体の断熱変化における圧力と体積は，$pV^\gamma = $ 一定，の関係が成り立つ。ここで，γ は定圧モル比熱 C_p と定積モル比熱 C_V の比 $\gamma = \dfrac{C_p}{C_V}$ である。

 以下の問いに答えよ。

(1) 状態 2 から状態 3 への過程において，気体が外部にした仕事 W_{23} を求めよ。
(2) 状態 2 から状態 3 への過程において，気体が受け取る熱量 Q_{23} を求めよ。

(3) 状態3から状態4への過程において，気体が外部にした仕事 W_{34} を求めよ。
(4) 熱機関が高温の熱源から受け取る熱量に対して，仕事に変わるエネルギーの割合を熱機関の熱効率 e という。本熱機関の熱効率 e を求めよ。
(5) 熱機関において，体積の最大値 V_{max} と最小値 V_{min} の比率を表す物理量として圧縮比 $x = \dfrac{V_{max}}{V_{min}}$ という量がある。本熱機関における圧縮比 x を求めよ。
(6) 熱効率 e を，(5)で導入した圧縮比 x を用いた式で表わせ。

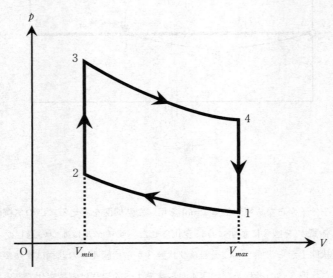

図3

〔Ⅳ〕 以下の問いに答えよ。ただし，重力加速度の大きさを g とする。

図4-1に示すように，水平方向右向きに x 軸，鉛直方向上向きに y 軸をとる。原点Oにある小球Aを，速さ v_0，x 軸の正の向きとなす角 θ で上向きに投げ出す。これと同時に点 $P(a, b)$ から鉛直下方の点 $Q(a, 0)$ へ向けて，質量がAの3倍の小球Bを静かに落下させた（ただし，$a > 0$, $b > 0$）。運動は xy 平面内で行われるものとする。また，衝突が起こる場合は極めて短時間で起こり，その間の重力の影響は無視できるものとする。

(i) Aが投げ出されてから点Pを通る鉛直線を横切るまでの時間はいくらか。
(ii) AとBが衝突するために $\tan\theta$ がとるべき値を，a と b を用いてあらわせ。
(iii) AとBの衝突が起こるとき，Aから見ると衝突前のBの運動はどのように見えるか。1．静止，2．等速直線運動，3．等加速度運動，4．放物運動，5．等速円運動，のうち1から5のいずれかの数字で答えよ。
(iv) AとBの衝突が $y \geq \dfrac{b}{2}$ の範囲で起こるための v_0 の最小値を，a, b, g を用いてあらわせ。
(v) AとBは $y = \dfrac{b}{2}$ において完全非弾性衝突した後，図4-2に示すように一体となって x 軸上の点Rに落下した。衝突してから落下するまでの時間を b, g を用いてあらわせ。
(vi) 小問(v)において，点Qから点Rまでの距離は a の何倍となるか。

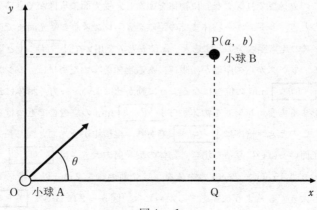

図4-1

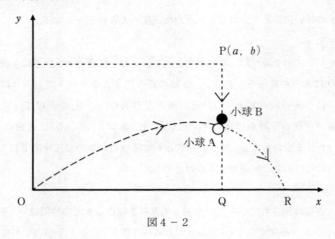
図 4 − 2

〔V〕 次の文の ┌──┐ に入れるべき数式，または数値を解答欄に記入せよ。

図 5 − 1 に示すカメラにおいて，L は焦点距離 55 mm のうすい凸レンズ，P は縦×横の大きさが，24 mm × 36 mm の受光面で，レンズと受光面の距離を最小 54 mm，最大 60 mm の範囲で動かすことができる。またこのカメラは図 5 − 2 のように，レンズと受光面の間に，長さ 5 mm，10 mm，または 15 mm のリングを入れ，レンズと受光面間の距離を大きくすることができる。

今，このカメラでリングなしに物体を撮影し，受光面に実像ができるようにする。このとき，レンズから物体までの距離を a，レンズから受光面までの距離を b，レンズの焦点距離を f とすると，a は b と f を用いて (イ) と表すことができる。レンズからの距離が無限遠にある物体を写すためには，レンズを受光面から (ロ) mm の位置になるように動かせばよい。一方，物体に最も近づいて撮影する場合，レンズを物体から (ハ) mm の位置まで近づけることができる。このとき，倍率は (ニ) であり，縦横比が受光面と同じ長方形の物体が受光面いっぱいに写った場合，物体の縦×横の大きさは (ホ) である。また，大きさ 15 cm × 22 cm の物体を，受光面の縁を 2 mm 以上残して物体全体が最も大きく写るように撮影するためには，図 5 − 2 において (ヘ) mm のリングを用いる必要がある。

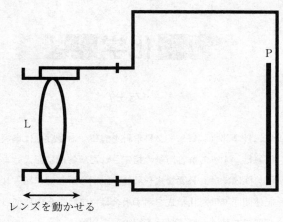

図5-1

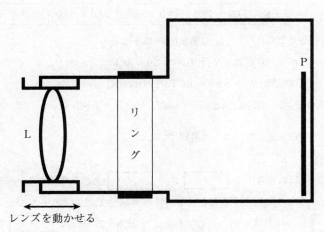

図5-2

化学

(75分)

注意 1. 情報科学部コンピュータ科学科を志望する受験生は選択できない。
2. 解答は，すべて解答用紙の指定された解答欄に記入せよ。
3. 計算問題では，必要な式や計算，説明も解答欄に記入せよ。
4. 記述問題では，化学式を示す場合はマス目を自由に使ってよい。
5. 必要であれば，原子量は下記の値を用いよ。

元素	H	C	N	O	S	K	Ar	Mn
原子量	1.00	12.0	14.0	16.0	32.0	39.0	40.0	55.0

6. 必要であれば，下記の値を用いよ。

アボガドロ定数 $N_A = 6.00 \times 10^{23}/\mathrm{mol}$

気体定数 $R = 8.30 \times 10^3 \, \mathrm{Pa \cdot L/(mol \cdot K)}$

$\log_{10} 2 = 0.301$, $\log_{10} 3 = 0.477$, $\log_{10} 7 = 0.845$

〔Ⅰ〕 つぎの文章を読んで，以下の設問に答えよ。

硫化水素は常温常圧で ［(ア)］ 色，［(イ)］ 臭の気体である。硫化鉄と希硫酸との反応で発生させることができ，標準状態で空気よりもわずかに密度が ［(ウ)］ く，水溶性があるため気体として捕集する場合は ［(エ)］ 置換で捕集する。一般的に液体に対する気体の溶解度は気体の分圧に比例するが，水に対する硫化水素の溶解度はこの法則を満たさない。これは水溶液中でつぎの平衡反応を伴うためである。

$$\mathrm{H_2S \rightleftarrows H^+ + HS^-} \tag{1}$$

$$\mathrm{HS^- \rightleftarrows H^+ + S^{2-}} \tag{2}$$

この反応により硫化水素水溶液の液性は弱酸性を示す。また，塩基性に調整された12族元素のイオンを含む水溶液中に硫化水素を吹き込むと沈殿を生じる。

12族元素を原子番号の小さい順に並べると亜鉛，カドミウム，水銀となる。亜鉛イオンを含む塩基性水溶液に硫化水素を吹き込んだ場合は　(オ)　色の沈殿が生じ，カドミウムイオンの場合は　(カ)　色，水銀イオンの場合は黒色の沈殿が生じる。亜鉛イオンと硫化水素の反応で生成した沈殿の結晶の単位格子はつぎの図1に示す立方体である。ここでAは陽イオン，Bは陰イオンを表している。

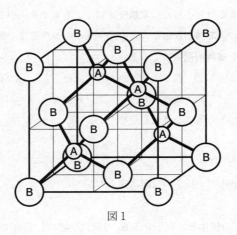

図1

この結晶の単位格子にはAイオンが　(キ)　個，Bイオンが　(ク)　個含まれており，Aイオンの配位数は　(ケ)　，Bイオンの配位数は　(コ)　である。

1. 空欄(ア)〜(エ)に入るもっとも適切な語句をつぎの①〜⑪の中から選び，番号で記せ。ただし，同じ番号を複数回選択してもよい。
   ① 果実　② 腐卵　③ 無　④ 淡黄　⑤ 黄緑　⑥ 赤褐
   ⑦ 高　⑧ 低　⑨ 上方　⑩ 下方　⑪ 水上

2. 下線部(a)の法則の名称をつぎの①〜④の中から選び，番号で記せ。
   ① ファラデーの法則　　② シャルルの法則
   ③ ヘスの法則　　　　　④ ヘンリーの法則

3．式(1), (2)に関して，硫化水素の第一段階の電離定数 K_1 と第二段階の電離定数 K_2 を水溶液中の分子やイオンの濃度[H_2S]，[HS^-]，[S^{2-}]，[H^+]を用いて記せ。

4．下線部(b)に関して，第一段階の電離定数 $K_1 = 9.00 \times 10^{-8}$ mol/L のとき，1.00×10^{-2} mol/L の硫化水素水溶液の電離度 α はいくつか。有効数字2桁で求めよ。また，pH はいくつか。小数第1位まで求めよ。ただし，第二段階の電離は無視できるほど小さく，電離度 α は1よりも十分に小さいとする。

5．空欄(オ), (カ)に入る適切な色をつぎの①〜⑧の中から選び，番号で記せ。ただし，同じ番号を複数回選択してもよい。

① 白　　　　② 黒　　　　③ 赤褐　　　　④ 黄
⑤ 淡赤　　　⑥ 濃青　　　⑦ 青白　　　　⑧ 緑白

6．空欄(キ)〜(コ)に入る適切な整数を記せ。

〔Ⅱ〕 つぎの文章を読んで，以下の設問に答えよ。

二原子分子 A_2 の気体と二原子分子 B_2 の気体を容器に入れて一定温度に保つと，式(1)の可逆反応により気体 AB を生成して平衡状態に達した。

$$A_2 + B_2 \rightleftarrows 2AB \tag{1}$$

右向きの正反応の速度を v_1，左向きの逆反応の速度を v_2 とすると，実験の結果から，これらは気体のモル濃度を用いて式(2)と式(3)で表された。

$$v_1 = k_1[A_2][B_2] \tag{2}$$
$$v_2 = k_2[AB]^2 \tag{3}$$

ここで，k_1 と k_2 は比例定数である。

式(1)の可逆反応に，不均一触媒を用いる場合と触媒を用いない場合を考える。また，気体は全て理想気体として扱えるものとする。
　　　　(a)

1．下線部(a)に関して，触媒が不均一触媒としてはたらいているものをつぎの①〜④の中から全て選び，番号で記せ。

① 過酸化水素を分解して酸素を発生する反応に，塩化鉄(Ⅲ)水溶液を加えて

鉄(Ⅲ)イオンを触媒として作用させる。
② 窒素と水素からアンモニアを生成する反応に，四酸化三鉄を触媒として作用させる。
③ 二酸化硫黄を三酸化硫黄に酸化する反応に，酸化バナジウム(V)を触媒として作用させる。
④ デンプンを加水分解する反応に，酸を加えて水素イオンを触媒として作用させる。

2．式(1)の可逆反応が平衡状態に達した後に触媒を加えると，正反応の速度と逆反応の速度は，それぞれどうなるか。つぎの①～③の中から選び，それぞれ番号で記せ。
① 大きくなる　　　② 変わらない　　　③ 小さくなる

3．式(1)の可逆反応に対して，触媒がある場合の正反応の速度を v_1' とし，逆反応の速度を v_2' とすると，v_1，v_2，v_1'，v_2' の時間の経過に伴う変化を示した図として妥当なものをつぎの①～⑨の中から選び，番号で記せ。なお，図中の実線は触媒がない場合の反応速度(v_1，v_2)を，破線は触媒がある場合の反応速度(v_1'，v_2')を示す。

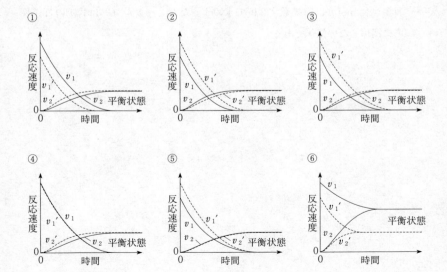

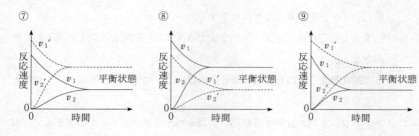

4．60.0 L の容器に 1.00 mol の二原子分子 **A**₂ の気体と 1.00 mol の二原子分子 **B**₂ の気体を入れ，27.0 ℃ で平衡状態に達するまで保持した。**A**₂ と **B**₂ と **AB** からなる混合気体の圧力は何 Pa になるか。有効数字 2 桁で求めよ。

5．96.0 L の容器に 1.00 mol の二原子分子 **A**₂ の気体と 1.00 mol の二原子分子 **B**₂ の気体を入れ，27.0 ℃ で平衡状態に達するまで保持した。平衡状態における生成物 **AB** の物質量は何 mol か。有効数字 2 桁で求めよ。ただし，27.0 ℃ における式(1)の反応に対する濃度平衡定数 K_c を 64.0 とする。

6．96.0 L の容器に 1.00 mol の二原子分子 **A**₂ の気体と 1.00 mol の二原子分子 **B**₂ の気体とアルゴンを入れ，27.0 ℃ で平衡状態に達するまで保持したところ，混合気体の圧力は 1.01×10^5 Pa になった。容器の中に存在するアルゴンの物質量は何 mol か。有効数字 2 桁で求めよ。ただし，アルゴンは式(1)の可逆反応に関係しない気体である。

〔Ⅲ〕 つぎの文章を読んで，以下の設問に答えよ。

　過マンガン酸カリウムは水に溶けて過マンガン酸イオンを生じる。硫酸酸性水溶液中で過マンガン酸イオンは酸化剤としてはたらき，相手の物質から電子を奪う。このときマンガン原子の酸化数は，　(ア)　から　(イ)　に変化する。過酸化水素も通常は，硫酸酸性水溶液中で酸化剤としてはたらき，相手の物質から電子を奪う。しかし，強い酸化剤である過マンガン酸カリウムの硫酸酸性水溶液に対しては，過酸化水素は還元剤としてはたらき，相手の物質に電子を与える。このとき酸素原子の酸化数は，　(ウ)　から　(エ)　に変化する。
　硫酸酸性水溶液中で，ある濃度の過酸化水素水溶液 10.0 mL を 5.00×10^{-3} mol/L の過マンガン酸カリウム水溶液を用いて酸化還元滴定したところ，終点までに過マンガン酸カリウム水溶液 6.00 mL を要した。この酸化還元反応の化学反応式は次式で表される。

　　(オ) $KMnO_4$ + (カ) H_2O_2 + (キ) H_2SO_4
　　→ (ク) K_2SO_4 + (ケ) $MnSO_4$ + (コ) O_2 + $8H_2O$　　　(1)

この反応において，滴定の終点までは過マンガン酸イオンは還元され，終点を過ぎると過マンガン酸イオンは還元されなくなる。
　過マンガン酸カリウムは，中性や塩基性の水溶液中でも酸化剤としてはたらき，酸化マンガン(Ⅳ)の黒色沈殿が生じる。酸化マンガン(Ⅳ)は過酸化水素から酸素を発生させる触媒やマンガン乾電池の正極として使われる。

1．下線部(a)〜(c)の酸化剤あるいは還元剤としてのはたらきを示す反応式を，電子 e^- を含むイオン反応式で記せ。
2．空欄(ア)〜(エ)に入る酸化数を記せ。
3．化学反応式(1)の空欄(オ)〜(コ)に入る適切な係数を記せ。ただし係数が1となるときは1と記せ。
4．下線部(d)において，過マンガン酸カリウム水溶液を酸性にする場合，塩酸を用いることができない。その理由を25字以内で記せ。
5．下線部(e)の過酸化水素水溶液のモル濃度は何 mol/L か。有効数字2桁で求めよ。

6．下線部(f)における終点前後の水溶液の色の変化から，滴定の終点を判別することができる。水溶液の色の変化としてもっとも適切なものを，つぎの①～⑥の中から選び，番号で記せ。
① ほぼ無色から薄い青色　　② ほぼ無色から薄い黄緑色
③ ほぼ無色から薄い赤紫色　④ 薄い青色からほぼ無色
⑤ 薄い黄緑色からほぼ無色　⑥ 薄い赤紫色からほぼ無色

7．下線部(g)において，一定温度で少量の酸化マンガン(Ⅳ)に1.00 mol/Lの過酸化水素水溶液25.0 mLを加えると，酸素が20秒間に1.00×10^{-3} mol発生した。反応開始から20秒までの間の過酸化水素の平均の分解速度は何mol/(L・s)か。有効数字2桁で求めよ。

〔Ⅳ〕 つぎの文章を読んで，以下の設問に答えよ。

　　分子式がC_3H_8Oで表される化合物には異性体が　(ア)　種類存在する。このうち，適切な酸化剤により酸化されるとケトンになる異性体は　(イ)　種類あり，ヨードホルム反応を示す異性体は　(ウ)　種類ある。また，異性体の1つである1-プロパノールに無水酢酸を反応させると酢酸プロピル(a)が生成する。このような酢酸エステル(b)を合成する反応をアセチル化とよぶ。
　　天然高分子化合物であるセルロースはヒドロキシ基をもち，無水酢酸と反応させてアセチル化することができる。セルロースの示性式は$[C_6H_7O_2(OH)_3]_n$で表され，カギ括弧[　]内に示された繰り返しの単位構造中にヒドロキシ基を3個もつ。セルロースを無水酢酸と反応させると，ヒドロキシ基が全てアセチル化されたトリアセチルセルロース$[C_6H_7O_2(OCOCH_3)_3]_n$となる。また，トリアセチルセルロースを穏やかに加水分解すると(c)，ジアセチルセルロースが得られる。
　　セルロースは綿（木綿）の主成分である。綿などの繊維を染色するには，様々な染料が用いられている。代表的な合成染料は，アゾ染料とよばれる芳香族アゾ化合物である。以下に芳香族アゾ化合物Aを合成する実験例を示す。
操作1：100 mLビーカーにアニリン（示性式$C_6H_5NH_2$）を1 mL入れ，2 mol/Lの塩酸を10 mL加え，よく混合して水溶液を調製し，氷浴でよく冷やしておく。

操作2：100 mLビーカーに2 mol/Lの ［(エ)］ を10 mLとり，氷浴で冷やしたのち，少しずつ操作1の水溶液に全量加える。この操作で塩化ベンゼンジアゾニウム(示性式 $C_6H_5N_2Cl$)が生成する。

操作3：100 mLビーカーに2 mol/Lの ［(オ)］ を20 mLとり，フェノール(示性式 C_6H_5OH)を0.5 g加えてナトリウムフェノキシド(示性式 C_6H_5ONa)の水溶液とし，この水溶液に木綿布を浸す。

操作4：操作3でナトリウムフェノキシドの水溶液を十分にしみ込ませた木綿布を蒸発皿に移し，操作2で得た塩化ベンゼンジアゾニウムの水溶液を木綿布に注ぐと芳香族アゾ化合物 A が生成し，木綿布が橙赤色に染まる。

1．空欄(ア)～(ウ)に入る適切な数字を記せ。ただし，存在しない場合は0を記せ。

2．下線部(a)の酢酸プロピルの示性式を記せ。ただし，炭化水素基は，例えば $-C_2H_5$ ではなく $-CH_2CH_3$ のように，炭素原子を1つずつ記せ。

3．下線部(b)の酢酸エステルの代表的な化合物である酢酸エチルに関する記述として正しいものを，つぎの①～⑤の中から全て選び，番号で記せ。

① シス-トランス異性体(幾何異性体)が存在する。
② ジエチルエーテルには溶けやすいが，水には溶けにくい。
③ 酢酸とエタノールの脱水縮合反応で合成できる。
④ さらし粉水溶液と混合すると赤紫色を呈する。
⑤ 界面活性剤としてはたらく。

4．下線部(c)に関して，28.8 gのトリアセチルセルロースを穏やかに加水分解したところ，エステル結合の一部が加水分解されてヒドロキシ基となった生成物が26.7 g得られた。この生成物で，セルロースの繰り返しの単位構造に含まれる3個のヒドロキシ基のうち，アセチル化されているヒドロキシ基の平均の数をx個とする。このとき，生成物の繰り返しの単位構造の式量を，xを用いて答えよ。また，xを有効数字2桁で求めよ。

5．空欄(エ)，(オ)に入る適切な溶液を，つぎの①～⑥の中から1つずつ選び，番号で記せ。

① 水酸化ナトリウム水溶液　② 炭酸水素ナトリウム水溶液
③ 塩酸　④ 硝酸ナトリウム水溶液
⑤ 亜硝酸ナトリウム水溶液　⑥ 硫酸ナトリウム水溶液

6. 下線部(d)のように，操作2では反応溶液をよく冷やしておく必要がある。生成した塩化ベンゼンジアゾニウムの水溶液の温度が上がると，どのような反応が起こるか，反応式で答えよ。なお，芳香族化合物は文中に示した示性式を用いて記せ。

7. 芳香族アゾ化合物Aの構造式を，例にならって記せ。

構造式の例

生物

(75分)

注意：生命科学部環境応用化学科または応用植物科学科を志望する受験生のみ選択できる。解答はすべて解答用紙の指定された解答欄に記入せよ。

〔Ⅰ〕 つぎの文章を読んで，以下の問いに答えよ。また，解答にあたっては表1を参考にせよ。

　生物が世代を経るにしたがって，DNAの塩基配列やタンパク質のアミノ酸配列は変化する。このような分子に生じる変化を分子進化という。図1は，ヒト，ゴリラ，イヌのヘモグロビンβ鎖遺伝子について，最初の30塩基の配列を比較したものである。

```
         ①              ②
ヒト ：ATG GTG CAT CTG ACT CCT GAG GAG AAG TCT …
ゴリラ：ATG GTG CAC CTG ACT CCT GAG GAG AAG TCT …
イヌ ：ATG GTG CAT CTG ACT GCT GAA GAG AAG AGT …
```

図1　ヘモグロビンβ鎖遺伝子の塩基配列の比較
（それぞれセンス鎖のみを示している）

　①の部分の塩基配列はヒトとゴリラで異なるが，いずれもヒスチジンに翻訳される。このような塩基の変化を同義置換といい，この部分の塩基の違いはヘモグロビンのアミノ酸配列には影響しない。図1のヒトとイヌの塩基配列を比較すると4つの塩基が異なるが，翻訳されたアミノ酸が異なる非同義置換は　ア　カ所である。進化の過程で生じる塩基配列の変化は，①のような個体の生存に有利でも不利でもない変異が大半を占めるが，このような考えを　イ　説とよぶ。そのため，2つの種において共通の起源をもつ遺伝子のDNAを比較すると，

種が分かれてからの期間が短いほど塩基配列の違いが ウ , 分かれてからの期間が長いほど塩基配列の違いが エ なる。分子に生じる変化の速度は オ とよばれ, 生物の分岐した年代や類縁関係を推定する際によく用いられる。

DNA の塩基配列の変化が疾患につながることもある。鎌状赤血球症は, 三日月形に変形した赤血球が特徴的な疾患である。患者のヘモグロビン β 鎖の遺伝子 (*HbS*) では, ヒトの一般的なヘモグロビン β 鎖の遺伝子 (*HbB*) と比べて, 図1の②の塩基配列が GTG に変化している。そのため, 翻訳されるアミノ酸がグルタミン酸から カ に変わるため, ヘモグロビンの立体構造が変わり, 赤血球の変形とともに貧血症が引きおこされる。変異した遺伝子をホモ接合 (*HbS/HbS*) で持つ人は重篤な貧血となり, 死亡率が高くなる。一方, ヘテロ接合 (*HbB/HbS*) で持つ人の場合, 日常生活では貧血は発症せず, キ に対して抵抗性を示すことが知られている。アフリカ西部などでは鎌状赤血球症の原因となる変異遺伝子の頻度が他の地域と比べて高いが, これは *HbS* 遺伝子をヘテロ接合で持つ人が非保有者に比べて キ の感染症に対して有利になるからであると考えられている。

表1 コドン表

コドンの1番目の塩基		コドンの2番目の塩基				コドンの3番目の塩基
		U	C	A	G	
U	UUU フェニルアラニン	UCU セリン	UAU チロシン	UGU システイン	U
	UUC フェニルアラニン	UCC セリン	UAC チロシン	UGC システイン	C
	UUA ロイシン	UCA セリン	UAA 終止コドン	UGA 終止コドン	A
	UUG ロイシン	UCG セリン	UAG 終止コドン	UGG トリプトファン	G
C	CUU ロイシン	CCU プロリン	CAU ヒスチジン	CGU アルギニン	U
	CUC ロイシン	CCC プロリン	CAC ヒスチジン	CGC アルギニン	C
	CUA ロイシン	CCA プロリン	CAA グルタミン	CGA アルギニン	A
	CUG ロイシン	CCG プロリン	CAG グルタミン	CGG アルギニン	G
A	AUU イソロイシン	ACU トレオニン	AAU アスパラギン	AGU セリン	U
	AUC イソロイシン	ACC トレオニン	AAC アスパラギン	AGC セリン	C
	AUA イソロイシン	ACA トレオニン	AAA リシン	AGA アルギニン	A
	AUG メチオニン	ACG トレオニン	AAG リシン	AGG アルギニン	G
G	GUU バリン	GCU アラニン	GAU アスパラギン酸	GGU グリシン	U
	GUC バリン	GCC アラニン	GAC アスパラギン酸	GGC グリシン	C
	GUA バリン	GCA アラニン	GAA グルタミン酸	GGA グリシン	A
	GUG バリン	GCG アラニン	GAG グルタミン酸	GGG グリシン	G

1．空欄　ア　～　キ　に入る最も適切な語句を記せ。
2．分子進化における塩基配列の変化速度はタンパク質や遺伝子の種類によって異なることが知られている。以下の(a)～(d)の文章について，正しいものには○，間違っているものには×を記せ。
   (a) イントロンの部分に比べて，エキソンの部分の変化速度は大きい。
   (b) 代謝などの重要な機能を持つ遺伝子ほど変化が速い。
   (c) 多くの遺伝子では同義置換よりも非同義置換の方が多い。
   (d) 同じ遺伝子内でも領域によって変化速度が異なる。
3．下線部(i)の説を唱えた研究者を以下の(a)～(d)から選び記号で記せ。
   (a) 藪田貞治郎　　(b) 黒沢英一　　(c) 岡崎令治　　(d) 木村資生
4．アルギニンをコードする3塩基の配列「CGA」のいずれか1カ所に塩基置換が生じると，全部で9通りのコドンの配列に変化する。このうち非同義置換は何通りか，記せ。
5．遺伝子領域を生物間で比較した場合，一般に図1の①のようにコドンの3番目に相当する塩基に置換が生じていることが多い。その理由を述べよ。
6．下線部(ii)について，HbS 遺伝子をヘテロ接合で持つ人はアフリカ西部で5～20％である。　キ　の感染症に対して耐性になり，生存に有利になる選択圧がはたらいているにもかかわらず，HbS 遺伝子をヘテロ接合で持つ人ばかりにならないのはなぜか，考えられる理由を，ホモ接合，ヘテロ接合の語句を用いて述べよ。
7．表2は，ヘモグロビンβ鎖のアミノ酸配列の一部を調べて，生物間で互いに異なるアミノ酸の数を示したものである。また，このアミノ酸配列の違いから推定した分子系統樹が図2である。図2の　ク　～　コ　にあてはまる生物種として正しい組み合わせを以下の(a)～(f)から選び，記号で記せ。
   (a) ク：動物A　　ケ：動物B　　コ：動物C
   (b) ク：動物A　　ケ：動物C　　コ：動物B
   (c) ク：動物B　　ケ：動物A　　コ：動物C
   (d) ク：動物B　　ケ：動物C　　コ：動物A
   (e) ク：動物C　　ケ：動物A　　コ：動物B
   (f) ク：動物C　　ケ：動物B　　コ：動物A

182　2021 年度　生物　　　　　　　　　　　　　　　　　法政大- 2/14

8. 化石のデータから図2の①は約7,500万年前に分岐したことがわかっている。図2の②および③は何万年と推定されるか，記せ。ただし，各生物間のアミノ酸置換数と分岐後の年数は比例関係にあると仮定する。

表2　生物間で異なるアミノ酸の数

	ヒト	ゴリラ	イヌ	動物A	マウス	動物B	動物C	トカゲ
ヒト								
ゴリラ	1							
イヌ	14	14						
動物A	46	46	46					
マウス	30	30	30	46				
動物B	22	22	22	46	30			
動物C	24	24	24	46	30	24		
トカゲ	60	60	60	60	60	60	60	

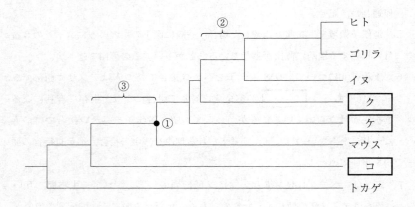

図2　ヘモグロビンβ鎖のアミノ酸配列にもとづき推定した系統樹

〔Ⅱ〕 つぎの文章を読んで，以下の問いに答えよ。

　生物の無性生殖では新しい個体の遺伝的な性質は親と全く同じになる。植物の一部の組織を取り出して適切な養分や植物ホルモンを含む培地で組織培養すると，完全な植物体が再生される。このような組織培養の技術は産業に利用されている。例えば植物の茎頂分裂組織には植物ウイルスがほとんど存在しないため，この部分を切り取って組織培養すると親植物と同じ遺伝子を持ち，かつウイルスが除去された苗を大量に得ることができる。
(i)
(ii)

　一方，有性生殖では配偶子の組み合わせの結果，性質が親とは異なるさまざまな個体を生じる。いま，生殖細胞が形成される過程における染色体の様子を観察するため，ムラサキツユクサのつぼみを複数採取して葯（やく）を取り出し，酢酸カーミン液で染色し，光学顕微鏡により検鏡したところ，図1のような様々な形状の染色体をもつ細胞が認められた。
(iii)

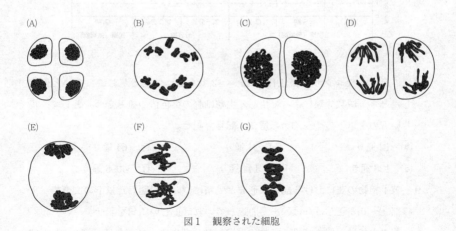

図1　観察された細胞

1．下線部(i)の過程でできる未分化の細胞塊を何とよぶか。その名称を記せ。
2．下線部(ii)について，遺伝的に同じ性質を持つ生物の集団を何とよぶか。その名称を記せ。
3．下線部(iii)の構造を説明する以下の文章の空欄　ア　〜　ウ　に適切な語句を記せ。

真核細胞の染色体は，DNA が ア とよばれるタンパク質に巻きついたビーズ状の基本構造をとっておりこの単位を イ という。 イ が数珠状につながった繊維状の構造は ウ 繊維とよばれる。

4. ムラサキツユクサの葯で観察された図1の(A)～(G)の細胞について，減数分裂の過程の順に並べ，記号で記せ。

5. 減数分裂時に染色体の乗換えがおきるタイミングの細胞として最も適切なものを図の(A)～(G)から一つ選び，記号で記せ。

6. 相同染色体が対合したものを何とよぶか。その名称を記せ。

7. 減数分裂時の細胞あたりの相対的な DNA 量の変化を解答用紙の書式に合わせ折れ線グラフに記せ。ただし，G_1 期（母細胞）の相対的 DNA 量を 2 とする。

〔解答欄〕

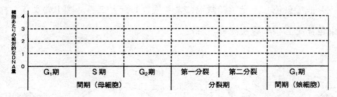

8. ムラサキツユクサの染色体は $2n = 12$ である。乗換えがおこらないと仮定したとき，減数分裂によって生じる生殖細胞の染色体の組み合わせとして，正しいものを以下の(a)～(f)から選び，記号で記せ。

(a) 12 通り (b) 24 通り (c) 64 通り
(d) 128 通り (e) 144 通り (f) 4096 通り

9. 被子植物の花における配偶子形成と受精について説明した以下の文章で，下線部(a)～(d)が正しければ○を，間違っていれば正しい語句を記せ。

　葯の中では1個の花粉母細胞($2n$)が減数分裂によって花粉四分子(n)とよばれる4個の細胞になる。一方，子房内の胚珠では1個の胚のう母細胞($2n$)から減数分裂ののち，(a)4個の胚のう細胞(n)となり，これが核分裂を行なって(b)8個の核を生じる。受粉後，卵細胞(n)が精細胞(n)と合体して受精卵($2n$)となり，(c)助細胞(n)はもう一つの精細胞(n)と合体して(d)胚乳細胞($2n$)を形成する。これを重複受精という。

10. 無胚乳種子を形成する植物を，以下の(a)～(e)からすべて選び，記号で記せ。

(a) イネ (b) カキ (c) ダイズ
(d) トウモロコシ (e) ナズナ

11. 多くの生物では体細胞に基本数の2倍の染色体をもち，スイカも本来は二倍体である。一方，種なしスイカは，スイカを人工的に育種した三倍体を利用して作られている。三倍体のスイカの花に二倍体の花粉を受粉させるとその刺激で果実を形成するが，その果実は種なしのスイカとなる。なぜ種なしになるのか，配偶子形成の観点から理由を簡潔に述べよ。

〔Ⅲ〕 つぎの文章を読んで，以下の問いに答えよ。

植物の葉の表皮には2つの孔辺細胞に囲まれたすき間である気孔が存在する。気孔は青色光を照射すると開口する。孔辺細胞が青色光を感知すると，プロトンポンプが活性化されてプロトン(＝水素イオン)が細胞外に能動輸送される。このはたらきにより孔辺細胞の細胞膜内外の電位差に変化が生じる。その結果，イオンチャネルの活性化にはじまるいくつかの過程を経て，孔辺細胞が吸水して膨圧が増すと気孔が開く。一方，植物体内のある植物ホルモンの量が増加すると，この植物ホルモンが孔辺細胞に作用し，いくつかの過程を経て，気孔が閉じる。

1．下線部(i)について，以下の問い1）～4）に答えよ。
 1）気孔の開口にかかわる青色光を受容するタンパク質の名称を記せ。
 2）赤色光下においた野生型のシロイヌナズナに弱い青色光を照射すると，葉面温度の低下が観察された。その理由を，句読点を含めて40字以内で述べよ。
 3）野生型のシロイヌナズナと青色光の受容にかかわるタンパク質が機能しない突然変異体シロイヌナズナを赤色光下で栽培したのち，弱い青色光を照射して栽培を続けると，この突然変異体の成長は野生型と比べて遅れた。その理由を，句読点を含めて40字以内で述べよ。

4) シロイヌナズナの葉からはがした表皮を培地に浸し，培地のpHを測定しながら青色光を照射すると，図1のようにpHの低下が観測された。このpHの低下はどのようなしくみがはたらいて生じていると考えられるか。解答欄の枠内に述べよ。

〔解答欄〕14 cm×2行

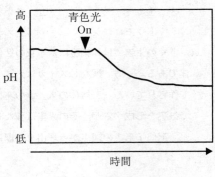

図1　培地pHの変化

2．下線部(ii)について，以下の文章の空欄 ア ～ ウ に最も適切な語句を記せ。

　動物の神経細胞では，興奮が伝わっていない状態(静止状態)では，細胞膜の外側を基準として細胞膜の内側がマイナスの電位になっている。隣接した神経細胞からの刺激を受け取ると，ナトリウムイオンが細胞内に流入し，細胞内の電位が正の方向に変化する。このように電位差が減少することを脱分極とよぶ。脱分極が生じると，この電位の変化を認識して，今度は電位依存型のカリウムチャネルがはたらいて，カリウムイオンが細胞外に流出する。多くの場合，静止状態と同じ電位に達してもまだ電位依存型のカリウムチャネルがはたらいていて，一時的に電位差が増加した状態になる。このように電位差が増加することを ア とよぶ。

　一方，孔辺細胞では，通常は細胞膜の外側を基準として細胞膜の内側がマイナスの電位になっているが，青色光を感知するとプロトンポンプのはたらきによりプロトンが細胞外に能動輸送されて ア が生じる。その結果，おもに イ チャネルが活性化して イ イオンが流入し，孔辺細胞内の ウ が上昇して水が流入する。

3．下線部(iii)について，以下の問い1），2）に答えよ。
1）細胞が吸水する際，水は細胞膜のリン脂質の間を通過することができるが，水を通すタンパク質の存在も知られている。このタンパク質の名称を記せ。
2）孔辺細胞の膨圧が増すと気孔が開くのは，孔辺細胞がどのような構造を持っているためか。句読点を含めて60字以内で述べよ。

4．下線部(iv)について，以下の問い1），2）に答えよ。
　1）気孔の閉鎖に関わる植物ホルモンの名称を記せ。
　2）以下の生理現象①〜④のうち，おもに1）で答えた植物ホルモンの作用によるものには○を，他の植物ホルモンの作用によるものには，その植物ホルモンの名称を記せ。
　　① 果実の成熟促進
　　② 種子発芽の促進
　　③ 種子休眠の誘導
　　④ 昆虫により食害を受けたときの防御応答
5．下線部(v)について，野生型植物と気孔が閉じない突然変異体植物を乾燥した環境におくと，後者では前者と比べて葉がしおれやすくなる。その理由を，句読点を含めて30字以内で述べよ。

〔Ⅳ〕つぎの文章を読んで，以下の問いに答えよ。

　生物多様性には，　ア　多様性，生態系の多様性，種の多様性の3つの概念がある。このうち種の多様性には，捕食・被食が複雑に絡み合った　イ　が深く関与している。通常はある1種がいなくなっても生態系は全体的には大きな影響を受けないが，例外もある。例えば，多様な種が生息するアメリカの太平洋岸の岩場で，主にフジツボとムラサキイガイを食べるヒトデのみを除去し続ける実験が行われた結果，最終的にムラサキイガイが岩の表面を覆い尽くした。この岩場におけるヒトデのように　イ　の上位にあって他種の生存に大きな影響を及ぼす生物種を　ウ　とよぶ。
　生態系は台風や火山の噴火などの外的要因によって破壊されることがある。このような物理的な外力が生物に影響を及ぼす急激な変化を　エ　とよぶ。一過性ではない大規模かつ人為的な　エ　も種の多様性を大きく減少させ，生態系を破壊する。一方，中程度の　エ　がある環境下で種の多様性は最も高くなると考えられている。例えば極相林の場合には，倒木などの適度な　エ　によってギャップが出現し，樹種が多様化する。また，人間による生

態系への適度なはたらきかけが続く里山(iv)でも種の多様性が高く維持されている。人間が生態系から受ける様々な恩恵は　オ　とよばれる。

1. 空欄　ア　〜　オ　に入る適切な語句を記せ。
2. 下線部ⅰ)に当てはまる例を1つ記せ。
3. 下線部ⅱ)の説は，熱帯のサンゴ礁におけるサンゴの種数の調査から提唱された。空欄　エ　が①大規模におこる場所と②ほとんどおこらない場所で生き残るサンゴ種はどのような特性をもつものか。それぞれ10文字以内で記せ。
4. 下線部ⅲ)について以下の問い(1)〜(2)に答えよ。
   (1) 下線部ⅲ)はどのような空間か。句読点を含め30字以内で述べよ。
   (2) 下線部ⅲ)の規模が，①大きい場合に生える樹種と，②小さい場合に生える樹種を以下の(a)〜(i)から3つずつ選び，それぞれ記号で記せ。
      (a) スダジイ　　(b) アカマツ　　(c) シラカンバ
      (d) エゾマツ　　(e) ブナ　　　　(f) イタドリ
      (g) ヤシャブシ　(h) チガヤ　　　(i) シロザ
5. 下線部ⅳ)では人間活動の変化によって管理が行き届かなくなるとその環境が変化し，さまざまな生物に影響を及ぼす。下線部ⅳ)のうち，1)雑木林，と2)水田，では，管理が行き届かなくなることにより，その植生と種の多様性にどのような変化が生じるか。植生の遷移の観点を踏まえ，それぞれ句読点を含めて50字以内で述べよ。
6. 近年，農業においても　オ　が注目されており，作物の害虫に対してその天敵の種の多様性や密度を高めるような栽培管理が試みられている。図1は，キャベツ畑のⅰ)キャベツのうね間にシロクローバを播種した区画(間作区)，ⅱ)キャベツとタマネギを1列ずつ交互に植えた区画(混作区)，ⅲ)これらを組み合わせた区画(間・混作区)と，ⅳ)キャベツのみを植えた区画(対照区)の，それぞれの区画の地表に3か所ずつピットフォールトラップ(落とし穴トラップ)を仕掛け，捕獲される天敵種群(クモ類，ナナホシテントウ)の数を調べた試験の結果である。この試験では図1のようにクモ類の捕獲頭数の違いに明らかな傾向がみられた。間作または混作を行った畑では，クモ類の捕獲頭数は対

照区より多く，クモ類を増やす効果は間作のほうが混作よりも大きかった。さらに，間作と混作を組み合わせることで相乗効果も得られた。以下の問い(1)〜(3)に答えよ。

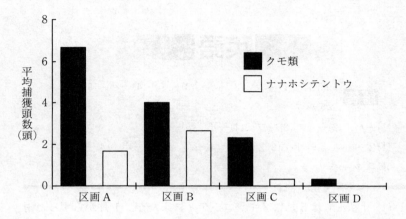

図1　各区画のトラップで捕獲された天敵類の平均頭数

(1) 図1中の区画A〜区画Dの名称を，ⅰ)間作区，ⅱ)混作区，ⅲ)間・混作区，ⅳ)対照区から選んでそれぞれ記号で記せ。

(2) 自然界には，食性や生態などが異なるさまざまなクモ類が存在する。この調査で多く捕獲されたのはどのような性質のクモ類であると考えられるか。調査に用いたトラップの特性やトラップを地表に設置したことを踏まえ，句読点を含めて25字以内で述べよ。

(3) なぜ間作区や混作区などでは対照区に比べて天敵が多くなったと考えられるか。生物多様性の観点から考えられることを述べよ。

英語

I 解答

問1．(1)—ニ　(2)—ハ　(3)—イ　(4)—ハ　(5)—ロ　(6)—ニ

問2．(1)—ハ　(2)—イ　(3)—ロ　(4)—イ　(5)—ハ

問3．(1)2—ハ　4—ホ　(2)2—ホ　4—ニ　(3)2—ホ　4—イ　(4)2—ホ　4—ハ

◀解　説▶

問2．(1) 「私たちは5月にメキシコシティに来たが，1月からずっと雨が降っていないことがわかった」となるように，ハ．there hadn't been を補う。形式主語 it を用いるのであれば，動詞 rain か be rainy を用いなければならないので，ここでは there isn't any rain で「雨が降らない」とする。この rain は名詞である。文末に since January があるので述語動詞は完了形にする。

(2) 「私の友人の奇妙な行動のせいで私は少し恥ずかしくなった」となるように，イの feel を補う。make A do で「Aに～させる」となる。

(3) 会話文の流れは以下の通り。

ビル：やあ，ピーター。10000円貸してくれない？

ピーター：いいかげんにしてくれ！　君は僕からもう5000円の借りがあるよ。

ビル：うん，でも先週そのうち4000円君に返しただろ。覚えてる？

ピーター：ああ，わかったよ。ほら，君にもう5000円なら貸してもいいよ。これでもう君は僕に6000円の借りがあるね。

ピーターの1番目の発言に「5000円の借りがある」とあり，それに対してビルは「4000円返した」と主張しているので，この時点でピーターに対してのビルの借りは1000円となる。そして，ピーターは「君にもう5000円なら貸してもいいよ」と言っているので，ビルの借りは合計6000

円となる。

(4) 会話の流れは以下の通り。
サンドラ：新しい屋上菜園はどう？　もう何か育ったの？
イザベル：本当にいい感じよ。たくさんのジャガイモを収穫したのよ。いくらか欲しい？
サンドラ：本当に？　本気で？
イザベル：大丈夫よ。週末に持っていくわね。
イザベルの返答に「大丈夫よ。週末に持っていくわね」とあるため，ジャガイモをもらうという意思を表す返事を選べばよい。ハは「今夜の夕食でいくらか食べられる」の tonight「今夜」が「週末」と合わない。

(5) 会話の流れは以下の通り。
ベルさん：こんにちは，ジョン。入って，コーヒーはいかが？
ジョン：いや，いいよ。ちょうどスーパーマーケットに行くところだから，何か欲しいものはないかと思ってね。
ベルさん：今のところ必要なものは全部あるわね。どちらにせよありがとう。
ジョン：わかった。何か思いついたら連絡ちょうだい。
ジョンは，1番目の発言でベルさんに対して買い物がないかどうか尋ねた上で，2番目の発言で「わかった。何か思いついたら連絡ちょうだい」と言っていることから，ベルさんはジョンに買い物を頼んでいないと推測できる。したがって「必要なものは全部ある」と言っているハが正解となる。

問3．(1) (When people step on escalators, they stand on) one side to let others (pass in some cities of Japan.)「エスカレーターに乗るとき，日本の都市の一部では片側に立って他の人が通り過ぎて行けるようにする」　空欄直後にある pass は動詞の原形であり，let A pass「A が通り過ぎて行けるようにする」の語順に着目する。A にあたる目的語の名詞としては one side と others が候補となるが，「通り過ぎて行く」のは人間であるから others を選ぶ。

(2) (Having even a little cultural knowledge can) help people figure out how (to behave in other countries.)「ほんの少し文化についての知識を持っているだけでも，人々が他国でのふるまい方を知るのに役立つ」　help A (to) do「A が〜するのに役立つ」　figure out「〜を理解する，

わかる」

(3) (The director has authority) to decide which cases the insurance will cover(.) 「その取締役にはどの事例に保険が適用されるかを決定する権限がある」 ここでの to decide は不定詞の形容詞的用法として authority を修飾する。decide は他動詞であり，ここでは which cases から始まる間接疑問文を目的語とする。疑問文なら which cases will the insurance cover? なので，間接疑問文は which cases the insurance will cover となる。

(4) All we can do is (try our hardest in the next exam.) 「私たちができることと言えば，次の試験で全力を尽くすことだけだ」 all S can do is (to) do 「Sは〜することしかできない」

II 解答

問1．A—ロ　B—ニ　C—ヘ　D—イ　E—ハ
問2．(1)—ホ　(2)—イ　(3)—ロ　(4)—ニ　(5)—ハ

◆全　訳◆

問1．≪メスのアフリカライオンが持つ敵の群れの識別能力≫

　多くの種は縄張りやつがいを求めて戦いに挑む前に敵の力や相対的な数を評価する必要がある。メスのアフリカライオンの群れを例にとってみよう。メスのアフリカライオンは戦うべきかどうか選択する前に近くの群れの咆哮を注意して聞くことで知られているのだ。タンザニアのセレンゲティ国立公園でのある有名な実験では，正体不明の一頭のメスの侵入者がほえたのを録音したものをある群れが聞いたのだが，それによって，ライオンたちはその侵入者を撃退しようとした。しかし，もしその群れが3頭以上のライオンがほえたのを録音したものを聞けば，その群れがためらうのが見られた。ライオンが攻撃する選択をするかどうかを予測するのに最適な手掛かりは，侵入者の数と大人の防御者の数の比率であった。「ライオンたちがそれぞれの群れの個体数を見極めているのは明らかです。ですから，数を識別する能力には生存と生殖における大きな利益があるにちがいないのです」と科学者のアンドレアス=ニーダーは述べている。

問2．≪コーヒーメーカー用浄水器の使い方≫

A．設置前にホイルを取り除き，水で水タンク用浄水器をすすいで下さい。
B．水タンク用浄水器を水タンクの底に置き，冷たい飲料水で水タンクを

満たして下さい。
C．機械を起動させるために，ボタンを押して2分以内に三角形の列が点灯します。こうなったら，表示灯が点いて機械を使えるようになります。
D．最高に美味しいコーヒーをお飲みになるために，機械をお使いになる前の晩に水タンクの中に水タンク用浄水器をお入れ下さい。

◀解　説▶

問1．A．空欄の直後に closely to the roars とあることから，ロの listen を選ぶ。listen to ～「～を聞く」
B．空欄の直後に her away とあることから，ニの drive を選ぶ。drive A away「A を追い払う，撃退する」
C．空欄のある文では，3頭以上のライオンがほえたのを聞いた場合についての結果を問うている。直前の第3文（In one classic …）では，1頭のライオンがほえたのを聞いた場合，ライオンたちはその侵入者を撃退しようとしたとある。これと対照的な結果だと予測されるので，への hesitate「ためらう」を選ぶ。
D．空欄のある文の直前の2文の内容を見ると，メスライオンは，咆哮する頭数を聞いて敵を撃退するか否かを判断するとわかる。したがって「敵を撃退する」の意味になるイの attack を選ぶ。
E．直前にある第6文（"Obviously, they're …）に「ライオンたちがそれぞれの群れの個体数を見極めている」とあり，空欄のある文では，これを言い換えて the capability to 　E　 numbers としている。したがって「個体数を見極める能力」の言い換えとなるように，ハの distinguish を入れ「数を識別する能力」とする。
問2．(1)　A の図より，水タンクに浄水器を入れる前に包装から取り出して水洗いをしていることがわかるので，ホの installation「設置」を選ぶ。
(2)　B の図より，水タンクの底に浄水器が入れられていることがわかるので，イ．bottom「底」を選ぶ。
(3)　C の図より，ボタンを押していることがわかるので，ロの button「ボタン」を選ぶ。
(4)　C の図より，三角形の列が点灯して，そのあと表示灯が点灯して使用準備ができることがわかるので，ニの indicator「表示灯」を選ぶ。
(5)　D の図より，浄水器をタンクに入れて一晩経っていることがわかるの

で，ハの evening「晩」を選ぶ。

III 解答

問1．A—イ　B—ホ　C—リ　D—ト　E—ヌ
問2．ロ　問3．イ・ニ　問4．ハ　問5．ハ
問6．イ　問7．F—ヘ　G—ロ
問8．(1)—F　(2)—F　(3)—T　(4)※

※本文では正誤を判断できない内容となっていたため，(4)については，全員正解としたと大学から発表があった。

◆全　訳◆

≪インターネットの世界的普及の歴史≫

インターネットは私たちにとって最も革新的で最も急成長している技術の一つである。その歴史は半世紀以上前にさかのぼる。eメールは1960年代から存在しており，ファイル共有は少なくとも1970年代から存在しており，現在使用されているネットワーク技術のTCP/IPは1982年に規格化された。しかし，1989年のワールドワイドウェブの発明こそが，私たちの情報通信の方法に大変革を起こしたのであった。ワールドワイドウェブの開発者はイギリスの科学者のティム＝バーナーズ・リーであり，コンピュータのネットワークによって情報を共有するシステムを作り出したのだ。当時，彼はスイスのCERNと呼ばれるヨーロッパの物理学研究所に勤めていた。ここでは，それ以来のインターネットの世界的拡大について見ていきたい。

図1が示すのは，世界各地でインターネットを使っている人の割合である。これらの統計は最近3カ月間でインターネットを使った（すなわち「オンライン」になった）人々全員を指す。グラフは1990年，すなわちバーナーズ・リーが最初のウェブブラウザを公開して，まさに最初のウェブサイトが開設される，さらに1年前から始まる。当時，世界中でネットワークにつながっていたコンピュータはごく少数であり，1990年の概算が示すのは，世界人口のうち1％さえネットワークにつながっていなかったということだ。

データが示すように，少なくとも世界の一部地域では，これは1990年代後半に変化し始めたのだ。2000年までにはアメリカ合衆国の人口の45％近くがインターネットによって情報にアクセスしていたのだ。しかし

世界のほとんどではインターネットはまだそれほど影響力を持っておらず，2000年には東アジア太平洋地域の94％がいまだにネットワークにつながっていなかったのだ。

　15年後の2015年，アメリカ合衆国の国民の75％がオンラインにつながっており，世界の多くの地域の国々が追いついた。例えば，インドで26％がインターネットを使用して，中国では約50％，ブラジルでは58％，韓国と日本では91％，デンマークとノルウェーで97％であり，そしてアイスランドは人口の98％がネットワークにつながっていて首位であった。

　これらの時期にそれぞれの国から何人がネットワークにつながっていたのか。表1は，使用者の数（1000人単位）が，2015年に利用者数が最大となった6カ国で次第にどう変化したかを，全世界での変化と共に示したものである。

　図1でわかるように，2015年には世界の約半分がまだネットワークにつながっていなかった。しかし，その時以来インターネットは信じられない速度で成長してきており，間もなく多くの人々が初めてそれを体験することになるだろう。インターネットはすでに世界を変えたが，インターネットがもたらす大きな変化はいまだにこの先のことであり，その歴史は始まったばかりなのだ。

図1：インターネットを使っている人々の割合
表1：インターネット利用者の数（1000人単位）

――――――――◀解　説▶――――――――

問1．A．図1より，1990年の全世界のインターネット利用者率は0％に近いとわかるので，選択肢の中で最も近いイを入れ，「1％ですらない」とする。not even「～でさえない」より，「1％の人でさえもオンラインでなかった」という意味になる。

B．図1より，2000年にアメリカ合衆国では人口の40％以上がインターネットを利用していることがわかるので，選択肢の中で最も近いのはホとなる。

C．図1より，2000年の東アジア太平洋諸国のインターネットの利用者率は5～6％程度だとわかるので，その地域のその時期でネットワーク接続をしていない率は，リの94％となる。

D．図1より，アメリカ合衆国の2015年のインターネット利用者率が

75％程度だとわかるので，選択肢の中で最も近いのはトとなる。

E．空欄Eの周辺を訳すと，「デンマークとノルウェーで97％であり，そしてアイスランドは人口の　E　がネットワークにつながっていて首位であった」となり，Fには97％を超える値が入るとわかるので，正解はヌとなる。

問2．「インターネット利用者が3億人を超えた最初の国はどれか」 表1を見ると，最初に3億人を超えたのは，2010年に4億6639万6000人に達した中国である。2010年時点で3億人を超えた国は他にない。

問3．「次のうち，2005年に日本よりインターネット利用者数が多い国を選べ。複数の選択肢を選んでもよい」 表1を見ると，2005年の日本の利用者数が8588万3000人であり，それより多いのはアメリカ合衆国（2億59万3000人）と中国（1億1264万5000人）である。

問4．「最も適切な選択肢で以下の空欄を埋めよ。世界人口の約　　　が2015年までにインターネットを使っていた」 図1を見ると，2015年には世界人口の約42〜43％がインターネットを利用していることがわかるので，正解はハとなる。

問5．「最も適切な選択肢で以下の空欄を埋めよ。2005年に最大のネットワーク利用者数となった国は，過去5年間で約　　　の増加を経験した」 表1を見ると，2005年時点で利用者数最大の国は2億59万3000人のアメリカ合衆国であり，5年前の1億2147万5000人と比べておよそ8000万人増加していて，増加率は約66％である。これに最も近いハが正解となる。1.66倍になっているが，ここでは増加率〔伸び率〕を問われているので，ホを選ばないこと。

問6．「最も適切な選択肢で以下の空欄を埋めよ。2015年の利用者数の順位で，　　　にもかかわらず中国とインドは上位2位の地位を占めた」
イ．「日本よりもインターネットの利用者率が低かった」
ロ．「他のアジア諸国よりも人口が多かった」
ハ．「エジプトと同じくらい長い文明の歴史があった」
ニ．「インターネットを利用しているのが人口の4分の1未満であった」
第4段第1文（Fifteen years later, …）後半に「例えば，インドで26％がインターネットを使用して，中国では約50％，…日本では91％」とあり，両国は日本よりも利用者率が低かったことがわかるので正解はイとな

問7．「最も適切な選択肢で以下の空欄を埋めよ。2015年のインドとブラジルの人口を計算すると，2カ国それぞれのインターネット利用者率と利用者数に基づいて，それぞれ F と G に近い」 Fはインドの人口で，Gはブラジルの人口である。第4段第1文後半と表1より，インドの利用者率が26％で3億4035万4000人，ブラジルが58％で1億2013万3000人となる。そこから計算すると，インドの総人口は，ヘの13億人で，ブラジルはロの2億人である。

問8．「次の文で正しい場合はTを，そうでない場合はFをマークしなさい」

(1) 「最初のeメールシステムは1970年代に使われた」 第1段第2文 (Its history goes…) の「eメールは1960年代から存在しており」より誤り。

(2) 「ワールドワイドウェブはアメリカ合衆国で開発された」 第1段第4・5文 (The inventor of … in Switzerland.) より，開発者はイギリスの科学者ティム＝バーナーズ・リーで，スイスのCERNで開発されたと考えられるため誤り。

(3) 「1995年には，世界中の全インターネット利用者の半分以上が1国に固まっていた」 表1より，アメリカ合衆国の利用者数（2453万9000人）は全利用者数（4471万4000人）の半分以上となっているので正しい。

IV 解答

問1．A—ロ　B—イ　C—ヘ　D—ホ　E—ハ
問2．ロ・ハ　問3．イ　問4．ニ
問5．(1)—イ　(2)—ハ　問6．イ・ホ　問7．イ　問8．ニ

◆全 訳◆

≪カエルの幹細胞から作られたロボット≫

　科学者はカエルの幹細胞を用いた，世界初の生きた，自己治癒力を持つロボットを生み出した。アフリカツメガエルから幹細胞を取ったので，そのカエル（ゼノパス・レービス）にちなんでゼノボットと名付けられたが，その機械は1ミリメートル未満の大きさしかなく，人体内を移動するのに十分な小ささである。それらは歩くことも泳ぐこともでき，食べ物なしで何週間も生き，集団で作業することもできる。

ヴァーモント大学によると，これらは「完全に新しい生命体」である。幹細胞は次の2つの特徴により，他の細胞と区別される。(a)細胞分裂により自己複製することと，(b)特定の組織細胞や臓器細胞に特化された機能を獲得できること，である。

　研究者はカエルの胚から生きた幹細胞を取り出し，それらを成長させた。それから，図1で示されているように，細胞は切られて，スーパーコンピュータにより設計された特定の「体形」に再形成される。それはヴァーモント大学の発表によると「自然界では決して見られない」形だそうだ。

　それから，その細胞が自ら活動し始めたのだが，例えば，皮膚細胞がくっつき組織を形成する一方で，鼓動している心筋細胞はそのロボットが自分で動くままにしていた。ゼノボットには自己治癒能力もあり，科学者がロボットを切開しても，自分で治癒し動き続けた。

　その発表で，「これらは新しい生きた機械です」とヴァーモント大学の主任研究員の一人であるジョシュア＝ボンガードは述べた。「ゼノボットは従来のロボットでも既知の動物種でもありません。新種の人工物，すなわち，生きておりプログラム可能な生物なのです」

　ゼノボットは従来のロボットのような外見をしておらず，ピカピカした歯車もロボットアームもない。そのかわり，むしろ動くピンク色の小さな肉塊のように見える。研究者が言うにはこれは意図的であり，これらの「生物機械」は鉄やプラスチックからできた普通のロボットができないことができるとのことだ。

　従来のロボットは「時がたつにつれて劣化し，生態系や健康の面で有害な副作用が出る可能性があります」と研究者はその研究の中で述べている。研究によると，生物機械であるため，ゼノボットはより環境にやさしく，人間の健康にとっても安全であるとのことだった。

　研究によると，ゼノボットはもしかすると数多くの作業に使えるかもしれないとのことだ。放射性廃棄物をきれいにしたり，海中のマイクロプラスチックを回収したり，人の体内で薬を運んだり，血管内を移動し老廃物を取り除いたりするのに使える可能性がある。ゼノボットは何日も何週間も栄養分の補充なしに水分の多い環境で生きられるので，体内の薬物送達に適しているのである。

　これらの直接実用的な作業とは別に，ゼノボットはまた研究者が細胞生

物学についてさらに学ぶのに役立ち，将来の人間の健康と長寿の促進へのドアを開けるのである。「もし必要に応じて 3 次元の生物的な形状を作れたら，出生異常を修復し，腫瘍をプログラムし直して正常な組織に変え，けがや病気の後で健康な組織を再び成長させ，老化に打ち勝つことができるのです」と研究者のウェブサイトには記されていた。この研究には「（体の部位を作ったり再生を促したりする）再生医療に多大な影響」を及ぼす可能性がある。

これは SF 映画から出て来たもののように聞こえるが，研究者は心配の必要はないと述べている。ゼノボットの寿命はそれほど長くない。それらは自らの食糧源を予め備えた状態で作られるが，1 週間少ししか生きられないのだ。それらの寿命は栄養分が豊富な環境でさえ数週間に限定されるし，生殖も進化もできない。

スーパーコンピュータが制御不能になることについて今すぐに心配する必要もない。これらのロボットを作り出すのにそれが大きな役割を果たしてはいるのだが。将来，おそらく悪意を持って作られた人工知能（AI）を利用する，より強力なスーパーコンピュータが現れるかもしれない。「しかしながら，今のところは，悪意を持った才能のある生物学者よりも AI システムの方が，有害な生物をより簡単に作り出す方法があると判断することは難しい」と研究者のウェブサイトには記されている。

図1：上：コンピュータが生成したゼノボットの設計
　　　下：研究室で育てられたゼノボット，細胞から作られた

━━━━━━◀ 解　説 ▶━━━━━━

問1．A．空欄直後の which は関係代名詞で，先行詞は the African frog である。この節を元の文に戻すと，they take their stem cells from them となるので，正解はロとなる。

B．空欄の前に「ゼノボットには自己治癒能力もあり」とあるので，「科学者がロボットを切開しても，自分で治癒した」となるように，イの by を補う。by *oneself*「自分で」

C．the doors に合う前置詞を選ぶ問題。a door to ～「～へのドア，道」ここでのドアは比喩的に「方法，道」の意味で用いられている。

D．(an) impact に合う前置詞を選ぶ問題。have an impact on ～「～に影響を及ぼす」

E.「これらのロボットを作り出すのに大きな役割を果たしている」となるように，ハのinを補う。play a role in *doing*「～するのに役割を果たす」

問2．stem cellは「幹細胞」であり，第2段第2文（Stem cells are …）にその特徴として「(a)細胞分裂により自己複製すること，(b)特定の組織細胞や臓器細胞に特化された機能を獲得できること」が挙げられている。これらの条件に合う選択肢は，ロ．「それらは数個の細胞に分裂可能である」とハ．「それらは様々な種類の細胞になることが可能である」となる。細胞の機能を獲得できるということは，「その細胞になる」で言い換えられると考える。また，同文のrenew themselvesはself-renewal「自己複製」と同じ意味である。

問3．ゼノボットの作成過程について，第3段（The researchers took …）に「カエルの胚から生きた幹細胞を取り出し，それらを成長させた」「細胞は切られて，スーパーコンピュータにより設計された特定の『体形』に再形成された」とある。これらはロとハ・ニの内容である。イの「核を活性化させるために細胞が1週間凍結される」は正しくない。

問4．第6段第1・2文（Xenobots don't look … moving pink flesh.）にゼノボットの外見の特徴として「従来のロボットのような外見をしておらず，ピカピカした歯車もロボットアームもない。…動くピンク色の小さな肉塊のように見える」とあり，機械と銘打ちながら機械のような外見をしていないことがわかるため，それを形容する言葉として，ニのbiological machines「生物機械」を選ぶ。

問5．(1) a host of～「たくさんの」であるから，イのmanyと同じ意味となる。
(2) 下線部のcomeは「生まれてくる，作られる」の意味で用いられており，ハの「～を持った状態で生まれる，発生する」が最も近い意味となる。pre-loaded with～「～が元々備わった状態で」
イ．「持つようになった」
ロ．「～の重さを運ぶようになった」
ニ．「～の重さを運びながら生まれる」

問6．イ．「生殖し進化できる」 第10段最終文（Their lifespan is …）後半より誤り。

ロ.「自ら治癒することができる」 第4段最終文(Xenobots even have …)より正しい。
ハ.「栄養が豊富な環境下では数週間生きられる」 第10段最終文前半より正しい。
ニ.「集団で共同して活動できる」 第1段最終文(They can walk …)より正しい。
ホ.「人間の健康に非常に有害である」 第7段最終文(As 1 , …)より誤り。
ヘ.「自分自身で活動できる」 第4段第1文(The cells then …)より正しい。

問7．潜在的な用途に関しては第8段第2文(They could be …)に「放射性廃棄物をきれいにしたり，海中のマイクロプラスチックを回収したり，人の体内で薬を運んだり…するのに使える」とある。ロとハはこの内容に則しているが，イの「ゼノボットは海中のプラスチック製のボトルを掃除できる」は，マイクロプラスチックとプラスチック製のボトルは違うため誤りである。ニは第9段第1文(Aside from these …)の内容に則している。

問8．下線部(3)を訳すと「悪意を持った才能のある生物学者よりも，AIシステムの方が有害な生物をより簡単に作り出す方法があると判断することは難しい」となる。イは「AIシステムが有害な生物を簡単に作り出す」という内容だが，下線部は，前の「悪意を持って作られたAIを利用するスーパーコンピュータが出てくる可能性はある」とhoweverでつながることから，「AIシステムによって有害な生物が作られることはないだろう」という内容になると考えられる。これと合わないので不適当。ハは「AIも生物学者も有害な生物を作り出すことは不可能」という内容だが，下線部は生物学者とAIを比較しているのに対し，ハには比較の内容が含まれないので不適当。ロは「AIシステムは生物学者よりも生物を作り出す上で有害になりうる」という内容で，比較になっているが，下線部のharmfulはorganismsを修飾するもので，AI systemをharmfulと述べるものではない。残るニは「生物学者よりもAIシステムの方が有害な生物を作り出す可能性が高いということはない」という内容で，比較になっていて，AIが有害な生物を作ることはないと述べているので，正解である。

V 解答

問1. ハ　問2. ホ　問3. ロ　問4. ロ　問5. ニ
問6. ハ　問7. イ

◆全　訳◆

≪だまされる前にもう一度考え直せ≫

　先日，私は卒業した大学の留学課から e メールを受け取った。その e メールには海外留学することによって，あなたは大学院や雇用者の関心を引くことができますよと書いてあったのだ。私が驚いたのは他の国で勉強することについて，どれだけ学業上や職業上の利益が大きいのかということであり，海外留学することによって学業や職業でよい成果を出せると結論付けるのは合理的に思えた。しかし，この理屈は何かおかしいように思えた。数日後，わかった。その e メールが根拠としていたデータは，この2つが相関関係にあるということしか明らかにしていないと気づいたのだ。

　私たちのうちほとんどが，因果関係と相関関係とを混同するという過ちをいつも犯している。正確に言うと，Aが結果Bの理由である場合には，AとBには原因と結果の関係（因果関係）があると言え，その一方でAとBは関係しているが，必ずしも原因と結果の関係があるとは限らない場合には，それらは相互に関係（相関関係）があると言える。私たちが因果関係と相関関係とを混同する傾向は，「音楽レッスンは生徒の成績を飛躍的に向上させます」や「高等教育こそが長寿の秘訣」や「チョコレートを食べると認知能力の低下が防げます」といったメディアの見出しによって強化される。

　そのようなニュース記事の共通の問題は，それらが2つの相関関係のある現象を取り上げて一方が他方の原因となっているとほのめかしているということだ。現実的な説明は，たいていそれより全然面白くない。例えば，音楽のレッスンを受ける生徒は学業成績がよいかもしれないが，学業で成功するために必要となる教育や財源をかなり重視する環境で育った可能性も高いであろう。これらの生徒はそれゆえ音楽のレッスンがあろうがなかろうが学業成績が高いだろう。同様に，高等教育まで勉強を続ける人々は概して豊かな家柄出身であり，高価な医療も受けられ，それゆえ長生きする傾向がある。ほとんどの場合，このような因果関係と相関関係を混同する過ちは，だまそうとする意図的な試みの結果としてなされるのではなく（とはいえ，そういうことは確かに起こるのだが），因果関係についての理

解を本当に誤ったせいでなされるのである。海外留学のメールにあったような主張は選択バイアスに基づいている。上記の例のそれぞれにおいて，観察された個人は社会全体の代表ではなく，すべて似たような集団から集められた人々であり，曲解された結果につながる。

　例えば，海外留学している学生は，4年で大学を卒業する可能性が19パーセント高いと示しているデータについて考えてみよう。海外留学をすることで，実際に，どういうわけか4年で卒業する気になるというのはありうるかもしれないが，海外に行く選択をする学生は最初から学業の面でよい位置にいるという説明の方がよりしっくりくるかもしれない。他の国に行ったかどうかにかかわらず，そういった人々は4年でいい成績を修めて卒業するであろう。この現実世界の場合では，優秀な学生は自然とよりよい成果を上げるのだ。海外留学をしている学生は学生全体の代表ではなく，むしろ，最も準備を周到にしてきた学生しか含んでおらず，それゆえ，この集団が学業や職業で著しく高い成果を上げることは驚くことではないのだ。

　海外留学をすることについてのデータは，「観察研究」として知られるものに由来しており，観察研究は因果関係を示すには不十分であり，そうするためには対照試行実験が必要となる。観察研究は独立変数を調整しないまま，現実世界の過程を観察しているのだ（この場合の独立変数は海外留学する選択をした学生である）。観察研究は原因と結果を証明できないし，（成績と他の国で勉強をすることのような）異なる要因の間のつながりを証明することしかできない。ある過程が他の過程の原因となったということを証明するためには，無作為の対照試行が必要となり，被験者が人々全体を代表している必要がある。この場合，無作為の対照試行を行うためには，学業成績について，あらゆるレベルの学生の組を無作為に選択する必要があり，一方を海外留学に派遣し，もう一方を比較のために自国に居させるのである。そうして，彼らの後の成果の結果を分析することができ，2つの集団の間で明白な差があるかどうか結論付けられる。もしそうならば，私たちはおそらく他の変数を調整しつつより多くの研究を行い，隠れた影響がないことを最終的に確信するまでそれを行って，因果関係を確立できる。無作為化対照試行がなければ，一方の活動がもう一方の原因となっているとは言えず，2つの現象が相関関係にあるということしか主

張できないのである。

　これはささやかな例ではあるが，極めて決定的な論点を例示している。すなわち私たちはすべてデータにだまされる可能性がある。人間はパターンが存在していないところに，自然とパターンを見出し，私たちは起こっていると考えていることについて因果関係を語るのが好きなのだ。しかしながら，世間には普通，明確な原因と結果はなく，あるのは相関関係だけである。このような世界観では見出しがあまり面白いものにならなくなる，つまりチョコレートは「奇跡の食べ物」ではないとわかるのだが，それが意味するのは，疑わしい証拠によって，商品を買ったり賢明ではない行動をしたりするようにだまされることはないだろうということである。

◀解　説▶

問1．「it hit me という下線部の言葉を筆者はどういう意味で使っているか」
イ．「彼は海外留学している学生の数に感動した」
ロ．「彼は海外留学と学生の成績とが因果関係にあるとわかった」
ハ．「今や彼は，データが海外留学によってよい職や成績を得られることを示していないと理解している」
ニ．「留学課からのデータは，よい成績が職業上の出世につながるということを彼に明らかにした」
ホ．「メディアの見出しを見て，私たちは因果関係と相関関係とを混同しがちだと彼にはわかった」
it hit me は「思いついた，わかった」という意味であり，わかった内容はコロン以下で述べられている。「その e メールが根拠としていたデータは，この2つが相関関係にあるということしか明らかにしていないと気づいた」とあり，海外留学と学業成績は因果関係ではなく，相関関係だとわかったという主旨である。したがって正解はハとなる。

問2．「筆者によると，次のうち因果関係を言い表しているものはどれか」
イ．「海外留学をすることによって，大学院や雇用者の関心を引ける」
ロ．「音楽レッスンを受けた生徒は学校の成績もよい」
ハ．「高等教育まで続けたら，長生きする」
ニ．「海外留学する学生は4年で卒業する可能性が19パーセント高い」
ホ．「上記のうちどれも当てはまらない」

第1段第2文（The email …）と最終文（A few days …），第2段最終文（Our tendency to …），第4段第1文（Consider, for example, …）と3文（They would …）参照。イ〜ニはいずれも因果関係と相関関係とを混同している例として示されているので，正解はホとなる。

問3．「although that does occur という下線部の言葉を筆者はどういう意味で使っているか」

イ．「人々はいつも高等教育の価値を誤解している」

ロ．「時に，人々は他者を欺こうとする」

ハ．「人々は因果関係と相関関係とを混同することが多い」

ニ．「人々は社会全体を代表することが多い」

下線部の that は直前の an intentional effort to deceive を指すと考えられるので，正解はロとなる。

問4．「下線部の distorted という言葉はどういう意味か。意味の最も近い言葉を選べ」

distorted は「歪められた，曲解された」という意味なので，正解はロ．「不正確な，誤った」である。ハ．「争いが起きている」

問5．「筆者によると，どうすれば因果関係があると言えるか」

イ．「海外留学をした学生を綿密に調べることによって観察研究を行う」

ロ．「追跡調査を用いた観察研究を行い，海外留学をした学生が現在どんな仕事に就いているかを追跡する」

ハ．「海外留学をしたがっている人々からなる集団と，そうしたくない人々からなる他の集団とを比較することによって実験研究を行う」

ニ．「2つの無作為に選ばれた生徒の集団を選ぶことによって実験研究を行い，一方の集団を海外留学に派遣し，その一方で残りの集団を自国に居させる」

第5段第4・5文（Proving that one … home for comparison.）が参照箇所である。述べられていることをまとめると，因果関係があると証明するには無作為の対照試行が必要で，この実験を行うためには，学業成績が様々な中から無作為抽出された学生の組を選択し，一方を海外留学に派遣し，もう一方を比較のために自国に居させる必要がある，ということである。これと同じ内容になっているニが正解である。同段第3文（Observational studies …）から観察研究では相関関係しか見出せないの

で，イ，ロは不可。ハは「無作為」の要素がないし，海外留学をしたい集団，したくない集団への言及も本文にない。

問 6．「it turns out chocolate is not a "miracle food" という下線部の言葉を筆者はどういう意味で使っているか」

イ．「チョコレートは健康によいので，たとえあらゆる健康上の問題を解決しても奇跡ではない」

ロ．「面白みのない見出しが示すのは，奇跡を起こすためには，チョコレート以外の他の物を食べるべきだということだ」

ハ．「見出しで示されていることにもかかわらず，チョコレートは認知能力低下のような問題を解決しないだろう」

ニ．「見出しに載っている真偽の疑わしい証拠は，チョコレートのような『奇跡の食べ物』を買わせないはずだ」

チョコレートについては，第 2 段最終文（Our tendency to …）に「チョコレートを食べると認知能力の低下が防げます」という見出しが紹介されており，a "miracle food"「奇跡の食べ物」というのは，認知能力の低下を防ぐ食べ物という意味だとわかる。not a "miracle food" なので，下線部が示しているのは，実際にはそんな効果はないということである。したがって正解はハである。

問 7．「この文章に最も合うタイトルは次のうちどれか」

イ．「だまされる前にもう一度考え直せ」

ロ．「よい e メールの書き方」

ハ．「海外留学の重要性」

ニ．「観察研究の重要性」

ホ．「なぜ私たちは原因と結果を混同するのか」

文章全体のテーマは「因果関係と相関関係との混同」である。最終段第 1 文（This is a …）に重要な論点として「データにだまされる可能性がある」とあり，これは相関関係を因果関係と混同したデータだと考えられる。同段最終文（This view of …）から相関関係と因果関係を正しく区別できれば，不確かな証拠にだまされることはないとわかる。正解はイとなる。ニは「観察研究」は因果関係の証明には不十分なので不適当。ホは「原因と結果」ではなく「因果関係と相関関係」である。

❖講　評

　大問構成は，発音・アクセント問題，文法・語彙問題，会話文問題の混合問題1題，読解問題4題の計5題である。難易度は基礎〜標準レベル。試験時間は90分だが，問題の種類が多く，それぞれ長文の分量が多いので，時間配分に関して戦略を立てる必要がある。

　Ⅰの問1は発音・アクセント問題で，いずれも標準レベルである。問2前半の文法・語彙問題は短文の空所補充形式で，後半の会話文も空所補充形式である。基本例文や熟語が会話の形で問われる他，計算をする問題も含まれている。問3の語句整序問題では基本的な文法や熟語の知識が問われている。

　Ⅱの読解問題は，問1は空所に適切な1語を補う形式であり，問2は絵を見ながら浄水器の説明書に適切な1語を補う形式である。選択肢は絞りやすく文章も平易ではあるものの，判断に迷う問題も一部ある。

　Ⅲの読解問題は，表とグラフを読み解く問題である。表やグラフだけで解ける問題もあるが，文章内容を理解しなければ解けない問題もある。効率よく仕上げたい。

　Ⅳの読解問題は，カエルの胚から取り出した幹細胞を用いたロボットに関する文章で，生物学に関する語句が多用されており，それなりに読解に時間をかける必要がある。設問文は日本語となっている。

　Ⅴの読解問題は，因果関係と相関関係との混同に関する文章で，内容もやや抽象的で難しい。設問文は英語で，内容説明問題と語句の同意表現を問う問題，表題を問う問題で構成されている。語句の同意表現は問4を除き文脈から判断する問題となっている。語数も多く専門用語が一部含まれるので，時間配分を考えて時間をかけられるようにしたい。

数学

I 解答

ア．3　イ．2　ウ―②　エ―④　オ．4　カ．9
キ．1　ク．8　ケ―③　コ―⑤　サ．2　シ．1
ス．8　セ―③　ソ．3　タチ．16

◀解　説▶

≪等差数列と等比数列の積で表される数列の和≫

$a_1 = S_1 = 1 \times 3^1 = 3$　（→ア）

$n \geq 2$ のとき

$\begin{aligned}a_n &= S_n - S_{n-1} = n \times 3^n - (n-1) \times 3^{n-1} \\ &= 3n \times 3^{n-1} + (1-n) \times 3^{n-1} = \{3n + (1-n)\} \times 3^{n-1} \\ &= (2n+1) \times 3^{n-1}\end{aligned}$

この式は $n=1$ のときも成立するので，一般項 a_n は

$a_n = (2n+1) \times 3^{n-1}$　（→イ，ウ）

$\begin{aligned}\sum_{k=1}^{n}(2k+1) &= 2\sum_{k=1}^{n}k + \sum_{k=1}^{n}1 \\ &= 2 \cdot \frac{n(n+1)}{2} + n = n \times (n+2)\end{aligned}$　（→エ）

$a_n = (2n+1) \times 3^{n-1}$ において，$n=2k$ を代入すると

$\begin{aligned}a_{2k} &= (2 \cdot 2k+1) \times 3^{2k-1} = (4k+1) \times 3 \times 3^{2k-2} \\ &= 3(4k+1) \times 9^{k-1}\end{aligned}$　（→オ，カ）

$T_m = \sum_{k=1}^{m} 9^{k-1} = \frac{1 \cdot (9^m - 1)}{9-1} = \frac{1}{8}(9^m - 1)$　（→キ～ケ）

$\begin{array}{r}U_m = 1 + 2 \times 9 + 3 \times 9^2 + \cdots + m \times 9^{m-1} \\ -\underline{) \ 9 \times U_m = \ \ \ \ 1 \times 9 + 2 \times 9^2 + \cdots + (m-1) \times 9^{m-1} + m \times 9^m} \\ U_m - 9 \times U_m = 1 + 9 + 9^2 + \cdots + 9^{m-1} - m \times 9^m \\ = T_m - m \times 9^m\end{array}$　（→コ）

ここで，左辺は $-8U_m$ なので

$U_m = -\frac{1}{8}(T_m - m \cdot 9^m)$

$$\sum_{k=1}^{m} a_{2k} = \sum_{k=1}^{m} 3(4k+1)9^{k-1} = 12\sum_{k=1}^{m} k \times 9^{k-1} + 3\sum_{k=1}^{m} 9^{k-1}$$

$$= 12U_m + 3T_m = 12\left\{-\frac{1}{8}(T_m - m \times 9^m)\right\} + 3T_m$$

$$= -\frac{3}{2}T_m + \frac{3}{2}m \cdot 9^m + 3T_m = \frac{3}{2}T_m + \frac{3}{2}m \cdot 9^m$$

$$= \frac{3}{2} \cdot \frac{1}{8}(9^m - 1) + \frac{3}{2}m \cdot 9^m$$

$$= \frac{3}{2}\left(m + \frac{1}{8}\right) \times 9^m - \frac{3}{16} \quad (\to サ \sim チ)$$

II 解答

(1) アイ. 30　ウエ. 36
(2) オカキ. 210
(3) クケ. 25　コサ. 34　シスセソ. 1170　(4) タチ. 90　ツテ. 30

◀解　説▶

≪数字と桁数を決めたときの整数の個数≫

(1) 同じ数字を2度使わないとき，2桁の整数の個数は

$${}_6P_2 = 6 \times 5 = 30 \quad (\to アイ)$$

同じ数字を2度使ってよいとき，2桁の整数の個数は

$$6^2 = 36 \quad (\to ウエ)$$

(2) 同じ数字を2度まで使ってよいときだから，同じ数字をちょうど3度使うときを除けばよいので，求める3桁の整数の個数は

$$6^3 - 6 = 216 - 6 = 210 \quad (\to オ \sim キ)$$

(3) 同じ数字を2度まで使ってよいとき，千の位が1，百の位が1である4桁の整数の個数は，十の位と一の位を2〜6から重複を許して2個決めればよいので

$$5^2 = 25 \quad (\to クケ)$$

同じ数字を2度まで使ってよいとき，千の位が1，百の位が2である4桁の整数の個数は，十の位と一の位を1〜6から重複を許して2個決めたものから，ともに1であるとき，ともに2であるときを除けばよいので

$$6^2 - 2 = 36 - 2 = 34 \quad (\to コサ)$$

同じ数字を2度まで使ってよいとき，千の位と百の位が同じものが，1〜6の6種類あり，千の位と百の位が異なるものが，1〜6から異なる数を

並べて $_6P_2=6\times5=30$ 種類あるので,求める 4 桁の整数の個数は

$25\times6+34\times30=150+1020=1170$　(→シ〜ソ)

(4) どの数字もちょうど 2 度使うとき,1,1,2,2,3,3 を並べればよいので,6 桁の整数の個数は

$$\frac{6!}{2!2!2!}=\frac{6\times5\times4\times3\times2\times1}{2\times2\times2}=90 \quad (→タチ)$$

そのうち,1 が隣り合うものは,①,2,2,3,3 を並べて,①を 2 つの 1 が並んだ「11」に置き換えればよいので,その個数は

$$\frac{5!}{2!2!}=\frac{5\times4\times3\times2\times1}{2\times2}=30 \quad (→ツテ)$$

III 解答

ア.3　イ.2　ウエ.−2　オ.3　カ.3
キ.7　ク.9　ケ.7　コ.4　サ.7　シ.1
ス.6　セ.1　ソ.2　タチ.19

◀解 説▶

≪平面ベクトルの三角形への応用≫

OA を 3:1 に外分する点が C,AB を 3:2 に外分する点が D,2 直線 OB,CD の交点が E なので,次の図を得る。

$$\overrightarrow{OC}=\frac{OC}{OA}\overrightarrow{OA}=\frac{3}{3-1}\overrightarrow{OA}=\frac{3}{2}\overrightarrow{OA} \quad (→ア,イ)$$

$$\overrightarrow{OD}=\frac{(-2)\overrightarrow{OA}+3\overrightarrow{OB}}{3-2}=-2\overrightarrow{OA}+3\overrightarrow{OB} \quad (→ウ〜オ)$$

$$\overrightarrow{OE}=\overrightarrow{OC}+s\overrightarrow{CD}=\overrightarrow{OC}+s(\overrightarrow{OD}-\overrightarrow{OC})$$

$$\qquad=(1-s)\overrightarrow{OC}+s\overrightarrow{OD}$$

$$\qquad=(1-s)\frac{3}{2}\overrightarrow{OA}+s(-2\overrightarrow{OA}+3\overrightarrow{OB})$$

$$= \frac{3-7s}{2}\overrightarrow{\mathrm{OA}} + 3s\overrightarrow{\mathrm{OB}}$$

さらに，$\overrightarrow{\mathrm{OE}} = t\overrightarrow{\mathrm{OB}}$ とも表せるので

$$\begin{cases} \dfrac{3-7s}{2} = 0 \\ 3s = t \end{cases} \iff \begin{cases} s = \dfrac{3}{7} \\ t = \dfrac{9}{7} \end{cases} \quad (\to \text{カ} \sim \text{ケ})$$

このとき，$\overrightarrow{\mathrm{OE}} = t\overrightarrow{\mathrm{OB}} = \dfrac{9}{7}\overrightarrow{\mathrm{OB}}$ なので，$\mathrm{OB} : \mathrm{OE} = 7 : 9$ から $\mathrm{OB} : \mathrm{BE} = 7 : 2$ を得る。

また，$\mathrm{AD} : \mathrm{DB} = 3 : 2$ より，$\mathrm{AB} : \mathrm{BD} = 1 : 2$ なので，$\angle \mathrm{ABO} = \angle \mathrm{DBE}$ に注意して

$$\frac{S_2}{S_1} = \frac{\dfrac{1}{2}\mathrm{BE}\cdot\mathrm{BD}\cdot\sin\angle\mathrm{DBE}}{\dfrac{1}{2}\mathrm{OB}\cdot\mathrm{AB}\cdot\sin\angle\mathrm{ABO}} = \frac{\mathrm{BE}}{\mathrm{OB}}\cdot\frac{\mathrm{BD}}{\mathrm{AB}} = \frac{2}{7}\cdot\frac{2}{1}$$

$$= \frac{4}{7} \quad (\to \text{コ，サ})$$

以下，$\mathrm{OA} = 2\sqrt{3}$，$\mathrm{OB} = 7$，$\triangle \mathrm{OCE}$ の外接円の半径を $3\sqrt{3}$ とすると

$$\mathrm{OC} = \frac{3}{2}\mathrm{OA} = \frac{3}{2}\cdot 2\sqrt{3} = 3\sqrt{3}$$

$$\mathrm{OE} = \frac{9}{7}\mathrm{OB} = \frac{9}{7}\cdot 7 = 9$$

$\theta = \angle \mathrm{AOB}$ とおき，$\triangle \mathrm{OCE}$ で正弦定理を用いて

$$\frac{\mathrm{CE}}{\sin\theta} = 2\cdot 3\sqrt{3} \text{ より } \quad \mathrm{CE} = 6\sqrt{3}\sin\theta$$

$\triangle \mathrm{OCE}$ で余弦定理を用いて

$$\mathrm{CE}^2 = \mathrm{OC}^2 + \mathrm{OE}^2 - 2\mathrm{OC}\cdot\mathrm{OE}\cdot\cos\theta$$
$$(6\sqrt{3}\sin\theta)^2 = (3\sqrt{3})^2 + 9^2 - 2\cdot 3\sqrt{3}\cdot 9\cos\theta$$
$$108\sin^2\theta = 108 - 54\sqrt{3}\cos\theta \quad 2\sin^2\theta = 2 - \sqrt{3}\cos\theta$$
$$2(1-\cos^2\theta) = 2 - \sqrt{3}\cos\theta \quad 2\cos^2\theta = \sqrt{3}\cos\theta$$
$$\cos\theta\left(\cos\theta - \frac{\sqrt{3}}{2}\right) = 0 \quad \cos\theta = 0, \frac{\sqrt{3}}{2}$$

$$\therefore \quad \theta = \frac{1}{6}\pi \text{ または } \frac{1}{2}\pi \quad (\to \text{シ} \sim \text{ソ})$$

$\theta = \dfrac{1}{6}\pi$ のとき，△OAB で余弦定理を用いて

$$AB^2 = OA^2 + OB^2 - 2OA \cdot OB \cdot \cos\theta = (2\sqrt{3})^2 + 7^2 - 2 \cdot 2\sqrt{3} \cdot 7 \cos\dfrac{1}{6}\pi$$

$$= 12 + 49 - 42 = 19$$

よって，AB>0 より　AB=$\sqrt{19}$　(→タチ)

IV　解答

(1)アイ．-3　ウ．8　エ．4　オ．2　カ．3　キ．2　ク―④　ケコ．-4　サ．8　シ．3　ス―⑨　セ―①

(2)ソ―③　タ―①　チ―①　ツ―③　テ―⑤　ト―⑦　ナ―⓪　ニ―②　ヌネ．-1　ノ．3　ハ．4　ヒ．3

◀解 説▶

≪3次関数の増減と絶対値を含む2次関数の定積分≫

(1) $f(x) = -x^3 + 4x^2 - 4x + \dfrac{8}{3}$ より

$$f'(x) = -3x^2 + 4 \cdot 2x - 4 = -3x^2 + 8x - 4 \quad (\to \text{ア}\sim\text{エ})$$

$$= -(3x^2 - 8x + 4) = -(3x - 2)(x - 2)$$

$$= -3\left(x - \dfrac{2}{3}\right)(x - 2)$$

よって，$f(x)=0$ となる x は，小さい順に $\dfrac{2}{3}$, 2 である。(→オ~キ)

$f(x)$ の増減表は右のようになるので，$f\left(\dfrac{2}{3}\right)$ は $f(x)$ の極小値であるが，最小値ではない。(→ク)

x	…	$\dfrac{2}{3}$	…	2	…
$f'(x)$	-	0	+	0	-
$f(x)$	↘	極小	↗	極大	↘

曲線 C の点 A$(0, f(0))$ における接線 l の方程式は，$f(0) = \dfrac{8}{3}$, $f'(0) = -4$ なので

$y = -4(x - 0) + \dfrac{8}{3}$ より　$y = -4x + \dfrac{8}{3}$　(→ケ~シ)

C と l の A 以外の共有点を B$(\beta, f(\beta))$ とすると次の図を得るので，$\beta > 2$ である。

$$g(x) = f(x) - \left(-4x + \frac{8}{3}\right)$$
$$= -x^3 + 4x^2 - 4x + \frac{8}{3} + 4x - \frac{8}{3}$$
$$= -x^3 + 4x^2$$
$$g'(x) = -3x^2 + 8x = -3x\left(x - \frac{8}{3}\right)$$

よって，$0 < x < \beta$ において，$g'(x) = 0$ となる x は $x = \dfrac{8}{3}$ （→ス）

$g(x)$ の増減表は，$0 \leqq x \leqq \beta$ において右のようになるので，$0 < x < \beta$ の範囲の x について，$g(x)$ は $x = \dfrac{8}{3}$ で最大値をとる。

（→セ）

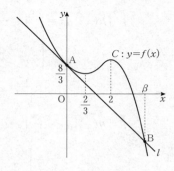

x	0	…	$\dfrac{8}{3}$	…	β
$g'(x)$	0	+	0	−	−
$g(x)$	0	↗	極大	↘	$g(\beta)$

(2) $h(x) = x|x-t| + (t-2)x$ より
$$h(t) = t|t-t| + (t-2)t = t \cdot 0 + (t-2)t = t(t-2)$$
よって，$t < 0$，$t - 2 < -2 < 0$ から　$h(t) > 0$　（→ソ）

$x \geqq t$ のとき，$|x-t| = x-t$ なので
$$h(x) = x(x-t) + (t-2)x = x^2 - 2x = (x-1)^2 - 1$$
$h(x) = (x-p)^2 - q$ とすると　$p = 1$, $q = 1$　（→タ，チ）

$x < t$ のとき，$|x-t| = -(x-t)$ なので
$$h(x) = x\{-(x-t)\} + (t-2)x = -\{x^2 - 2(t-1)x\}$$
$$= -\{x - (t-1)\}^2 + (t-1)^2$$
$h(x) = -(x-r)^2 + s$ とすると　$r = (t-1)$, $s = (t-1)^2$　（→ツ，テ）

$$h(x) = \begin{cases} x^2 - 2x & (x \geqq t \text{ のとき}) \\ -\{x^2 - 2(t-1)x\} & (x < t \text{ のとき}) \end{cases}$$
$$= \begin{cases} x(x-2) & (x \geqq t \text{ のとき}) \\ -x\{x - 2(t-1)\} & (x < t \text{ のとき}) \end{cases}$$

$t < 0$ に注意すると，$h(x) = 0$ となる x は，小さい順に $2(t-1)$, 0, 2 である。（→ト～ニ）

ただし，$t - 2(t-1) = -t + 2 > 2 > 0$ より，$2(t-1) < t$ を満たす。

$$\int_t^0 |h(x)|dx = \int_t^0 |x^2-2x|dx = \int_t^0 (x^2-2x)dx$$

$$= \left[\frac{x^3}{3}-x^2\right]_t^0 = \frac{1}{3}(0^3-t^3)-(0^2-t^2)$$

$$= \frac{-1}{3}t^3+t^2 \quad (\to ヌ〜ノ)$$

$$\int_0^2 |h(x)|dx = \int_0^2 |x^2-2x|dx = \int_0^2 \{-(x^2-2x)\}dx$$

$$= -\left[\frac{x^3}{3}-x^2\right]_0^2 = -\frac{1}{3}(2^3-0^3)+(2^2-0^2)$$

$$= \frac{4}{3} \quad (\to ハ, ヒ)$$

であるから

$$\int_t^2 |h(x)|dx = \int_t^0 |h(x)|dx + \int_0^2 |h(x)|dx = \frac{-1}{3}t^3+t^2+\frac{4}{3}$$

V 解答

ア. 2　イ. 5　ウエ. -2　オ. 5　カキ. 10
ク. 1　ケ. 3　コ. 1　サ. 2　シ—④　ス. 8
セ. 2　ソ. 2　タ. 4　チツ. 20　テ. 2

◀解　説▶

≪座標平面における二等辺三角形とその外接円≫

A(4, 2) より，OA$=\sqrt{4^2+2^2}=\sqrt{20}=2\sqrt{5}$　（→ア，イ）

OA の中点を M とおくと，M(2, 1) であり，直線 OA の傾きは $\frac{2}{4}=\frac{1}{2}$ なので，OA の垂直二等分線 l は，M を通り，傾き -2 より，その方程式は $y=-2(x-2)+1$ から　$y=-2x+5$　（→ウ〜オ）

点 D は l 上にあり　OD$=$(外接円 C の半径)$=\sqrt{10}$　（→カキ）

D$(a, -2a+5)$ とおくと

$\quad 10=$OD$^2=a^2+(-2a+5)^2=5a^2-20a+25$

$\quad a^2-4a+3=0 \quad (a-3)(a-1)=0 \quad \therefore \quad a=1, 3$

D は第1象限にあるので，$a=3$ は不適。

よって　D(1, 3)　（→ク，ケ）

これらより，次の図を得る。

ここで　　$DM = \sqrt{(2-1)^2 + (1-3)^2} = \sqrt{5}$

$$\frac{S_2}{S_1} = \frac{\frac{1}{2} \cdot OA \cdot BM}{\frac{1}{2} \cdot OA \cdot DM} = \frac{BM}{DM}$$

$$= \frac{BD + DM}{DM}$$

（$BD = (C \text{ の半径}) = \sqrt{10}$ より）

$$= \frac{\sqrt{10} + \sqrt{5}}{\sqrt{5}} = 1 + \sqrt{2} \quad (\to コ，サ)$$

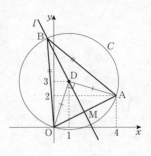

$OM = \frac{1}{2} OA = \frac{1}{2} \cdot 2\sqrt{5} = \sqrt{5} = DM$ なので，右の図を得る。

△OMD，△AMD はともに直角二等辺三角形なので，$\angle ODM = \angle ADM = \frac{\pi}{4}$ より

$$\angle ODA = \angle ODM + \angle ADM = \frac{\pi}{4} + \frac{\pi}{4} = \frac{\pi}{2} \quad (\to シ)$$

△DAB において，DA=DB より $\angle DAB = \angle DBA$ なので

$$\frac{\pi}{4} = \angle ADM = \angle DAB + \angle DBA = 2\angle DAB = 2\angle EAD$$

よって　　$\angle EAD = \frac{\pi}{8} \quad (\to ス)$

半角の公式を用いると

$$\cos^2 \frac{\pi}{8} = \frac{\cos\left(2 \cdot \frac{\pi}{8}\right) + 1}{2} = \frac{\cos \frac{\pi}{4} + 1}{2} = \frac{\frac{1}{\sqrt{2}} + 1}{2}$$

$$= \frac{2 + \sqrt{2}}{4} \quad (\to セ \sim タ)$$

△ADE において，$\angle ADE = \pi - \angle ODA = \pi - \frac{\pi}{2} = \frac{\pi}{2}$ なので

$$AE \cos \angle EAD = DA \qquad AE \cos \frac{\pi}{8} = \sqrt{10}$$

$$AE^2 = \left(\frac{\sqrt{10}}{\cos \frac{\pi}{8}}\right)^2 = \frac{10}{\cos^2 \frac{\pi}{8}} = \frac{10}{\frac{2 + \sqrt{2}}{4}}$$

$$= \frac{40}{2+\sqrt{2}} = \frac{40(2-\sqrt{2})}{(2+\sqrt{2})(2-\sqrt{2})} = \frac{40(2-\sqrt{2})}{2}$$
$$= 20(2-\sqrt{2}) \quad (\to \text{チ} \sim \text{テ})$$

VI 解答

ア．2　イ．1　ウ―⑥　エ．1　オ．2　カ．1
キク．−2　ケ―⑦　コ―①　サ―①　シ―③　ス―④
セ．3　ソ．3　タ．8　チツ．−1　テ．4　ト．2　ナニ．27
ヌネ．64

━━━━━━━━━━◀解　説▶━━━━━━━━━━

≪単位円上の点で定まる直角三角形の面積の増減と定積分≫

$P(\cos\theta, \sin\theta)$, $Q(\cos\theta, 0)$, $R(-1, 0)$ なので，$0<\theta<\pi$ より

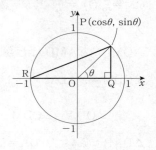

$$\triangle PQR = \frac{1}{2} \cdot RQ \cdot PQ$$
$$= \frac{1}{2}\{\cos\theta-(-1)\}\sin\theta$$
$$= \frac{1}{2}(1+\cos\theta)\sin\theta \quad (\to \text{ア, イ})$$

$f(x) = \frac{1}{2}(1+\cos x)\sin x \ (0<x<\pi)$ とおく。

$$\lim_{x \to +0} \frac{f(x)}{\sin(5x)} = \lim_{x \to +0} \frac{(1+\cos x)\sin x}{2\sin(5x)}$$
$$= \frac{1}{10} \lim_{x \to +0} \left\{(1+\cos x) \frac{\sin x}{x} \cdot \frac{5x}{\sin(5x)}\right\}$$
$$= \frac{1}{10} \lim_{x \to +0} (1+\cos x) \cdot \lim_{x \to +0} \frac{\sin x}{x} \cdot \frac{1}{\lim_{x \to +0} \frac{\sin(5x)}{5x}}$$
$$= \frac{1}{10} \cdot (1+\cos 0) \cdot 1 \cdot \frac{1}{1} = \frac{2}{10} = \frac{1}{5} \quad (\to \text{ウ})$$

$$f'(x) = \frac{1}{2}(-\sin x)\sin x + \frac{1}{2}(1+\cos x)\cos x$$
$$= \frac{1}{2}(-\sin^2 x + \cos x + \cos^2 x)$$
$$= \frac{1}{2}\{-(1-\cos^2 x) + \cos x + \cos^2 x\}$$

$$= \frac{1}{2}(2\cos^2 x + \cos x - 1) = \frac{1}{2}(2\cos x - 1)(\cos x + 1)$$

$$= \left(\cos x - \frac{1}{2}\right)(\cos x + 1) \quad (\to エ〜カ)$$

$$f''(x) = \{f'(x)\}' = (-\sin x)(\cos x + 1) + \left(\cos x - \frac{1}{2}\right)(-\sin x)$$

$$= -\sin x \left(2\cos x + \frac{1}{2}\right)$$

$$= -2\left(\cos x + \frac{1}{4}\right)\sin x \quad (\to キ〜ケ)$$

$0 < x < \pi$ のとき，$-1 < \cos x < 1$, $0 < \cos x + 1 < 2$, $0 < \sin x < 1$ なので，$f'(x) = 0$ の解 a は，$\cos a = \frac{1}{2}$ $\left(すなわち a = \frac{\pi}{3}\right)$, $f''(x) = 0$ の解 b は，$\cos b = -\frac{1}{4}$ を満たす。$0 < x < \pi$ において $\cos x$ は単調減少なので

$$a < b \quad (\to コ)$$

ここで，$\alpha = a$, $\beta = b$ とおくと，$0 < x < \pi$ における $f(x)$ の増減表は，次のようになる。

x	0	$\cdots$	α	$\cdots$	β	$\cdots$	π
$f'(x)$		+	0	−	−	−	
$f''(x)$		−	−	−	0	+	
$f(x)$		⌢	最大	⌢	$f(\beta)$	⌢	

(i) $0 < x < \alpha$ において，$f(x)$ はつねに増加し，C は上に凸。（→サ）
(ii) $\alpha < x < \beta$ において，$f(x)$ はつねに減少し，C は上に凸。（→シ）
(iii) $\beta < x < \pi$ において，$f(x)$ はつねに減少し，C は下に凸。（→ス）

△PQR の面積の最大値は，$0 < x < \pi$ における $f(x)$ の最大値と一致するので，その値は

$$f(\alpha) = f\left(\frac{\pi}{3}\right) = \frac{1}{2}\left(1 + \cos\frac{\pi}{3}\right)\sin\frac{\pi}{3}$$

$$= \frac{1}{2}\left(1 + \frac{1}{2}\right)\frac{\sqrt{3}}{2} = \frac{3\sqrt{3}}{8} \quad (\to セ〜タ)$$

$$\int f(x)\,dx = \frac{1}{2}\int (1 + \cos x)\sin x\,dx$$

$$= -\frac{1}{2}\int (1+\cos x)(1+\cos x)'dx$$

$$= -\frac{1}{2}\cdot\frac{(1+\cos x)^2}{2}+C' \quad (C':積分定数)$$

$$= -\frac{1}{4}(\cos^2 x+2\cos x+1)+C'$$

$$= \frac{-1}{4}(\cos^2 x+2\cos x)+K \quad \left(K=-\frac{1}{4}+C'\right) \quad (\to チ\sim ト)$$

$$\int_\alpha^\beta f(x)dx = \int_a^b f(x)dx = -\frac{1}{4}\Big[\cos^2 x+2\cos x\Big]_a^b$$

$$= -\frac{1}{4}\{\cos^2 b-\cos^2 a+2(\cos b-\cos a)\}$$

$$= -\frac{1}{4}\left\{\left(-\frac{1}{4}\right)^2-\left(\frac{1}{2}\right)^2+2\left(-\frac{1}{4}-\frac{1}{2}\right)\right\}$$

$$= -\frac{1}{4}\left(\frac{1}{16}-\frac{1}{4}-\frac{3}{2}\right) = -\frac{1}{4}\cdot\frac{1-4-24}{16}$$

$$= \frac{27}{64} \quad (\to ナ\sim ネ)$$

◆講　評

Ⅰ　等差数列と等比数列の積で表される数列の偶数番目の項の和を求める問題である。偶数番目でできる数列も等差数列と等比数列の積で表せるので，公比をかけて引く定番の手法に帰着できる。結果の式において，小さな値を代入して確認することも大切である。

Ⅱ　6個の数字で2，3，4桁の整数，3個の数字で6桁の整数を作るとき，その個数を求める問題である。条件をよく考え，直接数えるか，余事象を利用して数えるかを素速く判断できるようにしたい。同じ数字が隣り合うという条件では，まとめて1つの数字とみなして数えるとよい。

Ⅲ　平面ベクトルを，三角形とその外接円に応用する問題である。辺の内分点，外分点を決定するために平面ベクトルを用いて，その後は，正弦定理，余弦定理を利用する。正弦と余弦が混在する方程式では，三角比の相互関係で一方のみになるように式を変形する。

Ⅳ　3次関数の増減とグラフの接線を考察する問題と，絶対値を含む2次関数の定積分を求める問題が独立して出題されている。3次関数は基本的な出題であるが，2次関数は2重の絶対値になるため，丁寧に場合分けして，文字の値の範囲にも気を付ける必要がある。文字を含む形の場合分けに慣れているかがポイントになる。

Ⅴ　座標平面における二等辺三角形とその外接円について，面積比，角の大きさ，線分の長さなどを求める問題である。図形に対称性があるので，平面幾何の性質をうまく使うことにより座標計算を少なくできる。

Ⅵ　単位円上の点で定まる直角三角形の面積の増減を調べ，定積分を計算する問題である。導関数の計算は基本的だが，方程式の解が文字で記述されていて，表現がやや抽象的である。落ち着いて増減表を書けば，増減も最大値も決定できるので，文字での表現に慣れておきたい。

物理

I 解答 1. 2倍 2. $d\sqrt{\dfrac{k}{6m}}$ 3. 1倍 4. $\dfrac{1}{2}$倍

5. $\dfrac{\sqrt{3}}{2}$倍 6. $v\sqrt{\dfrac{m}{2k}}$

◀解 説▶

≪ばねの両端につけられた物体の運動，ばねと衝突≫

1. ばねが初めて自然長に戻るまで，小物体Bと小物体Cは一体となって動く。小物体Aの運動量の大きさを p_1 とする。BとCの質量は同じなので，運動量も同じになる。その運動量を p_2 とする。右向きを正として，運動量保存則の式を立てると

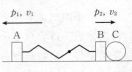

$$0 = -p_1 + 2p_2 \quad \therefore \quad \dfrac{p_1}{p_2} = 2\text{倍}$$

2. Aの速さを v_1 とする。BとCの速さは同じで，その速さを v_2 とする。$p_1 = mv_1$，$p_2 = mv_2$ であるから

$$\dfrac{mv_1}{mv_2} = 2 \quad \therefore \quad v_1 = 2v_2$$

手をはなしたところと初めて自然長に戻ったときとで，力学的エネルギー保存則の式を立てると

$$\dfrac{1}{2}kd^2 = \dfrac{1}{2}mv_1{}^2 + \dfrac{1}{2}\cdot 2m \cdot v_2{}^2$$
$$= \dfrac{1}{2}m\cdot(2v_2)^2 + \dfrac{1}{2}\cdot 2m \cdot v_2{}^2$$
$$= 3mv_2{}^2 \quad \cdots\cdots ①$$

$$v_2{}^2 = \dfrac{kd^2}{6m} \quad \therefore \quad v_2 = d\sqrt{\dfrac{k}{6m}}$$

別解 ばねの左側の質量は m，右側の質量は $2m$ である。よって，ばねを2:1に内分した点が重心になる（上図の黒丸の部分）。初めは静止していたので，この重心は初めて自然長に戻るまで静止したままである。この

重心でばねを左右に分ける。右側は，長さ $\dfrac{d}{3}$，バネ定数 $3k$，質量 $2m$ のばねとみなすことができる。このときの角振動数を ω とすると，$\omega = \sqrt{\dfrac{3k}{2m}}$ と表せるから

$$v_2 = \dfrac{d}{3} \cdot \omega = \dfrac{d}{3}\sqrt{\dfrac{3k}{2m}} = d\sqrt{\dfrac{k}{6m}}$$

3．ばねが最も縮んだとき，一瞬ばねの振動が止まるので，AとBはばねに対して静止している。よって，Aの速さとBの速さは等しくなる。

4．BとCがはなれた直後，A，B，Cの速さはそれぞれ $v_1 (= 2v_2)$，v_2，v_2 である。右向きを正として，ばねが最も縮んだときのAとBの速度を v_3 とする。ばねにつながったAとBに対して

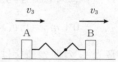

運動量保存則の式を立てると

$$m \cdot (-v_1) + m v_2 = m v_3 \times 2 \qquad m \cdot (-2v_2) + m v_2 = 2 m v_3$$

$$\therefore \quad v_3 = -\dfrac{1}{2} v_2$$

AとBは左向きに速さ $|v_3| = \dfrac{v_2}{2}$ で進む。また，Cは速さ v_2 の等速直線運動をする。

$$\dfrac{|v_3|}{v_2} = \dfrac{1}{2} \ 倍$$

5．ばねが最も縮んだときの縮みを d_1 とする。ばねにつながったAとBに対して力学的エネルギー保存則の式を立てると

$$\dfrac{1}{2} m v_1^2 + \dfrac{1}{2} m v_2^2 = \dfrac{1}{2} m v_3^2 \times 2 + \dfrac{1}{2} k d_1^2$$

$$\dfrac{1}{2} m \cdot (2v_2)^2 + \dfrac{1}{2} m v_2^2 = \dfrac{1}{2} m \cdot \left(\dfrac{1}{2} v_2\right)^2 \times 2 + \dfrac{1}{2} k d_1^2$$

$$\dfrac{1}{2} k d_1^2 = \dfrac{9}{4} m v_2^2 \quad \cdots\cdots ②$$

②÷① より

$$\dfrac{d_1^2}{d^2} = \dfrac{3}{4} \qquad \therefore \quad \dfrac{d_1}{d} = \dfrac{\sqrt{3}}{2} \ 倍$$

6．BとCが衝突した直後のBとCの速さをそれぞれ v_B，v_C とすると，

完全弾性衝突であるから

$$\begin{cases} 0+mv=mv_B+mv_C \\ -\dfrac{v_C-v_B}{v}=1 \end{cases}$$

これを解いて

$$v_B=v, \quad v_C=0$$

次に，BとCが衝突したあとのばねの縮みの最大値を d_2 とする。ばねが最も縮んだとき，A，Bの速さは等しくなる。その速さを v_4 とする。A，B全体に対して運動量保存則の式を立てると

$$0+mv=mv_4\times 2 \quad \therefore \quad v_4=\dfrac{1}{2}v$$

BとCの間の衝突は完全弾性衝突であったことから，力学的エネルギーが保存される。

$$0+0+\dfrac{1}{2}mv^2=\dfrac{1}{2}mv_4{}^2\times 2+\dfrac{1}{2}kd_2{}^2$$

$$\dfrac{1}{2}mv^2=\dfrac{1}{2}m\cdot\left(\dfrac{1}{2}v\right)^2\times 2+\dfrac{1}{2}kd_2{}^2$$

$$\dfrac{1}{2}kd_2{}^2=\dfrac{1}{4}mv^2 \qquad d_2{}^2=\dfrac{mv^2}{2k}$$

$$\therefore \quad d_2=v\sqrt{\dfrac{m}{2k}}$$

II 解答

(a) $80\,\Omega$ (b) $0.50\,A$ (c) $5.0\,V$ (d) $r_1=\dfrac{r_2 x}{1-x}$

(e) $\dfrac{x(1-x)E^2}{r_2}$ (f) $r_3>r_1$

◀解　説▶

≪ホイートストンブリッジ，メートルブリッジ≫

(a) 抵抗 R_0 の抵抗値を $R_0=100\,[\Omega]$，長さを l，断面積を S，抵抗率を ρ とすると，$R_0=\rho\dfrac{l}{S}$ である。同じ材質なので，抵抗 R_0' の抵抗率は ρ，長さは $\dfrac{4}{10}l$，断面積は $\dfrac{1}{2}S$ である。R_0' の抵抗値を $R_0'\,[\Omega]$ とすると

$$R_0' = \rho \cdot \frac{\frac{4}{10}l}{\frac{1}{2}S} = \frac{4}{5} \cdot \rho \frac{l}{S} = \frac{4}{5}R = \frac{4}{5} \times 100 = 80 \,[\Omega]$$

(b) R_0' と R_0 は直列接続されており，同じ電流が流れる。この電流を I_0' とすると，オームの法則から

$$I_0' = \frac{90}{80+100} = 0.50 \,[A]$$

(c) R_0'，R_0 にかかる電圧はそれぞれ
$$R_0'I_0' = 80 \times 0.5 = 40 \,[V]$$
$$R_0 I_0' = 100 \times 0.5 = 50 \,[V]$$

抵抗の交換前，2つの R_0 が直列接続されており，同じ電流が流れる。この電流を I_0 とすると，オームの法則から

$$I_0 = \frac{90}{100 \times 2} = 0.45 \,[A]$$

2つの R_0 にかかる電圧はどちらも
$$R_0 I_0 = 100 \times 0.45 = 45 \,[V]$$

したがって，電圧の変化量の大きさは
$$|40-45| = 5.0 \,[V]$$

参考 抵抗の交換前，2つの R_0 は直列接続なので，各抵抗に加わる電圧の比は抵抗値の比に等しい。$90 \times \frac{1}{2} = 45 \,[V]$

(d) AB 全体の抵抗値を r_{AB} とする。AB は一様な抵抗線なので，AP 間，PB 間の抵抗値は長さに比例する。AP 間，PB 間の抵抗値を r_{AP}，r_{PB} とすると

$$r_{AP} = \frac{x}{1} \cdot r_{AB}, \quad r_{PB} = \frac{1-x}{1} \cdot r_{AB}$$

検流計に電流が流れないので，ホイートストンブリッジの抵抗の関係式を用いると

$$\frac{r_1}{r_{AP}} = \frac{r_2}{r_{PB}} \quad \therefore \quad r_1 = \frac{r_2 \cdot r_{AP}}{r_{PB}} = \frac{x}{1-x}r_2 \quad \cdots\cdots ①$$

(e) R_1 の電圧を E_1, R_1 での消費電力を P_1 とする。検流計に電流が流れないので、AP 間の抵抗 R_{AP} の電圧を E_{AP} とすると、$E_1 = E_{AP}$ が成り立つ。R_1 と R_2, AP と PB はそれぞれ直列接続なので、各抵抗に加わる電圧の比は抵抗値の比に等しい。

$$E_1 = E_{AP} = \frac{r_{AP}}{r_{AB}} \cdot E = \frac{x}{1} \cdot E = xE$$

$$P_1 = \frac{E_1^2}{r_1} = \frac{(xE)^2}{r_1} \quad \cdots\cdots ②$$

$$= \frac{x^2 E^2}{\left(\frac{x}{1-x} r_2\right)} = \frac{x(1-x)E^2}{r_2}$$

(注) $E_1 = \frac{r_1}{r_1 + r_2} \cdot E$ に①を代入しても求めることができる。ただ、若干計算が複雑になる。

(f) AP 間での消費電力を P_3 とすると

$$P_3 = \frac{E_{AP}^2}{r_3} = \frac{x^2 E^2}{r_3} \quad \cdots\cdots ③$$

②, ③より、$P_1 > P_3$ のとき

$$\frac{x^2 E^2}{r_1} > \frac{x^2 E^2}{r_3} \qquad \therefore \quad r_3 > r_1$$

III 解答
(1) 0 J (2) 15000 J (3) 22500 J (4) 0.75 (5) 8

(6) $e = 1 - \dfrac{1}{x^{\frac{2}{3}}}$

◀ 解 説 ▶

≪気体の状態変化と熱機関, 断熱変化≫

(1)・(2) 状態 2 から状態 3 への過程は定積変化であるから $W_{23} = 0$
このときの内部エネルギーの変化を ΔU_{23} とする。

$$\Delta U_{23} = \frac{3}{2} R (T_3 - T_2)$$

熱力学第一法則から

$$Q_{23} = \Delta U_{23}$$

$$\therefore \quad Q_{23} = \frac{3}{2}R(T_3 - T_2) = 12.5 \times (2400 - 1200) = 15000 \text{ (J)}$$

(3) 状態3から状態4への過程は断熱変化であるから,気体が受け取る熱量は0である。このときの内部エネルギーの変化を ΔU_{34} とする。

$$\Delta U_{34} = \frac{3}{2}R(T_4 - T_3)$$

熱力学第一法則から

$$W_{34} = -\Delta U_{34}$$

$$\therefore \quad W_{34} = \frac{3}{2}R(T_3 - T_4) = 12.5 \times (2400 - 600) = 22500 \text{ (J)}$$

(4) 状態1から状態2への過程は断熱変化である。気体が外部にした仕事を $W_{12}\ (<0)$ とする。(3)と同様に

$$W_{12} = -\frac{3}{2}R(T_2 - T_1) = -12.5 \times (1200 - 300) = -11250 \text{ (J)}$$

本熱機関の熱効率 e は

$$e = \frac{W_{34} + W_{12}}{Q_{23}} = \frac{22500 - 11250}{15000} = 0.75$$

別解 状態4から状態1への過程は定積変化である。気体が捨てる熱量を Q_{41}' とする。(2)の解き方で,符号が逆になることに気をつけて

$$Q_{41}' = -\frac{3}{2}R(T_1 - T_4) = \frac{3}{2}R(T_4 - T_1) = 12.5 \times (600 - 300) = 3750 \text{ (J)}$$

1サイクルで気体がする仕事は,熱力学第一法則を用いると,気体が受け取る熱量の総和に等しい。

$$W_{34} + W_{12} = Q_{23} - Q_{41}'$$

本熱機関の熱効率 e は

$$e = \frac{W_{34} + W_{12}}{Q_{23}} = \frac{Q_{23} - Q_{41}'}{Q_{23}} = 1 - \frac{Q_{41}'}{Q_{23}} = 1 - \frac{3750}{15000} = 0.75$$

(5) 状態3における圧力を p_3,状態4における圧力を p_4 とする。各状態における気体の状態方程式は

$$p_3 V_{min} = RT_3, \quad p_4 V_{max} = RT_4 \quad \cdots\cdots \text{①}$$

状態3から状態4への過程は断熱変化であるから,次の関係式が成り立つ。

$$p_3 V_{min}{}^\gamma = p_4 V_{max}{}^\gamma \quad \cdots\cdots \text{②}$$

①を用いて②から p_3 と p_4 を消去すると

$$RT_3 V_{min}{}^{\gamma-1} = RT_4 V_{max}{}^{\gamma-1} \qquad T_3 V_{min}{}^{\gamma-1} = T_4 V_{max}{}^{\gamma-1} \quad \cdots\cdots ③$$

$$\left(\frac{V_{max}}{V_{min}}\right)^{\gamma-1} = \frac{T_3}{T_4}$$

マイヤーの関係式 $C_p = C_V + R$ より，定圧モル比熱 $C_p = \dfrac{5}{2}R$ である。比熱比 γ は

$$\gamma = \frac{C_p}{C_V} = \frac{5}{2}R \div \frac{3}{2}R = \frac{5}{3}$$

$$\therefore \quad \left(\frac{V_{max}}{V_{min}}\right)^{\frac{5}{3}-1} = \frac{T_3}{T_4} \quad \cdots\cdots ④$$

したがって，本熱機関における圧縮比 x は

$$x = \frac{V_{max}}{V_{min}} = \left(\frac{T_3}{T_4}\right)^{\frac{3}{2}} = \left(\frac{2400}{600}\right)^{\frac{3}{2}} = 8$$

参考 状態1から状態2への過程を用いても，同様の結果が得られる。

(6)　$x = \left(\dfrac{T_3}{T_4}\right)^{\frac{3}{2}}$ より

$$x^{\frac{2}{3}} = \frac{T_3}{T_4} \qquad \therefore \quad T_3 = x^{\frac{2}{3}} T_4$$

状態1から状態2への過程も断熱変化であるから，(5)と同様の表し方ができる。式③，④より

$$T_1 V_{max}{}^{\gamma-1} = T_2 V_{min}{}^{\gamma-1} \qquad \left(\frac{V_{max}}{V_{min}}\right)^{\frac{2}{3}} = \frac{T_2}{T_1} \qquad \therefore \quad T_2 = x^{\frac{2}{3}} T_1$$

熱効率 e は

$$\begin{aligned}
e &= \frac{W_{34} + W_{12}}{Q_{23}} \\
&= \left\{\frac{3}{2}R(T_3 - T_4) - \frac{3}{2}R(T_2 - T_1)\right\} \div \left\{\frac{3}{2}R(T_3 - T_2)\right\} \\
&= \frac{T_3 - T_4 - T_2 + T_1}{T_3 - T_2} = 1 - \frac{T_4 - T_1}{T_3 - T_2} \\
&= 1 - \frac{T_4 - T_1}{x^{\frac{2}{3}} T_4 - x^{\frac{2}{3}} T_1} = 1 - \frac{T_4 - T_1}{x^{\frac{2}{3}}(T_4 - T_1)} \\
&= 1 - \frac{1}{x^{\frac{2}{3}}}
\end{aligned}$$

[参考] (4)の〔別解〕より，熱効率 e は

$$e = \frac{W_{34}+W_{12}}{Q_{23}} = \frac{Q_{23}-Q_{41}'}{Q_{23}} = 1 - \frac{Q_{41}'}{Q_{23}}$$

$$= 1 - \left\{\frac{3}{2}R(T_4-T_1)\right\} \div \left\{\frac{3}{2}R(T_3-T_2)\right\}$$

$$= 1 - \frac{T_4-T_1}{T_3-T_2}$$

また，(5)の $x=8$ を熱効率の式に代入すると

$$e = 1 - \frac{1}{8^{\frac{2}{3}}} = 1 - \frac{1}{4} = \frac{3}{4}$$

となり，(4)の結果と一致する。

IV 解答

(i) $\dfrac{a}{v_0\cos\theta}$ (ii) $\tan\theta = \dfrac{b}{a}$ (iii) -2 (iv) $\sqrt{\dfrac{g(a^2+b^2)}{b}}$

(v) $\dfrac{1}{2}\sqrt{\dfrac{b}{g}}$ (vi) $\dfrac{1}{8}$ 倍

◀解 説▶

≪斜方投射と自由落下，平面上での衝突≫

(i) 小球 A は，x 軸方向に等速直線運動，y 軸方向に鉛直投げ上げ運動と同じ運動をする。A が投げ出された時刻を $t=0$ とする。時刻 t での，A の x 軸方向の速度を v_x，y 軸方向の速度を v_y，x 座標を x_A，y 座標を y_A とすると

$$v_x = v_0\cos\theta \quad \cdots\cdots① , \quad v_y = v_0\sin\theta - gt \quad \cdots\cdots②$$

$$x_A = v_0\cos\theta \cdot t \quad \cdots\cdots③ , \quad y_A = v_0\sin\theta \cdot t - \frac{1}{2}gt^2 \quad \cdots\cdots④$$

点 P を横切る時間を $t=t_1$ とすると，③に $x_A=a$ を代入して

$$a = v_0\cos\theta \cdot t_1 \quad \therefore \quad t_1 = \frac{a}{v_0\cos\theta} \quad \cdots\cdots⑤$$

(ii) 小球 B は自由落下をする。y 軸方向の速度を V_y，y 座標を y_B とすると

$$V_y = -gt \quad \cdots\cdots⑥$$

$$y_B = b - \frac{1}{2}gt^2 \quad \cdots\cdots⑦$$

AとBが衝突するのは $t=t_1$ で，このときAとBの y 座標が一致する。
④，⑦，⑤を用いて

$$v_0\sin\theta \cdot t_1 - \frac{1}{2}gt_1^2 = b - \frac{1}{2}gt_1^2$$

$$v_0\sin\theta \cdot t_1 = b \quad v_0\sin\theta \cdot \frac{a}{v_0\cos\theta} = b$$

$$\therefore \tan\theta = \frac{b}{a} \quad \cdots\cdots ⑧$$

(iii) Aから見たときのBの相対速度は，①，②，⑥を用いて

$$0 - v_x = -v_0\cos\theta$$

$$V_y - v_y = -gt - (v_0\sin\theta - gt) = -v_0\sin\theta$$

どちらも t を含まない形をしているため，Aから見ると衝突前のBは等速直線運動に見える。

(iv) まず，AとBが衝突するときの y を求める。⑦，⑤，⑧を用いて

$$y = b - \frac{1}{2}gt_1^2 = b - \frac{1}{2}g\cdot\left(\frac{a}{v_0\cos\theta}\right)^2 = b - \frac{ga^2}{2v_0^2}\cdot\frac{1}{\cos^2\theta}$$

$$= b - \frac{ga^2}{2v_0^2}\cdot(1+\tan^2\theta) = b - \frac{g}{2v_0^2}\cdot(a^2+b^2)$$

この衝突が $y \geqq \frac{b}{2}$ で起きるとき

$$b - \frac{g}{2v_0^2}\cdot(a^2+b^2) \geqq \frac{b}{2} \quad -\frac{g}{2v_0^2}\cdot(a^2+b^2) \geqq -\frac{b}{2}$$

$$v_0^2 \geqq \frac{g(a^2+b^2)}{b}$$

$$\therefore v_0 \geqq \sqrt{\frac{g(a^2+b^2)}{b}}$$

(v) (iv)より，$v_0 = \sqrt{\frac{g(a^2+b^2)}{b}}$ である。また，⑧より

$$\cos\theta = \frac{a}{\sqrt{a^2+b^2}}, \quad \sin\theta = \frac{b}{\sqrt{a^2+b^2}}$$

Aの質量を m，Bの質量を $3m$ とする。完全非弾性衝突の場合，衝突後にAとBは一体となって運動する。衝突直後の x 軸方向，y 軸方向の速度をそれぞれ V_x'，V_y' (<0) とする。①，②，⑥を用いて，x 軸方向，y 軸方向の運動量保存則の式を立てると

$$m \cdot v_0 \cos\theta + 0 = 4mV_x' \quad \cdots\cdots ⑨$$
$$m \cdot (v_0 \sin\theta - gt_1) + 3m \cdot (-gt_1) = 4mV_y' \quad \cdots\cdots ⑩$$

⑨より

$$V_x' = \frac{v_0}{4}\cos\theta = \frac{1}{4}\sqrt{\frac{g(a^2+b^2)}{b}} \cdot \frac{a}{\sqrt{a^2+b^2}} = \frac{a}{4}\sqrt{\frac{g}{b}} \quad \cdots\cdots ⑨'$$

⑩, ⑤を用いて

$$V_y' = \frac{v_0}{4}\sin\theta - gt_1 = \frac{v_0}{4}\sin\theta - g \cdot \frac{a}{v_0 \cos\theta}$$

$$= \frac{1}{4}\sqrt{\frac{g(a^2+b^2)}{b}} \cdot \frac{b}{\sqrt{a^2+b^2}} - ga\sqrt{\frac{b}{g(a^2+b^2)}} \cdot \frac{\sqrt{a^2+b^2}}{a}$$

$$= \frac{1}{4}\sqrt{gb} - \sqrt{gb} = -\frac{3}{4}\sqrt{gb}$$

衝突後もAとBにかかる力は鉛直下向きの重力のみであるから、衝突してから落下する時間はy軸方向のみで決まる。この時間をt_2とすると

$$0 = \frac{b}{2} + V_y' t_2 - \frac{1}{2}gt_2^2$$

$$0 = \frac{b}{2} - \frac{3}{4}\sqrt{gb} \cdot t_2 - \frac{1}{2}gt_2^2$$

$$2gt_2^2 + 3\sqrt{gb} \cdot t_2 - 2b = 0 \quad \cdots\cdots ⑪$$

2次方程式の解の公式を用いて、$t_2 > 0$のときの解を求める。

$$t_2 = \frac{-3\sqrt{gb} + \sqrt{9gb - 4 \cdot (2g) \cdot (-2b)}}{4g} = \frac{-3\sqrt{gb} + 5\sqrt{gb}}{4g}$$

$$\therefore \quad t_2 = \frac{1}{2}\sqrt{\frac{b}{g}} \quad \cdots\cdots ⑫$$

[参考] ⑪は因数分解できる。

$$(2\sqrt{g} \cdot t_2 - \sqrt{b})(\sqrt{g} \cdot t_2 + 2\sqrt{b}) = 0$$

$t_2 > 0$のとき

$$2\sqrt{g} \cdot t_2 = \sqrt{b} \quad \therefore \quad t_2 = \frac{1}{2}\sqrt{\frac{b}{g}}$$

(vi) 点Qから点Rまでの距離は、式⑨'と⑫を用いて

$$V_x' \cdot t_2 = \frac{a}{4}\sqrt{\frac{g}{b}} \cdot \frac{1}{2}\sqrt{\frac{b}{g}} = \frac{a}{8}$$

よって、aの$\frac{1}{8}$倍である。

V 解答

(イ) $a = \dfrac{bf}{b-f}$ (ロ) 55 (ハ) 660 (ニ) $\dfrac{1}{11}$

(ホ) 264 mm × 396 mm (26.4 cm × 39.6 cm) (ヘ) 5

◀解 説▶

≪カメラの凸レンズ≫

(イ) レンズの式 $\dfrac{1}{a} + \dfrac{1}{b} = \dfrac{1}{f}$ から

$$a = \dfrac{bf}{b-f}$$

(ロ) $a \to \infty$ のとき,$b \to f$

$f = 55$ [mm] であるから $b = 55$ [mm]

(ハ) a が最小のとき,b は最大になる。$b = 60$ のとき

$$a = \dfrac{bf}{b-f} = \dfrac{60 \times 55}{60 - 55} = 660 \text{ [mm]}$$

(ニ) 倍率は $\left|\dfrac{b}{a}\right| = \dfrac{60}{660} = \dfrac{1}{11}$

(ホ) 物体の縦を a [mm],横を b [mm] とすると

$$a \times \dfrac{1}{11} = 24, \quad b \times \dfrac{1}{11} = 36$$

∴ $a = 264$ [mm], $b = 396$ [mm]

(ヘ) 物体の大きさは 150 mm × 220 mm である。これを受光面の縦は $24 - 2 \times 2 = 20$ [mm] 以内,横は $36 - 2 \times 2 = 32$ [mm] 以内に収めたい。縦,横の倍率は

$$\dfrac{20}{150} = 0.133 \quad \dfrac{32}{220} = 0.145$$

受光面に収めるため,ここでは倍率の小さい $\dfrac{20}{150}$ を採用する。

レンズの式 $\dfrac{1}{a} + \dfrac{1}{b} = \dfrac{1}{f}$ から

$$\dfrac{b}{a} + 1 = \dfrac{b}{f}$$

倍率 $\dfrac{b}{a} = \dfrac{20}{150}$ を代入して

$$\dfrac{20}{150} + 1 = \dfrac{b}{55} \quad \therefore \quad b = 62.3 \text{ [mm]}$$

一方，b の変域を考えると

リングなし：$54 \leq b \leq 60$　　　5 mm のリング：$59 \leq b \leq 65$

10 mm のリング：$64 \leq b \leq 70$　　15 mm のリング：$69 \leq b \leq 75$

したがって，5 mm のリングを用いる必要がある。

❖講　評

　2021 年度は大問 5 題に増えた。ただ，各大問で小問が 6 問ずつあり，計 30 問は例年と同じであった。難易度も標準的であるが，試験時間を考えると全問に余裕をもって取り組むのは難しい。

　Ⅰは，ばねの両端につけられた物体の運動，後半はさらにばねと衝突について。物体はばねを介して，または直接接触してつながっている。注目する系に対して，運動量保存則の式を立てる。ばねの振動に関しては，力学的エネルギー保存則または角振動数 ω を使った公式から，物体の速さやばねの縮みを求める。

　Ⅱは，ホイートストンブリッジ，後半は特にメートルブリッジを扱った問題。抵抗値の表し方，オームの法則，電力の式などの基本事項が問われた。ホイートストンブリッジについて普段の学習で公式を整理しておくこと。

　Ⅲは，気体の状態変化と熱機関，定積変化と断熱変化について内部エネルギーの式，熱力学第一法則を用いて仕事や熱量を求めていくもの。ポアソンの法則は問題で与えられているが，普段の学習で使い慣れておきたい。

　Ⅳは，前半は斜方投射と自由落下，いわゆる「モンキーハンティング」である。放物運動の学習で馴染みのある題材である。放物運動に出てくる公式を使って，直感的なイメージに沿った結論を導けるようにしたい。後半は平面上での衝突を扱っている。ここでは使用できる文字が限られているので，早い段階で使わない文字を消して，数式を簡単にしてから進めるとよい。

　Ⅴは，カメラの凸レンズについて問われた。複雑そうに見えるが，用いるのはレンズの式と倍率だけである。確実に正解を出したい。

　いずれの問題も基礎知識や論理的思考力を問う標準的な問題である。時間に比べて問題数が多いので，的確な状況判断力が必要である。

化学

I 解答

1. (ア)—③ (イ)—② (ウ)—⑦ (エ)—⑩
2. ④
3. $K_1 = \dfrac{[H^+][HS^-]}{[H_2S]}$, $K_2 = \dfrac{[H^+][S^{2-}]}{[HS^-]}$
4. 第二段階の電離は無視できるので，$[H^+]=[HS^-]$ であり，電離度 α は1よりも十分に小さいことから，$[H_2S] \fallingdotseq 1.00 \times 10^{-2}$ [mol/L] と近似できる。よって，K_1 の式より

$$9.00 \times 10^{-8} = \dfrac{[H^+]^2}{1.00 \times 10^{-2}} \quad \therefore \quad [H^+] = 3.00 \times 10^{-5} \text{ [mol/L]}$$

となるから，電離度 α は

$$\alpha = \dfrac{[H^+]}{[H_2S]} = \dfrac{3.00 \times 10^{-5}}{1.00 \times 10^{-2}} = 3.0 \times 10^{-3} \quad \cdots\cdots\text{(答)}$$

また，pH は

$$\text{pH} = -\log_{10}[H^+] = -\log_{10}(3.0 \times 10^{-5})$$
$$= 5 - 0.477 = 4.523 \fallingdotseq 4.5 \quad \cdots\cdots\text{(答)}$$

5. (オ)—① (カ)—④
6. (キ) 4 (ク) 4 (ケ) 4 (コ) 4

◀解　説▶

≪H_2S の性質と電離平衡，ZnS の結晶格子≫

1. (ウ) 空気を $N_2 : O_2 = 4 : 1$ の混合気体とすると，平均分子量は 28.8 であり，H_2S の分子量は 34.0 であるから，H_2S は空気よりも密度が高い。

4. 第二段階の電離が無視できるということは，H_2S を1価の弱酸とみなしてよいということであるから，CH_3COOH の電離平衡を考えたときと同様に，次のように α と $[H^+]$ を求めてもよい。

H_2S の濃度を C [mol/L] とすると，H_2S の電離による濃度変化は次のようになる。

$$H_2S \rightleftharpoons H^+ + HS^-$$

はじめ	C	0	0	〔mol/L〕
反応量	$-C\alpha$	$+C\alpha$	$+C\alpha$	〔mol/L〕
平衡時	$C(1-\alpha)$	$C\alpha$	$C\alpha$	〔mol/L〕

$\alpha \ll 1$ から，$1-\alpha \fallingdotseq 1$ と近似できるので，電離定数 K_1 は

$$K_1 = \frac{[H^+][HS^-]}{[H_2S]} = \frac{(C\alpha)^2}{C(1-\alpha)} = \frac{C\alpha^2}{1-\alpha} \fallingdotseq C\alpha^2$$

よって，電離度 α は

$$\alpha = \sqrt{\frac{K_1}{C}} = \sqrt{\frac{9.00 \times 10^{-8}}{1.00 \times 10^{-2}}} = 3.0 \times 10^{-3}$$

また，$[H^+]$ は

$$[H^+] = C\alpha = 1.00 \times 10^{-2} \times 3.0 \times 10^{-3} = 3.0 \times 10^{-5} 〔mol/L〕$$

5．H_2S の電離によって生じた S^{2-} と金属イオンの反応により，硫化物の沈殿が生成する。ZnS の沈殿は白色，CdS の沈殿は黄色である。

6．(キ) A は Zn^{2+} であり，内部に4個存在するので

　　$1 \times 4 = 4$ 個

(ク) B は S^{2-} であり，各頂点に8個，面の中心に6個存在するので

$$\left(\frac{1}{8} \times 8\right) + \left(\frac{1}{2} \times 6\right) = 4 \text{ 個}$$

(コ) 右図のように，上面の中心にある B (S^{2-}) に注目する。結晶格子をもう1つ上に重ねて考えると，1個の B (S^{2-}) に4個の A (Zn^{2+}) が接していることがわかる。

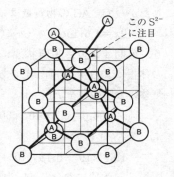

II 解答

1．②，③

2．正反応：①　逆反応：①

3．⑦

4．A_2，B_2 が x〔mol〕反応して平衡に達したとすると，反応による各物質の物質量変化は次のようになる。

$$A_2 + B_2 \rightleftharpoons 2AB$$

	A_2	B_2	$2AB$	
はじめ	1.00	1.00	0	[mol]
反応量	$-x$	$-x$	$+2x$	[mol]
平衡時	$1.00-x$	$1.00-x$	$2x$	[mol]

よって，気体の物質量の合計は

$$(1.00-x)+(1.00-x)+2x=2.00\,[\text{mol}]$$

混合気体の圧力は，気体の状態方程式より

$$\frac{2.00 \times 8.30 \times 10^3 \times (27.0+273)}{60.0} = 8.3 \times 10^4\,[\text{Pa}] \quad \cdots\cdots\text{(答)}$$

5．反応による各物質の物質量変化は前問 4 と同様に考えられる。$K_c=64.0$ から

$$\frac{\left(\dfrac{2x}{96.0}\right)^2}{\dfrac{1.00-x}{96.0} \cdot \dfrac{1.00-x}{96.0}} = 64.0$$

よって

$$\left(\frac{2x}{1.00-x}\right)^2 = 64.0 \qquad \frac{2x}{1.00-x} = 8.0 \qquad \therefore \quad x=0.80\,[\text{mol}]$$

したがって，AB の物質量は

$$2x=1.6\,[\text{mol}] \quad \cdots\cdots\text{(答)}$$

6．前問 4 より，平衡状態における A_2，B_2，AB の物質量の和は，容器の体積によらず 2.00 mol である。容器の体積が 96.0 L のときのこれらの気体の分圧の和を $P\,[\text{Pa}]$ とすると，4 の結果とボイルの法則より

$$P \times 96.0 = 8.3 \times 10^4 \times 60.0 \qquad \therefore \quad P = 5.18 \times 10^4\,[\text{Pa}]$$

よって，Ar の分圧は

$$1.01 \times 10^5 - 5.18 \times 10^4 = 4.92 \times 10^4\,[\text{Pa}]$$

同温・同体積における（圧力の比）＝（物質量の比）の関係から，Ar の物質量は

$$2.00 \times \frac{4.92 \times 10^4}{5.18 \times 10^4} = 1.89 \fallingdotseq 1.9\,[\text{mol}] \quad \cdots\cdots\text{(答)}$$

◀解　説▶

≪反応速度と触媒，化学平衡，気体の法則≫

1．反応物と均一に混じり合ってはたらく触媒を均一触媒といい，液体の

触媒がこれに該当する。一方，反応物とは均一に混じり合わずにはたらく触媒を不均一触媒といい，固体の触媒がこれに該当する。

①の触媒は $FeCl_3$ 水溶液なので均一触媒。

②の触媒は Fe_3O_4 なので不均一触媒。

③の触媒は V_2O_5 なので不均一触媒。

④の触媒は酸の水溶液なので均一触媒。

２．触媒を加えると活性化エネルギーが小さくなり，正反応も逆反応も反応速度は大きくなる。

３．まず，平衡状態になると，触媒の有無にかかわらず，正反応の速度と逆反応の速度は等しくなるので，これを満たすものは⑥，⑦，⑧，⑨である。そして，触媒があると平衡状態に達するまでの時間が短くなり，また平衡状態における正反応と逆反応の速度は大きくなる。以上より，適切な図は⑦である。

６．A_2，B_2，AB の分圧の和 P [Pa] は，気体の状態方程式を用いて次のように求めてもよい。

$$P = \frac{2.00 \times 8.30 \times 10^3 \times (27.0+273)}{96.0} = 5.18 \times 10^4 \text{[Pa]}$$

III 解答

1．(a) $MnO_4^- + 8H^+ + 5e^- \longrightarrow Mn^{2+} + 4H_2O$

(b) $H_2O_2 + 2H^+ + 2e^- \longrightarrow 2H_2O$

(c) $H_2O_2 \longrightarrow O_2 + 2H^+ + 2e^-$

2．(ア) +7　(イ) +2　(ウ) -1　(エ) 0

3．(オ) 2　(カ) 5　(キ) 3　(ク) 1　(ケ) 2　(コ) 5

4．塩化物イオンが酸化され，正確な定量ができないから。(25字以内)

5．H_2O_2 水溶液のモル濃度を c [mol/L] とおく。化学反応式(1)より，$KMnO_4$ と H_2O_2 は物質量比 2:5 で反応するので

$$5.00 \times 10^{-3} \times \frac{6.00}{1000} : c \times \frac{10.0}{1000} = 2 : 5$$

$$\therefore\ c = 7.5 \times 10^{-3} \text{[mol/L]}　……(答)$$

6．③

7．H_2O_2 の分解反応は次の反応式で表される。

$$2H_2O_2 \longrightarrow 2H_2O + O_2$$

よって，20秒間に分解した H_2O_2 の物質量は

$$1.00\times 10^{-3}\times 2 = 2.00\times 10^{-3} \text{[mol]}$$

反応開始から20秒までの間の H_2O_2 の濃度の変化量は

$$\frac{2.00\times 10^{-3}}{25.0\times 10^{-3}} = 8.00\times 10^{-2} \text{[mol/L]}$$

ゆえに，求める分解速度は

$$\frac{8.00\times 10^{-2}}{20} = 4.0\times 10^{-3} \text{[mol/(L·s)]} \quad \cdots\cdots\text{(答)}$$

◀解　説▶

≪酸化還元滴定，H_2O_2 の分解の反応速度≫

3． $MnO_4^- + 8H^+ + 5e^- \longrightarrow Mn^{2+} + 4H_2O$ ……①
　　$H_2O_2 \longrightarrow O_2 + 2H^+ + 2e^-$ ……②

とすると，①×2+②×5より

$$2MnO_4^- + 5H_2O_2 + 6H^+ \longrightarrow 2Mn^{2+} + 5O_2 + 8H_2O$$

両辺に $2K^+$，$3SO_4^{2-}$ を足して

$$2KMnO_4 + 5H_2O_2 + 3H_2SO_4 \longrightarrow K_2SO_4 + 2MnSO_4 + 5O_2 + 8H_2O$$

4．塩酸は還元剤として次のようにはたらく。

$$2Cl^- \longrightarrow Cl_2 + 2e^-$$

このため，Cl^- も MnO_4^- と電子の授受を行い，正確な定量ができなくなる。なお，硝酸は酸化剤としてはたらくので，H_2O_2 と電子の授受を行う。よって，これも正確な定量を妨げることになるため，硝酸も用いることはできない。

6．Mn^{2+} はほぼ無色，MnO_4^- は赤紫色である。終点に達するまでは MnO_4^- が還元されて Mn^{2+} になるので，水溶液の色はほぼ無色であるが，H_2O_2 がすべて消費されると，滴下した MnO_4^- は反応せずに残るので，薄い赤紫色になる。

IV 解答

1．(ア) 3　(イ) 1　(ウ) 1
2．$CH_3COOCH_2CH_2CH_3$

3．②，③

4．式量：$162 + 42x$

x の値：トリアセチルセルロースの加水分解は，次の反応式で表される。

$$[C_6H_7O_2(OCOCH_3)_3]_n + (3-x)nH_2O$$
$$\longrightarrow [C_6H_7O_2(OH)_{3-x}(OCOCH_3)_x]_n + (3-x)nCH_3COOH$$

トリアセチルセルロースの繰り返しの単位構造の式量は288,加水分解による生成物の繰り返しの単位構造の式量は $162+42x$ であり,反応式より,これらの単位構造の物質量は等しいので

$$\frac{28.8}{288} = \frac{26.7}{162+42x} \quad \therefore \quad x = 2.5 \quad \cdots\cdots(答)$$

5. (エ)―⑤　(オ)―①

6. $C_6H_5N_2Cl + H_2O \longrightarrow C_6H_5OH + N_2 + HCl$

7. ⟨benzene⟩-N=N-⟨benzene⟩-OH

◀解　説▶

≪C_3H_8O の異性体,トリアセチルセルロースの加水分解,ジアゾ化とカップリング≫

1. (ア) 分子式が C_3H_8O で表される化合物の異性体は,次の3種類である。

$CH_3-CH_2-CH_2-OH$　　$CH_3-CH-CH_3$　　$CH_3-CH_2-O-CH_3$
　　　　　　　　　　　　　　　　　｜
　　　　　　　　　　　　　　　　　OH
　1-プロパノール　　　　　2-プロパノール　　　エチルメチルエーテル

(イ) 酸化されるとケトンになるのは,第二級アルコールの2-プロパノールである。

(ウ) ヨードホルム反応を示すのは, CH_3-CH- の構造をもつ2-プロパノールである。
　　　　　　　　　　　　　　　　　　　｜
　　　　　　　　　　　　　　　　　　　OH

2. 1-プロパノールと無水酢酸の反応は次のように表される。

$CH_3CH_2CH_2OH + (CH_3CO)_2O$
$\longrightarrow CH_3COOCH_2CH_2CH_3 + CH_3COOH$

得られた酢酸プロピルは,酢酸と1-プロパノールのエステルである。一般に,カルボン酸 R_1-COOH とアルコール R_2-OH から得られるエステルの示性式は R_1COOR_2 または R_2OCOR_1 と表される。

3. 酢酸エチルは,酢酸とエタノールの脱水縮合反応で合成されるエステルである。

$CH_3COOH + CH_3CH_2OH \longrightarrow CH_3COOCH_2CH_3 + H_2O$

① 誤文。酢酸エチルには炭素間二重結合がないので，シス – トランス異性体は存在しない。

② 正文。エステル結合には極性があるので親水性であるが，その両端を疎水性の炭化水素基ではさまれているため，分子全体としては極性が小さくなり，水に溶けにくくなる。無極性溶媒であるジエチルエーテルには溶ける。

③ 正文。

④ 誤文。さらし粉水溶液で赤紫色を呈するのは，アニリンである。

⑤ 誤文。セッケンや合成洗剤が界面活性剤としてはたらく。

4．生成物の示性式は $[C_6H_7O_2(OH)_{3-x}(OCOCH_3)_x]_n$ であるから，繰り返しの単位構造 $C_6H_7O_2(OH)_{3-x}(OCOCH_3)_x$ の式量は $162+42x$ となる。

5．(エ) 氷冷下で，アニリンに希塩酸，亜硝酸ナトリウム $NaNO_2$ 水溶液を反応させると，塩化ベンゼンジアゾニウムが得られる。この反応をジアゾ化という。

$$\text{C}_6\text{H}_5-\text{NH}_2 + \text{NaNO}_2 + 2\text{HCl} \longrightarrow [\text{C}_6\text{H}_5-\text{N}\equiv\text{N}]^+\text{Cl}^- + \text{NaCl} + 2\text{H}_2\text{O}$$

(オ) ナトリウムフェノキシドは，フェノールと水酸化ナトリウム水溶液の中和反応によって生じる塩である。

$$\text{C}_6\text{H}_5-\text{OH} + \text{NaOH} \longrightarrow \text{C}_6\text{H}_5-\text{ONa} + \text{H}_2\text{O}$$

6．塩化ベンゼンジアゾニウムは 5°C 以上で加水分解してフェノールになり，N_2 が発生する。

7．塩化ベンゼンジアゾニウムとナトリウムフェノキシドから，アゾ基 $-N=N-$ をもつ p-ヒドロキシアゾベンゼン（p-フェニルアゾフェノール）の橙赤色結晶が得られる。この反応をジアゾカップリングという。

$$[\text{C}_6\text{H}_5-\text{N}\equiv\text{N}]^+\text{Cl}^- + \text{C}_6\text{H}_5-\text{ONa} \longrightarrow \text{C}_6\text{H}_5-\text{N}=\text{N}-\text{C}_6\text{H}_4-\text{OH} + \text{NaCl}$$

◆講　評

　全体として素直な問題が多く，解答に時間がかかる設問もほとんどないので，典型問題の演習をしっかり積んできた受験生にとっては，高得点が狙える問題であった。

　Ⅰ　H_2S の性質と電離平衡，ZnS の結晶格子に関する問題。4 では，H_2S を 1 価の弱酸とみなせるので，定番の CH_3COOH の電離平衡と同じように考えられることに気づければ速い。6 の S^{2-} の配位数は少し考えにくかったかもしれないが，単位格子をもう 1 つつなげれば見えてくる。

　Ⅱ　反応速度と化学平衡に関する問題。4～6 のような化学平衡の計算問題においては，〔解答〕のように，化学反応式の下に各物質の物質量変化をまとめることが大切である。4・6 では，A_2，B_2，AB の物質量の和が 2.00 mol で一定であることに注目できたかがポイント。5 では，$\left(\dfrac{2x}{1.00-x}\right)^2 = 64.0$ を展開して 2 次方程式を解くのではなく，両辺の正の平方根をとることで素早く計算できる。

　Ⅲ　酸化還元滴定と H_2O_2 の分解の反応速度に関する問題。論述問題，計算問題を含め，受験生ならば一度は解いたことがあるはずの典型的な問題ばかりであるから，完答したいところである。7 の計算問題では，分解した H_2O_2 の物質量を濃度に変換するのを忘れないようにしたい。

　Ⅳ　C_3H_8O の異性体，トリアセチルセルロースの加水分解，ジアゾ化とカップリングに関する問題。2 の酢酸プロピルの示性式は，カルボン酸側から書くかアルコール側から書くかによって，エステル結合の表し方が異なるので注意。4 は題意をとらえるのに少し時間がかかったかもしれないが，トリアセチルセルロースとその加水分解生成物の物質量が等しいことがわかれば，計算は容易である。

生物

I 解答

1．ア．1　イ．中立　ウ．少なく　エ．多く
　　オ．分子時計　カ．バリン　キ．マラリア
2．(a)—×　(b)—×　(c)—×　(d)—○
3．(d)
4．5通り
5．3番目の塩基が変化しても指定するアミノ酸は変化しないことが多い。そのため，その変異は世代を超えて残りやすいから。
6．生存に有利なヘテロ接合の人同士が結婚すると，ヘテロ接合の子だけでなくホモ接合の子も生まれる可能性がある。ホモ接合の子のうち HbS/HbS は死亡率が高く生き残る確率は低いが，HbB/HbB は生き残る確率が高い。よって，HbS 遺伝子をヘテロ接合で持つ人ばかりにはならない。
7．(d)
8．②2000万年　③4000万年

◀解　説▶

≪突然変異，分子時計≫

1．ア．ヒトとイヌの塩基配列において，塩基が異なる部分は以下の通りである。

　　ヒト：…C̲CT　GAG̲…T̲CT…
　　イヌ：…G̲CT　GAA̲…A̲GT…

与えられた塩基配列はセンス鎖のものなので，この塩基配列のTをUに読み替えると，それがアミノ酸を指定するコドンとなる。

　　CCT（プロリン）—GCT（アラニン）…非同義置換
　　GAG（グルタミン酸）—GAA（グルタミン酸）…同義置換
　　TCT（セリン）—AGT（セリン）…同義置換

2．(a)誤り。エキソンの部分が変化すると，合成されるタンパク質が変わるため生物の形質に影響を与える場合がある。したがって，エキソンの部分はイントロンの部分に比べて変化速度は小さい。

(b)誤り。代謝などの重要な機能を持つ遺伝子は，それが変化すると形質に大きな影響があるため変化は残りづらい。したがって，重要な機能を持つ遺伝子ほど変化は遅い。

(c)誤り。同義置換ではアミノ酸が変化しないため形質に影響がなく，変化が残りやすい。それに対して，非同義置換ではアミノ酸が変化し形質に影響が出る場合があるため変化は残りづらい。よって，同義置換の方が非同義置換より多い。

3．(a)藪田貞治郎：ジベレリンの命名。

(b)黒沢英一：ジベレリンの発見。

(c)岡崎令治：ラギング鎖の断片（岡崎フラグメント）の発見。

4．CGA（指定するアミノ酸はアルギニン）のいずれか1カ所に塩基置換が生じたときのコドンの配列には，次の9通りが考えられる。

<u>AGA（アルギニン）</u>，GGA（グリシン），TGA（終止コドン），
CAA（グルタミン），CCA（プロリン），CTA（ロイシン），
<u>CGG（アルギニン）</u>，<u>CGC（アルギニン）</u>，<u>CGT（アルギニン）</u>

同義置換は下線の4通りであるため，非同義置換は5通りとなる。

7．ヒトと他の生物間で，異なるアミノ酸の数を比較して系統的な近縁関係を推定すると，ヒトから近い順にゴリラ，イヌ，動物B，動物C，マウス，動物A，トカゲとなる。

8．①は7500万年前に分岐したことがわかっているので，これより1個のアミノ酸が置換するのにかかる年数を求める。マウスとヒト，マウスとゴリラ，マウスとイヌ，マウスと動物B，マウスと動物C，これらすべてにおいてアミノ酸置換数は30である。これは分岐点①から現在のマウスに進化する過程でのアミノ酸置換数が15，分岐点①からマウス以外の生物（ヒト，ゴリラ，イヌ，動物B，動物C）に進化する過程でのアミノ酸置換数が15ということを意味する。よって，1個のアミノ酸が置換するのにかかる年数は

　　7500万年÷15個＝500万年/個

動物Bとヒト，動物Bとゴリラ，動物Bとイヌこれらすべての間のアミノ酸置換数は22。よって，動物Bとそれ以外の生物（ヒト，ゴリラ，イヌ）に分かれる分岐点からのアミノ酸置換数はそれぞれ，22÷2＝11となる。

11 個×500 万年/個＝5500 万年　……(A)

よって，動物 B と〈ヒト，ゴリラ，イヌ〉が分岐したのは 5500 万年前となる。

次にイヌと〈ヒト，ゴリラ〉が分岐した時を求める。イヌとヒト，イヌとゴリラそれぞれの間のアミノ酸置換数は 14。よってイヌと〈ヒト，ゴリラ〉が分岐したのは

500 万年/個×7 個＝3500 万年　……(B)

②＝(A)−(B)＝2000 万年

③を求めるためには，動物 A と〈ヒト，ゴリラ，イヌ，動物 B，動物 C，マウス〉が分岐した時を求める。動物 A と〈ヒト，ゴリラ，イヌ，動物 B，動物 C，マウス〉間のアミノ酸置換数はすべて 46 個。よって，動物 A とそれ以外の生物（ヒト，ゴリラ，イヌ，動物 B，動物 C，マウス）に分岐したのは

500 万年/個×23 個＝11500 万年

よって，③は

11500 万年−7500 万年＝4000 万年

II　解答

1．カルス
2．クローン
3．ア．ヒストン　イ．ヌクレオソーム　ウ．クロマチン
4．(G)→(B)→(E)→(C)→(F)→(D)→(A)
5．(G)
6．二価染色体
7．

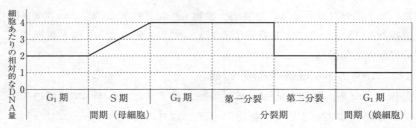

8．(c)
9．(a) 1 個　(b)—○　(c) 中央細胞 $(n+n)$　(d) $3n$

10. (c), (e)
11. 三倍体のスイカでは相同染色体が対合すると三価染色体ができる。配偶子が形成される際，それぞれの三価染色体が2本と1本に分かれて配偶子に入るため，配偶子の染色体数が染色体の種類によって異なり，正常な配偶子が形成されないから。

━━━━━━◀解 説▶━━━━━━

≪植物の配偶子形成と発生≫

4．第一分裂前期：相同染色体どうしが対合し，二価染色体が形成される。
(G)第一分裂中期：二価染色体が赤道面に並ぶ。
(B)，(E)第一分裂後期：二価染色体が対合面で分かれ，それぞれが両極に移動する。
(C)第二分裂前期：染色体が凝縮する。
(F)第二分裂中期：染色体が赤道面に並ぶ。
(D)第二分裂後期：染色体が両極へ移動する。
(A)娘細胞：減数分裂が終了すると1個の母細胞から4個の娘細胞ができる。
5．染色体の乗換えは二価染色体を形成しているときに起こる。
8．$2^6 = 64$
9．胚のう母細胞が減数分裂を行うと4個の娘細胞ができるが，それらのうちの3個は退化する。結果的に1個のみが胚のう細胞として残る。
10．マメ科，アブラナ科などの植物に無胚乳種子をもつものがある。ダイズはマメ科，ナズナはアブラナ科である。
11．種なしスイカを作る際にはコルヒチンが利用される。コルヒチンは細胞分裂時における紡錘体の形成を阻害するので染色体が両極へ分配されない。そのため，コルヒチンで処理すると染色体の倍加が起こり，四倍体のスイカを作ることができる。このスイカに二倍体のスイカの花粉を受粉させると三倍体のスイカを作ることができるが，このスイカは相同染色体を3本ずつもつため正常な配偶子を作ることができない。よって，三倍体のスイカに二倍体の花粉を受粉させると，果実はできるが種子はできないので，種なしスイカを作ることができる。

Ⅲ 解答 1．1）フォトトロピン
2）閉じていた気孔が開き蒸散が行われたため，葉から

気化熱が奪われたから。(40字以内)
3）突然変異体は気孔が開かないので，光合成に必要な二酸化炭素が不足するから。(40字以内)
4）孔辺細胞が青色光を感知し，プロトンポンプが活性化されて水素イオンが細胞外へ能動輸送されたため，細胞外の水素イオン濃度が上昇し，pHが低下した。
2．ア．過分極　イ．カリウム　ウ．浸透圧
3．1）アクアポリン
2）孔辺細胞の気孔側の細胞壁は反対側より厚くなっており，孔辺細胞が膨らむと孔辺細胞が外側に押し曲げられる形になるため。(60字以内)
4．1）アブシシン酸
2）①エチレン　②ジベレリン　③—○　④ジャスモン酸
5．蒸散が常に行われるので，植物体内の水分が失われやすいから。(30字以内)

◀解　説▶

≪植物の環境応答≫

1．2）赤色光下において野生型のシロイヌナズナに弱い青色光を照射すると，気孔が開く。これにより蒸散が起こり，気化熱が奪われて葉面温度が低下する。
4）孔辺細胞が青色光を感知すると，プロトンポンプが活性化されてプロトンが細胞外に能動輸送されることがリード文に書かれている。したがって，葉の外側の培地のプロトン濃度が高くなったためにpHが低下した，と考えられる。
3．2）気孔が閉じる場合には，細胞からカリウムイオンが排出され，細胞内の浸透圧が低下して水が流出する。それにより膨圧が低くなって気孔が閉じる。

Ⅳ 解答　1．ア．遺伝的　イ．食物網　ウ．キーストーン種
　　　　　エ．かく乱　オ．生態系サービス
2．森林伐採，焼き畑による森林焼失，干潟の埋め立て，などから1つ。
3．①環境の変化に強い種（10字以内）　②種間競争に強い種（10字以内）

4．(1)林冠に穴が開き，林床まで光が届くようになった空間。(30字以内)
(2)①—(b), (c), (g)　②—(a), (d), (e)
5．1)陽生植物は生育できず陰樹だけの森林になるため，そこに生育する生物の種類が減少し，種多様性は低下する。(50字以内)
2)二次遷移が進行し草本類が侵入する。水生生物やそれを餌とする多くの生物が減少し，種多様性は低下する。(50字以内)
6．(1)区画A：ⅲ)　区画B：ⅰ)　区画C：ⅱ)　区画D：ⅳ)
(2)巣網を張らずに，地表を歩き回って餌を捕獲する性質。(25字以内)
(3)間作区や混作区では植物の種類が増えるためそれを餌とする害虫の種類も増える。その結果，それを餌とする天敵の種類や数が増える。

◀解　説▶

≪生物多様性≫
3．この説を中規模かく乱説という。かく乱が頻繁に起こるとかく乱に強い種に偏った生物群集となり，かく乱がほとんど起こらなければ種間競争に強い種に偏った生物群集となる。
4．(1) 台風などによって樹木が倒れたり人が伐採したりすると，そこにギャップができる。それにより陰生植物だけでなく陽生植物も生育できるようになり，生物多様性は増加する。
(2) ギャップの規模が大きい場合は，林床まで十分な光が届くので陽生植物が生育し，ギャップの規模が小さい場合は，林床まで十分な光が届かないので陰生植物が生育すると考えられる。陽生植物は(b)アカマツ，(c)シラカンバ，(g)ヤシャブシであり，陰生植物は(a)スダジイ，(d)エゾマツ，(e)ブナである。スダジイは照葉樹林，エゾマツは針葉樹林，ブナは夏緑樹林のそれぞれ代表的な樹木である。(f)イタドリ，(h)チガヤ，(i)シロザは草本であり，樹木に該当しない。
5．雑木林には陰樹だけでなくクヌギやコナラなどの陽樹も生育する。そのため，カブトムシやクワガタなどの昆虫類や鳥類など多様な生物が生育する。これは，育った樹木を人が伐採することによってギャップが形成されるためであり，人間の活動による適度なかく乱によって生物多様性が維持される例である。また，水田も人が管理することで生物多様性を高めている好例である。水田にはメダカやドジョウなど多くの水生生物が生息し，さらにそれを餌とする昆虫類や鳥類など多様な生物が生息する。このよう

に，雑木林や水田など，日本の里山には多くの種類の生物が生息するが，近年は管理が行き届かなくなることにより生物多様性が低下してきている。

6．(1) 6の問題文から次のことが読み取れる。
・間作または混作を行った畑では，クモの捕獲頭数は対照区より多い。
・クモ類を増やす効果は間作の方が混作よりも大きい。
・間作と混作を組み合わせることで相乗効果が得られた。

以上より，間・混作区が区画A，間作区が区画B，混作区が区画C，対照区が区画Dとなる。

(2) このクモは地表に設置された落とし穴トラップで捕獲されている。これより，このクモは地表を歩き回り，そこで生活する生物を捕獲することがわかる。クモの巣を張ってえさを捕らえるタイプではない。

(3) 間作や混作をすると，それを食べる害虫の種類が増えるため，害虫を食べる天敵の種類も増えると考えられる。生物多様性が高まるため，その結果キャベツを食べる害虫が大量に増えるということがなくなる。

❖講　評

大問数は4題である。論述問題や計算問題が毎年出題されている。

Ⅰ　突然変異と分子時計についての出題である。分子系統樹の計算問題は基本的なものであり，標準レベルの問題練習をしていれば十分に対応できる。

Ⅱ　植物の配偶子形成と発生についての問題である。基本的な問題がほとんどであるが，三倍体のスイカについての論述問題は受験生には答えにくかったと思われる。

Ⅲ　気孔開閉の仕組みについて，膜電位と関連付けて出題されている。論述問題が多数出題されており，中には応用的なものもある。持っている知識をフルに活用して解答しよう。

Ⅳ　生物多様性と植生の遷移についての出題である。応用的な内容の論述問題が多く，ここで差がついたと思われる。

知識問題と応用的な問題がバランスよく出題されている。全体的な難易度は標準的であるが，思考力を要する論述問題もある。時間内にすべての問題を解くために，論述問題対策を十分に行うことが必須である。

MEMO

教学社 刊行一覧

2024年版 大学入試シリーズ（赤本）
国公立大学（都道府県順）

378大学555点
全都道府県を網羅

全国の書店で取り扱っています。店頭にない場合は，お取り寄せができます。

1 北海道大学（文系-前期日程）	62 新潟大学（人文・教育〈文系〉・法・経済科・医〈看護〉・創生学部）	115 神戸大学（理系-前期日程）医
2 北海道大学（理系-前期日程）医		116 神戸大学（後期日程）
3 北海道大学（後期日程）	63 新潟大学（教育〈理系〉・理・医〈看護を除く〉・歯・工・農学部）医	117 神戸市外国語大学 DL
4 旭川医科大学（医学部〈医学科〉）医		118 兵庫県立大学（国際商経・社会情報科・看護学部）
5 小樽商科大学	64 新潟県立大学	
6 帯広畜産大学	65 富山大学（文系）	119 兵庫県立大学（工・理・環境人間学部）
7 北海道教育大学	66 富山大学（理系）医	120 奈良教育大学/奈良県立大学
8 室蘭工業大学/北見工業大学	67 富山県立大学	121 奈良女子大学
9 釧路公立大学	68 金沢大学（文系）	122 奈良県立医科大学（医学部〈医学科〉）医
10 公立千歳科学技術大学	69 金沢大学（理系）医	123 和歌山大学
11 公立はこだて未来大学 総推	70 福井大学（教育・医〈看護〉・工・国際地域学部）	124 和歌山県立医科大学（医・薬学部）医
12 札幌医科大学（医学部）医		125 鳥取大学医
13 弘前大学医	71 福井大学（医学部〈医学科〉）医	126 公立鳥取環境大学
14 岩手大学	72 福井県立大学	127 島根大学医
15 岩手県立大学・盛岡短期大学部・宮古短期大学部	73 山梨大学（教育・医〈看護〉・工・生命環境学部）	128 岡山大学（文系）
		129 岡山大学（理系）医
16 東北大学（文系-前期日程）	74 山梨大学（医学部〈医学科〉）医	130 岡山県立大学
17 東北大学（理系-前期日程）医	75 都留文科大学	131 広島大学（文系-前期日程）
18 東北大学（後期日程）	76 信州大学（文系-前期日程）	132 広島大学（理系-前期日程）医
19 宮城教育大学	77 信州大学（理系-前期日程）医	133 広島大学（後期日程）
20 宮城大学	78 信州大学（後期日程）	134 尾道市立大学 総推
21 秋田大学医	79 公立諏訪東京理科大学 総推	135 県立広島大学
22 秋田県立大学	80 岐阜大学（前期日程）医	136 広島市立大学
23 国際教養大学 総推	81 岐阜大学（後期日程）	137 福山市立大学 総推
24 山形大学医	82 岐阜薬科大学	138 山口大学（人文・教育〈文系〉・経済・医〈看護〉・国際総合科学部）
25 福島大学	83 静岡大学（前期日程）	
26 会津大学	84 静岡大学（後期日程）	139 山口大学（教育〈理系〉・理・医〈看護を除く〉・工・農・共同獣医学部）医
27 福島県立医科大学（医・保健科学部）医	85 浜松医科大学（医学部〈医学科〉）医	
28 茨城大学（文系）	86 静岡県立大学	140 山陽小野田市立山口東京理科大学 総推
29 茨城大学（理系）	87 静岡文化芸術大学	141 下関市立大学/山口県立大学
30 筑波大学（推薦入試）医 総推	88 名古屋大学（文系）	142 徳島大学医
31 筑波大学（前期日程）医	89 名古屋大学（理系）医	143 香川大学医
32 筑波大学（後期日程）	90 愛知教育大学	144 愛媛大学医
33 宇都宮大学	91 名古屋工業大学	145 高知大学医
34 群馬大学医	92 愛知県立大学	146 高知工科大学
35 群馬県立女子大学	93 名古屋市立大学（経済・人文社会・芸術工・看護・総合生命理・データサイエンス学部）	147 九州大学（文系-前期日程）
36 高崎経済大学		148 九州大学（理系-前期日程）医
37 前橋工科大学		149 九州大学（後期日程）
38 埼玉大学（文系）	94 名古屋市立大学（医学部）医	150 九州工業大学
39 埼玉大学（理系）	95 名古屋市立大学（薬学部）	151 福岡教育大学
40 千葉大学（文系-前期日程）	96 三重大学（人文・教育・医〈看護〉学部）	152 北九州市立大学
41 千葉大学（理系-前期日程）医	97 三重大学（医〈医〉・工・生物資源学部）医	153 九州歯科大学
42 千葉大学（後期日程）	98 滋賀大学	154 福岡県立大学/福岡女子大学
43 東京大学（文科）DL	99 滋賀医科大学（医学部〈医学科〉）医	155 佐賀大学医
44 東京大学（理科）DL 医	100 滋賀県立大学	156 長崎大学（多文化社会・教育〈文系〉・経済・医〈保健〉・環境科〈文系〉学部）
45 お茶の水女子大学	101 京都大学（文系）	
46 電気通信大学	102 京都大学（理系）医	157 長崎大学（教育〈理系〉・医〈医〉・歯・薬・情報データ科・工・環境科〈理系〉・水産学部）医
47 東京医科歯科大学医	103 京都教育大学	
48 東京外国語大学 DL	104 京都工芸繊維大学	
49 東京海洋大学	105 京都府立大学	158 長崎県立大学 総推
50 東京学芸大学	106 京都府立医科大学（医学部〈医学科〉）医	159 熊本大学（文・教育・法・医〈看護〉学部）
51 東京藝術大学	107 大阪大学（文系）DL	160 熊本大学（理・医〈看護を除く〉・薬・工学部）医
52 東京工業大学	108 大阪大学（理系）医	
53 東京農工大学	109 大阪教育大学	161 熊本県立大学
54 一橋大学（前期日程）DL	110 大阪公立大学（現代システム科学域〈文系〉・文・法・経済・商・看護・生活科〈居住環境・人間福祉〉学部-前期日程）	162 大分大学（教育・経済・医〈看護〉・理工・福祉健康科学部）
55 一橋大学（後期日程）		
56 東京都立大学（文系）		163 大分大学（医学部〈医学科〉）医
57 東京都立大学（理系）	111 大阪公立大学（現代システム科学域〈理系〉・理・工・農・獣医・医・生活科〈食栄養〉学部-前期日程）医	164 宮崎大学（教育・医〈看護〉・工・農・地域資源創成学部）
58 横浜国立大学（文系）		
59 横浜国立大学（理系）		165 宮崎大学（医学部〈医学科〉）医
60 横浜市立大学（国際教養・国際商・理・データサイエンス・医〈看護〉学部）	112 大阪公立大学（中期日程）	166 鹿児島大学（文系）
	113 大阪公立大学（後期日程）	167 鹿児島大学（理系）医
61 横浜市立大学（医学部〈医学科〉）医	114 神戸大学（文系-前期日程）	168 琉球大学医

2024年版　大学入試シリーズ（赤本）

国公立大学 その他

- 169 〔国公立大〕医学部医学科 総合型選抜・学校推薦型選抜 医総推
- 170 看護・医療系大学〈国公立 東日本〉
- 171 看護・医療系大学〈国公立 中日本〉
- 172 看護・医療系大学〈国公立 西日本〉
- 173 海上保安大学校／気象大学校
- 174 航空保安大学校
- 175 国立看護大学校
- 176 防衛大学校 総推
- 177 防衛医科大学校（医学科）医
- 178 防衛医科大学校（看護学科）

※No.169〜172の収載大学は赤本ウェブサイト（http://akahon.net/）でご確認ください。

私立大学①

北海道の大学（50音順）
- 201 札幌大学
- 202 札幌学院大学
- 203 北星学園大学・短期大学部
- 204 北海学園大学
- 205 北海道医療大学
- 206 北海道科学大学
- 207 北海道武蔵女子短期大学
- 208 酪農学園大学（獣医学群〈獣医学類〉）

東北の大学（50音順）
- 209 岩手医科大学（医・歯・薬学部）医
- 210 仙台大学 総推
- 211 東北医科薬科大学（医・薬学部）医
- 212 東北学院大学
- 213 東北工業大学
- 214 東北福祉大学
- 215 宮城学院女子大学 総推

関東の大学（50音順）

あ行（関東の大学）
- 216 青山学院大学（法・国際政治経済学部−個別学部日程）
- 217 青山学院大学（経済学部−個別学部日程）
- 218 青山学院大学（経営学部−個別学部日程）
- 219 青山学院大学（文・教育人間科学部−個別学部日程）
- 220 青山学院大学（総合文化政策・社会情報・地球社会共生・コミュニティ人間科学部−個別学部日程）
- 221 青山学院大学（理工学部−個別学部日程）
- 222 青山学院大学（全学部日程）
- 223 麻布大学（獣医、生命・環境科学部）
- 224 亜細亜大学
- 225 跡見学園女子大学
- 226 桜美林大学
- 227 大妻女子大学・短期大学部

か行（関東の大学）
- 228 学習院大学（法学部−コア試験）
- 229 学習院大学（経済学部−コア試験）
- 230 学習院大学（文学部−コア試験）
- 231 学習院大学（国際社会科学部−コア試験）
- 232 学習院大学（理学部−コア試験）
- 233 学習院女子大学
- 234 神奈川大学（給費生試験）
- 235 神奈川大学（一般入試）
- 236 神奈川工科大学
- 237 鎌倉女子大学・短期大学部
- 238 川村学園女子大学
- 239 神田外語大学
- 240 関東学院大学
- 241 北里大学（理学部）
- 242 北里大学（医学部）医
- 243 北里大学（薬学部）
- 244 北里大学（看護・医療衛生学部）
- 245 北里大学（未来工・獣医・海洋生命科学部）
- 246 共立女子大学・短期大学
- 247 杏林大学（医学部）医
- 248 杏林大学（保健学部）
- 249 群馬医療福祉大学 新
- 250 群馬パース大学 総推

- 251 慶應義塾大学（法学部）
- 252 慶應義塾大学（経済学部）
- 253 慶應義塾大学（商学部）
- 254 慶應義塾大学（文学部）総推
- 255 慶應義塾大学（総合政策学部）
- 256 慶應義塾大学（環境情報学部）
- 257 慶應義塾大学（理工学部）
- 258 慶應義塾大学（医学部）医
- 259 慶應義塾大学（薬学部）
- 260 慶應義塾大学（看護医療学部）
- 261 工学院大学
- 262 國學院大學
- 263 国際医療福祉大学
- 264 国際基督教大学
- 265 国士舘大学
- 266 駒澤大学（一般選抜T方式・S方式）
- 267 駒澤大学（全学部統一日程選抜）

さ行（関東の大学）
- 268 埼玉医科大学（医学部）医
- 269 相模女子大学・短期大学部
- 270 産業能率大学
- 271 自治医科大学（医学部）医
- 272 自治医科大学（看護学部）／東京慈恵会医科大学（医学部〈看護学科〉）
- 273 実践女子大学 総推
- 274 芝浦工業大学（前期日程〈英語資格・検定試験利用方式を含む〉）
- 275 芝浦工業大学（全学統一日程〈英語資格・検定試験利用方式を含む〉・後期日程）
- 276 十文字学園女子大学
- 277 淑徳大学
- 278 順天堂大学（医学部）医
- 279 順天堂大学（スポーツ健康科・医療看護・保健看護・国際教養・保健医療・医療科・健康データサイエンス学部）総推
- 280 城西国際大学 新
- 281 上智大学（神・文・総合人間科学部）
- 282 上智大学（法・経済学部）
- 283 上智大学（外国語・総合グローバル学部）
- 284 上智大学（理工学部）
- 285 上智大学（TEAPスコア利用方式）
- 286 湘南工科大学
- 287 昭和大学（医学部）医
- 288 昭和大学（歯・薬・保健医療学部）
- 289 昭和女子大学
- 290 昭和薬科大学
- 291 女子栄養大学・短期大学部
- 292 白百合女子大学
- 293 成蹊大学（法学部−A方式）
- 294 成蹊大学（経済・経営学部−A方式）
- 295 成蹊大学（文学部−A方式）
- 296 成蹊大学（理工学部−A方式）
- 297 成蹊大学（E方式・G方式・P方式）
- 298 成城大学（経済・社会イノベーション学部−A方式）
- 299 成城大学（文芸・法学部−A方式）
- 300 成城大学（S方式〈全学部統一選抜〉）
- 301 聖心女子大学
- 302 清泉女子大学

- 303 聖徳大学・短期大学部
- 304 聖マリアンナ医科大学 医
- 305 聖路加国際大学（看護学部）
- 306 専修大学（スカラシップ・全国入試）
- 307 専修大学（学部個別入試）
- 308 専修大学（前学部統一入試）

た行（関東の大学）
- 309 大正大学
- 310 大東文化大学
- 311 高崎健康福祉大学 総推
- 312 拓殖大学
- 313 玉川大学
- 314 多摩美術大学
- 315 千葉工業大学
- 316 千葉商科大学
- 317 中央大学（法学部−学部別選抜）
- 318 中央大学（経済学部−学部別選抜）
- 319 中央大学（商学部−学部別選抜）
- 320 中央大学（文学部−学部別選抜）
- 321 中央大学（総合政策学部−学部別選抜）
- 322 中央大学（国際経営・国際情報学部−学部別選抜）
- 323 中央大学（理工学部−学部別選抜）
- 324 中央大学（6学部共通選抜）
- 325 中央学院大学
- 326 津田塾大学
- 327 帝京大学（薬・経済・法・文・外国語・教育・理工・医療技術・福岡医療技術学部）
- 328 帝京大学（医学部）医
- 329 帝京科学大学 総推
- 330 帝京平成大学 総推
- 331 東海大学（医〈医〉学部を除く一般選抜）
- 332 東海大学（文系・理系学部統一選抜）
- 333 東海大学（医学部〈医学科〉）医
- 334 東京医科大学（医学科）医
- 335 東京家政大学・短期大学部
- 336 東京経済大学
- 337 東京工科大学
- 338 東京工芸大学
- 339 東京国際大学
- 340 東京歯科大学
- 341 東京慈恵会医科大学（医学部〈医学科〉）医
- 342 東京情報大学
- 343 東京女子大学
- 344 東京女子医科大学（医学部）医
- 345 東京電機大学
- 346 東京都市大学
- 347 東京農業大学
- 348 東京薬科大学（薬学部）総推
- 349 東京薬科大学（生命科学部）総推
- 350 東京理科大学（理学部〈第一部〉−B方式）
- 351 東京理科大学（創域理工学部−B方式・S方式）
- 352 東京理科大学（工学部−B方式）
- 353 東京理科大学（先進工学部−B方式）
- 354 東京理科大学（薬学部−B方式）
- 355 東京理科大学（経営学部−B方式）
- 356 東京理科大学（C方式、グローバル方式、理学部〈第二部〉−B方式）

2024年版　大学入試シリーズ（赤本）
私立大学②

357	東邦大学（医学部）医
358	東邦大学（薬学部）
359	東邦大学（理・看護・健康科学部）
360	東洋大学（文・経済・経営・法・社会・国際・国際観光学部）
361	東洋大学（情報連携・福祉社会デザイン・健康スポーツ科学・総合情報・生命科・食環境科学部）
362	東洋大学（英語〈3日程×3カ年〉）
363	東洋大学（国語〈3日程×3カ年〉）新
364	東洋大学（日本史・世界史〈2日程×3カ年〉）新
365	東洋英和女学院大学
366	常磐大学・短期大学 総推
367	獨協大学
368	獨協医科大学（医学部）医

な行（関東の大学）

369	二松学舎大学
370	日本大学（法学部）
371	日本大学（経済学部）
372	日本大学（商学部）
373	日本大学（文理学部〈文系〉）
374	日本大学（文理学部〈理系〉）
375	日本大学（芸術学部）
376	日本大学（国際関係学部）
377	日本大学（危機管理・スポーツ科学部）
378	日本大学（理工学部）
379	日本大学（生産工・工学部）
380	日本大学（生物資源科学部）
381	日本大学（医学部）医
382	日本大学（歯・松戸歯学部）
383	日本大学（薬学部）
384	日本大学（医学部を除く－N全学統一方式）医
385	日本歯科大学
386	日本工業大学
387	日本歯科大学
388	日本社会事業大学 新 総推
389	日本獣医生命科学大学
390	日本女子大学
391	日本体育大学

は行（関東の大学）

392	白鷗大学（学業特待選抜・一般選抜）
393	フェリス女学院大学
394	文教大学
395	法政大学（法〈法律・政治〉・国際文化・キャリアデザイン学部－A方式）
396	法政大学（法〈国際政治〉・文・経営・人間環境・グローバル教養学部－A方式）
397	法政大学（経済・社会・現代福祉・スポーツ健康学部－A方式）
398	法政大学（情報科・デザイン工・理工・生命科学部－A方式）
399	法政大学（T日程〈統一日程〉・英語外部試験利用入試）
400	星薬科大学 総推

ま行（関東の大学）

401	武蔵大学
402	武蔵野大学
403	武蔵野美術大学
404	明海大学
405	明治大学（法学部－学部別入試）
406	明治大学（政治経済学部－学部別入試）
407	明治大学（商学部－学部別入試）
408	明治大学（経営学部－学部別入試）
409	明治大学（文学部－学部別入試）
410	明治大学（国際日本学部－学部別入試）
411	明治大学（情報コミュニケーション学部－学部別入試）
412	明治大学（理工学部－学部別入試）
413	明治大学（総合数理学部－学部別入試）
414	明治大学（農学部－学部別入試）
415	明治大学（全学部統一入試）
416	明治学院大学（A日程）
417	明治学院大学（全学部日程）
418	明治薬科大学 総推
419	明星大学
420	目白大学・短期大学部

ら・わ行（関東の大学）

421	立教大学（文系学部－一般入試〈大学独自の英語を課さない日程〉）
422	立教大学（国語〈3日程×3カ年〉）
423	立教大学（日本史・世界史〈2日程×3カ年〉）
424	立教大学（文学部－一般入試〈大学独自の英語を課す日程〉）
425	立教大学（理学部－一般入試）
426	立正大学
427	早稲田大学（法学部）
428	早稲田大学（政治経済学部）
429	早稲田大学（商学部）
430	早稲田大学（社会科学部）
431	早稲田大学（文学部）
432	早稲田大学（文化構想学部）
433	早稲田大学（教育学部〈文科系〉）
434	早稲田大学（教育学部〈理科系〉）
435	早稲田大学（人間科・スポーツ科学部）
436	早稲田大学（国際教養学部）
437	早稲田大学（基幹理工・創造理工・先進理工学部）
438	和洋女子大学 総推

中部の大学（50音順）

439	愛知大学
440	愛知医科大学（医学部）医
441	愛知学院大学・短期大学部
442	愛知工業大学
443	愛知淑徳大学
444	朝日大学 総推
445	金沢医科大学（医学部）医
446	金沢工業大学
447	岐阜聖徳学園大学・短期大学部 総推
448	金城学院大学
449	至学館大学 総推
450	静岡理工科大学
451	椙山女学園大学
452	大同大学
453	中京大学
454	中部大学
455	名古屋外国語大学 総推
456	名古屋学院大学 総推
457	名古屋学芸大学 総推
458	名古屋女子大学・短期大学部 総推
459	南山大学（外国語〈英米〉・法・総合政策・国際教養学部）
460	南山大学（人文・外国語〈英米を除く〉・経済・経営・理工学部）
461	新潟国際情報大学
462	日本福祉大学
463	福井工業大学
464	藤田医科大学（医学部）医
465	藤田医科大学（医療科・保健衛生学部）
466	名城大学（法・経営・経済・外国語・人間・都市情報学部）
467	名城大学（情報工・理工・農・薬学部）
468	山梨学院大学

近畿の大学（50音順）

469	追手門学院大学 総推
470	大阪医科薬科大学（医学部）医
471	大阪医科薬科大学（薬学部） 総推
472	大阪学院大学 総推
473	大阪経済大学 総推
474	大阪経済法科大学 総推
475	大阪工業大学 総推
476	大阪国際大学・短期大学部 総推
477	大阪産業大学 総推
478	大阪歯科大学（歯学部）
479	大阪商業大学 総推
480	大阪成蹊大学・短期大学 総推
481	大谷大学 総推
482	大手前大学・短期大学 総推
483	関西大学（文系）
484	関西大学（理系）
485	関西大学（英語〈3日程×3カ年〉）
486	関西大学（国語〈3日程×3カ年〉）
487	関西大学（日本史・世界史・文系数学〈3日程×3カ年〉）
488	関西大学（文系選択科目〈2日程×3カ年〉）
489	関西医科大学（医学部）医
490	関西医療大学 総推
491	関西外国語大学・短期大学部 総推
492	関西学院大学（文・法・商・人間福祉・総合政策学部－学部個別日程）
493	関西学院大学（神・社会・経済・国際・教育学部－学部個別日程）
494	関西学院大学（全学部日程〈文系型〉）
495	関西学院大学（全学部日程〈理系型〉）
496	関西学院大学（共通テスト併用日程〈数学〉・英数日程）
497	畿央大学
498	京都外国語大学・短期大学 総推
499	京都光華女子大学・短期大学部 総推
500	京都産業大学（公募推薦入試） 総推
501	京都産業大学（一般選抜入試〈前期日程〉）
502	京都女子大学
503	京都先端科学大学
504	京都橘大学 総推
505	京都ノートルダム女子大学 総推
506	京都薬科大学 総推
507	近畿大学・短期大学部（医学部を除く－推薦入試） 総推
508	近畿大学・短期大学部（医学部を除く－一般入試前期）
509	近畿大学（英語〈医学部を除く3日程×3カ年〉）新
510	近畿大学（理系数学〈医学部を除く3日程×3カ年〉）新
511	近畿大学（国語〈医学部を除く3日程×3カ年〉）
512	近畿大学（医学部－推薦入試・一般入試前期）医 総推
513	近畿大学・短期大学部（一般入試後期）医
514	皇學館大学
515	甲南大学
516	神戸学院大学 総推
517	神戸国際大学 総推
518	神戸女学院大学 総推
519	神戸女子大学・短期大学 総推
520	神戸薬科大学 総推
521	四天王寺大学・短期大学部 総推
522	摂南大学（公募制推薦入試） 総推
523	摂南大学（一般選抜前期日程）
524	帝塚山学院大学 新 総推
525	同志社大学（法、グローバル・コミュニケーション学部－学部個別日程）
526	同志社大学（文・経済学部－学部個別日程）
527	同志社大学（神・商・心理・グローバル地域文化学部－学部個別日程）
528	同志社大学（社会学部－学部個別日程）

2024年版 大学入試シリーズ（赤本）

私立大学③

530	同志社大学（政策・文化情報〈文系型〉・スポーツ健康科〈文系型〉学部－学部個別日程）
531	同志社大学（理工・生命医科・文化情報〈理系型〉・スポーツ健康科〈理系型〉学部－学部個別日程）
532	同志社大学（全学部日程）
533	同志社女子大学 総推
534	奈良大学 総推
535	奈良学園大学 総推
536	阪南大学 総推
537	姫路獨協大学 総推
538	兵庫医科大学（医学部） 医
539	兵庫医科大学（薬・看護・リハビリテーション学部） 総推
540	佛教大学 総推
541	武庫川女子大学・短期大学 総推
542	桃山学院大学／桃山学院教育大学 総推
543	大和大学・大和大学白鳳短期大学 総推
544	立命館大学（文系－全学統一方式・学部個別配点方式）／立命館アジア太平洋大学（前期方式・英語重視方式）
545	立命館大学（理系－全学統一方式・学部個別配点方式・理系型3教科方式・薬学方式）
546	立命館大学〈英語〈全学統一方式3日程×3カ年〉〉
547	立命館大学〈国語〈全学統一方式3日程×3カ年〉〉
548	立命館大学〈文系選択科目〈全学統一方式2日程×3カ年〉〉
549	立命館大学〈IR方式〈英語資格試験利用型〉・共通テスト併用方式〉／立命館アジア太平洋大学〈共通テスト併用方式〉
550	立命館大学（後期分割方式・「経営学部で学ぶ感性＋共通テスト」方式）／立命館アジア太平洋大学（後期方式）
551	龍谷大学（公募推薦入試） 総推
552	龍谷大学・短期大学部（一般選抜入試）
	中国の大学（50音順）
553	岡山商科大学 総推
554	岡山理科大学 総推
555	川崎医科大学 医
556	吉備国際大学 総推
557	就実大学 総推
558	広島経済大学
559	広島国際大学 総推
560	広島修道大学
561	広島文教大学 総推
562	福山大学／福山平成大学
563	
564	安田女子大学・短期大学 総推
	四国の大学（50音順）
565	徳島文理大学
566	松山大学
	九州の大学（50音順）
567	九州産業大学
568	九州保健福祉大学 総推
569	熊本学園大学
570	久留米大学（文・人間健康・法・経済・商学部）
571	久留米大学（医学部〈医学科〉） 医
572	産業医科大学（医学部） 医
573	西南学院大学（商・経済・法・人間科学部－A日程）
574	西南学院大学（神・外国語・国際文化学部－A日程・全学部－F日程）
575	福岡大学（医学部医学科を除く－学校推薦型選抜・一般選抜系統別日程）
576	福岡大学（医学部医学科を除く－一般選抜前期日程）
577	福岡大学（医学部〈医学科〉－学校推薦型選抜・一般選抜系統別日程） 医 総推
578	福岡工業大学 総推
579	令和健康科学大学 総推

- 医 医学部医学科を含む
- 総推 総合型選抜または学校推薦型選抜を含む
- DL リスニング音声配信　新 2023年 新刊・復刊

掲載している入試の種類や試験科目，収載年数などはそれぞれ異なります。詳細については，それぞれの本の目次や赤本ウェブサイトでご確認ください。

akahon.net　赤本｜検索

難関校過去問シリーズ

出題形式別・分野別に収録した
「入試問題事典」
19大学71点
定価 2,310～2,530円（本体2,100～2,300円）

61年，全部載せ！
要約演習で，総合力を鍛える

東大の英語 要約問題 UNLIMITED

先輩合格者はこう使った！「難関校過去問シリーズの使い方」

国公立大学

- 東大の英語25カ年 [第11版]
- 東大の英語リスニング20カ年 [第8版] DL
- 東大の英語 要約問題 UNLIMITED
- 東大の文系数学25カ年 [第11版]
- 東大の理系数学25カ年 [第11版]
- 東大の現代文25カ年 [第11版]
- 東大の古典25カ年 [第11版]
- 東大の日本史25カ年 [第8版]
- 東大の世界史25カ年 [第8版]
- 東大の地理25カ年 [第8版]
- 東大の物理25カ年 [第8版]
- 東大の化学25カ年 [第8版]
- 東大の生物25カ年 [第8版]
- 東工大の英語20カ年 [第7版]
- 東工大の数学20カ年 [第8版]
- 東工大の物理20カ年 [第4版]
- 東工大の化学20カ年 [第4版]
- 一橋大の英語20カ年 [第8版]
- 一橋大の数学20カ年 [第8版]
- 一橋大の国語20カ年 [第5版]
- 一橋大の日本史20カ年 [第5版]
- 一橋大の世界史20カ年 [第5版]
- 京大の英語25カ年 [第12版]
- 京大の文系数学25カ年 [第12版]
- 京大の理系数学25カ年 [第12版]
- 京大の現代文25カ年 [第2版]
- 京大の古典25カ年 [第2版]
- 京大の日本史20カ年 [第3版]
- 京大の世界史20カ年 [第3版]
- 京大の物理25カ年 [第9版]
- 京大の化学25カ年 [第9版]
- 北大の英語15カ年 [第8版]
- 北大の理系数学15カ年 [第8版]
- 北大の物理15カ年 [第2版]
- 北大の化学15カ年 [第2版]
- 東北大の英語15カ年 [第8版]
- 東北大の理系数学15カ年 [第8版]
- 東北大の物理15カ年 [第2版]
- 東北大の化学15カ年 [第2版] 改
- 名古屋大の英語15カ年 [第8版] 改
- 名古屋大の理系数学15カ年 [第8版] 改
- 名古屋大の物理15カ年 [第2版] 改
- 名古屋大の化学15カ年 [第2版] 改
- 阪大の英語20カ年 [第9版]
- 阪大の文系数学20カ年 [第3版]
- 阪大の理系数学20カ年 [第9版] 改
- 阪大の国語15カ年 [第3版]
- 阪大の物理20カ年 [第8版]
- 阪大の化学20カ年 [第6版] 改
- 九大の英語15カ年 [第8版]
- 九大の理系数学15カ年 [第7版] 改
- 九大の物理15カ年 [第2版]
- 九大の化学15カ年 [第2版] 改
- 神戸大の英語15カ年 [第9版]
- 神戸大の数学15カ年 [第5版]
- 神戸大の国語15カ年 [第3版]

私立大学

- 早稲田の英語 [第10版]
- 早稲田の国語 [第8版]
- 早稲田の日本史 [第8版]
- 早稲田の世界史
- 慶應の英語 [第10版]
- 慶應の小論文 [第2版]
- 明治大の英語 [第8版]
- 明治大の国語
- 明治大の日本史
- 中央大の英語 [第8版]
- 法政大の英語 [第8版]
- 同志社大の英語 [第10版] 改
- 立命館大の英語 [第10版] 改
- 関西大の英語 [第10版] 改
- 関西学院大の英語 [第10版] 改

DL リスニングCDつき
改 2023年 改訂

共通テスト対策関連書籍

共通テスト対策 も 赤本で

❶ 過去問演習

2024年版 共通テスト赤本シリーズ 全13点

A5判／定価1,210円（本体1,100円）

- これまでの共通テスト本試験 全日程収載!! ＋プレテストも
- 英語・数学・国語には，本書オリジナル模試も収載！
- 英語はリスニングを11回分収載！ 赤本の音声サイトで本番さながらの対策！

- 英語 リスニング／リーディング※1 DL
- 数学Ⅰ・A／Ⅱ・B※1
- 国語※2
- 日本史B
- 世界史B
- 地理B
- 現代社会
- 倫理,政治・経済／倫理
- 政治・経済
- 物理／物理基礎
- 化学／化学基礎
- 生物／生物基礎
- 地学基礎

付録：地学

DL 音声無料配信　※1 模試2回分収載　※2 模試1回分収載

❷ 自己分析

赤本ノートシリーズ　過去問演習の効果を最大化

▶共通テスト対策には

赤本ノート（共通テスト用）

赤本ルーズリーフ（共通テスト用）

共通テスト赤本シリーズ
Smart Startシリーズ
全28点に対応!!

▶二次・私大対策には

赤本ノート（二次・私大用）

大学入試シリーズ
全555点に対応!!

❸ 重点対策

Smart Startシリーズ　共通テスト スマート対策 3訂版

基礎固め＆苦手克服のための**分野別対策問題集!!**

- 英語（リーディング）DL
- 英語（リスニング）DL
- 数学Ⅰ・A
- 数学Ⅱ・B
- 国語（現代文）
- 国語（古文・漢文）
- 日本史B
- 世界史B
- 地理B
- 現代社会
- 物理
- 化学
- 生物
- 化学基礎・生物基礎
- 生物基礎・地学基礎

共通テスト本番の内容を反映！
全15点好評発売中!!

A5判／定価1,210円（本体1,100円）
DL 音声無料配信

手軽なサイズの実戦的参考書

目からウロコのコツが満載！
直前期にも！

満点のコツシリーズ

赤本ポケット

いつも受験生のそばに──赤本

大学入試シリーズ＋α
入試対策も共通テスト対策も赤本で

入試対策
赤本プラス

赤本プラスとは、過去問演習の効果を最大にするためのシリーズです。「赤本」であぶり出された弱点を、赤本プラスで克服しましょう。

- 大学入試 すぐわかる英文法 DL
- 大学入試 ひと目でわかる英文読解
- 大学入試 絶対できる英語リスニング DL
- 大学入試 すぐ書ける自由英作文
- 大学入試 ぐんぐん読める英語長文 [BASIC]
- 大学入試 ぐんぐん読める英語長文 [STANDARD]
- 大学入試 ぐんぐん読める英語長文 [ADVANCED]
- 大学入試 最短でマスターする 数学Ⅰ・Ⅱ・Ⅲ・A・B・C 新
- 大学入試 突破力を鍛える最難関の数学 新
- 大学入試 ちゃんと身につく物理 新
- 大学入試 もっと身につく物理問題集 ①力学・波動 新
- 大学入試 もっと身につく物理問題集 ②熱力学・電磁気・原子 新

入試対策
英検®赤本シリーズ

英検®（実用英語技能検定）の対策書。過去問集と参考書で万全の対策ができます。

▶ 過去問集（2023年度版）
- 英検®準1級過去問集 DL
- 英検®2級過去問集 DL
- 英検®準2級過去問集 DL
- 英検®3級過去問集 DL

▶ 参考書
- 竹岡の英検®準1級マスター DL
- 竹岡の英検®2級マスター CD DL
- 竹岡の英検®準2級マスター CD DL
- 竹岡の英検®3級マスター CD DL

入試対策
赤本プレミアム

「これぞ京大！」という問題・テーマのみで構成したベストセレクションの決定版！

- 京大数学プレミアム [改訂版]
- 京大古典プレミアム

CD リスニングCDつき　DL 音声無料配信
新 2023年刊行　◎ 新課程版

入試対策
赤本メディカルシリーズ

過去問を徹底的に研究し、独自の出題傾向をもつメディカル系の入試に役立つ内容を精選した実戦的なシリーズ。

- [国公立大]医学部の英語 [3訂版]
- 私立医大の英語 [長文読解編] [3訂版]
- 私立医大の英語 [文法・語法編] [改訂版]
- 医学部の実戦小論文 [3訂版]
- [国公立大]医学部の数学
- 私立医大の数学
- 医歯薬系の英単語 [4訂版]
- 医系小論文 最頻出論点20 [3訂版]
- 医学部の面接 [4訂版]

入試対策
体系シリーズ

国公立大二次・難関私大突破へ、自学自習に適したハイレベル問題集。

- 体系英語長文
- 体系英作文
- 体系数学Ⅰ・A
- 体系数学Ⅱ・B
- 体系現代文
- 体系古文
- 体系日本史
- 体系世界史
- 体系物理 [第6版]
- 体系物理 [第7版] 新 ◎
- 体系化学 [第2版]
- 体系生物

入試対策
単行本

▶ 英語
- Q&A即決英語勉強法
- TEAP攻略問題集 CD
- 東大の英単語 [新装版]
- 早慶上智の英単語 [改訂版]

▶ 数学
- 稲荷の独習数学

▶ 国語・小論文
- 著者に注目！現代文問題集
- ブレない小論文の書き方 樋口式ワークノート

▶ 理科
- 折戸の独習物理

▶ レシピ集
- 奥薗壽子の赤本合格レシピ

入試対策　共通テスト対策
赤本手帳

- 赤本手帳(2024年度受験用) プラムレッド
- 赤本手帳(2024年度受験用) インディゴブルー
- 赤本手帳(2024年度受験用) ナチュラルホワイト

入試対策
風呂で覚えるシリーズ

水をはじく特殊な紙を使用。いつでもどこでも読めるから、ちょっとした時間を有効に使える！

- 風呂で覚える英単語 [4訂新装版]
- 風呂で覚える英熟語 [改訂新装版]
- 風呂で覚える古文単語 [改訂新装版]
- 風呂で覚える古文文法 [改訂新装版]
- 風呂で覚える漢文 [改訂新装版]
- 風呂で覚える日本史(年代) [改訂新装版]
- 風呂で覚える世界史(年代) [改訂新装版]
- 風呂で覚える倫理 [改訂版]
- 風呂で覚える化学 [3訂新装版]
- 風呂で覚える百人一首 [改訂版]

共通テスト対策
満点のコツシリーズ

共通テストで満点を狙うための実戦的参考書。重要度の増したリスニング対策は「カリスマ講師」竹岡広信が一回読みにも対応できるコツを伝授！

- 共通テスト英語(リスニング) 満点のコツ CD DL
- 共通テスト古文 満点のコツ
- 共通テスト漢文 満点のコツ
- 共通テスト化学基礎 満点のコツ
- 共通テスト生物基礎 満点のコツ

入試対策　共通テスト対策
赤本ポケットシリーズ

▶ 共通テスト対策
- 共通テスト日本史 [文化史]

▶ 系統別進路ガイド
- デザイン系学科をめざすあなたへ
- 心理学科をめざすあなたへ [改訂版]